アメリカは食べる。

アメリカ食文化の謎をめぐる旅

東理夫 *Michio Higashi*

Homesick Blues

作品社

アメリカは食べる。

アメリカ食文化の謎をめぐる旅――目次

第三章 アメリカを作った人びとの食…070

第三章 アメリカの食を特殊なものにしたいくつかの要素…524

第四章　アメリカ人は何のために食べるのか…612

アメリカは食べる。

アメリカ食文化の謎をめぐる旅

はじめに――東家の食卓

自分の家の料理――おふくろの作る食事のあれこれが、他の家のとはずいぶん違っていると気づいたのは、いつ頃だろうか。

子供の頃――そう、戦後五、六年を過ぎた当時、ぼくら一家は東京の青山に住んでいて、小学校五年まで家のすぐ裏手の学校に通っていた。その時代の青山は、かつての青山電話局が灰色の巨大な姿を見せる以外はまだ瓦礫と麦畑が目立つ町だった。もうひとつ印象的だったのは地下鉄外苑前駅裏手にそびえ立つ梅窓院の塔で、都電通りの先、渋谷の谷の向こうに沈む夕陽がその漆喰壁を桃色に染める夕刻、その頃人気だった紙芝居の「黄金バット」の怪人が、塔の上から高笑いをするのではないかと思えるような雰囲気を持っていた。

ある日、小学校の同級生が夕食時まで家で遊んでいて、そのまま夕食を食べていくことになった。まだ電話が普及していない時代だったから、一緒に食事をしてもいいか、とそう遠くない彼の家まで訊きに行った時のウキウキと楽しかったことは今も覚えている。そして夕食、確か、今で言うパンフライド・チキンとマッシュドポテトにグレイヴィソースだったと思う。それにニンジンの茹でたものとホウレン草のバター炒めがついていたはずだ。なぜ覚えているかというと、それが我が家の夕食の定番だったからだ。

フライドチキンは、時にポークになったり牛のレバーだったりフランクフルトソーセージだったり、つなぎのまったく入らないハンバーグステーキだったりと変化した。マッシュドポテトでない時は米飯が主だった。ニンジンは年中変わることはなかったが、緑色野菜は季節に応じてグリンピースやサヤインゲンに変わることもあった。ブロッコリーや絹さやなどは、まだ珍しい時代だったと思う。

それらはぼくにとってはいつもの食事だったけれど、友だちは「なんだこれ！」と言ってほとんど手をつけなかった。彼にとって馴染みの食べ物は、ラッパを鳴らしながらやってくる豆腐屋から鍋やザルで買ってくる木綿豆腐であり、ガラスの蓋のケースから量ってもらう煮豆類であり、大きな漬物樽から黄色い糠をしごき落としながら抜き出す沢庵であり、木の樽から升に分けて空き瓶に入れてもらう醤油や酒だったり、竹の皮に包まれた肉であり、経木に包まれたサンマの干物だったりした。……そうだ、思えばその頃の東京、少なくともぼくの住んでいた町の昼は、どこからともなく魚を焼く匂いが流れてきたものだ。うっすらと青い煙が漂ってくることもあった。塩ザケだったり目刺だったりしたのだろう。そこにラジオの「のど自慢」の鐘の音が聞こえてくれば、もう完璧な日曜の午後だった。

小学校の時ばかりでなく、中学や高校の友人たちも、ぼくの家の食事に落ち着かない思いをしているようだった。だがいいこともある。かつてぼくの家で夕食をともにした友人たち――大学時代も、家庭を持ってからも、そして髪が薄くなったり白いものが目立ちはじめたりした多くの友人たちが、「あの時からニンジンが食べられるようになったよ」と言う。ようするに我が家の洋食には、付け合せに茹でたニンジンが必ず付く。それを食べないとデザートはもらえなかった。おふくろは、そういうことには容赦なかった。友人たちは、しぶしぶニンジンを食べるしかなかった。それで苦手――とくにあの時代はニンジン嫌いが多かったように思うのだが――を克服できたのなら、彼女にとっても本望だろう。

その頃の、腹を空かせた少年たちへのおふくろのお決まりのメニューの一つに、たとえばポークチョップがある。まず、トンカツ用の豚ロース肉を塩・コショウし、ニンニクの小片を入れたフライパンで焼く。焼けたその肉を取り出したフライパンに野菜類、ニンジンやジャガイモの茹で汁を注いで肉汁や脂などの焼け焦げを溶かし、そこにフライパンで乾煎《からい》りして薄茶色に色づけた小麦粉を水で溶いたものを加える。これが煮えて糊状になったところに味をつけたものが「グレイヴィソース」で、これを焼いた肉や付け合せの茹で野菜、それに主食としてのマッシュドポテトや飯の上にかける。これが我が家の「ポークチョップ・ディナー」である。ごくごく庶民の日常食といっていいだろう。

このグレイヴィソースは米の飯にもよく合う。一度でもこれを食べるとたいがい病みつきになって、米飯にこのグレイヴィソースだけの食事が大好物になった友人が何人かいる。大人になって、アメリカやカナダのあちこちの町の食堂でこの手のソースに出合うようになって、実はこれは「プアマンズ・グレイヴィソース」と呼ばれていることがわかってきた。本来なら、フランスのクールブイヨンやフォンドヴォーといったきちんとした、言うところの出汁《ブロス》や洋食屋の定番ドミグラスソースのように、すじ肉や屑野菜類をオーヴンで焼き、赤ワインやらブイヨンやらを入れてじっくりと煮出すものかもしれない。だが、そんなことをやっていられない貧しく忙しい主婦たちの、これは生活の知恵だったのだと今はわかる。

ともあれ、子供の頃は何の不思議もなかったおふくろの料理が、友だちが家に来るようになって、それがごく普通の家庭の食事とはずい分違っているのだということを知って愕然とした。どうしてそういう料理が我が家の普通食であったのかといえば、これはもう親父もおふくろもともにカナダの西の端の町で生まれ育った、日系カナダ人、日系二世だったからだ。彼らは、血は日本人でありながら、故国の日本という土地をまったく知らないで生まれ育った。言葉はもちろん、教育も考え方も感性も、そしてもしかしたら、性格の一部も日本人であるよりカナダ人として生きてきた。

だが、彼らの両親はれっきとした日本人だった。だから彼らの家庭で作られ食べられたのは、異国の食材を使った故国の調理法による料理だったろう。本来の食材ではなくとも、似たような味が出せるもので我慢するしかなかった。その結果、多くの移民たちが経験したように、食はやむなく混淆し変質していったのだ。カナダやアメリカの庶民が生み出したアメリカ料理、そして日本風味の洋食や変則的な和食、時には風変わりな中国料理、それが我が家でのごく普通の食事だった。けっして、サンマの塩焼きやひじきの煮物、肉じゃがなんかは出てこなかった。我が家で食べる魚は、サケか時にタラ。サケの場合、たまに塩ザケが出るが、たいがいは生ザケのバター焼きか照り焼き。タラは一塩のをイギリスの「フィッシュ・アンド・チップス」風にフライにすることが多かった。後はタラちり鍋だろうか。うちでの鍋料理はタラちり一本やりだった。

中華風というか中国料理からの影響だろうと思われるのは、「ジャガイモの千切り炒め」と呼んでいるものだろう。豚肉のこま切れと千切りにしたジャガイモを炒めるだけ。最後にネギの小口切りを混ぜ、味を調えて終わり。長い間、こういうのはぼくのうちだけだと思っていたけれど、最近は小さな中華料理屋や居酒屋なんかのメニューでも見かけたりする。きっと昔からの中国の庶民料理だったのだろう。もう一つ「コマツナと豚肉のクズ煮」と呼んでいたのもある。こま切れの豚肉を炒め、そこに水を入れて煮る。煮立ったら、軽く茹でて三、四センチに切ったコマツナを入れ、塩・コショウして片栗粉でとろみをつける、というものだ。これはさすがに今のところ、我が家以外のどこでも見かけない。両方とも中国料理の遠い遠いなれの果てに違いない。そして、どちらも今のぼくの好物料理なのだから、ちょっと始末に困る。そういえばアメリカやカナダやハワイイに住む親戚たちの家でも、ほとんどよく似たような食事が出てきたものだった。

というわけで、ぼくのこれまでの食生活の歴史というのは、どこの国の料理ともいえない得体の知れないというか、フランス料理を頂点とする西洋料理でもなく、昭和の初期に伝えられた洋風の料理が日本食と混淆して生まれたオムライスやコロッケやハンバーグライスといった和風西洋料理でもなく、またタンメン餃子やラーメンライスなどの町の中華料理屋のそれでもない、ほとんどどこの国の料理とも知れない無国籍といっていい種類の料理が、ぼくの家のごく普通の日常食だった。

ぼくの内部でちょっとした変化が起きたのは、物書きとして生きるようになったある日のことだった。当時早川書房のミステリー雑誌『ミステリ・マガジン』に短文やら書評やらを書いていたのだが、その早川書房から当時絶大な人気のあったハードボイルド作家、ロバート・B・パーカーの〈スペンサー・シリーズ〉に登場する食に関して何かまとまったものを書かないか、という依頼がきた。私立探偵スペンサーはアメリカ東海岸、マサチューセッツ州のボストンを本拠地とするタフでやさしく、恋人の言葉に一喜一憂し、しかも自分で料理もし大いに食べ、結果、肥満への恐怖から日々ジョギングやジム通いに熱中している男で、いわば現代の都会に住む男たちの等身大の姿を活写したものだった。その彼の食生活について書くのは、実はそう難しいことではなかった。スペンサーの食べるあれこれの食事は、ほぼ、いやほとんど我が家の食卓の出てくるものと同じだったからだ。

しかし、実際に書き始めてみると、彼の食の先に広がるアメリカという国と、その国の食についてまた別の見方をしている自分がいることに気づいた。それは幾度かのアメリカの旅によって経験した、漠然とした違和感がはっきりとした形を取り始めた瞬間だと言っていい。それまで普通に思っていたアメリカの食——調理法や食べ方、サーヴィスの方法、そして享受する側の食べ方や好みといったことが、その時からふいに奇妙なものに思われてきたのだ。それはアメリカ食特有の奇妙さだろうと思う。

たとえば、レストランで夕食を食べようとする時、ウェイトレスはごく当たり前のように、「スープかサラダか」と訊く。ずい分長い間その質問に戸惑いながらも、その時の天候やこちらの体調や気分、疲労度によってスープかサラダかのどちらかを選んできた。それが普通のことだと思っていた。だがよく考えると、イギリスやフランスのコース料理ならメインディッシュの後に出てくるサラダが、なぜ最初に出てくるのか。普通は最初に出てくるスープと、デザートの前に出てくるのが当たり前だったサラダとが同列に並んでどちらかを選択するというのは、まるでベビー箪笥とマシンガンのどちらがいいか、と比べるような突拍子のなさだ。スープの中でグリンピースのポタージュとアオウミガメのコンソメを選ばせるのならともかく、あるいはシーザースサラダとマカロニサラダを選択させるのならわからないでもないが、スープとサラダというのは当初戸惑うしかなかった。そういう奇妙な選択肢はどこから生まれたのだろうか。あるいは、朝食を食べようとすると、メニューの中身はアメリカ中のどこでもほとんど同じなのはなぜだろうか。しかも季節によってメニューが変わることがない。なぜアメリカは食において季節感や地方色が希薄なのだろうか——。そういった疑問が、あの国を旅している間中、ぼくの頭から離れることはなった。

ほとんど一人きりでアメリカのあちこちを車で旅を続けているうちに、アメリカの「食」は、実は世界のどことも違う方向を向いているのではないのか。または別の方向を目指しているのではないか、としか考えられなくなっていった。そう思いはじめてからは、そういったアメリカの食の特殊性に気づかずただ外から眺めるだけで、時に少しだけ味わって、アメリカ食は「こうだ」と決めつけて、その生半可な感想が一般に流布されていくことに違和感を覚えずにはいられなかった。

アメリカの食の本質は、そう簡単には見えてこない。おそらく彼らの食は、料理法や味わいや栄養といった側面だけでは捉えきれないのではないか。そして、そういった彼らの食そのもの、また食に対する態度や考え方、食に対する感情といったものを知れば、アメリカという国の真実の姿を案外簡単に理解できるのではないかと思いついた。そう、食はアメリカを理解するごく手っ取り早い、そしてわかりやすいひとつの方法であるように思えるのだ。

この本はだから、ぼくの個人的な体験とそこから得られた発想や推論の上に立っての、アメリカの食に対する一つの、それもひどくプライヴェートな考察なのである。お楽しみいただければ、そして、本当にそうなのだろうか、とあらためて一緒に考えてくださるようになれば幸いである。

第一部

アメリカ料理とは何なのか

序　なぜアメリカを代表する料理がないのか

1　その国を代表する料理とは？

世界の国ぐにには、それぞれに名物料理がある。その国を代表する料理と言いなおしてもいい。しかし、その代表する料理は何かと決めるのは、これが案外に難しい。

たとえばフランス料理ならば、魚介類のスープ煮である「ブイヤベース」という人もいるだろうし、同じスープ煮でも肉と野菜の「ポトフ」という人もいるだろう。骨髄のついた牛のすね肉の煮込み「ブッフ・ブールギニヨン」や鴨のオレンジ煮の方がフランスらしいという人もいるかもしれない。だが、これらはフランス全体を代表する料理ではなく、一地方の有名料理だという意見もある。ブイヤベースは、南仏のマルセーユあたりの地中海に面した漁港で網にかかった雑魚《ざこ》を使った始末料理だろうし、ブッフ・ブールギニヨンは「ブルゴーニュ風《ブールギニョン》」という名の通り、ブルゴーニュ地方の名物料理。ポトフだって鴨のオレンジ煮だってある地域を代表はしても、フランス全体を代表するものではないようだ。しいて言えば、代表たりえるのは「パテ・ド・カンパーニュ」ではなかろうか。田舎のパテ、と呼ばれるこの挽き肉の寄せ物は、ほぼフランスのどこでも食べられる。ではしかし、「どこでも食べられる」からフランスの代表的料理と言えるかというと、これまたそうとばかりは言えない。

スペインもまた、フランスと似ている。代表料理となると、すぐに「パエリャ」が思い浮かぶ。だがあればイベリア半島の東側の中央南岸、米どころのバレンシア地方の名物料理であって、他のスペインの各地に行っても必ず食べられるとは限らない。ちょうど、フラメンコ・ダンスがスペイン南部のアンダルシア地方に伝わる踊りで、スペイン全土で踊られているわけではないこととよく似ている。ウナギの稚魚のニンニク・オリーヴオイル煮の「アングラス・デ・アギナガ」はピレネー山脈を挟んでフランスとスペインに跨がるバスク地方の代表料理であり、カスタードプリンの表面にパリパリのカラメルがかぶった「クレマ・カタラーナ」はその名の通り、カタルーニャ地方の名物料理だ。ここでも地方料理が、その旨さと特筆すべきリスペクトゆえに、スペインの代表料理の位置を占める。

中国料理のことを考えると、この食の地方性ということがもっとはっきりとわかる。日本でも人気の「麻婆豆腐」は四川地方の料理だし、「ペキンダック」はその名の通り北京料理であり、「酢豚」は広東料理、ピーマンと牛肉の細切り炒めとして知られる「青椒牛肉絲《チンジャオニューロースー》」は上海料理で、「餃子」や「鍋貼《グオティエ》」は中国東北部、特に華北の料理として知られている。かつては日本でも、北京料理店、上海料理店などと、地方の名前がきちんと書かれていたが、中国料理が日本に浸透し家庭料理として馴染みになってくるとその「地方性」は希薄になり、どの地方の料理をも扱う「中国料理店」あるいは「中華料理店」になってしまった。というか、そうならざるを得なかったようだ。

では、日本料理はどうだろう。代表する食べ物となると、「寿司」「すき焼き」「てんぷら」「蕎麦」……だろうか。漢字やひらがなで書くよりも「スシ」「スキヤキ」「テンプラ」「ソバ」とカタカナで書いた方が通りがいいかもしれない。なぜなら、これらは日本人自身が、「我が国の代表」としたのではなく、むしろアメリカ人をはじめとする日本に来たことのある、または日本的なものが好きな人たちによって代表とされた感じが強いように思われるからだ。

これらが日本を代表する料理であるとしよう。だが明らかに、フランス、イタリア、スペイン、中国といった食に熱心な国ぐにとは少し異なっている。なぜならば、スキヤキやテンプラやスシなどはどの地方をも代表していないからだ。スシにはいくつもの種類がある。握り寿司、巻き寿司、熟《な》れ寿司、蒸し寿司、押し寿司、箱寿司、手巻寿司、手こね寿司……少し離れるが、そば寿司、洋風寿司などというものもある。まだ他にも各地方によって、季節によって、それぞれにご当地の寿司というものもあるだろう。けれど一般に「スシ」と言えば、他の国にとっては日本独自の日本を代表する料理であるように思えることだろう。

スキヤキも、その具や割下の具合、煮方の差はあっても、どの地方の、どの家のスキヤキだけが格別に突出しているわけではない。テンプラもそれぞれ地方によっていろいろな差はあっても、全体として平均的な料理と思われる。その点、ソバはいくらかニュアンスが違う。「蕎麦どころ」というのがあって、各地方で少しずつ打ち方や食べ方に変化がある。にしても、どこそこのソバが代表とはならない。もっと言えば、なぜ秋田地方のしょっつる鍋が、また讃岐のうどんが、広島のお好み焼きが日本食の代表とはならないのだろうか。

なるほどラーメンというのも、日本独自の発展を遂げた麺料理で、最近は大好物だという外国人観光客もかなり多いし、同時に各地方によって独自のスタイルを有してはいるのだけれど、では、そのうちのどこかの地方のラーメンが日本を代表としているかといえば、そうは言えない。

ここであらためて、疑問が湧く。なぜ世界の食は、地方の名物料理がその国の代表料理になったりするのか、反対に日本の食は、なぜ地方食が代表食とはなりえないのか。食に対する興味、熱意、食材に対するこだわり、調理に対する腐心、また食を彩る様々な要素――季節感や素材の吟味、調理道具の工夫といったものに敏感で熱心であることは、「食べるために生きる」と言われるラテン系の人びとや「ご飯食べた？」が挨拶だという中国の人びとと同じように、日本人もまたひけをとらない。なのに、代表とする料理の趣がこうも違うのはどうしてなのだろうか。

まず考えられるのは、日本という国が表向き単一民族の国だからだろう。すなわちそれは、食味の嗜好がほぼ均質化していることにほかならない。また中央集権化や一極集中化の傾向やその志向が強いこと、そして何よりも、身分の格差が際立って少ないことなどが挙げられるかもしれない。もう一つ、そういった各種の小さな要素が積み重なり、地方の特色を殊更に表に出すことをためらう性向もあって、個別の地方の独特な料理を目立たなくさせているのではないか。ということは「東京弁」が全国に普及するのと同じように、大多数の中で突出したくないという意識のあらわれと同じなのではないか。すなわち一つの地方料理が際立つ存在になることを避けるということは、いわゆる地方の個性を全国的なレヴェルに均《なら》してしまう、ようするに平均化の法則がここでも働いているのかもしれない。

むろん、地域によって食材や産物は異なるし、気候によって調理法やもっと肝心な味覚の差というものも確実にある。関西は薄味、関東は味が濃い、といったようにだ。だが、それらの差を超越してなお「日本料理」全体を代表するものとして、地方料理ではないものが選ばれているのは不思議でたまらない。考えてみればフランス料理だって、スペイン料理だって、観光客や観光案内本が決めつけたようなものだ。たとえ決めつけられたとしても、代表される料理がある国はいい。

2　アメリカを代表する料理はファストフードなのか

では、アメリカを代表する料理は何だろうか、とあらためて考えてみる。多くの人が、ホットドッグやハンバーガー、ステーキなどと言う。どれもがそのようでもあり、どれもが違うように思われる。確かにホットドッグやハンバーガーは、アメリカで生まれたものだ。なるほど、ファストフードはあの国のある面を象徴するかもしれないが、アメリカを代表する料理と言えるだろうか。ファストフードアメリカという国は、どこかガサツな国であるような印象を持たれるようなので、こういった程度の食があの国の代表食だと思いたくもなる。けれどホットドッグもハンバーガーもアメリカにしかない料理ではなく、どこの国にもある。アメリカという国とその文化を小馬鹿にしてきたイギリスでも、たとえばロンドンの庶民的な一般のレストランやちょっとしたパブなどにはたいていハンバーガーはある。ハンバーグではない。しかも、そのハンバーガーは旨く、アメリカのそれと比べて少しも遜色がない。

いや、どこの国のハンバーガーもそれぞれに旨い。ということは、すでにしてそれはアメリカ特有のものではなくなっていると言えるのではないか。ホットドッグも似ている。世界中のどこにでも、たいがいの国にホットドッグはある。台湾や香港にも「熱狗」とメニューにある。ぼくの住む町のスーパーの軽食の店にもある。大して旨くはないけれど、だいたい本場のアメリカのそれだって、そう大して旨いものではない。もともと焼いたソーセージを食べさせるために、熱いそれを持つ手袋の代わりにパンに挟んで食べさせたことから始まったというし、今ではスポーツ観戦での小腹の空いた時のいわゆる「虫養い」の王者の位置を占めている。

ハンバーガーもホットドッグも、ともに肝心なことは軽便であることであって、軽便が要諦の食に旨さを求めるのはどうかという意見もなくはない。ファストフードに旨さを求めるのは邪道であり、筋違いだという人もいるが、実際には旨いという人が大勢いる。そうでなければ、日本での外食産業であれほど成功を収めるはずがない。

アメリカを代表するのはビーフステーキだ、と言う人もいる。だが、牛肉好きは世界中に広がっているし、むしろロンドン塔の衛兵である「ヨーマン・ウォーダーズ」のあだ名が「ビーフィーター(Beefeater)」であるように、イギリス人の方が牛肉好きかもしれない。もっとも「ビーフィーター」は、給料の一部が牛肉で支払われていたからといった説もあるから、必ずしも牛肉好きとは言えないかもしれない。それに、一人当たりの年間牛肉消費量は、ウルグアイ、アルゼンチン、ブラジルといった南米諸国が上位を占め、アメリカは第四位(二〇一一年)なので、アメリカ人がことさらに牛肉好きとは言えないし、ステーキがアメリカを代表する料理とも一概には決めつけられないだろう。

いずれにしろ、ハンバーガーやホットドッグやフライドチキンといったフランチャイズ経営によって広まったファストフードだけが、アメリカの代表食と考えるのはあまりに短絡的、微視的に過ぎるように思う。なぜアメリカを代表する料理が即座に見当たらないのか。その理由を探るためにはアメリカの食がどうやって生まれたのか、から始める必要がありそうだ。

アメリカ料理がどうやって出来たのか、という設問には奇妙さを感じるかもしれない。日本料理やフランス、イタリア、中国などをはじめ世界の他のどこの国の料理も、その国に住む人びとによって、その国や土地で獲れる食材を使って、その地の環境に従ってごく自然に作り上げられたものだから、「いつ出来たのか」「どうやって出来たのか」という疑問は起こりようがない。ところがアメリカは違う。アメリカの料理は、ある種意図的に、あるいは、ある必然をもって生まれ、作られてきたといっていい。実は、その証拠となるのが、アメリカを代表する料理が見当たらないことではなかろうか。それは、このアメリカという国の成り立ちとそこに移り住んだ人びとの多様さが、他の国とは大きく違っていることに帰因している。すなわち、この国の食は、寄せ集めの人びとによってもたらされた各国の料理であるということだ。だからどれひとつとっても、それぞれの移民たちの「食」を代表はしても、アメリカという国全体を代表はしない。しかし、それぞれの故国からもたらされた食は、いつの間にか「故国の食」という域を超え、確実に「アメリカの食」に変身しているのである。

3　ピッツァはアメリカの国民食

このことはアメリカにおけるイタリア食を通して見ると、いくらかわかりやすい。イタリアを代表する料理となると、すぐにスパゲティやピッツァを思い浮かべる。この両方がないイタリアレストランは話にならない、というところがある。最近はフランス料理店だろうと思って入った店でも、「舌平目のムニエル」や「タイのポワレ」などに混じってパスタやピッツァがメニューに並んでいたりする。店側としては客の要望に応えるためだろうし、どっちにしろ「洋食」ではないかとひと括りにしているのかもしれない。同時に、いかに日本人がこの粉食文化に魅力を感じ、馴染んでいるかがわかろうというものだ。

しかし、これらがイタリアを代表する料理か、となると、不満を持つ人もいるだろう。イタリアには、もっと旨いものが山ほどある、と。ピッツァは南イタリア、特にナポリが有名だ。それが今では、イタリア全土での名物になっている。トマトが伝えられるまでは、茹で野菜のペーストやクリームチーズなどの乳製品を塗っていたという。それがトマトの登場で、世界の食になったのである。

「ピッツァ」の語源は、オクスフォード英語辞典によると「古高ドイツ語」でひと口を意味するbizzoまたはpizzoからきているとある。むろん、不確かだとしながらも、英語のbitやbiteも同語源だとしている。だがアメリカでは、リトルイタリーに住む貧しいイタリア系移民の母親が子供のおやつに、一切れのパンに自家製トマトソースを塗っただけのものを食べさせようと、遊びに夢中の子供を呼び戻そうと叫んだ'Piece of pie!'が、イタリア訛りで「ピッツァ」となったのだと、まことしやかに語り伝えられている。ようするに、「ピッツァ」は、英語が片言のイタリア移民が作った言葉だというのだ。

もう一つ、少し前からアメリカでpizzaは「ピザ」ではなく正しく「ピッツァ」と発音しよう、という運動が起こってもいる。少なくともアメリカのピッツァは、正しく「ピッツァ」と呼ぼうという本家意識のあらわれかもしれない。これらは、世界各地の駐留米軍の軍属向けの新聞『星条旗新聞(*The Stars and Stripes*)』に載っている記事から知った。

アメリカを旅すると、いろんなピッツァに出合う。生地が一センチ五ミリほどの厚いボッテリしたタイプのシカゴスタイルのピッツァは、一九四三年に開店したシカゴのイタリア料理店「ピッツェリア・ウーノ」が売り出したもので、今では「ディープディッシュ・ピッツァ」として名物になっている。こうなるとピッツァはイタリアの代表料理というよりも、むしろナポリの地方料理がアメリカに渡って新しい息吹を与えられ、アメリカ特有の「手で食べる食事——フィンガーフード」の代表の一つになったのではないかと思われてならない。

一方、アメリカにスパゲティやマカロニを紹介したのは、ニューヨークのグリニッチ・ヴィレッジでボヘミアン・レストランを経営していたローラ夫人で、一八八六年のことだとされている。

食としてのマカロニは、一九世紀後半、ピッツァより二〇年も前に、アメリカでは食べられていたらしい。となると、確かにピッツァやスパゲティ類はイタリアの食であったが、やがてイタロ・アメリカーナと呼ばれることになるイタリア系移民たちがアメリカに持って行き、ついにはアメリカの国民食にもなったということだろう。

このように、もともとアメリカには、日本や中国やフランスやスペイン、イタリアやその他の国のように、その国特有の料理といったものはなかった。この国にやってきた人びとが運んできた調理技術でこの土地の食材を用いて、この土地でしか作れない料理を作っていった。それにつづく移民たちも、それぞれに自分たちのやり方で料理を作って定着させていった。ようするにアメリカを代表する料理が見つからないのは、この国に移り住んだ人びとの食のレパートリーの幅が、あまりにも広すぎるからではなかろうか。料理の種類もヴァラエティがあり過ぎて、そのどれもがあの国のある側面をうかがわせはしても、どれもが代表たり得ないのだ。

アメリカは世界のどこよりも多様な食――その種類、表情、そして食に対する思いを包含しているように思われてならない。それは国の広さと大いに関係がある。そのことは、この大陸に最初にやってきたモンゴロイド系のアメリカ・インディアンたちの居住分布が、アメリカの地方食の分布と重なっていることからもわかる。アメリカ・インディアンたちは、自分たちの住み易い地域に定住し、そこで収穫できる食材で自分たちの食文化、生活文化、さらには精神文化を形作っていったのである。

第一章　インディアンの居住地がアメリカの地方食を作った

1　インディアンとエスキモーとイヌイット

アメリカ大陸に、最初の人間が住んだのはいつのことか。アメリカを語る時、いつも登場する原初的な疑問である。現在残されている先住民族の遺跡などから、およそ一万二〇〇〇年ほど前、最後の氷河期の頃、ベーリング海峡がユーラシア大陸とがつながっていて「ベーリンジア」という陸地を形成してひとつの大地であった頃だという。その時代に、アジア系のモンゴロイドたちがマンモスなどの大型獣を追ってこの回廊を通り、今のアラスカと呼ばれる土地に渡ってきたとされてきた。

だが最近、ブラジルのセラ・ダ・カピバラの洞窟で発見された人骨は、また別の歴史を語ってくれる。九〇〇〇年前から一万二〇〇〇年前のものだと思われるその人骨は、コーカソイドのものでもモンゴロイドのものでもなかった。ＤＮＡなどの鑑定によるとネグロイド、アフリカ人かオーストラリアのアボリジニのものではないかと推定されている。

ということは、モンゴロイド渡来以前に別の人種がアメリカ大陸に渡ってきていて、しかも残された壁画によると、彼らはおそらく後からやってきたモンゴロイドに駆逐されたものと思われるのだ。彼らが何を食べたのかは、堆積した土壌の下層から出土する動物の骨や人工的な石器からある程度うかがうことは出来るけれど、それらの遺物は他の古代遺跡から出土するものと大きな差はなく、そこから彼らの特別な食習慣を知ることはできない。

一方、シベリアから渡ってきたモンゴロイドの食の内容は、文化人類学的な研究から明らかにされている。シベリアからのモンゴロイドは、アメリカ大陸上陸後、食というファクターを通して二派に分かれることになる。「インディアン」と「エスキモー」である。その呼称は蔑称であるとして、最近は「ネイティヴ」とひと括りに呼ばれるようになってきた。いや、「インディアン」は「ネイティヴ・アメリカン」、「エスキモー」は「イヌイット」と呼ぶのが妥当であると、一般には思われている。この呼称については、この本の姿勢として「あとがき」に書いたが、ここではこの呼称は現在忌避されるようになっていることだけを言っておく。

「エスキモー」と呼ばれた人びととは、シベリアとアラスカがベーリンジア陸橋で陸続きであった時代、そこを通って後の北米大陸になる地帯に渡ってきたところまでは「インディアン」と同じだが、彼らは海岸線から奥には入らず、主として北極海沿岸を中心にアザラシ、セイウチ、トド、イッカクなどを狩り、それら海洋動物を主食として生きることを選んだ人びとなのだ。

一方、沿岸部に足を止めることなくなおも内陸へと旅を続け、平原や丘陵地帯に居住してムース（ヘラジカ）やカリブー（トナカイ）などの陸棲動物の狩猟によって食生活を維持した人びとが「インディアン」と呼ばれた人びとなのである。

すなわち、「エスキモー」と「インディアン」の差は、居住地域とそこから得られる食材の違いであり、このことは、興味深い。そしてこのことから、アメリカの食の地域的分布の本質が見えてくるのである。

食の嗜好の分化が、民族居住地を分けるという説を補完する物語がある。「失われたイスラエル一〇支族」というのがある。紀元前一〇世紀頃、古代イスラエル王国は一二の支族からなる統一王国だった。しかしソロモン王の死後、王国は南北に分裂して南王国ユダと北王国イスラエルに分かれた。南王国には二支族が属し、彼らは紀元前六世紀には新バビロニア帝国に侵略され捕囚となったが、後にエルサレムに帰還してユダヤ人としての自治国を築き、以後様々な変転を経て、現在のイスラエル国へと繋がっていく。

一方の、残る一〇支族が集まった北王国は、紀元前七二一年にアッシリア帝国に攻められて捕囚となる。その後、紀元前六〇九年にアッシリアが滅亡した後、この一〇支族の行方は杳《よう》として分からずじまいで現在に至っている。彼らが、どこに行ったのかは諸説があり、世界各国で調査され研究され続けているミステリーなのだが、久保有政の書いた『日本とユダヤ――聖徳太子の謎』に面白い話が書かれている。

この失われたイスラエル一〇支族は、その後の調査研究によってかなりのことが分かり始めているが、今のところ彼らの多くはアッシリアから東に向かい、シルクロードを通ってパキスタン、インドから中国各地に分散して行ったと言われている。キルギスタン（キルギス共和国）には、自分たちの祖先は古代イスラエル人であるという伝説があり、その中に「昔エニセイ川上流に住んでいた民族が移動して、魚の好きな人びとは東に行って日本人となり、肉の好きな人間は西の草原へ行ってキルギス人になった」という話がある。

真偽のほどはわからないし、確かに日本人となったという、キルギス語の文章を見たこともないので何とも言えないが、失われたイスラエルの支族が日本にやってきて、実は天皇家とも関わりがある、という話はよく聞く。一六紋の菊花紋がヘロデ門の上の彫刻と同じだという話は、そういったことの裏付けになるのだろうか。ソーラン節や祭りの囃子言葉、「ヤーレン・ソーラン」や「わっしょい」もヘブライ語だというし、「いろは歌」や「君が代」もヘブライ語で解読できるという。面白い話だけれど、信憑性はさておくとして、食の嗜好が人の居住地区を定めた、という話は興味深い。

2
世界有数の豊かな食文化世界

シベリア大陸から始まったモンゴロイドたちの長い旅は、アラスカを通りカナダのロッキー山脈の東側のアルバータ平原を南下して、そこから、東の五大湖の方へと別れるグループがいて、彼らは最後にはニューイングランド地方へとたどり着く。五大湖を過ぎたところで東へ向かったグループは、平原部族として定着する。アメリカ中西部に留まらなかったグループはそのまま南東部へと下り続け、フロリダ半島へと行き着く。

ロッキー山脈の東側をひたすら南下して行ったグループは、途中、太平洋岸各地に腰を落ち着ける集団を残しながらも留まることなく、シエラマドレ山脈沿いに南下し、メキシコに入って中央アメリカの細い回廊を通ってアンデス山脈沿いになおも南下して、ついには南米の最南端ホーン岬へと至る長い旅を続けた。

こうして南北アメリカ大陸の隅々まで足を踏み入れた、後に「アメリカン・インディアン」あるいは「インディオ」と呼ばれる人びとは、それぞれの性格的側面や宗教観そして個人の体質的要素や、集団としての能力や力関係によって、自分たちに都合のいい、住み易く生き易い環境の土地に定着していくことになる。このような「居住領域」、「文化領域」といった概念によって、食料資源の分布や植生の分布状況、自然環境の差などによって多種多様な環境に幅広く存在する様々な文化を分類することができる。特にアメリカという広大な地域に、拡散居住する先住民の文化要素を理解するのにこのような分類が役立つことが知られている。

幸いにしてこの南北両大陸は地味が肥え、多くの植物が豊かに自生していた。彼らはそれを採集し、選別し、育成・栽培していった。その工夫の才と生きる意欲、探究心や飽くことのない向上心が、この大陸を彼らの天国にした。彼らにとって重要な食料――中でも植物の食材の豊かさは、いわゆる旧大陸の人びとの生活、文化を大きく変えていくことになる。そのことが顕著に現れたのが、コロンブスによる新大陸の「発見」以後、ヨーロッパにもたらされた新大陸の野菜たちだ。

最初は誰もが食べることを嫌がり、もっぱら観賞用だった南米アステカからもたらされたトマト。トマトよりも食生活に大きな役割を果たしたトウモロコシ。コロンブスにしろ、アステカを征服したコンキスタドールのエルナン・コルテスにしろ、多くのものを新大陸から奪っていったが、おそらくは彼らの略奪品の何倍もの価値あるもの、やがては世界を救うことになるもっとも重要な食材を、二人とも見逃していたのは皮肉だった。それがジャガイモだった。ヨーロッパを救ったのがジャガイモなら、アジア・太平洋諸島を救ったのはサツマイモ。呼び名の誤解から、現在もなおある混乱を呼んでいるトウガラシ（唐辛子）。それまでヨーロッパ、北アフリカ、中央アジアに広く分布していたソラ豆はアレルギーを引き起こすことがあったが、それに取って替わったのがアレルギーの心配のないインゲン豆である。豆の「ピー」と木の実の「ナッツ」の両方の名前がついたピーナッツ。今や、飲料やチョコレートには欠かすことの出来ないカカオ。南米からの植物で、おそらくヨーロッパ人がもっとも驚嘆したパイナップル。これがなければケーキ類は寂しいものになったろうヴァニラ。カボチャの英語名「パンプキン」は、ラテン語からフランス語になったウリ類をあらわす「ポンピオン」から来ている。日本ではあまり知られていないキャッサバ（マンジョーカ）の根茎から作られる粉は、アフリカや南アメリカに居住する人びとの主食として、また世界中の貧困地帯の主要な食材になっている。メキシコのアステカ族が栽培していたアボカド。彼らはこれを「アフォカトル」と呼んでいた。日本では「アボガド」と間違って呼ぶことも多いが、正しくは「アボカド」である。他に鰐梨《わになし》とも呼ばれ、これは英語の「アリゲーター・ペア」から来ている。その他、アメリカ独特の植物としてクランベリーやブルーベリー、ストロベリーなどのアメリカン・ベリー類やカシューナッツやペカンナッツなどのアメリカン・ナッツ類もよく知られている。

これらの多くのアメリカ独特の植物は、主として南米各地で栽培されてきたものだが、コロンブスをはじめとするスペインの探検家やコンキスタドールらによって、半ば強奪されるようにしてヨーロッパ各国にもたらされた。彼らが強奪を働いたのは南米大陸には「帝国」という形式の国家があり、それが彼らの征服欲、とくに黄金略奪の欲望を刺激したからだと思われる。その点、北アメリカの先住民たちが、征服、略奪の憂き目に遭うことが少なかったのは、「帝国」を形成していなかったからだろう。その代わり、やがて大挙する植民者、移住者によって滅ぼされる運命が待っていた。

北アメリカのインディアンたちは文字を持たなかったので、彼らの生活の細部、植物栽培の様子を知ることは難しいのだが、ヴァージニア州ジェイムズタウンに入植したジョン・ホワイトによってかなり克明なスケッチが残されており、彼らの集落の状況や食事の模様、調理の具合などをうかがい知ることが出来る。その絵に描かれたインディアンたちのすぐれた食生活を目の当たりにすると、ただ驚嘆するしかない。

一般に、アメリカ・インディアンたちの食としてよく知られるのは、ペミカンやジャーキー・ビーフがある。ペミカンは野牛やヘラジカの肉やベリー類や干しブドウ、木の実などを動物性の脂肪で固めたもので、密封したものは長期間保存することができ、すでに「インディアン・フード」という域を超えて、現在でも極地探検隊や大学の山岳部などで愛用されている。

もう一つのジャーキー・ビーフは、一五四〇～四二年にかけて北アメリカ南西部のニューメキシコを探検したフランシス・バスケス・デ・コロナドの遠征隊が、インディアンたちが獣肉を干したジャーキーを水で戻し、獣脂で炒めて食べることや、粉末にしたものを湯に溶かしてスープとして食べていたことを報告している。もとは、南米のインカ帝国で作られていたと言われるほどその歴史は古い。だが、こういった携帯食、軽便食、保存食ばかりがインディアンたちの食の世界ではなかった。むしろ、彼らの食生活は、世界最高だったのではないかと研究者の間でも語られているほど豊かなのである。

たとえば、カナダはサスカチワン川からメキシコのリオグランデ川まで続くロッキー山脈のふもとに広がるミズーリ、ミシシッピー領域に居住するオジブワの一部、スー、マンダン、オマハ、アイオワ、アラパホ、オセージなどといった平原部族は、塩の採取にすぐれた創意を見せた。一般に土の上に塩の層が露出しているのなら採取は簡単だが、そういう好条件の土地ばかりではない。また、狩猟によって小動物や大型獣を捕獲して生食できる場合は、動物の血液内の塩分を摂取できる。家畜などの草食動物でも、彼らの食《は》む草から塩分を取っていたから、彼ら自身の肉にも塩分が含まれる。

もし、定期的に塩分を採取できない場合、彼らの多くは直接植物から塩分を取り出した。いい例が「コルツフット（フキタンポポ）」という咳止めの薬草として知られる草を燃やしてその灰に含まれる塩分を抽出した「コルツフット・ソルト」だ。塩分だけでなく、サトウカエデやシラカバの樹液を醗酵させて酢を作り出したり、豊富な野性のハーブ類をうまく利用したり、コショウの実を香りづけや消毒用に用いたり、マスタードの実を防腐剤に使ったりしている。

同じ平原部族だが、より西側のアリゾナやニューメキシコなどの南西地帯に分布するホピ、ズニ、ナヴァホ、アコマといった人びとは、コロンブスがやってくる一〇〇〇年も前からコウモリの棲む洞窟から糞を採取し、土壌改良剤や肥料として用いて農業改良を促進していった。また彼らは「ホルノス」［図❶］と呼ばれる土を盛り上げた野外の天火《オーヴン》を作り、直火ではなく、蒸し焼きやローストといった高度な調理方法を用いてもいる。

スーやシャイアン、コマンチといった狩猟部族で、時に「ノマド」と呼ばれる遊牧の民たちは、後に入植者たちと激しい戦闘を展開したことでも知られるが、その戦いの技術は「バッファロー・トレイル」を北上南下する生活から得たものだった。バッファローは、普通「水牛」とされているが、北米では野牛のバイソンを意味することが多い。こちらのバッファローは夏には北のハドソン湾岸、冬には南のメキシコ国境まで移動する習性があり、彼らはこの移動中の野牛を狩ることで生きてきた。秋から春先まで彼らの食の中心は野牛の肉のジャーキーであって、その他の季節にはビタミン補給のため生肉が、特段に必要であった。春になると北上するバッファローを待ち伏せて狩りをする。「モカシン」と呼ばれる足音をたてない革靴を履き、ヘビのようにそろそろと獲物に近づいていき、一挙に仕留める。それが、後に騎兵隊やアメリカ陸軍を相手にするときの戦法にもなった。

一方、太平洋岸に面した北西部族たちは、川を遡るサケを大量に捕獲できたので、生木を用いた燻蒸技術を発達させていく。彼らはまた、海草の繁茂する浅瀬の海の水を、スープ用の出汁に利用することもあったし、植物の蔓を水中で編み、それを外気にさらして乾燥させることでみっちりと目が詰んで水の洩れない籠を作る方法も考案していた。この籠に海水を満たして魚介類を入れ、熱した石を沈めてスープにした。日本の男鹿半島の「石焼き料理」と同じだ。

こうしてシベリアからアメリカ大陸にやってきたモンゴロイドたちは、それぞれに適合する土地に腰を落ち着けていった。ニューイングランド地方に居住するアルゴンキン語族は、今のマサチューセッツ周辺のハマグリやオイスター、ロブスターやカニ類の名物料理を生み出したし、五大湖周辺から平原に広がった部族は今、ワイルドライスをはじめとする豊かな農作物の恵みをもたらしている。テキサスから南西部では、かつて野牛を追った土地ならではの、酪農、牧畜を中心とする肉牛産業を発達させ、太平洋岸南西部では、カリフォルニア部族の遺産であるアボカドやアーモンド、オレンジ、パイナップルといったフルーツの王国を築いた。その北に位置する北西部沿岸地帯は、ベリー類やサーモン類、ジャガイモやリンゴの名産地になっている。

現代のアメリカは、それぞれに定着したインディアンたちの選んだ土地ならではの、食の恩恵に浴しているのである。彼らの居住地がアメリカの地方色を作った。それが、アメリカという豊かな食の大国を作り上げる原動力になっているのである。

第二章 アメリカ食の誕生

1 初期植民者たちの苦難

話を北アメリカだけに絞ろうと思う。

アメリカ・インディアンが定住した後、彼らに続いてこの北米大陸に足を踏み入れたのは誰かということもまた、現在もなお議論を呼び、研究され続けているテーマだ。たとえば、先に触れた「失われたイスラエル一〇支族」の一部がアメリカに渡ったのではないかという説がある。そのほかにも、ポリネシア人たちが双胴のカヌー「ホクレイヤ」を操り、星座を頼りにバハ・カリフォルニアに着いたという話や、あるいはまたニューファウンドランドにその遺跡が残るとされるアイルランドのセイント・ブランダン、今のアラバマまでたどり着いたと言われるウェールズのマードック、そしてミネソタ州ケンジントンに彼らの刻印したという碑石が存在する一三〇〇年代のテンプル騎士団たちの名が挙げられている。さらには一四九二年、コロンブスがインドと間違えて西インド諸島にたどり着く七一年前の一四二一年、中国の鄭和《ていわ》がアメリカにやってきたという説などがある。

今のところ、西暦一〇〇〇年頃、スカンジナヴィア人のレイフ・エリクソンがグリーンランドを出航して、現在のニューファウンドランドに漂着、その土地に「ヴィンランド」という集落を建設し、それが北アメリカにおけるヨーロッパ人の最初の植民地だというのが最も確かな記録であるとされている。一九六四年、アメリカ合衆国議会が一〇月九日を「レイフ・エリクソン・デイ」と定めたことでも、その説が公的に認められていることがわかる。

いずれにしても、一六二〇年にアメリカ開国の父祖ピルグリム・ファーザーと呼ばれる清教徒たちが、現マサチューセッツ州のプリマス・ロックへ上陸したのが最初でないということだけは確かだ。

一三世紀中頃から、北アメリカ大陸の大西洋岸沖は、イングランド、フランス、スペインなどの主要な漁場であって、それらの国ぐにのタラ漁師たちがよくやってきていた。漁の合間に、食料や水などを調達するためにマサチューセッツのあちこちに上陸していたことは、今も「ケープコッド（タラ岬）」と呼ばれる半島があることからもよく知られる事実だろう。

しかしはっきりとした寄港・上陸の痕跡を残したヨーロッパの、中でもイングランドのそれは、海賊まがいの行為をしながらも女王から「サー」の称号を受けたイングランド海軍提督、私掠船船長であるサー・フランシス・ドレイクによるものである。

彼は、インカやアステカから略奪した黄金を本国に持ち帰ろうとしていたスペイン船を襲うことを仕事にしていたが、一五六八年、メキシコ東岸でスペイン船の猛反撃にあって甚大な被害を受けてから復讐の鬼と化した。スペイン船狩りの途中、スペインの手の届かない土地、後に「ヴァージニア」と呼ばれることになる土地に上陸しては船と乗組員を休ませていた。彼らにとっては、この地は第二の故郷のようなものでもあった。

続いたのが探検家、作家で詩人でもあったサー・ウォルター・ローリーで、イングランド女王エリザベス一世の寵臣であった彼は、女王から新大陸開拓の勅許を受け、ヴァージン・クィーンである女王に捧げてこの地を「ヴァージニア」と名づけた。一五八四年、彼は新世界での最初のイングランド植民地を今のカロライナに拓いた。だが、地質は悪く、しかも先住民であるインディアンたちとの確執からこの地を放棄せざるを得なかった。一五八七年、彼はふたたび、今のノースカロライナ州ロアノーク島の地を踏む。その時の指揮官で芸術家でもあったジョン・ホワイトが物資を調達するためにイングランドに戻っている間に、残された植民者たちはいずこともなく消え去っていた。残されていたのは、木の幹に彫られた'CROATOAN'という不思議な言葉だけだった。今に至る謎である。

カロライナ・アルゴンキン語族のクロアタン族によって襲われたのではないかという推測もあるが、だとしたらなおさらインディアンとの確執が、いかに「植民」という事業を困難にしていたかを教えてくれる。そしてこのことは、後にニューイングランド地方に入植することになる清教徒たちが、いかに幸運であったかを物語ってもいるのである。

カロライナ植民地からの撤退のあと、一六〇二年、イングランド人探検家のバーソロミュー・ゴスノルドが現マサチューセッツ州周辺を探検し、各地に英語の地名をつけた。だが、現在残っているのは「ケープコッド」と「マーサズ・ヴィニヤード」だけである。

一六〇七年四月、イングランドがヴァージニアに開いたアメリカ最初の植民地に到着したジョン・スミスは指導者に指名され、彼はこの地を、自分たちに勅許を与えてくれたイングランド国王ジェイムズ一世に因んで「ジェイムズタウン」と名づけた。問題は食料だった。彼らが腰を据えた地域は、アルゴンキン語族の緩やかな連合体のテリトリーだった。そこでスミスたちは、首長ポウハタンと友好平和の継続を約したのだった。だがスミスたちは約束を簡単に反故にして食料不足を補うためにインディアンたちを脅すようになり、そのため両者の間には流血をともなう対立が生まれるようになった。植民地はインディアンたちの攻撃にさらされ、ついにジョン・スミスは彼らの捕虜になり、処刑寸前のところでポウハタンの娘であるポカホンタス［図❷］に救われたのだった。

上陸後間もなく、ジェイムズタウンを飢饉が襲った時、ポウハタンたちは食料を届けたと言われている。しかしその後の両者の確執は、ひとえにスミスによるインディアンたちへのあまりにひどい略奪が原因となっている。ポウハタンらの抵抗を抑えるためには、首長の娘のポカホンタスを捕虜にするしかない。そして一六一二年、彼女を誘拐することに成功する。だが囚われた彼女は、白人社会に溶け込み、英語を習得し、キリスト教の洗礼を受け、ついにタバコの栽培輸出業者としてアメリカ植民地での最初の成功者とされるジョン・ロルフと結婚、名前もレベッカ・ロルフに変えて息子、トマス・ウルフを産むにいたる。ただ、その子の父親については諸説があることもまた書いておこう。やがてレベッカは夫の故郷であるイングランドへと、一一人のインディアンたちとともに向かうことになる。一六一六年のことだ。その後一年ほど現地に滞在し、アメリカ代表としてジェイムズ一世に謁見を果たすなどしたのだった。

だがロルフは、ヴァージニアでのタバコ事業が気になってアメリカに戻ることを望み、一六一七年三月に出国を決意。その船中、ポカホンタスは天然痘にかかって死亡する。二三歳だった。三月二一日、ケント州グレーヴゼントの聖ジョージ教会で葬儀が営まれた。彼女の銅像は同教会の敷地内に建てられている。

ポカホンタスの存在、また彼女の渡英は大きな意味を持っている。それは、いわば文化交流に果たした役割の大きさによる。しかし、「文化」とだけ決めつけては少し意義が薄れる。コロンブスは二回目の航海で新大陸の、主として農作物を旧大陸に持ち帰ったのだが、スペイン、ポルトガルをはじめヨーロッパの人びとにとってそれらは見たこともない食材であると同時に、見たこともない文化との遭遇そのものであった。何よりも大切なことは、その食材を使おうとすることが、そのままその見知らぬ文化を理解した上で、自分たちなりに取り入れ、我が物としていく努力に他ならないということだったのだ。この新旧両大陸の文化を中心とした様々な交流とその結果の相互理解と両者の変容は、新大陸の食材と知識、そして財産を旧大陸に運んでいったクリストファー・コロンブスに因んで

「コロンビア・エクスチェンジ（コロンブスの交換）」と呼んでいる。

このポカホンタスがイングランド、やがてはヨーロッパ全土にもたらしたものと、彼女の死後、アメリカに戻ってきた一人のインディアンたちが新大陸にもたらした旧大陸の様々なものこそが、本当の意味での「コロンビア・エクスチェンジ」である。

ポカホンタスの像を見ると、こんなに立派な姿をしていたのかと驚くとともに、彼女がいなかったらヨーロッパとアメリカとのつながりはどうなっていたろうか、と今更のように思わざるを得ない。歴史がたった一人の人間によっても動くのだ、と思うのはこんな時だ。

いずれにしろ、ポカホンタス亡き後もジェイムズタウンでの植民活動は続いた。しかしそのままこの地が順調に発展していったわけではない。湿地帯であるため飲料用の水に海水が滲出したこと、蚊が発生しやすい不潔な環境によりマラリアや赤痢などの伝染病が発生しやすく、また度重なる火災によって木造小屋が消失したことなどもあった。この飲料水の塩水化、疫病、火災による住居の喪失という三つの理由により、ヴァージニア植民地政府は、一六九九年この土地を捨て近くのウィリアムズバーグへと移っていく。

やがて「南部」と呼ばれて、アメリカの中でも独特の位置を占めることになるこの一帯は、一六四二年から七五年間にわたって本格的なイングランドからの入植が推進されることになる。その大きな要因は、一六四一年に始まったクロムウェルらによる清教徒革命だ。それまでピューリタンを迫害してきた国教会派、アングリカン・チャーチの面々は革命軍に追放され、一部はヨーロッパに逃げ、残るはすでに植民地として地歩を築いていたアメリカのヴァージニアへと逃げた。イングランド国王に忠誠を誓った王党派の面々が拓いたこの土地は、革命で追われた連中にとっては居心地のよい場所でもあった。しかも、一六四二年当時のヴァージニア総督であったウィリアム・バークリー卿は、革命に破れた王党派の連中を快く迎え入れたのだった。やがてジェイムズ一世の後を継いだチャールズ二世のもとで王党派は再起をはかるのだが、国王を守護する立場の彼らは自らを「騎士《カヴァリエ》」と称して、自分たちの地位や生活を守るために下級の労働者を必要とした。最初は本国からの年季奉公人であったが、彼らの年季があけると次の働き手をアフリカ大陸から輸入した。そして彼らが作る農作物をはじめとする食材を、旧い英国風の調理道具と調理法によって、後に「南部料理」というアメリカ料理のすぐれた一角を形成する料理をつくりあげていくことになる。

ジェイムズ・タウン植民地はアングロ・サクソン系のイングランド植民地の嚆矢であったにもかかわらず、「アメリカ建国の父」という称号は、彼らから遅れること一三年、一六二〇年に北アメリカ大陸東海岸北部に足を踏み入れた「巡礼始祖《ピルグリム・ファーザー》」と呼ばれる一団に与えられることになる。彼らは一般的に、信教の自由を求めて新天地アメリカに渡った人びとと考えられているが、メイフラワー号［図❸］という貨物船を雇い渡航した一〇二人の中には、清教徒として知られた熱心なキリスト教信徒――彼らは自らを聖者《セイント》と呼んでいる――だけでなく、信仰以外の目的、金儲けや自由な身分の獲得のために入植するよそ者《ストレンジャー》と呼ばれる人たちがいた。この清教徒たちは、やがて生まれる船中での確執、そしてその結果として産み落とされた合意文書ゆえに「アメリカ建国の父祖」と呼ばれることになる。

彼らは一六二〇年九月一六日、イングランドのプリマス港から出航した。苦難の六六日間の船旅の末、ケープコッドの東海岸に一一月二一日（ユリウス暦一一月一一日）に着岸した。本当ならヴァージニアまで南下するはずだったが、一一月はすでに季節が遅すぎて諦めざるを得なかった。積んでいたビールが底をついたので、という説もある。しかし、そこに碇泊したとしてもインディアンしかいないだろう土地でビールを調達できるわけもなく、この説はいささか怪しい。

怪しげなことはまだある。たとえば、彼らの出航地は後に軍港として知られることになるイングランド南西部の港湾都市プリマスだが、着岸した場所もまたプリマスである。アメリカのプリマスは、一六一四年にこの地を探検した例のジョン・スミスが名づけた土地なのだ。出航地と同じ名前の場所に投錨するような偶然はそうあることではない。また、実際に彼らが足を下ろしたという、上陸に都合のいい岩、プリマス・ロックというものが本当にあったのかどうかも、よくわかっていない。プリマス湾にはそれ以外に彼らが足をのせるのにふさわしい石は他になく、しかもそれがピルグリム上陸の石であると、一七〇〇年代半ばに土地の古老が言い出したにすぎない。現在、この石は、表面にその名を刻まれて、白亜の東屋、まるで小型のパルテノンを思わせる記念建造物の下で厳かな雰囲気を漂わせている。遠くからでも目立つ建造物で、アメリカ人はつくづく「パルテノン」好きだなあ、とあちこちの町の記念物を見て思う。

ピルグリム・ファーザーたちの一団が、アメリカ最初の入植者であり、アメリカという国の基礎を作ったと英雄扱いされ、学校の教科書にも、通俗歴史書にも麗々しく記されている理由はただ一つ、彼ら一〇二人が仲のいい、目的や利益が合致する集団ではなかったからだ。逆説的に言えば、彼らすべてが信仰心篤いピルグリムばかりだったら、けっしてアメリカの礎を作った国家的存在とはなりえなかった。

彼らの船内での生活は、反目し合い、諍いと時に罵倒が飛び交い、安寧と平安からはほど遠いものだった。中に一人、いろいろなことに突っかかり、悪口雑言の限りを尽くす男がいたが、航海途中の事故で死亡したとされている（大西直樹『ピルグリム・ファーザーズという神話』）。後に暗殺されたのではなかったのか、それは一行の統率と団結を壊す不満分子を排除する暗黙の秩序維持行為だったのではなかったか、との説もある。'May flower History. com'というサイトには、ニューイングランド海岸が見える三日前に、二ヵ月ほど病に臥せっていた一六歳の従僕が死んだとの記述がある。この従僕と「悪口雑言の限りを尽くす男」が同じ人物とは思えないが、いずれにしても上陸前に一人が死んだことは確からしい。ただし、この航海中にホプキンズ夫妻に男の子が生まれたという記録が残っているから、総勢一〇二人という数は変わらない。

秩序を回復し、団結を取り戻し、それぞれの目的は異なってはいても、それらを成就するために心を一に出来る何物かが必要だった。それが「メイフラワーの誓約」と訳される「メイフラワー・コンパクト」なのである。簡単に言えば、これは彼らの植民地構築という当初の目的を完遂するために守るべきルールなのである。研究者の中には、この誓約は単に植民地を作るために渡航する意味と、その目的を明確に確認したものに過ぎない、とする人もなくはない。だが一方、この誓約はアメリカの民主主義の起源と位置づけられてもいる。あるいは、世界でも初めての近代国家としての「社会契約」であるとする人もいる。それはこう始まる。

In the name of God, Amen. We whose names underwritten, the loyal subjects of our dread Sovereign Lord King James, by the Grace of God of Great Britain, France, and Ireland King, Defender of the Faith, etc

「神の名に於いて、アーメン。我等の統治者たる君主、又神意により英王國《グレート・ブリトン》、フランス及びアイルランドの王にして又信仰の援護者たるジェームス王の忠誠なる臣民たる我等下名は、……」（中略）

これは一九五〇年に岩波書店から発行された、アメリカ学会代表・高木八尺《やさか》の『原典アメリカ史第一巻』に訳された「メイフラワー誓約書」から抜粋したものだ。アメリカ史を知ろうとするものにとっては、重要な書物だろうと思う。

しかし、この「メイフラワーの誓約」が世界に冠たる近代国家のあるべき民主主義の根本理念を内包していると言えるのは、この後に続く以下の文言の部分なのである。彼らはヴァージニア北部に植民地を築こうと航海に乗り出したのだが、それを完遂するために必要なことがある。だから、「ここに本證書により、嚴肅且つ相互に契約し、神と各自相互の前で、契約により結合して政治團體を作り、以て我等の共同の秩序と安全を保ち進め、且つ上掲の目的の遂行を圖ろうとする」

そのために彼らは、一つの決意を表す。

「今後之に基き、植民地一般の幸福のため最も適當と認められる所により、随時、正義公平な、法律、命令等を發し、憲法を制定し、又公職を組織すべく、我等はすべて之等に對し、當然の服従すべきことを誓約する」と。

ここで彼らは、正しく公平な法、その法が命ずる事柄、民法以外の規則、そして憲法といったものを、人が作り、その「法」に人は服従し、従順に従うことを約束するということを明らかにしているのである。すなわち、「法が一番上にあり、何人といえどもその法の下には平等である」ということ。国王が法を決めるのではなく、「自分たちの良き秩序」を維持するために公民が代表を選び、その代表たる大統領もまたこの法の下に平等であるということを示しているのである。そしてこの誓約はこの一点において、アメリカ合衆国憲法の根底を成す、と言われているのである。

いい話がある。一八五八年、初代アメリカ総領事ハリスとの間で調印した「日米修好通商条約」を批准した文書をアメリカ政府に手渡すため、一八六〇年、江戸幕府は遣米使節団を組織して南北戦争を一年後に控えたアメリカに、アメリカ軍艦ポーハタン号に乗せて送り出した。一行は、正使新見豊前守正興以下、七七人。この他、護衛名目の随行船・咸臨丸に乗った勝海舟や福沢諭吉、通詞のジョン万次郎もいた。
問題は福沢諭吉である。彼は、アメリカ独立の英雄であり、初代大統領であるジョージ・ワシントンの子孫は、今、この国ではどうなっているのか疑問に思い、ある人に尋ねてみた。するとその人は、確か女の子孫がいるはずだが、詳しくは知らないと冷淡な答えが返ってきたのに福沢は驚いた。彼の頭には、源頼朝、徳川家康の子孫のことがあったので、その関心のあまりの違いに、彼我の社会の差に驚いたのである。

この時に福沢諭吉は、「法」が主人公であり、人は、たとえその人がどれほどの人物であろうとも、その法の下に位置している平等な庶民なのだということを如実に知ったのだった。そして福沢は、アメリカ独立宣言文のなかにある'All men are created equal'から『学問のすゝめ』の「天は人の上に人を造らず」の言葉を生み出す。このアメリカの独立宣言は、あの「メイフラワーの誓約」に大きな影響を受けているのである。

そしてこの、人はすべて平等であり、一般大衆が参加する選挙によって誰もが大統領になれる、すなわち、この機会均等というシステムは、そのままアメリカの独特の食を生み出す原動力にもなっており、彼らは、食というものはこの空の下、何人も公平で平等に享受出来ることを求め続けてきた。このことを押さえておかないと、「アメリカの食」というものは真に理解出来ない。

このように「メイフラワーの誓約」は見事なものであったが、彼らの上陸したアメリカでの植民生活は惨憺たるものだった。まず、メイフラワー号で運んできた食料は、塩漬け馬《ソルティ・ホース》と呼ばれる塩漬けにした乾燥牛肉、ふくらし粉の入っていない堅パン、いわゆる「種なしパン」、ビール、干し魚、チーズなどだったが、その多くは忍び込んでいたネズミに食べられてしまったという記録が残っている。彼らはネズミ捕り用に、人懐こく飼いやすく、子供たちとも仲良くなれるブリティッシュ・ショートヘア種のネコを乗せていたのだが、あまり効果がなかったようだ。しかしメイフラワーによってアメリカに連れてこられたこのネコは、その後ドメスティック・ショートヘアと呼ばれるようになり、現在、アメリカン・ショートヘアとして親しまれている。運動能力は高いと言われているものの、ネズミ捕りは不得手だったようだ。

ともあれ、彼らは一一月の厳寒に向かう季節、蓄えの食料の大半が失われたことで大変な苦境を迎えることになる。彼らはすぐに食べられる日常の食料品ばかりでなく、長期在住のための種子も持ってきていた。キャベツ、カブ、ニンジン、タマネギ、バースニップ（アメリカボウフウ）、豆類、ハーブ類など、新大陸の土地にも合うだろうと思われた植物類だった。だが結果的には、彼らの上陸したニューイングランドの石ころだらけの土地ではどれもうまく根づかなかった。主食用の小麦も同じだった。

種子が土地に適さなかったという不運の上に、残酷な冬が待ち受けていた。間もなく彼らは飢餓に陥り、全滅するのではないか、という危機的な状況に直面することになる。その大きな理由として彼ら自身が書き残した日記類や報告書などの資料の背後からうかがえるのは、ある種の奢り、よく言えば誇り、言葉を換えればイングランド人特有の頑固さから、自分たちの持ってきた食料に固執して、アメリカ大陸の豊かな食べ物には見向きもしなかったことだ。すなわち、イングランドで食べ慣れた伝統的なイングランド料理を作ろうと、祖国を出航する時から、いや、この移住を計画した時から安易に考えていた。

彼らにとっての希望の大地は、むしろ地獄であったことを以下の冷酷な事実が物語っている。まず一一月二一日の投錨から二週間もしないうちに一〇二人のうちの一ダースもの人が死に、次の一カ月間に八人、三カ月目の二月から三月までの一カ月間に一七人、三月中に一三人が死んでいる。四月、結氷と冬嵐がおさまってチャーター船「メイフラワー号」がイングランド本国に向けて出航する頃には、一〇二人がわずか五二人になっていた。翌一六二一年の夏までに生き残ったのは五〇人程度に過ぎない。

それもこれも、ニューイングランド地方での生活を侮っていて、そこで生きていく覚悟と準備とがおろそかであったからだ。たとえば、プリマス植民から一〇年後に入植を開始したマサチューセッツ湾植民地に入植したジョン・ウィンスロップが、妻に持っていくように命じた調理道具の一覧には、「大きさの異なるフライパン（スキリット）を二、三個、大きなフライパン一個、小さな煮物鍋……」とある。ウィンスロップのグループはすでに先達の経験を耳にしていたはずだが、ピルグリム・ファーザーたちの場合はその情報さえなく、ただイングランドでの生活を継続していこうという考え――それは家を建て、その屋内で石積みの大型暖炉が造れた場合を想定したもので、彼らの調理道具はウィンスロップの妻のそれと機能的には同じではあったかもしれないが、種類や内容はもっとお粗末だったろう。実際にピルグリムたちは家を建てることが出来ず、春までメイフラワー号船内に留まらざるを得なかった。彼らを留まらせたのは、この地の冬の厳しさであり、時たま見かけるインディアンの姿に怯えたからでもあった。

確かに飢餓状態ではあったものの、彼らの死因は基本的には飢餓によるものではない。新鮮な野菜を摂取することもままならないため壊血病になった人も多かったが、何より当時のイングランドの下層社会に根強くはびこっていた結核がここでも頭をもたげ、前記のような大量の死者を出すことになったのだった。

むろん食料不足も深刻で、どうにかして食料を手に入れようと、男たちは周辺の探検を始めた。集落の跡を見つけたり、インディアンたちの墓をあばいたりしたという。インディアンたちが翌年蒔くために蓄えておいたトウモロコシを見つけ出して持ち帰ったという話もある。ピルグリムたちの報告によれば、残るメンバーに見せるためにほんの少々だけ持っていったのであり、翌年にインディアンたちに代価を支払ったという。インディアンたちは文字を持たず、したがって証拠文書を残すことが出来なかったが、白人たちは日記や報告書、また後に史伝として書き残すことができた。しかもあとになってどうとでも書き足しや書き直しが出来た。どちらを信用するかは、それぞれの思いによる。

その冬が越せるかどうか、ピルグリムたちはほとんど絶望の中にいた。寝込む者がいても、何ら助ける手立てがなく、船内での暗黙の了解事項は'If they died, let them die'（死んだのなら死なせておけ）だった。その冬、彼らは全滅するのではないかと思われた。だが翌年の春までに五〇名ほどが奇跡的に生き残った。最初の二六家族中の一二家族、一二人の独身の男たちと子供たちのうち四人だけが春を迎えた。絶望から回復できるだろうかという矢先、もう一つの奇跡が起こった。

船を出て定住地を探そうとしていた彼らの前に一人のインディアンが近づいてきて、「ウェルカム」と英語で語りかけてきたのだ。「ウェルカム・イングリッシュメン」と。それはサモセットという現メイン州を本拠とするアベナキ・インディアンの一人だった。

ピルグリムたちが上陸した一帯は、やがてマサチューセッツ州として知られることになるマサチューセッツ族の領地で、パトゥクセット、ニプマック、そしてワンパノアグといった部族のゆるい連合体の長であるマサソイトによって統率されていた。インディアン語族でいえば、今のメイン州からジョージア州まで広がるアルゴンキン語族になる。

それまでもピルグリムたちは、何度かインディアンの姿を見てはいた。だが彼らはたいがいは遠くからこちらを窺うようにしていたり、時どき近づいてくる様子を見せたりもしたが、こちらから近づいて行くと逃げて行ったものだった。そういう状況の中、サモセットは粗末な小屋に集まる白人たちの集落に一人でやってきた。一六二一年三月一七日のことだ。彼はマサソイトに命じられてやってきたのだった。

サモセットには、白人たちは自分たちよりも背が低く、ひどい服装で、それも汚れ果てていて髪の毛は動物のように長く絡まり、青白い肌に奇妙な青色の目をした人物に見えた。しかし、西洋人を目にするのは初めてのことではなかった。サモセットはかつて、大西洋岸に漁にくるイングランドの漁師たちと交易をした経験があるからだ。少しは英語のわかる彼を、マサソイトはいつもよりも長居する白人たちの出方を見るために、送り出したのだった。

サモセットが近づいてくるのを見たピルグリムたちは、警戒した。銃を向けたが、相手はひるむ様子を見せなかった。その時のことをウィリアム・ブラッドフォードは『プリマス・プランテーションにて（*Of Plymoth Plantation 1620-1647*）』で、「ひどい英語を喋る東部の部族の男がやってきた」と書き残している。サモセットは間もなく、もう一人の、もっと英語の達者なインディアンを連れてくる。インディアン名でティスクワンタム、通称スクワントとして知られる人物だ。彼はワンパノアグのチーフ、マサソイトの家に一年半ほど前にやってきたパトゥクセット族の男で、英語にはかなり親しんでいた。それというのも、ピルグリムの到着の一五年ほど前、一六〇五年頃にこの土地を探検して回ったイングランド人探検家、ジョン・ウェイモスに連れられてイングランドに渡り、ウェイモスに通訳としての英語を教えられ、その後約九年間にわたってイングランド各地でさまざまな仕事をしていたが、一六一四年、ジョン・スミスのニューイングランド探検隊に加わって、アメリカに戻ってきたのだった。

話はそれで終わらない。スクワントはその後、ジョン・スミスの副官の一人で、アメリカ沖で獲れた魚介類と、捕まえたインディアンとを売りさばくことを商売にしていたジョン・ハートに捕まり、スペイン人に奴隷として二〇ポンドで売り払われて、スペイン領カリブ海からイベリア半島のマラガへと送られてしまったのだ。だがやがて、フランシスコ派の宣教師に助けられてニューイングランドへと戻ってきたという。

別の説もある。だが、ここでは省こう。アメリカに戻ったスクワントは、自分の一族が天然痘の流行にやられて全滅したことを知った。パトゥクセット族で生き残ったのは彼一人だった。

当初マサソイトは、彼の部族に身を寄せていたこのパトゥクセット族の男を信用していなかった。彼ら一族を白人に売りつける、その手先ではないのかと疑っていたからだった。それもこれもスクワントの英語があまりに見事であったからに他ならない。そこでマサソイトは、彼を監視下に置いた。しかし、ピルグリムたちが春になって船を降り、惨めな仮住居を建てて腰を据えようとしている今、彼らの情報を得るに最も適任なのがスクワントであると認めたのだった。

スクワントはロンドンでの生活で――一説にはロンドンのシティで働いていたということだが、その間に覚えた英語、それこそ見事なキングス・イングリッシュを喋ることが出来たから、ロンドン周辺からやってきたというピルグリム一行にとっては打ち解けやすい人間だったろうと思われる。スクワント自身、自分を捕らえて売ったスペイン人には反感を抱いていたものの、イングランド人にはある程度好感を持っていた節がある。息も絶え絶えの状態だったイングランド人集団を見た時、彼が自分の出来ることをやってやろうと考えたとしても不思議ではない。

折しも春、スクワントは寝食をともにし、この新天地で生きて行くやり方――雨露をしのぐ建造物の正しい建て方をはじめ、さまざまなことを教えた。まず、漁労法だった。プリマス湾へ流れ込む川で、ヤスに似た道具を使ってマスを刺して捕るやり方、海辺では植物の繊維で編んだ投網で小魚を取ることを教えた。大きな魚はそのまま食料になったが、食料にできない、捨てるような雑魚は肥料に成に不可欠なやり方だった。トウモロコシ――インディアンはそれを「メイズ」と呼んだが――の根方に小魚を肥料として埋めること、同時にトウモロコシの畝《うね》の間に豆を蒔き、豆の蔓をトウモロコシの茎に巻きつかせて両方を同時に育てること。これは豆のための支え木を立てる労力を省くことにもなるが、もっと重要な理由がある。トウモロコシは地中の窒素を吸収するが、豆は空気中の窒素を取り入れて土に戻す性質があるので、土地の窒素不足を解消することが出来るのだ。そういったことは、イングランドではまったく知ることの出来ない生活の知恵だった。このトウモロコシの食料としての重要さは、ひとえに植民者たちを救ったばかりでなく、アメリカという国、そこに住む国民が、他の国の人びとと大きく違っていくことになる重要な要素であることが後にわかってくるのである。

スクワントはまた、鹿を狩ることも教えた。ピルグリムたちはマスケット銃を持ってきており、それで狩猟をして食料を確保しようと考えていた。だが、彼らの銃は銃身が長く、手で支えて狙いを定めることは結構難しく、銃を固定する支えの棒を必要とした。動かない相手、逃げ道を失って追い詰められて動きのままならない相手ならそれでよかったのだが、アメリカの野生の動物たちは、生き生きと躍動的で俊敏だった。ゲームハンティングの相手ではなかった。動物たちの姿を見つけて、銃をセットしていたのでは間に合わない。対して、インディアンの狩猟道具は弓矢だった。獲物を見つければ、すぐに射ることが出来る。それればかりでなく、動物たちの移動する道筋、獣道や逃げるルート、親は子供を守って反対側に逃げる習性などを教え、そこで待ち伏せすることが狩りを楽にすること、それには勢子《せこ》が必要であることを説いた。ピルグリムたちは、イングランドでの狩りを思い出したが、獲物を追い立てる犬がいなかった。彼らは、共同で狩りをすることを学んだ。

森林の奥には、木を倒してダムを作り、水勢や水位を自在に操るビーヴァーたちがいた。スクワントは、その毛皮を衣服にすることを教えた。それは水を弾き、内部の熱気を解放した。また、メープルトゥリーの樹液から甘いシロップを得ることを教えた。その液体を水で薄めて常温で放置すると「酢」になることも教えた。さらに、毒を持つ草木、薬用になる草木の見分け方を教えた。木の幹を刳りぬいて作る舟、木の表皮を張り合わせて作る舟、その木の表皮としなやかな枝で作る小屋の建て方も教えた。

2　楽天の大地

ある年の秋のホリデイシーズン、ぼくはちょうどボストンの町にいた。サンクスギヴィングの休日に当たってしまい、前の日に出かけたケープコッドの先端まで、その行き帰りのあまりの渋滞ぶりに辟易していた。このニューイングランドあたりの海辺の風景は、いくらか灰色がかった海と白く褪せたような砂浜と、そこに生えている淡い茶色の草たち——まるでスコットランドのヒースの草原にも似たその色合いは、どこかゴールデンレトリーバーの毛並みを思わせて嫌いじゃない。北寄りの大西洋岸の海沿いの土地にいるときには、必ずと言っていいほど少し荒れた砂地に足を向ける。その風景は、太平洋岸のあっけらかんとした底抜けに明るい海辺とは違っている。どちらかと言えば、内省的な、過去を振り返るような、想い出の中の温かな秋の陽射しのような色合いをしている。オレゴンやワシントン州の北の海辺も少し似た風景をもっているけれど、あそこはただ波が荒く、渺漠《びょうばく》と広がる海原はまったく違う心象を与える。ニューイングランドの海岸は、たとえようもなく人恋しい。

その風景を眺めたくてのケープコッド・ドライヴだったのだが、悪い季節に当たったものだと諦めるしかない。アメリカ有数のスポーツジャーナリストだったレッド・スミスの大ファンで、彼の墓のあるマーサズ・ヴィニヤードにも行きたかったが、往復の船も飛行機もすべて満員。休日明けを待てるほど時間の余裕もなかった。で、車をボストンのホテルに置いて、バスでプリマスに向かうことにした。

ピルグリムたちが陸に上がった足場であるとされる「プリマス・ロック」は、前にも見に行ったことがあった。今回は、それではなく、プリマス・プランテーションを見たいと思っていた。一八八〇年に彫られたという「一六二〇」の数字が表面を飾る白っぽい岩は、パルテノンを思わせる白亜のモニュメント［図❹］の下に変わらずにあった。そうたいして価値があるとも思えず、すぐに背を向けてそう遠くないところにある復元された「プリマス・プランテーション」に向かう。一六二七年に建造されたという「プリマス・プランテーション」は、当時のピルグリムたちの生活の様子を後世に残すための、現在進行形の博物館のようなものだ。上から見ると船のような形に、背の高い先の尖った木材の防御壁を廻らした要塞で、ようするにその中で当時の生活をありのまま、服装や調理法や食そのもの、耕作法や洗濯や医療などはもちろんだが、言葉も、その時代彼らが喋り、書いていた英国英語を用いてかつての暮らしそのものを再現しているのである。そこに住む人びとは、当時の生活のまま今を生きているわけで、進行形の博物館と表現するのがいいと思われる。

少し離れたところにある、ワンパノアグたちの集落もまた、ワンパノアグたちによって再現されている。彼らの住居や耕作地、生活のあれこれが今もきちんと残されている。彼らの住居は、これまであちこちで見たインディアンのスタイルとは異なり、「ウィグワム」と呼ばれる天井が円いドーム型で、小型の天文台のようで興味深かった。平原部族、中でもスー族などのバッファローを追って季節ごとに北上南下する移動型狩猟グループの住居は、長い木材を三角錐の形に立てかけ、それを、バッファローの皮をなめしたものやキャンバス布で巻いたもので、「ティピー」と呼ばれている。ワンパノアグも夏の移動期にはティピーを用いるが、冬の定着期にはドーム型のウィグワムを用いるとされている。このワンパノアグ村の見本住居は、定置型のドームを展示したものだ。

それにしても、その外壁をなす樹皮の幅広さと厚さには驚かされる。巨木の表皮をうまく剝いで用いたものだろうが、さすがに森林部族の技術だと納得がいく。彼らの復元された集落では、作りかけの小船やトウモロコシの畑やハーブ類の草むらが昔日の様子を物語っている。だがしかし、そこで生活しながらかつてのワンパノアグたちの生き様を伝えてくれているのが、現代に生きるワンパノアグたちだと知って、何となく違和感を覚えた。それは後に触れる事実による。

ともあれ、彼らピルグリムたちはこのアメリカという新天地に馴染み始め、生き延びていくすべを学んでいった。少なくとも、一六二一年の冬には、彼らは後続の植民者たちへ、いかにこの土地が食料豊かで、栽培しやすく、また生きるにたやすいかを得意気に報告している。そのことは、エドワード・ウィンズロウのイングランドへの手紙『ニューイングランドへ移住せんとする人びとへの助言（*Advice to Colonist to New England*, 1621）』によって知ることが出来る。ウィンズロウはピルグリムの一人で、初期の移住者の中で当時の事物を文書によって書き残している数少ない貴重な証人であり、かつメイフラワーの仲間たちの誓約書の署名者として、初代総督のジョン・カーヴァー、二代目のウィリアム・ブラッドフォードについで彼の名前が書き記されているような人物である。

そのウィンズロウが、一六二一年一二月一一日、メイフラワー号のプリマス着岸から一年と一カ月後に書いたのがこのイングランドの後続の植民者たちへの手紙で、一六二二年にロンドンで発表されたものだ。その中に、こんな一節がある。

「過ぐる春わたしたちは玉蜀黍を二十エーカーほど仕立て、大麦と豌豆もあわせて六エーカーほど蒔いた。そしてインディアンのやり方にならい、ヘリングというよりシャッド（shads）を畑の肥料にした。シャッドはいくらでもいて、戸口のすぐそばといったところでやすやすと獲れるのである。わたしたちの穀物はうまく行ったことがわかった。玉蜀黍はよく実り、大麦は可なりよかった。（中略）（ここでは）魚や鳥は、じつにおびただしい。夏の新鮮な鱈も、わたしたちにとっては、お粗末な食べものというにすぎない。入り江は夏じゅう海老《ロブスター》でいっぱいで、そのほかさまざまな魚がとれる。九月には、これという苦労もなく、一晩で一ホッグスヘッド（hogshead）の鰻がとれるし、冬ならいつでも巣穴から掘り出すことができる。平貝とかその他のものも、敷居をまたいだところでとれる。牡蠣《かき》は近くではとれないけれども、ほしいならいつでも、インディアンに持ってきてもらえる。春には、大地はおのずと、ごく良質のチサ（sallet herbs）をしげらせる。たいへん甘く匂いも強い白葡萄と黒葡萄。苺、グズベリ、ラズベリ等々。ダムソンとまずまず同じほどうまい白黒赤の三種のプラム。白や赤やダマスクの、一重ではあるがじつに香ぐわしいおびただしい薔薇。そういうものもここにはある。この土地に欠けているのは勤勉な働き手だけだ」（前掲『原典アメリカ史第一巻』所収、日高明三訳、ホッグスヘッドは直径七〇センチ強、高さ八〇センチ強、容量二三〇リットルのウィスキー貯蔵用の樽）。

この自信というか、楽天的で気前のいい先輩風を吹かせる、どこかほほ笑ましく感じられる態度は、実はこれが書かれる二カ月ほど前のある出来事に大きく影響されているのである。それはこの新大陸での初めての収穫感謝祭――サンクスギヴィングの宴だ。

ニューイングランドに入植した人びとにとって収穫感謝祭は、神の恩寵によって手に入れることのできる様々な収穫物――敬虔な彼らにとって、神の恵みそのものだった。この厳しい土地で生き延びられたこと、それは神からの賜物以外の何ものでもなかった。その豊かな収穫は、この一年を無事に生き延びさせてくれたこと、そして、この先も長きにわたって生き延び、豊かに暮らしていけることを予兆させてくれた。それはとりもなおさず、神が自分たちの存在を祝福してくれていることを意味していた。

このサンクスギヴィングの宴が正確にいつ行われたのかは、はっきりしていない。最近の研究では、一六二一年九月二一日から一一月一一日までのいつか、おそらくは一〇月の初めだろうとされている。そのはっきりしない最初のサンクスギヴィング・デイ、収穫感謝祭が、現在我々の知る一一月第四週の木曜日と決定されるに至るのは、実はかなりの歴史的葛藤があるのだが、その話はまた別の機会にしよう。

この感謝祭、ピルグリムたちだけで行われたものではなかった。ピルグリムの面々が五三名（とされている文献が多い）、マサソイト率いるワンパノアグの一行九〇名が参加しての、三日間に及ぶ大宴会だった。そこでどんな料理が出されたのか。それが今もなお多くの研究、考証、議論がなされている大きな問題なのである。なぜか。それは現在残されている当時の文献が、わずか二つしかないからである。その一つは前述したエドワード・ウィンズロウの一六二一年一二月一二日の日付のある手紙『ニューイングランドへ移住せんとする人びとへの助言』で、そこに見られる野菜類や魚介類、木の実、果実類などから彼らの食卓の様子を類推することができる。もう一つは、やはり先に挙げたウィリアム・ブラッドフォードの書いた『プリマス・プランテーションにて』の中の、「ファースト・サンクスギヴィング」の項にある一節だ。そこには「何人かは釣りが巧みになって鱈や鱸などを釣り、かなりの蓄えが出来た」。それは彼らの家族全員に行き渡ったうえ充分にあまり、「冬に向かう頃には家禽類の狩猟が始まって、水鳥は別にして、野生の七面鳥は大変な数が獲れた。また鹿も相当数を捕獲することが出来た」とも書かれいている。

一六二〇年代初期、実際にプリマス・プランテーションで生活した、二人の生き証人の書き残したものでしか、当時の食事情を知ることは出来ない。しかし、これらの食材から、また当時のインディアンたちの植物の栽培法や魚介の捕獲法、動物の狩猟法から彼ら独特の調理法、そしてイングランドからの植民者が持ってきた食器や調理器具、調味料や調理の知恵などを総合して推測した「最初の感謝祭の料理」のメニューが様々なサイトや本などに書かれている。それらの内容をまとめてみると、おそらくは鹿の焙《あぶ》り肉、ローストグース（野鴨）、ローストダック（家鴨）、貝、ウナギのシチュー、小麦粉とトウモロコシ粉のパン、野菜類としてはニラネギ、クレソン、果物は野性のプラム、そして自家製ワイン、とされている。だが野菜類はこれでは乏しすぎるし、ここに書かれているのは生でしかない。サラダならともかく、どう調理したのだろうか。果物ももっと豊富だったろう。季節柄、新鮮なものは望めないにしても、乾燥したものはなり豊富に蓄えていたろうからドライフルーツ類や、それを煮たシチューなどは登場したのではなかろうか。またワイン類よりも、彼らにとってはむしろビール、またはエールの方が馴染みがあったはずで、その両方が出てきてもいいように思える。

　いずれにしろ、これらの料理、食事に関しては、後世に出されたさまざまな研究書や文献資料類、また多くのウェブサイトでもあれこれと言及され、今なお活発な議論のもととなっているのである。面白いのは、それぞれに微妙に差があって、それは書き手や発信者の社会的地位や考え方、思考の柔軟性によるものらしい。逆に、その言及からその研究者、書き手の人間性がうかがわれるのである。「ザ・ファースト・サンクスギヴィング、メイフラワー・ホームページ」というサイトの中の「一六二一年の感謝祭でピルグリムたちが手に出来た食料」の項では、魚はタラ、スズキ、ニシン、シャッド（小型の鰊）、ブルーフィッシュ（オキスズキ科の魚）、そして大量のウナギ、とある。魚介類ではクラム、ロブスター、ムール貝、少量の牡蠣、鳥類は野生の七面鳥、野鴨、家鴨、鶴、白鳥、つぐみ、その他多種の水鳥、中には鷲というのもあって、ウィンズロウの一六二三年の文章によると、「マトンのような味だ」と書かれている。

動物類は、鹿、ヘラジカ、塩漬け豚肉、たぶん鶏（鶏は船に乗せてきたが食料としてではなく、タマゴを採るためだったと思われる）。穀類は、小麦粉、トウモロコシ粉、大麦粉（これは主としてビールの醸造用）。果物は、ラズベリー、ストロベリー、ブドウ、プラム、サクランボ、ブルーベリー、グースベリー（スグリ）で、これらの多くは旬の季節以外は干して貯蔵された。野菜類は、少量のエンドウ豆、スクワッシュ（カボチャ類も含む）、インゲン豆類、タマネギ、ニラネギなど。木の実類としては、クルミ、クリ、ドングリ、ヒッコリーの実、ピーナッツなど。

その他、イングランドから持ってきた野菜類の種子は、ラディッシュ、レタス、ニンジン、タマネギ、キャベツ類（これらがうまく育ち収穫できていればだが）。他にメープルシロップ、ハチミツ、少量のバター、オランダチーズ、卵、オリーヴオイル（むしろ医療用として用いられた）といったものになる。これらは基本的にヨーロッパにはないものばかりだった。だから彼らは、これらの食材を取り入れ、我が物としていくことによって、この新しい土地に馴染んでいったのだった。

これらの料理を準備し、ピルグリムの軍事的指導者だったマイルズ・スタンディッシュをはじめとする植民者たちは、最初の収穫感謝祭を営もうとした宴に、ワンパノアグのチーフ、マサソイトやサモセット、そして恩人のスクワントなどのインディアンたちを招待した。マサソイトは並べられた料理を見て、すぐに部族の者に自分らの集落からもっと多くの食料を持ってくるように命じ、五頭の鹿、多数の野生の七面鳥、魚、豆類、スクワッシュ、コーンスープ、コーンブレッド、そして多くのベリー類を運ばせたとある。こうして三日間にわたる感謝祭の宴が始まった。

ここまでなら、単にサンクスギヴィング・デイというアメリカ固有の収穫を祝い、感謝する祝会で、何がテーブルにのせられたのか——いや、実際にはテーブルはなく、誰もが車座になって地べたに直接座ったので、その車座の中心に置かれたのは何かという話だけに終わる。しかし面白いのは、現代のアメリカの食研究では、「何がテーブルにはのらなかった」のかという、感謝祭には出されることのなかった料理についても詳しく論証していることだ。たとえば、一八八九年、ジェーン・G・オースティンが前出のマイルズ・スタンディッシュのことを書いた『スタンディッシュ・オブ・スタンディッシュ――ア・ストーリー・オブ・ザ・ピルグリムズ（*Standish of Standish: A Story of the Pilgrims*）』の中の朝食のシーンに、ポップコーンが出てくるが、それは正しくないという研究結果も発表されている。そればかりでなく、それまで定説であったハム、ヤム（甘いサツマイモ）、ジャガイモ、穂軸ごと茹でたトウモロコシ、ローストターキーの付け合せのクランベリーソース、パンプキンパイなどはこの時代まだ人びとの頭にものぼらなかったろうと、証明されている。まずはハム。一六二一年当時、ピルグリムたちは豚を飼っていなかったから、ハムを作ることはできない。サツマイモ、ジャガイモ、ヤムイモなども、南米ではすでに馴染みの食材ではあったが、まだニューイングランド地方には紹介されていなかった。穂軸についたままのトウモロコシを茹でたもの。アメリカ北西部のトウモロコシの種類は、茹でたり、生で食べたりするのには向かず、主として乾燥させて粉に挽き、それを粥《かゆ》にしたものや、こねてからパン状のものに焼くコーンミールが普通だった。

同じように、ポップコーンもまたサンクスギヴィング・ディナーには登場しない。この地方のトウモロコシは蒸発する水分量が少なく、充分にポップせず、火に近づけても焦げるだけだからだ。もっと南の方や南米のトウモロコシの中には、今で言うイエローコーンやスイートコーン、ピーターコーン、デントコーンなどに混じって爆裂するポップコーンがあり、これは食用というよりも女性たちの髪飾りや胸飾りに用いていたらしいことは、コロンブスの二度目の航海の記録に中にも見られるという。

また、非常に潤沢だったらしい野生の七面鳥は、感謝祭のメニューにはのらなかったようだが、食糧難だった彼らにとってこの鳥のお陰で生き延びられたという強い思いがあった。七面鳥がいたからこそ、飢餓をまぬかれたという気持ちはその後も長く、彼らの心に支配的な位置を占めることになる。ハワイイのコナのコーヒー園で見た野生種のターキーは低空ではあったけれど、バタバタと飛んで逃げた。しかし七面鳥は、野鴨や真鴨や鷲に比べればはるかに手に入れやすかったろうと思う。

　七面鳥は、国鳥候補としての地位を白頭鷲と争ったが、僅差で敗れたという経緯がある。ぼくの見たコーヒー園での野生の七面鳥は大型の雉程度にしか見えなかったけれど、バーボンのワイルドターキー・ディスティラリーを訪ねた時、レセプションホールの壁に掛かっていた剝製は見事な羽を広げていたし、生きた七面鳥を見たいからと教えてもらったディスティラリー近くの動物園に飼育されていたそれは、実に堂々たる体軀で毅然とした高貴な雰囲気をうかがわせていた。その凜とした姿は、白頭鷲にもひけをとらない。この七面鳥が国鳥候補に選ばれたのは、もしかしたらピルグリムたち、アメリカの父祖と呼ばれるＷＡＳＰ（White Anglo-Saxon Protestant　アングロ・サクソン系の白人でプロテスタント）たちが、この鳥によって命を救われたという思いがあったからなのではないか、と考えたりもする。何しろ彼らは、アメリカ移民の第一陣。大先輩であり、後のこの国の独立、建国の主導的な役割を担ったばかりでなく、この国の憲法の素案を作り、アメリカの根幹を成す地位と権力、経済的優位性を手にしていく人びとなのである。何よりも、彼ら先導グループが生み出した「メイフラワーの誓約」の条項がやがてはアメリカ国家の憲法の礎となっていったと思えば、国鳥を選ぶ権利も、彼らがしっかりと握っていたことだろう。

　一方の白頭鷲は、現在は保護活動によって個体数も順調に回復しているが、かつては絶滅の危機にあり、またインディアンたちにとっては聖なる鳥であったこともあり、自然保護派や先住民福祉に目を向ける人々によって国鳥に選ばれたのではないかと思えなくもない。

いずれにしろ、七面鳥は国を象徴する地位に上ることは出来なかったと同時に、記念すべき最初の感謝祭の祝宴のテーブルにも上ることが出来なかった。

そういえば、プリマス・プランテーションの近くのオープンレストラン形式の食堂でランチをとった時、注文した「ターキー・ランチ」は、ローストしたターキーの大きなドラムスティック一本と、七、八粒のブドウがごろんと皿にのせられて出て来たことを思い出した。それだけではちょっと寂しいので、ビールを注文した。つけ合わせのチップスもセロリスティックもない、簡素極まりないというか、豪快極まりないというか、生まれてはじめてのコンビネーションで、つい写真に撮ってしまった。しかし、あのターキーは、噛みごたえがあり、実に旨かった。ビールの味はよく覚えていない。

いずれにしろ、このインディアンたちとの三日間に及ぶ感謝祭のディナーは、「ノー・ターキー、ノー・ポップコーン、ノー・レイディーズ」と語り継がれている。ターキーもポップコーンも、女性もまたこの宴に加わることは出来なかった。ようするにこれは男たちだけの宴会であった。しかもこの両民族合同の感謝祭は、この時のたった一度しか行われなかったのである。ピルグリムたちは、やがてインディアンたちと仲違いする。そして、ピューリタンたちの自己の宗教の押し付けや、インディアンたちの土地の収奪、民族の尊厳の蹂躙など、後続の植民者による行いが、大きな軋轢となって両者を戦争にまで追い込んでいくことになった。

一六二一年の暮れにはあれほど仲良く車座になって食事を囲んだ人びとも、一六年後の一六三七年には最初の大規模な武力衝突を起こし、戦った部族の名前からこれを「ピークオット戦争」と呼んでいる。これは単に白人とインディアンとの戦いというばかりではない。インディアンの中でモヒーガンやナラガンセットといった部族は白人側についた。それがインディアンたちの間にも大きな諍いを生んでいくことになる。その後様々な戦いが散発するのだが、この地方での最後の、と言っていい戦争がピルグリム入植五五年目に起こった「キング・フィリップ戦争」と呼ばれる戦いである。

ワンパノアグとイングランド人入植者との友好は、ブラッドフォードと族長マサソイトとの個人的な信頼から成り立っていたところがある。だからこの二人が死ぬと、両者の間に少しずつ齟齬を来していく。マサソイトの息子のメタコムは、父親の遺志でブラッドフォードに「フィリップ」という英語名をつけてもらっていた。彼は植民地軍との戦いの末に死に、その首はその後二四年間も晒されることになる。この戦いでワンパノアグ族は絶滅したと思われていた。実際は森の奥に消えたのだろうが、ともあれ、ピルグリム入植から六〇年もしないうちに、アメリカ東部地帯のインディアンは駆逐されてしまったのだ。そして今、ワンパノアグ族を名乗る人びとは五〇〇人ほどだという。そして彼らは、最初の白人たちとの感謝祭以後、二度とサンクスギヴィングを祝っていないという。

あの「プリマス・プランテーション」のレプリカの集落にいた現代のワンパノアグたちは、自分たちの祖先を滅亡に追いやった白人の見世物に加担することに、何の抵抗もなかったのだろうか。なぜ、このレプリカへの参加を拒否しなかったのだろうか。アメリカという国の成り立ちの原点ともいうべき神話的な集落を眺めながら、奇妙な違和感を拭えなかった。

ここで問題なのは、ピルグリム・ファーザーたちの宗教の名を借りた残酷な開拓線拡大でも、これ以後延々と続くアメリカ・インディアンへの差別と絶滅の試みへのスタート、といったことでもない。それはまた別のところで、弾劾されるべきだと思う。

問題は、なぜ彼らアメリカ人はこうも最初のサンクスギヴィングの食べものに固執するか、ということだ。何を食べたかということが、ピルグリムとインディアンの最初で最後の宴に何か影響するのだろうか。一般に考えられている食べ物が、あったかもしれないし、なかったかもしれない、しかし、想像しただけでもあった方が楽しい、といういい加減さはここでは許されていない。アメリカ人が、この一度の食事のことを様々に研究し、議論し、ことあるごとに言及するのはなぜなのか。そして飽くことなく、その事実を子供たちに教えようとする、その根源的なエネルギーはいったいどこから来ているのだろうか。

たとえば、'20/20 vision' という小学校の教師に向けての副読本的な役割をしているらしいサイトがある。それを見ると、まずそのサイトを維持するためのドネーションを求め、ついでこの場で文章を書いている人間たちの全容を紹介し、そのサイトを利用しているだろうアメリカ中の小学校の先生たちに向けて、このサイトのあり方を説明している。その中には、アメリカ・インディアンの先生もいるのだから、と断って、ピルグリムたちの上陸と最初の感謝祭のあり方、その後のインディアンとの確執などのテーマに、子供たちがどうやってアプローチしていけるかを丁寧に説明している。一九五〇年代のハリウッドの西部劇映画のように、「インディアンはすべて悪者」といった認識こそが罪悪なのだと、このサイトは教えてくれる。そのための子供たちへのオリエンテーションに対する注意事項が見事だ。

たとえば、ピルグリムと呼ばれた人たちは、「単に宗教的保守派である英国国王と英国国教会によって虐げられた、奇妙な教義を持った人間たちではない」ということ。また「彼らは単に自分たちの運命を、〝神の手にゆだねて〟アメリカにやってきたわけではない」ともある。そこには、アメリカに行くことが、金儲けになるということもあったことをも示唆している。そして彼らは、「多かれ少なかれ、当時新大陸に行くものはその社会の〝メインストリーム〟ではない人たちだった」ということを踏まえてこのサイトは成り立っている、と説明しているのである。ここにあるのは、これまでともすれば神格化され、ヒーロー扱いされ、伝説化されてきた「ピルグリム・ファーザー」たちの真の姿を教えようとする公正な意識がある。

そこからこのサイトでの、初期アメリカ移民物語が始まる。それも子供たちの理解を助けるためであり、それを手助けする教師たちへの認識に向けてである。それは、こう結ばれている。「いつも頭においておかなくてはいけないこと、それはインディアンたちもまた白人たちと同じ人間なのだということを」と。その後に、子供たちにこの感謝祭物語を劇として演じさせる上での、注意事項が列挙されている。これが素晴らしい。

まず、これまで往々にして陥りがちだった、ステレオタイプのイメージを打破するための注意――インディアンは誰もが鷲の羽根で作った頭飾りをつけないし、羽根一本をヘッドバンドに刺すこともしない。無難なのは、一枚の毛布のようなものを片方の肩にかけること、などとある。

また別のサイトでは、インディアン役の子供たちは、口をすぼめて手で蓋をしたり開けたりして「ホホホホホ……」という声を出してはいけない。あれは戦いの雄叫びであるから、平和的にアプローチしようとしたワンパノアグ族を正しく伝えていない。また背景の絵に平原部族の家屋であるティピーを描いてはならない。ワンパノアグの場合、森林部族であるからドーム型のウィグワムが普通だからだ。頭の中央の髪だけを伸ばして両側を剃り上げるモヒカン族の髪型のカツラなどを用いてはならない。感謝祭の場面では、出される食事に注意すること。ローストターキーが絵になり、わかりやすいからといって、食事の小道具として出してはいけない、といった注意事項が書かれている。それらのことを踏まえて、学童用の新しい劇の台本が作られている。その厳しい律し方には、頭が下がる。我々日本人は子供たちの歴史劇に、そこまで注意を払っているだろうか。

今、手許にあるのは、神奈川の厚木の米軍基地内の小学校で用いられている「サンクスギヴィング・ストーリー（A Thanksgiving Story）」と題された劇の台本で、その配役を見れば内容がよく知れる。まず、四人の朗読者のほかに、ピルグリムのコーラス隊、ワンパノアグ族のコーラス隊がいる。歌うグループには違いないが、わかりやすく言えば「そうだ、そうだ」と言う役の、その他大勢のグループだ。役者陣としてはジョン・カーヴァー、マサソイト、スクワントはいても、ここにはサモセットはいない。彼が登場すると話の筋が複雑になるからだろう。その代わり、女子生徒の登場機会を作るためか、ミストレス・ブラッドフォードとプリシラ・マリンズという役がある。ミストレスは、ここでは女性リーダーといった程度のニュアンスだろうか。

これらのことを考えると、この「サンクスギヴィング・ストーリー」に描かれたマサソイトやスクワントを代表とするインディアンの協力があったればこそ、ピルグリム・ファーザーたちは生き延び、ひいては今のアメリカという国が誕生したのだという認識を、子供たちの間に常識として真剣に教えようとしていることがわかる。また、「キャロル・ハースツ・チルドレンズ・リテラチャー・サイト」では、劇を始める前にいくつかのディスカッションを生徒間で交わさせるように教師に推奨している。たとえば「この一帯にいつインディアンは定住したのだろうか」ということから、「インディアンと入植者たちとの葛藤はアメリカにとってどんな損失を与えただろうか」といった、子供たちには少し難しすぎるように思えるテーマを与えてもいる。このように、インディアンの大地に進出してきた後続の白人入植者たちとインディアンとの関係、なかでも彼らからの学びと彼らの協力、そして最初で最後の両者の感謝祭の宴の意味とその後の歴史的事実を、様々な方法によって教え根づかせようとしている。そこにアメリカ建国の原点がある、とこれらの出版社やサイト責任者の背後にいるだろう教育界は考えているのだろう。

だが一方、インディアンの援助に関してあまり大きな意味合いを持たせていないものもある。いい例がプリマス・プランテーション・インクが発行しているジェイムズ・A・ベーカー監修の『プリマス・プランテーションのピクトリアルガイド（*Plimouth Plantation: A Pictorial Guide*）』で、これはほぼ正式なガイドブックである。見事な再現写真には目を奪われるが、ここではインディアンの存在は影が薄く、マサソイトやスクワントに対する記述もわずかで、なくてもいいような扱いである。前記の子供劇の台本と、その差は歴然としている。

ボストン歴史協会のサイトも、かつてはインディアンたちの存在をまったく無視していたし、今もきちんと扱ってはいない。彼らの助けがなくとも、ピルグリムたち、入植者たち、白人たちは生き延びることが出来たと言わんばかりだ。

しかし、インディアンたちの存在を正しく伝えようとする人たちがいる。先住民との協力によって今のアメリカがあることを伝えようと努力を続ける人、そのことを子供たちに教え、将来に伝えていこうとする人たちがいる。そして彼らは、最初のサンクスギヴィングにどんな料理が出て、どんなものが宴を飾らなかったかについて、飽くことなく調べ、記し、残していこうとしている。それはただ一つ、その瞬間——インディアンと白人たちが囲んだ食卓で「真のアメリカ料理」が誕生したからに他ならない。それまであったのはインディアンの料理であり、イングランド料理であり、インディアンの料理だった。その感謝祭の日、彼らは共同して食べ物を分かち合った。アメリカ大陸という新世界の食材と、インディアンの知恵と工夫による栽培法と料理法、イングランドの調理道具と調理法、それらが一体となってそれ以前にはなかった料理を生み出したのである。

ハイブリッド——混合、それこそがアメリカ料理の本質であり真髄であると思う。アメリカ食の誕生、それはとりもなおさず、アメリカという新しい国の誕生そのものなのである。

第二章　アメリカを作った人びとの食

序　移民たちの食の万華鏡

「アメリカの食」とは、いったい何なのか。アメリカ料理の本質が、他の国の料理のようにはっきりと見えてこないのはなぜなのか。実は、それはアメリカの「食」が独自に生まれ、発達してきたものではないからではないか、ということに思い当たる。ほかの歴史ある国は、その国が誕生した時から、あるいはそれ以前からもその土地に住む人びとによってその土地の産するいろいろな食材を、その国の人びとの気質や味覚、天候や経済状態や料理に対する熱意の度合いなどによって、それぞれに調理し、工夫し、定着させていったものだ。だから、その国特有の料理、食べもの、食が存在し、それがその国を代表し、その国の大きな部分を伝えてくれる。

そうやってイタリア、フランス、スペイン、中国、日本など、食にごくごく熱心な国ぐにをはじめ、その他多くの国ぐににも、その国を代表とする独自の食が生まれてきた。しかしアメリカとなると、どの料理もアメリカの一部ではあっても、その国の確固たる代表料理たりえない。なぜだろうか。そのことを考えないと、アメリカの食とは「何か」が見えてこない。

その疑問は、アメリカという国が様々な人種の寄せ集めの国である、ということである部分氷解する。それぞれの移民たちが持ち寄ってきた料理法によって再現した故郷の料理が、食材や調理道具などの制約の中でやむなく妥協を続け、また移り住んだ地域の近隣の住民からの影響、家族構成の変化などによってもともとの故郷の食が変質していった結果、どれもがそれぞれの本来の料理でもなく、ましてやアメリカを代表する料理にもなりえないということなのだろう。すなわち、アメリカには他の国のような「その国の生粋の人」という意味での、本来のアメリカ人がいないという現実からすべては起こっているのだと思われるのだ。そう、この国には「多種多様なアメリカ人」がいるのである。

たとえばニューヨーク市の話だが、この市を構成する五つの区、マンハッタン、ブロンクス、クイーンズ、ブルックリン、スタテンアイランドは、かつて「人種の坩堝《るつぼ》」と言われたように、種々様々な人びとが暮らしている。「坩堝」の中では、すべてのものが融合していることになるが、実際にアメリカに渡った移民たちのそれぞれの文化は共存しているが、融合してはいない多文化共存社会である、という考え方が出てきた。そうした意見を受けて出てきたのが、「人種のサラダボウル」という言い方である。つまり、それぞれの野菜の独自の性格を保ちながら一つのボウルに共存しているという意味だ。集まった人びとのそれぞれのエキスが抽出されて混じり合い、まったく別の文化的要素を生み出しているとして、日本では「人種のおでん鍋」と表現する人もいる。この点カナダのように土地が広く、しかし人口が極端に少なく、お互い混じり合うこともない国は、「人種のパッチワーク」と表現されている。

いずれにしろ、このニューヨークは、ヨーロッパからの移民の玄関口であるエリス島を湾内に抱えている関係上、旧大陸からの移民たちの溜まり場になっていった。少しでも資金のあるものは、西部の開拓に参加して新たに生きる場所を求めて旅立っていったが、余裕のないものはニューヨークのダウンタウンに潜り込み、それぞれの仲間が寄り添って各国のマイノリティのゲットー――スパニッシュハーレム、リトルイタリー、アイリッシュタウン、ポーランドの丘、ユダヤ人街、そしてアジア系のチャイナタウン、ジャパンタウンなどの固有のコミュニティ空間を形成していき、そこから落ちこぼれた者たちによってスラムが生み出されていった。

こういった各国からの多様な移民たちが、ニューヨークの食の世界を多彩なものにしていく。アメリカのあちこちの町の、ハイウェイ沿いのチェーンモテルでは無理かもしれないが、ある程度のクラスのホテルならたいていは各部屋に、その町の観光やレストラン、エンターテインメント・アクティヴィティなどを紹介する'Where'という小冊子が置かれている。地方によっては発行されていないところもあるだろうし、今も健在であるかどうかはわからないが——もし廃刊になっていたとしたら、心から惜しむ。この途方もない混沌とした大都会のさまざまな情報を提供してくれたし、ぼくばかりでなく、この都市に不慣れな観光客には至極便利なインフォーメーション誌だったからだ。

その中のレストラン案内'Dining'の各国料理店のリストのページが面白い。アルファベット順に並んでいて、最初から順にアメリカン、アルゼンチン、アジアン（ロイズ、ルビー・フーズ、ディム・サム、アンド・フィッシュ・プレース、サウスイースト・アジア）、ブラジリアン、チャイニーズ、コンチネンタル（フレッシュ・グリルド・ディッシュ、シーフード）、キューバン、ヨーロピアン、フレンチ、インディアン、インターナショナル（英・仏・伊混淆料理）、チャイナ・グリル（大皿取り分け中華）、イタリアン、ジャパニーズ、ラテン、メディタレニアン（地中海料理）、メキシカン、ミドル・イースタン（中東料理）、スカンディナヴィアン、シーフード、スパニッシュ、ステーキ、タイ……と続く。

ここにあるのは、一応この観光案内誌が推薦するもので、町を歩けばまだまだ様々な国の料理店があって、ヴェトナム、フィリピン、アイルランド、オーストラリア、ペルー、ハワイ、ロシア、モンゴル、ギリシャ、トルコ、アフリカ各国……などなど、枚挙にいとまがない。現在ではこういった各国の料理を専門とするレストランが確立されているが、当初、移民たちが携えてきた故国の独自の食は、それぞれに孤立して、しかも食材や調理器具の不備や不足もあって、それらは本国でのそれよりもはるかにいい加減なものだったと想像できる、しかし移民たちは、祖国での生き方の流儀と同じように、自分たちの食を大切に貫き通そうとしてきた。ここでは、アメリカという新大陸に集った移民たちのそれぞれの食を俯瞰し、やがて生まれる「アメリカ食」への影響を見ていこうと思う。

まずは、このアメリカという国に最初に入植したと公式に認められているイングランドからの移民——言うところの「WASP」の食である。

1　希望の船出、絶望の大地——イギリスからの人びとの食

イギリスからアメリカへの移民の波は、はっきりと四波に分かれる。それぞれの地域と時代とそれぞれの事情によってその性格は大きく異なり、同時にそれがアメリカにおけるアングロ・サクソン系の文化をはじめとして食に至るまで、素晴らしい彩りを与えることになった。

この四つの移民の波について、はじめて体系付けたのはマサチューセッツにあるブランディス大学の歴史学者、デイヴィッド・ハケット・フィッシャーで、その著書『アルビオンズ・シード（*Albion's Seed:Four British Folkways in America*, 1989）』に詳しい。グレートブリテン島の古名である「アルビオン」はラテン語の'albus'（白い）を語源とする言葉で、この島の南部のドーヴァーの断崖にも見られるように、石灰質の土壌の白さからその名前で呼ばれるようになった。

フィッシャーによると、四つの移民の波の第一波は、一六二〇年のピルグリム・ファーザーズの後、一六二九年から四〇年にかけて、エセックス、ケンブリッジなどのイースト・アングリア地方か

ら、経済不況や伝染病の流行などに追われた人びとと、英国国教会から激しく迫害され、祖国を捨てた清教徒たちだった。

第二波の中心となったのは、それまで迫害されていたピューリタンたちの逆襲である一六四〇年からのクロムウェルによる清教徒革命で、グレートブリテン島を追われることになったプロテスタントの王党派（騎士党）の面々だった。彼らは主としてイングランド南部と西部、そのほとんどがロンドンやブリストルの近郊とロンドン市内に在住する次男以下の子弟で、長子相続制度の下では土地の分配に与かれなかった者たちだった。この時のヴァージニアの総督であるウィリアム・バークリー卿が、彼らをヴァージニアに招き入れた。王統派たちのヴァージニアへの移住の目的は、イギリスではかなえられなかった自分たちの文化を再現しようということだった。彼らの言う自分たちの文化とは、「保護されるべき貴重なもので、次世代のエリート社会に引き継いでいくべき」大切なものだと考えられていた。その大切な文化と、彼らエリート支配層の身分、およびイギリスにおける階級制度を植民地でも維持していくために、自分たちの代わりに労働してくれる身分の低い労働者階級を必要とした。後にチャールズ一世の下で再結集を図ることになる王党派たちは、自らを騎士《カヴァリエ》と呼んでひときわ高い地位に置き、広大な土地を支配し、数世代にわたって植民地経営の実権を握っていくのだ。この独特の気質を持った王党派員たちが、アメリカ南部文化を特異なものにしていった。こうして、南部特有の奴隷制社会が生まれることになる。

第三の移住者の波は、一六七五年から一七二五年までの五〇年間、グレートブリテン島の北ミッドランドのチェシャー、ランカシャー、ダービーシャー、ノッティンガムシャーなどの一帯からウィリアム・ペンたちに率いられアメリカに渡ってきた二万三〇〇〇人以上のクエーカー教徒の一団である。彼らが入植したのは北のニューイングランド地方と南のヴァージニア地方との中間、ウィリアム・ペンの名前からつけられた土地ペンシルヴァニア、北メリーランド、北デラウェア、そしてニュージャージーなどだった。

クエーカー教徒は一七世紀半ば、イギリス人ジョージ・フォックスが創立したピューリタン系プロテスタントの一派で、「友会（Society of Friends）」を自称している。その教義によれば、人は誰の身体にも宿っている「内なる光」であるキリストの導きによって行動するべきで、聖書の解釈はそれぞれの信者にゆだねられ、個人個人の努力のみが救いの対象であって、教会や牧師や礼拝儀式といったものは不要である。神の庇護の下、すべての人は平等で、階級や家柄、業績などで差別されることはないと考えていた。当然、男女の差別もなく、男女は平等である。誰でもが平等であると考える彼らは、自分たちの入植地に異教徒の他民族も快く迎え入れた。だが、そんなクエーカーたちからも排斥された人びとがいた。それが、第四の移民たちだった。

第四の移民は、アイルランドの北部、アルスター地区からやってきたスコットランドにルーツを持つ移民で「スコッチ・アイリッシュ」、一方アイルランド側からはアルスター地方のスコットランド人ということで「アルスター・スコッチ」と呼ばれる人たちだ。彼らの祖先は一七一七年から七六年まで断続的に、およそ二五万人ほどがアメリカに渡って行った。彼らはグレートブリテン島のイングランド北部とスコットランド南部のローランドが角突き合わせる境界地区《ボーダー》を本拠地としていたことから「ボーダラーズ」と呼ばれる人びとで、スコットランド王ジェイムズ六世が、イングランドとスコットランドの併合によりイングランド王ジェイムズ一世となった時の植民政策により、ノース海峡を隔てた北アイルランドのアルスター地区に入植させられたのだった。アルスター地区での生活の貧しさ、またアイルランドのカトリック教徒との戦いの日々、そしてイングランド国教会からの迫害を逃れて信教の自由をも求めて新大陸に渡っていったのだ。

しかし、アメリカに着いたものの、すでに海岸寄りの土地、ペンシルヴァニアやヴァージニアやカロライナは、先着のイングランド系の移民たちで溢れていた。地価はすでに高騰しており、貧しい彼らには到底手に入れることは出来なかった。当初、フィラデルフィアとニューカッスルに足を踏み入れたが、彼ら特有の貧しさと後進性、粗雑さや居丈高な物腰、スコットランドやアイルランド特産のウィスキーを手放すことのない生活振りや、その反抗的でルールに従おうとしないマナーは、ペンシルヴァニアのクエーカーたちにとっては我慢のならないものだった。彼らは追い立てられるようにして、ほとんど人が足を踏み入れない、また住むことの出来そうにないと思われたアパラチア山脈の僻地、「アパラチア・バックカントリー」と呼ばれる土地へと入っていった。

アパラチアでの生活は厳しく、その山々からも拒まれると彼らの多くは山脈に沿ってメリーランド、ヴァージニア、カロライナへと南下していった。一七九〇年の合衆国最初の国勢調査の資料を見ると、家族名で出身地を推理できるのだが、各地にスコッチ・アイリッシュ系の人々が散在しているのがわかる。特にアパラチアのバックカントリーと呼ばれる奥地のほか、南西ペンシルヴァニア、メリーランド西部、ヴァージニア、ケンタッキー、テネシー、ノースカロライナとサウスカロライナ、ジョージアなどに多かった。

こういったブリテン島に出自を持つ四波の移民たちの食生活は、出身の土地や人情、また手に入れられる食材の差などによって大きな違いを見せている。アメリカ新大陸への初期入植者、移民たち——アングロ・サクソン系の人びとの特徴ある食の様相は、入植順に以下のようになる。

i　ニューイングランドの食

ニューイングランド地方というのは、今の州で言えばメイン、ニューハンプシャー、ヴァーモント、マサチューセッツ、ロードアイランド、コネティカットの六州。このうち五州が海に面しており、少なくとも二〇〇種類以上の魚介類が川や海に生息している。また暗い森林地帯には多くの小動物と、ヘラジカ、クマ、シカや野禽類がいた。全体で見れば、丘陵をなしている地形で花崗岩質の土壌は石ころが多く、地形は荒々しい。樹木はオーク、メイプル、バーチ（カバノキ）、黒スギなどが、草地の周辺に繁茂している。

一七世紀のはじめ、「ピルグリム・ファーザーズ」と呼ばれるピューリタンと一般市民の一団が現アメリカの北東部、今はニューイングランド地方と呼称される土地に入植して、それまでほとんど西欧にとっては未開だった土地を、白人社会のために切り拓いていった。そこで彼らが直面したのは、それまでイギリスで食べていた食材は、持参したもの以外はおよそ手に入れることが出来ないという事実だった。餓死を待つか、それとも見たこともない食材をどうにかして取り入れるか。その難題をインディアンの手助けによって解決して、生き延びた。それはすなわち、インディアンたちの食材を受け入れ、イギリスからの調理道具と調理の知識、調理法によって、新しい食を作っていくことだった。アメリカの食が、最初から他民族との混淆の食――ハイブリッド料理である宿命がここにある。

むろん、インディアンの知恵による料理――トウモロコシだけを食べると栄養が偏るのでリマビーンズ（lima beans）などの蛋白質と一緒に煮込んだ「サコタッシュ」などの料理をも受容していく。リマビーンズは日本では「ライ豆」と呼ばれるが、リマの名前は、この豆がペルーのリマで発見されたところから名づけられたので、日本名の「ライ豆」は lima を読み間違ったものだ。ともあれ、「サコタッシュ」は、彼らの日常食という域を超えて、現代の豆サラダのような形で普及していく。これらインディアン特有の豆料理は、ニューイングランド地方ばかりでなく、アメリカ料理の一方の根幹を成していくようになるのである。

だが初期の入植者たちは、インディアンの食生活の知恵に頼るばかりではなかった。彼らはイギリスの味覚が忘れられなかった。そこで工夫したのが、たとえば「コーンプディング」である。ローストビーフにつきもののヨークシャー・プディングを作りたかったのだが、当時のニューイングランド地方では小麦粉は望むべくもなく、そこで豊富に手に入ったトウモロコシの粉で代用した。完全に挽いたものや、半分ほど挽いた挽き割りトウモロコシを用いて、これにミルクと卵を混ぜ、鍋などに入れて火で焼いた。屋内や屋外で炉がある場合はそれを用いたが、ない場合には鉄鍋の蓋にも熾火《おきび》をのせて焼く、いわゆる「ダッチオーヴン」スタイルで焼くか、熱い灰の中に鍋を埋め込んだ。

この「コーンプディング」は肉料理の付け合せにするときは肉汁を加えて焼き、デザートにする場合は、バターとメイプルシロップを加えて甘みをつけた。「ヨークシャー・プディング」の代替品という地位に止まらず、ニューイングランド地方の名物料理を超えて、アメリカ各地で愛されるようになる。中には「ニューオルリーンズ・コーンプディング」のように、南部料理の名品としてその地位を確固たるものにしたものもある。新大陸アメリカの食材を旧世界イギリスの調理法で料理した、いわば新旧大陸の混淆、ハイブリッド料理の典型の一つがこの「コーンプディング」だと言えるだろう。

ニューイングランド地方ばかりでなく、ヴァージニアに入植した人びとにとってもまた、海辺に行けばごく簡単に手に入る牡蠣は食糧難解消の大いなる助けになった。やがて彼らは綴りに「R」の入らない月、すなわち牡蠣の食べられないシーズンには、牡蠣の代わりになるものを考え出した。それが「モックオイスター」である。この「偽者《モック》の牡蠣」は、トウモロコシの実を穂軸からナイフでこそげ取り、それをすり潰してミルク状にしてしばらく置くと、カスタードのようにトロリと固まりはじめる。これに卵を一個か二個割り入れてよく混ぜ合わせ、スプーンですくって生牡蠣ほどの大きさにして、油で揚げるか茹でるかした。これが「オイスターもどき」、「モックオイスター」料理だった。彼らが牡蠣好きだったことは、残された貝塚からも知れる。

もうひとつ、今に至るまでこのニューイングランド地方、中でもボストンでの名物料理になっているものに「ボストン・ベイクドビーンズ」がある。この地のアルゴンキン語族のインディアンたち、ことにイロコイ連合と呼ばれるアメリカ大陸東北部に居住するインディアンたちは、トウモロコシと豆とスクワッシュを「三姉妹《スリー・シスターズ》」と呼んで大切にしている。インディアンから学んだ料理の一つ、その豆を使ったのがベイクドビーンズだった。

これがニューイングランド地方に定住した「ヤンキー」たちにとって、最高の料理になっていく。豆、この場合はイエローアイ・ビーンズ四カップを水から弱火で煮て、やわらかくなったら塩漬けの豚肉一ポンド（約四五〇グラム）を塊のまま入れる。塩味は、この豚肉から出てくる。この塩味の問題が興味深い。

アメリカ新大陸で初期の入植者が手作りした最初の食材は、塩だと言われている。手持ちの塩は樽に入れて持参したが、塩は空気中の湿気によって溶けてしまう。この湿気による塩の溶解は大きな問題で、塩を補給するため平原部族はタンポポの一種を燃やしてその灰から塩分を抽出することを考え出した。また前述したように入植者たちは海水を煮詰めてとりあえず塩を作り、その塩で塩漬けの豚やタラを野菜類と一緒に煮ることによって、塩分を摂取した。イエローアイ・ビーンズと豚肉が煮えたら、ここに四分の一カップのメイプルシロップを入れる。アルゴンキン語族のベイクドビーンズは、甘みのかかったものだった。したがってニューイングランド地方に入植したピルグリムやピューリタンたちの煮豆料理もまた、必然的に甘くなっていった。

現在、日本にやってくるアメリカ人やイギリス人をはじめとする外国の人びとの多くは、日本の甘い煮豆料理にびっくりするらしい。アンコやお汁粉やぜんざいばかりでなく、エンドウマメや花豆の甘く煮たものや甘納豆なども苦手にする人が多い。だが、ボストン・ベイクドビーンズのことを考えると、なんとなく奇妙な感じは否めない。

同じ煮豆料理でも「ソルジャー・ビーンズ」は、豆そのものの名前であると同時に、料理名でもある。全体に白っぽく、中央部に赤い点がついていて、それが昔ながらの玩具の兵隊――トイ・ソルジャーのように見えるところからついた名前らしいが、レッドアイ・ビーンとも呼ばれ、日本では「トラ豆」と呼ばれているようだ。料理のソルジャー・ビーンズは、塩漬けの豚肉かベーコンと一緒に煮て、甘みはサトウカエデの汁ではなく、糖蜜でつける。

これら甘いベイクドビーンズは、その後も作り続けられ、大恐慌時代まで人気のあったニューヨークのアルゴンキン・ホテルの名物料理「アルゴンキン・メイプル・ベイクドビーンズ」はその名前どおりメイプルシロップを用い、実際に甘かった。ベイクドビーンズが、ピルグリムをはじめとする敬虔な入植者たちの家庭で愛されたのは、安息日には働いてはいけないという戒律が当時は厳しく守られていたからだ。安息日にはまた、火を使う調理をすることもかなわなかった。だから、この日は作り置きのベイクドビーンズがよく食べられた。この「食べ残しベイクドビーンズ」はその後長い間、ボストン周辺に住んだ人たちの苦手料理となっていくことは、様々な記録に残されていく。現にボストンの私立探偵スペンサーを主人公とする人気シリーズの作者であったロバート・B・パーカーも、残ったベイクドビーンズをパンに挟んだサンドウィッチが最も苦手の料理だと語ってくれたことがある。

この時代、イギリス系入植者たちの料理は、望むか望まないかはともかく、自分たちが持ってきたわずかばかりの食料と調理法とを駆使して、見慣れないアメリカ大陸の食材を調理するしかなかった。このハイブリッド料理が、やがてアメリカ料理の根本となっていくことを、まだ彼らは知りようもなかったし、ただ生き延びるためだけの便宜的な妥協が、いつの間にか世界のどこにもないユニークな料理を生み出して行くことなど、彼らはまったく予想も出来なかったろう。

もう一つ、ニューイングランド地方の名物料理だと後年認められることになる「ニューイングランド・ボイルドビーフ」も当初は塩漬け豚肉と野菜のポトフのようなものだったが、ここで使われる「塩漬けの豚《ソルトポーク》」は朝食のベーコンから夕食の茹で豚料理に至るまでよく登場して、この時代の入植者たちは豚肉を大いに食べていたことがよくわかる。その頃このニューイングランド植民地には、六四の山羊、五〇頭の豚、ほぼ同数の鶏がいたという記録が残っている。それが一六二四年に初めて牛がイギリスから運ばれてきてから、植民者たちの食習慣は豚から牛へと変容していくことになる。

いつ、なぜニューイングランドの植民者たちが「牛肉党」になったのか、よくわからない。もともと牛肉好きだったのだろうが、新大陸では豚はあっても牛は手に入らないから我慢するしかなかったのかもしれない。いずれにしろ、それまでソルトポークを使ったボイルド・ディナーは、いつの間にか「コーンド・ビーフ」へと変わっていく。「コンビーフ」と縮めて呼ばれるこの塩蔵牛肉は、漬け込むための塩の塊がトウモロコシの粒の大きさだったことから「コーンド・ビーフ」と呼ばれるようになった。そしてこのコンビーフを野菜と一緒に茹でたものが「ニューイングランド・ボイルドビーフ」という名前の逸品になっていく。

このコンビーフ・ディナーの残った肉片は、ジャガイモと炒め合わせた「コンビーフ・ハッシュ」などの余り食材の使いまわし料理を生むことになる。ハッシュ（hash）は、「ごちゃ混ぜ、再使用、使い回し」などを意味する言葉だ。

彼らはまた、「ロブスターパイ」というものも発明している。今もニューイングランド地方の北のメイン州の名物であるロブスターは、当時簡単に捕まえることが出来る最良のシーフードだったから、それがハッシュド・ビーフを使った「ミートパイ」の代わりとなる「ロブスターパイ」を生み出していくのは、むしろ自然の流れだったろう。内陸では、手に入りにくいロブスターの代わりに野生の七面鳥を使った「ターキーパイ」を作り出したことも知られている。

もともとはアイルランド料理の一つだと言われている「シェパードパイ」は、ローストターキーやローストチキン、ローストビーフの残り肉をグレイヴィソースと共にパイ皿に入れ、マッシュドポテトで蓋をしてオーヴンで焼いたものだ。

その時代のピューリタンたちは、フランス風のリッチなソースを使う料理を軽蔑していて、すべての材料は揚げる、茹でる、煮るなどの方法で調理していた。それらが現在もニューイングランド料理の基本になっている。ようするに、素材をごく簡単に調理して、素材の味をできるだけ損なわないようにするのだ。

長く暗い冬、貯蔵品、保存食、中でも塩蔵品、乾物が多く、それらをゆっくりと煮るという調理法が多かった。そのいい例が、塩漬けのタラを茹でた「ボイルド・コッド」や塩蔵の豚肉（「ソルティ・ドッグ」と呼ばれた）を根菜と一緒に茹でる「ボイルド・ポーク」などがある。

「クラムベイク」も、この地で有名な料理だ。クラムはアサリのような二枚貝の総称。ニューイングランド海岸の砂地ではクラムがよく獲れる。砂地に大きな孔を掘り、底に石を敷いてその上で焚き火をして石を熱し、燃え残りを取り払って石の上に濡らした昆布を六インチほど敷いてその上にクラムやムール貝、オイスターやロブスターなどの魚介類の他にジャガイモやトウモロコシ、タマネギなどを重ねて蒸し上げる。もとは素材に含まれる塩分で食べたが、近年これを溶かしバターで食べるようになった。

クラムを使ったもう一つの有名料理に、「ニューイングランド・クラムチャウダー」がある。chowder の chow は、米俗語で食事を意味しているとか、ブルターニュ地方の船乗りたちがスープ用の大鍋をフランス語で chaudière（シャウディエール）と呼んだのがノヴァスコシアあたりからニューイングランド地方へと伝播したのだろう、といった様々な説がある。いずれにしろ、豊富なクラムを使った料理で、イングランド系移民の多いニューイングランド地方では、クリームの多いホワイトチャウダーが主力で、イタリア系移民の多いニューヨークのマンハッタンでは、トマト風味のものが名物になっている。ようするにチャウダーは、とろみのついた濃いスープ Thick Soup のことで、入れる材料によってクラムならクラムチャウダー、白身魚ならフィッシュチャウダー、タラならコッドチャウダー、トウモロコシならコーンチャウダーというように、各国からの移民たちの手によって様々に姿を変えてきた。

ドーナッツもここが発祥の地だ。もとは、最初の入植者であるピルグリム・ファーザーたちがイギリスから排斥されてオランダのライデンに避難していた時に、この地でパン生地の小さな塊――文字通り生の生地である「ドウ」と、小さな塊「ナッツ」を油で揚げる食べものがあるのを知って、それをアメリカのニューイングランド地方のプリマス・プランテーションへと運んで行ったと言われている。ただしこの時代、ドーナッツの中央の孔はまだなかった。最初に孔を空けて輪型の、いわゆる今のドーナッツ型にしたのは後述するペンシルヴァニア・ダッチだとされているが、伝説では、ニューイングランドの漁船の乗組員たちが孔のないドーナッツを昼食に食べたところ、その後船が転覆した時に多くの船員が石ころのように沈んでいった、そこで船長はドーナッツを軽くするためか、または浮き輪を思い描いたのか、それまで塊だったドーナッツを平べったくして中央に孔を開けて食べられるようにしたところ、それ以後水死者は一人も出なかったと伝えられている。

実際には、メイン州ロックポートの船長であるハンソン・クロケット・グレゴリーが、一八四七年にドーナッツに孔を空けたとされ、一九四七年にはドーナッツ開孔一〇〇周年記念に、彼の住んだ旧居跡に記念碑が建てられた。いずれにしろ、メイン州もまたニューイングランドに含まれるから、孔の空いたドーナッツも孔の空いていないものも、ともにこの地方で生まれたことは確かだろう。

硬くて、焼いただけではとても食べられないような肉を、鉄鍋やダッチオーヴンに入れてそのままオーヴンでローストする「ヤンキー・ポット・ロースト」は、もとは暖炉や焚き火などの熾火を鍋全体にかぶせるようにして蒸し焼きにしたものだ。硬い肉の他に、クランベリーやアップルサイダー、糖蜜、シナモンスティックやクローヴなどを加えたこのヤンキー・ポット・ローストは、アメリカ東北部の人々にとっては誇り高い料理だった。それは名前にもあらわれている。ヤンキーとは、アメリカ北東部、ニューイングランド地方に居住する白人たちのニックネームであり、蔑称でもあった。それを、彼らはわざと名前に残した。心意気というものだろう。

マッシュしたカボチャのパイも、ニューイングランドの名物料理だった。今ではサンクスギヴィング料理には欠かせない、このアメリカならではのホームメイド・パイの名品も、ピルグリムの入植初期にインディアンたちに教えられたカボチャ類の存在から生まれたものだ。またクルミなどの木の実入りで、四角くカットされた濃厚なチョコレート菓子であるブラウニーもこの地方の発祥だ。

ニューイングランド地方の特徴は、イングランドの影響の濃いアングロ・サクソンの、どちらかといえば質実な料理——素材にあまり手を加えずに作り上げたもの、ということができるだろう。

ii　南部料理

ひとくちに南部料理といっても、その範囲は実に広い。というか、奥行きがとても深い。まず南部と呼ばれる地域は、諸説はあるけれど、ヴァージニア、ウエストヴァージニア、テネシー、南北カロライナ、ミシシッピー、アラバマ、ジョージア、ルイジアナ、フロリダの九つの州と、この他に、ケンタッキー、アーカンソー、ミズーリ、テキサス州を入れる汎南部がある。「南部」はどこからどこまでか、という問題は、とくに南部に住む人間には大きな問題で、場所により、また人によってその範囲は大きく異なる。もっともよく知られるのが、「メイスン・ディクスン・ラインの下側（below the Mason-Dixon line）」という説だろう。メイスン・ディクスン・ラインとは、かつてペンシルヴァニア州とメリーランド州とがその領有権をめぐって州境を策定しようと、一七六三～六七年にかけてイギリス人測量士のチャールズ・メイスンとジェレマイヤ・ディクスンの二人に依頼して測量を行った境界線で、これより下側が南部だとされているものだ。そうなると、メリーランド州も南部に入ることになる。

これまで何度か、このアメリカの南部と北部を隔てる線《ライン》を、車や徒歩で越えたことがある。ある時は、今も残る二人の測量ポイントの痕跡を探して林の中を歩き回り、それらしい石の標識を見つけてはしげしげと眺めたりもしたけれど、その感慨は、アイダホ州と東隣のモンタナ州との州境をなすビタールート・レンジのわずか西側を走る大陸分水嶺、「コンティネンタル・ディヴァイド」の、見えるわけもない線を見るのと少しも変わらなかった。その南への一線を越えることを、どれほど多くの南部出身の人が望んできたろうか。その思いを知るいい曲がある。

カントリーミュージックの父と呼ばれるジミー・ロジャースの歌った「ディクスン・ラインの下のどこかで（Somewhere down below the Dixon Line）」は、こんな歌だ。

Goodbye, Northland, I'm on my way,
Today's my busy day.
Grip's all packed and I'm feeling gay;
Here's all I can say.

Drop me down in Caroline,
Caroline that would be fine,
Any place below the Dixon Line.
Alabama or Tennessee
Sure enough looks good to me,
I know I'll find some kinfolks there of mine.

「北の町よさらば、ぼくは勝手に行くよ、今日は忙しいんだ、荷物をまとめて、いい気分。今言いたいのはたったひと言、カロライナで降ろしてくれないか、そこが行きたいところ。でもディクスン・ラインの南なら、アラバマだってテネシーだってどこだって満足。そこなら、誰か知り合いを見つけることができるから」

ここにあるのは北部の町で疲れ果て、ひたすら故郷の南部に帰りたい、と願う男の気持ちだ。ディクスン・ラインの南側ならどこだって……と、南部への望郷の念が抑え難い。「降ろしてくれ《ドロップ・ミー・ダウン》」、というのは、この男が貨物列車にただ乗りしようとしていることをあらわしている。ただ乗りなら、どこででも勝手に乗って勝手に降りればいいようなものだが、降りるには列車の速度が落ちている時でないと危ない。だから、カロライナのどこかの駅で止まるのなら、スピードを落とすその時に自分は降りるからと言っているのだ。

カロライナでなくともどこでもいい、とも言っている。ここに、少し屈折した思いがある。その思い屈する理由は、自ら北部へと出かけていったからだ。おそらくは仕事を探して、今よりも少しでもいい生活を求めて出稼ぎに行ったものの、挫折して帰るこの男の屈託がうまく出ている。これまでどれほど多くの歌や小説が、映画や演劇が南部への望郷の思いを描いてきたかしれない。それだけ南部というところは、多くの人々を魅了してきた土地なのである。その南部は、いったいどこからはじまるのか。

メイスン・ディクスン・ラインというはっきりとした線引きがある場合はいいが、そうでない分け方もある。だから論争の種になったりもする。たとえば、国勢調査局の分類による南部は、メリーランド州に加えて、デラウェア州とワシントンDCも含んでいる。行政の中心地のワシントンDCが南部だとなると、北部の連中はあまりいい気がしないのではなかろうか。

「綿花王国」こそが南部をあらわすという説もある。年間二三インチ（五八・四二センチ）以上の降雨量があり、二〇〇日以上霜の降りない日があるのなら、綿花栽培が可能な土地ということになる。これはいわゆるディープサウスと呼ばれるルイジアナ、ミシシッピー、アラバマ、ジョージア、サウスカロライナの五州の他、アーカンソー、ノースカロライナの二州に、テネシー州の西側とテキサス州の東側が入ることになる。そこが「コットン・キングダム」になるのだ。

もっとわかりやすいのが、南北戦争の時の南部連合に所属していた州という言い方もあり、これだと、ケンタッキー州とミズーリ州が入る。奴隷州と自由労働州とに分ける人もいるが、この南部奴隷州は南部連合と同じ範囲になる。もうひとつ、アメリカの電話会社ベルの南部担当の「サザン・ベル」の管轄区分だ。その管轄範囲が知りたくて、サザン・ベルの電話帳を買ったことがあるけれど、日本まで持ってくるのが一苦労だった。必要なのはわずか一ページ。今のようにケイタイのスキャナーなんて、夢のまた夢だった。それによると、両カロライナ、ジョージア、アラバマ、ミズーリ、ルイジアナとフロリダ州の北の一部が「サザン・ベル」の中核をなしている。

しかしなぜ、南部とはどこか、ということにこれほどまでにこだわるのかというと、実は「南部」はアメリカの中のまた別の国だと思われているからだ。

「南部の大義」という言葉がある。南北戦争で北軍に負けたことで、今も「南部再興」が南部の人の胸に熱くこだましているのである。映画『風と共に去りぬ』のタイトルバックでは、この物語の背景を説明する言葉が出てくる。

There was a land of cavaliers and cotton fields called the Old South. Here in this pretty world, Gallantry took its last bow. Here was the last ever to be seen of knights and their ladies fair, of master and of Slave. Look for it only in books, for it is no more than a dream remembered, a civilization gone with the wind...

かつて〝古き良き南部〟と呼ばれる地があった。誇り高き騎士道が息づき、綿花畑が広がる大地。雄々しき勇者や美しき淑女——支配者や奴隷はこの地を最後に消え、いまや遠い夢でしかない。華やかな時代は風とともに去ったのだ……。

（松浦美奈訳）

こういった南部の騎士道精神は、多かれ少なかれ南部は特別な土地であるという自負を生む根源になっているのだ。それはこの土地の風土、文化、人びとの気質に大きく影響し、ほかの土地には見られない独特の雰囲気を持つ別天地を形成することになった。これはかつてのプランテーション文化を生んだ富裕層、上流階級の騎士と淑女たちのセレブリティ・ライフの残照であって、このロマンティックな土地という栄光ある遺産は現在もなお多くの人びとを魅了し、多くの観光客を集めているのである。

さて、その南部だ。土地の人は、南部の気候は二月と真夏と亜熱帯の三つしかない、と言う。蒸し暑く息苦しいような夏、いくらか過ごしやすい春と秋、そして厳しい冬。だが、肥沃な土地のおかげで、綿花と米、タバコなどの大規模農場が出現し、富裕層とそこで働く貧困層とに二分される構造が生まれる。貧困率は高く、識字率は低く、気質的には熱狂的な反面、呑気で動きののろさや、サザン・ドローと呼ばれる南部特有の鼻にかかった間ののびした喋り方などもあって、南部人はほかの地域から見くびられるところがある。しかし、ロードデンドロンと呼ばれるツツジ科のシャクナゲや泰山木《マグノリア》の花が甘い香りを漂わせて、この地に官能的な空気をかもし出す一方、バイヨーと呼ばれる沼沢地と、そこに生えるスパニッシュモス（サルオガセモドキ）がことさらに南部らしい風情をみせる。この沼地がマラリアなどの伝染病を蔓延させる原因ともなって、初期に入植者の定住を拒んできた。しかしこれらの南部特有の風土が、南部文化と南部の食を独特のものにしてきたのである。

この南部ほど、多くの移民を集めた土地もない。イングランド系のアングロ・サクソン、スコッチ・アイリッシュ、アイルランド系およびフランス系移民、アフリカからの人びと、カリブ海諸島の人びと、それらの人たちに加えて土着のインディアンたちがいる。そして、それぞれの文化が生み出した食の世界が非常に多岐にわたっていて、一口には、「これが南部料理だ」とはとても言えない。世界中から集まってきた移民たちそれぞれが持ってきた食に関しては後述するが、それらを統合した食の範囲の広さ、ヴァラエティの豊富さが南部料理の特徴だろうと思う。

典型的な南部料理――アングロ・サクソン系のサザン・クッキングとはどんなものかを知るには、マーガレット・ミッチェルの『風と共に去りぬ』に描かれる食事のシーンがわかりやすい。作者が女性であることも大いに関係していると思われるが、主人公であるスカーレット・オハラの浮き沈みの激しい人生もあって、ここには南北戦争前後のジョージア州のプランテーションでの豪華料理から南北戦争時代の食材がろくに手に入らない代用食ばかりの粗末な食事まで幅広く描かれていて、当時の食のありようがよくわかるのである。

この作品は一九三六年に発表されたもので、小説の舞台設定とは少なくとも七五年の隔たりがある。したがってこの小説に登場する食事類は、南北戦争時代とは異なるのではないか、あるいは作者の憶測や創作が入っているのではないか、という意見もないことはない。しかし、ミッチェルは以前『アトランタ・ジャーナル』紙の日曜版のコラムを担当していたことがあり、かつて南北戦争前にプランテーションで行われた結婚式の花嫁の付添い人、ブライド・メイドであった女性にインタヴューして、当時のプランテーションでの生活ぶりや豪華な料理や結婚式の様子をつぶさに取材したらしい。だから食べ物の描写はかなり正確なのではないか。そう考えてあらためて食のシーンを見直すと、今のアメリカの食とほぼ変わらない。そのまま、今テーブルに出されても違和感はない。ただ、かなり手の込んでいるらしい料理は、なるほど料理専門の雇い人がきちんといないと出来ないだろうと思わざるを得ない。

このミッチェルが取材した老婦人が介添えした花嫁は、後に第二六代大統領になるセオドア・ルーズヴェルトの母親のマーサ・ミティ・ブロックで、彼女は南部ジョージア州の名門の娘だった。夫になった青年、セオドア・ルーズヴェルト・シニアはニューヨーク東部に住む奴隷制反対論者で、終生リンカーンと北軍を支持し続けていた。その結婚式は贅を極め、食後のアイスクリームを冷やすための氷を北部の山から輸送させたほどだった。

マーガレット・ミッチェルは、ルーズヴェルト時代の南部での上流階級の食事やマナー、そして南部的もてなし――サザン・ホスピタリティの昔ながらのあり方をたっぷり取材したようだ。その彼女の唯一の作品の中からうかがえる、当時の南部のプランテーションをはじめとする人びとの食事は、その時その時、登場する人物によって、また置かれた状況によって、美しくまた悲しく描かれながらも、克明さは失われない。そのことで、この物語は真実味をいっそう増しているのである。

たとえば第一部第四章で、夕食に遅れて教会から戻ってきたスカーレットの母親のエレン・オハラに出された夕食、マミーというエレンが実家からつれてきた侍女が運んできた皿の上には「上のほうが黄金色にこげたパン菓子や、鶏の胸肉のフライや、とけたバターがぽとぽとしたたり落ちて、あたたかそうに湯気を立てるじゃがいもなど」（以下、大久保康雄／竹内道之助訳、新潮文庫）だった。原書を見ると、パン菓子はビスケットのことで、この場合のビスケットは、あのお子様用でクラッカーに似た、硬く甘みのある「ミルクビスケット」ではなく、表面がさくさくとして中がふんわりしっとりとした、いわゆるショートケーキの類なのだ。ビスケットはフランス語で「二度焼いた」という意味で、もとは遠洋航海などでの保存性を高めるために作った堅パンからきているのだろうけど、アメリカのビスケットは甘みがなく小麦粉にベイキングパウダーとベイキングソーダ、それにショートニングなどを加えて、さっくりと焼き上げたものだ。ショートケーキのショート（short）は、さくさくしている、壊れやすい、もろいという意味である。このビスケットに生のイチゴを粗くつぶして砂糖を加えたものをかけ、上に好みでホイップクリームなどをのせたものが、本物のイチゴのショートケーキなのである。

ここに訳された「じゃがいも」は、黄色やオレンジ色のねっとりとした肉質で甘みの強いサツマイモの一種「ヤム（Yam）」の誤訳で、アメリカではサツマイモとは別種のヤムイモと混同した西アフリカの黒人たちの呼び名が定着した結果、通用してしまったのである。これを半分に割って蒸したものに溶けたバターをたっぷりかけたものだとわかる。

その後に出てくる場面での、まもなく出かけるバーベキュー・パーティーに、上流階級のお嬢様というものはパーティーでがつがつ食べてはいけないからあらかじめ食べておくものだ、とマミーが黒い大きな手で持ってきた盆にのっていたのは「バターを塗った大きなじゃがいもが二つと、シロップがたれるそば粉のホットケーキと、肉汁のなかを泳ぐハムの大きなかたまり」だったとある。この時の「じゃがいも」もヤムイモで、そば粉のパンケーキが何枚か、そして大きなハムの切り身にたっぷりのグレイヴィソースがかけられていた。これらのどれもが、今も南部の名物料理として残っている。

肝心のバーベキュー・パーティーは、小説の冒頭からしきりに話題にのぼる。このバーベキューという野外料理は、フロリダ半島に入植してきたスペイン系の移民によってもたらされた調理法で、スペイン語でバルバコアと呼ばれていたものだ。バルバコアは木切れを組み立てたもの、という意味で、ようするに裸火の野外料理である。スカーレットたちが楽しみにしていたバーベキュー・パーティーはどんな模様だったのか、ふたたび『風と共に去りぬ』の描写を引用してみよう。

バーベキュー・パーティのごちそうは、戸外に土を掘ってつくった炉で丸焼きにする豚肉や羊肉だった。昨夜から、ちろちろ燃えつづける炉では、もういまごろは丸大が燃えて、きれいな木炭になり、それがばら色の長い列になって、串に刺された肉が、その上でひっくりかえされ、そしてそのたびにしたたり落ちる液汁が炭火のなかへじゅうじゅうたれていることだろう。微風に運ばれてくるこのかぐわしいにおいが、豪壮な屋敷の背後にある大きな槲《かしわ》の木のあいだから流れてくるものであることを、スカーレットは知っていた。（同前）

パーティの開かれるゆるい傾斜地には、ピクニック用の長い組み立て式のテーブルが陽かげを選んで並べられ、そこの煙が届かないような位置に「肉を焼くための長い坑《あな》が掘ってあり、その上にかけた大きな鉄鍋からは焼肉の煮汁やブランズウィック・シチューのおいしそうなにおいがただよった」という。ここで言う「大きな鉄鍋」は、ウォッシュ・ポッドのことだ。もとは洗濯に用いる大きな鉄製の容器で、やがて大量に料理を作る時に用いられるようになった。長い吊り手と三本の足がついているのが特徴だ。その鉄鍋からいい匂いを放っていた「焼肉の煮汁」はバーベキューソースのことで、ブランズウィック・シチューのほうは、様々な料理本や料理解説本では「メイスン・ディクスン・ラインの下のあらゆる地域でそれぞれに作られている」といった表現が使われている。すなわち南部ではどう作ってもそれがシチューでありさえすれば、それは「ブランズウィック・シチュー」ということになると言いたいのだろう。

　スカーレットの味わった、バーベキューでの料理はまだある。

「いつも、すくなくとも一ダースほどの黒人奴隷が、来客にお給仕するために、盆をもって、せわしげに、あちこちと立ち働いた。納屋のうしろ側にも、別に肉を焼く杭をつくり、そこでは、屋敷内の使用人だの、来客についてきた御者だの、女中などが、ホーケーキや、じゃがいもや、黒人の大好きな豚の内臓料理などで、彼らだけの宴会をひらくことになっていて、すいかの季節には、あきるほどすいかを食べることができた」とある。

ホーケーキは、トウモロコシの粉、コーンミールを練ったものを西洋鍬の上に油を敷いて焼く、コーンブレッドの一種といっていい。コーンポーンとも呼ばれている。豚の内臓料理は「チトリン」のことで、通常は小腸を茹でるか、蒸し焼きにするか、炒めるかフライにするものだ。

スカーレットは、戦争になって食べるものがなくなり、夜半、どこかにおいしそうな匂いが嗅ぎ取れないかと、「鼻をくんくんさせ」ながら目覚めた時、タラでの佳き日の食事のことを、強烈な渇望感を伴って思い出すシーンがある。なぜならその頃の彼女は、たとえばコーヒーさえもひどく不味いものしかなくて、それは「炒りとうもろこしとさつまいもを混ぜて作った」コーヒーの代用品で、「南部でよく言う『糖蜜』用のこうりゃんでは、さっぱり味はよくならず、砂糖もクリームもはいっていないので、胆汁のようににがかった。一口飲んで、すぐに彼女はカップを押しやった」。そして「砂糖や濃いクリームのはいったほんとうのコーヒーが飲めなくなったということだけでも、彼女は北軍を憎んだ」ほどだった。

ここで「こうりゃん」と訳されているのはソルガム（サトウモロコシ）のことで、それから作ったシロップで、モロコシ・シロップと呼ばれることもある。「糖蜜」はモラセスと呼ばれていて、サトウキビから砂糖を作る場合、精製する時にできる副産物だ。だからここは、砂糖の代用品としてソルガムの甘味を用いたコーヒーでは少しもうまくない、ということなのだろう。

「そのころは、なんとだれもが食物にむとんじゃくだったろう！　なんとぜいたくな消費をしていたことだろう！　ロールパン、とうもろこしのマッフィン（訳注　小さく焼いた丸パン）、パン菓子、ワッフルなどが、バターをしたたらせて、みんな一度にならべられたものだ。そして、食卓の向うの端にはハムがあり、こちらの端には揚げた鶏肉があった。脂がういて光っている肉汁の鉢のなかにはカラーズ（訳注　キャベツの一種で結球しないもの）がどっさり泳いでいたし、きれいな花模様のある皿には、さやいんげんが山盛りになっていた。切りわけられるほど濃いクリームソースのなかには、油でいためたかぼちゃもあれば、シチューにしたオクラの実もあり、にんじんもあった。デザートは三種類も出たから、チョコレートケーキでも、ヴァニラ入りのブラマンジュ（訳注　甘みがある白ゼリー状の冷菓子）でも、上にクリームをかけたパウンドケーキでも、好きなものを選ぶことができた」

そして彼女にとって、「そうしたおいしい食事の思い出は、死も戦争も彼女の目ににじませなかった涙をにじませる力があり、しょっちゅう空腹になやまされてぐうぐう鳴る胃の空虚を思い知らせる力があった」のだ。

シチュード・オクラといいフライドチキンといい、いかにも南部料理、それも南部家庭料理の典型がここにはある。ここでは「揚げた鶏肉」と訳されているが、同じフライドチキンでも、一般に「サザン・フライドチキン」と呼ばれる南部のそれは、ただの料理名を超えて南部での生活、家庭や家族、近所の人びとやコミュニティ、そして故郷の持つ意味とその温かさのようなものを象徴しているのだ。たとえば、カントリーミュージシャンのクリス・クリストファースンの曲に「サンデーモーニング・カミング・ダウン」というのがある。それは、こう歌う。

Well I woke up Sunday morning,
With no way to hold my head that didn't hurt.
And the beer I had for breakfast wasn't bad,
So I had one more for dessert.
Then I fumbled through my closet for my clothes,
And found my cleanest dirty shirt.

An' I shaved my face and combed my hair,
An' stumbled down the stairs to meet the day.

I'd smoked my brain the night before,
On cigarettes and songs I'd been pickin'.
But I lit my first and watched a small kid,
Cussin' at a can that he was kicking.
Then I crossed the empty street,
'n caught the Sunday smell of someone fryin' chicken.
And it took me back to somethin',
That I'd lost somehow, somewhere along the way.

On the Sunday morning sidewalk,
Wishing, Lord, that I was stoned.
'Cos there's something in a Sunday,
Makes a body feel alone.
And there's nothin' short of dyin',
Half as lonesome as the sound,
On the sleepin' city sidewalks:
Sunday mornin' comin' down.

「日曜日の朝の目覚め、頭痛を消せる方法もなく、だが、朝食に飲んだビールが思いのほか旨くて、食後にもう一本飲んだ。汚れたシャツの中からましなのに袖を通し、髭を剃り、髪をとかし、今日という日に会うために、よろめきながら階段を降りる。昨夜、歌の間に喫い過ぎたタバコで、頭の中は靄がかかっているようだ。だが今日最初の一本に火を点け、小さな子供がカンけりをしているのを眺める。人気《ひとけ》のない道を渡ると、どこかの家からフライドチキンの日曜らしい匂いが漂ってくる。その匂いは、何ものかへと誘ってくれる、なぜかこれまでに失ってしまった何ものかへとだ」

　そしてコーラスに入る。

「日曜の朝の歩道は、へたり込みたくなる。日曜の何かが、一人ぼっちであることを強く感じさせる。そしてその音は、死を前にした時の孤独だってそう大したことじゃないように思わせるのだ。眠そうな都会の歩道。また日曜がやってくる」

　二番の歌詞には、公園のブランコに乗る幼い娘の背中を押す父親の姿を横目に、どこからか聞こえてくる教会の鐘の音に遠く離れてしまった故郷への苦しいほどの郷愁が歌われている。孤独な都会の朝、失ってしまった家族と自分のアイデンティティへの哀惜の念が、漂ってくるフライドチキンの匂いで表現されていて、南部のフライドチキンを知るものにはこの歌の切なさがよくわかる。このフライドチキンは、アフリカから連れてこられた人たちの料理としてよく知られている。チキンばかりでなく、さまざまなものをフライにする料理の知恵は、彼らがもたらしてくれたものだ。それらの食に関しては、「黒人たちの食」の項にゆずる。

　これら、後にソウルフードと呼ばれることになる黒人たちの食も含めて、この南部ほど多くの移民たちとその食が集まった土地もない。その移民たちの食と、本来この土地に居住していたインディアンたちの食が混淆して、南部料理はアメリカ食の中でも格別な地位を築きあげた。そしてそこには、これまでの『風と共に去りぬ』のようなプランテーションを代表とする南部料理の、ある種贅沢な食とは別の世界があることも忘れてはいけないことを教えてくれる。

一方、同じ南部でも北アイルランドとスコットランドのアルスター地方、すなわちイングランドと戦って破れ、ついにはカトリック教徒のアイリッシュを制圧するためにアイルランドに送り込まれたスコットランド人、いわゆるスコッチ・アイリッシュ、またはスコッツ・アイリッシュたちが入植したアパラチア地方は、その土地の特殊性が彼らの食に大きな影響を与えたと言うしかない。彼らが腰を据えた一帯は明らかに南部なのだが、ここでは南部の豊かな食の世界とはほとんど無縁である。南部にありながら南部ではないアパラチア地方のスコッチ・アイリッシュの料理の本質は、実はこのアパラチアという場所が生んだ音楽——マウンテンミュージックやブルーグラスミュージック、そして白人系音楽の代表ともいえるカントリーミュージックが様々に歌い上げている。この地方の食の特殊性はそのまま、アメリカという国の影の部分を如実に物語っているのである。

iii　アパラチア・バックカントリーの食

アメリカのハイウェイを走るかぎり、それも町を離れたハイウェイでは、車に轢かれた小動物の死体から逃れることは出来ない。ハイウェイの真ん中に、あるいは端っこに横たわる彼らから眼をそらすことなど、無理な話だ。

一八四〇年代半ば、ミシシッピー川の西、ミズーリ州スプリングフィールドの町から西の太平洋岸のオレゴン州オレゴンシティまで、多くの開拓者が旅をした。総数三〇万とも四〇万人とも言われるその移住者たちのたどった道は、「オレゴン・トレイル」と呼ばれて今もアメリカ史の中で輝かしい開拓路として記憶されている。問題はその旅があまりに労苦の連続だったことだ。幌馬車を連ねての旅路は、病気や危険の連続――インディアンの襲撃や悪路ゆえの馬車の転覆などと隣りあわせであり、全長約二二〇〇マイル（三五〇〇キロ）のその道は、別名「もっとも長い墓場（the longest graveyard）」と呼ばれていた。行き倒れた人が、一マイル（一・六キロ）に一人は道路脇に埋葬されていると語り継がれているからである。

同じように、現代のアメリカの田舎を走るブラックトップのツーレーン・ハイウェイは、小動物たちにとってもロンゲスト・グレイヴヤードなのだろうと思わずにはいられない。彼らは単に、自分たちのDNAに刷り込まれた経験則に従って、テリトリー内を移動しようとハイウェイを渡って悲劇に見舞われる。生態系の破壊、自然環境の破壊だと、いつもハンドルを握り、スカンクのにおいを嗅ぎながら考えてしまう。

しかし、連綿と続くハイウェイの小動物の死体の列は、なぜか一晩たつと見事に消え失せる。最初、道路整備局か何かが早朝、車の走行の邪魔にならないように片付けているのかと思った。だが、どうやら違うようだ。時折、街灯ひとつなく、そして月明かりや星明りも望めない夜の田舎道のドライヴで、前方にわだかまる影を認めてライトをハイビームにすると、大型の鳥たちが不運な小動物の死骸を囲み、頭だけこちらに向けてキラリと光る眼を向けてくることがある。それからおもむろに、えい、邪魔ものめ、とでもいう風に大きく羽ばたきながら助走すると、中空へと舞い上がるのに出くわしたこともある。そうやって、ハイウェイ上の死体は処理されていくものだと知って、驚いた。どうやら肉食の小動物、アライグマや地ネズミ、コヨーテやオオカミやキツネの類もまたそれらを処理しているのだ。夜行性の猛禽類、ミミズクやフクロウにとってもいいご馳走に違いなく。そして早暁、タカやワシ、トビやハヤブサといった猛禽類たちの朝食となってもいるのだろう。

だがそればかりでないことは、もう名前も覚えていないある小さな町の小さなゼネラルストアで、スーベニア本のブックラックにあった本から知った。それは〝ロードキル・クッキング〟を扱った本だった。ぼくの手元には、その手の本が二冊ある。一冊は『グルメスタイル・ロードキル・クッキング（*Gourmet Style Road Kill Cooking and Other Fine Recipes,* 1991）』で、もう一冊は『ザ・オリジナル・ロードキル・クックブック・フィーチャリング・イエローレーン・ヤミーズ（*The Original Road Kill Cook Book Featuring Yellow Line Yummies,* 1987）』［図❺］である。どちらもハイウェイ上の不慮の事故で命を落とした、大きいほうから言えば、クマ、エルク、シカ、アンテロープ、ムース、ウシ、ウマ、そして小型動物のウサギ、リス、アライグマ、ビーヴァー、マスクラット、オポッサム、ハリネズミ、アナグマ、クズリ、ウッドチャック、イヌ、スカンク、ネコ、アルマジロ、その他の齧歯類や、カエル、ヘビ、カメ、トカゲ、イモリ、サンショウウオ、ワニといった爬虫類・両生類、そしてカモやアヒル、アイガモなどの水鳥類を、様々な調理法で紹介しているのである。といっても、ロースト、ベイクド、煮る、蒸す、茹でるなどなど、まあ、主としてバーベキューのような裸火での調理が多い。調理法としてはごく平凡で、味つけも塩・コショウが主で、味そのものは想像がつき易い。時に手間のかかるシチューなども出てくる。調理法の、煮る、焼く、炒める、はごく単純だが、その前の下処理、毛をむしりとったり、皮をむいたり、羽毛を抜いたり、といったことに関してはかなり事細かに説明がしてある。

だからといってこの本が、ハイウェイで憤死したであろう小動物たちを、真面目に食べようという意図の下に書かれたものでないことだけは明らかだ。むろん貴重な蛋白源として、これらを天の恵みと感謝しながら食料にしようとする人たちも読者の中にはいるだろうが、基本的にはこれは一種のジョーク、それも幾分高級な自虐的ジョークで書かれたものだといってもいいのではないかと思う。

古いアパラチア由来のマウンテンミュージックとヒルビリーソングの両方に取り上げられている歌に「フィースト・ヒア・トゥナイト（Feast Here Tonight）」という歌がある。「今夜はご馳走」、とでも訳したらいいだろうか。別名「ラビット・オン・ザ・ログ（Rabbit on the Log）」は、こんな歌詞だ。

There's a rabbit in the log and I ain't got my dog
How will I get him I know
I'll get me a briar and twist it in his hair
That way I'll get him I know

I know (yes I know)
I know (I surely know)
That's how I'll get him I know
I'll get me a briar and twist in his hair
That way I'll get him I know

I'll build me a fire and I'll cook that old hare
Roast him in the flames and make him brown
Have a feast here tonight while the moon is shining bright
And find me a place to lie down

To lie down (to lie down)
To lay down (to lay down)
Find me a place to lie down
Have a feast here tonight while the moon is shining bright
And find me a place to lie down

「薪の置き場にウサギを見つけたけれど、犬がいない。そんな時どうやって捕まえるかはわかってるのさ。茨の木でもってやつの毛を絡めとるんだ。ようくわかってるよ。それから火を熾し、やつを炙っていい色に焼く。月が出ている間は、今夜はご馳走だ。そして俺は今夜のねぐらを見つけるんだ」

と、この歌は大まかにそう歌っている。すばしっこいウサギをそんな道具で捕まえられるかどうかわからないけれど、ここにはアメリカの昔からのほら話《トール・テイル》の空気が色濃くある。三番の歌詞は省略したが、二番にも出てくる「今夜のねぐらを見つける」という一言で、この歌の主人公は住む家のない流れ者だということがわかる。いわゆるホーボーである。hoboと書く。二〇世紀の初頭、鉄道に無賃乗車してアメリカ中を渡り歩く放浪者がいた。最初は職を探してあちこち渡り歩いていた彼らだが、なかには浮浪者へと落ちぶれていく者も出てきて、その蔑称として「ランブラー（rambler）」とか「バム（bum）」、あるいは「トランプ（tramp）」とも呼ばれている。二〇世紀に入って日本からの移民がアメリカで農業に従事し、大きくなった農場での働き手として季節労働者を雇うようになった。彼らはその季節の収穫が終わると、次の農場へ、次の獲り入れが待っている野菜や果樹のもとへと移っていく。彼ら季節労働者は、あちこちの農場へと渡り歩くことから、「方々に行く」という意味で「ホーボー」と呼ぶようになったと聞く。hobo は日本語が英語になった初期の例である。

　このホーボーたちの持つ、世の中を斜めに見る見方、その独特のユーモアとペーソス、それがアパラチアを根城とするスコッチ・アイリッシュたちの持つ生き方に共通しているように思われる。彼らは、故郷のアパラチアでは食べていくことが出来ず、東や北の大都市へ仕事探しの旅に出て行った。彼らの歌うブルーグラスミュージックが、深い望郷の念に染められているのはそれが理由だ。だから、とストレートにつながるわけのものでもないが、ホーボーたちも、アパラチアの「ヒルビリー(hillbilly)」と呼ばれる連中たちも、自分たちがプアホワイトの落ちこぼれであることを自覚している強さがあるようだ。

「俺たちは確かに田舎者だが、この国を底辺から支えている、だからなんだ？《ソー・ホワット》」

　と胸を張るヴァージニアやケンタッキーやテネシーやノースカロライナの人たちを何人も知っている。そういう連中が生み出した音楽がヒルビリー音楽であり、彼らがやむを得ず考え出した地方食が「ヒルビリー・クッキング」を茶化すような「ロードキル・クッキング」なのである。そしてこの料理にも流れるユーモアとウィットは、彼らの住む土地と無縁ではない。大きな理由は、アパラチアという土地が農地としても猟場としても、また酪農を行うにもけっして好適地とは言えないからだ。豊かではない土地に入植するしかなかった彼らの知恵、工夫、それらが日常的に蛋白源としての小動物を狩ることになっていく。こうしたアパラチアに住むヒルビリーと呼ばれる人々の生き方を除いては、この「ロードキル・クックブック」の存在は考えられないのだ。

　この地域が貧しいことは、たとえば乳を採るために一頭か二頭の牛を飼い、食用に豚を数頭飼い――これは秋に一頭屠《ほふ》って頭の先から尻尾まで、骨はスープ用に、皮はフライにして揚げ煎餅のようにし、膠をとった後の筋や腱もまたじっくり煮込んでシチューの具にしたりという、徹底した食べ尽くし料理を生み出したことからもわかる。血もまた凝固させて「ブラッド・ソーセージ」を作る。骨についた肉の細片をこそぎとって細かく叩いて、セージやブラックペパーを混ぜ合わせて一年分のソーセージを作る。一般には腸をケーシング（容れもの）として用いるのだが、彼らは手のひらで平べったい円形にまとめてハンバーグ・パティのようにしたものや、あるいは円筒形の円柱状にし、プレスハムのように薄く切り取ったもの、またはトウモロコシの皮を使って肉を包み込んでソーセージ型に整形した「コーン・ハスク・ソーセージ」と呼ばれるものなど、腸を用いない方法もいろいろと工夫してきた。

このトウモロコシの皮をむくことを「シャッキング（shucking）」という。トウモロコシを食用にするための作業——生で食べる以外に茹でたり、実をこそげてリマビーンズと煮てサコタッシュやコーンプディングを作ったり、乾燥させ粉に挽いたコーンミールでコーンブレッドやホーケーキを作ったり、という作業の前の下処理としてその皮をむく、シャキング・ザ・コーンの過程を抜かすわけにはいかない。

ブルーグラスミュージック界の大スター、レスター・フラットとアール・スクラッグスのフォギー・マウンテン・ボーイズに、その名もそのままの「シャキング・ザ・コーン」という曲がある。器楽曲なのでここに採録することが出来ないが、この名曲は今でも多くの若い演奏家によって取り上げられ続けていることだけは記しておきたい。

タイトルは同じ「シャッキング・ザ・コーン」だが、まったく別の曲をレイ・ラモンターニュという歌手が歌っている。

Shuckin' the corn, shuckin' the corn

You ain't done a thing since the day you were born
You just lay around the shade all day
Shuckin' the corn

Talkin' down your fellow man,
Ain't no way to fill your fryin' pan.
You ought to shut your mouth
Instead of shuckin' the corn

How you gonna get down to Georgia?
How you gonna get down toGeorgia?
Them box cars are full of rock coal son,
The box cars are full of rock coal

「生まれてこの方やったことのない仕事だろう、あんたはただ陽かげに寝そべっていただけ、トウモロコシの皮をむけ、シャッキン・ザ・コーン、お前と一緒にいるやつに言ってやれ、この仕事以外食べる道があるかって。だから口を閉じて、トウモロコシの皮をむけ。どうやってジョージアにやってきたかって、石炭で一杯の貨物列車に乗ってだよ」

ここには季節労働者の存在が見える。アパラチアに住むスコッチ・アイリッシュたちの、家庭で消費するためでなく、近隣の住民たちとのお祭り騒ぎの中で行われる皮むき大会のようなイヴェントでもなく、大きな農場に雇われた流れ者——貨物列車にただ乗りして移動していく季節労働の連中の愚痴ともつかない歌であることがよくわかる。この男たちは、その日その日を食べていくために、仕事を探して移動していく。そして彼らの到来を心待ちしている人たちもいるのだ。

一度ミズーリ州の農場地帯を通った時、年配の女性が長いポールを持って大豆畑の畝の端に立っているのを見かけた。何をしているのだろうと、少し離れたところに車を停めて見ていた。二分、三分……彼女はただ立ち尽くしている。車から降りて近づいていき、思い切って尋ねた。何をやってるんですか、と。彼女は姿勢も変えず、ポールから手を放すこともなく、ぼくを見て笑った。「虫退治よ」。ちょっとの間その意味がわからなかった。間もなく遠くから何かの音が近づいてきた。エンジンの音だった。車が来たのかとあたりを見回したがその気配はなかった。音はすぐに大きくなり、畑のすぐ上に黒い塊が見えた。小型の複葉機だということがわかった。頭上五メートルほどの高さを猛スピードで近づいてくる。突如、畝の向こう端で白い煙を吐き出した。

「顔を伏せて、息を止めて」彼女が言い、その言葉に従ったぼくの頭上を小型機は轟音とともに飛び去り、消毒薬くさい風が激しく吹きすぎていった。防虫剤の散布作業だった。飛び去った飛行機が豆粒ほどになったところで反転するのを認めると、その年配の女性は畝二〇本分ほど移動して、また何事もなかったかのように再びポールを立てた。

「夫《マイ・ハズバンド》なのよ」そう言うと彼女は、遠く、こちらに向かってくる飛行機に手を振った。こういう、年配の夫婦二人きりでやっている畑もある。繁忙期には手伝い《ハイヤード・ハンド》も必要だろう。

家庭内だけ、または仲の良い近隣の人びとと、冬支度や保存食作りに協力して作業する楽しみの一つにキャベツを茹でることがあったらしいことは、アパラチアに残る古い曲からもうかがい知ることが出来る。バンジョー、フィドル、マウンテン・ダルシマー（木製のヒョウタン型の胴に三本の弦を張り、それを叩いたり、爪弾いたりして音を出すアパラチア独特の楽器）、ギターなどの入門曲とも言える「ボイル・ゼム・キャベッジ・ダウン」だ。インストルメンタルナンバーとしての方が有名だが、あまり歌われないとはいえ、こんな歌詞がついている。

(Chorus)
Boil them cabbage down, down, turn them hoecakes 'round, 'round.
The only song that I can sing is Boil them cabbage down.

Possum in a 'simmon tree, raccoon on the ground.
Raccoon says, you son-of-a-gun, shake some 'simmons down.
(Chorus)

Someone stole my old coon dog, wish they'd bring him back.
He chased the big hogs through the fence, and the little ones through the crack.
(Chorus)

他にも歌詞はあるのだが省略した。「キャベツを茹でろ、ホーケーキを裏返せ、歌えるのはたった一曲、この〝キャベツを茹でろ〟だけ。フクロネズミは柿の木の上、アライグマは地面にいて、お前はバカだな、といって柿の木を揺らして実を落とした。誰かがアライグマ狩用の犬を盗んでいった、返して欲しいんだ。やつは大きな豚は垣根を抜けて追いかけ、小豚は穴ぐらまで追いかける」といったようなことが歌われている。

このキャベツを茹でることに関しては、二つの説がある。ひとつは、このアパラチア地区にはドイツから、あるいは国籍はドイツではないがドイツ語を喋る人たちもまた数多く入植していた。彼らがキャベツを茹でてザウアークラウトを大量に作って保存食としていたこと、その作業に近隣の人々も加わって、まるでお祭り騒ぎのようであったらしいことは、今もよく知られている。

もう一つは、この地一帯は貧しく、朝食はキャベツのスープと先に紹介したコーンブレッドの一種であるホーケーキが普通であった。だから、この茹でキャベツはザウアークラウトのためではなく、朝食のスープのために茹でているというのである。その貧しさにしては、この曲の持つ底抜けの明るさは何なのだろうか。「フィースト・ヒア・トゥナイト」と同じように、小動物を狩る日常、彼らとの緊密な関係がここでもうかがわれる。そしてその貧しさや世間から馬鹿にされている存在であることなどを、自ら笑い飛ばすかのように彼らが作り歌う音楽は明るく軽快だ。そこに、彼らの強さを感じる。この曲もリズムやテンポ、メロディーの具合や、詞の囃したてるような調子などから見て、ダンス音楽だろう。手拍子を打ちやすく、踊りのパートナーを組み替えやすく、フィドル演奏のダンス用の伴奏曲ホーダウン・ナンバーから来ているように思われるのだ。

このアパラチアに入植したスコッチ・アイリッシュたちは、アパラチア独特の貧しい食環境の中で、最もプリミティヴな形でアメリカの原初の食生活を今に残しているのである。それもクックブックや調理本といった、食材を調理するノウハウを伝えるものからは汲み取りにくい食のあり方と、その食を味わう人びとの生活や感情を、歌という形で伝えてくれるのは貴重なことだとつくづく思う。

前にも書いたが、このアパラチアから南部への食を代表する一つに「ビスケット・アンド・グレイヴィ」があり、その食べ物の存在が彼らにとってどういう意味を持つのか、それを大切にする彼らとはどういう人びとなのかを明快に歌った歌がある。ランダール・ヒルトンとキャディラック・ホルムスが作った「カントリープア・アンド・カントリープラウド」である。それはこんなふうに始まる。

Mama sits and cries a lot lately
And Papa he don't say much anymore
Times are hard since they closed the mill down
I guess their getting use to being poor
But the fresh hot coffee in the kitchen
And those biscuits and gravy sure a smell good
Nothing looks as pretty as sunshine
When you're looking out the window at the woods.

アパラチアは、遅れて入植したスコッチ・アイリッシュたちが住む峻険で、農作にも酪農にも適さない山間地帯だ。産出するのは石炭とわずかな石油、後は森林ぐらい。それも北東部の都市の大企業の工場が進出してきて、美味しいところをすべて持ち去ってしまう。彼らはそこで雇われるだけのことで、当初雇用の創出の恩恵を喜んだが、資源が涸渇しそうになると、大企業は身勝手に見切りをつけて撤退してしまうのだ。そうすると、再び人びとは自給自足の貧しい生活に戻るしかない。そのあたりのことを、この曲は実にうまく歌っている。「工場が閉鎖しておふくろはすごく泣いたという。親父は何も言わず腕をこまねいているばかり。おれたちはまた肩を寄せ合って生きていくだけ。けれどキッチンからの淹れたてのコーヒーとビスケット・アンド・グレイヴィのいい香りや、家の窓から眺める朝日のすばらしさに勝るものはない」およそ、まあそういった意味だ。
二番の歌詞は、この人びとの思いを描いている。我々はやられているばかりじゃないと、町の人たちへの敵意もあらわだ。

A stranger came out here from the city
Came a taking some hard luck for the ground
I loaded up my shotgun and I warned him
"Mister we don't need no help like that"
I still live in the house I was born in
And it ain't much this old farm will get us by
All I want is a shade tree by the front door,
And have me a tombstone when I die.

「町から見知らぬ人間がやってきてこの土地に良くないことをしそうな時、おれはショットガンに弾丸をこめ、こういってやるんだ。〝ミスター、おれたちにはそういう援助はいらない〟ってね。生まれた家にまだ住んでいて、この古い農場にはそうたいして必要なものはない。ただ欲しいのは、フロントポーチに日陰を作ってくれる樹と墓石ぐらいだ」
コーラスでは、この男は自分たちの本質を認めて歌う。

We may be poor, but we're proud

And we're living in the best that we know how
We don't have much but we don't look for pity
Cause, we're Country Poor and Country Proud.

「我々は貧しいかも知れないけれど、けっして惨めではない。自分たちがどうやって生きていけばいいのかはわかっている。そう、おれたちは貧しい田舎者かも知れないけれど、この田舎住まいに、そしてこの国に対して誇りというものを持っている」と彼は胸を張る。country proudとは、彼らスコッチ・アイリッシュたちが、このアメリカのあらゆる戦いに加わり多くの犠牲を伴ってこの国を支えてきたという誇りである。独立戦争に出兵した兵士のおよそ二分の一は、このアパラチアとミズーリ州南部のオザーク山地に居住する「スコッチ・アイリッシュ」たちだと言われている。ある意味、アメリカという国の本質が、彼らの血によって作り上げられてきたと言っても間違いではない。

彼らはカントリー、ブルーグラスミュージックをはじめとして、映画、文学、絵画などのアメリカの文化の根源的な色合いを生み出してもきている。その根底にあるのはイングランド、スコットランド、そしてアイルランドの民族的土壌から紡ぎ出されたもので、多くの外来民族に征服され続けたブリテン島とゲール語を話すケルトの人びとの大いなる遺産なのである。彼らを除いてはアメリカという国は、とても語ることが出来ない。

iv　クエーカーたちの土地——ノースアトランティック・シーボード

ウィリアム・ペンによって率いられたクエーカー教徒たちが入植したニュージャージー、ペンシルヴァニア、北メリーランド、北デラウェア地方には、やがてアメリカの食に大きな影響を与えることになる二つの流れが流入した。ひとつはクエーカーたちが持ってきたイングランド、ウェールズのイギリス料理であり、もうひとつはドイツ語を母語とする南ドイツ、スイスからの移民たちがもたらした中部ヨーロッパの食である。クエーカーたちの食は、宗教上から工夫された、質素で精神と肉体の健康に役立つような自然食の流れであり、また宗教的団体生活をいとなむ上での大量調理法であり、ドイツ系の食は豚肉や果物を使った様々な甘味食、保存食の流れである。

クエーカーたちの食については、第二部第四章の「健康のために食べる」と「神のために食べる」の項で、またペンシルヴァニア・ダッチと呼ばれる人々の食は本章第五節の「ドイツ系の人びとの食」の項で取り上げたいと思う。

これらの地方食を含む、いわゆる「ノースアトランティック・シーボード（Northatlantic Seaboard）」すなわち北大西洋海浜部とでも言うべき地域には、ニューヨーク州やペンシルヴァニア州、メリーランド州などが含まれている。

ニューヨークという移民たちの溜まり場である大都会を持つこの一帯は、世界の食の混在地帯とも言えるヴァラエティと深みを持っていて、まさにアメリカ食の坩堝といえるだろう。この地域でよく知られる食には、まずハッシュドブラウン・ポテトがある。ハンバーグに次ぐ、アメリカならではの人気の料理だ。主として朝食のベーコンエッグに付け合わされるもので、茹でて粗くつぶしたジャガイモに、みじん切りのタマネギを混ぜ、ベーコンの脂を引いたスキリットでホットケーキのように厚く、両面を茶色くカリッとするまで焼く。この旨さは格別だが、朝食には重過ぎるかもしれない。ドイツのジャガイモのパンケーキ「カルトッフェル・プッファンクーヘン」に似ているから、おそらくはドイツ系移民が携えてきた料理ではなかろうか。

アメリカ南部の名物料理に「サザン・フライドチキン」があると前にも書いたが、南部各州にそれぞれにフライドチキンの名品が存在する。メリーランドは南部の入り口に位置する州で、ここの「メリーランド・フライドチキン」はまた独特のうまさがある。大型のスキリットの深さの三分の二ほどのたっぷりの脂――ベーコンドリップを加えた植物オイルかショートニングを熱し、小麦粉と塩・コショウを入れた紙かビニールの袋に、適当にぶつ切りにした骨付きの鶏肉を入れて袋を振って粉をまぶす。これを熱くなったスキリットに入れて全体にいい色が着いたら、火を弱火にして蓋をしてじっくりと揚げる。揚げ上がったら別皿にとって温めておき、スキリットの脂を大匙四杯残してあとは捨て、小麦粉を加えて色が着くまでかき混ぜ続ける。それにクリームとミルク、塩・コショウで味を調え、温めておいた皿の上のチキン全体にかけて供する。このグレイヴィの存在が、メリーランド・フライドチキンの白眉だろう。ここにはもっと南部のルイジアナのケイジャン料理「ルウ」の影響が色濃い。

　南部のあちこちの州で、それなりに名物のフライドチキンがある。その調理法、チキンの処理法や揚げ方、ソースのあるなし、添え物の種類などなど、それぞれの州でのこだわりがあって楽しい。ホットでスパイシーなルイジアナ・フライドチキンやお馴染みのケンタッキー・フライドチキン、揚げ方の異なったディープ・フライドチキンやオーヴン・フライドチキンなど、一般に「サザン・フライドチキン」と総称されるこのチキンの揚げ物は、南部料理の大いなる楽しみだと言えるだろう。日本の鶏の唐揚げとは、また別種の旨さが際立つ。

　一九六四年にニューヨーク州バッファローのバーで発明された、フライにした鶏の手羽先を酸味のかったピリ辛のソースでからめた「バッファロー・チキンウィング」は、アメリカ中のバーやレストランでの酒のつまみの大定番である。現在、バッファロー市では、七月二九日を「バッファロー・チキンウィング・デイ」に制定しているぐらいだ。

他にもいくつかの名物があるが、それらはやはり第五節のペンシルヴァニア・ダッチの項で紹介することにする。もう一つ、ニューヨークはマンハッタンで生まれたイタリアをはじめとする移民たち、また有名ホテルの料理長たちの発明料理などは、この大都会ならではの名品となっている。たとえば、ニューヨークシティの名料理店の誉れ高い「デルモニコ」で、一九二〇年代の常連客であったルグランド・ベネディクトの発明であるという「エッグ・ベネディクト」は、二つに割ったイングリッシュマフィンの上にハムかカナディアン・ベーコン、その上にポーチドエッグをのせ、オランデーズソースをかけた朝食の逸品である。同じデルモニコのパトロンの一人であった船長のベン・ウェンバーグの注文で作ったのが「ロブスター・ニューバーグ」で、ホワイトソースにロブスターの身を入れて冷やした一品だ。

マンハッタンのホテルの名門、ウォルドーフ・アストリアで一八九三年から一九四三年まで支配人であったオスカー・チルスキーが発明したとされているのが、リンゴとセロリとクルミとレーズンとレタスをマヨネーズで和えたファーストコース・サラダ「ウォルドーフ・サラダ」だ。ぼくのおふくろもこのサラダを得意としていた。うちの場合はレタスでなくキャベツの千切りで、レーズンも入ってはいなかったけれど、実はウォルドーフ・アストリア・ホテルで食べたそれよりもはるかにうまかった。おふくろはけっして料理がうまい人ではなく、ことに食材に偏りがあって、前にも書いたが、魚料理はサケとタラがメインで、煮魚にも焼き魚にもおよそ縁のない家庭であった。思うに、彼女の出生地カナダの日系家庭での食材の選択からきていたのだろう。そういう食環境の中で育ったおふくろのウォルドーフ・サラダのほうが、本物をはるかにしのいでいた。まさかと、ニューヨークに行くたびに食べてみるのだが、確信は強くなるばかりだ。

同じホテルでも、リッツ・カールトン・ホテルが一九一〇年代にフランス風を真似て作り出したのが、ジャガイモのスープの「ヴィシソワーズ」である。ジャガイモとリーキを炒めてブイヨンで煮たものを裏ごしし、クリームを加えた名品である。ナチス・ドイツの傀儡政権であったヴィシー政府の名前を取ったのは、ドイツのジャガイモをそれとなく隠してフランス風味にしたスープ、という意味なのだろうとぼくは一人決めしている。だが実際は、一九一七年頃にこのヴィシソワーズを発案したという、当時のホテルのシェフのルイ・ディアが、ヴィシーの出身だったことからの命名らしい。

メリーランド州とヴァージニア州の海沿いの町で、もっともトラディショナルなイギリス料理は、「メリーランド・クラブケーキ」だ。カニのほぐし身をパン粉とみじん切りのタマネギとともに炒め、味を調えてからクリームと卵で固めたもので、これ自体メインディッシュになるものだ。

ニューイングランド地方の港から英国への航路での、高速輸送帆船として有名なチャイナ・クリッパーが壊血病予防のために考え出した、野菜類の酢漬け「チャウチャウ」は、地域的にも広く南部に至るまで、そしてハンバーガーからバーベキューまでの付け合わせとして愛好されている。グリーントマト、タマネギ、ベルペパー（ピーマン）、これらをシナモンやクローヴ、粒マスタード、ローリエなどと一緒に甘酢に漬けたものだ。

ケーキの名品としては、スポンジ生地をそのまま生かした逸品とも言うべき「エンジェルフード・ケーキ」を欠かすことは出来ない。フカフカのケーキだが、ただしホイップクリームやそのほかのデコレーションの衣をまとっていない素のままの実に上品なケーキである。これも、この地域の名物と言える。

他にも、この地方独特の食べ物や料理があるけれど、基本的には様々な移民たちの手になる食の寄せ集めと、それらが競合し、混じり合い、淘汰されたものばかりだといっていい。それは他の土地にも言えることだが、この地は東部の都市部に属し、その人口の多さが多様な食を生み出していくことになったと言えるだろう。

こうやって、「アトランティック・シーボード」と括られる地域は、結局は多くの移民たちが持ってきた食の一部から新しい「食」、それもどちらかと言えば商業的な側面を中心として工夫、創造されたものが多い。多いというよりも、それらが生き残り、アメリカ全体に広められ、アメリカのある部分を代表する料理になったと言うべきだろう。

この項では、「グレートブリテン及び北アイルランド連合王国」と呼ばれる、イギリスを成り立たせている四つの地域、イングランド、ウェールズ、スコットランド、そして北アイルランドからのアングロ・サクソンとケルト系の移民たちのアメリカでの食の様相を大雑把に取り上げた。実は、これらの食がアメリカの独特の「食」を誕生させる受け皿、または揺籃になったのである。そう、アメリカ大陸へは彼らに続くこの他の、または先んじる移民や移住者、植民者たちの食もまた、この国の食をそれぞれに生み出していったのだ。それらの食の影響は、アメリカ内部ばかりでなく、そのアメリカをフィルターにして、あるいは触媒として世界の食を変容させていく大きな力となっていったのである。

ラテン系や北欧系、東欧系、またアジア系の人々の食は、この国に渡ってくることによって、本国でのくびきから逃れて、大きく変貌していった。アメリカという国は、本来の形のものを変化させ、また別のものへと作り変えていくエネルギーを持っているのだ。そしてそれこそが、世界のどこの国とも異なる「アメリカの食」を作り上げていったのである。

2 コンキスタドールとパードレたちの置き土産――スペイン系の人びとの食

アメリカという国には、それまで地球上のどこにもなく、しかもその後世界に大きな影響を与えた発明がいくつもある。ファッションで言えばジーンズ、文芸で言えばハードボイルド小説、スポーツで言えば野球、音楽で言えばジャズやロック、それに二焦点眼鏡や映画の撮影機や映写機、スコットランド人だがアメリカで発明したベルの電話機……数え上げたらきりがない。そして食の世界にもそういうものがある。

食の世界――調理や食材に関して、有史以来三大革命と位置づけられているのが、火の発明、農業の発明、そしてぐっと現代に近づいて、遺伝子組み換え、だとされている。この中に入れてもいいと思われるのが、「バーベキュー」という屋外料理法とそこから生まれた「フィンガーフード」だろう。そのバーベキューとフィンガーフードの原型となったものは、スペインからの入植者によってもたらされた。

スペイン人の入植は、北アメリカ大陸へのイングランドからの植民よりもはるか以前のことになる。本来は、新大陸の黄金略奪が目的ではあったが、やがて交易植民地への端緒となった一四九二年のコロンブスのサン・サルバドル島への上陸を筆頭に、何度かメキシコ湾沿岸にスペインの本格的な交易植民地を作る動きがあった。決定的なのは、ジョン・ホワイトたちのヴァージニア、ジェイムズタウンへ最初に入植した一五九七年の翌年に、フアン・デ・オニャーテがプエブロ・インディアンとの戦いに勝利して、今のニューメキシコ州である土地「ヌエボ・メヒコのすべての王国」を所有したと宣言したことだ。そして、サンタフェの町を興して、スペインの植民地とした。

オニャーテが北アメリカにもたらしたものは、飼いならした馬と牛で、現在、肉食牛としてテキサス州の名産と言われる長角牛「テキサス・ロングホーン」［図❻］は、彼の置き土産の子孫だとされているし、彼の馬は、現在ムスタングやブロンコと呼ばれる半野生馬の祖先である。

i　多彩な豆料理

スペイン系の食の影響は、まず豆料理に見られる。特に、腎臓の形をしていることから「キドニー・ビーンズ」と呼ばれる、日本で言うところの赤インゲン豆は中南米原産で、一六世紀にヨーロッパにもたらされ、スペインでは煮込み料理の豆として確固たるジャンルを築きあげている。この赤インゲン豆は、スペインでは「フリホーレス・コロラド」と呼ばれている。コロラド州の名は、かつてスペイン人探検隊が、この州内を流れる川が山岳部の赤い沈泥を削って赤みを帯びた水流であるところから、スペイン語の「赤みを帯びた」という意味の「コロラド」が川の名前になり、ひいては州名になったものだ。

このフリホーレス・コロラドをスペインのホット（辛い）ソーセージ、「チョリソ・ピカンテ」と一緒に煮込んだものが、やがて「チリビーンズ」という料理を生むことになる。このチョリソ・ピカンテの代わりに、辛みにメキシコでよく採れる「チリ」を用い、ソーセージよりもちゃんとした挽き肉を使った豆料理「チリ・コン・カルネ」が、メキシコの北部国境を越えてテキサス州に流入してくる。カルネはスペイン語で牛肉のことだが、carne と書かれることから英語で「カーン」と発音されて、この料理は「チリコンカーン」と呼ばれるようになった。

このチリコンカーンを代表とする豆と肉の料理は、中西部のカウボーイの料理「ポーク・アンド・ビーンズ」や、カリフォルニア周辺の「チリビーンズ」を生んでいくことになる。この三つの豆料理をアメリカ三大豆料理と呼ぶ人がいたり、ニューイングランド地方の名物「ボストン・ベイクドビーンズ」を加えて四大豆料理とする人もいる。同じような豆料理で、黒インゲン豆、すなわちお節料理でもおなじみの黒豆を用いたものに、「ブラックビーン・スープ」があって、これはキューバから来た人びとの料理として知られている。

米もまた、スペイン人が北アメリカにもたらした重要な食材である。スペインはヴァレンシア地方が米――ロングライスと呼ばれるインディカ米の名産地として知られている。その米を、主としてイエズス会のパードレ（神父）たちが、プエルト・リコからキーウエストを経て南フロリダに持ち込み、やがてアメリカ南部全体に広まり、ついにはニューヨークはスパニッシュハーレムへとたどり着くのである。

スペイン人がアメリカにもたらした米料理は、ヴァレンシア地方の名物であるパエリャではなく、「アロス・コン・ポヨ」と呼ばれる鶏肉を煮込んだ米料理で、骨付き鶏肉のチキンライスと言ってもそう遠くない。このアロス・コン・ポヨが南部の、それもルイジアナ州へと紹介されて、アフリカ大陸から連れてこられた人びとの間での人気料理になっていく。

彼らスペイン人は、米と豆が収穫できるところに入植したと言われているが、その米と豆との組み合わせ料理が、「レッドビーンズ・アンド・ライス」だ。塩漬けの豚肉やハムなどと一緒に煮込んだ赤エンドウ豆を、「湯きり」の煮方をした白い米飯にかける。一方、黒インゲン豆、すなわち黒豆を同じように煮込んだものが、「アロス・コン・フリホーレス・ネグロス」で、アメリカではブラックビーン・アンド・ライスと呼ばれている。蛋白質の豆と炭水化物の米との組み合わせは、日本の赤飯や豆ご飯などと同じように、栄養学的にもすぐれた知恵だ。どちらもニューオルリーンズの名物料理であることは、スティーヴ・アールの作った歌「ホームタウン・ブルース」でも知ることができる。

I wish I'd never come back home again
It don't feel right since I've been grown
I can't find any of my old friends hangin' 'round
Won't nothin' bring you down like your hometown

I spent some time in New Orleans
I had to live on rice and beans
I hitched through Texas when the sun was beatin' down
Won't nothin' bring you down like your hometown

(Chorus)
Home is where the heart is
Ain't that what they always say
My heart lies in broken pieces
Scattered along the way

So don't think about me when I'm gone
I don't mind travelin' alone
You are the sweetest little thing I ever found

Won't nothin' bring you down like your hometown

「もう二度と故郷に帰りたくはない。育ったところなのに、いい思いはなにもない。友だちが町にいるわけでもなく、故郷ほど気分を落ち込ませるところはない。／ニューオルリーンズで過ごしたことがある。そこではライス・アンド・ビーンズで暮らした。ヒッチで旅したテキサスでは、日差しに打ちのめされたけど、ふるさとよりずっとまし。／そう、ホームタウンほど気分を落ち込ませるところはない。家は人が言うほど心温まる場所ではなく、その家を出てからの道には砕け散ったぼくの心が散らばっている。／だからぼくが出て行っても、心配することないよ。一人で旅をするなんて、へっちゃら。キミは誰よりも素晴らしい女。でも、故郷ほど気分を落ち込ませるところはない」

ここには、さすらいの男の忘れられない経験が、食味という形で語られている。食味でなく、景色でも記念物でも、人との出会いでもよかった。だが、彼は「ライス・アンド・ビーンズ」という食べ物によって、自分のさすらいを語ろうとしている。それを取り上げることによって、南部ルイジアナのニューオルリーンズという町の良さをあらためて思い出している。ニューオルリーンズの充足した日々、テキサスのひどい陽ざしの下でのヒッチハイク。故郷を出るしかなかった辛い思い出。そして、何よりもホームタウンに戻りたくても戻れないやるせなさが、ここには歌われている。

ii　西部開拓とともに発展したBBQ

しかし、米や豆以上にスペインがもたらしたアメリカ食への大きな影響は、バーベキューという調理法だろう。本来は西インド諸島のインディオの言葉で、肉を焼く「木切れ」のことが、スペイン語の「丸焼き（バルバコア）」に転化したものから来ている。ようするに野外での裸火料理で、アメリカではかなり古くから行われていたものらしい。ウェブスターの『ディクショナリー・オブ・アメリカン・イングリッシュ（*Dictionary of American English*）』によると、「バーベキュー」という言葉は少なくとも一六五五年にはアメリカで使われており、印刷物に現れるのは一七三三年、一八三六年には、テキサスではごく一般的な調理法になっていたとある。

アウトドア料理としてのバーベキューは、アメリカの開拓者たちによる開拓路――オレゴン・トレイルをはじめとする開拓線の西進にともなって、日常の料理法として独特の発展を遂げてきた。そして現在、一般家庭でも、バーベキューは日常生活の中で大きな位置を占めている。キャンプなどの集会、コンサートや一族のファミリー・リユニオン、近所の人たちを招いてのファミリー・パーティーなどでは持ち寄りの料理の中心にはいつもバーベキューがある。

こう書いていると、あちこちで出合ったバーベキューのシーンが脳裏をよぎっていく。ケンタッキーの田舎町の川原で開かれたブルーグラス・フェスティヴァル。特設のステージ、急ごしらえのパーキングスペース。そして三々五々集まった観客が、それぞれに持ってきた折り畳み椅子やビーチチェア、布張りのキャンパーチェア、中にはキャンバス地の、緊急の場合には担架にもなりそうな軍用の折り畳み簡易ベッドのようなものを持ち込んでいるグループもある。もちろん、地べたにビニールシートを敷いて座りこんでいる人たちもいれば、赤ん坊の眠る揺り籠を揺すっている若い夫婦もいれば、幼児用の携帯ブランコを組み立てている一家もいる。

空気がうっすらと青みがかっているように見えるのは、会場の入り口近くに設置されたバーベキューピットからの煙のせいだろうと思われる。辺りには肉を焙る匂いが立ちこめている。思えば、野外でのコンサートや何かのイヴェントにはいつもこの胃袋をわしづかみするような風が流れていた。近づいてみると、これも移動式らしい二メートル四方ほどの鉄製のピットには灰をかぶった炭が満たされ、上にのせた金網にはフランクフルトソーセージやハンバーガー・パティが肉汁をしたたらせて薄青い煙を上げている。ランチを持ってきていない何百人分かをこれでまかなうのだろう。

売るのはホットドッグかハンバーガー。オプションでチリとチーズがあり、ドラム缶を縦半分にカットして横にしたものに満たされた氷の浮いた水に、缶ビールがびっしりと浸け込まれている。その横には、ジャガイモを皮ごと螺旋形にむく手回しの機械を据えて、むいたジャガイモを端から油で揚げて、ポテト・ストリップ・フライを売っている店が出ている。見ている限り、どうやらジャガイモは洗ってもいないらしい。だが、そんなことを気にする人は誰もいない。電柱を再利用したと思われる丸太が立てられ、そこ括り付けられたスピーカーからはひずんだ音で、バンジョーやフィドルの音が撒き散らされている。何かを歌っているのだが、メロディーはかろうじて判断はつくものの何を歌っているのかわからない、高音のヴォーカル。ハイ・ロンサム・サウンドというやつだ。あの川原の風景は、忘れない。

知り合いのトレーラーハウスを訪ねた時は、まだ明るい夏の夕刻、野外に持ち出した可動式のバーベキューセットで、亭主が大きなTボーンステーキを焼いてくれた。両面をひっくり返して焼き色をつけた後、半円のボウルのような蓋をかぶせて中までミディアムレアにすることを、この時に知った。そのための取っ手付きのボウルを売っているようだ。ベイクドポテトはアルミホイルにくるんで焼き、焼けると手でぐしゃりと割りつぶす。湯気の上がるそれにバターかサワークリーム、ベーコンビッツ、チャイブスの小口切り、焦がしたオニオンの小片、そういうものをつけ合わせる。台所を使わない調理の原点が、ここにはあった。

イーストヴァージニア、という言い方はないけれど、ウエストと対比してそう呼びたい、ヴァージニア側のアパラチアの山の中の小さな教会の裏庭で出遇ったマリネード・ブロイルド・チキンの旨さは、今も舌に刻印されている。たまたま見つけて朝の礼拝にちょっとだけ加わった長老派《プレスベタリアン》教会の、家族的な雰囲気がよくわかるようだった。マリネ液の糖分が焦げて、肉だけを焼く匂いと違ったいい香りが、そこを去った後も車内に残っていたのを覚えている。

ぼくの旅したアメリカ南部のアパラチアの土地は、いつも肉を焼く時の脂肪とソースの甘い香りが、空気の中に忍び込んでいた。

アメリカ人のバーベキュー好きの原点は、まず一七三〇年代にはじまり、その後何度か繰り返された「大覚醒《ザ・グレート・アウェイクニング》」と呼ばれる信仰復興運動での教会内や屋外のテント、また川辺で行われる野外集会にあると言っていい。この集会で大集団調理法を確立し、普及・発展させたのだ。このキリスト教信仰の再生と本質への立ち戻りを目的とした熱狂的な福音の会合には、実に多くの人々が集まった。一八〇〇年の夏にケンタッキー州ケインリッジで行われた「クリーデンス・クリアウォーター・リヴァイヴァル・チャーチ」が主催したキャンプミーティングには、二万人にも及ぶ信者が集まったという。それらの人びとに提供する食事は、主としてバーベキューだった。それぞれに持ち寄った食材や教会側で準備した食料を大きなバーベキューピットで焼いて提供した。ブランズウィック・シチューやダッチオーヴンで焼いたコーンブレッドやマフィンやビスケットなどが付け合わされたという記録も残っている。

このバーベキューによる調理の便利さは一般家庭にも広まり、やがて一八四〇年代から始まるオレゴンシティへ向けての開拓ブーム、またモルモン教徒のユタ州ソルトレイクシティへの大移住、そして一八四九年に起こったカリフォルニア州サクラメント郊外でのゴールドラッシュの一攫千金の夢を追っての旅などの野営生活などで定着していくことになる。

もう一つの野外料理普及の要素は、カウボーイたちの野営生活だ。メキシコ領テキサスは、アラモの砦の戦いをきっかけに独立を勝ち取って、テキサス共和国となった。この土地は、敗退したメキシコ人たちが残していった長角牛のロングホーンを育て、大規模に育成してアメリカの食肉を維持する食庫になっていく。一八四五年にアメリカに併合されるや、それらの牛を北のカンザス州アビリーンのアチソン・トピーカ・サンタ・フェ鉄道の駅まで運び、そこから東部や北部の大都会の食肉処理場へと送り出す大規模な肉牛王国になっていった。その牛たちを追う長旅でのカウボーイたちの食事は、いつも野外での裸火料理、大きな鍋で作ったポーク・アンド・ビーンズと、ダッチオーヴンで焼いたぽそぽそとしたコーンブレッドだった。時に、怪我をしたために屠った牛の肉を焼くこともあった。この時の「肉を裸火で焼く」という調理法が、アメリカ中に広まっていったのだ。

アメリカでの映画の発明は、一八九一年のトーマス・エジソンのキネトスコープだとされているが、それが新しい大衆娯楽になるとわかって、一九〇三年の最初の西部劇、わずか一三分間の『大列車強盗』が作られた。その時からアメリカ人は、西部の星空のもと、焚き火でコーヒーを沸かし、食事を作る魅力に取りつかれてきた。そこから野外の裸火料理、バーベキューは男の仕事になっていった。サマータイムで早く帰れる夏の夕方、あるいは週末、父親たちは裏庭に設置したバーベキューセット、あるいはバーベキューピットで肉を焼き、野菜を焼き、ハンバーガーやホットドッグを作っては家族にサーヴィスした。そういう父親たちを「バックポーチ・シェフ」と呼んだ。

我が家にも、バーベキューピットがあった。子供の頃に住んだ五〇坪にも満たない土地に建つ小さな平屋の、それでもおふくろと親父が額を寄せ合って考えた合理的な、アメリカの片田舎にあるような白壁に緑のペンキの塗られた窓枠の、当時はモダンと言われるような洋風の家だった。その狭い庭に親父はレンガでバーベキューピットを作ろうと考えた。戦後もそう経っていない時代、作らされたほうは大変だったろうと思う。おそらくはそんなもの見たこともない大工の手になるものだったろうからだ。我が家のバーベキューは、一度か二度、ということはなかっただろうが、それでも両手で数えられるほどの回数しかやらなかった。実際、何を食べたかよく覚えていない。何度もやらなかったということはバーベキューに適した食材を手に入れることが難しかったこともあるだろうが、まずは親父の側に問題があったと今はわかる。

彼の頭の中には、かつてカナダでやった、野原や浜辺で、あるいは誰かの家の裏庭でのバーベキューの光景があったに違いない。だが、それをうまく再現できなかったのは、要するに親父には、バーベキュー料理のノウハウがきちんと身についていなかったからだと思う。彼は料理には向いていなかった。適性がなかったと言っていいと思うが、自己練磨する前に飽きてしまったと思うしかない。その技術、というか、ようするに料理の才能がなかったのだ。カナダはアメリカの一〇年遅れの国だと言われる。五〇年代、戦争から帰ってきた父親たちは、不在を埋め合わせるかのように家族団欒を目ざして、一家あげての夕食を志向した。その具像が「バーベキュー」であった。

このことは一つのことを教えてくれる。ようするにその時代、一九五〇年代のアメリカやカナダでの戦後の繁栄の中にあった彼らの新しい家には、バーベキューピットは必需品であったということだ。その底辺には男性の復権というか、戦前の主流であった男性優位社会への回帰といったものがあったのではなかろうか、第二次世界大戦、朝鮮戦争の戦場から戻ってきた男たちは、新しい家庭生活、アメリカらしい家庭のあり方を模索した挙句の、揺るぎなき父権社会の再来を求めたように思えてならない。

この時代、主婦の生活は、冷蔵庫と冷凍食品の登場やスーパーマーケットでの大量購入、また電化調理器具の登場など、大きな変化——すなわち女性の自由時間の大幅な獲得、家事からの解放が現実となる一方、男たちは家庭でのあり方、夫や父親、頼りになる息子としての存在価値を再確認しなければならなくなった。だからバーベキューピットはバックポーチでの、男権復活の象徴に他ならないのではないか。ぼくの親父もまた、アメリカの新文化に追随して裏庭にバーベキューピットを作り、新しい時代の「家族団欒」を夢見たのだろうと思う。しかし親父は、どうやらそれにも失敗したらしい。その後彼は、目に見えてワーカホリックな仕事人間に変身していくことになる。そしてぼくの家の、ネコの額より狭い庭に作られたバーベキューピットは、その後二度と食べ物を焼くことなく、ただ枯れ枝や落ち葉を燃やすだけの道具になってしまった。

現在、アメリカの人びとは裸火、あるいは熾火で肉を焼くことに、ある郷愁というか、むしろ彼らのDNAの中に組み込まれた原初の嗜好でもあるかのような熱意を持っている。アメリカの、中でも中西部の都市には、ステーキを専門にする店でも、客自身に焼かせてくれるレストランを見かける。何年か前、テネシー州ナッシュヴィルのダウンタウンで出合った店は、ビリヤードのプールを二台合わせたぐらいのピットがあって、そこにうっすらと灰をかぶった炭が敷かれ、その熾火の上にかざされた目の細かい網で好みの肉を客たちに焼かせた。

肉は、たとえばフィレであれ、ニューヨークストリップであれ、Tボーンであれ、リブアイであれ、大きさによって値段の差はあっても、肉そのものに貴賤はない。このあたり、肉は好みによって選ぶのだ、という面目が躍如としている。肉を選んだら、自分でピットに持っていって焼く。塩・コショウは後で振る。いわゆるチャコールブロイルド・ステーキである。いい具合に焼き目をつけたければ、意味もなく闇雲に何度もひっくり返さないほうがいい。横の壁には、肉の焼き方の指針——焼き方の度合いを書き記したものが貼ってある。実に細かい。レア、ミディアムレア、ミディアム、ウェルダン、どころではない。「火の上をさっと通っただけで中はまだ冷たい」状態というのから、「表面は焼け色がついているが中の肉は冷たい」、「表面は焼けて中も温かい」と順を追って詳しく書かれているのだが、ウェルダンの後は、「表面が焦げて香ばしい」から最後は「チャコールと同じ」と、炭を食べるのと同じだ、というものまで二〇何種類の段階に分類されていた。それをきちんとメモしてこなかったのが、今は悔やまれる。

それほどぼくは、自分の肉を焼くことに熱中していた。面白かったのは、溶かしバターの入った容器と、水を入れたプラスティックの吸い飲みのような容器が置いてあったことだ。肉を焼いている間にスモーキーフレイバーをまとわせたかったら、溶かしバターを刷毛《はけ》ですくって赤く熾した炭にかける。するとすぐに火が出て煙が立ちのぼる。その火を消すのに用いるのが吸い飲みの水なのである。ボディを押さえチュウッと水をかけると、すぐに火が消え、煙はおさまる。これでスモーキーフレイバーを按配するのである。水はまた、強火による焼け過ぎを抑えるために炭にかけたりもする。こうして、ステーキをうまく焼く。ゲームのようで面白いし、何よりもフライパンで焼くステーキとはまた一味違った旨さがある。

このスモーキーフレイバー——屋外で裸火で焼いた肉の風味は、アメリカ人にとってただの味覚の問題だけではないのではないか。例の私立探偵スペンサーは、自分の家のオーヴンで肉を焼く時、彼はスモーキーフレイバーをつけるために「リキッドスモーク」という液体を塗る。風味づけだけのために塗るのではない。彼は食べることに貪欲だが、食べ過ぎを気にしてジョギングはもちろん、ジムでの激しいトレーニングに励む。体調を整えるとか、体脂肪を燃焼させるための有酸素運動をするなどといった生易しいものではない。ボディビルダーまがいの厳しさなのだ。彼は「男の復権」のために、かつて野生の男たちが持っていた強い肉体の復元を求めて、荒野での食事を志向したのではないかと思えてならない。男がまだ野生を友としていた時代への回帰、そのために彼はこの煙の水を手がかりとしたのではなかろうか。アメリカのスーパーマーケットの棚を丹念に見ていくと、この「リキッドスモーク」のいろいろな種類を見つけることができる。一度買って試してみたが、裸火で焼いてもいない肉は、実際に燻蒸もしていないのにスモークの香りがするチーズやイカクンなどと同様、なんとなく気味が悪い。

iii　フィンガーフードの登場

スペインのバルバコアがバーベキューとしてアメリカ中に普及していったこの調理法は、実は男の復権やスモーキーフレイバーや、ステーキの野性的な焼き方といった点だけでなく、ほかにも大きな影響を与えている。それが「フィンガーフード」という概念である。

フィンガーフードというのは名前どおり、箸やフォークやナイフやスプーンなどを使わずに手で食べる食事のことだ。世界を見回せば、エチオピアや東南アジアなどの各地で、手で食べる風習は昔からあった。インドはフィンガーフードの大国、というより本家かもしれない。中国でのフィンガーフードとなると、ぼくの知っている範囲で言えば「薄餅《パオピン》」がある。両親は戦中戦後の一時期旧満州（現・中国東北部）にいたことがあり、幼かったぼくも当然連れて行かれた。その時、うろ覚えなのだがクレープ状の薄い小麦粉の餅に細い青ネギに味噌を塗ってクルクルと巻いて食べる薄餅を街中で売っていたように思う。北京ダックの、ダック抜きのような按配だ。これは下層労働者である「苦力《クーリー》」の食べ物とされていたらしい。「春餅《チュンピン》」と呼ばれるほうはもっと高級な感じで「エビの卵炒め」や「モヤシとニラの炒めたもの」、「豚肉の醤油煮」、「ホウレン草と春雨の炒めもの」といったものを巻いて食べるれっきとした北京料理だが、これもまた北京ダック同様、中国版フィンガーフードと言えるだろう。饅頭、花巻の類はどうなんだろう。やはり箸ではなく、手で食べるのだろうな。

イギリスが発祥とされるサンドウィッチもまた、フィンガーフードの最たるものだ。彼らの有名な食習慣のひとつである、アフターヌーンティーでのサンドウィッチとともに登場するスコーンやマフィン類もまた立派なフィンガーフードである。だが、アメリカのフィンガーフードは、それらとはまた別の要素を持っている。ではなぜ、アメリカのフィンガーフードが特殊であるかというと、まずその生い立ちから説明しないといけないだろう。

アメリカ大陸特産のトウモロコシを生で、あるいは茹でたものを手で摑んで食べたところから、このフィンガーフードの素地は出来上がったのではなかろうか。そのトウモロコシはやがて、後にスペイン領になるメキシコなどで乾燥させて粉に挽かれ、水で溶いて薄く焼き上げるトルティーヤに変身し、それにトマトやアボカドのペーストであるグアカモーレやチリコンカーンやグリルドチキン、それにレタスの千切りやサルサソースなどをはさんで食べるようになった。タコスである。タコスは日常食となり、やがてテキサスの国境を越えてアメリカに進出し、テックス・メックス料理として定着して、やがて、アメリカン・フィンガーフードは独自の歩みを進めていくことになる。それは食器ばかりでなく食卓や、食につきものの旧来のマナーさえも否定する、あるいはそれを超える食の登場を促すものだった。

バーベキューによって普及したハンバーガーやホットドッグもまた、アメリカを代表する手で食べる食品である。それらが、どうやって生まれたかは、また別の項にゆずるが、タコスの中身である牛挽き肉の炒めたものをハンバーガー・バンズやホットドッグ・パンにはさんだ「スロッピージョウ」や、この変形ともいえる「チリドッグ」や「チリバーガー」なども、スペインの食に影響を受けたヒスパニック特有のフィンガーフードとの融合だろうと思われる。そしてこういった手摑みで食べる食は、時をおかずして広範に広がり、認められていくことになるのである。

西欧社会の食習慣であるパーティー食での、野菜スティックのディップ添えやカナッペ、そのほかのオードヴルの類もまたフィンガーフードに入るだろうし、一九〇四年のセントルイス万国博で登場したアイスクリームをコーンに入れたものは、アイスクリームを容器とスプーンなどを用いずに手で、どこでも食べられる携帯食品に仕立て上げた。このようなフィンガーフードの登場は、ナイフやフォークやスプーン、レンゲや箸などのカトラリー類、皿やボウルや茶碗やどんぶりなどの食器類、また食卓や卓袱台《ちゃぶだい》、テーブルや椅子といったさまざまな食に必要と思われていた道具類から解放されることを意味していた。このことは、アメリカ人に食に対する「自由さ」を与え、他の国の人びとが持っていた食への固定観念——食事法、食卓の礼儀やしきたりといったものから解き放たれ、まったく別の食の世界を生み出していく原動力になったのだ。それはやがて、移動する食、場所や時間に縛られない食、いわばストリートフードへと変容していくのである。

ストリートフードは、街中の街路や広場での屋台やそれを移動可能に細工したベンディングカートなどで、様々に提供される食事全般のことでもある。タイのように、家庭で朝食をとるより町の屋台で食べる人の方が多い国もある。しかし、かの国の屋台でも皿やどんぶりといった食器類は、やはり必需である。また、日本でもかつては、てんぷらや寿司、焼き鳥やそばなどは屋台食であった。とくにそばやうどんは、古典落語の「時そば」や「うどん屋」で、その天秤屋台での模様が面白おかしく描かれている。以前はラーメンも移動式屋台で営業されており、夜の町に響く近づき遠ざかっていくチャルメラの音が郷愁を誘ったものだが、今ではきちんとした店舗を持っての商いの方が主流だ。日本での屋台食は出世志向というか上昇志向というか、きちんとした定着型の店舗を持つまでの臨時のステップなのかもしれない。日本ではむしろ、ストリートフードの持つ自由さからは遠くなりつつあるように思える、と決めつけるのは早計だろうか。一方ビル街では、仮設のランチ屋が繁盛しているし、ヴァンを改造したベンディングカーもよく見かける。

アメリカでのベンディングカートによるストリートフードの始まりは、おそらくは植民時代のペンシルヴァニア州フィラデルフィアの路上で売り出した、牛の胃袋を辛く煮込んだ「ペパーポット」だと言われている。これが独立戦争時代の冬の戦いで兵士たちの身体を温める食として人気になり、やがて東部地域で評判になり、ついにはニューヨークなどの大都会でも、「ペパーポット」ばかりでなく、ベンディングカートでの食べ物販売が大人気になった。そのあまりの興隆ぶりに、ついに一七〇七年、営業時間の制限をしたり、あるいは完全に禁止するところもあったほどだった。この移動ベンディングスタンドの成功は、やがてバスや路面電車型の食堂、「ダイナー」[図❼]に発展して、一世を風靡することになる。

いずれにしろ、スペインの食の影響である「バーベキュー」はアメリカで、野外での食、アウトドアの食を経て、男性の食への参加を促し、そして野外の食から必然的にフィンガーフードの世界へと広がっていく。その移動可能な食のあり方はごく当たり前のようにストリートフードを生んでいくことになった。面白いのは、そこでとどまらないところがアメリカにはあることだ。食器不要、食卓不要、むしろ歩きながら、移動しながらの食のあり方は、これまでの食の持つ、あるいは食に押しつけられてきた固定観念、「食作法の権威」や「食を利用しての家庭の団欒」といった、食べること自体に押しつけられていたものを削ぎ落とす力になった。従来の食に対する位置づけを根底から揺るがす空気を送り込んできたといっていい。個食、孤食の弊害を語るのが近年の日本の食育の基本概念だが、「みんなで食べるとおいしいね」と言える環境ばかりでない時代、生きるために食べるか、食べるために生きるか、という食の持つ根源的な葛藤を、アメリカ食は改めて問い直しているように思えてしかたがない。

3 ケイジャンとクレオールと第三代大統領——フランス系の人びとの食

i 「ジャンバラヤ」をめぐる謎

一九五三年正月、小学校の五年生の時に進駐軍放送から流れてくるハンク・ウィリアムス［図❽ハンク・ウィリアムスがグランド・オール・オープリーに出演した初期のポスター］というカントリーミュージック界の大スターの歌を聞いて、極端に言えばぼくの人生は大きく変わったといっていい。その日一日中、彼の歌はラジオから流れ続け、その日がこの不世出の天才の亡くなった日であることを知った。

カントリーミュージックに興味を持ったぼくは、中学生の時にギターを始め、高校の時には仲間を集めてバンドを作った。その頃にカントリーバンドをやり始めた誰もがそうだったのかもしれないが、最初に練習したのはハンク・ウィリアムスの曲だった。大学の半ばから本格的なバンド活動をするようになって、彼の作った何曲かがレパートリーになった。その頃から、彼のヒット曲の歌の一つの詞にある違和感を持つようになった。その思いは次第に大きくなり、歌うたびに納得のいかない思いが強くなっていった。彼の曲としては珍しく明るいタッチで、カントリーミュージックの世界ばかりでなく、ポップスやその他の音楽ジャンルでも取り上げられ、そのどれもがヒット曲になっている「ジャンバラヤ」という歌だった。その中のある一節が、ぼくには不思議でならなかった。

意味のよくわからない歌詞がちりばめられているこの歌は、今ではルイジアナ特有の特殊なフランス訛り、ルイジアナ・クレオール語と呼ばれる、ピジョン・フレンチ、ようするに変形フランス語であることがわかる。その歌詞はこんな具合だ。

Goodbye Joe, me gotta go, me oh my oh
Me gotta go pole the pirogue down the bayou
My Yvonne, the sweetest one, me oh my oh
Son of a gun, we'll have big fun on the bayou

「さよならジョウ、ぼくはバイヨーに丸木舟を漕ぎ出していく。ぼくのイヴォンヌは本当にスウィート。だから、今夜のバイヨーは、最高に楽しいぞ」と歌いだす。ついでコーラス。

Jambalaya, crawfish pie and a filé gumbo
'Cause tonight I'm gonna see my ma chére ami-o
Pick guitar, fill fruit jar and be gay-oh
Son of a gun, well have big fun on the bayou.

「ジャンバラヤとクローフィッシュパイとフィレガンボー、そう、今夜は恋人に会うんだ。ギターを弾いて、フルーツジャーいっぱいの酒、それでパーッと行くんだ、エーイ、こんちくしょう、今夜のバイヨーは楽しいぞ」、というのが大まかな内容だ。ma chére ami-o はクレオール・ルイジアンで、my dear love という意味だ。

最初の行に「ジャンバラヤ、クローフィッシュパイとフィレガンボー」とある。ジャンバラヤ、というのは、家にあった辞書、一九六一年発行の"Webster's Third New International Dictionary"にも載っていたから、大まかな内容はわかった。これは親父のおかげである。彼はディクショナリー・リーダーで、いつも、寝る時に辞書類や辞典類をベッドで読んでいるような人だった。ほとんどの辞書、辞典類は、彼とともにこの世を去ったが、今ぼくの手元に残っている一冊は、表紙もぼろぼろで、付箋や書き込みや何かのマークがあちこちにつけられ、中表紙には彼のサインと一九八七年の独立記念日の日付が記されている。彼の愛読書だったこの辞書は、第九版の“New Collegiate Dictionary”で、久しぶりに開いたら、いくつかの新聞の切り抜きがこぼれ落ちてきた。マイク・ロイコーの新聞連載のエッセイに混じって、なぜか中日新聞の一九九二年一〇月一〇日付の「白内障は怖くない」という切り抜きもあった。その頃の親父は、白内障を気に病んでいたらしい。

今その“Webster's Ninth New Collegiate Dictionary”の‘jambalaya’の項を見ると、その意味は‘rice cooked with ham, sausage, chicken, shrimp or oyster and seasoned with herbs’で、一八七二年から用いられている言葉だとある。これで間違ってはいないが、「炊き込みご飯」なのか、「雑炊」なのか、何だかよくわからない。

「クローフィッシュ」の方は「ザリガニ」のことだと辞書にもある。フランスでの「エクルヴィス」のことだ。それを使ったパイ料理となると、その味わいもまた想像はつく。けれど「フィレガンボー」がわからない。その頃の「C&W」と呼ばれる時代のカントリー・アンド・ウエスタン音楽の解説書では、ガンボーはシチューの一種で、フィレは牛肉の高級部位の「フィレ」のことであると書いてあった。

これはおかしい、ということはすぐにわかる。シチューに使うのはすね肉やブリスケやすじ肉、あるいはタンやテールなどの硬くて、そのまま焼いたのでは食べられない部位をじっくりと煮込んで柔らかくし、旨さを引き出すのが普通だ。フィレ肉のような上等な、脂身のない柔らかなステーキの中でも上等とされるような肉を、長く煮込むシチュー料理などに用いるはずがない。だから「フィレガンボー」は「フィレ肉を使ったシチューの一種」という解説は、どうにも納得がいかなかった。第一、牛肉の高級部位「フィレミニヨン」のフィレは filet または fillet で、フィレガンボーのフィレは file で、スペルが違う。では、フィレガンボーとはいったいなんなのか。ガンボーはシチューの一種と理解はしても、フィレがわからない。綴りは違っていても同じ言葉なのだろうか。もしそうであったなら、なぜ、牛肉のフィレの部分でシチューを作るといった間違いが起こったりしたのだろうか。

その疑問は当然とも言えた。それまでにも様々なミスや誤解がカントリー音楽界では当たり前のように起こり、それに対して疑問にも思わないような風潮があった。

その時代から少し後になるけれど、グレン・キャンベルが歌って大ヒットとなった曲で、ロスアンゼルスのアパートから女性を残して去っていく男の歌——彼女が起きる頃にはもうぼくはアリゾナ州フェニックスの町を通り過ぎているだろう、彼女がオフィスで昼食をとる頃、ぼくはニューメキシコ州アルバカーキーのあたりだ、と歌う「バイ・ザ・タイム・アイ・ゲット・トゥ・フェニックス（By the Time I Get to Phoenix）」、訳せば「フェニックスに着く頃」となるだろうこの曲は「恋は不死鳥」というタイトルで発売された。地名のフェニックスを伝説の不死鳥と取り違えたわけだ。また、オハイオ川の岸辺で結婚を約束した恋人を大した理由もなく殺してしまう「殺人歌《マーダー・バラッド》」というジャンルの名曲「オハイオ川の岸辺で（The Banks of the Ohio）」は岸辺《バンク》が銀行《バンク》になっていた。だから、フィレガンボーなどは、まだましな誤りだったかもしれない。しかし、この「フィレ」に関しては、はっきりとその頃のアメリカ食に対する知識・情報がいかに不足していたかを教えてくれる。今のぼくらは、その時代からずいぶん遠くへ来た。そしてぼくは、このフィレガンボーとは何か、という疑問を抱えたまま、その後二五年近くを無知のまま過ごしてきた。それがある日、突然氷解することになる。

ある年の秋、ルイジアナ州ニューオルリーンズの北にあるハモンドという町にいた。昼食の時間になり、せっかくニューオルリーンズ近くにいるのだから、どうせならケイジャンフードにしたいと見つけたのが'Don's'という店だった。メニュー〔図❾〕を覗くと、ケイジャンフードのあれこれ――シュリンプ・エトゥフェーやクローフィッシュシチューやキャットフィッシュ・フィレフライなどが並んでいる中に、ある一行を見つけた。それが'crawfish pie with jambalaya, crawfish pie and file gumbo'だった。順番が違っているし、file が抜けているとはいえ、まぎれもなく'jambalaya, crawfish pie and file gumbo'ではないか。これが、他の料理よりも安い。八ドル九五セント。一ドル一〇〇円としても、三品分の値段とはとても思えない。その時、初めてわかった。あのハンク・ウィリアムスのヒット曲「ジャンバラヤ」の中の一行は、すなわち庶民向きのお値打ちの定食のことを歌っていたのだということをだ。

そして実際にガンボーを食べてみて、なるほどシチューの一種ではあるけれど、いわゆるアメリカやイギリス系の、そう、ぼくの家ではおふくろが作り、飽きることなく食べていたシチューとも、日本の洋食屋の人気の「ビーフシチュー」とも違うものだった。そのガンボーに必要なのが、いや、ガンボーには二種類あるということは後で知ったのだが、その一方のガンボーは「フィレ」が必需品だったのである。

それから、「フィレ」探しが始まった。そしてニューオルリーンズの町のあちこちのスーパーマーケットやスパイスの専門店を回って、ついにその正体を知ることが出来た。すなわち file とは、アメリカ・インディアンの調味料の一つで、サッサフラスという樹木の葉っぱを粉末にしたものだ。サッサフラスはクスノキ科サッサフラス属の総称で、特に北米東部原産の一種を指す、と辞典にはある。この木の枝や幹〔図❿〕は、削って細片にして「サッサフラス・ティー」として用い、根はルートビアーの風味づけに用いられる。そしてこのフィレ・パウダー〔図⓫フィレ・パウダーのボトル〕は、どこのスーパーマーケットでも一瓶三ドル少々で売っている。これを用いることで、ハーブとしての香味とともにとろみをもつけてくれるのである。

ガンボーにとろみをつけるもう一つの方法は、オクラを用いることだ。フィレガンボーとオクラガンボーの二種類があることも、このニューオルリーンズで知った。しかし今では、ウィキペディアなどでも簡単に「サッサフラスの葉を粉にしたものをフィレパウダーと呼び、ガンボのとろみ付けに用いる」という一項を見つけることが出来る。ぼくのあの積年の疑問と、あの旅は何だったのだろうかと、隔世の感が強い。けれど、あの 'Don's' でのフィレ・ガンボーの味わいは一生忘れない。

これらの事実は、ルイジアナ州の料理について大切なことを示唆している。それは、オクラがアフリカ原産であり、英語でも原産地の呼称が訛って 'okra' と呼ばれているのだが、ガンボーにはアフリカ派のオクラガンボーとフィレを使うインディアン派のフィレガンボーとがあるということだ。この二種のガンボーの存在は、いかにこのルイジアナには多くの国からの食が集まり、味覚の混合が行われたかを教えてくれるのである。「ガンボー」もまた、アフリカでは「キン・ガンボ」と呼ばれている。ガンボー自体が、民族混淆料理なのである。

こう書きながら、不意に奇妙な考えが浮かんだ。ハンク・ウィリアムスはオクラでなく、なぜフィレのガンボーを好んだのだろうか。わざわざ「フィレ」と書いた理由は何なのだろう。アフリカ系よりインディアン系の味の方が好きだったのだろうか。ぼくの想像は膨らむ。彼は、少年の頃、路上芸人のティートットという黒人のミュージシャンに感銘を受け、彼からギターを手ほどきされた、という伝説がある。一方彼にはアメリカ・インディアンをかたどった木彫りの人形を歌った「カウライジャ」という名曲がある。家の門の前に立つその孤独なカウライジャは、ある日恋をする。しかし木彫りの人形では……という内容の歌がインディアンの太鼓のようなリズムとマイナー調のメロディーで歌われ、大変にヒットした。彼には、どちらのガンボーも嫌いになる理由はない。なのに「フィレガンボー」を選んだのは——これまた不意に思いつく。そうだ、メロディーの都合なんだ。「フィレガンボー」を「オクラガンボー」にすると字あまりで、歌いにくくなってしまう。もしあの「ジャンバラヤ」が、また違うメロディーだったなら、フィレではなくオクラのガンボーが登場してきたかもしれない。でも、彼が「フィレガンボー」を選んでくれなかったら、ぼくはこのケイジャンフードの本質に自分から近づいていくことは、けっしてなかったろう。

ii　ケイジャン料理の歴史

このフィレにしろ、オクラにしろ、いずれもケイジャン料理であることもまた大切だ。ルイジアナのニューオルリーンズでは、このケイジャンのことを抜いては何も語れないのである。

フランスには、中南米の有用な食材を数多く持ち帰ったコロンブスや、ジャガイモやタバコをヨーロッパに紹介したと伝えられるサー・ウォーター・ローリーのように、旧大陸の食ばかりでなく文化そのものをも変えてしまうような役目を果たした男たちはいなかった。フランス人は食材よりも衣服に興味があったようだ。彼らは主として北米の寒冷地帯に棲む小動物の希少な毛皮を狙って探検隊を送り込んだ。最初はブルターニュ地方サンマロ生まれの探検家ジャック・カルティエで、一五三三年、彼はヨーロッパ人として初めて北米を探検して、今のセントローレンス湾に到達し、そこで出会ったイロコイ族の言葉からその地を「カナダ」と名づけた。また通算三度の探検を通して、プリンスエドワード島やセントローレンス河口、及び今のケベックに上陸して、後のカナダのフランス領有の基礎を作ったことで知られている。そのことから彼を、「最初のブルトン人カナダ侵略者」と呼ぶ人もいる。

4

e Original
ROAD KILL
COOKBOOK
EATURING:
ELLOW LINE YUMMIES
UCH AS.....
PAVEMENT POSSUM
WINDSHIELD WABBIT
HUSHED PUPPIES
HIGHWAY HASH
D MORE....
FOR THE ROADSIDE SHOPPER
B. R. "Buck" Peterson
5

3

1

2

White Manna
HAMBURGERS
358
7

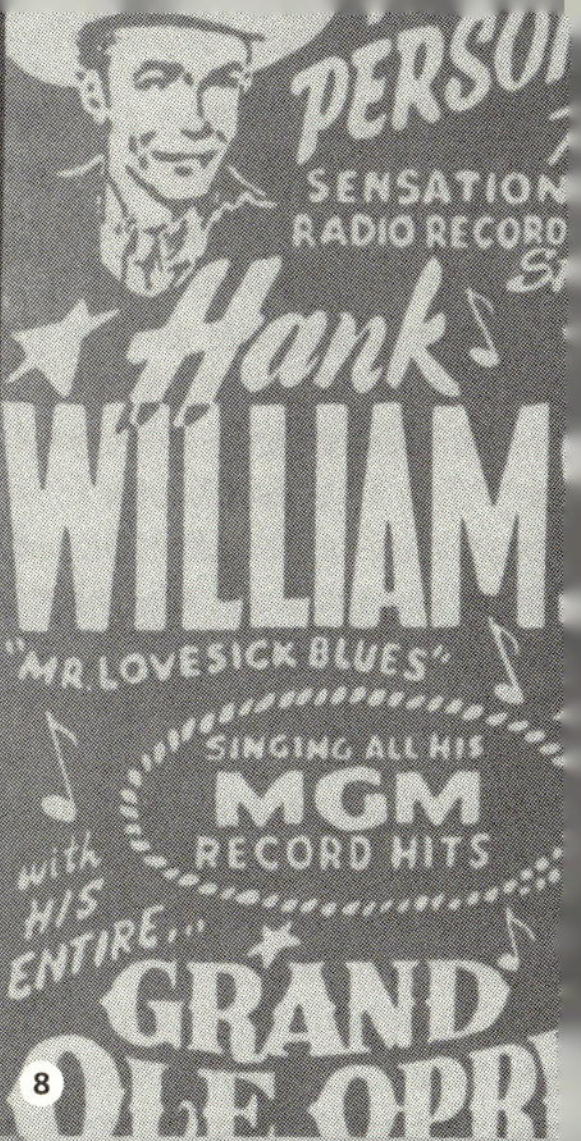
PERSO
SENSATION
RADIO RECORD
Hank
WILLIAM
"MR. LOVESICK BLUES"
SINGING ALL HIS
MGM
RECORD HITS
with
HIS
ENTIRE...
GRAND
OLE OPR
8

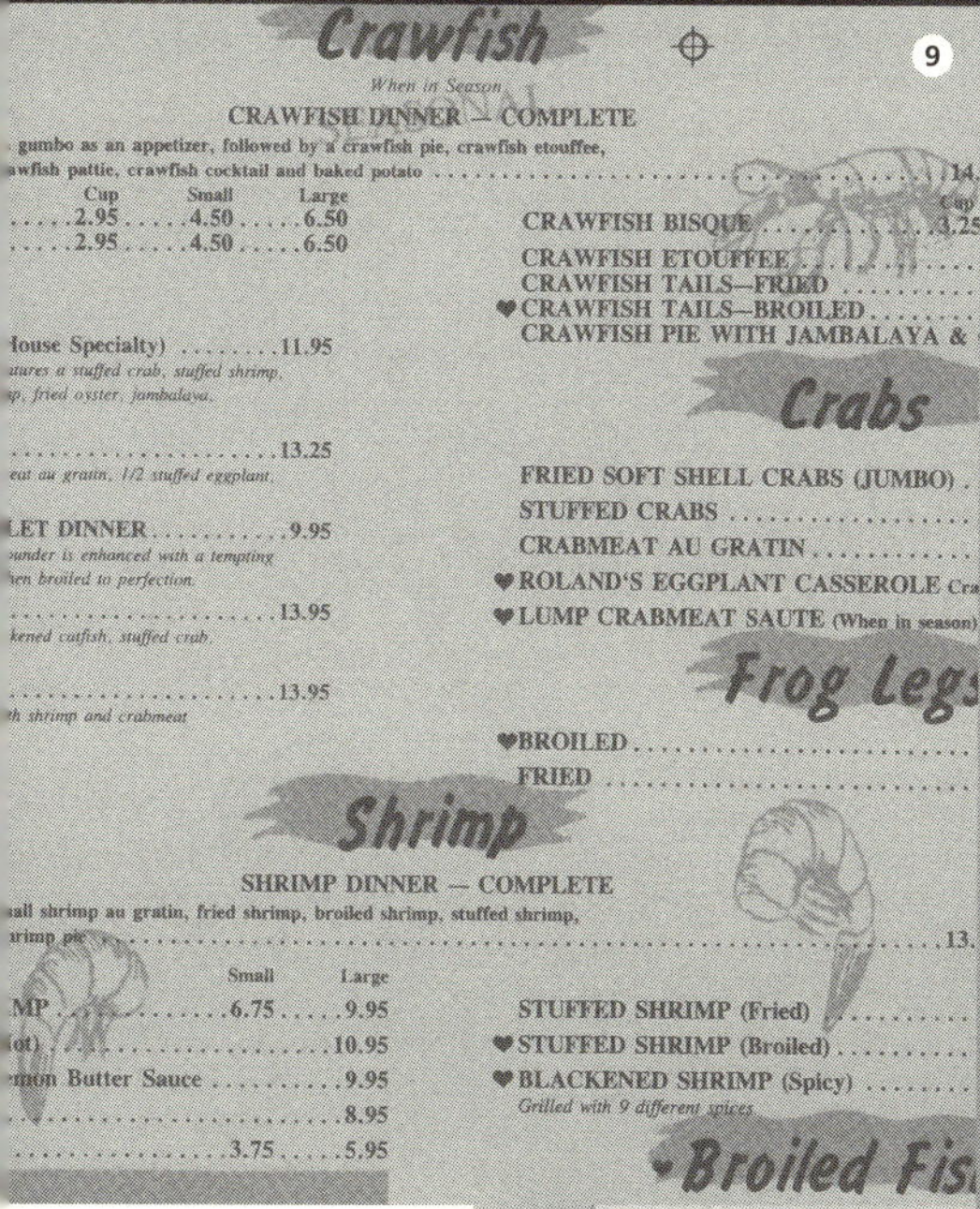
Crawfish
When in Season
CRAWFISH DINNER — COMPLETE
gumbo as an appetizer, followed by a crawfish pie, crawfish etouffee,
awfish pattie, crawfish cocktail and baked potato
Cup Small Large
2.95 4.50 6.50
2.95 4.50 6.50
CRAWFISH BISQUE
CRAWFISH ETOUFFEE
CRAWFISH TAILS—FRIED
CRAWFISH TAILS—BROILED
CRAWFISH PIE WITH JAMBALAYA &
House Specialty) 11.95
13.25
LET DINNER 9.95
13.95
13.95
Crabs
FRIED SOFT SHELL CRABS (JUMBO)
STUFFED CRABS
CRABMEAT AU GRATIN
ROLAND'S EGGPLANT CASSEROLE
LUMP CRABMEAT SAUTE (When in season)
Frog Legs
BROILED
FRIED
Shrimp
SHRIMP DINNER — COMPLETE
all shrimp au gratin, fried shrimp, broiled shrimp, stuffed shrimp,
Small Large
6.75 9.95
10.95
mon Butter Sauce 9.95
8.95
3.75 5.95
STUFFED SHRIMP (Fried)
STUFFED SHRIMP (Broiled)
BLACKENED SHRIMP (Spicy)
Grilled with 9 different spices
Broiled Fis
9

11

SINCE 1889
ZATARAIN
GUMBO
FILÉ
INGREDIENTS: SASSAFRAS LEAVES.
ZATARAIN'S INC., NEW ORLEANS, LA. 70114
NET WT. 1¼ OZ.

6

10

続いたのが探検家で地図製作者のサミュエル・ド・シャンプランで、彼はフランス王アンリ四世の命により、一六〇八年、カルティエの創ったフランス領ヌーヴェルフランスに行き、セントローレンス流域にケベック交易地を築いた。やがて植民地へと成長していくこのフランス領ケベックは、そのすぐ南にあるニューイングランド植民地の英国にとっては脅威となっていく。

カナダのノヴァスコシアとニューブランズウィックにはさまれるファンディ湾一帯、いわゆるアケイディア地域に、一六〇四年から五四年にかけての五〇年間にわたって多くのフランス系住民が入植した。その数は次第に増え、一七一三年の時点でアケイディアの住民は二〇〇〇人を数え、六二年後の一七七五年には一万五〇〇〇人を超える住民が定住するようになっていった。彼らは主として、フランス各地で作られていた小麦、大麦、オート麦（燕麦）などの穀類の他、エンドウ豆（フィールドピー）、キャベツ、カブといった園芸植物を栽培していた。家畜類の牛、豚、鶏のほか、自然に手に入る野禽類や魚介類などがその食材の中心だった。

このフランス系移民の増加は、アケイディアのすぐそば、ニューブランズウィックの西隣でアメリカ領である、今のメイン州（マサチューセッツ州から分割されたもの）の英国植民地の人びとにとって黙視していられない事態となっていった。両者の間に厳しい緊張関係が生まれ、やがてこの地のフランス系住民は土地を捨てて去っていく。もっとも大きな衝突は、一七五五年から六三年にかけてニューヨーク州北部のオハイオ川流域でのインディアン領、ヒューロン、オジブワ、ショーニー、チェロキーなどの部族の領地の争奪をめぐる、フランス・インディアン同盟軍との戦いだった。その時に、イングランド軍は、このアケイディアに居住するフランス系移民にイングランド国王に対する忠誠を誓って共に戦うように強制した。それを拒否したために、フランス系移民は強制追放された。一部はヨーロッパに戻るが、残りは南下し、今のオハイオ川からミシシッピー川を下ってメキシコ沿岸の土地――一六八二年、フランスの探検家カブリエ・ド・ラ・サールによって、ルイ一四世に因んで「ルイジアナ」と名づけられた土地へと分散移住していった。こうしてファンディ湾からやってきたフランス系移民は、現在のルイジアナ南部、ニューオルリーンズの北一帯、「アケイディアナ」と呼ばれる地域に定住し、アケイディからやってきたので、「アケイディアン」と呼ばれ、やがて「ケイディアン」「ケイジャン」となっていった。

もともと英語読みの「アケイディア」は、フランス語の「アカディア」であって、その語源はギリシャ語の「アルカディア＝理想郷」である。その名前のついたルイジアナ南部は食べ物に恵まれ、人情も厚く、気候も穏やかで、北のファンディ湾周辺の厳しい環境からやってきた人々にとっては、まさに理想郷に近かったのではないだろうか。

かつてアケイディア地方で作っていた麦類、キャベツ、カブ類は、この南ルイジアナの高温多湿の土地には不向きだった。当時まだスペイン領だったこの地に移住したものの、困り果てていた彼らにスペイン政府はトウモロコシの種子を援助した。だが、これも湾岸地帯の湿地帯には不向きだった。基本的にトウモロコシは乾燥地帯で育成してきたもので、水分過多の土地では根腐れが大きな問題だった。その湿地帯に適していたのは、水稲だった。スペインからの移住者たち、中でもバレンシアからの移民たちが持ってきたロングライスには適地だったのである。ケイジャンたちはこの新しい穀類に飛びつき、やがて世界に類を見ない食、ケイジャンフードが誕生することになる。それがジャンバラヤであり、レッドビーンズ・アンド・ライスであり、その他の独特な米料理だった。

この湿地帯では小麦類もまた不向きで、したがってわずかな小麦の粉を上手に用いた料理――水で溶いて煮たグレイヴィを用いる料理や、脂で小麦粉をゆっくり煮てとろみをつける「ルウ」を用いた料理などが誕生していくことになる。ジャンバラヤを見ればわかるように、あれは日本で言うところの「雑炊」というには少し水分の少ない、いわば「おじや」である。そしてこれらはルウを用いてとろみをつけたシチュー――ガンボー類などと一つの共通した要素がある。それは、粉や米でとろみをつけたり、「おじや」にしたりすることによって、少量のものをふやかして量を増やし、あるいはとろみをつけることによって腹持ちをよくして満腹感を与えるものだ。貧しい者の工夫である。そして彼ら貧しいケイジャンたちは、スワンプと呼ばれる湿地帯で暮らすようになっていった。

このスワンプを居住地にすることは、その食にも、ある影響を与えた。それは、エビ、カニといった甲殻類を多く取り入れる料理が生まれたことだ。ルイジアナの面するメキシコ湾は、殻の柔らかい「ソフトシェルクラブ」や、爪が石のように硬く、切り取ってもまた生えてくる「ストーンクラブ」などをはじめ、小エビ類も豊富で様々な料理に用いられている。しかし、もっと有名なのはクローフィッシュ、「ザリガニ」だろう。ケイジャンフードの基本は茹でたり、煮たりすることと言われるように、このクローフィッシュをスパイスで風味づけしたスープで煮るだけで、これを山ほど皿に盛って一つ一つ殻をむきながら食べるというやり方がよく知られている。かつては魚釣りの餌であったり、奴隷たちの重要な蛋白源であったものだが、今では大変な貴重品で本場のニューオルリーンズに行っても、季節でないとお目にかかることができない。

このクローフィッシュ料理は、ケイジャン料理ともクレオール料理ともはっきり区別できない。だが、ジャンバラヤとガンボーの二つは、れっきとしたケイジャン料理であることをニューオルリーンズの料理教室で教えられた。

その日、ぼくはニューオルリーンズのダウンタウンをうろついていた。スペインやフランスやイタリアの町に滞在する楽しみの一つはメルカドやマルシェ、メルカートと呼ばれる、いわゆるマーケットを覗くことだろう。魚市場や野菜市場の混沌とした雰囲気の中を歩き回る、あの喜びはちょっと忘れられない。その町、いやその国のあらまし、そこに住む人びとやその国の成り立ちや人情、文化の本質などをうかがい知ることができるように思えるからだ。ところがアメリカには、というかイギリスやカナダなどのアングロ・サクソン系の国では、いわゆる「市場」というものをなかなか見つけることが出来ない。「ファーマーズマーケット（Famer's market）」と呼ばれる、農家の人たちが、あるいは仲買人や卸《おろし》の人たちが農作物を大がかりに販売することはあるだろう。また、「ステートフェア（State fair）」という名前の各州の殖産振興フェスティヴァルのような、その地方の畜産、農産の発展を目指してのお祭り騒ぎでも、山ほどの酪農・農産物が並べられていて楽しいけれど、そういうステートフェアにはいつ出合えるかわからない。その町の人びとが生き生きと行き交い、品物を物色し、値段の交渉をし、そしてようやく好みのものを手に家路へとたどるだろう場所を見たいと思って、あちこち歩き回ってみるのだけれど、まだ一度もヨーロッパ、特にラテン系の国ぐにやアジアのタイやヴェトナムやシンガポール、インドネシアや香港や台湾やマカオ、そして日本などで出合えるような雑駁で元気で、エネルギーに満ち、わくわくするような「市場」に出くわしたためしがない。あるとしたらきれいに整えられ、衛生処理済み食品のパッケージが、整然とした棚に順序よく並べられているスーパーマーケットのようなところばかりだ。

もっと乱雑で、猥雑で混沌とした食の恵みを享受したくても、アメリカではそう簡単ではない。しかし、ルイジアナはフランスやスペインの植民地だったし、その両方の血を持った人びとをはじめ、多くの移民たちが集まっている。中でも昔からの繁華街のニューオルリーンズなら、名だたる食の都なのだから、きっと大きな市場があるだろうと歩き回るのだが、今のところまだ見つけることが出来ないでいる。きっと運が悪いだけなんだろう。むろん、ペンシルヴァニアのダッチタウンやニューヨークのリトルイタリーや各地のチャイナタウンには、血を騒がせる風景があることは知っている。

でも、人情としては、ニューオルリーンズにもそれを期待するのが当然だろうと思うのだ。

iii　クラブハウス・サンドウィッチ

しかし「市場」が見つからなくても、ニューオルリーンズのダウンタウンを歩くのは面白い。ことにフレンチクォーターあたりの、フランスやスペインの建築様式を模した、一階の天井部分の屋根のひさしが二階のバルコニーになっている二重デッキ形式の建物で、その鉄製の手すりに「アイアンレース・グリリング（Iron Lace Grilling）」と呼ばれる、まるでレースのような細かな模様を成形した美しい街並みを見て歩くのは楽しい。この二階建てを「ダブルデッカー（Double Decker）」と呼ぶ。デッキが二層になっているからで、もとはミシシッピー川を航行する外輪船が二層のデッキを持っていることからこの名前がついた。三枚のトーストに二層の具を挟んだサンドウィッチを、ダブルデッカー・サンドウィッチと呼ぶのは、ここからきている

三階建ての建物は、トリプルデッカー［図⓬］である。サンドウィッチのトリプルデッカーで忘れられないのは、「クラブハウス・サンドウィッチ」だ。四枚のトーストで具が三層になっているものが、クラブハウスとしては本格に近く、いわばサンドウィッチの、それもトースト・サンドウィッチの王者と言ってよい。このサンドウィッチを作れるのはやはりきちんとしたレストランでないと無理だからだ。

まず、クラブハウス・サンドウィッチには二種類あるというところから、話を始めないといけない。メインの具がローストビーフ派かローストターキー派かに分かれるのである。ローストビーフもローストターキーもインスタントに作れるわけもなく、まして出来合いを用いるわけにもいかない。したがってこの両者、少なくともいずれかを自家製できることが条件になる。しかも焼き立てでない

から、一度は本格的なローストビーフ・ディナーや豪華なローストターキー・ディナーの一皿を提供するその余力としての残り物を、このサンドウィッチに流用するということになる。

クラブハウス・サンドウィッチを生み出したのは、ニューヨーク州はサラトガ・スプリングスの町の高級カジノ「サラトガ・クラブハウス」で、名前の由来ともなったという。高級カジノだから、正装でディナーを楽しむ客もいるだろう。そして彼らが注文するローストものの「レフトオーヴァー」（残りもの料理）を用いた定番は、ローストビーフかローストターキー、でなければ少なくともローストチキンを用いたサンドウィッチだった。そのほかの必需品は、ベーコン、トマト、レタスである。これまた店によって、あるいはコックや調理担当者によって、チーズや薄焼きの卵焼き、キュウリやハム、コールスローなどを入れることもある。

ここで、不意に思い当たる。この一〇何年か、アメリカ好きの間で評判のサンドウィッチに、「BLTサンドウィッチ」がある。ご存じ、Bはベーコン、Lはレタス、Tはトマトの頭文字であり、それらをトーストに挟み込む。となると、このサンドウィッチは、実はクラブハウス・サンドウィッチのメインの具、ローストビーフやターキーを抜いた、いわゆる「プアマンズ・クラブハウス・サンドウィッチ」なのではないだろうか。実際には、BLTはトーストにバターやマヨネーズを塗らないで、ベーコンの脂分と塩味と旨味だけで、シンプルで奥深い味わいを楽しむものだ。ローストビーフやチキンは常備できるものではないが、ベーコンやトマトやレタスはごく普通に手元にあるので、メインの具がなくともその簡素版といった意味合いで作ってみたら、これが結構いけた、というのがBLTサンドウィッチの誕生秘話なのではないかと、ぼくはひそかに想像しているのである。

ここで大切なのは、トマトの汁がトーストにしみ込んでいるかいないかという点である。アメリカのサンドウィッチの中で世界で格別の位置を占めているのが「ウェット・サンドウィッチ」で、このクラブハウスやBLTはその一種であると言っていい。ウェット・サンドウィッチ、「濡れたサンドウィッチ」の典型は、たとえばニューオルリーンズのもう一つの名物「ポ・ボーイ・サンドウィッチ」で、これは「プア・ボーイ」すなわち「貧しいもの」のサンドウィッチという意味なのである。一般に、黒人奴隷たちが食べていたもので、そこから「プア・ボーイ」と呼ばれたものだと言われているが、これは真っ赤な嘘。「プア・ボーイ（Poor Boy）」ではなく、フランス語の「プールボワール（Pourboire）」が語源で、心付けとか祝儀、ようするにチップのようなものだ。このサンドウィッチが特製であるために、それをサーヴィスしてくれたボーイに別口のチップを与えたからだとも言われているが、これもまた少し怪しい。

実際は一九二九年、ニューオルリーンズのダウンタウンを走る路面電車が、賃金アップを求めて四カ月にわたるストライキを行った時のこと、その当時レストランを営んでいた元車掌であったベニーとクロヴィスのマーティン兄弟が、ストライキをしている人びとに同情して、このサンドウィッチを提供したのだという。ストライキに訴えねばならなかったひどい環境の労働者たちを憐れんで、「哀れな連中」と呼んだものを縮めて'Po' boy' になったという話が、最も真相に近いのではないかと思われる。

このサンドウィッチの特徴は、パンがバゲットなどのフランスパンであることだ。中に挟む具は、もとは牡蠣フライだったらしいが、後にエビフライやソフトシェルクラブのフライ、ナマズやクローフィッシュのフライ、アンドゥイユなどのルイジアナ特産のホットなソーセージをたっぷりと挟むようになった。フライドチキンやローストビーフなどを挟んだりもするが、しかしこれだけではけっして「ウェット」とは言えない。だからこの場合グレイヴィソースが不可欠で、これがフランスパンにしみ込んで、かぶりつくとソースが滴り落ちることになる。それが「ウェット」の始まりだろう。イギリスのティー・サンドウィッチでも、サンドウィッチ王国ノルウェーでもこの手のサンドウィッチはない。アメリカ独特のものだと、ぼくは思っている。

ポ・ボーイの別の呼び名である「サブマリン・サンドウィッチ」は、フランスパンの形が潜水艦に似ているところからきている。このサブマリン・サンドウィッチの中でも有名なのが「ミートボール・サブマリン」だ。スパゲティミートボールのあのトマトソースの中に泳ぐ肉団子を、フランスパンに挟むのである。挟む、という表現は適切でない。むしろ流し入れると言うべきだろう。このサンドウィッチをかぶりつき、そのトマトソースを顎から胸元にまで滴らせる様子は、映画や小説でのちょっとしたアクセントになっている。

こういった、「ウェット」そのもののサンドウィッチにはやはり独特の旨さがあって、その一例がBLTのトマトの汁だろうと思うのだ。他にもマヨネーズたっぷりのツナや卵のサンドウィッチ、あるいはローストチキンのマヨネーズ和えなど、その汁けがパンにしみこんでしっとりとした、また別種の旨さを醸し出している。

ところが日本では、このウェット・サンドウィッチはあまり評判がよくない。知人の多くは、濡れてベトベトのサンドウィッチはどうも、と言う。そういう人たちは、人生の半分しか知らない、というほどでもないが、少なくともサンドウィッチの豊かな世界の半分を知らないで生きていると、ぼくなんかは思う。

クラブハウス・サンドウィッチの話に戻ろう。ぼくの好きだったのは、赤坂山王の東京ヒルトンホテルのレストラン「おりがみ」のだった。だが今そのホテルはなくなってしまった。他にもいくつかの店でこのサンドウィッチを出すところがあるけれど、グリルドチキンや蒸したものを使うのは、やはり本格ではない。きちんとしたものを出す店もあったけれど、いつの間にかメニューから消えていた。ようするに、ローストビーフやローストターキー、チキンを作り置くことが大変だったからだと思うのだ。このことは、クラブハウス・サンドウィッチは、大きなレストランなど常にローストしたビーフや七面鳥料理を作っているところでないとメニューに載せられない至極豪華なサンドウィッチだということを教えてくれる。日本での場合、それはおおむねホテルになる。

今のところ少し遠いけれど、箱根「富士屋ホテル」のクラブハウス・サンドウィッチは、ぼくにとっては本格に近い。トーストパンを横に三等分に切り、両端を三角に二等分、中央を長方形に二等分とこれは定番だし、トリプルデッカーであるところも、またローストチキンを用いているところも、トースト用のパンは自家製であるところも好ましく、何よりも付け合わせがいい。普通フレンチ・フライドポテトや時にポテトサラダ、コールスローなどというところもある中、富士屋ホテルのそれはポテトチップスなのである。この組み合わせが本格だと思うのは、ポテトチップスもまたほぼ同時期に、クラブハウス・サンドウィッチと同じく、サラトガ・スプリングスで生まれているからだ。いわば同郷の仲間が一皿に会しているわけで、それだけでもぼくにはうれしい。

ポテトチップスの付け合わせはイージーだし安っぽい、と低く見る人もいるけれど、実はチップスの塩加減と歯ざわりのパリパリ感は、このサンドウィッチにはうってつけなのだ。別々に食べるのではなく、サンドウィッチの間に挟むのである。すると独特のシャリシャリした歯ごたえが生まれて、クラブハウス・サンドウィッチはまた別の趣を与えてくれるのである。秀逸なのはハンバーガーに挟むことで、一度やるとちょっと病みつきになる。フレンチフライが定番だと思われているが、この歯触りと味わいのために、わざわざポテトチップスを注文したりすることもあるほどだ。

こういったサンドウィッチへのある種のこだわりは、しかし、ニューヨークはマンハッタンのデリにおいて、まったく一新されることになる。そのことは別項にゆずろう。

iv　クレオール料理

ともあれ、ニューオルリーンズのダウンタウンを歩きながらダブルデッカーやトリプルデッカーの建物を眺めるたび、ぼくはまだ味わったことのない無数のクラブハウス・サンドウィッチのことを思って呆然とするのである。そういう思いを抱きながら街中を歩いている時、一軒の料理教室を見つけた。集合商業ビルの一階の奥まった店で、「ザ・ニューオルリーンズ・スクール・オブ・クッキング・アンド・ルイジアナ・ゼネラルストア」という名前だ。クッキングスクールだけでなく、よろず屋、雑貨屋という意味のゼネラルストアの名前が付いているのは、ケイジャン料理やクレオールフード、そしてルイジアナ、ニューオルリーンズの食材や食器、調理道具類を販売するコーナーがあるからだ。チリソースのなんとまあ種類の多いこと、その他アメリカらしいステーキソースの類からソーセージ類。そして米類、これもまた実に多種多様で、下手な日本の米屋よりも、よほど充実した品揃えである。粉類、豆類、スパイス類、塩類、砂糖などの甘味料、それに皿やボウル、カトラリー類、ナプキン、エプロン、鍋やフライパン、スキリット類、ジャー、ボトル、メイソンジャー類……様々な調理器具が並び、まさに数えきれない。何か買いたい、と思っても、ここはニューオルリーンズ。しかもこういう単発の料理教室に参加してみようという人たちは、ルイジアナからも南部からも遠く離れた土地や国の人びとで、ようするに観光客ばかりだから、誰もが大きな荷物を持ち帰りたくない。そのため、棚に並べられた魅力的な品々を矯めつ眇めつはしても、ほとんど誰もがレジまでその品を運んで行かないようだ。

しかし、料理教室は実に面白かった。先生の名前は覚えていない。8ミリヴィデオに撮ったような気もするけれども、肝心のテープがどこに行ったのかよくわからない。だが、ニューオルリーンズでは有名なシェフ――その風貌やキャラクターと人柄の良さで人気のポール・プルドームに似た、小太りでやさしげで押し出しのいい面白い人だったことは覚えている。その彼の教室は、レストラン風にテーブルを囲んだ椅子に座るもので、その日はほぼ満席だった。正面の調理台が教壇になっていて、ガスレンジや流しの上に斜めに吊るされた鏡でシェフ先生の手元がよく見えるようになっている。これも実に良かった。彼の手際の良し悪しがはっきり見えた。

彼が教えてくれたのは四品、「ジャンバラヤ」と「ガンボー」、デザートの「ブレッド・プディング」とペカンナッツを使った砂糖菓子の「プラリーン（プラリネ）」で、これらを一時間半ほどで手際よく、しかも楽しく作り上げてみせ、エンターテインメント・クッキングショーとしてもかなり完成度が高い。この教室で教えられたことはたくさんあった。まず、jambalayaという言葉だが、jambaは、フランス語の「豚の脚」を用いた「ハム」が語源の、北アフリカのフランス植民地の言葉で、すなわち「ソーセージ」のことだ［図⓭料理教室の「ジャンバラヤ」のレシピ］。フランス語のjambon（ハム）と同系統の言葉だろう。そしてlayaはこれも北アフリカ語で米の意味で、全体で「ソーセージ・クックド・ウィズ・ライス」を意味するアフリカ由来の言葉だというのだ。

このソーセージは、ニューオルリーンズ特有の、「アンドゥイユ」や豚の血を固めた「ブーダン・ソーセージ」などを生み、ケイジャンたちはそれらを好んで用いることも知った。もうひとつ、ジャンバラヤの色を濃く仕上げたい時には、ブラウンシュガー（赤砂糖）をオイルの中で煮溶かして茶色くカラメライズしたものを用いるというところも面白かった。一カップのロンググレイン・ライス（長粒米）は、三人で食べるに十分な量であること。キリスト教では「父と子と聖霊」とが聖なる三位一体とされているが、ケイジャンでは「玉ねぎとセロリとピーマン」が聖三位一体《ホーリー・トリニティ》と呼ばれていること。このジャンバラヤでもまたこの三位一体、「トリニティ」が当たり前のように使われ、その案配は、一カップのライスにカップ二杯分のトリニティだと教えてくれる。そして最後は水加減で、一カップのライスに一カップ四分の一のスープだそうだ。

ガンボーに関しては最も大切なのが「ルウ」で、これはフランス料理での一般的なソースのとろみづけに用いられたものらしい。基本的には小麦粉をバターなどで炒めていくものだが、あまり炒めないホワイトルウから茶色く焦がしたブラウンルウまで幅が広い。本来はソースの方に風味があるので、このルウは香りとしてはせいぜいがバター程度なのだが、日本でお馴染みのカレールウなどは最初からカレースパイスの風味が付けてあって、これひとつで料理が完成する重宝な存在になっている。日本以外にも、この「カレールウ」というものがあるのかどうかはよくわからないけれど、少なくともこのカレールウがカレーライスを日本で家庭食の第一位にしたことは間違いない。

ニューオルリーンズのクッキングスタジオで教えてくれたルウの作り方は、粉とオイルが同量。オイルはたとえば「クリスコ」のような植物性油脂のショートニングを溶かしたものを用いて、そこに粉を入れ、火にかけ、ゆっくりとかき混ぜて焦がさないようにして色づけていく。これに先ほどの三位一体を入れてやわらかくなるまで油煮し、あらかじめ別の鍋で焼き目をつけておいた鶏肉とアンドゥイユを加えて火を弱め、じっくりと一時間ほど煮る。出来上がる一〇分ほど前に青ネギの小口切りを入れる。フィレは好みで、後から加えるといい、という。これで「ガンボー」は完成する。

実際に町のレストランでガンボーを注文すると、スープ皿の縁にフィレが添えられていることが多い。それぞれの好みで量を加減すべきものだろうからだ。好み、といえばこのガンボーをスープとして飲むか、そこにライスを入れるか、あるいはライスにかけるか、それこそ人さまざまだ。このあたりの自由さは、スープカレーのありようと一脈通じるようだ。

ともあれシェフ先生は実に要領よく、この二品とデザートと甘味のプラリーンをほぼ同時に作って、生徒というか見学者たちにケイジャンクッキングの真髄を披露してみせたのである。その旨さと充足感は、すでにして試食会の域を超えている。言うならばレストランでの食事を、調理技術を見せながら漫談を交えての、見事なエンターテインメント料理ショーに仕立て上げたのだと言ってよかった。体質的に合うのか、ぼくにはこれらの料理のどれもがひどく旨くてたまらなかった。

ケイジャン文化は何も料理ばかりではない。もう一つの大きな存在がケイジャンミュージックだ。世界中で最も知られているケイジャン風の曲となると、それはもう「ジャンバラヤ、クローフィッシュ・パイ、フィレ・ガンボー」とケイジャン料理の三位一体ともいうべき三品を歌いこんだ、ハンク・ウィリアムスの「ジャンバラヤ」に止めを刺すだろう。この手の音楽で顕著なのが、フィドルの存在だ。いわゆる「ズータカ・ヴァイオリン」と呼ばれるスタイルで、ズータカとかチータカとか、音の高さによって表現は変わるものの、その奏法は想像に難くないだろう。ようするに弓を弦から放すことなく、往き返り引きずるようにして弾く。一度聴いたら忘れられないその奏法と音色は、いわゆるカントリーミュージックの影響が多分に感じられる。

カントリーミュージックの故郷はアパラチア山脈で、そこに入植したスコッチ・アイリッシュたちが、彼らの出身地スコットランドやアイルランドのアルスター地方の音楽をアメリカに持ってきた。それにこの地の風土と人情と文化が加味され、そして恐らくは彼らの本性や気質なども相まって、最もアメリカ的だと言われる音楽を作り上げたものだ。

そのアパラチアで生まれたカントリーミュージックが、ここフランス領のルイジアナにまで影響を及ぼしていることは、そのフィドルの音色でわかる。同時に、本来のフランス系の移民たちの影響もまた、音楽からうかがい知れるのだ。そしてフランス系ケイジャン音楽の大スターとなると、ダグ・カーショウだろう。彼の歌う「ジャンバラヤ」は天下一品。一度聴いたら、ちょっと忘れられない。

そういった独特のケイジャン文化を生み出した人びとが最も多く住んでいるのは、現在アケイディアナと呼ばれる地域の中心（ケイジャン・ハートランド）にあるユーニスという町で、そのケイジャンの人口は、二〇〇〇年の国勢調査では約一万一五〇〇人、もっと古いが一九九〇年の国勢調査ではルイジアナ州全域で四三万人、合衆国全体でケイジャンの総人口は六〇万人とされている。

もう一つの、この地独特の人びと――「クレオール」と呼ばれる人びとは、もっと複雑で一筋縄ではいかない。クレオールとは何か。creoleと書く、この人種的・文化的にも独特のものを持つ人びとに対する解釈は実に多様だ。かつてスペイン領だった東はミシシッピー川から西はロッキー山脈にいたる広大な土地が、一八〇〇年にフランスに返還された。このフランス領ルイジアナを第三代トマス・ジェファーソン大統領がフランスと交渉して、当時、イギリスとの戦いの準備に余念のなかったナポレオン一世から、わずか一五〇〇万ドルで購入した。アメリカは一八〇三年、一夜にしてその領土を倍増させたのである。

そのフランス領時代の移住者を先祖とする人たちすべて――人種に関係なく、また異人種間の混血の人びとも含めて、「クレオール」と呼ぶのが一般的である。

しかし一方、猿谷要を継ぐアメリカ研究の第一人者である亀井俊介の著書『アメリカのイヴたち』の中の「性によるめざめ――ケイト・ショパン」の項では、この一九世紀末の女流作家であるショパンをクレオールの代表だとし、クレオールは「フランス系やスペイン系の白人と黒人の血がまじった者だ」というのは間違いで、「クリオール文化とは、もともと純血主義の文化なのだ」と断じている。その論の根拠は、同時代の最大の南部作家であるジョージ・ワシントン・ケーブルが主張する「アメリカにおけるクリオールとは、厳密な意味では、フランスまたはスペインからの移民の純血の子孫で、社会的な地位の高いものである」と書いているところから来ている。中でも、「ルイジアナ地方に植民し、奴隷労働の上に優美なフランス的文化を土着化させた人びとが、クリオールの代表なのである」という。

なるほど、creole の語源はスペイン語の criollo で、いわゆる 'native born' という意味だ。一六世紀の南米で、スペイン生まれではなくスペイン領の土地において生まれたスペイン純血の人たち、カースト・システムでいえば「社会階級」を成している人びとという定義もある。

『南部について誰もが知るべき一〇〇一の事柄（*1001 Things Everyone Should Know About the South*, 1996）』という本には、クレオールとは一八世紀後半にルイジアナにやってきた黒人、または白人との混血の祖先をもつ人びと。フランスの農園主の下から自由になった奴隷、またはハイチ革命で自由を獲ち得た黒人たちを意味している」とある。一方ルイジアナに入植したフランス系、スペイン系の白人たちを祖先に持つ者を指すことがあり、このあたりが「クレオール」という言葉が混同されて用いられている原因になっているようだ。彼らの多くは一八〇三年に、かつてのサントドミンゴ（現ハイチ）のフランス植民地やカリブ海諸島から移り住んできた白人たちを祖先に持つ人びとで、たとえば亀井氏の言う女流作家ケイト・ショパンがこの手のクレオールとしては有名だろう。同書は、半ばユーモアを交えてこう結論付けている。

「ケイジャンとしばしば混同されるが、両者はその文化習俗についての共通項として、彼らの多くがフランス語を喋り、大半がローマ・カトリックの信者で、そしてザディコ（Zydeco）を愛する人間とその文化を『クレオール』と呼ぶ」と。

ザディコは、二〇世紀初頭、ルイジアナ州南部、とくにニューオルリーンズ周辺のスワンプ（湿地帯）に住む黒人たちが、ケイジャンミュージックで使うフィドルやキーボード、あるいはボタン式のバンドネオンのような「コンサルティーナ」という楽器を使って演奏する音楽で、その音楽自体とそれを愛する人たちを指す言葉である。ともにフランス系の音楽でありながら、ケイジャンがアイリッシュ系のフィドルを多用するのに比べ、ザディコはフランス系のコンサルティーナを用いるところが違っている。もう一つザディコは、金属製の洗濯板を胸に吊ってそれをリズムに合わせてこする「ラブボード」を用いることでも知られる。こするから「ラブ（rub）」なのだろうが、ヒルビリー系のジャグバンドでは、元の名前そのまま「ウォッシュボード」と呼んで愛用されている。このあたり、スコッチ・アイリッシュの影響がこの旧フランス領にも及んでいることを知ることができる。

結局クレオールは、実際にはフランス及びスペインの文化を根源に保有している、すべての人種の人びととその文化的背景、を指しているというのが最も本筋に近いようだ。

しかし、それだけではない。人種と文化以外にも「クレオール」の語は、いわばアイデンティティや言語の変容の問題にも使われている。アイデンティティに関しては、たとえばフランスの場合、本国から西インド諸島のフランス植民地に移住した場合、やがてその子や子孫たちは自分の故郷であるフランス本国そのものを知らない者も出てくるようになる。この本国を知らずに植民地に生まれた新しいフランス系住民を「クレオール」と呼んだり、あるいはその植民地に新しい労働力として輸入された黒人奴隷たちもまた、アフリカという祖国を知らない世代が生まれてくるようになり、彼らもまた「クレオール」と呼ばれたりするようになるのである。

言語的には、たとえば白人プランターと黒人奴隷たち間のコミュニケーションの道具として、また一口に奴隷と言ってもアフリカ大陸各地から連れてこられた彼らに共通言語はなく、部族・地方によってそれぞれに異なる自国での言葉を捨て去って、新天地での共通言語としてピジン・イングリッシュと呼ばれる会話に必要な最小限の言語を生み出した。これを「クレオール」と呼ぶこともある。その代表例は、ハイチのフランス語系クレオール、ハイティアン・クレオールと名づけられた言語が有名だ。

「クレオール」という言葉に、なぜここまでこだわったのかというと、実はこれら全体を通して、言語や文化や人種の混淆と変容そのもの、社会学的な現象を「クレオール」と呼ぶことがあり、食の世界ではこの言い方が最も多用されてきたからだ。アメリカという国にはもともと多くの部族に分かれたアメリカ・インディアンがおり、そこに各国から多様な移民たちが寄り集まってきた。彼らは、それぞれの出身地の「食」に関する様々な思いを手放すことはなかった。必然的にアメリカには、実に多様な食が同居することになり、やがてそれぞれが相手のことを理解し、同じ人間なのだというある種の確認の意味を持ってお互いの食を賞味し、影響を受け、与え、取り入れていくことになる。この食の混淆を「食のクレオール化」と呼んだのは、『アメリカ食文化――味覚の境界線を越えて』を書いたダナ・R・ガバッチアで、「食べ物は（中略）文化的・社会的境界線を越えて接触した影響を与え合ったという共通の経験を理屈抜きに記録する役割を果たしたと言える」と書いている。ようするに移民たちの文化の混淆のもっともわかりやすい形が「食」であるということなのだ。この食の混淆――食のクレオール化は、アメリカの食を語る上で大きな意味を持っている。すなわち、アメリカの食、アメリカの料理は他の国ぐにの料理と違って、本来持っていたものではなく、多種多様な民族が寄り集まって作り上げた、世界に類を見ない稀有な「食」であるということができる。ガバッチアの言うところの「マルチ・エスニック料理」の登場である。

このクレオールの問題――人種や文化、言語といった要素を抜いて、単に食のことだけを取り上げても非常に興味深い。現在、ケイジャン料理とクレオール料理とはその境界があいまいで、両者の違いにこれといった特徴はないものとされているが、しいて言えばケイジャンはいくらか味が濃く、スパイスなどの刺激の強いものが多く、洗練されていない今風の家庭的な料理だとされ、他方クレオール料理は、より洗練された、それも商業的に洗練された、どちらかと言えばレストランで供される料理を指すことが多い。クレオール料理はさらに、新鮮な食材を用いたシンプルでストレート、フランス料理特有の重いソースを避けた、むしろシノワやアジア系のエスニックな食の影響を受けた「ヌーヴェル・クレオール」と呼ばれる料理へと変化していっている。

最初のクレオール料理は、一九世紀前半の一八四〇年にフレンチクォーターで開業した「アントニオズ・レストラン」によって確立されたと言われている。「クレオール」の名前を冠せられた最初のクックブックは、一八七〇年代の終わりから八〇年代の半ばにかけてニューオルリーンズで小さな新聞社でコラムや挿絵を描く仕事を得ていた時代にラフカディオ・ハーンが書き継いだ『ラフカディオ・ハーンのクレオール料理読本』である。ここにはクレオールというより南部の特徴的な料理のことが書かれている。たとえば、その時代によくあるように量的突拍子のなさ――ジョージ・ワシントン初代大統領のパーティー用混合酒である「パンチ」のレシピの驚くべき量の多さを見てもわかる通り、当時の家族の多さ、一族郎党何十人もの人間たちと、膨大な数の来客の喉と舌と胃袋を満足させるためには質よりも量、グルメよりもグルマン、を相手にしなければ作り手も実感が湧かなかったことから来ているのではないか――などを引きながら、南部のプランテーションでの主人一家と奴隷たちは、ともに家族同様であったと書かれ、この時代を描写した信憑性のある文章がいくつもある。そのプランテーション全体をまかなう食事の量は大変なものだった。だからハーンの本は、そのあたりも忠実に書き記しているのである。

彼はこの町で、ブードゥー教をも取材しており、それが彼のオカルティズム好みのケルトの血を沸かせることになる。ニューオルリーンズではコラムニストだったラフカディオ・ハーンは、自らの本性に根差す「ケルト的薄明」に通じる日本の松江という町で、異界とこの世に起こる様々を体現し、やがて小泉八雲という作家に変身して、名作「怪談」を生み出すのである。ともあれ、この料理本の諧謔は実に楽しい。

ハーンの『クレオール料理読本』で扱われる料理は、いわば庶民のニューオルリーンズ南部料理の色が濃いが、この一八八五年に書かれたこの本よりずっと前、一八四〇年開業の「アントニオズ・レストラン」で出された料理を彷彿させるのが、『風と共に去りぬ』でスカーレットとレット・バトラーがニューオルリーンズでの新婚旅行で出会った食たちだろう。南北戦争の終わった一八六五年以降のことで、この国を二分した戦いにも何ら疲弊しなかったこの歓楽の町の様子もよくわかる。そのニューオルリーンズの印象をスカーレットは、こんな風に感じている。

「ニュー・オーリンズの商店は、胸がわくわくするほど品物が豊富だった。(中略)いや、食事は買い物よりも、もっと愉快だった。彼は注文すべきものを、ちゃんと心得ているし、その料理の味わいかたまで知っているからだ。(中略)レットが注文する食物の、なんてすばらしいこと！　ニュー・オーリンズでもっとも優秀なのは、さしずめ料理だった。タラの苦しかった時代の空腹や、もっと最近の貧乏を思い出すと、スカーレットは、こうしたぜいたくなごちそうを、いくら食べても、まだ食べたりない気がした。ガンボー(訳注　オクラのさやで濃くした鶏肉のスープ)、クリオール風のえび料理、鳩のぶどう酒煮、クリーム・ソースのいっぱいはいったやわらかな牡蠣《かき》のパイ、マッシュルーム、子牛の膵臓《すいぞう》、七面鳥の肝臓、オイル紙と石灰をつかってたくみに焼いた魚。彼女の食欲は、すこしも衰えなかった」

「オイル紙と石灰をつかって……」の「オイル紙」はクッキング用の油紙のことだが、「石灰」の原文は lime で、同じスペルの柑橘類のライムの誤訳と思われる。魚の生臭さを消すためにライムを絞り、その薄切りをのせたものを料理用油紙で包んで蒸し焼きにしたものだ。イタリア料理で言うところの「カルトッチョ」である。こういった豪華で洗練された料理の数々は、スカーレットにタラでの落花生や乾したエンドウ豆やサツマイモを食べるしかなかった日々を思い出させる。

ジョージアの大きなプランテーションで贅沢に育てられた令嬢だったスカーレット――アイルランド系である彼女に対して、このニューオルリーンズのクレオール料理を生み出したフランスからの移民たちの末裔であるケイジャンや、かつてのフランスやスペイン領時代のルイジアナやカリブ海諸島に生まれた現地っ子のクレオールたちは、もともと清教徒的な清廉で質素で謹厳な、アングロ・サクソン的な生き方よりも、もっと人生を楽しむ享楽的なラテンの血を持った人たちだった。こういった血統的に楽天的で、人生享受型のフランス系の人びとの生み出した快楽的な食以外にも、このアメリカにはまた別のフランス色濃厚な食がある。

南のスワンプ地帯を逃れて、トウモロコシ栽培を目指す人びとは、より北部のミシシッピー川沿いの乾燥地帯に移り住むようになった。そこは、実は牧畜に向いている土地でもあった。やがて大規模な牧場を経営する人も増え、しかもその牛肉を大量に消費する繁華街である港町、ニューオルリーンズを控えていることもあって、牧畜業は興隆を極めるようになった。そしてそこに、二つの階層が生まれた。牧畜業や農業に活路を見出して成功する者と、そうでない者たち、すなわちプランテーションを作る者と、そこで働く者たちである。

成功したエリート・プランターたちは、間もなくより多くの土地を手に入れ、労働力としてより多くの奴隷を買い入れ、大規模農業を営むようになる。一八世紀初頭には綿花栽培が成功し、その世紀の半ばには砂糖、ついで米の栽培へと広がっていった。彼ら成功者の豪勢な白亜の邸宅、散在する華麗なプランテーション群は、観光名所としてニューオルリーンズ北部のあちこちに、今も昔日の栄華を見せつけている。

V　トマス・ジェファーソンと南部料理

この上流階級を形成する人びとに、ケイジャンでもなくクレオールでもない新しい食、フランスの影響をまともに受けた「美食」の世界を紹介した人物がいる。その紹介者こそ、クレオールのもう一つの意味、純血ではない「混合」「混淆」、すなわちアメリカの食の大きな特徴である「融合」そのもののような人物であった。彼は今振り返ると、その政治的貢献よりも、アメリカ食に及ぼした影響の方がはるかに大きいようにぼくには思える。それが第三代大統領トマス・ジェファーソンである。

ノースダコタ州マウントラシュモアには、四人の大統領の顔が崖に彫りこまれている［図⓮］。初代大統領ワシントン、第一六代リンカーン、第二六代セオドア・ルーズヴェルト、そしてこの第三代のジェファーソンである。ワシントンはイギリスからの独立を果たした人物であり、リンカーンはご存じ、奴隷解放に貢献したとされ、セオドア・ルーズヴェルトは一九世紀から二〇世紀にかけてアメリカを近代から現代へと導き、その後の超大国アメリカへの道筋を世界に示した人物である。

そしてジェファーソンは、ワシントン初代大統領の時の初代国務長官であり、第二代ジョン・アダムズ大統領の時の副大統領であり、独立宣言文の起草者の一人であり、アメリカの貨幣をイギリスの一二進法から一〇進法にし、フランスからルイジアナを買収してアメリカの領土を一夜にして倍増させた人物であり……こう書くときりがない。だが最も大切なことは、アメリカの「食」を本質から変えてしまったこと。もっと言えば、彼はアメリカの「食」を作り上げたと言ってもいい人物なのである。並みいるアメリカ大統領の中でも、ぼくがジェファーソンを最も敬愛するのは、彼の食に対する飽くことなき追求心、好奇心に対してなのである。

トマス・ジェファーソンの時代、アメリカの、ともすれば荒々しく、粗野で大雑把で、ざっくばらんを身上とするような食の世界に、世界に通用する「美味」というファクターを付け加えることになった幸運な出来事は、一七八九年に起こったフランス革命だった。この動乱によってパリの多くのシェフたちが、新大陸へと亡命してきたのである。彼らの舌と技は、この若い国のまだ未熟と言っていい味蕾と調理法に対する練磨と覚醒、そして調理哲学といったものへ多大な影響を及ぼし、その功績は計り知れない。

トマス・ジェファーソンは、ヴァージニアに入植した古い家系の息子として生まれ、新しい国に君臨する階級にふさわしい教育を受ける。後年のその博学ぶりは、園芸学者、建築家、考古学者として大成し、また発明家としても有名で、彼の時代、一七〇〇年代後半には珍しかった水洗便所を設計したり、戸棚付きの回転ドア——中央で支えられたドアを一八〇度回転させるとその裏側に戸棚が作りつけられているもので、普段は板壁のようになっている回転戸棚や、一枚の紙に文字や図を描くと、その筆記具に連結したもう一つの筆記具が別の紙に同じ図や文字を描いてくれるという、いわば複写機のようなものも発明している。中でも最も有名なのは、「ジェファーソン・ディスク」と呼ばれる多輪胴式の組合わせ文字方式の暗号器だろう。

こう書きながら、彼と同時代の巨人、ジェファーソンの前任のフランス公使で、二重焦点眼鏡などの発明者であるベンジャミン・フランクリンとも一脈通じることに気がつく。フランクリンがアメリカの独立を睨んで、CIAの前身となる秘密情報機関を創設することになったように、この時代アメリカは秘かに対英諜報戦を展開していたことがわかる。

ジェファーソンは、彼が一四歳の時に亡くなった父親から五〇〇〇エーカー（約二〇〇〇ヘクタール、二〇平方キロ）に及ぶ領地と四〇人にものぼる奴隷を受け継いだ。この土地に彼は「モンティチェロ」と呼ばれることになる邸宅を自ら設計して建築する。余人と異なるのは、彼はこの広い土地で様々な農作物を栽培したことだ。それは主として、彼個人の食に対する強い好奇心からだった。ヴァージニアの知事から、独立戦争を経て駐フランス公使に任命されたのは、一七八五年のことだ。後に第二代大統領になるジョン・アダムズとベンジャミン・フランクリンとともにヨーロッパに渡った。このフランスでの経験が、その後の彼の人生を大きく変えたと言っていい。

彼の食に対する熱い思いは、アメリカから一人の従僕を連れていったことでわかる。それは黒人奴隷のジェイムズ・ヘミングスだった。ヘミングスはジェファーソンの個人的な召使であり、伝令であり、御者であり、ちょっとした料理をこなす気の利く男だった。

一七八四年、ジェファーソンは娘のマーサと従僕のヘミングスとマーサの面倒を見る付き人としてヘミングスの妹サラ・ヘミングスと四人で、ボストン港から旅立っていった。八月一日、パリに着くや、彼はごくごく個人的な希望からヘミングスを当時パリではよく知られたレストラン「コンブー」に、コックの修業に行かせたのだった。ヘミングスは、ジェファーソンがパリに滞在した一七八五年から八九年までの四年間のうちの二年間、八六年から八七年にかけて熱心にフランス料理を学んだ。ことにペストリー全般、パイやタルト類を見事に作れるまで腕を磨いた。一七八七年、ジェファーソンは公使公邸のチーフシェフに、当時人気のあった「オテル・デ・ランシー」のシェフを、週一二ルーヴルの給金で雇った。

ジェファーソンはまた、パリの公邸の庭にアメリカから持ってきた食用植物の種子を蒔き、逆にフランスで手に入れたブドウの苗木をアメリカに持ち帰るほど、食に対する熱心さを見せた。彼は近代科学の中でも、植物学が人間にとって最も直接的に役に立つ第一級の学問であると考えていた。医学もまた人間のために大いに貢献するものの、植物類を正しく食べれば、医者の世話にならなくてすむという信念を持っていた。その熱意は、たとえばチコリ（ベルギーチコリ）を初めてアメリカに紹介すべく輸入したことでもわかるだろう。

イタリアのパルマに滞在した時、この地の名物であるパルメザンチーズが気に入り、アメリカに初めて輸入させてもいる。この滞在中に口にして、アメリカにとって必要な食料であると確信した米を、彼は帰国の時に少量持ち帰ろうとした。それが税関に見つかって、密輸の罪によって危うく死刑の判決を受けるところだったという話も残っている。その真偽はともかく、かつて独立戦争の時にイギリス軍に焼き払われたカロライナの米畑が再生し、その後も南部経済に大きな力を与えたのは確かである。マーガレット・ミッチェルの『風と共に去りぬ』の公式の続編というか、別冊とでもいうべきドナルド・マッケイグの『レット・バトラー』は、その題名通りレット・バトラーを主人公に据えた異色の作品だが、ここではそのレットはノースカロライナの出身で、米産業で富をなしたとされている。ジェファーソンの米密輸騒動を思うと、この物語はとても興味深い。

アメリカに戻ったジェファーソンは、ワシントン大統領の初代国務長官に就任した後も、フランスの植物関係者と密接に手紙のやり取りをし、大統領就任後もフランスの農芸化学協会の会員であり続けた。

ジェファーソンは、自宅のモンティチェロでニシン類のシャッドやカニを飼育、養殖したり、さまざまな農園野菜を栽培したりもしている。彼にとって食べることや食材へのこだわりは、むろん個人の嗜好でもあったが、同時にまだ若き国とその国民への十分な質と量の食事を確保してやりたいという思いからでもあったようだ。

一八〇一年、彼は前任のジョン・アダムズを選挙で破って、第三代大統領に就任した。その祝いに、一六〇〇ポンド（約七三〇キロ）のニューイングランド・チーズを贈られた。ワシントンDCに建てられた大統領官邸――のちに第二次米英戦争の時にイギリス軍の艦砲射撃によって焼かれ、黒く焦げた壁をペンキで白く塗ったことから「ホワイトハウス」と呼ばれることになる官邸の最初の主であった彼は、そこを訪れる客たちすべてにそのチーズを振る舞い続け、二年がかりでようやく一八〇三年に食べ切ったという逸話が残っている。

ジェファーソンの食にまつわるエピソードは、実に多い。そしてそのどれもが現代の食世界に大きな影響を残していることに、今更のように驚く。たとえば彼は、当時毒であると思われていたトマトを、大統領として実際に食べてみせて国民にその安全性を保証したり、ジャガイモもまたその芽に含まれるアルカロイド系の毒ゆえに恐れられていたのだが、官邸ではフライにして客に供応したりしている。当時官邸の総料理長はフランス人シェフで、その「フランス人の揚げたポテト」から「フレンチ・フライドポテト」の名前がついたものだ。

彼は二九歳の時に年下の未亡人、マーサ・ウェイルズ・スケルトンと結婚して六人の子供をもうけたが、そのうちの四人は夭逝し、マーサも六人目の子供を出産した後に死去した。亡妻の懇願で再婚はしなかったため、その後大統領になってからは娘のマーサ・ワシントンがファーストレディを務めていたが、彼女が幼い頃はジェファーソンの次の大統領であるジェイムズ・マディソンの妻であるドリーが来客の折にはホステスを務めてくれていた。彼女がホステスとしてもてなしていたあるパーティーで、アメリカで最初だと認められているアイスクリームが供せられた。この時期、かの万能の従僕、そしてパリのレストランでスイーツを学び、パティシエとしても一流の腕を磨いたジェイムズ・ヘミングスがチーフシェフになっていた。そのヘミングスに、甘党らしいジェファーソンがアイスクリームを作らせたのだろう。そのレシピ「トマス・ジェファーソンのアイスクリーム」がアメリカ料理研究家として揺るぎない地位を保持しているエヴァン・ジョーンズの『アメリカン・フード――ザ・ガストロノミック・ストーリー』(*American Food: The Gastronomic Story*, 1975)に載っている。

「卵六個分の黄身をトロリとするまでかき混ぜながら、一カップの砂糖と一つまみの塩を少しずつ入れていく。これに温めた一クォート（約九五〇ミリリットル）のヘヴィクリーム（乳脂肪分の多いクリーム）を注ぎ入れ、二重鍋でもったりとするまで煮詰める。それから小さじ一杯のヴァニラ・エッセンスを入れて冷やす。冷えたものを、ジェファーソンが一七八四年に購入した冷凍機（彼はこれを'a cream machine for ice'と呼んでいた）に入れて〝いつものように凍らせる〟」とある。

ジェファーソンが甘いもの好きであることは、このアイスクリームを使って、見た目にも派手やかでパーティー向きである「ベイクド・アイスクリーム」を発明したことからもわかる。アイスクリームの塊を堅く泡立てたメレンゲでくるみ、そこにブランディを注いで火をつけて青白い炎もろとも賞味する豪華な演出の氷菓である。彼はまたアーモンドのペーストをゼラチンで固めて「ブラン・マンジェ」を作ったりもした。

かくのごとく彼は、創意の人であった。南部の正月料理と言ってもいいブラックビーンズ料理である「ホッピング・ジョン」を、牛の挽き肉の代わりにハムや家鴨の肉を用いて、フランス風にキャセロール仕立ての「オウ・グラタン」にしたり、スペインはバスク地方とピレネー山脈を隔てたフランスのカルカッソンヌの名物である、白インゲン豆とソーセージ、鶏肉のグラタンである「カッスーレ」を官邸名物の料理にしたりもした。

官邸滞在中、庭園野菜をはじめ、各国から取り寄せた種子を蒔いてその生育状態、生長の記録を克明に記し、本人が意識しないところで外来植物などの栽培実験を繰り返すことになっていたのだ。彼の畑には、その時代非常に珍しかったエンダイヴとブロッコリーが植えてあり、訪ねてきたパトリック・ヘンリーにそれを食べさせたが、「自由を与えよ、然らずんば死を」という名文句で知られるこの愛国的な対イギリス開戦論者には、その味の差がわからなかったと伝えられている。

ジェファーソンはまた生涯五万通に及ぶ手紙を書いた。彼の唯一の著書は、一七八五年に上梓した大部の『ヴァージニア覚書（*Notes of the State of Virginia*, 1785）』だが、そこには健筆ぶり博覧強記ぶりがよくうかがえる。たとえば、これは官邸に入る前の、ヴァージニア州リッチモンドの「モンティチェロ」での庭園日記だが、自らの畑の生育の具合、そしてそれを食べる喜びを記した、一七七四年五月一六日から八月三日までのメモがある。それはこんな調子だ。

May 16. First dish of peas from earliest patch.
May 26. A second patch of peas comes to the table.
June 4. Windsor beans come to table.
June 5. A third and fourth patch of peas come to table.
June 13. A fifth patch of peas come in.
July 13. Last dish of peas.
July 18. Last lettuce from Gehee's.
July 23. Cucumbers from our garden.
July 31. Watermelons from our patch.
Aug. 3. Indian corn comes to table.
　　Black-eyed peas come to table.

「五月一六日、早蒔きの畝からのお初のエンドウ豆の一皿がテーブルにのった」とある。七月一三日、最後のエンドウ豆を惜しむかのように記している。レタスが届き、キュウリが届き、スイカが季節を迎え、八月三日にはトウモロコシが収穫されている。ここで好ましいのは、それらの野菜の収穫にその喜びが溢れている。

を心から喜び、それらをきちんと賞味していることだ。詳しい食味の記述はないが、短い文章の行間にその喜びが溢れている。

畑仕事を愛する彼のその人間的側面は、実は彼が生涯を共にした一人の女性の力に負うところが大きいと思う。彼が再婚しなかったのは、亡き妻の願いからだったことは前にも書いた。再婚はしなかったものの、彼は一人の女性と寄り添って生きていたのである。それが、ジェイムズ・ヘミングスの妹のサリー・ヘミングスだったことが、今はわかっている。アメリカの大統領が黒人奴隷の女性を伴侶とし、子供までもうけていたことは紳士面をしたい者にとっては隠蔽しておきたい事実だったろう。しかし今、彼らの子供はＤＮＡ鑑定によって正しく二人の正統な子供であることがわかっているし、そのことを克明に記したバーバラ・チェイス＝リボウの『大統領の娘（*The President's Daughter*, 1994）』に詳しい。そのタイトルにある娘、ハリエット・ヘミングスの母親であるサリーは、大統領とともに畑仕事をし、収穫をした野菜を調理し、彼に様々な食に関する新しいヒントを与えたに違いない。映画『ジェファソン・イン・パリ　若き大統領の恋』は、そのサリーとの恋愛を描いたものだ。彼女の存在は、この奴隷解放論者であった大統領にとって大きな意味を持っていた。少なくとも彼の人生の、ある大切な部分を変えるほどの存在であったろうことは想像に難くない。

ヴァージニア州シャーロッツヴィルは、ブルーグラスミュージックの歌詞にもよく出てくる地名である。そのブルーグラスにとっての主要楽器がバンジョーで、この皮張りの撥弦楽器はもとアフリカのバントゥー族が奴隷としてアメリカに連れてこられた時に持ってきたもので、その部族名が転じて「バンジョー」となったという説があるが、事実、このヴァージニア州シャーロッツヴィル周辺には、黒人奴隷が多く使役されていた。

そのシャーロッツヴィルを、ブルーグラスのルーツを探りたくて訪ねた時、モンティチェロを見に行った。もと個人の私邸で世界遺産に指定されているものとしてはアメリカ唯一のこのジェファーソン設計の邸宅は、その多くの部分が博物館、記念館になっている。だが、ぼくの興味は、野菜畑だった。中央の邸宅を囲むようにして、広大な農園が拡がっている。

　邸宅の南側に「マルベニー・ロウ」と呼ばれる奴隷用住宅があり、その一角にサリーが住んでいたと伝えられている。倉庫や洗濯場や搾乳場もあったとされるその場所は、今はきれいに整備されていて、昔日の面影はないようだった。だが、そこに立つと、ちょっと感慨深い。そこから下って行くと農場があり、その広大なことに驚く。ここはジェファーソンの時代と変わらないのだろうか。そこで収穫される作物の多さ、見事さ、新鮮な様が胸に迫ってくるようだった。この畑で働いていたのは、一五〇人ほどの奴隷だったと言われている。

　ジェファーソンは七〇年の生涯で六〇〇人に及ぶ黒人奴隷を使っていたという記録がある。ジェイムズとサリーの兄妹を、ジェファーソンは「自由黒人《フリード・ブラック》」として解放してやってもいる。しかし、一方彼が解放した奴隷はわずかな数だったとされ、ワシントン大統領がその死後すべての黒人奴隷を自由黒人として解放したことに比べると、その差が、時に彼の思想・人種問題に関する認識の問題として何度か俎上に上ったりもしている。しかし実際の彼は、その公職についている間に何度も奴隷制を廃止させようと試みたし、奴隷制の継続を回避しようと努力したことでも知られている。彼の創案した独立宣言文でも、奴隷制を非難する文言が入れられていたのだが、結局は削除されてしまったという事実も忘れてはならない。

　彼が解放した「自由奴隷」の数が少ないことの一つに、せっかく自由の身分として解放されても、北アメリカにいては「スレイヴ・ハンター」と呼ばれる奴隷狩りの一団によって捕まえられ、再び奴隷の身分に落とされる状況を憂いたのだという解釈がある。実際に彼は奴隷たちをアフリカに戻してやろうというクエーカー教徒たちの運動に力を貸していた。一九世紀初めに設立されたアメリカ植民協会は、アフリカにアメリカの植民地を作り、そこに自由黒人たちを送り込むことを計画し、運動を展開していく。そして、一八四七年、現在の「リベリア」という国が建国される。ラテン語の「自由な《リベール》」に由来する名前を持つアメリカの新植民地だが、この計画が果たして成功したかどうかの判断は、その後のエボラ熱問題を考えてみても悩ましいところだ。

この複雑で様々な顔を持つ魅力的な人物を象徴するのは、たとえば「ホッピン・ジョン」のような黒人たちの料理をフレンチの調理法と合体させるという、混成の思考法だろうか。海外での経験と彼の周囲にいる人間たち、そして彼本来の好奇心がそうさせたのだろうと思うが、彼の創作料理の中でももっともアメリカの「食」、すなわち「食のクレオール化」を見事に表現しているのが「マカロニ・チーズグラタン」だろうと思う。ジェファーソンはイタリアのパルメザンチーズをひどく愛し、またパスタの中でもマカロニをことのほか愛し、その二つをフランスの調理法でグラタンにする。このイタリアとフランスの合体料理はアメリカにしかなく、フランスにもイタリアにもない料理だ。

アメリカの大統領としては、第一六代セオドア・ルーズヴェルトに匹敵するほどエピソードに事欠かない人物だから、切手やコインなど様々なものに彼の肖像が用いられている。面白いのは二ドル紙幣［図⓯］で、そこに描かれた彼の淡い金髪の巻き髪と下膨れの顔は、よく知る彼の人相と少し異なるように思えるけれど、この二ドル札はなぜかほとんど見かけることがない。だからだろうけれど、持っていると、あるいはその紙幣が回ってくると幸運だという話がある。

ぼくはその一枚を、アリゾナ州の南の町、トゥーサンの古本屋で釣りの一部としてもらった。何冊かの本の代金を一〇〇ドル紙幣で払ったが、その釣り銭がなくて、顔の下半分が髭で埋もれた巨漢の古本屋の店主は、実に無念そうな表情で自分の使い古し、くたびれ切った二つ折りの財布から、きれいに折り畳んだ古い二ドル紙幣を抜き出して渡してくれた。悔しくてたまらないという思いが、その表情に溢れていた。

むろんぼくは、その二ドル紙幣を大切にしている。その後、少し運が良くなったようにも思えなくもなかった。だが、大した幸運に恵まれない年月が過ぎたある日、ノースダコタの小さな町——名前は忘れてしまったが、そこの古道具屋の壁に二ドル紙幣が一〇枚分、まだカットされていない一枚綴りのまま飾ってあった。無視するのも癪で、二〇ドル以上の値段で買ってしまったけれど、二ドル札一枚分の一〇倍の幸運が訪れることはまだない。しわくちゃの二ドル札は今も本棚に飾ってあるが、二〇ドル分の二ドル札一〇枚一枚綴りの方は、どこへ行ったかよくわからない。ちなみに、その紙幣の裏にはジョン・トランブルの描いた「独立宣言の署名（Decharation of Independence, 1776）」が印刷されている。だが、この絵にはトランブルの原画にはいない人物が描かれているとされ、大きな謎になっていると聞く。そのせいで、増刷されなかったという噂もあって、とても面白い。

余談だが、ブリア・サヴァランは、『美味礼讃』を書き上げるほぼ三〇年前の一八二五年、劇団のオーケストラの一員、ヴァイオリン弾きとして二年ほどニューヨークに滞在していた。しかし、そこで食べたであろうアメリカの食にも、アメリカ風フランス料理にも、なんらその舌と心に感じるものはなかったようだ。彼がもし、ニューヨークではなくもっと南部、ジェファーソンの住んだヴァージニアや、ケイジャン、クレオール料理の盛んなニューオルリーンズに滞在したら、『美味礼賛』の記述が今とは違ったものになったかもしれない。

4 ミドル・パッセージの手土産――黒人たちの食

i ビスケット・アンド・グレイヴィ

ヨーロッパを旅していて、ホテルの部屋の洗面所にビデが備えられるようになったら、ラテンの地までやってきたのだということに気がつくように、アメリカを旅していて朝食のメニューに「グリッツ」の文字があらわれたら、南部に入ったことがわかる。

グリッツはトウモロコシの挽き割りで、一般にはホワイトコーンを灰汁《あく》で茹でて皮をむいたものを乾燥させて細かく砕いたものとされている。これを茹でて粥状にしたものが「グリッツ」である。オート麦を押しつぶして乾燥させたオートミールとよく似ている。食べ方もほぼ似ていて、熱いグリッツに温めたミルク――冷たいミルクを好む人もいるけれど――を注いで砂糖をかけたりもする。朝食でベーコンエッグスの付け合せにする時は、熱々のグリッツにバターを落として塩・コショウする。この中にカリカリに焼いたベーコンを細かく切って混ぜたり、サニーサイドアップの卵の黄身を崩してグリッツに混ぜ合わせたりすると、また一味違う。

一味違うといえば、チキンやシュリンプを使ったシチューのようなものを、このグリッツにかけることもある。これはこれで、ちょっと忘れられない味わいである。このグリッツ、日本でも手に入るけれど、食べるとしたらほんの一摑み茹でるだけでも結構な量になってしまい、一箱使い切るのは案外大変だ。

南部に入った証拠のように登場するもう一つの食べ物に、「ビスケット・アンド・グレイヴィ」がある。ビスケットは前述したが、日本での子供たちの好きな硬く焼いた甘みのある菓子の仲間ではなく、イギリスのプレーンスコーンに似た、外はさくさく、中はしっとりと焼き上げたものだ。ファストフード・チェーンの「ＫＦＣ（ケンタッキー・フライドチキン）」では、このビスケットを定番のメニューに加えている。だから日本でも簡単にアメリカ南部の味を楽しむことができるのだけれど、このビスケットにバターやジャムを塗って食べるだけでは、実はこの料理の真髄からは遠い。

では本当の味わいとは何か。それがビスケットにグレイヴィソースをかける「ビスケット・アンド・グレイヴィ」なのである。この場合、グレイヴィは白っぽい色のもので、小麦粉を色づくまで炒めないで作る。レストランの朝食で、このビスケット・アンド・グレイヴィを一皿料理として注文すると、店によってプレーンなグレイヴィソースではなく、そのソースの中に肉の小片や挽き肉などが混じりこんでいることがある。肉の小片と思われるのは、ハンバーガーやソーセージ・パティを焼いた時に砕いたもので、アメリカ南部では富士宮の焼きそばに入れる「肉カス」に似た「クラックリン」と呼ばれるものを特別に入れたりもするのである。

ビスケット・アンド・グレイヴィはアメリカ南部、ことにアパラチアの貧しい一帯ではよく愛好されているようだ。毎朝、ソーセージ・パティを大家族の人数分用意するとなるとかなりの枚数がいるわけで、そこで主婦の工夫として生み出されたのがパティを砕いて細かくし、それをグレイヴィソースに混ぜて量を増やすというアイデアである。むろん、クラックリングではなく、ちゃんとソーセージの粗みじんを混ぜた「ソーセージ・グレイヴィ」というレストランで供される一品もある。

ここで言うグレイヴィとは、言うところの「サイレント・フード」、または「サイレント・クィジーン」と呼ばれる料理の根幹を成すソースなのだ。「サイレント・マジョリティ」を「沈黙の大衆」と訳すと少し違和感がある。ようするに大都市の、あるいは政治的・経済的・文化的に優位に立っていると自任して声高に自己を主張する種類の人びとではなく、国の決めたことを黙々と守り、自分の選んだ生き方を粛々と守り、家族や地域を大切に守って生きている「声なき人びと」という意味合いを含めての「サイレント・マジョリティ」なのだ。その彼らが、日常で食べるごく平凡な昔ながらの食事、それを「サイレント・クィジーン」と呼んでいる。そして、そのサイレント・クィジーンの存在こそがアメリカ食の真髄だろうと思うのだ。

今、手元にあるケルシー・ダラーという人の書いた『カントリー・ブレイクファスト――昔ながらの調理で一日を初めよう（*Country Breakfast: Start Your Day the Old Fashioned Way*, 2004）』という本がある。副題にあるように、著者ケルシーが祖母から教えられたレシピが網羅されている。ビスケットの作り方は省略するが、そのビスケットにかけるオールドファッションド・スタイルの二人分のグレイヴィの作り方はこうだ。

材料：ソーセージ　二分の一ポンド（約二三〇グラム）、ミルク　カップ一、小麦粉　大匙山盛り二杯、塩・コショウ

作り方：（一）ボウルにミルクと粉を入れ塩・コショウする。（二）中火でフライパンでソーセージを炒めながら崩して、こんがりと焼き、余分な油を捨てる。ここに、（一）を注いで、かきまぜ続けてとろみをつける。好みの濃度になったら、熱いうちに二つに割ったビスケットにかける。

この本は、ページの空いたスペースにベンジャミン・フランクリンの『貧しいリチャードの暦（*Poor Richard's Almanac*, 1734）』からの言葉が埋め込まれている。たとえば「早くベッドに入り、早く起きること。それは人をして健康にし、豊かにし、賢くする」といった具合である。そういうことのすべ

てが、この本はもっともアメリカらしい、一生ネクタイを締めることのない実直で質素で敬虔な人びとのためのクックブックだと教えてくれるのである。

話を戻す。グリッツやビスケット・アンド・グレイヴィがメニューに登場してくると、今、自分は南部にやってきたのだということを知ることができる。さらに、スーパーマーケットの棚に「酢漬けの豚足」を見つけたら、それは黒人が多く住む土地にいることを知らせてくれるのだ。最初にその食べ物に出合ったのは、ケンタッキー州のバーズタウンという町でのことだ。

バーボンの名産地で「バーボン・キャピタル」と呼ばれるこの町のダウンタウンを東西に走るのが「ステファン・フォスター・アヴェニュー」で、その名前からもわかる通り、その道の西のはずれにはフォスターが作詞作曲し、現在ケンタッキー州の州歌になっている「ケンタッキーの我が家」を作るもとになった建物がある。フォスターとミンストレル・ショウとアイルランドの関係を調べたくてこの街に滞在した時に泊まったのは、その道の反対端にある「オールド・ケンタッキー・ホーム・モテル」だった。そのモテル近くのスーパーマーケットの棚で、「酢漬けの豚足」の存在を知った。

その頃のぼくはまだ食について、ただ「美味しければいい」というイノセントな時代を引きずっていて、食品の棚に並ぶあれこれを「旨そうだ」という基準でしか眺めていなかった。だが、よく考えてみたら、それらの食品の内容を詳しく吟味し、理解して接したのではなく、ただ単に舌なめずりの結果によってあれこれの食べ物を口にしていただけだったが、一方で、それはとても良かったと思う。彼らの食が理屈ではなく、舌や喉や鼻孔や食道や胃袋を通して本能で歓迎すべき味わいだと知ったからだ。率直に、身体全体が旨いと感じ取っていた。体質が合っていたのだろう。後になって、それらが実は黒人たちの独特の食だということがわかった。

そういう中で特に気に入ったのが、酢漬けの豚足の瓶詰めだった。骨を抜かれた豚足が、煮こごりになっているのである。もとは「ジェリードポーク」と呼ばれる豚の足、特にくるぶしやすね肉などを塩味だけで長時間煮てぐずぐずになったところで骨をはずし、肉を細かく切って四角い型にはめて骨や髄から出たゼラチンによって固めた料理、「ゼラチンローフ」と呼ばれる料理の酢漬け版だろう。一日中歩き回ったり、時にはハンドルを握りづめであったりのくたびれきった身体を回復させるには、酸っぱいものがとてもよかった。この酢漬けの豚足には病みつきのようになって、モテルの部屋に帰ってくるとまず瓶詰めを開けて、それを肴に様々なバーボンを一杯やってからどこかに食事に行くというのが、このケンタッキー以南の旅の習慣になったこともあった。

この酢漬けの豚足を正しくなんと呼ぶのかは覚えていない。「サワード・ジェリードポーク」とラベルにあったような気もしないではない。これもまた南部特有、というか黒人特有の食で、スーパーの棚にこれを見つけると、今彼らの土地にいるのだと実感できうれしかった。人によっては、彼らの土地に入ったことは豚の筋や腱を煮る匂いからわかると言う。言うなれば膠を煮ているような匂いなのだろう。

そのほか、トマト味のチトリン――豚の小腸を湯がいてトマトソースで煮込んだものなんかは、イタリア料理のトリッパとよく似ている。だがこの缶詰を買っても、旅先では温めることもできないまま、食べる機会はほとんどなかった。塩漬けした豚のゲンコツ、これは豚足よりも少し上のくるぶしのところで、一般に「ハムホック」と呼ばれているものもよく見かけたが、たいがいは冷凍だったり、冷蔵されて硬く固まっていたりで、もちろんそのまま齧ってもうまいのだろうけれど、やはり、煮たいなあ、という思いが強く、いつも見ているだけだった。

しかし、本当に黒人の食べ物に接したのは、あるフェスティヴァルで一人の年配のブルースマンと知り合ってからだ。もう一五年か、あるいはもっと前のことだろうと思う。テネシー州メンフィスのミシシッピー川沿いの広場で、ブルース・フェスティヴァルが開かれていた。その時は、エルヴィス・プレスリーという不世出のシンガーが育ち、世界に羽ばたいていったこの町のあちこちを、彼の痕跡を追って何日か過ごしていた。

ブルース・フェスティヴァルは、メインの大きなステージを中央に据え、その周辺にいくつかのサブ・ステージがあって、有名無名、それもアマチュアに毛の生えた程度の人から、CDを何枚か出している立派なプロたちまでが、それぞれの持ち時間を有効に使って自分たちのパフォーマンスをアピールしていた。面白い人もいれば、どうでもいい人も、思わず席を立って去りたくなるような人もいた。泥臭いのもあれば、ソフィスティケイトされたものも、まさにブルースという音楽がたどって来た時間と、その成長の過程がこの空間で一挙に爆発しているかのようだった。

少し疲れて、大小のステージ群を離れ、ミシシッピーの川べりに行って腰を落とした。川に向かって右手の砂洲の先に、ドームに似た建物が霞んでいた、映画にもなった爆撃機「メンフィス・ベル」が展示されているところだ。四メートルほど離れたところに、七〇代だろうと思われる――いや、黒人の年齢というのはよくわからない。もっと若いのかもしれないし、もっと年配なのかもしれない。どこか諦念が透いて見えるような表情が、彼らの年齢を推しはかれなくしているようだ――男が座っていた。彼は元はソフト帽だったらしい古びたハットを無造作にかぶり、ブルーのサテンに見えるシャツの脇の下は汗で黒ずんでいた。

メンフィスは蒸し暑い。その湿度の高さと蒸し暑さの描写でよく覚えている表現がある。すでに全国的な人気者となっていたエルヴィスを、それまで所属していたサンレコードからRCAレコードへ引き抜こうとメンフィスを訪れていたプロデューサーの〝パーカー大佐〟は、エルヴィスの家族やサンレコードの社長のサム・フィリップスたちとの会談を終えて、この町の名門ホテル「ピーボディ・

ホテル」のロビーから回転ドアを抜けて街路に出た。その瞬間、彼の黒い皮靴の表面がさっと曇った。ホテルの冷房のきつさと、外気の湿度の高さのうまい表現だと、なんという本だったかもう忘れてしまったが、その部分だけは今も鮮明に覚えている。都会からやってきた、やり手の人買いのような男の傲慢さも、そこに感じられた。

六月のメンフィスのミシシッピー河畔も蒸し暑く、息苦しいほどだった。黒い肌が汗に光っているようなその男は、ぼくが見ていることに気がついたのか、突然、「ビッグリヴァーはどうだい？　え？」と川のほうを向いたままで訊いてきた。「素晴らしいですね」とぼくは、右手に「マッド・アイランド」と呼ばれる中洲を望めるミシシッピーの穏やかな水面を見ながら頓珍漢なことを答えた。照れ隠しに、ミシシッピーは昔と変わりましたか、と今度はぼくが、河畔の建物や風物の変容ぶりを知りたくて訊いた。

「ちっとも変わらんよ」と彼は言った。「こっちから流れてきて、あっちに流れていく」

その彼の言葉が面白くて、その後何人にもその時の話をした。

彼の出番は終わったのか、時間を気にするふうもなく、ただ風に吹かれてミシシッピーを眺めていた。ぼくもその横に座っていた。風に乗って、時折ステージからブルーノートのリフが漂ってきた。少しして男は脇に置いてあった「ナショナル」のギターを膝にのせて、太い指でコードを押さえ、遠慮がちに弦を弾き下ろした。いい音だった。ナショナルのメタルボディーは使い古されて曇りが出ていて、往年のピカピカだったろう輝きは失われていた。

何か聴かせてください、とぼくはせがみ、彼は小声で古い綿摘みの歌、「ピック・ア・ベール・オブ・コットン」を歌いだした。歌い終わると、自分はルーファスだと名乗り、ぼくらは握手をした。今夜帰るというので、ぼくはレンタカーを返して彼のピックアップトラックに乗せてもらって一緒に行くことにした。こうしてぼくの、ブルースとソウルフードへ近づく旅が始まった。

ミシシッピー川沿いの、いわゆる「グレートリヴァー・ロード」と呼ばれるハイウェイ61号線を南に二時間ほど下り、一方の端は川に突き当たり、もう一方はまばらな林の中に消えていく、メインストリートとは名ばかりの細い道が中心街である彼の町に着いた。彼の紹介で、一泊一〇ドルの、カーペットクリーナーの匂いが充満し、浴室のカーテンは閉まらず、湯だと思うと突然水に急変するシャワーと、横たわるとキュウと鳴るシングルベッドのホテルにチェックインした。一〇一号室には長期滞在らしい、少し大きめの白いワイシャツを着た痩せた白人の老人が、開け放した部屋のドア口に椅子を出して座っていて、ぼくが通ると手を上げて、ハイ、と言ってくれた。

夜、ルーファスが出るというブルース・ジョイントと呼ぶべきだろう掘っ立て小屋の集会所のようなところに行った。時間がたつにつれて三々五々人が集まってきて、それぞれのブルースを披露し始めた。ブルースの満たされた風呂に入っているような気分だった。翌日出演者の一人、ウォッシュタブ・ベースを弾いていた、ヘイディという男が教えてくれた雑貨店で、古びたギターを二五ドルで買った。名前はなかった。弦高が高く、どうやっても音が合わなかった。ぼくはそれを持って町外れに住む彼らの家の周辺を歩き回って、たまたまフロントポーチでギターを弾いている人を見つけると、頼んでいっしょに弾かせてもらった。ブルースは三つの和音と三行の詞、そしてAとBの二種類の旋律によるAABという構成でメロディーが進行するので、とてもわかりやすく、すぐに合わせることが出来る。ブルースのいいところだ。

何人かが集まってきて、ぼくをまた別の家に連れて行ってくれたりした。そのうちの一軒で、ちょうど昼時だったのか、おふくろさんといった感じの太った年配の女性が、食べていけ、とそこにいたみんなに一皿盛り切りのプレートランチを出してくれた。分厚く、ずしりと重いその皿には、もろいコーンブレッドと何かの魚のフライと、何度も煮込み直されたせいなのか繊維質ばかりが目立つチキンの煮たものと、まるでソースのように煮崩れた青い葉もの野菜の煮物が盛られていた。今思えば、それがぼくの最初に食べたソウルフードだった。コーンミールをまぶして揚げられた魚は、その後何度か食べることになるキャットフィッシュ（ナマズ）だったろうし、ソースのようにくたくたに煮込まれた青葉は、どうやらケール（ハゴロモカンラン）やカラード・グリーンのようだった。その後もあちこちの家で、彼らの食べる何の飾り気もない日常食を振る舞われた。

三日ほどいて、その町を出ることにした。二五ドルのギターはケースもなく、その後の旅に連れて行けるわけもなく、買った店に返しに行った。ギターの吊るしてあった壁は、ギターの形の跡が日焼けを免れて白く残って妙に目立っていた。以前、ミシシッピー州テュペロの町で、エルヴィスが一〇歳の時にギターを買ったゼネラルストアのガラスケースには、それから何十年も経っているのにギターがあったときのままそのスペースを空けてあったのを思い出した。ここに置いてあったギターを、エルヴィスは生まれて初めてのギターとして買ったんだよ、というのが店主の自慢だった。

むろんギターは買い取ってはくれず、ただで返してしまった。二五ドルは、この三日間の経験には安過ぎるほどだった。ルーファスはレンタカーを借りられる近くの町まで送ってくれ、会った時と同じように握手をして別れた。いい思い出だった。今でも彼のなめし皮のような皮膚と、皺に埋まったようなやさしい目を思い出すことが出来る。

それから少しの間、ルート61から外れて、もっと川に近づけるハイウェイ1号線を南に下っていった。ミシシッピー川沿いの旅は、面白かった。錆の浮いた浚渫船がまどろむように浮かび、バルジと呼ばれる平底船がのんびりと北に向かう。ミシシッピーは水路として、今もアメリカの流通の大きな部分を担っている。このバルジによるトウモロコシの輸送量は全米の三五パーセント。鉄道の五〇パーセントには及ばないが、トラックの一五パーセントをはるかに凌駕している。

ある時、風呂桶をボートにして魚を釣っている女性を見かけた。夕方川べりで、三人の女性たちが、何か懸命に喋りながら釣り糸を垂れているのも見かけた。夕食用のキャットフィッシュを釣っているのだろう。釣りは沈思黙考のゲームだと思っていたから、あんなに喧しいと魚も逃げるのではないかと心配した。それからずっと南に下って、グリーンヴィルの町の「キャットフィッシュ・ファーマー・オブ・アメリカ」という養魚組合を訪ね、見晴るかす限り広い養魚池、フィッシュ・ハッチェリーを見学して、ナマズに関する様々なことを教えてもらった。ナマズは雑食性なので川で獲れたものは臭くて食べられないこと。しかもミシシッピー川は工場排水や家庭の汚水、またずっと北から運んでくる土砂類のせいなどで、今や巨大な下水溝に等しいという。今では一〇〇パーセント近くが養殖もので、キャットフィッシュ特有の臭みを消すために米や小麦を餌にする。米を食べさせると不思議なことに臭いが消えるという。

近くのインディアノーラの町には、東京ドームの何十倍という広さだろうと思われる養漁池の水面が見渡す限り広がっている。ここミシシッピーを中心として、西隣のアーカンソーとルイジアナ、東隣のアラバマの計四州で全米のキャットフィッシュの九八パーセントを生産しているのだそうだ。白身で癖がなく、何よりも淡白で脂肪が少なく、健康にいい。七面鳥の白い胸肉と同じように、ヘルシーな食材としてよく知られている。これから先、もっともっと需要が見込まれるだろう、と、キャットフィッシュ・ファクトリーの人間は胸を張った。日本にも輸出してほしかった。

正統的なキャットフィシュ・フライは、トウモロコシの粉であるコーンミールをまぶしたものを、たっぷりの油で揚げる「ディープフライ・キャットフィッシュ」だろう。ビールバターやパン粉を使うのは、少し王道から外れる。揚げるのは丸一匹か半身、あるいはフィレの部分だけと様々だが、これにレモンを搾りかけるのが一般的だ。この魚のフライは、西アフリカから連れてこられた黒人奴隷たちが新大陸の産物であるトウモロコシと出合ったことで生まれた料理と言えるだろう。彼らはキャットフィッシュばかりでなく、ギンポ（butterfish）、サバ（mackerel）、タラ（haddock）、マス（trout）などを、うろことはらわたを取って、軽くコーンミールをはたいて揚げる。カリカリに揚がったこの魚たちのフライを、かつて奴隷たちは「スレイヴハット」と呼ばれる日除けのストローハットを皿代わりにして、リンゴから作ったサイダーヴィネガーをかけて食べるのが常で、レモンは、どちらかというと白人奴隷オーナーたち専用だったと言われている。ヴァージニアの黒人たちは、イタリア系移民の影響でアンチョビソースをかけたり、西インド諸島の黒人たちは、カレー風味の衣を用いたりした、と本にはある。

フライド・キャットフィッシュにかける、あるいはひたすソースには、それぞれに特徴がある。アラバマでは、タバスコ、マスタード、トマトケチャップ、おろした玉ねぎをまぜたソースに揚げたての熱々のフライをどっぷりと漬け、トーストしたパンに挟んだキャットフィッシュ・サンドウィッチがよく知られている。これからもわかるように、この魚のフライにどんなソースを合わせて食べるかは、それぞれの土地やそこに住む人たちによって様々な工夫があった。最近は、旅人が出合う町のレストランはどこでも、ほとんどの場合タルタルソースとレモンのコンビが主流である。悪くはないけれど、平凡で面白みがない。どこで食べても、味が均一化されてしまう。

キャットフィッシュの食べ方は、何もフライだけではない。キャットフィッシュで作るシチューは、タバスコにカイエンペパーかレッドペパーをつぶしたもの、そこに好みのハーブ類を中心に味を決めるとある。人によっては、このキャットフィッシュ・シチューこそが、ソウルフードの一つの典型のように言う。なぜそう言われるのかについては、後述する。

このインディアノーラの町で、フライ以外のキャットフィッシュのうまい食べ方もまた教えられた。この町の、たしか「ザ・クラウン」という名前のレストランは、革新的なキャットフィッシュ料理で知られている店だが、まず人気なのが和食の照り焼き風の料理だった。ブリやサケの照り焼きのように、甘みのかった醤油味のタレをつけてフライパンで焼く。時には網焼きすることもあるらしいが、最初にこれを食べた時、望むべくもないことはわかっているのに、ああ、白いご飯がほしい、と思ったものだった。この照り焼きのタレは瓶詰めにして売られている。

この「ザ・クラウン」の名物料理は、この照り焼きではなく、キャットフィッシュのキャセロール、「キャットフィッシュ・アリソン」という一品である。骨をはずした半身を白ワインで蒸し煮したものをグラタン皿に入れ、その上にパン粉と粉チーズを振り、バターを点々と置いてオーヴンで焼き目をつけて、最後にグリーンオニオンの小口切りを散らす。不味かろうはずがない。どこかフランス料理の趣のあるこの一皿、スレイヴハットの上のキャットフィッシュ・フライから、ずいぶんと遠くに来たものだ。

インディアノーラの町を後にし、一面にピンクのリボンを散らしたような綿畑を横目に――綿の花の咲き始めは白くないこともこの時にはじめて知った――運転している最中、耳の中ではアリソン・クラウスやグレイトフル・デッドの「キャットフィッシュ・ジョン」のメロディーが鳴っていた。

Mama said: 'Don't go near that river'
'Don't be hanging around old Catfish John'
'Come the morning, I'd always be there'
'Walking in his footsteps in the sweet Delta dawn'.

「ママは川に近づくなと言う。あの老人のキャットフィッシュ・ジョンにまとわりつくなと。だけど、朝になればぼくはいつもそこにいた。デルタの朝焼けの中、彼の足跡を追っていた」最初にコーラスが、こう歌う。ついで一番の歌詞になって、このキャットフィッシュ・ジョンがどういう人間だかを教えてくれる。

Born a slave in the town of Vicksburg, traded for a chestnut mare
Lord, he never spoke in anger though his load was hard to bear.

「ヴィクスバーグの町に奴隷として生まれ、栗色の騾馬と交換されて人手に渡り、だが、彼は己の負っている重荷に対して一言も怒りの声を上げることはなかった」
二番の歌詞で、その後のことが語られる。

Catfish John was a river hobo who lived and died by the river bed
Thinking back, I still remember I was proud to be his friend.

「キャットフィッシュ・ジョンは川の放浪者。川床に生まれ川床で死んだ。振り返れば、彼の友達であることが誇りだったことを思い出す」
「リヴァー・ホーボー」という言葉は、この歌で初めて聞いた。川舟をねぐらに流離《さすら》うということだろうか。前に書いたように、鉄道であちこちへと彷徨う人は「レイルロード・バム」と呼んだ。社会文化学的用語としても定着している。一般的にbumは「移動しない非労働者」と分類されている。だからレイルロード・バムの「貨物列車で移動する放浪者」という定義は矛盾している。一方、リヴァー・ホーボーは、川での仕事、あるいは川を航行する船、蒸気船や運送専門の平底船、バルジや、浚渫船や渡し舟などの半端仕事をもらって生活している、しかも、一ヵ所に定着しない人たちのことを言うのだろうか。ところが、鉄道の周辺で働きながら移動していく労働者という意味での「トレイン・ホーボー」という言葉はない。鉄道はきちんとした鉄道会社に管理されていて、彼らが手伝えるほどの素人仕事はないのだろうし、彼らもまた鉄道はもっぱら移動の手段としか考えていなかったろう。すなわち、鉄道の場合、いくらかの矛盾はあっても、やはり「レイルロード・バム」の呼び名がふさわしい。

キャットフィッシュ・ジョンは川で暮らす、いわば「浮浪者」だった。だから母親は、彼との接触を嫌った。得体の知れない、まともな仕事をしていない、あるいは肌の色ゆえか、彼の暮らす環境のせいか、いずれにしろ、母親とはそういうものだ。しかし子供はそういう人に、夢を見る。彼の背後に広がる自由な世界を夢見る。南北戦争が終わって、奴隷の身分から解放された元奴隷たちが直面したのは、自分たちを受け入れてくれる、働いて食べていけるような場所がないという社会構造の不備だった。すでに南部のプランテーションのような安逸で、不自由であってもそれなりに安定した生き方のできる場所はなくなっていた。自由になった奴隷たちは、自分の手で仕事を探すしかなかった。そしてその多くがカウボーイになったり、放浪者になったり、仕事にありつけたとしても、それは過酷な肉体労働を要求される運河、鉄道の建設現場であり、炭鉱や大都市の工場労働だった。この歌はボブ・マクディルとアレン・レイノルズによって作られ、一九七二年一一月にジョニー・ラッセルの歌で発表されている。

ミシシッピー・デルタは、「（メンフィスの名門ホテル）ピーボディ・ホテルのロビーから始まり、ミシシッピー州ヴィクスバーグのキャットフィッシュ・ロウで終わる」と書いたのは、作家のデイヴィッド・コンだが、かつてのデルタは、その後北の土地から運んでくる土砂によってもっと南へとその面積を広げている。メンフィスからヴィクスバーグまで、そしてその南のやがてはニューオルリーンズへと続くUSハイウェイ61は、「ブルース・トレイル」と呼ばれる通り、まずこの道を通ってブルースが北のシカゴ、あるいはその先へと運ばれていった。

因みに、ぼくがヴィクスバーグへ行ったのは、「テディ・ベア」を追いかけてのことだった。世界的に人気のこの熊の縫いぐるみ誕生のエピソードは、一九〇二年の秋、第二六代大統領のセオドア・ルーズヴェルトがこの地に熊狩りに来たのだが、その日は一頭も獲れなかった。気を利かせた黒人ガイドのホルト・コリアーが罠で捕まえた仔熊を撃てばいいと勧めた。大統領はこれを固辞。殺すに忍びないと、その仔熊を逃がしてやった。そのエピソードを政治漫画家のクリフォード・ベリイマンが描き、『ワシントンポスト』紙に発表した〔図⑯〕。それが人気を呼び、間もなく彼の名前を冠した縫いぐるみ、「テディ・ベア」が誕生した。

本棚の片隅にヴィクスバーグから少し離れたオンワードの町の雑貨店で買った、小さなグレーのテディ・ベアが座っている。「テディ・ルーズヴェルトが熊狩りをした土地の正当なテディ・ベアである」という保証書がついた縫いぐるみである。

ii　全米BBQの中心地

車でミシシッピーから東へ走っていったが、カロライナに向かうにしたがって「BBQ」の看板を掲げる家が多くなった。一見、普通の家のように見えるのだが、フロントポーチとその奥の居間とを食堂にして、バックポーチ、あるいは家の横手にドラム缶を縦半分に割って横たえたバーベキューピットがあるので、店だとわかる。ドラム缶の上半分は蓋にし、下側には金網を張ってその下に火を入れる。チャコールの香りをたたせたかったら、薪や炭を入れ、燻蒸の風味を強めたかったらヒッコリーや桜などのチップを忍ばせる。

「本物のバーベキューはだな」と、ある店で、かつては白かったろう汚れた長いエプロンを掛けた、黒い肌に真っ白な髪が印象的な店の主人は、ぼくの前で焼く手を休めずに言った。「ヒッコリーの薪が最高だよ。それを燃やし真っ赤な炭になったら焼き網を出来るだけ火に近づけてその上に肉をのせる。肉からしたたる肉汁が、燃える炭に落ちて上がる煙を全部肉にまといつかせるのだよ。その煙、スモーキーフレイバーがもったいないからね」と実際にその立ちのぼる煙の中で肉を焼いてみせた。その煙の具合は、スモーキーフレイバーどころか燻製を作っているのではないかと思えるほどだった。

そうやって焼いた肉は、脂が乗って骨からはらりと外れるほどやわらかい。一ラックがあばら骨一〇本ほどの大きさで、ハーフサイズもある。自家製ソースが塗られて焼かれた肉は、いい具合に焦げ目がついて、やはり病みつきになってしまう味だ。ただ、どこの店もソースが甘い。それぞれに工夫して秘伝のレシピというのがあるのだろうけど、これだ！　っと膝を打つようなのにはなかなかお目にかかれない。いや、結局はまったくお目にかかれなかったのだが、あれこれ食べているうちに、こちらの味蕾が慣らされてしまって、違和感がなくなったというに過ぎない、と今は思っている。

一般的なレシピとしては、ニンニクとタマネギのみじん切りを炒め、トマトの水煮を汁ごと加え、これにドライマスタード、砂糖、酢、トマトペースト、塩・コショウ、みじん切りのチリペパーを火に掛けて少し煮詰める、というものだ。他に、ウースターソースやレモン汁、カイエンペパー、三温糖、クミンやパプリカやコリアンダーなどを入れることもある。家や店によっては、秘密の処方としてオレンジジュースやリンゴをすり下ろしたもの、チャツネやアプリコットジャムなどを混ぜることもあるようだ。なにせ秘密なのである。何が入っているかわかるわけがない。

時分どきで、他のものを食べる特別な理由がない限り、テネシー州メンフィスからミシシッピー、アラバマ、ジョージア、南北カロライナ州にかけて幾度も、「ＢＢＱ」と書かれるこの南部特有のあばら焼肉を何度食べたことか。今、「テネシー州メンフィスから」と書いたけれど、わざわざ町の名前を記したのには理由がある。実はメンフィスこそが、全米バーベキューのセントラル、中心、首都、とも言われているところなのである。以前は電話帳のイエローページに載っている店舗の数を数えれば、レストランの数を類推することが出来た。だが今、インターネットの'Urbanspoon'というレストラン紹介サイトを見れば、オンタイムで軒数を知ることができる。数えてみると、なんと一七〇軒を超える店舗が紹介されているではないか。メンフィスの首都圏の人口は二〇一一年の統計で一三一万六一〇〇人だから、約七七五〇人に一軒あることになる。東京のラーメン店は約四〇〇〇軒、東京都の人口は、おおまかに一二二八万人ほど。三〇七〇人に一軒、ということになる。さて、メンフィスのバーベキュー店は多いのか少ないか。いや、この統計比較は何の役にも立たなかったな。ラーメン店を持ってきたのが間違いだった。

バーベキューは立派な高級料理だから、ステーキ店で比較すべきだった。東京のステーキ店の数は「食べログ」によると、二〇一三年で「東京都にあるステーキ店一〇五三軒」とあるから、それを信用するとほぼ一万一六六二人に一軒となる。メンフィスのＢＢＱのほぼ三分の二だ。やはりメンフィスには、どれほど多くのバーベキュー店があるかがわかろうというものだ。それに、このメンフィスでは、毎年「世界バーベキュー料理コンテスト（World Championship Barbecue Cooking Contest）」が開催されているのである。バーベキュー・センター、というにふさわしい。

メンフィス式のバーベキューには二種類あって、一つはソースを用いる「メトロポリタン・スタイル」と呼ばれるウェット派。もう一つは、スパイス類を合わせたパウダーをはたき込む「ドライ派」である。ウェット、すなわち液体ソースを塗るスタイルは、シカゴをはじめ多くの場所で食べることはできるが、ドライ派はここメンフィス独特の味わいだ。クラッシュされたスパイスがバーベキューリブの表面をざらつかせている逸品で、これは他では食べられないだけに、時々夢に見るほどだ。

ケンタッキー州オウエンズボロもまた、「ワールド・バーベキュー・キャピタル」を自称しており、この町もバーベキューでは独自の旨さを誇っている。もう一つよく知られているのがテキサス州で、やはり昔からのビーフ天国ならではの産物だろう。ここでは骨付き肋肉《スペアリブ》ではなく、胸肉のブリスケを用いることで有名だ。テキサス各地からカウボーイたちが東北部の都会の消費地へ向かう列車に乗せるために連れてきた牛の集積地であるカンザス州のアビリーンという町も、当然バーベキューが盛んだ。

しかし、ことバーベキューに関して言えば、何といってもノースカロライナ州を措いては何も語れないだろう。この州は、地理的に言えば西端のアパラチア山系、中部のピードモント台地、東部の平野部から海岸部へと続く平坦な土地、と三つに別れるが、ぼくの経験から言えば、東部と西部の二つに、地形的にも文化的にも大きく分けることが出来る。一つは、東部《イースタン》ノースカロライナである。メンフィスにしろ、ミシシッピーのあちこち、またテキサスやカンザスの多くの店では、肋肉の「リブ(rib)」や胸肉の「ブリスケ(brisket)」、肩肉の「ショルダー(shoulder)」などを塊として焼くのが普通だが、この土地では豚丸ごと一頭をバーベキューすることで有名だ。だからこの地方でのバーベキューは、肉のブロックではなく、薄切りの肉が登場することになる。

実はぼくは長い間、ある誤解を持って生きてきた。これまで、仔豚の丸焼きというものは、たとえばスペインはマドリードの名店「ボティン」の「コチニーリョ・アサド」や、中国料理の「片皮乳豚」とか「火烤乳豚」——といってもこれらは丸焼きというよりも仔豚の「ひらき」と言ったほうがいいのかもしれないが、まあ、どれもぱりぱりの皮を楽しむ、いわば「北京ダック」と合わせて三大皮料理とも言うべきもので、字義通りの「丸焼き」とは少し違うかもしれないが、しかし、どれも中まできちんと火が入って一挙に全体を食べることが出来た。いずれにしても、そういうスタイルが「丸焼き」だと思っていた。

だが、このイースタン・ノースカロライナの仔豚の丸焼きは、中央に鉄串を刺し貫いて、火の上でぐるぐると回す。それで、いつかこの豚全体が中までじっくり焼けるかというと、そうではなく上層の焼けた部分を削いで薄切りにし、それを皿にとって供するのである。ようするに次々に焼けていく表層部を食べていくスタイルで、けっして丸まる全体が焼けるわけではないのだ。思えば、ずっと前にまだ進駐軍と呼ばれていたアメリカ軍のキャンプに演奏に行ったことがあり、その時おそらくは独立記念日か何かで、野外で牛、だと思うのだが、遠目でよくわらないけれど巨大な肉、形からして一頭分はありそうなのをぐるぐると焼いていたのを見たことがあった。そのときも、配られた皿には、薄切りの肉が何枚かのっているだけだった。あれもまた、焼けていく表層部分を削いで食べるものだった。それが普通なのだろうと思う。

したがって、ノースカロライナ東部のあちこちで食べられるバーベキュー・ポークは、バーベキューソースを塗って焼くスタイルではなく、焼いた肉の薄切りにグレイヴィのようにソースをかけて食べる方式である、と少なくともぼくの経験したことから言える。

一方、西部《ウエスタン》ノースカロライナ、中でもレキシントンのような町で食べられるのは、豚の肩肉の塊を酸味のかったソースを塗って焼く。この西部地域はむしろアパラチア文化圏に属する部分が多く、レキシントンにはブルーグラスミュージックを聴きに寄ったに過ぎないが、それでもプリミティヴな印象が強い。

最初、ぼくはこの「バーベキュー・ポーク」の存在の意味するところが、よくわからないでいた。スペインの影響のところでも少し触れたが、西部開拓にまつわる野外料理で、男のアイデンティティのどこかに繋がっているのかとも思っていたところがあった。だが、アメリカを旅していると、父親たちが腕を振るう「バックポーチ・シェフ」とはまた別の系統があるのではないかということに思い当たった。そしてこのバーベキュー料理は、西部地方というよりもむしろ南部と深くかかわっていることが次第にわかってきた。テキサスはカウボーイやガンマンや荒野といったイメージから、西部のように思えるが、あの土地もまたれっきとした南部なのである。同じ南部といっても、バーベキュー店の分布には濃淡があるように思える。そして、遅まきながら、ある時南部に点在するバーベキュー店の主人たちの多くは黒人であることに気がついたのだ。大きなレストランの厨房にどういうコックがいるのかはわかりようがないが、少なくとも独立した一軒の店では、多くがそうだった。

このことは何を意味しているのか。最初は何も見えていなかった。仕入れの費用が安価で、調理が簡単、客は放っておいても集まってくるから、宣伝も広告もいらない。食堂としてはリスクが少ないので、基本的に低所得層である彼らにはやりやすい商売なのかも知れない、という程度の認識でしかなかった。

そのうち、ある事実に行き当たった。それは店の主人たちの話の断片や、図書館や古本屋で見かける文章の細片からの類推だった。そしてそこから、いつの間にか確信へと変わっていった。それは、バーベキューは彼ら黒人たちがかつて奴隷であった時代に所属していたプランテーションの遺産であるということだった。つまり、彼らの祖先が、『風と共に去りぬ』の冒頭に出てくるように、プランテーションをあげてのバーベキュー・パーティーなどでの料理人だったのである。その料理法が子孫に伝えられていった。かつてプランテーションがあった地域と、現在のバーベキュー店の存在の偏り、分布の濃淡の関係があるように思われて仕方がない。

ここに面白い数字がある。プランテーションの数と現在のバーベキュー店の軒数である。プランテーションに関しては Wikipedia から、バーベキュー店は前述の 'Urbanspoon' からの数字を引いた。まず、スカーレットの「タラ」のプランテーションのあったジョージア州だが、五一のプランテーションが現在登録されている。ルイジアナ州は一四二、ヴァージニア州が一三六、ノースカロライナ州が五九である。このプランテーションの数からみて、バーベキュー店はどのくらいの比率になるか興味深いところだが、まずプランテーション数がここでは最多であったルイジアナ州は六〇店、ヴァージニア州が九五店、ジョージア州が二〇〇店、そしてノースカロライナが一七八店である。

プランテーション数最多のルイジアナ州にバーベキュー店が少ないのは、おそらくはケイジャン料理やクレオール料理の魅力が、バーベキューに勝ったからだろうと思われる。プランテーションの数が多いヴァージニア州にバーベキュー店が多いのは納得がいくが、プランテーション数が五九と少ないノースカロライナ州に一七八ものバーベキュー店があるのは面白い。バーベキュー王国と言われるゆえんだろう。この州はまたブランズウィック・シチューの一方の旗頭でもある。これはすなわち、プランテーション文化のかつての興隆を物語っているようだ。

バーベキューにつきもののブランズウィック・シチューを名物とする地域も、このバーベキュー分布と重なっていく。彼らは、奴隷であった時代のプランテーションでのバーベキュー・パーティーの全体を取り仕切り、肉を焼く技術やブランズウィック・シチューの味の塩梅などを身につけ、やがて南北戦争後に自由な身となった後も綿々とそれを受け継いでいき、それが今なおかつての奴隷州、あるいはディープ・サウスなどプランテーション文化を築いた各地にバーベキュー店が多い理由なのだ。

しかし、プランテーション数に比べてノースカロライナにバーベキュー店が多いことを説明するもう一つのファクターは、この州が貧しいからだとは言えないだろうか。肉を焼くというごく簡素な料理法が特徴だということは、逆に言えば、食文化が多様に発展していないという証拠なのではないかと思われるのだ。この州の西側はアパラチア文化圏であると書いた。アパラチアは今も、アメリカの貧困地域である。閉鎖的、排他的、そして経済的な遅れなどはこの地の食文化にも影響を与えているのではないかと思われて仕方がない。

バーベキューは奴隷時代からの遺産だ、ということをノースカロライナのラーレイの町の郊外にあった一軒のバーベキュー店の、今は商売を息子と孫にゆずって、杖をつきながらも案外の健脚で散歩する老黒人の後を尾いて行きながら教わった。そして彼は、これこそがソウルフードだよ、とも言った。

iii ソウルフードとしてのブランズウィック・シチューとピーナッツ

ぼくにとっての次の懸案は、このソウルフードというテーマだった。ソウルミュージックやソウルブラザーズという使われ方は、わかりやすい。しかし、ソウルフードというのは、そういうものへの理解とは少し違っているようだ。

ソウルフードとは何なのかという疑問を抱えながらの旅の、ある日の昼。ぼくはアラバマ州のモンゴメリーの町はずれの一軒のレストランに入った。レストランというと、その店の人にも笑われそうだ。小さな町の、食べられるところはほとんどその店だけだろうと思われるような食堂だった。ランチカウンターというのとも、ちょっと違う。誰かの家の食堂に入り込んだような感じだ。もう何年も拭いたこともないだろうために、曇りガラスではないかと思えるガラス戸を開けて店内に入ると、いくつかのテーブルと椅子のどれもがまちまちで、テーブルの上に置かれたステンレスのナプキンスタンドも塩・コショウの容器も不揃いな寄せ集めであることがひと目でわかった。

ドアの開閉の音で、キッチンに通じるドアロから、一八五〇年代に奴隷解放運動と女性の権利獲得に尽力したソジャーナ・トゥルース［図⓱］に似た長身痩軀の女性と、パンケーキミックスの箱に描かれた「アウント・ジェマイマ」そっくりの短軀小太りの女性が入ってきた。肥満の人の多くがそうであるように、彼女も足の具合が悪そうだった。メニューを探していたぼくの前に、背の高いほうが別のテーブルにあった紙を持ってきてくれた、黄色いリーガルノートにブルーのボールペンで手書きされたもので、今は作れないらしい「タスカギースープ」には横線が二本引かれていた。この時ぼくは、この「タスカギースープ」というものを知らなかった。だがやがて、それが彼らの「食」の中で重要な意味を持つことを知ることになる。

スープは二種類あって、キャットフィッシュ・シチューとブランズウィック・シチューがあった。ともにシチューの名前がついているから、単にスープと片付けてはいけないだろう。ことに、ブランズウィック・シチューはスープというより付け合せにもなる具沢山の煮物で、汁気多めのイタリア料理のラタトゥイユに近いかもしれない。これがスープとされているのは、カリフォルニアで「チリビーンズ」がスープの欄に入っているのと同じ理屈だろうと思う。

ブランズウィック・シチューは今日は出来ないというので、キャットフィッシュ・シチューにした。ボウルかカップかの選択肢は、他にも食べたいのでカップを選んだ。白身の魚は入っていたが、何度も温めなおされたようで形は崩れ、スープの底に沈んでよどんでいた。その代わりしっかり形を保っていたのはダンプリングだった。小麦粉を水で練ってスプーンですくってスープに落としたものだ。

今日は出来ないというブランズウィック・シチューについては、アウント・ジェマイマの妹のような女性が、そのシチューが出来ないのは今日は本物が手に入らなかったからだ、というようなことを口にした。訛りと発音と、そういう体格の人にありがちな少女のように高い声質のせいでか、よく聞き取れなかった。実際、田舎で出会う黒人の、それも年配の人たちの言葉がわからずに往生することが多い。ようやく聞き取れた彼女の口ぶりからは、この数日は本物の食材が手に入らないから品切れなのだということらしい。「本物の材料」というのが気になって、あらためて訊きなおした。今度口を利いたのはソジャーナ・トゥルースに似た女性だった。

ソジャーナ・トゥルースは奴隷解放運動への努力と功績とによって、時の大統領リンカーンにホワイトハウスに招かれたことがあった。その時の写真を見ると、彼女は背の高さでは歴代大統領の中でも抜群だったリンカーンに少しも劣るところがなかった。ぼくはリンカーンの実際の背の高さを見たわけではないが、今目の前にいる女性もきっと本物のトゥルースと同じぐらいだろうと思われるほど背が高かった。彼女は、その容姿風体から想像できる通りの男性のような低い声で、普通のブランズウィック・シチューは豚の頭から尻尾、耳や脚、くるぶしなどを、豆、トマト、チリペパー、コーンなどと一緒にぐつぐつと煮るものだ、と説明してくれた。

だが、真のブランズウィック・シチューは「リス」の肉を使う。「リスの肉でないブランズウィック・シチューはまがい物よ」と彼女は自慢するような口ぶりで、「リスの肉の入らないブラウンズウィック・シチューは、確かにブランズウィック・シチューの一つではあるかもしれないけれど、それはソウルフードじゃないのよ」と断定した。ところが、この彼女たちの店、「ミニーズ・プレイス」ではこの数日、いや数週間か、その肝心のリスの肉が手に入らない。いつもは近所の男たちが、近くの林や森でリスを獲ってきてくれるが、このところ手に入らないのだ、と言う。

この時初めて、ソウルフードの何ものかに近づいたと思った。現代のブランズウィック・シチューは、牛や豚の筋肉やすね肉を使うのだろう。しかし、本物は「リス」だという。かつての奴隷たちには、通常の煮込みに使うような肉は望むべくもなかった。だから普通は不要とされる部分、捨ててしまうことの多い頭や尻尾、脚や内臓といったものを自分たちの食材にした。もっと言えば、当初彼らは、日本で言うところのその「放るもの」＝「ホルモン」さえ手に入らず、どうにかして蛋白源を手に入れなければならなかった。それが手っ取り早く狩ることの出来たリスだった。奴隷であった時代、彼らのブランズウィック・シチューは、リスの肉を用いるのがごく普通のことであり、それが今も彼らの食、祖先からの食へのアイデンティティだった。

「ソウルフードって何なのですか」ぼくは、コーンミールとタマネギのみじん切りで作った「ハッシュパピー」と、トウモロコシの皮をケーシングの代理にした「コーンハスク・ソーセージ」、そしてオクラの煮物「シチュード・オクラ」のワンプレートランチをつつきながら訊いた。

背の高い女性が、ホーローのボウルに入ったオクラの煮物とハッシュパピーをテーブルに置くと、さあ、食べなさい、とそのボウルの方に手を振ってくれた。

「ソウルフードはシェアすることよ」朗らかで屈託なげな小太りの女性のほうが、ぼくの皿に顎を突き出すようにして言った。「あんたが今食べているようなもののこと」

「シェア?」ぼくは聞き返したが、彼女は難しいことはわからないから、もっと頭のいい人に訊くことね、と言い置いてキッチンに去っていった。背の高いほうの女性も、ぼくのグラスに甘くないアイスティーを満たすと、その後を追った。残されたぼくは、一人ソウルフードを食べていた。居心地のいい店だった。どこか日本の東北地方の家の、台所や茶の間にいるのと共通する安逸と安寧を覚えていた。身体や頭や気持ちのどこにも、力を入れなくていい空気がそこにはあった。ずらっと前にドアーズが歌っていた「ソウルキッチン」が思い出された。「ハートに火をつけて（Light My Fire）」の大ヒットを放ったグループの、かなり地味な曲で一本調子のコーラスのメロディは、好きじゃなかったが、よく覚えていた。

都会の喧騒に疲れた男が、そこを抜け出そうとする。そしてコーラスに入る。

Let me sleep all night in your soul kitchen
Warm my mind near your gentle stove
Turn me out and I'll wander baby
Stumblin' in the neon groves

「あんたのソウルキッチンで一晩ゆっくり寝たい。そこの穏やかに温めてくれるストーヴで、心を温めたい。そしてまた、ネオン輝く町に彷徨《さまよ》い出していきたい」

一九六〇年代末から七〇年代にかけて、「ソウルキッチン」は、若者たちに癒しの場を与えたのだろうか。ドアーズの面々は、今ぼくがいるような、奴隷の時代からの「食」を、連綿と作り食べさせ続けている店の温かさを知っていたろうか。あるいは、彼らの食を通しての共有意識から生まれる、アイデンティティを感得することが出来たろうか。それとも、ソウルという言葉に癒しの何かを感じるだけだったろうか。少なくとも、この店のような雰囲気は、歌の中の逃避の場のような「ソウルキッチン」からはほど遠い。ドアーズの単調なメロディが蘇る中で、ぼくは初めてソウルフードのことを知りたいと真剣に思っていた。そして、また別の旅が始まった。

黒人奴隷たちがアメリカに広めた、もう一つのソウルフードは「ピーナッツ」だろう。ピーナッツとは、不思議な言葉だ。豆の「ピー」のようでもあり、木の実の「ナッツ」でもあるようなところから、その両方を合わせた名前なのだと、どこかで聞いたか読むかしたことがあった。確かにそうだ。生を茹でると豆類のようでもあり、乾燥させたりローストしたりすると、明らかにナッツのようでもある。

ピーナッツもまた、コロンブスたちによって、新世界から旧大陸へと運ばれていった南米ペルー原産の食材の一つだ。やがてヨーロッパからアフリカ大陸のギニアコースト、コンゴへと運ばれていく。そしてアフリカに住む人びとにとって、大切な食料になっていった。数百年後、今度は奴隷貿易によって、この豆でもありナッツでもある食物は、アフリカ人たちの手によって新生アメリカへと運ばれていくことになる。大いなる帰郷である。

植民地ヴァージニアの人びとは、この豆＝木の実を豚の餌として栽培するようになる。豚たちはトリュフもかくやとばかりに、鼻面を地面に突き立てピーナッツをほじくり出して食べるようになった。それは栄養価が高く、脂肪も豊富だから、これを餌とする豚は格別の味を持つようになる。そして現代もなお名声輝く、「スミスフィールド・ハム」を生み出すようになったのである。

黒人奴隷たちは、豚たちが食べ残したピーナッツ——自分たちの祖先が運んできたであろうピーナッツを食料とするようになった。彼らはそれを煮たり焼いたりして食べるのではなく、もっと味わいの幅の広いペーストに仕立てていく。このペーストにするということが、素晴らしい工夫だった。

まず登場したのが、スープだった。ボストンに豆をすり下ろした「ビーンズスープ」があるように、彼らはピーナッツをペーストにしてそれをスープに溶かした。スープの味を濃くするための適量の牛骨や豚骨、またはスープ用にすじ肉などが手に入らない場合、仕方なく薄いスープを飲むしかなかったのだが、ピーナッツペーストをスープに溶かし込むことによって、栄養分や脂肪分、また味わいやコクを十分に補うことが出来た。南北戦争のずっと以前から、オイスターの煮汁にピーナッツペーストと濃厚なクリームを加え、煮汁をとったオイスターを浮き身とした「オイスター・ビスク」を作ることが、海に近いプランテーションでのご馳走だった。

ピーナッツペーストはまもなく、ピーナッツバターと呼ばれるようになり、アメリカの「食」への大きな革命をもたらしていく。カロライナの西の山間地帯では、カリフラワーやキャベツやオニオンのサラダにピーナッツバター・ドレッシングが合いものであることを知っていたし、フルーツサラダには温めたピーナッツ・ドレッシングをかけて独特の味わいを生み出してもいる。このピーナッツバターはまた、もぎ立てを皮ごとローストした熱々のトウモロコシにバターの代わりに用いると絶妙な旨さを醸し出すことも見つけ出していた。

生のピーナッツを茹で、それを粗く刻んでヤムに、卵やパン粉を混ぜ合わせてパイの中身にしたり、ココナッツの千切りと混ぜてたっぷりの油で揚げて小さな揚げ菓子にすることもあった。以前、このピーナッツヤム・パイを食べたことがある。食後、どうしても自家製のパイを食べないと帰さない、という気のいいおばさんの店でのことだった。その時は、パイの上にココナッツの千切りがたっぷりとのっていて、むしろココナッツ風味の方がかっていたけれど、それでもそのねっとりとした旨さはちょっと忘れられない。茹でたピーナッツ、または「ダブルロースト」といわれる二度炒ってカリカリにしたものを鴨やガチョウや鶏、その他の家禽、野禽類をローストする時の詰め物にすることもあった。これは、クリや松の実やコーンを入れるのとはまた違って豊かな趣を与える。

ピーナッツバターに関しては、書きたいことがある。『E.T.』や『スタンド・バイ・ミー』をはじめとする映画でよく描かれる、中西部の都市近郊の小さなアーバンタウンのごく平凡な中流家庭の子供たちは、学校でのランチから夕食までの下校後の小腹の空いた時の一時しのぎに、やわらかくふかふかのパンにピーナッツバターを塗ったサンドウィッチを食べ、牛乳パックに直接口をつけて飲み、白いミルクの髭を生やすのが相場になっている。

黒人たちは、このピーナッツバター・サンドウィッチにもう一工夫して、カリカリに焼いたベーコンを粗く砕いたものを上にのせたり、トマトのスライスを加えたり、あるいはその両方を挟んだりした。こちらのほうは辛口というか大人の味がしてちょっと悪くない。だが世の中では、大人向きでないものの方が、人気があるようだ。お子様の定番といえば、やはりピーナッツバターとグレープジェリーを組み合わせたサンドウィッチだろう。この紫色のブドウのジェリーと、茶色のピーナッツバターとは色合い的にも食欲をそそるというのは、子供たちだけだろうか。多くの大人たちは、この両者の組み合わせの話をした途端に、少しいやな顔をするのが普通だ。しかし、このコンビはもうすでに市民権をしっかりと確得していて、この両者を縦縞になるように瓶詰めした「ピーナッツバター・ジェリー」［図⓲］はよく売れている。

ピーナッツバターを正式に発明したとされているのは、ジョージ・ワシントン・カーヴァーだ。奴隷から身を起こし、植物学を修め、タスカギー研究所に入ってアメリカ南部に輪作を教えたこの人物は、ピーナッツの様々な――接着剤から染料、化粧品、プラスティック、ガソリン、ニトログリセリン、印刷インク、ディーゼルオイル、アフターシェイヴクリーム、シャンプー、ランプオイル、リノリュウムなど三〇〇にも上る利用法を発明している。だがピーナッツバターは、実際には彼の発明ではない。インカ帝国ではすでに紀元前一〇〇〇年頃から、ピーナッツをすり潰してペースト状にして食用にしていたという。だが、それでもカーヴァーが発明したと信じたい人たちがいるのだ。つまり、奴隷の身分から科学者、発明家と大きなステップを遂げたカーヴァーこそピーナッツバターの発明者に相応しいのである。そして、カーヴァーが在籍し、ピーナッツやペカンナッツや、サツマイモの新しい利用法を考え出したタスカギー研究所を記念して生まれたのが「タスカギースープ」である。作り方はこうだ。スープ鍋でみじん切りの青ネギを中火で炒め、そこに半カップ程度のピーナッツバターと大さじ三杯ほどの小麦粉を入れて滑らかになるまでよく混ぜる。鍋を火から下ろしてチキンストックをカップ二杯加えて再び火にかけ、クリームを入れてよくかき混ぜ、あれば牡蠣の煮汁を足して塩・コショウとカイエンペパーで味を整えて、パセリのみじん切りを散らす。

先にも書いたように、ピーナッツはアメリカで生まれアフリカ大陸に渡って、やがて奴隷たちの手によって再びアメリカに戻ってきた、いわば帰化植物なのである。同じようにアフリカから運ばれてきた植物で、れっきとしたアフリカ原産なのが「ゴマ」である。ゴマの起源は非常に古く、その歴史は複雑だが、西アフリカのニジェール川上流のマンディンゴ地方から奴隷たちの手によって、アフリカ大陸から旅立ち、アメリカのノースカロライナやサウスカロライナのチャールストンなどへと運ばれていった。

そのゴマを運んだ人びとの苦難の旅を南部の旅の途中の通りすがりの小さな町の図書館や資料館、アーカイヴなどに残される文献や新聞の切り抜きで知った。田舎の図書館では剣呑なことがある。あれは、砂漠の広がる中西部の州の、そう大きくない町の図書館でのことだった。資料をコピーしている最中、不意にひどい雨が襲ってきて、道行く人や道端で小銭をせがむ人たちが避難するように、その図書館に入ってきた。アメリカの図書館では、閲覧テーブルの上に印刷してある何か――本と言わず新聞や広告の切れ端でも、何かのメモでも、ともあれ字の書いてあるものなら何でもいいのだが、そうしたものがリーディングテーブルの上にありさえすれば、けっして追い出されることはない、ということを彼らは知っているのである。

困ったのはこっちだ。その時、一〇セント玉や、二五セント玉を山ほど積んで新聞や雑誌や何かのスクラップ類をコピーしている最中だった。彼らの中の何人かが、その小銭をねだりにやってくるのである。とてもコピーなどしていられない。知らん振りしていると、黙って手を伸ばして持っていく。ぼくは諦め、雨が止むまでただ小銭の配給係に徹することにした。

そういった図書館にこもっての経験の中で見た、あるイラストが忘れられない。帆船の船倉の俯瞰図［図⓳］で、そこにびっしりと人形のような人型が描き込まれている。ほとんど隙間もなく、隣の人影とはわずか腕一本の間隔があるだろうか。それは奴隷船の積み荷――奴隷たちをどうやって乗せればより多くの人間を積めるか、その悪魔のアイデアを如実にあらわす図なのだ。ほとんど寝返りもうてない状態、いや、身動きもままならない状態でほぼ三カ月、彼らは船底に押し込められ、西アフリカとアメリカ大陸を結ぶ「ミドルパッセージ（中間航路）」という航路を通って航海し、まだ見ぬ新大陸とやらに運ばれていった。

今、その「理想的」な積載方法の図を見ると、言葉を失う。それはまるで、抽斗の中に鉛筆などをきちんときれいに並べて収めたようにも見える。そういうひどく狭い場所に、より多くの奴隷たちを積み込むことだけを工夫した結果、当然のように食べるものをのせるスペースが削られることになる。食料が少ないというばかりでなく、栄養的なバランスに欠けるものにならざるを得ない。だから当然、運ばれている奴隷たちの多くは、栄養失調によって衰弱していった。彼らが船中で食べさせられたものは、主としてヤムイモ、米などの澱粉類で、ごくたまに肉類や果物類が出された。

また狭い船室や船底の倉庫などにスシ詰めにされているために、三ヵ月から時に九ヵ月もかかると言われたその航海の間に、まず運動不足に悩まされた。ついで陽光に当たることが滅多になく、そのためにビタミンDの欠乏症によって骨がもろくなったり、高血圧や歯周病、多発性硬化症など、そして他にも結核や癌を発症したという。そこまで重病にならないとしても、アメリカに着いてからも数ヵ月、体力回復や栄養補給で身体を休めないととても働くことなど出来なかった。

彼らの体力や精神的な落ち着きを取り戻すために、奴隷商人たちはある工夫をした。それは、彼らの故国の食材を運んできて、彼らを元気づけるために、また病気にかかった時に与えるために、またはまるで特殊なペットのための餌でもあるかのように、奴隷の買い主に提供したのだった。そういった食材の中には、たとえば野生の豆類、オクラ、ナス、ピーナッツ、ヤムイモなどがあり、それらは奴隷たちの手によって育成、栽培されて、やがて南部一帯で欠かすことのできない食材になっていった。それらはプランテーションでの畑仕事の合間、ことに農園主、荘園主のために作る野菜畑の畝の間に、自分たち用の野菜を植えたのだ。あるいは、プランテーションの大きな収入源であった綿花畑の隙間でも野菜を栽培した。

アメリカは衣料の原材料に関して、長いこと旧領主国であるイギリスの羊毛に依存していたが、その依存から脱することが出来たのは、このコットンであり、もう一つが麻だった。麻は生長が速い。その生長の速い麻の畝の間に、自分たちの食料となる作物を育てれば農園主から見つかる心配は少ない。これはいい知恵だった。

自分たち用の秘密の食料を調達しなければならなかったのには、訳がある。彼らの日常の食は、プランテーション・オーナーから与えられるわずかなものだった。一八〇〇年代前半のジョージア州のあるプランテーションで働く奴隷が書き留めた配給食料のメモによれば、米、カブ、ケールなどの野菜類、塩、糖蜜、コーヒーなどが出てくる。肉類は主として豚肉で、その配給量は、一人頭週に三〜四ポンド（一ポンド約四五〇グラムだから、およそ一・三五キロ〜一・八キロ程度。日本人にしてはこれで十分過ぎる量のようにも思えるが、一日にすれば二〇〇グラム弱から二五〇グラム強。それもまるごと肉ではなく骨がついていたり、くるぶしやすね肉など筋が混じっていたりするものもあったろう）だという。これでは毎日の重労働に耐えられる蛋白質の量ではない、と、彼らの遺骨を分析した考古学者の意見もあることを付け加えておこう。

　こうした食生活から、その後一〇〇年にわたってアメリカ産の食材を吸収し、彼らの食そのものを変化させていった。その食材の中にはトウモロコシ、カボチャ、スクワッシュ、豆類、サッサフラスなどがあった。野生のベリー類、家禽類も、彼らの食材として取り込まれていった。釣りもよくした。川のナマズは数も少なく、釣るのが難しかったようだ。ニシン科のシャッドやチョウザメなどは簡単に手に入った。そうやって、彼らの食は充実していった。

　奴隷船の中での食事や、農園主から与えられる食材、そして主人たちの目を盗んで栽培した作物などのことを、彼らは忘れることはなかった。そして、餌のように与えられたアフリカの食材がなくなれば、嫌でもアメリカのものを使わねばならない。女性たちは、アメリカの食材をアフリカ風の調理法で料理する一方、アメリカで習い覚えた料理法も取り入れていった。だが、その底に流れる思いは少しも変わらなかった。それを、うまく言葉にすることは難しい。一九六〇年代半ば頃から、黒人たちの独自の文化をきちんと評価するようになった。その中に、彼らの料理もあった。それを人は「魂の食べ物《ソウルフード》」と呼んだ。だが、ソウルフードとは何か、その本質はどこにあるのか、そのことを知りたくて、ずいぶん人に聞いて歩いたことがあった。流行語として使われる「ソウルフード」ではない、本物。レストランで売るためのネーミングとしてではない「魂の食べ物」。通り一遍の答えでないものを、知りたかった。

あれは、アラバマ州のモンゴメリーの近く、カントリーミュージックの不世出の天才、ハンク・ウィリアムスの墓を訪ねた時のことだ。道沿いに展がる小さなコミュニティのはずれにあった小さな食堂で、ソルト・アンド・ペパーと呼ばれるごま塩頭の年配の女性が一人でやっている'Ma's'という店で、ぼくはキャットフィッシュのフィレのフライと、ヤムを甘く煮た付け合わせと、茹でただけのトウモロコシのセットの昼食を食べていた。コックでもありウェイトレスでもある、要するにすべて一人で取り仕切っているその女性が、「ソウルフードはどう?」と訊いてくれたのが話のきっかけだった。

「たとえば、お母さんが子供のために作ってあげる料理は、心がこもっているわよね」と彼女は、ソウルフードって本当はどんなものなんですか、というぼくの質問に、他に客がいないことをいいことにしてか、近くのパイプ椅子を引きずって近くに座ると話し出した。

「言うならば、ハートフードよ。ハートは育てることができるの。その人の生まれ育った環境で、それぞれの心を育んでいくことが出来る。でも、ソウルは違う」

今ぼくは、これを思い出し思い出ししながら書いている。彼女のすべての言葉をここに書き出すことは難しい。ただ忘れられないことがある。

「ソウルは違うの。その人が生まれつき持っているものが、ソウル。その人の本質に関わる魂で、育てることも、変えることも出来ない」

彼らは否応なくアメリカに連れてこられた。「アフリカ人」という一様な一団が存在するのではない。アフリカに住む各部族、もっと言えば、部族闘争で敗れた者たちが、勝った強い部族によって白人たちに売られた人たちが、アメリカでは「奴隷」としてひと括りにされたものである。だから、奴隷たちの出身部族はバラバラで、お互いに共通した言葉もなかった。そして売られた家で、白人たちが食べなかったもの、白人たちが残したもの、彼らが食用にしないような部分を材料として、アフリカでの記憶を頼りに調理してきた。アメリカの食材を、アフリカの調理法で作った料理。そこには部族同士、あるいは部族が別々ではあっても一つの運命を共有する「連帯」がある。彼らは、アフリカのやり方で、アメリカの料理を作るしかない運命を共にしてきた。その「運命」をシェアする料理。それが、ソウルフードなのだ、と彼女は言う。

だから、と彼女の言った最後の一言、「ソウルフードは売り物にはならない。してはいけない」という言葉だけは、ぼくはけっして忘れない。

5　ブルーグラスと茹でキャベツの旅――ドイツ系の人びとの食

i　ホワイトシチューの謎

テレビのコマーシャルや、カレーやシチューのルウを売っている店や、時折レストランで見かける写真入りのメニューなどで、ビーフシチューは別として、日本のシチューはどれも白い色をしたクリームシチューであることが長い間不思議でたまらなかった。正直、これまで一度も食べたことがなかったし、食べようとも思っていなかった。ぼくの知るアメリカのあちこちで出合うシチューで、白いものは滅多にない。「アイリッシュシチュー」はラムとジャガイモの「春のシチュー」とも呼ばれるアイルランドの名物料理だが、これは透明に近い。

もっとも信頼しているアメリカン・クックブックの一冊『ジョイ・オブ・クッキング（*Joy of Cooking*,1980）』の、アイリッシュ・シチューのところには'This famous stew is not browned'とあり、普通のシチューのように茶色くない、とわざわざ断っているわけで、それだけこのアイリッシュシチューが特別なのだと教えてくれているようなものだ。これまでのごく狭いシチュー経験を振り返ってみると、どうやら豚、羊、鶏や七面鳥など鳥類のシチューは白っぽいというか、透明だったようだ。これらの肉は、牛肉のように表面を焼いて風味を封じ込めるといったことをしない。すなわち、白い身の肉は白く仕立てるのが原則なのだろうと思われる。中には、ミルクやクリームを入れる人がいないとは限らないけれど、主流ではないように思う。

日本のそれは、「北海道のクリームシチュー」なんていうふうに宣伝したりもしているから、わが国特有のものかも知れない。それとも、ハヤシライスやオムライス、コロッケやカレーライスのように、元は外国の食だったものが日本に移植されてから独自の進化を遂げたのだろうか。クリームシチューやホワイトシチューを食べることは、この先あまりないだろうけれど、その出自にはとても興味がある。

おふくろが飽くことなく作り続けてきた、そしてアメリカやカナダの家庭でよく見られるシチューは、ビーフシチューだ。といっても、日本の洋食屋で出てくるドミグラソースで何時間も煮込んだやつではない。もっとさらりとしている。牛のすね肉や肩肉を四〜五センチ角に切ったものに塩・コショウして粉をはたく。これをフライパンで全体に焼き目をつけてから別鍋に移してコトコトと煮る。この時、ローリエやブーケガルニを入れる。野菜はタマネギ、ニンジン、ジャガイモ、セロリと決まっている。これに青味を加えたければ、その季節のブロッコリーや芽キャベツ、インゲンや絹サヤなどを最後に加える。これが、いわゆる「オールドファッションド・シチュー」である。オニオングラタン・スープを作るように、最初にタマネギの薄切りをじっくりと炒めるという方法もあるだろうけれど、アメリカの家庭でそんなことをしているかどうか、はなはだ怪しい。なにせ彼らはシチューのとろみづけとコクを出すために缶スープを、たとえば「キャンベル」の「クリーム・オブ・マッシュルームスープ」を入れると相場が決まっているからだ。中にはタマネギを色よく炒める手間を省きたいため、同じキャンベルの「オニオングラタン・スープ」を用いる人もいる。むろん平板で、出来合い特有の決まりきった味になってしまうけれども、なあに日本でだって茹でたスパゲティにかけるミートソースが、手作りか「ハインツ」の缶詰のそれかすぐにわかってしまうのと同じである。とはいえ、ぼくだって、あの「ハインツ」のミートソースは嫌いじゃない。

自家製のシチューに使う缶詰がクリーム・オブ・マッシュルームスープだと、味わいと共に色もまた出来合いの白っぽいものになるわけで、これはすでにして、「ホワイト・ビーフシチュー」である。だから、ホワトシチューは何も日本だけのものとは限らないのだということなのかもしれない。だとしても、アメリカの家庭のどこもが「クリーム・オブ・マッシュルームスープ」の缶詰を使っているとは思えないから、通常の「アメリカン・ビーフシチュー」の大半はクリアスープか、一緒に煮込んだ野菜類が煮くずれてどろりとしたものであるかどうかはともかく、総体としては茶色系である。アメリカを旅している間に食べることのできたアメリカン・クラシック・ビーフシチューは、ジャガイモをはじめとする野菜や肉類の大きさ、中に入れる具、グリンピースやトウモロコシ、麦などと少しずつ違いはしても、およそそういうものだった。

ここまで書いてきて、日本のホワイトシチューの歴史というか、その発祥を書いた文章を読んだことを思い出した。それは、戦後の援助物資であった、ララ物資などで提供された脱脂粉乳を利用した給食から始まったのだ。粉乳だから白く仕上がるのは当たり前だし、敗戦国の日本でしか手に入らない物資から生み出された、日本固有のシチューだとむしろ世界に誇っていい食べ物ではないかという気がしてくる。日本が太平洋戦争で負けなければ、この「ホワイトシチュー」は生まれなかったのだから。というのも、読売新聞が過去一〇〇年にわたって掲載してきた二万以上の料理記事の中から選んだ一〇〇のレシピを抜き出した『読売新聞家庭面の100年レシピ』の中、大正四（一九一五）年に掲載された〈スープ殻のシチュー煮〉は、「スープを取ったあとのガラ肉を食べやすい大きさに切って」入れたもので、牛乳もクリームも入れない。小麦粉でとろみをつけたもので、ほぼ透明である。日本に最初に入ってきたシチューは、本来白くないと教えてくれるのである。

いずれにしろ、アメリカのは、そして我が家のは白くないシチューである。このシチューの夕食では、パンではなく、たいがいは米飯だった。浅いボウルに盛られた米飯を、スプーンでひとすくい口に運んでシチューを食べる。これが子供の頃からの大好きな組み合わせだった。シチューの中に飯粒を入れることもあった。パンでも、米飯でもないという時もあって、おふくろが「ダンプリン」と呼ぶものが入っていた時もある。言ってみれば、小麦粉を水で溶いて練ったものを丸めて、シチューに落として煮上げたものだ。ようするに「すいとん」である。

そのダンプリングは、一体どこから来たのだろう。日本の「すいとん」や「ほうとう」、あるいは東北の「ひっつみ」といった、うどん以前の粉食類は、きちんとした穀類が食べられない時の代用食だったとも言われている。するとダンプリングもまた、貧しいものたちの食だったのだろうか。だとしたら、何の代用なのだろう。パンだろうか。不思議でならないまま、大人になった。ダンプリングはごく一般的なアメリカ料理と考えてもいいのか。それにしてはあまりあちこちでお目にかからない。そんなある日、アメリカの東部を旅していた時に、このダンプリングの正体が分かった。

ある年の秋の深いシーズン、ぼくはペンシルヴァニア州フィラデルフィアのダウンタウンにいた。その日の夜、町中の煉瓦作りの古そうなホテルにチェックインした。いつもはハイウェイ脇の、いわゆるロードサイド・モテルがぼくのテリトリーなのだが、時には町中に泊まらないといけないこともある。その夜が、そのめずらしい一夜だった。折りたたみ式の金属ドアのついたエレヴェーターに乗り、三階の自分の部屋に入った。ベッドは高く、シャワーノズルも高く、バスタブは猫足で、窓枠に塗られた何度目かのペンキもひび割れている。生き残りのブラウン管テレビの横に、取ってつけたような茶色のフォーマイカのコーヒーメーカーがあり、ビニール袋に入ったプラスティックのアイスバケットが置いてあった。次の年に来てみたらなくなってしまっているだろうと思わせられるようなホテルに、よくある部屋だった。

食事は、一階のフロントとは反対の端にあるレストランに行った。ホテル内からも入れるが、外からの入り口の方が風情があっていい。レストランの名前が、銀色の文字で描かれているガラスのドアを開けると、いい匂いがした。さっきまでそうすいていないと思っていた胃袋が、急に騒ぎ出した。何かの映画で見たことがあるようなタイプ、年配の白髪で痩身、目の端の笑い皺の目立つ好々爺を絵に描いたようなウェイターが大型の、だが古びたメニューを持ってきてくれた。昔風の飾り文字がいくらか読みにくい。もう作らなくなったらしい料理名の上に紙が貼られていたり、ペン書きで「Not available this season」（今はご提供できません）などと書き加えられていたりする。洒落た筆記体の料理名の中から、スモール・ポーションだというビーフ・バーレイ・スープと、新鮮だと老ウェイターが請け合ったレバーステーキを注文した。カリカリに焼いたベーコンとマッシュドポテト、オニオンソテーとオールドファッションド・グレイヴィもつけてもらった。

通風の発作を経験してから、そして牛特有の病いが喧伝されてから、レバーステーキは敬遠してきたのだが、なあに毎日それればかりを食べるわけではない、と考えて選んだ。第一、こういう古いホテルの昔からのレストランなら、ちゃんとしたクラシックなレバーステーキを食べさせてくれるに違いないと思ったからでもあった。案の定、レバーは厚く、いい具合のミディアムで、ベーコンの塩味の塩梅といいマッシュドポテトのしっとりさといい、グレイヴィのとろみの調子と味わいなど、思った通りの満ち足りた一皿だった。

問題は、その前に出たビーフ・バーレイ・スープで、これにはスプーンが止まった。具の中に、忘れもしない我が家のシチューに、たまに登場したダンプリングが入っていたのだ。さすがにレストランだけあって、おふくろが作るような不器用な形ではなく、小振りで品がよく、茹で加減、味の染み込み具合と申し分なかった。メニューには、「ウィズ・ペンシルヴァニア・ダッチスタイル・ダンプリング」とあった。それでこのダンプリングが、ペンシルヴァニア・ダッチの食べ物の一つだとわかり、やがて、それがドイツ系の料理であることを知った。このダンプリングとの出合い以降、アメリカ料理の風景が少し変わった。アメリカ理解に関して、新しい地平を拓かせてくれた瞬間だった。

それまで、「ペンシルヴァニア・ダッチ」という言葉を、長い間誤解していた。ダッチは、「ダッチランド」から連想して、オランダのことだとごく自然に考えていた。「ダッチ」という言葉には、どこか「負」の印象がつきまとう。「フライング・ダッチマン（さまよえるオランダ人）」の伝説がある。呪われた帆船の船長が、たった一人船に乗って永遠にさまよい続けるという話だ。割り勘は「ダッチアカウント」だし、何年か前に話題になった旅客機の迷走は「ダッチロール」だった。厳格で口うるさい人を指す「ダッチアンクル」から、「ダッチワイフ」に至るまで、いい意味には使われない。だから最初、ペンシルヴァニアに住むオランダ人という存在をどう考えていいかわからなかった。

なぜ、わざわざペンシルヴァニアの名前を冠せられるオランダ人がいるのか。かつてこの土地はオランダのものであって、それをイギリスが戦いとったという歴史があるから、もしかしたらオリジナルの住民ということで特別な存在なのか、とも思わないではなかった。しかし、「ペンシルヴァニア・ダッチ」のダッチは、オランダではなく、ドイツを意味する古語だったのだ。その人たちのことをもっと知らなくては、このペンシルヴァニアのことは何もわからないに等しい。そう思った途端、図書館に行きたくなった。けど、この時間から行っても何が調べられるわけもない。本屋ならすぐそこにあるというので、行ってみることにした。

本屋はすぐに見つかり、入った途端、いい本屋であることがわかった。ベストセラーもなくはないし、バーゲン本も少しはある。けれど、何よりも並べられている本の質がいい。「あ、こんな本が」とか、「え、こんな本も」とか、どれもこれも手に取って表紙を眺め、裏表紙の解説や推薦の言葉、新聞や雑誌の評の引用を眺め、ページを開いて書き出しの最初の数行を読んでみる。そしてその本の良さを知る。けど、いつまでもそんなことをしていられない。ローカル・インタレストのコーナーを探して、そこでペンシルヴァニア・ダッチに関する本と彼らの料理にまつわる本を買った。ホテルに戻ってベッドに入り、まぶたがくっつくまでページを繰り続けた。

翌朝は、秋らしいいい天気だった。フィラデルフィアの町からインターステート476で北上する。バックミラーの中で遠ざかっていくフィラデルフィアは、アメリカの「要石」と呼ばれる、独立の象徴とも言うべきところだから観光客も多い。整然とした町で、人びとは皆どことなく品がある。ちゃんと働いているという背筋の伸びたようなところがある。

その日はペンシルヴァニアのほぼ中央、少し東寄りのかつてマウク・チャンクと呼ばれた町を目ざしていた。その町は今、ジム・ソープと名前を変えている。その由来となったジム・ソープは一九一二年のストックホルム・オリンピックの一〇種競技で金メダルを手にしたものの、後に、前の年セミプロの野球チームに加わったことから、アマチュア規定違反に問われてメダルを剝奪された。およそ、二〇世紀のアスリートで彼を超える人はいない、とぼくは確信している。サック・アンド・フォックス・インディアンの出身だったソープの墓は生誕地オクラホマを遠く離れて、ここペンシルヴァニアにある。それをこの目で見たかった。

町中を抜けて郊外に出ると、交通量も減り、走る車たちのペースも落ち着くと、ずっと走りやすくなる。時々、オートドライヴにして楽な運転に切り替え、思いが内に向かうにまかせる。

ii　ペンシルヴァニア・ダッチの食

一六七七年、ウィリアム・ペンは祖国イングランドを離れアメリカに渡った。同名の父親のウィリアム・ペンは熱心なイングランド国教会《アングリアン・チャーチ》信徒だったが、息子のウィリアム・ペンは若い頃からのクエーカー教徒で、神だけを信じ国王の権威を否定し、アングリカン・チャーチの「三位一体」をも否定する冊子を発行するなど、父親との宗教上の確執があった。清教徒革命のクロムウェルの死後間もないその時代、イングランドは宗教上の争乱が激しく、クエーカーはとくに厳しい弾圧の下にあった。ペンほか名の知れたクエーカーの一団はイングランドを逃れ、アメリカは今のニュージャージー州の西部の土地に入植した。すでにニューイングランド地方に入植していたピューリタンたちは、このクエーカーたちの入植には反対で、この両者の確執はアメリカ文化の底流として記憶しておくべきだろう。

やがてウィリアム・ペンが開拓することになるペンシルヴァニアは、一六八一年、イングランド王チャールズ二世がペンの父親の海軍提督からの借金、一万六〇〇〇ポンドのかたに現在のペンシルヴァニア州と呼ばれる土地の勅許を与えたことからその歴史は始まる。これは、特定個人に対する史上最大の勅許だと言われている。息子のペンは英国を逃れてこの土地に入植し、ラテン語で「森の土地」を意味する「シルヴァニア」と呼ぼうとした。だが、チャールズ王は恩義のあるペン・シニアの名前をつけてやろうと、「ペンの森」＝「ペンシルヴァニア」と呼ぶことを望んだ。その土地に息子のペンが入植することになったわけで、イングランド王にしてみれば、英国国教会にとっての邪魔者であったクエーカーたちを追い払ういい機会であったようだ。

ペンシルヴァニアで、ペンは宗主国イングランドから独立して物事を決定する郡政委員会を設立し、信教の自由を保証するという、その時代の植民地では考えられない革新的な政府を樹立した。クエーカー教徒として苦悩したペンならではの理想、「信教の自由」がやがてこのペンシルヴァニア州に独特の香気と光彩を与えることになる。

こういったことは、これまでもおぼろげにわかっていたつもりだった。アメリカにおけるクエーカー教徒の独特の奴隷制反対運動は、アメリカ史上特筆に値する。それらをひっくるめて、昨日買った本のあれこれが思い出された。表面的なペンシルヴァニアの歴史や文化、気候や地勢、政体や学制、医療制度や税制なんかは、通り一遍の読書でもある程度のことはわかる。それにこれまでもこの州にやって来た経験から、およその概念は理解していた。だが、そのおおよその理解は、「食」というフィルターを通してみてはじめて、「ペンシルヴァニア・ダッチ」と呼ばれる人びとについてようやくはっきりと知ることができた。

最初は中央から東ヨーロッパにかけてドイツ語を話す宗教的な離郷者、すなわちドイツのライン河沿いに広がるPalatinateと呼ばれるパラティン伯爵領地やラインラント地方の人びとがアメリカに渡ってきた。彼らの多くは、この地を開いたクエーカー教徒たちのように、自分たちの信じる宗派の教義に忠実に生きるためにやってきたのだった。クエーカー教徒をはじめ、ドイツ語を話すフランスの「ユグノー」と呼ばれるカルヴァン主義者たちや、同じくフランス生まれだが迫害からイギリスに逃れてクエーカーと結びついて発展したシェイカー教徒。また、もとはスイスのパラティネイト領内で生まれて後にドイツに渡った宗派で、創始者のメノ・シモンズの名前から「メノナイト」または「メノー派」とされる人びと――彼らは「アナバプティスト」と呼ばれる「再洗礼派」で、幼児洗礼を否定し大人になってから自己の信仰を再確認してあらためて洗礼を受けるという宗派である。時代とともに厳しい教義が緩むに従って、メノナイトの信徒の一人で教会の純粋性を保つためにより保守的に生きようと、一般の社会から離れて生活することを考えたのがヤコブ・アマンで、その名前から「アーミッシュ」と呼ばれる一派もやってきた。彼らは 'Old order of house Amish' と呼ばれるもっとも保守派の「旧オーダー・アーミッシュ」で、一般にアーミッシュというと、狭義にはこのグループを指している。彼らもまた、ヨーロッパでの過酷な宗教迫害を逃れて、一六八〇年代の末にアメリカに移住してきた人たちだ。その他にも、ボヘミアから教会の革新を目ざすモラヴィア兄弟団や、ドイツからの「ダンカーズ」教徒もやってきた。

バスケットボールのシュートの一つで、ゴールのバスケットに上から「ドカン」と叩き込む「ダンクシュート」はよく知られている。これを決めた選手が勢い余ってバスケットの鉄製の輪にぶら下がったりする姿はお馴染みだろう。このように、上から入れることを「ダンク」と言う。バスケットボールばかりでなくパンやドーナッツをスープやコーヒーに浸けて食べることもダンクと言う。朝食をすませたものの職場や現場に出て午前一〇時頃のひと休みに、あるいはランチ後の午後三時ごろのコーヒータイムにコーヒーショップで、またはテイクアウトして、ドーナッツをつまんでコーヒーに浸して食べることがある。普通のオフィスでの風景でもあるが、とくに警官やトラックドライヴァー、倉庫でフォークリフトを操るような男たちの仕事場で、この「ダンク」はよく見られる光景だ。ごつい男たちの、小腹の空いた時の「虫養い」というところなのだろう。映画でもよく出てくるシーンだし、東部の忙しい都会の連中の間ではドーナッツ・チェーンストアやチェーンのコーヒーショップでのごく一般的な風景だ。こういう人たちに支えられてきたのが、ダンクの名前をそのまま使った「ダンキン・ドーナッツ」なのだろうと思う。

このように何かを液体に浸けるというところから名前がついたのが、このキリスト教の一派「ダンカーズ」だ。彼らは一七〇八年、ドイツのエデル川沿いの村シュヴァルゼナウで生まれた。もとは「ニュー・バプティスト」と名乗っていたグループで、メノー派やアーミッシュ同様一八世紀に広まったアナバプティスト、「再洗礼派」である。彼らダンカーズは、一七一九年から一七三三年頃までの間に、このペンシルヴァニアにやってきた。

いわゆる「洗礼」に三つのやり方があり、一つは'sprinkling'と呼ばれる方式で、聖水を「振りかける」と言うべきか、少量の聖水を振りかけるやり方で、ルタール派やメソジスト派などが用いる。もう一つは'pouring'で、額に「注ぐ」というところだろうか。メノナイト派のやり方がこれである。最後が'dunk'で、でバプティスト派がそれにあたる。この宗派が川沿いの土地で生まれたのは、その川に全身を浸すやり方ゆえにだ。とくに「浸礼」と訳され、水に腰まで浸かった牧師が白い衣をまとった信者に寄り添って、一挙に頭まで水にどっぷりと浸かるというシーンを映画などでも見ることが出来る。よく知られているところではコーエン兄弟監督、ジョージ・クルーニー主演の映画『オー・ブラザー！』にも、この浸礼のシーンが登場する。この浸礼儀式、都会では川や沼を見つけることが出来ないせいか、洋風バスタブにどっぷりと全身をつけるシーンを、なんの映画だったかで見たような気がする。

こういったヨーロッパ各地の様々な宗派の人びとが集まったペンシルヴァニア州を代表する町フィ

ラデルフィアは、すでに一八世紀からコスモポリタン的な町だった。多くの民族、その各種の文化的背景、生活習慣、地理的心情を持った人たちが集まってきたことから、国際的雰囲気を持った、独特のソフィスティケートされた色彩が濃厚な町として栄えてきた。

そういう彼らが作り上げてきた典型の一つが「スクラップル」という食べ物だ。モダンジャズの曲で、スクラップルを歌ったナンバーがあった。チャーリー・パーカーの「スクラップル・フロム・ジ・アップル」という曲だ。一九四七年発表とあるから、かなり古い。その「スクラップル」に出合ったのは、以前旅したメリーランド州でのことだ。

その旅でのある日、ステートハイウェイ5でメリーランド州のクリントンの町に入った。クリントンは以前、サラッツヴィルと呼ばれていた。十字路の角で、ジョン・H・サラットという男がタヴァーン（酒場）と郵便局を営んでいたことからついた名前だ。サラットの死後、未亡人のマリーはリンカーン暗殺を幇助するようになる。その日、ぼくはリンカーンの暗殺犯ジョン・ウィルクス・ブースの逃亡の足取りを追って、かつてのサラッツヴィルにやってきていたのだ。その夜、もう名前も覚えていないB&Bに泊まった。

翌朝、天蓋付きの少女趣味溢れるベッドで目覚め、家族併用らしい洗面所でおとなしくシャワーを借り、顔を洗い、髭を剃り、静かに階下の食堂に降りていった。朝食は、大きな皿に盛ったチーズ・スクランブルエッグにカナディアン・ベーコン、ハッシュブラウン、そしてその横にソーセージ・パティのような、直径六センチか七センチ、厚さ五ミリほどの薄茶色の円盤状のものが何枚か並べられていた。その見知らぬものを二枚、皿に取り、円盤状の端をナイフで切って、口に運んだ。初めての味だった。円筒状の「つみれ」があるとしたら、それを五ミリの厚さに輪切りにしたものだと言えばわかりやすいかもしれない。ただ、歯触りはつみれ風だが、もっと粉っぽい。「竹輪麩」のほうが近いかもしれない。それを炒めてあるのだ。ただ中に薄桃色というか明るい茶色の切れ端がいくつも紛れ込んでいる。ほじくって食べてみると、どうやらスモークハムかベーコンのようだ。もしかしたらスモークソーセージかもしれない。いずれにしろ「燻蒸」の香りが遠くでする。このモチモチした食感は、どこかで食べたことがある、と思っていたら、不意に思い出した、「大根餅」だ。それをカリッと焼き上げてある。中がもっちりしていて、旨さが凝縮している。女主人は「スクラップルというのよ」と教えてくれ、ペンシルヴァニアの名物料理だ、と続けた。それから何度か、スクラップルを口にするたび、その旨さは身体に染み込んでいった。

トウモロコシの粉、コーンミールを湯で練って、そこにベーコンやソーセージの小さく切ったものを混ぜ込んだものらしい。湯で練り固めるという と、「そばがき」を思い出す。ああいう感じの練り具合で、それを太いソーセージかハムのような円筒形に形を整えて、冷蔵庫で冷やして固め、それを薄く切って揚げるか炒めるかしたもののようだ。ドイツ系の料理であるらしかった。インディアンの食材であるコーンミールと、ドイツ系の人びとの豚肉処理の神髄である塩漬けや腸詰め、また筋や腱をじっくりと煮てゼラチン質を充分に味わうやり方、そのしっかりした下処理と下準備、保存や調理の技術の産物の一つである塩蔵肉の端切れを利用したものとが合体して生まれたのが、ハイブリッド料理の「スクラップル」だった。このペンシルヴァニア・ダッチの名物朝食は、南部の朝食の定番、挽き割りトウモロコシの「グリッツ」、東部の大都会ニューヨークのユダヤ系朝食、スモークサーモンとベーグルの「ロックス」、そしてアメリカ全土に広がるイングランド系のベーコンエッグスといった朝食の中でも、このスクラップルの存在感は際立っている。

アメリカの内陸を車で旅していると、突如、そこには、白漆喰に黒っぽい木材で縁取られたアルザス風とも、木材の枠に梁のように斜めに渡された木枠模様が面白い南ドイツ風とも、花の植えられた木造りのベランダが目立つチロル風ともに、何とも言えないが独特の風情のある建物が並んでいるのである。車を駐めて歩いてみると、店の看板や道路の案内板には明らかにドイツ語が書かれている。その綴りが長い。以前、スイスのベルンの町を車で走ったことがあり、その時もドイツ語圏特有の道路標識や看板の綴りが長くて、運転しながらではとても読み切れなかったが、あの時の苦労が甦る。

その頃はまだアメリカのドイツ系移民の多さに無頓着だったから、アメリカの地方で、突然ドイツの人びとの町が目の前にあらわれてくることに、ただただ呆気にとられるばかりだった。その後、訳知りのアメリカ通のような人が、あれは第二次大戦の時のドイツ人の〝ＰＯＷ〟だよ、とまことしやかに言ったのを聞いたことがある。ＰＯＷ（Prisoner of War）――戦争捕虜をアメリカ軍は内陸のキャンプに収容した。戦争が終わって彼らも解放されたが、その一部はアメリカに残ることを選んだ。その人たちの集落だと言うのだ。にわかに信じられる話ではなく、かといって否定しきれるものでもなく、ぼくの中で何となく宙づりになったままの事柄だった。

アイオワやオハイオ、ウィスコンシンやイリノイやミズーリの各地はソーセージ類が旨く、またビールの美味しい土地でもある。アメリカは、実はドイツの食の影響の大きなところだ。ハンバーガーしかり、ホットドッグしかり、もう国民食、いや世界食になっている。ああいったものも、ドイツ系の移民がいなければ考えられなかったろう。

以前、アイルランド系の移民が各州にどれほどいるのかを調べたことがある。アイルランドのかなりの数の歌がアメリカのカントリーやカウボーイソング、またフォークミュージックに作り直されている事実から、それだけアイルランドの人びとの影響が多いのではないかと思ったからだ。結果、アイルランド系を祖先に持つ人の数は驚くほど多かった。しかし、それ以上の驚異は、ドイツ系の人びとの多さだった。

たとえば、ペンシルヴァニア州の祖先分類を見ると、ドイツ系の人が全人口の二四・五パーセント、次いでアイルランド系の一八・二パーセント、その次がイタリア系で一二・八パーセント、その下がアフリカ系で九・六パーセント、次いでイギリス系は八・五パーセントに過ぎない。ドイツ系に比べると三分の一ほどだ。これは二〇〇六年の統計だから、その後どうなのだろうか。イギリス系は増えているのだろうか。ドイツ系は減少しているのだろうか。ここのところ「WASPの衰退」が言われて久しいから、その後の増減は興味がある。

それにしても、ドイツ系の人口の多さは驚きで、なるほど「ペンシルヴァニア・ダッチ」の州だと言われるだけのことはある。これをアメリカ全体の総人口の中で見てみると、二〇〇〇年度の人口調査局の統計だから少し古いが、ドイツ人は全人口の一五・二パーセントの四二八〇万人で第一位、二位がイギリス系で一二・九パーセントの三六六〇万人、三番目がアイルランド系の一〇・八パーセントの三〇五〇万人、四位がアフリカ系の九・二パーセントで二六一〇万人。面白いと言うか、不思議なのは第五位、八・七パーセント、二四四〇万人「自分はアメリカ人だ」と主張していることだ。この「アメリカ人」というのが、不思議だった。ぼくは、世界中の移民たちがアメリカに渡ってきて、そこで教育を受け、働いて何がしかの報酬をもらい、あるいは何らかの事業を営んで収入を得る。そうやって生きていく人たち、生きていこうと決心した人たち、そのことを良しとし、子供や孫やその先の一族にも良かれとこの国に住むことを決心し、その決断が後の代に納得してもらえるだろうと考えた人たち、それが「アメリカ人」なのだと思っていた。だからその人の祖先の血がスコットランドであれ、イタリアであれ、北欧のどこかの国であれ、東ヨーロッパの小さなコミュニティであれ、アジアの様々な国ぐにであれ、一度アメリカに渡ってその国の人になろうとした人が「アメリカ人」であり、そう呼ばれる人たちだと考えていた。だが、そういう各国の移民たちの末裔とは別に、自分たちはもっと「純粋なアメリカ人」だと考える人たちがいるという事実に驚きもしたし、奇妙にも思い、そしていったいどういう人なのかを知りたくなった。

ウェブサイトで見られる各州の大学の公開されている研究ソースを見ると、たとえばニューイングランド地方に初期に入植した清教徒であれ、プロテスタントであれ、自分たちはこの国の最初の、大元のアメリカ人なのだという誇りと奢りとエリート意識を持って、この国の盟主であると考える人たちがいることを教えてくれる。では、彼ら以前からこの大陸に暮らしてきた人間たちはどうなのか。それには彼らは答えない。先住民を「ネイティヴ・アメリカン」と呼ぶことはあっても、彼らの時代は文明の光が射さない暗黒の時代であり、その後に到着した自分たちから、初めてこの国の歴史が始まるのだ、と考える人たちである。自分たちはアメリカ人であり、アメリカそのものなのだ、とも考える人たちでもある。この広大な若き大陸に最初に足を踏み入れた自分たちこそが、「真のアメリカ人」だという認識が厄介なのは、日本をはじめとする世界中の国ぐにが、彼らこそが「アメリカ人」なのだと、曲解してしまうことだ。

そう考える人がいる一方、自分の血の中を流れているいかなる国にも帰属意識を持てずに、「自分は〜系の人間だ」というアイデンティティが希薄な人たちがいることも事実だ。祖母にアメリカ・インディアンの血が四分の一とスペイン系の血が混じり、アイルランド系である祖父の中にもフレンチ・カナディアンの縄猟師の血を持ち、母親はノルウェーの血を引き、父親には東ヨーロッパのアシュケナジム（ユダヤ系）の血を引いており、そして今、自分は中国とイングランド系の血を持つ男を恋人にしている、という女性を知っている。彼女が、自分ははっきりと世界のどこか他の国の人間ではなく、確実にアメリカ人らしいアメリカ人だと言ったことが忘れられない。

彼女は、多民族国家のアメリカを象徴しているようにも思える。そういう自分の血脈の多様さを考えた上での「アメリカ人」だという人の他に、単に自分の祖先がどこの国の人か覚えていないという人もいる。自分はいったい何人《なにじん》なのか、それがわからないがゆえの「アメリカ人」であるという結論は、またとてもいい。少なくともぼくには、この大陸に初期にやってきたイングランド系の白人でプロテスタント、つまりWASPであるというだけで「アメリカ人」としての優位に立とうとする人たちよりはるかに好ましく、信用でき、その人たちこそ現代のアメリカ人なのだと認めることが出来る。

それはともかく、ぼくの驚きは、なにもペンシルヴァニアでのことだけではない。インディアナ州を見てみると、総人口での人種別の割合で多い第一位が、ドイツ系で二二・七パーセント、二位がアメリカ人で一二パーセント、三位がアイルランド系で一〇・八パーセントとなっている。イングランド系はその次で八・九パーセントだ。イリノイ州では第一位がドイツ系で二一・一パーセント、二位がアイルランド系で一三・三パーセント、三位がポーランド系で七・九パーセント、その次がイングランド系で六・七パーセントである。

アイオワ州では……いや、もうパーセンテージは記さないが、多い順に記していくと、ドイツ系、アイルランド系、イングランド系。ネブラスカ州ではドイツ系、アイルランド系、イングランド系。ミネソタ州ではドイツ系、北欧系、アイルランド系、イングランド系。ウィスコンシン州ではドイツ系、アイルランド系、ポーランド系。ノースダコタ州ではドイツ系、ノルウェイ系、アイルランド系。サウスダコタ州も同じ。ミシガン州もまた、ドイツ系、アイルランド系、イングランド系。

この祖先分布は、カンザス、オクラホマ、ミズーリ、フロリダまではほぼ変わらない。ちょっと地図を見てほしいのだが、ほとんどが五大湖周辺から中部平原、飛んで南の半島側などが、ドイツ系・アイルランド系移民の天下のように思える。どうしてだろうと考える。そして、五大湖経由で東部各地を結ぶ運河建設に多くのアイルランド人とドイツ人が従事した事実に思い当たる。遅れてやって来た移民である彼らは、そういう重労働に従事するしかなかったのではないか。そして彼らは、やがてそこに定住するようになった、と考えるのが無理がないように思える。もっと東の州、ケンタッキーやペンシルヴァニアでは、炭鉱や鉄道敷設といった種類の重労働をやるしか生きる方法がなかったと言えるかもしれない。

一方、ノースダコタ州の首都であるビズマークは、当時建設中だったノーザンパシフィック鉄道敷設の労働力としてドイツ人をより多く呼び寄せるために、プロイセン王国の首相ですぐれた政治家、オットー・フォン・ビスマルクの名前をとって名付けられたものだ。そのように、様々な工夫によってドイツ人を呼び寄せようとしたことがわかる。ドイツ人ばかりではない。アメリカには、アイルランド共和国の首都であるダブリンの名前のついた町が九つある。東から順にニューハンプシャー州、ノースカロライナ州、ペンシルヴァニア州、ヴァージニア州、ジョージア州、オハイオ州、インディアナ州、テキサス州、そしてカリフォルニア州にそれぞれある。その町の名前が、アイルランドとまったく無関係だとは思えない。これらの州でのアイリッシュの人口は少なくないとは言え、ビズマークと同じ動機で名づけられたのかどうか、まだよくわからない。あるいは単に、アイルランド人が多いので、そういう名前がついたのかもしれない。

これら九つの町を訪ね、アイリッシュ文化とアイルランド出身の人びとのアメリカに対する影響を書き留めたのが、ジョセフ・オコーナーの『ダブリンUSA』で、これはすぐれた本である。

話を戻そう、メイン州やヴァーモント州、ニューハンプシャー州などでの第一位は、フランス系とフランス系カナダ人になっている。これは、フランス系植民者の縄猟師たちがビーヴァーやミンクの「皮」を求めて入植、移住したことを示している。

いくつかの州では黒人が多い。ノースカロライナ州、サウスカロライナ州、デラウェア州、アラバマ州、ルイジアナ州、テネシー州、アーカンソー州、テキサス州などが目立っている。最後の二州は人口で第二位、その他は第一位になっている。その理由として、かつての奴隷州だから多いのだ、という答えが考えられる。住み心地がいいというのではなく、他の州に出て行って新たな生活、新たな地位、新たな職やアイデンティティを手に入れるのは大変な苦労だから、とりあえずは住んでいたところに住み続けるということなのかもしれない。そこにはアメリカという国の体制の不備、そして黒人自身の性情も無視できないように思える。

一方、アメリカ中西部の南、テキサス、アリゾナ、ニューメキシコ、カリフォルニアなどはヒスパニック系の人口が突出している。この一帯にヒスパニック系、アメリカ・インディアン系が多く、もっと北の、あるいは東の州へと拡大していかない理由は、やはりその進出を拒む何か、外的な要因や彼ら自身が内包する精神的・肉体的な問題——たとえば、湿度が高すぎたり低すぎたり、都会生活とは時間の進みかたが極端に違う、といったことなどがあるかもしれない。となると、一つの説を思い出す。ヨーロッパやアフリカ大陸からアメリカ大陸へと移住するものは、ほぼその出身地の緯度が近い地域に移っていく、というものだ。そこは湿度や温度、日照時間、そして気候風土が同じようなところだからこそ、彼ら生得の体質、気質が居心地いいと感じる何かの要素があるのかもしれない。

ともあれ、アメリカのほとんどの州の上位の祖先別人口のあり方は、ドイツ人、イングランド人、アイルランド人がメインで、その後に、それぞれの州に特徴的な歴史的推移のようなものから、定住する人の系統が決まっていくように思える。それが祖先の血脈の分布図を作る。その分布状態を見ているうちに、いかにドイツ人とアイリッシュが多いかという、それまで考えもしなかったアメリカが浮かび上がってくる。このことは、一概に「アメリカ人というのはねえ」とは言えないのだということを教えてくれるのだ。ぼくたちは往々にして、「それがアメリカ人だ」とか「だからアメリカ人はね」と言う。彼らを簡単にひと束ねにしてしまっては、本当のアメリカが見えてこないのではないか。あれも「アメリカ人」であり、これも「アメリカ人」、こういうところが「アメリカ」であり、また別の面の「アメリカ」もある、としか言えないのではないか。

いささか遠回りしたが、再びペンシルヴァニアのドライヴに戻ろう。ペンシルヴァニアのほぼ中央の東よりのハイウェイを北に向かっていた。もう少し行けば、かつてマウク・チャンクと呼ばれた町に着くはずだった。間もなく正面に、熊が寝ているようなマウク・チャンク・ブリッジが見えて来た。リーハイ川を境に、かつてはマウク・チャンクとイースト・マウク・チャンクと二つの町にに分かれていた。以前はニューヨーク州バッファローの近く、カナダのオンタリオ州との州境にあるナイアガラの滝への観光の街道町として繁盛した。その名残りは、そう広くない、昔は石畳だったろう街路の両側に建ち並んでいる煉瓦や石造りの古い建物にうかがわれる。その風情はどこかヨーロッパの、そうドイツの古い町並みを思わせて、とてもアメリカとは見えない雰囲気がある。

現在はジム・ソープという名前になっているが、町の名前を変えることになった男の墓［図⑳］は、想像以上に麗々しく、派手やかで壮大で、生前、様々な苦難に直面したソープ自身とはいささかそぐわない印象であった。

サック・アンド・フォックス・インディアンの母親とアイルランド系の父親の血を引くジム・ソープは、先に書いたように金メダル剥奪という悲劇に見舞われたが、スポーツ・オールマイティの天才である彼は、オリンピック後、メジャーリーグの選手、プロのフットボール・プレイヤーとして活躍したが、現役引退後の生活はけっして順風ではなく、困窮のうちに生涯を終えた。しかし、悲劇はそれで終わらなかった。彼の死後、三番目の妻がオクラホマ州がソープの顕彰に消極的だったことに腹を立て、他の親族の反対を押し切って、このペンシルヴァニアの町へ遺体を移してしまったのである。その後、遺族が遺体返還の訴訟を起こしてもいる。

カレッジ・フットボールでペンシルヴァニア州のカーライル・インディアン・スクールのディフェンシヴバックだった彼は、陸軍士官学校との一戦で、相手方のスタートキックをそのまま相手エンドゾーンへと九二ヤードランを見せたが、これがペナルティでやり直し。そのやり直しのキックもキャッチして、今度は九七ヤードランを成功させた。この二度のランの合計一八九ヤードランは、アメリカのフットボール史上最長のランとして記憶されている。この時の相手チームに後の大統領アイゼンハワーがいて、「古今東西、最高の才能を授けられた一人」と称えられたソープだが、死んでからもその魂は安らぐことはなかった。

その夜は、気楽で安心できる大型チェーンのモテルが近くに見つからなかったので、町中を歩いて西岸にあるB&B「ヴィクトリア・アン」に泊まった。応対に出た年配の女主人は愛想が良く、すぐにお馴染みの質問を口にした。

どこの人？　何をしにきたの？

日本人だと答えると、彼女は、この町にも日本人の画家が住んでいる、と言った。その人に会いにきたのか、とも訊いた。いや、と首を振ると、会うといいわ、とその人の家への道を教えてくれた。

画家は長野という人だった。彼は、ひどく懐かしそうな顔をして迎えてくれたが、共通する話題もなく、お互いなんとなく励まし合って家を辞した。帰り道、ヒストリック・ダウンタウンへの道をたどった。ブロードウェイから東へ分かれるヒル・ロードを歩き始めてすぐの左手に「マウク・チャンク・オペラハウス」があった。ここに一人の日本出身の詩人がやってきて、自作の詩を朗読したのだと、どこかで読んだ記憶があった。それがサダキチ・ハートマンだった。一九一三年のことだ。ステージで踊りも披露したという。以前YouTubeで、ハートマンが踊っているおぼろげな姿を見たことがある。このオペラハウスでも、ああいう踊りを余興のように見せたのだろうか。ハートマンは半分はドイツ人だった。彼はこのペンシルヴァニア・ダッチの土地で、居心地がよかったのだろうか。

「ヴィクトリア・アン」に戻り、出迎えてくれた女主人にペンシルヴァニア・ダッチの料理を食べたいと告げると、誇れるのは一軒だけ、「イン・オブ・ジム・ソープ」だと言う。素直にそこに行った。片隅の二人がけの席に落ち着き、チキン・コーンスープとポーク・アンド・ザウアークラウトを注文した。料理が来る前に、「ユーグリンゲン」というビールを飲んだ。名前からしてドイツ系で、ホップの利いたラガーでなかなかよかった。

チキン・コーンスープには小さなダンプリングが入っていた。このスープは「リヴェルズ（rivels）」と言うのだと、ウェイトレスは教えてくれ、ぼくの手帳にスペルを書いてくれた。小麦粉を卵とミルクでこねたものを、スプーンですくってスープに落としたものだ。ペンシルヴァニア・ダッチの典型的なスープだということだった。ポークは、アイスバインかと思ったら、ロース肉の塩漬けで、アイスバインより高級な印象だった。

翌朝、朝食にスクラップルが出た。四角のプレスハムのような形で、女主人は、アップルソースかフライドアップルかどちらがいいかと訊いてきた。お好みならメイプルシロップもブラウンシュガー・シロップもある、と言う。あるいは「ケチャップか」と、半ば馬鹿にした口調で、ふざけるように言った。客の中には、何にでもケチャップをかけたがる味音痴のような人物もいるらしく、皮肉な言い方がそのことを教えてくれた。結局、フライドアップルを選んだ。その瞬間、あのチャーリー・パーカーのトランペットの旋律が浮かんだ。

スクラップルはベーコンを炒めた後の脂、ベーコンドリップで両面をこんがりと焼いてあって、その塩味に甘いフライドアップルはまさに絶妙としか言えない。

満ち足りた気分と胃袋を抱えてB＆Bをチェックアウトし、もう一度ジム・ソープの墓を見て、ランカスターの町に向かった。ペンシルヴァニア・ダッチの料理に興味があるのなら、その見本市のようなランカスターのファーマーズマーケットに行くべきだ、と、「ヴィクトリア・アン」の女主人が薦めてくれたからだった。ランカスターまではおよそ一〇〇マイル、一六〇キロ。昼頃には着けるだろう。

ランカスターの町は空の広い、風が吹き抜けて行くような町だった。市場を目ざして歩いて行くと、アメリカ中どこの名所・旧跡でも見かける濃緑色の地に金色に浮き出た文字の書かれた碑板が立っていた。「このランカスターの名の知れたファーマーズマーケットは、一七四二年、ジョージ三世の御代からランカスター・カウンティーの数百の農家がデイリープロダクツを持ち寄っての市場として人気を博してきた」といったことが書いてあった。なるほど、「ファーマーズマーケット」というだけあって、この地の農家、酪農家が日々収穫し、生産する野菜や卵や乳製品、肉類やその加工品、調理済みの食品などのあれこれがところ狭しと並べられていた。野菜類も見事だが、焼きたてのパン類、締めたばかりで羽毛をむしられた鶏が脚から吊るされている。肉類は塊で、薄切りの肉は見当たらない。その肉類を加工した、丸形や角形の腸詰め類、大小様々なハム類、さらにコンビーフらしき肉の塊が木の樽の調味液に漬けられている。ヒッコリーでいぶられた燻製類、ベーコンの大きな塊、いい色合いのパストラミの塊も並べられている。

蜂蜜の入った瓶が並んでいる。その色合いの多様さ。クローバーやアカシア、レンゲなどそれぞれ色が違っていて、逆光に黄金色に輝く蜂蜜たちはどれも美しい。

アップルバターの詰められたガラス瓶もあれば、色合いが多様なケチャップ類もある。赤いトマトだけがケチャップではない、とあらためて教えられる。クルミをはじめとするナッツ類、ベリー類や豆類のケチャップもある。甘いものの売り場では、砂糖とコンデンスミルクで作ると言われる「ホームメイド・ファッジ」類を筆頭に、多くの菓子類が溜め息が出るほど多数並べられている。そしてパイ類にも目を見張る。アップルパイやレモンパイ、ブルーベリーのパイやメレンゲがいい色に焼かれたカスタードパイなど見知ったものばかりでなく、何を素材にしているのか訊かないとわからないパイも多い。

ペンシルヴァニアには「オール・アメリカン・ポタージュ」と呼ばれるスープ類がある。そこには、ヨーロッパやその他の洒落た国のスープとはまた別の、家族や病を得た人たち、子供や年老いた人、貧しさに打ちひしがれた人、心や身体が傷ついた人たちに、アメリカの母親たちが作り続けてきたスープがある。貧しい人々へ施す「スープ・キッチン」は、そういったスープの具現に他ならない。いつの日にか、アメリカ中のスープを口にして、『アメリカ　スープ大全』という本を出したいと、つくづく思う。

マーケットで大きな寸胴鍋にたっぷりと入れられた湯気の立つスープの列を見ながら、彼らのスープを知るには、この地、ペンシルヴァニアのジャーマンタウンと呼ばれる土地に二年も三年も暮らさないといけないのだろうと思うしかない。それでもこの地方の、それはとりもなおさず「アメリカの」という意味だが、様々なスープの本質とその神髄に触れることが出来るだろうか。何だかゆえのない疲労感に襲われてきた。いかに自分が無知で無能であったか、という脱力感と、彼ら、ペンシルヴァニア・ダッチたちの生きること、食べることにどれほど真摯に立ち向かっているかを思い知らされての、無力感だった。

実際に少し疲れてきた。まさに万華鏡のように次から次へと様々な食べ物が目の前に拡がっていくことへの戸惑い、というか、それらをこちらの目と頭とが理解し、判断し、吸収していくのが、もう生理的に追いつかなくなっているのだろう。これと同じような衝撃から来る痛みにも似た感覚、ようするに食材のあまりの多さからくる混乱と彼らの加工品に対する工夫への驚き、そういうものから来る挫折感と疲労感を経験したのは、ハワイイの旧日本人街にある沖縄出身者がやっているマーケットで、およそ太平洋中のすべての種類のカニが売られているのではないかという豊富さを見た時と、バルセロナをはじめとするスペインのあちこちの町の大きなメルカド（市場）で、様々な食材――野菜から肉類、魚介類の山を見た時だ。

たとえば、メルカドの多彩な食材の山を目の前にした時どうするか。スペイン語はメニューが読めて簡単な注文が出来る程度。しかし、こういう胃袋と目と頭への過剰な情報をうまく鎮めるには、理性、というか、論理的に処理しないといけない。町の本屋に行ってスペイン語の料理の本を買うのである。そして、一方的に押し寄せる過度な情報を、頭の中で整理することだ。その地の食を紹介した文章で、理性に訴えようという訳だ。そうして、町中の小さな本屋を探し、セルベッサ（ビール）やケソ（チーズ）、アロス（米）やアセイテ（オリーヴオイル）、アホ（ニンニク）やバカ（牛）、プルポ（たこ）やハモン（ハム）などに関する知識をもとに彼らの食生活を頭でできるだけ理解し、それからまたメルカドに行って並べられている膨大な食材を心の中に整理して刻む。すると、これまでただただ圧倒されていた食材たちのことが、ずっと楽に理解でき、それを食べさせてくれそうな店を探そうという意欲が湧いて来るのだ。

そのうち面白いことに気がついた。世界のあちこち――というほど数多く知っているわけではないのだけれど――ほぼどこの国も本の値段とその国の酒の値段とはほぼ同じなのだ。日本だったら、本と日本酒とはほぼ値段が近い。まあ、ものによって四合瓶だったり、一升瓶だったりはするだろうけど。ぼくはそれから、一冊の本から得られる心の充足と一本の酒から得られるそれとは拮抗するものなんだと、理解した。だがぼくの知る限り、スペインはワインの方が本より安い。あそこは酒から得るものの方が、たっぷりとあるということなのだろう。

ランカスターの町でも本屋はある。だが、ぼくにはもっと別の形で知識を得たいと思っていた。少なくともアメリカでは、その土地のあれこれを知るには本屋へ行くよりも、もっといいところがある。市場近くの雑貨屋やドラッグストア、日用品を扱うスーパーのようなところを探す。そのレジ近くに雑誌やペイパーバックの本を挿したブックスタンドがある。そこにその地方の印刷物「ローカル・インタレスト」とか「コミュニティ・リポート」とかに分類される中綴じ、B5版、二〇～三〇ページほどのブックレットが並べられている。その地方のほとんどあらゆること、歴史や文化、生活全般、エピソード、食べ物、伝説、過去の事件やその地方でニュースになった人物のことなどがそれぞれ一冊に収められている。実はこれが、もっとも貴重な資料なのである。近隣の歴史や郷土史研究家、学校の先生や主婦たちなどが、地元の様々なことを調べ、研究し、探り、収集し、推理し、発掘し、この地に住む者だからこそ可能な長い時間をかけてまとめあげた知識の凝縮なのである。大きな本屋の棚に並んでいるハードカヴァーやソフトカヴァーの一般研究書やインターネットのウェブサイトで検索できる知識とは、まったく別の次元にある情報が満載されている。

そこで何軒かの店先の回転式ブックスタンドから、興味を惹かれたものを何冊か選んだ。ペンシルヴァニア・ダッチ・クィジーンとは何か、が書かれた本がある。アーミッシュやメノナイトなどの信仰深い人びとの本がある。両者がどう違うのか、詳しく説明した内容だ。生活道具や農機具、この近在の人びとが日常生み出した道具類の本、シェイカー家具と呼ばれるシェイカー教徒が手造りする機能的ですぐれた椅子やテーブルや揺り籠やベッド、棚などが紹介された本、その他にもクエーカー教徒の信仰上の集団生活から来る大規模な食事の調理法の知恵、すなわち五〇人前とか一〇〇人前作る場合のレシピ本、彼らの昔からの生活の知恵である薬草や染色法、可食植物、逆に毒のある植物や昆虫や小動物、それらの害虫などを寄せつけない植物類、そういうものを集めた本もある。そしてこの州独特の農業用の暦、アルマナックもある。そのどれもが面白い。何よりも彼らペンシルヴァニア・ダッチと呼ばれる人たちの食にまつわる話は、読み飽きることがない。どれも、初めて目にするものであったり、これまでまったく知らなかった事実であったりする。それを知らなかったということは、アメリカの大事な部分に触れなかったことに等しい。

その夜、ランカスターの市場からそう遠くない、町外れと言っていいところにあるホテルに泊まった。ごく質素なホテルで、アメリカ中を網羅するチェーンモテルに置いてある、便利だと思われるものは何もなかった。ここを選んだのは、歩いて行ける距離に良さそうなレストランがあったからだ。町中にあったら入ろうとは思わないレストランだったが、見た目にいかにも家庭的で温かそうな雰囲気がうかがわれた。その予感が間違っていなかったのは、すぐにわかった。メニューにあった「ホームメイド・ヴェジタブルスープ」とあったのは、北アメリカのインディアンがもっとも大切にしている三つの野菜を使った、「スリーシスターズ・スープ」だろうと思われた。トウモロコシは粒のまま、豆もそのまま、そしてスクワッシュ（カボチャ）はサイコロ形にカットされている。まったく肉っけはなく、多分野菜の濃厚なブイヨンで、ゆっくりとそれぞれの食材の味わいを引き出すようにやんわりと煮込まれていた。穏やかで、滋味深い、豊かな味わいがした。

メインディッシュは、メニューにあった'Schnitz un Knepp'に決めた。どう発音していいのか迷う。若いウェイトレスの発音は「シュニッツ・ウン・ネップ」と聞こえた。正しくドイツ語なのか、それともペンシルヴァニアでの長い歴史の中で変化したものなのかわからない。内容を聞くと「ポーク・アンド・アップル」ということだった。調理法もわからない。ローストポークにリンゴが添えてあるのだろうか。ともあれ、ドイツ語っぽい名前に魅かれてそれを注文した。しばらく経って出てきたのは、ハムとリンゴを煮たもの、それにダンプリングがついていた。

ハムの塩味と干したリンゴの甘み、その両方の旨味を吸ったダンプリングの美味しさは、今も忘れない。別の小ぶりの皿についてきた副菜は「ブラウンバター・ヌードル」というものらしかった。少し太目の軟らかなヌードルをバターをいくらか焦がしたもので炒めてあった。これもすこぶる旨かった。

その夜、ベッドでページを繰った本のおかげで、翌朝、この先の行くあてがはっきりした。最初、ジム・ソープから西に向かうつもりでいたところに、ランカスター行きを勧められた。ランカスターはジム・ソープよりも西だから、そのまま予定通りさらに西へ向かえばいいはずだったが、今朝になって、急に真反対の東に行く気になった。

iii　サコタッシュとブルーグラス

最初、ペンシルヴァニア州南部のほぼ中央にあるゲティスバーグに行くつもりだった。ゲティスバーグの戦場跡に立ちたいと、長い間思っていた。南北戦争の時、わずか三日間の戦闘で南軍北軍合わせて五万一〇〇〇人以上の戦死者を出した戦場に、一度は足を踏み入れたいという、少年みたいな気持ちでいた。だがその夢は、今は棄ててもいいと思っていた。ゲティスバーグは逃げない。また来る時まで待っていてくれるだろう。けれど「サコタッシュ（saccotash）」は、今度またいつか来る時には姿を変えて、もっと現代風の味や体裁に変わっているかもしれない。サコタッシュを追おうと思ったのは、ある文章のたった一行からだった。

「サコタッシュにトマトが加わるようになって、このペンシルヴァニア・サコタッシュは南への長い旅に出るようになった」

昨夜読んだブックレットの中に、そうあった。ブランズウィック・シチューのもう一つの特徴は、「ペンシルヴァニア・サコタッシュ」が基本だということだ。このサコタッシュの要素が入っていなければ、それはブラウンズウィック・シチューとは呼べないということだ。サコタッシュというのは、もともとロードアイランド周辺を本拠とするナラガンセット族の言葉から来ていて、文字の上で初めて記録されたのは一七四五年のことだという。本来はトウモロコシの粒とリマビーンズ（ライ豆）を茹でて塩・コショウ、バターなどで味を調える。このサコタッシュが、シチューの具としては欠かせない。豚か鶏かリスの肉の他に、ジャガイモ、ニンジン、セロリ、好みによってピメントやオクラなどを加えてもいい。オクラを入れたものは別名「イーストコースト・ガンボー」と呼ばれている。

たとえそれがガンボーの一種ではあったとしても、その中にトウモロコシとリマビーンズが入っていないと、ブランズウィック・シチューとは言えないということになる。言葉を換えれば、ブランズウィック・シチューにアフリカ原産のオクラを入れたものが、ガンボーになるということになる。オクラを入れるのは、とろみづけのためなのである。

ブランズウィック・シチューの名前の由来である「ブランズウィック」という名前の町は、アメリカの中央北部から東部にかけて、あちこちにある。ノースカロライナ州の東部には、その名前の町が二つもある。いずれの町でもブランズウィック・シチューは「ライスを付け合せて食べる」とある。

ノースカロライナは米の有数な産地であった。だが、シチューに米飯がつくからといって、ノースカロライナの特産という訳でもないだろうし、一方のガンボーの方にもライスがつくことが多い。このライスを、ガンボーのようなシチュー状のものに入れたのが、ケイジャンフードのもう一つの名物、「ジャンバラヤ」になるのかもしれない。

ペンシルヴァニアに入植したドイツ語を話す人びとは、西インド諸島から運ばれてきた亜熱帯の植物、野菜、スパイスなどを手に入れることが出来た。当時のフィラデルフィアの港は、サウスカロライナ州のチャールストンやルイジアナ州のニューオルリーンズと同じように、西インド諸島から北アメリカでは見かけない珍味の入ってくる、開かれた門戸だった。ここから入ってきたものに、辛いことで知られるフィラデルフィア・ホットポットの最も重要な材料であるトウガラシや、後にアメリカのイタリア料理には欠かせなくなるピメント（ピーマン）などがある。

このペンシルヴァニア・ダッチの女性たちは、ニューイングランドに入植した主婦たちのように、インディアンの料理の技術や知恵を取り入れざるを得なかった。それらの中でアメリカ料理に影響を与えた筆頭とも言えるのが、「インディアン・サコタッシュ」と呼ばれる野菜の煮もの料理だった。その後、塩豚あるいはバター――これを入れることは、すなわちヨーロッパからの入植者たちの手によって、このサコタッシュが変化してきたことがわかる。当初、インディアンたちは塩豚やバターを使うことはなかった。

この塩豚入りのサコタッシュに牛乳とバターを入れ、コショウなどの香辛料を入れるようになっていく。脂肪分と香辛料、ここからインディアンの手を脱して、白人たちの栄養過多とスパイス依存のヨーロッパ食の道へと転がり落ちて行くことになる。むろん、この他にも家庭により、地方によって様々なヴァリエーションがある。しかし、それが大きく変容し、後にアメリカを代表する料理に変貌していくには、ある大きなきっかけが必要だった。それが、南アメリカ大陸からコロンブスの手によってヨーロッパへと運ばれていった多くの食材の中で、ことにイタリア料理を破天荒に変え、そしてイタリア・クィジーンを世界に愛されるものにしたトマトだった。

おそらくは「ほおずき」が先祖であるこの紅い野菜は、ヨーロッパに渡ったのとほぼ同時期に北アメリカにも紹介された。ただ、毒があると長い間人びとから忌み嫌われ、口にされることはなく、実の美しさを愛でる鑑賞用だった。それを食用に耐えるもの、いや、それ以上に非常に美味であることを知らしめたのは、第三代大統領であるトマス・ジェファーソンだった。彼はトマトの苗を手に入れ、ヴァージニア州シャドウェルの邸宅「モンティチェロ」の畑に植えた。収穫したその赤い実を、彼自ら口にして、トマトが無害であることを証明してみせたのだった。彼の死後、トマトは国中に広まり愛好されるようになった。なかでも、ペンシルヴァニアでは一九世紀初頭から、サコタッシュに入れるようになり、現在も「デラウェア・サコタッシュ」と呼ばれているものは、トマトとナツメグを入れるのが普通のレシピになっている。その後ペンシルヴァニアでは、トウモロコシとリマビーンズのオーソドックスなサコタッシュに、ソテーした角切りのタマネギとピーマン、ジャガイモのサイコロ切りなどを入れるようになった。しかしサコタッシュの進化は、これに止まらない。南西ペンシルヴァニアでは、これにタマネギとジャガイモをすり下ろしたものを加えてスープ仕立てにした。サコタッシュはここにきて「汁物」に変身したのである。これに、腹持ちをよくするためなのだろうが、すり下ろしたタマネギ、パン粉、レバーをポーチしたものを裏ごしし、それらを卵でまとめたものをスプーンですくって落とした。この羽のように軽やかな固形物を、「ダンプリング」と呼んだのである。ここに来て、我が家のシチューに入っていた小麦を水で練ったすいとん状の「ダンプリング」の原型にたどり着いたことになる。そのダンプリング発祥の地を後にして、ブルーリッジの山やまを目ざすことにした。

高校時代からブルーグラスのバンドを始めて、何百回となく、いや、きっと一〇〇〇回近くも歌ったろう「ブルーリッジ・キャビン・ホーム」や「ブルーリッジ・マウンテン・ホーム」、「リトル・

キャビン・ホーム・オン・ザ・ヒル」、そして谷間に見える白い尖塔の小さな教会を歌った「リトル・ホワイト・チャーチ」、「チャーチ・イン・ザ・ヴァレイ」……。ブルーリッジの山やまに囲まれた故郷の土地、そこには父や母の墓があり、残してきた恋人がいて、そこでの心豊かな生活に戻りたいという望郷の念と切ない思い出の数々……アパラチアを後にして都会へ働きに出ていった人びとが飽くことなく歌い続けた彼らの故郷、ブルーリッジを目ざそう、そう決心した。

それを思いついたのは、昨日読んだものの中にこんな記述があったからだ。独立戦争前、モラヴィアからの移民たちは、ペンシルヴァニア州の東部の土地、ベツレヘムを後にしてリーハイ川に沿って東へ向かい、ブルーリッジ山脈の峰や裾野をたどりながらノースカロライナへと入植していった。これらドイツ系の人びとがノースカロライナへ移住し、その食を運んでいったという証拠は、ペンシルヴァニアでは「スクラップル（scrapple）」と呼ばれるソーセージ風の粉ものを、彼の地ではドイツ語に由来する「ポーンハウス」という名で呼んでいることからもわかる、とあった。

一九世紀には、このスクラップルはイギリスにも紹介された。一八六〇年の夏から秋にかけて、かの大英帝国最長の御代を記録するヴィクトリア女王の息子、時のプリンス・オブ・ウェールズ、後の国王エドワード七世がカナダからアメリカへの旅をした。一九歳であった彼は、当時のジェイムズ・ブキャナン大統領にホワイトハウスに招かれ、その晩餐会のテーブルにこのスクラップルが出されたのだ。皇太子がスクラップルをことのほか喜んだという話が伝わっているが、真偽は定かでない。ブキャナンはペンシルヴァニアの出身だがドイツ系の血筋ではなく、父親は北アイルランドのスコッチ・アイリッシュ系で、その息子ジェイムズは一九世紀生まれの最後の、そして生涯独身を通した唯一の大統領である。彼はイングランド担当大臣として長くロンドンに住み、ヨーロッパ各国にも通じていて、グルメであることでもよく知られ、ホワイトハウスにおけるフランス料理を確立したと言われている人物でもある。だから彼が皇太子に供したスクラップルは、ペンシルヴァニア・ダッチのそれよりもはるかに高級で美味だったのではなかろうか。

ぼくのサコタッシュを追う旅はまた、スクラップルを追う旅でもあった。そしてもうひとつ、その旅はブルーグラスとカントリーミュージックのルーツをたどる道筋でもあったのだ。

ペンシルヴァニア・サコタッシュは、モラヴィア人たちの手によってノースカロライナに運ばれ、そこでこの地独特の料理「ブランズウィック・シチュー」へと変身する。

ランカスターを出て、昨日南下してきたUSハイウェイ501を北上。インターステートハイウェイ78で一路東進。アレンタウンを過ぎるとホッとする。ここまで来るとベツレヘムの町はすぐそこだ。ペンシルヴァニアを走ると面白い。ランカスターはイングランドの町だし、ベツレヘムは今はパレスチナのヨルダン川西岸にある町だが、かつてダヴィデの町とよばれ、イエスが生まれた町でもある。ボローニャというイタリアの町と同じ名前の町もあれば、レバノンという西アジア、中東に位置する共和国と同じ名前の町もある。それらの町はぼくに、いかにこの州が世界中から多くの移民を惹きつけたかを教えてくれる。

ペンシルヴァニアを走っていると、アメリカという国の日常の営みの豊かさがはっきりと感じ取れる。ここでは牛たちは肥え、野菜類は豊かに実り、昨日ファーマーズマーケットで出遇った売り子のおばさんたちの朗らかで屈託のない笑顔を浮かべ、太い腕でぼくの胸ぐらを摑むような勢いで、スープを試してみろの、スクラップルを味わってみろの、ソーセージの旨さを初めて知るはずだよ、などと、言っては試食を勧める。地に足の着いた生活をしている人の自信と誇りがそこにはあった。どこかで読んだキプリングの文章の断片が浮かんだ。

一八九二年、ラドヤード・キプリングは新婚旅行でアメリカにやってきて、その後日本にも旅行するが結局はヴァーモント州にしばらくの間住む。まだ名作『ジャングル・ブック』を書く前——このヴァーモント州ブラトロボロの小屋のような家でそれはやがて書かれることになるのだが、彼はペンシルヴァニアに旅行し、「フィラデルフィア」という詩を残している。「肥えた牛、豊かな体つきの女性たち」と書き出し、「ここで農業を営むことはその穏やかさに於いて天国にいるに等しい」と続く。キプリングほどぼくはこの土地を知らないけれど、それでも窓外を行き過ぎる景色は、彼の書く通りだと思う。ペンシルヴァニアは、ある種の天国に近い。

リーハイ川を渡るのは二度目だった。すぐにもう一つの大きな川が近づいてくる。デラウェア川だ。かつてモラヴィア人たちはこれらの川を渡り、時にその流れに乗ってブルーリッジの山並みへと向かっていった。ブルーリッジ山脈は、セントラル・アパラチアと呼ばれるアパラチア大地の東側に沿うように連なる山脈で、ペンシルヴァニアから南へメリーランド州、ヴァージニア州、テネシー州、南北カロライナ州、そしてジョージア州へとつながる長大な山並みである。その中にはグレート・スモーキーマウンテン、シェナンドア・ヴァレイなど、ブルーグラスやヒルビリーミュージックでお馴染みの土地を抱えている。

その尾根を縫うように走るのが「ブルーリッジ・パークウェイ」だ。全長七五〇キロ。アメリカ東海岸に入植した人びとの西への進出を阻んだ山々であるが、今、その自動車専用道路はよく整備され、素晴らしい景観を楽しむことが出来る。

ぼくはケンタッキー州のはずれをかすめるようにして南に向かっていた。ケンタッキーはブルーグラスミュージックを生んだ土地だった。初めモンロー・ブラザースという兄弟バンドで、古くからアパラチアに伝わるフォークミュージックをレパートリーにしていたのだが、弟のビルがやがて兄のチャーリーと別れて独立し、一九四五年、「ブルーグラスミュージック」を作り出したのだった。それはアパラチアを起源とする、いや、それ以前のアメリカに移住する前のアイリッシュやスコッチ・アイリッシュ、イングリッシュたちの音楽を起源とする、アパラチアという僻地で歌い継がれてきた「マウンテンミュージック」や「ヒルビリーミュージック」に当時は新鮮だったジャズの要素——ジャズ・コンボと同じ五人編成だが、トランペットはバンジョー、クラリネットはマンドリン、トロンボーンはフィドル、そしてリズム隊のギターとベースを加えて——を斬新な音楽へと変身させた画期的な音楽ジャンルだった。

そのビル・モンローの曲に「アンクル・ペン」というのがある。「町を見おろす丘の上に夕方から陽の沈む頃、朝まで踊り明かそうという人たちが遠くからやってくる。踊りを囃す人間、コーラーが〝ドーシ・ドウ〟と叫び出すと、さあ、アンクル・ペンの出番だ」と歌う。アンクル・ペンは近在に名の知れたフィドラーなのだ。このアンクル・ペンは、ビルの遠い姻戚に当たると言われ、ペンシルヴァニアの開拓者ウィリアム・ペンとも関係があると、まことしやかに言われたものだった。まだ日本でブルーグラスの何たるかがよくわかっていない時代のエピソードだ。だがどうやら、これは間違いであるらしい。

かつてぼくはケンタッキー州をさまよい、今は亡きビル・モンローの、オハイオ郡のロジーンにある墓を訪ねたことがある。そしてブルーグラスという音楽に出会わせてくれたことを感謝した。

iv　生きるために食べ、食べるために生きる

ペンシルヴァニアはブルーグラスとはあまり関係がない。しかし、ほとんどのフルーツパイはペンシルヴァニア・ダッチの発明になると言われている。今ペンシルヴァニアを後にして、小さな心残りがあるとすれば、それはもっとアーミッシュたちの作ったパイを堪能したかったということだ。レモ

ンの搾り汁で風味づけした干しブドウをフィリングした「フューネラルパイ」はfuneral（葬式）という名前の通り誰かの葬儀の時に必ず食べられるという。白インゲン豆である「ネイヴィービーンズ」を甘く煮てマッシュしたものを詰めた「ビーンズパイ」も、また、アーミッシュたちの伝説的な荷馬車引きの作業馬の名前からきている、シナモンとクローヴ風味のカスタードパイである「ボブ・アンディ・パイ」、ヴァニラ・バターミルクをフィリングした「チェイスパイ」、ケンタッキーダービーには欠かせないと言われるチョコレートとクルミ、あるいはペカンナッツを用いた「ダービーパイ」などなど、一度は口にしたかった。

「甘味の常備菜」という言葉が、この土地にはあると聞いた。たとえば「アップルバター」がそのいい例だろう。生のリンゴを皮をむいて小さく切り、耐熱の鍋かダッチオーヴンにアップルサイダー、ブラウンシュガーと一緒に入れて中火でリンゴが軟らかくなるまで煮る。軟らかくなったら火から下ろしてレモンジュース、シナモン、ヴァニラ、クローヴを振り入れて、ブレンダーで滑らかにする。鍋のまま蓋をせずにオーヴンに入れて濃いアンバー色になるまで二時間ほど蒸し焼きにする。これがアップルバターで、トーストやパンケーキやワッフル、オートミールやヨーグルトにかけたり塗ったりする。ビスケットやコーンブレッドに塗ったり、PB&Jと呼ばれる「ピーナッツバター・アンド・ジェリーサンドウィッチ」にもうひと味加えたりもする。ようするに朝食の食卓には欠かせない一品なのである。朝食ばかりでなく、夕食のポークチョップやグリルドチーズにも相性ぴったりだ。

甘味の常備菜はこれだけではない。ペンシルヴァニア・ダッチの家庭には「七つの甘味、七つの酸味（seven sweets and seven sours）」という言葉がある。アップルバター、ジェリー類、ジャム類、蜂蜜、細かく刻んだナシをおろし生姜とライムの皮をすり下ろしたものとライムジュースと砂糖でゆっくりと煮た「ジンジャーペア」、缶詰か生のモモをシナモンや生姜、米酢などで煮た「スパイスドピーチ」、カリンの皮の甘煮を干した「クィンスチップ」などなどが、どの家庭でも、その内容はそれぞれにいくらか異なっているかもしれないが、常備していると言われる。七つの酸味の方は、千切りして塩揉みしたキャベツを、へたを切り取り種子を抜いたグリーンペパー（ピーマン）につめて塩水につけ込んだ「ブリニーペパー・キャベッジ」、ビーツの酢漬け、チャウチャウ（緑や赤いトマト、キャベツ、タマネギ、ニンジン、アスパラガス、豆などを細かく切ったもののピクルスの一種）、エルサレム・アーティチョーク（キクイモ）のサイダー・ヴィネガー漬け、茹で卵のピクルス、グリーントマトのピクルスなどなどが「酸味の常備菜」として有名だ。そういう細やかな常備菜が彼らの食卓を豊かにし、その生活に他の州では見られない彩りと潤いを与えているのだろうと思う。

腸詰め類もよく知られている。とくにボローニャソーセージだ。日本語のウェブサイトにはイタリアの町ボローニャで作られてきたソーセージで「モルタデッラ」とも呼ばれる、と書いたものもあるがこれはまったく別物だ。ここで取り上げる「ボローニャソーセージ」は、ペンシルヴァニア州レバノン・カウンティのボローニャの町で作られるソーセージなのである。牛の挽き肉を調味料とともに樽に入れて熟成させ、その後ケーシングに詰めてスモークする。どちらかと言えば大型のサラミソーセージをもっとソフトにした、セミドライタイプのソーセージだ。牛の挽き肉の間に白い脂肪の点々が目立つ。

一方イタリアはエミリア・ロマーナ州の州都であるボローニャで作られている「ボローニャソーセージ」は鶏肉やターキー、ポークや時に牛肉などで作られるもっとソフトでやわらかな歯触りと味わいで、これはこれで実にいい。軟らかなアメリカブレッドにこれを何枚かまとめて挟んだだけで、もう何もいらないというほど好きだ。どんな小さなスーパーやゼネラルストにもケースに入ったこのボローニャソーセージのパックはあって、適当なレストランを見つけられなかった夜、これとパンだけですませた夕食が何回もあった。

レバノン・ボローニャも大好物だ。このサンドウィッチもまた、旅の友であった。その他の腸詰め類やハム類など、ペンシルヴァニアは肉類の加工品の天国でもある。ヴァージニア州のウィリアムスバーグのハムもまた、その旨さで知られている。やはりブルーリッジに連なるアパラチア大地の土地は、ドイツ系の人びとの食肉加工の伝統に支えられているのだろう。

ノースカロライナの州境を越えると、「ペンシルヴァニア・サコタッシュ」も「ブランズウィック・シチュー」と名前を変える。

このヴァージニアのブランズウィック・シチューを食べてみると、トマト風味の強い、水分の多めのシチューに近い。それがノースカロライナに入ると、スモークしたハムや牛肉を使うせいなのか、スモーク風味が強くなり、もっとこってりとした、ちょうどカリフォルニアのチリボウルのような感じが強くなる。これは、ジャガイモを入れているからではなかろうか。このとろみの付け方には、その材料に負うところが大きく、地方による特徴と言えるのだと、やがて理解できるようになっていく。

ノースカロライナにドイツ系の食の影響が残されているもう一つの証拠として、ウィンストン・セイレムの町でよく食べられる「スロウ」、すなわち「コールスロウ」を「モラヴィアン・スロウ」と呼んでいることがあげられる。キャベツを刻んで軽く酢漬けにしたり、マヨネーズで和えたりする「コールスロウ」はイングランドから来たものらしいが、これはザウアークラウトの変形なのではないか、と食べるたびにうっすらと思う。もとは酢とオイルの「ヴィネグレット・ドレッシング」で和えたようだが、そのうち簡便さに負けてマヨネーズが使われるようになったようだ。中身はキャベツの千切りをメインに、ニンジンや時にセロリやリンゴも入れることもあると聞く。となると、これはかのマンハッタンの名門ホテル「ウォルドーフ・アストリア」の名物料理である「ウォルドーフ・サラダ」とよく似ているではないか。そういえば'waldorf'はドイツの家名だ。しかしこのサラダは、一八九〇年代末にこのホテルのシェフであったオスカー・チルキーの創案だと言われている。チルキーはスイスのフランスに近いラ・ショー・ド・フォーの生まれだから、ドイツ系の料理の影響はあまりないのかもしれない。いや、生まれた場所がドイツとは少し離れているとしても、その後の彼の人生での経験でそれに接する何ものかに触れたのかもしれない。だからといって、「ウォルドーフ・サラダ」が「モラヴィアン・スロウ」と姻戚関係にあったとは言えないし、まったくなかったとも言えない。食べ物の面白さは、そのへんにある。

こうは考えられないだろうか。キャベツを茹でたり、塩をしたりして醱酵させて酢漬けにしたものがドイツ系の食の常備菜とも言える「ザウアークラウト」だが、これがブルーリッジ、アパラチアの山並みを伝ってノースカロライナに運ばれてきたのではないか。それは、ブルーグラス楽器の入門曲で歌としても楽しい「ボイル・ゼム・キャベッジ・ダウン」という曲が好んで演奏されていることからもわかる。ドイツ系の酢漬けのキャベツが、非ドイツ系の人びとの口に合うように、また時間をかけて醱酵させる手間を省くこともあって、ヴィネグレット・ドレッシングからマヨネーズへと酸味を薄れさせる過程を踏んでいった。それは、塩漬けの豚のくるぶしやハムとともにザウアークラウトを煮込むメインの料理ではなく、むしろサラダ感覚の付け合わせ料理へと変身した結果ではなかろうか。

ザウアークラウト系のキャベツ料理がこのノースカロライナあたりから南ではあまり見かけられなくなるのと同様、ペンシルヴァニア・ダッチの「スクラップル」もまた、この辺が南限なのではなかろうかと思いはするものの、決めつけるわけにはいかないだろう。ぼくは調査団を結成したわけでもフィールドワークとして「スクラップル」を追跡調査したわけでもない。たまたまその時に入った行きずりの食堂やレストランのメニューの中に容易く見つけることが出来なくなるなあ、という「感じ」に頼っての話だ。これより南では、朝食のメニューに「スクラップル」に代わって、トウモロコシの挽き割りである「グリッツ」が常駐するはずだ。

ペンシルヴァニア・ダッチは、「生きるために食べ、食べるために生きる（They eat to live, live to eat）」と言われていることを知った。スペインやフランスやイタリアといったラテン系の国ぐにや、中国や日本やその他の食に対して熱心な国の人たちが「食べるために生きる」と言われていることは知っている。また、貧しい発展途上国、あるいは酷寒や酷暑の国では「生きるために食べる」と言われているることだろう。しかしその両方が一つになったのは、このペンシルヴァニア・ダッチの人びと以外には知らない。

一八世紀中頃、ウィリアム・ペンが建設した植民開拓地に、国を捨ててやって来た彼らは、祖国にいた頃から貧しく、ただ真っ正直に生きていくことを目ざして来た。生き延びるための食、それはやがて生活に潤いを与え、生きる上での大きな目的となり、彼らの人となりをあらわすことになる。だから彼らは確かに「生きるために食べ、食べるために生きる」と言えるのだろう。ではここから南の土地はどうなのだろうか。このアパラチア南部を車で走りながらの旅で、いつもこのことに思いが及ぶ。

このあたりのことは、アメリカ人には余り大きな声では言えない。一方、アメリカ総体としての「アメリカ人」というものと「ペンシルヴァニア・ダッチ」と呼ばれる人たちとは、あまりに大きな隔たりがあることを、今更のように思い知らされるのである。ようするに彼らは、ぼくたちの知る一般の「アメリカ人」ではないのだ。あるいは彼らこそが「本物」のアメリカ人なのかもしれない。しかし旅で出遇った彼らは、やはり特筆すべき、「アメリカ人の中にはこういう人もいる」という特殊な人びとだったことは確かだ。そして今、ノースカロライナを南下しつつ、ぼくのよく知るアメリカへと戻るところだった。

ノースカロライナで生まれたブランズウィック・シチューは、サウスカロライナのチャールストンに行くと、もっとずっと洗練されるようになる。どういったらいいか、それまでのブランズウィック・シチューは、一皿、一ボウルの「一食充足タイプ」の食べ物だった。それがここに来て、量的にも質的にも少し違って来た。上品になったと言うべきだろうか。喩えて言えば、カツ丼の上の部分が「カツ丼のわかれ」、または「カツ煮」といった名前で独立した料理になったようなもの、と言えばわかりやすいだろうか。端的に言えば、ブランズウィック・シチューは一皿、一ボウルの完結料理ではなく、ある種「付け合わせ」的な位置に変化しているのだ。メインではなくサイドディッシュ。それが出世であるかどうかはわからないが、その微妙な変化が面白かった。

いずれにしろ、このサウスカロライナからブランズウィック・シチューは、少しずつ姿を変えて行く。ノースカロライナでのこのシチューは、アパラチア土着の人びとの、「貧しい料理」といったニュアンスを拭いきれないところがあった。大量に作り置きして、煮直し煮返ししたものを夕食の皿にどさりとついでパンを千切りながら食べ、最後にはパンの切れ端で皿をきれいに拭う、といった料理の風景が定着している。サウスカロライナでは、スープ代わりにメインの前、サラダとの選択肢の一つとしてポーションも少なくなったり、あるいは他のメインのサイドとして扱われるようになっていく。

ジョージア州に行くとそれがもっと顕著で、前にも書いたマーガレット・ミッチェルの『風と共に去りぬ』のほとんど冒頭に出てくるバーベキュー・パーティーのシーンで、大きな鉄のポットで大量るように思われてならない。

に煮込まれるスタイルになっている。ここでは「シチュー」という名前は、「汁もの」の意味が薄らいで、むしろ「煮もの料理」、あるいは「煮込み料理」と言う方が当たっているだろうものに変化していく。このことを思うと、会津若松の名物「こづゆ」を思いだす。「こづゆ」の「づゆ」が「汁」のことであるかどうかわからないが、食べてみると「こづゆ」は汁ものではなく、明らかに煮物である

ように思われてならない。

ジョージア州アトランタ周辺、少なくともスカーレットのタラの農場近くのブランズウィック・シチューは、それとよく似ている。そのとろみ具合、小さなボウルで供せられるところ、料理コースの順としてはメインの前のスープと似た扱い。しかし、けっしてスープではなく、そして貧しい者にとってはこれ一食で充足の食品であるというところなど、「ブランズウィック・シチュー」はヒスパニック系の人びとの「チリビーンズ」と同じ位置にあるようだ。

ノースカロライナを南下するに従って、ブルーグラスやマウンテンミュージック界で活躍する人たちの影は薄くなってくる。このあたりから、人口的にも多数派になる黒人の文化が表出してくるからだろう。ジョージアでのブランズウィック・シチューはアラバマに入ると、この黒人の人びとの影響が強くなってくる。肉がハムやソーセージなどのスモーク製品ではなく、燻蒸しない豚のくるぶしなど「ナックル」と呼ばれる関節の部分や、すね肉やすじ肉が多くなってくる。これらはゼラチン質で、スモーク系のものとはまた違った旨さが際立つ。

アラバマではモンゴメリーの「オークウッド・セメタリー・アネックス」に建つハンク・ウィリアムスの墓を訪ねた。カントリーミュージック界の天才、おそらくは彼がいなかったらカントリー音楽は、これほど一般化しなかったろうと思われる人物だ。戦後、進駐軍の放送でも彼のヒット曲が終日流され、日本のポピュラー音楽への影響の大きさははかりしれない。二八歳でその生涯を閉じた彼の

墓は、白い長方形の墓石に'Someday beyond the blue'と彫られていた。「いつの日か悲しみを超えて」とでも訳すのだろう。彼の細君、オードリーが書いたものだという。生前の二人は仲が良かったとは言えない。そのことが原動力となって、ハンクの数々の名曲が生まれたとも言える。

一九六一年の夏、ぼくはハンク・ウィリアムスの家に泊まっていた。スターデイ・レコード会社のドン・ピアースという社長が、日本から来たぼくにレコーディングさせれば何か得になるとでも考えたようだった。当時人気のあった若手ブルーグラス・シンガーのビル・クリフトンの曲を与えられ、その練習場所に窮した時、オードリーから、家に来ないかという申し出があった。好意に甘えて何泊かした。ハンクの書斎にも出入りし、壁に穿たれた22口径の弾痕とその横に貼られた一〇セント玉の伝説が本当だと知った。彼は22口径だというピストルを買ったが、それは偽物であった。22口径の銃弾は一〇セント玉と同じ直径で、彼は壁に弾丸を撃ちこみ、一〇セント玉と大きさを比べたという話である。まだ一〇歳だったハンク・ジュニアとプールで遊び、柔道を教えた。オードリーは夜になるとぼくを街に誘い、秘密の賭博場にも連れて行ってくれた。彼女の頼みで二個のサイコロを振りもした。少しは儲かったみたいだった。六〇年代の豪壮なキャデラックは、ハンドルを握る彼女に似合っていた。いい時代だった。

オードリーといる間、何を食べたのかまったく覚えていない。ぼくにはひどく優しかった、悪女と言われた彼女との一週間は、いったいなんだったんだろうかと、ハンクの横の彼女の墓を見て思う。

目を落とすと、足下に彼が生前被っていたのだろう、テンガロンハットを象った石造りの造形が置かれていた。少しの間、墓前にぬかずき、歌がうまくなりますように、と祈った。

このアラバマのあたりから、黒人たちの手で西アフリカから持ち込まれたオクラをブランズウィック・シチューに入れるようになり、名前も「ガンボー」と変わる。それまでとろみづけに用いられて

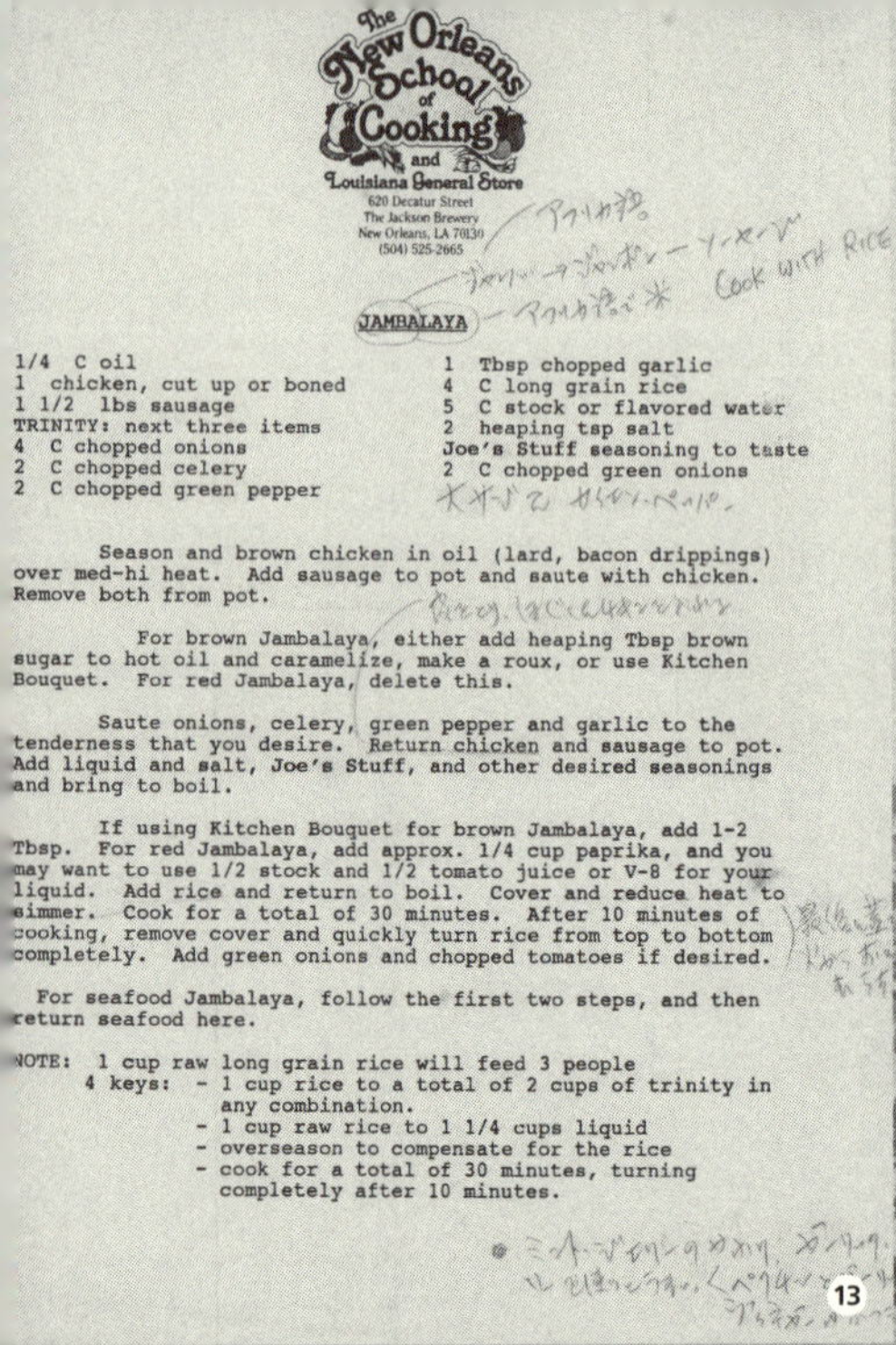

The New Orleans School of Cooking and Louisiana General Store
620 Decatur Street
The Jackson Brewery
New Orleans, LA 70130
(504) 525-2665

JAMBALAYA

1/4 C oil
1 chicken, cut up or boned
1 1/2 lbs sausage
TRINITY: next three items
4 C chopped onions
2 C chopped celery
2 C chopped green pepper
1 Tbsp chopped garlic
4 C long grain rice
5 C stock or flavored water
2 heaping tsp salt
Joe's Stuff seasoning to taste
2 C chopped green onions

Season and brown chicken in oil (lard, bacon drippings) over med-hi heat. Add sausage to pot and saute with chicken. Remove both from pot.

For brown Jambalaya, either add heaping Tbsp brown sugar to hot oil and caramelize, make a roux, or use Kitchen Bouquet. For red Jambalaya, delete this.

Saute onions, celery, green pepper and garlic to the tenderness that you desire. Return chicken and sausage to pot. Add liquid and salt, Joe's Stuff, and other desired seasonings and bring to boil.

If using Kitchen Bouquet for brown Jambalaya, add 1-2 Tbsp. For red Jambalaya, add approx. 1/4 cup paprika, and you may want to use 1/2 stock and 1/2 tomato juice or V-8 for your liquid. Add rice and return to boil. Cover and reduce heat to simmer. Cook for a total of 30 minutes. After 10 minutes of cooking, remove cover and quickly turn rice from top to bottom completely. Add green onions and chopped tomatoes if desired.

For seafood Jambalaya, follow the first two steps, and then return seafood here.

NOTE: 1 cup raw long grain rice will feed 3 people
4 keys: - 1 cup rice to a total of 2 cups of trinity in any combination.
- 1 cup raw rice to 1 1/4 cups liquid
- overseason to compensate for the rice
- cook for a total of 30 minutes, turning completely after 10 minutes.

COOK WITH RICE

13

12

15

14

17

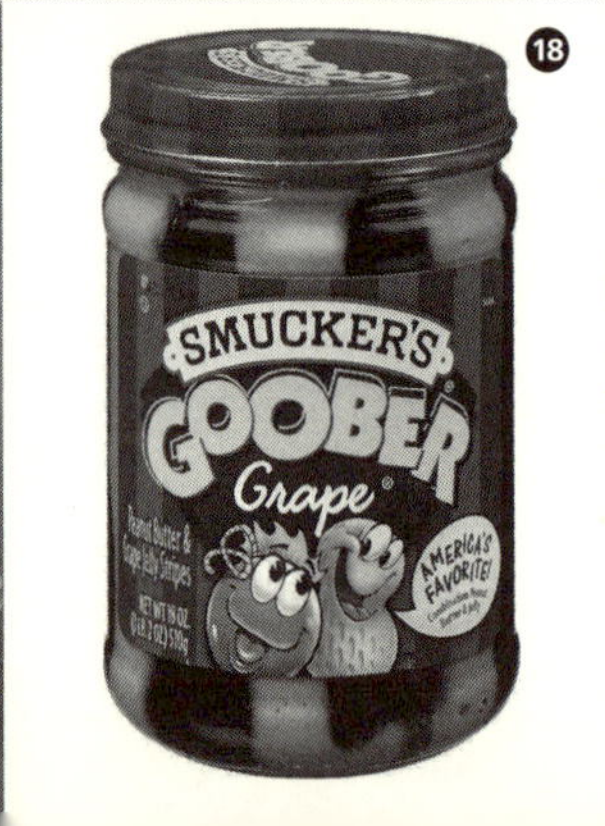

18

16

JIM THORPE

20

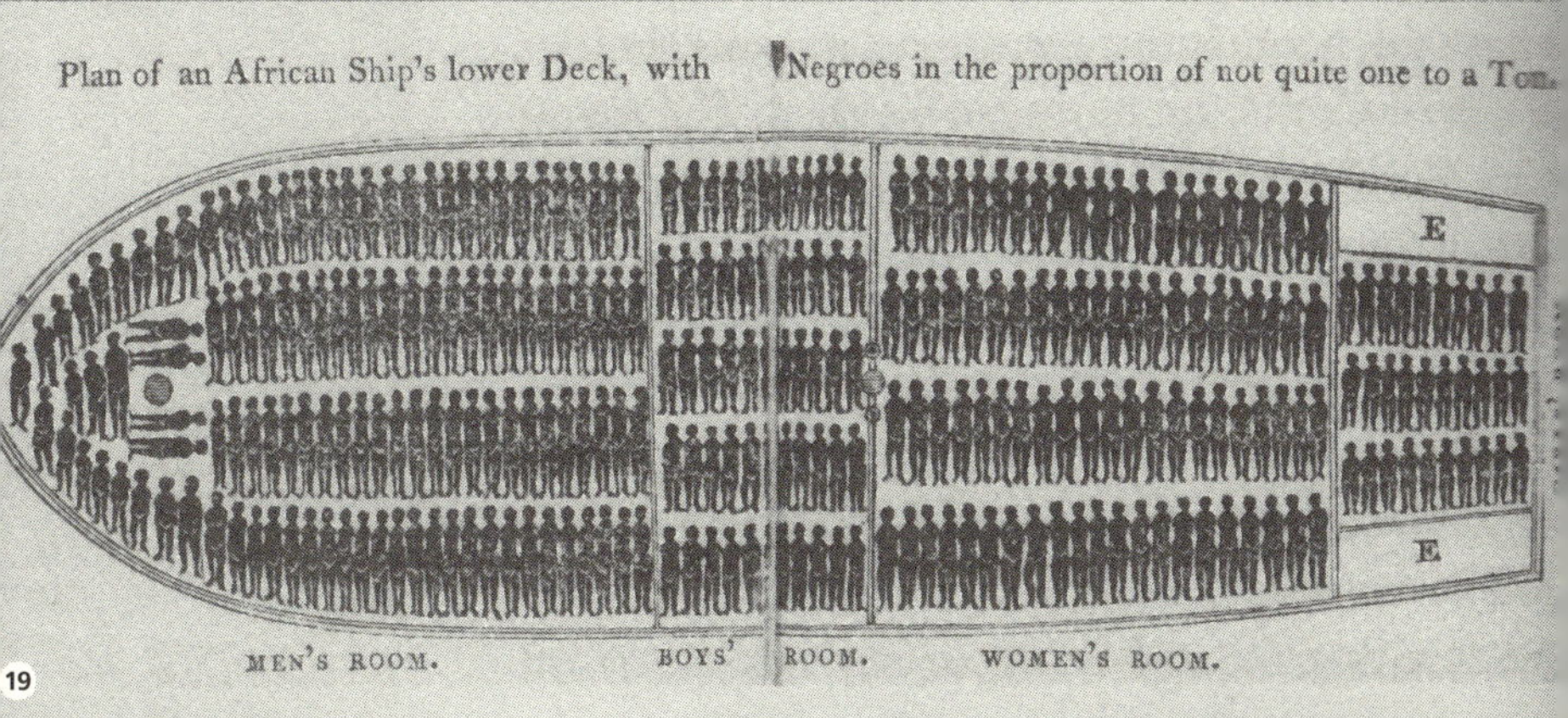
Plan of an African Ship's lower Deck, with Negroes in the proportion of not quite one to a Ton.
E
E
MEN'S ROOM.
BOYS' ROOM.
WOMEN'S ROOM.

19

21

22

いたジャガイモは消えて、代わりにオクラがとろみづけの材料になる。ハンク・ウィリアムスの不朽の名作「ジャンバラヤ」の中で歌われた「ガンボー」は、このあたりからルイジアナに向けて本領を発揮する。そう言えば、このガンボーに米を入れ、「オールドファッションド・ポリッジ」と呼ばれる「昔風の粥」料理に変化させたのも、少しでも腹持ちを良くする工夫であったようだ。「雑炊」というか「おじや」、それも「洋風おじや」と言うにふさわしい「ジャンバラヤ」も、ここからミシシッピー、ルイジアナにかけてのケイジャンやアフロ系の人びとの工夫から生まれた料理だった。

ミシシッピーへは、もう一人のカントリー界の巨人を訪ねに行った。アメリカ南部には、アパラチアの山々で歌われ続けていたことに因んで「マウンテンミュージック」と呼ばれるものと、そこに住む人びとを小馬鹿にした呼び名「ヒルビリー」をとって「ヒルビリーミュージック」と呼ぶ二種類の音楽があった。当初、その二つに大きな違いはなかったのだが、やがてヒルビリーのミュージシャンはその時代に普及し始めたラジオ放送に出演するようになってポピュラー化していく。一方のマウンテンミュージックは、時々アパラチアの旅で出合う教会や山間の木造のキャビンのバックヤードで近隣の人びとを相手にした日常の娯楽音楽の域を抜け出ることがなかなか出来なかった。だが一九四五年、前述のようにビル・モンローがこのマウンテンミュージックを母体とする「ブルーグラスミュージック」を生み出し、そこから一挙に知られるようになってポピュラー化して行く。

ミシシッピー州メリディアンには、ヒルビリー音楽にジャズやハワイアン、スイス・ヨーデル、ラグタイム、ブルースなどの様々な音楽の要素を取り入れて一九二〇年代のアメリカン・ポピュラー音楽界で大変な人気を博し、カントリーミュージックを不動の位置につかせた人物、ジミー・ロジャーズが眠っている［図㉑メリディアンにあるジミー・ロジャーズの記念碑］。

本物の機関車が飾られた彼の墓所は、陽が当たり、風がやさしく吹き抜けて行くなだらかな斜面にあった。その彼の墓を訪ねた夜は、ミシシッピー・シュリンプ・ガンボーを食べた。この地のガンボーの特徴は、オクラによるとろみづけの他にチョクトー、ペンサコラ、ビロキシー・インディアンたちの食の工夫である「サッサフラス」の粉末でとろみづけされたガンボーが食べられることだ。

明日は、ルイジアナに行く。ガンボー天国である。そしてペンシルヴァニアのアルゴンキン・インディアンたちのサコタッシュがガンボーへと変化して行った旅の終点である。その西の先、テキサスからはまったく別の、インディアンたちの豆料理とトウガラシのホットなスパイスの効いた「チリ・ビーンズ」の世界が始まる。そして、アパラチア起源のブルーグラスは少し影をひそめ、ナッシュヴィル中心のカントリーミュージックも姿を変え、テキサス・カントリー、レッドネック・ロックと呼ばれるまた別種のカントリー音楽の世界になる。ぼくのペンシルヴァニア・ダッチとの旅も、ひとまずはここで終わる。

6　ジャガイモと肉体労働——アイリッシュ系の人びとの食

i　ジャガイモ飢饉とアイルランド移民

アイルランドという国に興味を惹かれたのは、まずは音楽からだった。一九七〇年の初め、その一五年ほど前からアメリカで勃然と起こったフォークソング・リヴァイヴァルブームが日本にも及んで、モダンフォーク・ブームとして若者たちを巻き込んだ。その時代、いくつもの外国産の美しい旋律と内容を持った曲の中でひときわ心に残るものに「モリー・マローン」、あるいは「カックルズ・

アンド・マッスルズ」があった。新鮮なトリ貝とムール貝を手押し車で売り回る若い女性、モリー・マローン〔図㉒ダブリンのモリー・マローン像〕を歌ったもので、

In Dublin's fair city…

と歌い出される。この曲で歌われる、当時まだ見ぬ麗しのアイルランドの街と生きた貝を売る少女の物語は、その後も長く異国の魅力的な風物として心の中に居座り続けた。ずっと後になって、アイルランドの文学を研究している人からモリー・マローンの銅像の写真をもらった。手押し車を押す彼女の肖像を見て、ああ、ぼくはこの人のことを歌っていたのかと、その写真は今も大切にとってある。

ダブリンは、アイルランド共和国の首都である。

In Dublin's fair city, where the girls are so pretty
I first set my eyes on sweet Molly Malone
As she wheeled her wheel-barrow
Through streets broad and narrow
Crying cockles and mussels, alive, alive-O!
(Chorus)
Alive, alive-O! alive, alive-O!
Crying cockles and mussels, alive, alive-O!

She was a fish-monger, but sure 'twas no wonder
For so were her father and mother before
And they each wheeled their barrow
Through streets broad and narrow
Crying cockles and mussels, alive, alive-O!
(Chorus)

「麗しきダブリンの町、女性はみな美しい。そこで初めて、愛しのモリー・マローンに目を留めた。彼女は『カックルとマッスルはいかが、生きがいいよ！』と呼びかけながら、広い道も狭い道ももものともせずに、一輪車を押していた」。いわゆる屋台の売り子なのである。「彼女は両親がそうであったように、魚を商っていた。彼らもまた、道が狭かろうが広かろうが、手押し車を押し、『カックルとマッスルはいかが、生きがいいよ！』と売り歩いていた」のだが、彼女は悲劇に襲われる。熱病に罹り、誰にも救われないままに死ぬ。そして彼女のゴーストは、今もあちこちの道で、生きがいいよ！と、貝を売り歩いているのだ、と歌う。

カックル（cockle）はトリ貝のことで、マッスル（mussel）はムール貝だ。生きがいい、と売り歩いているということは、どちらも生で食べるということなのだろうか。たとえばムール貝は、あまりきれいでない水のところでも平気で育つし、係留された船の船底にもびっしりとくっついていたりするのを見ると、生で食べるのは少し躊躇してしまう。ムール貝を食べて、食中毒を起こしたという話もよく聞く。生で食べたからなのだろうか。それとも煮たり焼いたりしてもなお、「アタル」のだろうか。ムール貝は貽貝《いがい》と訳されている。だが、どうやら「イガイ」というのと「ムラサキイガイ」

というのがあるらしく、ムラサキイガイの方は食用としているプランクトンの毒を蓄積して「貝毒」というのを持つことがあるという。だとしたら、かなり剣呑である。

ムール貝はベルギーで有名だそうだが、ラテン系の国では、どこでもこのムール貝をよく食べる。白ワインやバターを落として蒸して食べるのが一般的だろう。スペインのバルではこれが欠かせない一品になっている。それもかなり大振りで、ワイン蒸しを冷やしたものの上にトマトやタマネギのみじん切りがのっていたりする。蒸しあげたばかりのアツアツと、この冷たいのとどちらがいいかとなると、それはその日の天候や気候、こちらの体調、そして飲んでいるもの——冷やした白ワインなら温かい方、セルベッサ（ビール）なら冷えた方がいい、ということになりそうだ。その日の天候や体調をかんがみて選ぶところなんかは、なんとなく開けたてのバーでカクテルを注文するのと似ていなくもない。しかしムール貝の場合は、マティーニにするかギブソンにするか、と思い悩むよりもその悩みははるかに軽い。

ムール貝がラテン系の国ばかりでなく、ダブリンでも名物であるらしいことがこの歌でもわかる。海に近いところならどこでも、しかも大量に獲れて、簡単に調理できるから親しまれているのだろうか。ぼくの住んでいるところも、海には近い。しかし、地の魚介を扱っている魚屋では、ムール貝を見かけることは滅多にない。時々、思い出したように店頭に並ぶことがあるが、その扱いの雑なことから彼らがどう見られているかがわかるような気がする。緑色のプラスティックのザルに無造作に盛られた貝の表面は乾ききっていて、船底や岩にへばりつくための糸のような足糸《あしいと》が閉じた口の端から出ていたりするし、しかもかなり安価なところを見ると、潮水に入れられて時々ピュッと水を噴くアサリほどにも大切にされていないように思われてしかたない。

だとしても、フレンチやイタリアン・レストランのメニューでこのムール貝の字を見かけると、つい注文してしまう。ワイン蒸しの場合、本格の、あるいは洒落た食べ方としては、最初の一つの身を食べたらその殻をトングのように使って、次のムール貝の身をつまんで口に運ぶのだということを、スペインのバルで知った。だが、トングにするための最初の一個はどうやって食べるのだろうか。もしフォークで食べるのなら、そのままフォークで食べ続ければいいのではないか。どうすればいいのか、これはかなり難問だ。

ムール貝はパエリャの上にものっていて、こちらは少し焼きすぎで焦げているような貝の身を食べて、その貝殻を使ってパエリャ本体を食べてみたら、米粒が貝の内側にくっついて往生したことがある。やはり、適材適所というものがあるのだ、ということもまた教えられた。

カックルの方は、ザル貝と呼ばれるものの総称だそうで、「トリ貝も含まれる」と辞書にはある。ぼくの知っているトリ貝は寿司ネタのそれで、鳥のくちばしのような形をした黒っぽいのが普通だけれど、時にとても紅いのがあったりする。軽く湯がいたのをわさび醤油で、というのが一番だろうが、実はちょっとだけ炙るのもいい。寿司屋に行って、これで一杯というのは、日本に住むことの醍醐味の一つだろうといつも思う。

だが、アイルランドでは、いくらモリーのような少女が、「生きている、新鮮だよ」と売り歩いていても、とても生で食べているとは思えない。彼らが生で食べる貝は、牡蠣かハマグリぐらいのものではなかろうか。牡蠣やハマグリの生きたのにスコッチ・ウィスキーのボウモアやアイリッシュ・ウィスキーのきりっとしたのを垂らして食べる、という話はよく聞く。だがアイルランドに行った人に訊いても、このカックルを食べたことも、見た覚えもないという人が多い。かつてはたくさんいたのに、何かの理由で数が減ったのかもしれない。冷蔵庫など考えられもしなかったモリーの時代には、新鮮さが貴重な味覚だったのだろう。それがいかにダブリン名物であったかは、ダブリン・ミレニアム委員会では、一六九九年六月一三日をモリーの死亡した日として、その日を「モリー・マローンの日」とすることを提唱しているという。

一七世紀の初めには、新鮮なトリ貝をどうやって食べていたのだろうか。衛生観念が未発達だった時代、生で食べるのは安全だとはとても思えない。生でないとしたら、煮たり焼いたりしたのだろうか。トリ貝の煮物や蒸しトリ貝、揚げ物といった食べ方は、むろんぼくの経験と認識の不足だろうけど、聞いたことも見たこともない。インターネットで調べてみても、湯通ししたものを刺身や酢味噌和え、洋風ではマリネにする、というのはある。となると、ダブリンの人びとはモリーから新鮮で生きのいいカックルを買い、殻からはずし、時には生で、またある時は少し炙っては、レモンか何かを搾りかけて食べたのだろうか。いや、その時代にレモンなんてあったろうか。想像はきりがない。

湯通しだって、日本のように貝の上に晒し布をかけ熱湯を注いで霜降りにするというようなことはしないだろうけど、それなりに熱にくぐらす工夫ぐらいはあるかもしれない。そうなるとシーフードサラダの材料の一つ、それこそマリネにと、アイリッシュのグルメたちはこの二種類の貝を、生で食べる以外にも様々に楽しんだに違いない。いずれにしろ、モリー・マローンの歌からは、彼女の辛く苦しい生活ぶりはうかがえても、彼女の売り歩いた新鮮な貝をどうやって食べたかはわからないのが残念だ。

と、ここまで書いたら、サイトの一つにイギリス料理の一種として、カックル・シチューというのを見つけた。アイリッシュ料理ではないけれど、カックルの食べ方の一つがわかった。殻のままシチューにしているから、これは日本のハマグリ鍋のようなものだろうか。結局、彼女の売る新鮮な貝の食べ方ははっきりとはわからなかったけれど、この美しい歌を聴きながらあれこれ想像するのは実に楽しい。

アイルランドには、美しい歌がいくつもある。きっと、風景や人情が清々しいのだろう。「庭の千草」もアイルランドの民謡だ。原題が'The Last Rose of Summer'でトマス・モアの詩から生まれたものだ。「ダニー・ボーイ」とも呼ばれる「ロンドンデリーの歌」もアイルランドの歌だし、「アイルランドの子守歌」もきれいな曲だ。一八〇〇年代初期、アメリカ芸能界を風靡したミンストレル・ショウに多くの曲を提供したスティーブン・フォスターは、トマス・モアに傾倒してアイルランド風の曲を作るようになる。それがアメリカのアイリッシュたちに大いにもてはやされた。ちなみにミンストレル・ショウの楽士、踊り子、演劇を担当する人間たちは、ほとんどがアイルランド人だった。

そういう歌たちが、ぼくにアイルランドという土地の存在を教えてくれたのだった。けれどそれだけだったら、アイルランドにはいい歌があるなあ、というだけで終わっていたろうと思う。やがて、アイリッシュやスコッチ・アイリッシュたちの曲がアメリカに運ばれていって、幾つものカウボーイソングやマウンテンミュージックとして定着していく。その事実から、アメリカ音楽に対する新しい視点をもたらしてくれたのだけれど、それはまた別の機会にゆずろうと思う。

アイルランドからアメリカへの移住は、いくつもの波をなしている。最初は一七世紀、入植を推進するための労働力として年季奉公人や、政治的反逆者や囚人たちを送り込んできた。

次のアイルランドからの大量移民の波は、一八四五年から五二年にかけて何度かアイルランドを襲った「ジャガイモ飢饉《ポテト・ファミーン》」によってだった。イギリスの支配によって小麦の獲れる優良な土地をすべて接収されていたために、残された土地に主食としてのジャガイモを作るしかなく、そこに植えた命綱であるジャガイモは「胴枯れ病」を起こす菌が原因で枯死した。一八四一年と五一年に国勢調査が行われたという記録があるが、そこには死者の数は書かれていない。それに書かれていたとしても、おそらくそれよりもっと多くの死者が出ていたと思われる。家族の中で誰かが死んだ場合、残された人びとは逃げるように国外に旅立って調査の対象からはずれてしまったことも考えられるし、一家族全員が死亡した場合には、当然のように調査などできなかったろうからだ。だから、犠牲者数をはっきりと算出するのは難しいのだが、人口増加の推移を基礎にした推理によると、ほぼ八〇万から一〇〇万人が餓死したと考えられるようだ。また、別の数字では、当時チフスの流行もあって一〇〇万以上の人びとが餓死し、アメリカへは一五〇万～二〇〇万人が移住したとも伝えられている。その人数は、一八四〇年代のアメリカの移民全体の半数近くに上り、一〇年後の一八五〇年代には、ほかの国からの移民も増えて、アイルランド人は全体の三分の一を占める程度になってはいたが、それでも、その数は膨大だった。

彼らの多くは、「アイリッシュ・ディアスポラ」と呼ばれる。ディアスポラはギリシャ語の「撒き散らされた」という意味で、祖国、あるいは故郷を離れて生きていく国民や民族集団、コミュニティのことで、いわゆる「難民」とは少し違う。ディアスポラは離散した先で定着・永住するが、難民は元の祖国にいつかは戻ろうという気持ちを捨てきれない点が異なる。

アイルランド人の場合、飢饉や宗教問題の他にも、いったん不作になると地代が払えなくなり、そうなると地主から追いたて《エヴィクション》を食って、食べていけなくなる、という事情もあり、彼らの多くは、故郷や祖国を捨ててこそ新たな人生が開ける、と考えていたようなふしが濃厚だ。

話をジャガイモに戻そう。アイルランドが「ポテト飢饉」に見舞われて、人口的にも文化的にも消滅の危機に襲われた。その理由の第一は、彼らを救う立場にある在地の貴族や地主が、アイルランドを離れてブリテン島に住んでいたため、自分たちの収入を守るために本来救済用とすべき食料を国外に輸出し続けたことが挙げられる。また連合王国政府も、救済食料を調達して配給すべきところを、予算がないとして躊躇したばかりでなく、無料配布せずに売ったのだ。そのために貧しい農民たちは飢えるしかなかった。そういうことのすべてが、アイルランドでの食料生産基盤に壊滅的な打撃を与えることになったのだった。

だが、そういった外的要因以外にも忘れてはならないことは、ジャガイモに対する彼らの過剰な依存である。一八世紀頃からのアイルランドでは、一年のうち一〇カ月をジャガイモとミルク、残り二カ月はジャガイモと塩だけという生活だったと伝えられている。「ドハラ（DoChara）」というサイトの「フード・イン・アイルランド」（Food in Ireland, 1600-1835）」の挙げる数字では、そのジャガイモの量は一日四～五ポンド、一ポンドほぼ四五〇グラムだから、一・八キロから二・二キロ見当とされる。この数字は、ジャガイモ飢饉以前のもので、国連食糧農業機関（FAO）によれば、一人当たりの年間ジャガイモ消費量（二〇〇〇～二〇〇二年の平均）は、アイルランドは一二〇キロ、アメリカは六三キロ、ベラルーシは一七二キロとある。この一二〇キロという量は、イギリス、エストニア、ドイツ、ポルトガル、ロシアとほぼ同じである。一つの食品に過度に依存するこのような食生活は、いったんその食品――ジャガイモが疫病によって枯死すると取り返しのつかない打撃を受けることになる。ジャガイモの栽培が比較的容易で収穫量も多いため、アイルランド人たちはそれに過剰に依存し、その結果飢饉による悲劇を増大したとも言えるのである。

この飢饉によって、ジャガイモが食べられずにアメリカに逃げ出して行った人々は、新世界では思いっきり好物のジャガイモ料理を食べることができたろうか。

アイルランド人のアメリカでの食を知りたいと思う。あれほど大勢の人がアメリカに渡ったのだからアメリカのどこででもアイルランド料理にお目にかかれるだろうとタカをくくったのは、まったくの誤算だった。地方のレストランでも、滅多に出くわさない。なぜなのだろう。それがアイルランド料理の、もう一つの謎だった。

ii 思い出のアイリッシュ・シチュー

しかし、アイルランド料理について、何も知らない訳ではない。アメリカで、手っ取り早くアイルランド料理を味わうにはアイリッシュ・パブに行くことだ。うまくいけば、アイルランドならではの煮込み料理「コドル」に出遭える。中でも「ダブリン・コドル」は、ハムまたはベーコンとソーセージを一口サイズに切り、これをタマネギやジャガイモの角切りとともにキャセロールに入れて、オーヴンで蒸し焼きにする。これにオートミールを加えることもある。小さな陶器の耐熱容器に入れた「シェパードパイ」や「ステーキ・アンド・キドニーパイ」なども味わえる。また、マッシュドポテトにスプリング・オニオンを加えた「チャンプ」や、このチャンプに茹でたグリンピースなどの豆類を入れた「アイリッシュ・チャンプ」、あるいはマッシュドポテトにキャベツを入れた「コルカノン」などがある。どれもジャガイモ王国の面目躍如たるものだ。

アイリッシュパブは、言わばアイルランド人の誇りの象徴のように思えてならない。ギネスが堂々と胸を張り、アイリッシュ・ウィスキーが居心地良さそうにしている、というばかりではない。司馬遼太郎はアイリッシュ・パブのバーは教会の祭壇のようで、バーテンダーは神父のようだ、といった意味のことを書いている。実際、アメリカでの長い旅に疲れると、どれほどアイリッシュ・パブの存在がありがたいかが身にしみる。人の心と気持ちを和ませてくれる力がある。その点、スコッチ・バーというのは、見たことがない。スコッチ・タータンやスコッチ・テリア、スコッチ・ブロスや、スコッチ・ウィスキーなど、スコッチと付くものはよく見かけるけど、「スコッチ・パブ」というのは見たことがない。ただ、「パブ」としているのかもしれない。スコッチ・ウィスキーを飲ませる、いわゆる「バー」はあっても、そこでスコットランド名物の「ハギス」などお目にかかったことなどほとんどない。これもまた不思議である。

アイリッシュ・パブは結構あって、そこでアイルランド風の食べ物を味わうことはできても、しかし、一般のレストランなどで、アイルランド料理にお目にかかれることは滅多にない。アイルランド・レストランにも出合ったことがない。ユダヤ系のコーシャー・デリやインド料理店やタイやヴェトナムレストランは目にすることが多いのだが、アイルランド料理の店はどこにあるのだろうかと不思議に思うばかりだ。

アイルランド料理のことを思うと、ぼくの鼻腔にはヤギや羊の独特のにおいがよみがえってくる。その根源は「アイリッシュ・シチュー」なのである。子供の頃、これが苦手だった。マトンのにおいが、好きではなかったのだ。子供は誰しも、においのきついものを嫌う。しかし、年齢が進むに従って、そういやでなくなるのは面白い。以前、スペインを旅したことがあり、平原を切り裂いて走るような田舎道で羊の大群に出遭った。車を止めて、羊たちの行進が途切れるのを待っていると、やがて最後尾から羊飼いの男が長い棒を片手に羊を追いながらやってきた。ぼくは車の外に出て、羊たちを眺めていたのだが、その男を見かけて近づいて行った。いや、むしろ彼の方が、ぼくを見て近づいてきたという方が当たっている。彼は、日本人か、と訊いた。そうだと答えると、この間、別の日本人に会ったよ、と言う。その男はこの谷間にやってきたと、後ろを振り返った。俳優だと言っていた、と言う。名前は「ケン・オガタ」だったと思う、とも言った。羊飼いの体臭は羊のにおいそのものだった。その瞬間、今夜は羊を食べたい、仔羊のニンニク焼きの「コルデロ・アル・アヒーヨ」を食べよう、と心に誓ったことを思い出す。

しかし、子供の頃の「アイリッシュ・シチュー」は、けっしてうれしい食事ではなかった。このアイルランド名物のシチュー、仔羊を用いることもあるせいなのか、あるいは新ジャガゆえなのか、スプリング・シチューとも呼ばれている。材料は、ラムかマトン。それにジャガイモとタマネギの薄切りをキャセロールに層のように重ねて、水とタイムを加えて肉が柔らかくなるまで煮る。あの時代、日本でラムやマトンを手に入れるのは簡単ではなかった。うちではどうやっていたのだろう。親父が外国系通信社に勤めていたから、何かのつてで手に入れられたのだろうか。

親父がとくに希望していたものの、けっして叶えられなかった料理に「ステーキ・アンド・キドニーパイ」がある。これはステーキ肉と腎臓を一口サイズにサイコロステーキのように切って、ベーコンと一緒に炒め、次いでタマネギのみじん切りも加えて炒め、これをキャセロールに移してギネスビールを注いで煮込んでいく。煮込み終わったら、これをパイの具にしてパイ仕立てにする。ここでのネックは、ギネスだった。このアイルランド特産、というかアイルランドの代名詞のような黒スタウトが、当時はまだ名前さえも知られていない存在だった。なにせ、ワインと言えば甘口のポルト酒である「赤玉ポートワイン」あるいは「ハチブドー酒」などの国産ワインしかない時代だ。おふくろは、こういったアイルランドの料理をどこで覚えたのだろうと、今にして思わずにはいられない。クックブックだろうと、簡単に思っていたのだが、彼女が時々口にする話の切れ切れをつなぎ合わせると少し違うようだ。

おふくろの両親——ぼくの母方の祖父母は早くに死んだ。祖父は明治の後半に単身カナダに渡り、最初はバーか何かで働き、やがて店を持てるようになったと聞いた。それから日本からの食料品や商品を輸入するようなことをやったのだろうが、輸送船の海難事故か何かで財産をあらかた失ったという。祖母とは、どこで会ったのか、知らない。松山女学校で音楽をやっていた若い女性と、小松出身の商売っけのある青年とがいったいどういう巡り合わせで一緒に暮らし、女の子二人をもうけたのか。その二人の人生のほとんど、いやまったくと言っていいほどぼくは知らない。おふくろは自分のことを積極的に話したがる人間ではなかったが、それでも時折、ポツリポツリと、どちらかというと貧しい牧師であった親父の父親に差をつけるかのように、自分の父は贅沢に生きて、晩年食べ物にこだわるあまり糖尿病に苦しんだ、といったようなことを話してくれた。食にこだわった家庭に育った割には、おふくろはけっして料理がうまかったと自慢できる腕だったとは思えないが、しかし、子供の頃のぼくは彼女の世界の中に生きていたから、料理というものはそういうものだろうと思い、疑うことはなかった。

松山と小松の若き男女が、どうやって出会ったのだろう。親父の方の両親は、鹿児島と仙台である。親父とおふくろの両親の出身地を地図上にピンを止めてそれぞれカップルを線で結ぶと、十文字を描く。とても普通に出会えるとは思えない。日本にいたってそうだろうから、カナダで彼らはどうやって知り合ったのか、おそらくは「写真婚」ではなかったろうかと、ぼくは秘かに胸底にその疑いをしまい込んでいる。

おふくろは両親に早く死に別れ、カナダ国籍の人の家に寄宿するようになったという。彼女が両親と住んでいたヴァンクーヴァーはキツラノ・ビーチ近くの住人、ドクター・ブラックという人の家だったことは、後にぼくも訪ねて知っている。それ以前には、場所はどこだか聞いていないが、ミス・バスティードという人のところで住み込みの秘書というか、身の回りの世話をしたり、本を読んだり、手紙を代筆したり、話し相手になってあげたりということをやっていたこともあるらしい。ミス・バスティードからは女性としての生き方、礼儀や作法のようなものを教えられたという。

ブラックもバスティードもイギリスの名前である。もう一人、ミセス・クレリーという人の家にもいたと聞いた。おふくろの晩年まで、彼女とのクリスマスカードのやり取りは続き、みまかった後、紐でくくられたそれを見つけたものの、その処理に思い屈したことだけが記憶の中にある。ミセス・クレリーは、名前からしてアイルランドの人のようだ。そのアイリッシュの家庭に寄宿した影響が、おふくろの中にあったかどうか、長い間わからないままでいた。子供の頃はむろん、大人になってからも、気づくことも気づこうとする気持ちもなかった。だが今、こうやってあらためてアイルランド料理について考えるようになって、ごく当たり前のように食卓に出ていたあれこれがアイルランドからのものが多かったことに気づく。だとしたら、彼女の生き方や考え方の中にその痕跡が何かあったろうか、と思い出そうとしてみたりもするのだが、彼女はカトリックではなくれっきとしたプロテスタント、それも聖公会、英国国教会であるアングリカン・チャーチだったし、第一彼女にとってのカナダのヴァンクーヴァーは、はっきりとイギリスそのものだった。彼女は生粋のイギリス贔屓だったし、女王陛下万歳の人だった。だから今回こうやってアイリッシュの食を見つめて、あれこれの料理がアイルランドのものだとはっきりわかるまで、おふくろの中のアイリッシュ的なものに気づかないままでいた。

記憶の長い糸をたぐりたぐり思い出してみると、まず「バンガー・アンド・マッシュ」があった。バンガーというのは、アイルランド風のソーセージである。当時家のあった港区の青山には、そう遠くないところに進駐軍のキャンプというか、居住地である「ワシントン・ハイツ」があった。原宿にあったそれのおかげで、表参道の両側は外国人向けの店が多かった。今も「オリエンタルバザー」などに、その名残がうかがえる。彼らに洋式の食材を提供していたのが、いわゆる清浄野菜を売り物にしていたスーパー「紀ノ國屋」だった。そこは、アメリカのスーパーそのものだった。今はもう見かけることも少なくなった外国らしい食品で溢れていた。

たとえばクリスマスにはつきものの木の実があった。クルミやペカンやカシューナッツやアーモンドなどが殻付きのまま袋に入っていて、子供の頃、クリスマスツリーが飾られ七面鳥が焼き上がるにおいに満ちた部屋の中で、親父といくつもの木の実の殻を割っては食べ合ったものだった。

そういう品揃えの中に、生のソーセージがあった。形としては、フランクフルトソーセージと似ている。ふっくらと膨らんでポッテリとやわらかく、セージのいい香りがする。Banger と書く。最初、バンジャーだかバンガーだか、呼び方がわからなかったが、うまく焼かないとドカンと破裂するので、「バンガー」と呼ぶのだと知った。辞書で banger をひくとちゃんとソーセージと出てくる。「うまく焼かないと」と書いたが、正しくは生のソーセージを冷たいフライパンにわずかな油を引き、おもむろに火をつけて焼く。ほかにも、まずフライパンに水を入れてそこにソーセージを入れて茹でてから湯を捨て、その後に油を足してじっくりと焼くというやり方もある。なんだか餃子を焼くのに似ている。どちらをやるか、好みだとは思うが、油分を減らしたいというのなら、茹でるやり方を選ぶ方が無難だろう。ぼくは、生ソーセージを冷たいフライパンからじっくり焼く方が好きだ。

ソーセージに添える定番はリンゴで、皮をむき櫛形に切ったのをやはり冷たいフライパンに入れて、ソーセージと一緒に焼く。ゆっくり焼けば、破裂する心配はかなり減る。この Banger につきものなのがマッシュドポテトで、この両者のコンビを Banger and mash と呼んでいる。これが我が家の定番料理だった。

工夫はマッシュドポテトで、ジャガイモを茹でてつぶした後にバターを落とし、ミルクを足し、あるいはクリームを入れ、カリカリに焼いたベーコンを細かく砕いたものを混ぜ、またはタマネギのみじん切りとベーコンを炒めたものを混ぜ合わせ、たまには茹でたグリンピースや……というところで、これはアイルランドの料理だと気がついた。第一このバンガー・アンド・マッシュはアイルランドの料理そのものだった。そしてマッシュドポテトに野菜を入れるのは、言うなれば「アイリッシュ・チャンプ」ではないか。おふくろの中のアイルランドに初めて気がついた食べ物だった。

バンガー・アンド・マッシュがアイリッシュの食だとは知らなかったように、もうひとつ、予想外だったのが「ベーコン・アンド・キャベッジ」だ。といっても、ベーコンの薄切りをキャベツで炒めるというのではない。ベーコンの塊を、大振りに切ったキャベツと一緒に蒸し煮する料理だ。ベーコンの旨みと燻蒸の香りがキャベツにしみて、好きな食べ物だった。ただ日本で手に入るベーコンは三枚肉が普通だ。これは脂身が多いのが難点と言えば難点なのだ。そこでロースの部位をベーコンにした「カナディアン・ベーコン」を用いることもあった。

この「ベーコン・アンド・キャベッジ」の親戚といってもいいのがコンビーフを使ったもので、おふくろ独特の和食のメイン料理のひとつだった。通称「コンビーフ・キャベッジ」で、うちではコンビーフの缶詰の大缶一個とキャベツ一個という割合だった。キャベツを丸のまま四つ割りにして鍋に詰め込み、その中央に缶から出したコンビーフを丸のまま、これまた詰め込み、好みでコショウを挽いたり、振ったりで終わり。ごく弱火でコトコトとキャベツが軟らかくなるまで蒸し煮する。水分も、塩分も一切入れない。煮えたら、鍋のままかボウルに移してそのままテーブルに出す。塩味はコンビーフのそれで十分だが、足りないようならば醤油を注《さ》す。これが米飯に合う。

本物のコンビーフは、缶詰のそれのように細い繊維質のものが、白い脂でびっしり固められたものではない。肉の大きな塊で、脂分などほとんどないのが普通だ。本当なら、牛の肩バラ肉の塊に塩をすり込んでしばらく置き、スパイス類を入れた液に何日間か漬け込み、漬け上がったら真水で茹でこぼしたその塊をキャベツと煮込むのだろうと思う。だが、自分で作ってみようかと思わないでもない時代、ブリスケ（肩バラ肉）の塊などそう簡単に手に入れられるものではなかった。だから結局は夢のままで終わったのだが、以前ハワイに行った時に、大きなスーパーの肉売り場で、漬け汁ごとプラスティックの袋に入ったものが売られていた。これは実に羨ましかった。生肉や加工肉を国内に持ち込んでいいのなら、これまで何袋買ったろうか。だが「輸出国政府機関発行の検査証明書」とやらが必要だそうで、果たしてハワイイ政府がこれを発行してくれるのかどうか、ヨーロッパの国ぐにでは滅多に発行しないとは聞いていたが、おおもとはアメリカ政府なのだから案外簡単に発行してくれるのだろうか、それを調べるほどの元気もなく、結局は缶詰から脱することなく今に至っている。

この「コンビーフ・キャベッジ」が、そのままアイルランド料理だということを、アイリッシュ・レシピの本をめくって初めて知った。しかし、知ってからも、いくらかの疑問が残る。たとえば「アイスバイン」というのがある。豚のくるぶし、というかくるぶしから脛《すね》にかけての部分を塩漬けにしたものを茹でこぼしたものだ。これをキャベツやザウアークラウトと一緒に煮る。アイスバインは、子供の頃よく行っていた銀座の「ケテル」で食べたり、買ってきたりしていた。アイスバインは、名前から見てもれっきとしたドイツ料理だ。そして「ベーコン・アンド・キャベッジ」も「コンビーフ・キャベッジ」も、このアイスバイン料理とよく似ているではないか。だとしたら、このベーコンやコンビーフを使った料理は、アイルランド固有の料理ではないのではないか。それとも確実にアイルランド料理である「シェパードパイ」がアメリカに来てから変化していったように、コンビーフ・キャベッジなどもまた、ドイツ料理からその調理法を学んでアイルランド風に変えたのだろうか。ドイツ系とアイリッシュ系の移民はアメリカでの様々な重労働の現場で、ともに働いてきた。そういう時に、教えたり教えられたりしたのだとも考えられなくもない。別の料理本、『シェイカー・レシピ・ブック（*Shaker Recipe Book*）』では、シェイカー教徒の「シェイカー・コンビーフ・アンド・キャベッジ」というのがある。別項で書いたが、こちらは、ペンシルヴァニア州に移住したクエーカー教から分派したシェイカー教徒たちが、その地でドイツ系の移民たちとともに生きていくようになって影響を受けたということだろう。

生粋のアイルランド料理だと言われる「シェパードパイ」は、ローストターキーやローストチキン、ローストビーフなどローストした肉類の残りをグレイヴィソースとともにパイ皿に入れ、上にマッシュドポテトで蓋をするようにして、オーヴンで焼いたものだ。アイルランドで言うところの「ハッシュ」で、コンビーフ・ハッシュなどはよく知られているだろう。グレイヴィソースを加えずに、マッシュドポテトに肉類を混ぜ合わせた、ちょうどコロッケの中身に似たものがパイのように三角形にカットされて登場することもあった。マッシュドポテトがグレイヴィを吸ってしまったものかもしれないし、もともとコンビーフ・ハッシュのようにグレイヴィ抜きなのかもしれない。ともあれ、アメリカのあちこちの町のアイリッシュ・パブで、この「シェパードパイ」をメニューに見つけると、どうしても注文せずにはいられない。グレイヴィとパイ・シェルのコンビが体質に合うのかもしれないと思ったりもしている。

本来は、マトンやラムの挽き肉を用いることが多く、「羊肉」というところから羊飼いの「シェパード」の名前がついたものだと言われている。あるいは、イエス・キリストを、我々「迷える羊」を守る「善き羊飼い」と呼ぶ。だから、このパイはイエスの恵みであるとでも言うのだろうか。また時に「コテージパイ」とも呼ばれることがある。こちらは、残り物を再利用するという節約観念を大切にする裕福ではない家庭、つまり荘園でも邸宅でも、また普通の家屋でもなく、アメリカで言うところの掘建て小屋――キャビンやシャンティと呼ばれるものと同じような「コテージ」で作られたところから、この名前がつけられたものだ。

このシェパードパイ、コテージパイがアメリカにもたらされて、食材が豊富で潤沢な彼の国で、レフトオーヴァー（残り物再利用料理）の域を脱して、その土地ならではの独特の料理に変化していった。それがニューイングランド地方に入植した人びとによる「ロブスターパイ」だ。メイン・ロブスターという名前からもわかるように、メイン州はロブスターの名産地で、それを使ってアイルランドやイングランドにもなかった料理を作り出したのだった。サンフランシスコなどの湾岸の観光地のシーフードレストランでよく出される、カニやエビ、タラやオヒョウなどの白身の魚を用いた「シーフードパイ」も発祥の地にはなかった料理だ。こういった料理の変容は、新しい環境に遭遇することによって、どこででも起こった。

ある国の日常食が、ほかの国の食文化と出合って、あるいは新しい居住環境が産する食材によって、もともとのレシピが変わらざるを得なくなっていくということは理解できる。もっと詳しく見れば、ほかの国の食文化に否応なく接することによって個人の味覚が変化していく、言葉を換えれば、「味覚の地平」の広がり、味覚の成長、とも言えるかもしれない。そういう経験が、様々な食文化の混合を可能にしてきたのだろうと思う。

「ジャガイモ飢饉」により故国を捨ててアメリカという、可能性の新天地に移民としてやってきた一八四〇年代半ば以降のアイルランド移民たちは、主としてアメリカ北部、五大湖周辺の地域に入っていった。その大きな理由は、運河や鉄道などの建設工事や機械工場などの肉体を使う職場が受け入れてくれる余地があったからだ。それから一七〇年以上も経つ現在でも、ミシガン湖周辺の州の人口構成は、ある意味合いを持って「食の変容」の可能性を示唆してくれる。

たとえば、ミシガン州の人口は二〇一〇年の統計で、九八八万三六四〇人で、うち白人は七八・九パーセント、黒人が一四・二パーセント、アジア系が二・四パーセント……という中、祖先構成としてはドイツ系二二・三パーセント、アイルランド系一一・九パーセント、イングランド系一〇・一パーセント、ポーランド系九・〇パーセント……となっている。ドイツ系とアイルランド系が一、二位なのだ。その他、ミネソタ、イリノイ、ウィスコンシン、インディアナ、オハイオなどの各州でもドイツとアイルランド系は圧倒的に多い。

アメリカでもっとも大きな移民集団となったドイツ系、アイルランド系の、いわゆる遅れてやってきた人びとは、都市部に流入し力仕事を主とする肉体労働に従事し、環境の良くない下町の不健康な地域に住み、スラムや貧民街を生み出す下層階級を形成するようになっていく。彼らは、別の国から来た他人同士という関係を超えて身を寄せ合うようにして、ともに協力し合いながら暮らしたことだろう。とくに主婦たちは、近隣の他国の住民と様々な生活の細部にわたって協力し、食料を分け合い、教え合い、学び合い、助け合ったことだろう。そういう生活環境では、料理や育児やしつけや祈りなども、混じり合い融合していったに違いない。そうやってドイツとアイルランドの人びとの料理が混合していったとも考えられる。

おふくろは大正五年、一九一六年の生まれで、彼女がミセス・クレリーの家に寄宿したのが二〇代だとして一九三五年前後だろう。その頃、ドイツ系、アイルランド系が、言うところの「貧民街」で肩を寄せ合うようにして暮らしていたかどうかはわからないが、少なくともミセス・クレリーの家で、そのアイリッシュ・ドイツ混淆の料理が出されていたかもしれないという想像は、そう遠くはずれてはいないだろう。一九一八年に終わった第一次世界大戦で、ドイツ系はアメリカでは肩身の狭い思いをし、またカトリック信徒のアイリッシュはゆえなく、いやその宗教ゆえに迫害され、差別されていた。そう、両者にとって二〇世紀前半のアメリカは、居づらい国だったのだ。

だとしたら、おふくろが作ったコンビーフ・キャベッジやポテトで蓋をするように覆ったラムや鶏肉のシェパードパイは、いったいどこから来たというのだろうか。あわててヴァンクーヴァーの祖先構成を調べてみたけれど、これがなかなか見つからない。しかし具体的な数字やパーセンテージはわからないながらも、最も多いのはイングランド系、次いでフランス系、その後にスコットランド系とアイルランド系が続く。そのすぐ後にドイツ系が控えている。パーセンテージとしてはイングランドやフランスやスコットランド系が多いとしても、ドイツ系、アイルランド系も少ない人数ではないだろう。

食べ物は、時とともに変容していく。いや、その置かれた環境によって刻々と変化していく。とても、もとのままの姿を保ち続けていくことはできない。元のままであることの方がはるかに難しく、努力がいる。その環境にもっとも適した姿に変わっていくところは、まるで生物の進化そのものだ。進化は、進歩とは違う。以前よりよい方向に変化していくのは「進歩」であって、「進化」は常によりよい形ではなく、その種にとって――いや、料理にとって新しい環境に遭遇した時、それまでのようないい道具やいい食材や、美味しくできる諸条件が整えられない可能性がある。そうなると、その新しい環境の中で最も適した形に変化するしかない。それが常に、その料理にとっていい方向だとは限らない、すなわち「進歩」できるとは限らないわけで、そこで料理は好むと好まないにかかわらず、その環境に一番適した形に「進化」していかざるを得ないのだ。生物の「種」の進化と同じように、ドイツ料理もアイルランド料理もともに変化していったのだろうと思われる。そして移民によってもたらされた世界中の料理は、アメリカという新しい環境――多様な民族が集まり、広大な土地で豊かに実る食材、しかも広大であるがゆえに、いくつもの季節と気候が同時進行していくという環境で、各国の料理は進化していかざるを得なかった。そうやって、どこの国の料理とも決めつけられない「アメリカ料理」が誕生したのだろうと思うしかない。

iii　なぜ野菜がクタクタなのか

おふくろの料理の欠点は――いくつもあるように思うのだが、中でも子供の頃からのうんざりする思いの元凶は、野菜をすべてよく煮てクタクタにしてしまうということだった。前にも書いたが、我が家の洋食にはグレイヴィソースが欠かせない。小麦粉を色づくまで炒め、肉類を焼いたフライパンに付け合わせの野菜を茹でた残りの湯を入れて、焦げ目や脂分を煮溶かし、そこに乾煎りした小麦粉を水で溶き入れ、まるで味付きの糊のようなグレイヴィソースを作るのである。しかし今、最後の晩餐に何を所望するか問われたら、ぼくは躊躇することなく、このグレイヴィソースのかかった白米を望む。この「プアマンズ・グレイヴィ」は、それほどうまい。そしてこのグレイヴィが、どんな料理にも付いて回る。すなわち、味の根幹がここにあるのだ。

付け合わせの野菜は、主としてジャガイモとニンジン、ブロッコリーや小タマネギやカリフラワーや芽キャベツや、時には絹サヤやインゲン、それにホウレン草が普通だった。親父は米飯は太ると妄信しており、茹でたジャガイモを主食のようにしていた。ホウレン草は当初、バター炒めにしていたが、これも親父の脂肪分忌避から茹でるようになった。これと茹でたニンジンとの三点セット、ジャガイモ、ホウレン草、ニンジンの三位一体が嫌だった。茹でる湯に塩など入れない。要するに、味がない。だから茹で上がったものにグレイヴィソースをかけるのだが、どこか味がポワンとしている。親父はジャガイモをすぐにフォークの背でつぶして、即席のマッシュドポテトにする。それにグレイヴィを絡めて食べるのだ。何度も真似をしたが、やはりグレイヴィは米の飯に合った。ニンジンを食べないと、デザートにありつけない。だがホウレン草の茹でたものには味がない。それがほとほと困った。子供の頃、この味のない茹でたホウレン草と、最後に出てくるサラダがうんざりだった。

サラダはレタス、セロリ、キュウリ、トマトに決まっていた。年がら年中、時に切り方は変わっても、この組み合わせは変わることがなかった。最初は、レモン汁やワインヴィネガーなどにサラダオイルと塩・コショウでドレッシングを作っていたのだが、本人もうんざりしたのか、やがて市販のイタリアン・ドレッシングやフレンチやサウザンドアイランドなどの出来合いのサラダミックスの袋を買って、それを所定のボトルに入れ側面に印刷されたオイルとヴィネガーの適量の目盛りに従ってそれぞれを入れ、蓋をしてよく振る。当時オリーヴオイルは海水浴で肌に塗るサンオイルとして、あるいはヘアーオイルやハンドクリーム代わりに使うのが主な利用法で、食用としての位置はかなり低かった。だから、食用油を使ったのだが、いずれにしろうちのドレッシングは旨くなかったから、市販の粉末ミックスを使ったドレッシングを儀式のようにかけるだけだった。今のスーパーの棚に並ぶ瓶詰めのドレッシングの多彩さを見るたびに、ずいぶん遠くまで来たのだなあ、と吐息が漏れる。ただ、アメリカの地方のスーパーマーケットに行くと、まだこのインスタントドレッシング・ミックスの袋を見かける。アメリカでは、時代はゆっくり動いていることもまた、教えられるのである。

後年おふくろは「オイル・アンド・ヴィネガー」の風潮に染まり、テーブルにその両方の瓶を並べて自分の好みでかけるようにした。時々両親は故郷のヴァンクーヴァーに戻り、健在だった親戚のどこかの家で経験した、その頃では新しいやり方を学んで帰って来ては我が家に革命をもたらす。だが、その革命はおよそ不発に終わり、この「オイル・アンド・ヴィネガー」も、けっして旨くはなかった。ヴィネガーはワインヴィネガーではなく、米酢や時には寿司酢だったりもしたから、これは甘みが勝ってサラダには向いていなかった。いつの間にかぼくは茹でたホウレン草を残し、サラダに手をつけないようになっていた。そして、親父には一つの決まり文句が生まれた。

「イーチュア・グリーン」

緑色野菜を食べなさい、である。今も時々、親父のその言葉が耳元によみがえる。

大人になってアメリカを一人旅するようになると、時々、カフェテリアで昼食をとることがある。肉料理の種類は豊富、野菜もいろいろ、サラダも多様、最後にはジェリーからパイまでのスイーツが揃っている。ぼくの足が止まり、次の料理の皿へと移動するのに少し躊躇したのは、付け合わせの野菜のところでだった。ブロッコリーやインゲンやオクラ、軸のついたままのトウモロコシ、ホウレン草、ジャガイモ、ニンジン、カブ、芽キャベツなどなど、そのどれもがクタクタに煮過ぎた状態で、茹でた湯の中に浸かっていたものだった。水っぽいし、味もない。出来るなら取りたくないな、と子供の頃を思い出し、親父の「イーチュア・グリーン」の声がよみがえってきた。ぼくの前で、同じように煮た野菜を皿に取っていた男は、煮過ぎて色の悪く、栄養も何も抜けてしまっているとしか思えないインゲンやオクラを掬い取りながら、チェッと小さく舌打ちしてぼくの方に肩をすくめて、アイリッシュが調理したに違いないよ、と小声で言い、片目をつぶってみせた。その店の調理人がアイルランド人かどうかはわからないが、アメリカ人にとって、いや、その中の一部の人たちかもしれないが、彼らにとってもアイルランドの人たちは時に、野菜を煮すぎる人なのだということを教えられたのだった。

なぜ彼らは煮すぎるのか。もともと胃腸の弱い人たちなのだろうか。消化にいいようにやわらかく煮る、という話は、年寄りや子供たちの食べ物についてよく言われる。それとも、彼らは栄養の偏りによって歯が悪かったのだろうか。硬いものを噛めないほど歯が弱っていたり、あるいはまともな歯が残っていなかったのだろうか。なるほど、歯が悪ければ軟らかく煮たくもなるだろう。栄養不良が一人二人のことでなく、ある時代の国民の大半がそのせいで歯が悪くなったとしたら、アイルランドの食そのものが煮過ぎるという傾向になるかもしれない。歯が悪いという方が、アイルランド人の多くが胃腸が悪かったというよりもはるかに信じられそうだ。

おふくろもまた、煮過ぎる人であった。それはアイルランド系の家庭に寄宿したことがあるからだ、と決めつけていいのかどうか迷う。本当にアイリッシュは、何でも煮すぎてしまう国民なのだろうか。腑に落ちない気分は、中途半端に心の底に引っかかったままだった。

そんな時、一冊の本を見つけた。フランク・マコートの書いた『アンジェラの祈り』である。アイルランド生まれのマコートの両親は夢を抱いてアメリカに渡るが、食事もままならない極貧生活の中で末の子供が死に、意気消沈して一家は故国に戻っていく。そこまでが第一作の『アンジェラの灰』で、その後一九四九年、一九歳になった長男フランク、作者自身が単身ニューヨークへ戻っていくところから話は始まる。そこで出合ったニューヨークの町とアメリカという国と、そこに住む人びとの物語が、ことに彼がアイリッシュの移民であることからいっそう読むものの胸に響く。ユーモアと不屈の心と、明るい天性の楽天的な性格が、多くの人に勇気と生きることの意味を教えてくれる名著である。

フランクはアイルランドからの船、アイリッシュオーク号にカトリックの司祭と乗り合わせて親しくなり、到着後ニューヨークまで一緒に汽車で行くことになる。彼らはホテル・ニューヨーカーに落ち着き、階下のカフェで食事をする。そこで司祭はフランクのために注文する。

「この子にハンバーガーとフレンチフライを」「肉はウェルダンでな。アイルランドから来たばかりの子だ」と。

そしてアイルランドの悪口を言う。

「アイルランドではなんでも煮すぎる。アイルランドの野菜料理なんてものは、恥ずべき犯罪行為だと言っていい。あの国のレストランに入って、出された野菜の名前がわかったら、それこそ賞金ものだよ」

それに対してウェイトレスは笑って「わかります」と言う。「私も半分アイルランド人ですもの。母がそう。世界最悪のコックでしたわ」と。

おふくろは、世界最悪のコックではなかったけれど、そう自慢できる腕ではなかった。ただクリスマスやサンクスギヴィングのローストターキーは、今も夢見る。

ハンバーガーに挟んであるハンバーグステーキをウェルダンで、という話は、実はぼくには笑えない。ぼくもまた、一九歳の時にアメリカを一人旅したことがある。それ以前には親父やおふくろと一緒に、小学校の頃から何度か行ったことがあるけれど、まったくの一人旅というのはその時が初めてだった。一九六一年のことだ。まだソフト帽をかぶっている男の人たちが多く、女性たちはタイトスカートに、身体の線にフィットした上着、いわゆるツーピースを来ている人が多かった。みんな親切で、アメリカは自信に満ちているようだった。ぼくは「九九日間九九ドル」という、その間乗り放題のチケットを手にグレイハウンドバスに乗り、あるいは親切な人の車に便乗させてもらい、また汽車で、時に飛行機でアメリカ中をうろついていた。大学一年生の夏休みだった。

どうしても行きたかったのが、テネシー州ナッシュヴィルだった。そこは当時、カントリーミュージックの聖地だった。いくらか翳りはしたものの、今もなおその人気はそれなりに維持している。その町での数日、ぼくにとって一生忘れられない出来事がいくつかあった。その中の一つが、ハンバーグステーキだ。今では、もうどこにあったか正確には思い出せない、もしかしたら本当にあったのだろうか、あれは夢だったのではないだろうか、と思ってしまうほど古く小さい、だが格式があって上品で、居心地のいいホテル、確か「アンドルー・ジャクソン・ホテル」という名前だったと思うけれど、そこにぼくは泊まった。日本から予約をしていくほど現地の様子がわかるわけもなかったから、きっとその場で飛び込みで宿泊したのだと思う。東洋の、得体の知れない若者を予約なしで泊めてくれるほどいい時代であり、いいホテルだった。

その夜、一階のレストランで食事をすることになり、ぼくはフランス語の流麗な書体のメニューから「ナントカ・ステーキ」という、ステーキの文字だけを頼りに注文した。白髪の短髪、痩せて顔の小さい、しかしとても優しい目をした白人の年配のウェイターは、承知しました、というようにうなずき、焼き方はどうするか、と訊いてくれた。ぼくはレアだかミディアムレアだか、それがステーキを食べる通のやり方だと盲信して、そう注文した。ウェイターは舌打ちこそしなかったものの、小さく頭を振り、ウェルダンがお薦めです、と言ったが、ぼくはレアでいいと押し通した。彼はいくらか無念そうな様子で、厨房に去っていった。

出てきたのは、スパイスのきいたハンバーグステーキで、表面だけに焼き色のついた、まったく、と言っていいほど生の、そう、タルタルステーキが炎の上を通り過ぎて来た、といった代物だった。ぼくは黙って、生の肉片と、自分の不幸とを飲み込んでいった。その頃、タルタルステーキの旨さなど知る由もなかったから、食べ終わるまでの苦痛はまだ身体のどこかに引っかかっているようだ。フランクと違って、ぼくはハンバーガーも、ハンバーグステーキもなまじっか知っていたのがいけない。それが忘れられない経験をさせてくれた。そして今にして、ぼくにウェルダンを薦めてくれたあのウェイターは、アイリッシュだったのではないかと思ったりもするのである。「ハンバーグステーキはウェルダンに」それからのぼくは、彼の言ったことを馬鹿正直に守っているのである。ほとんどの人がそうだろうけど。

しかしこれでは、なぜアイルランド人たちは野菜を煮すぎるのか、肉はウェルダンで食べるのか、の答えは見出せない。ただここに一つ、とても重要な問題がある。彼らは「ジャガイモ飢饉」によって多くの犠牲者を出したばかりでなく、もう一つの災難が彼らを襲っている。それが食料不足と体力不足によるチフス、赤痢、コレラなどの伝染病の流行である。それらの菌を殺すには、食べ物をよく煮、よく焼くしかなかった。消化力が弱っていたから、野菜類はくたくたに正体がわからなくなるほど煮る必要があった。それがアイルランド人たちが、野菜をよく煮、肉はよく焼く大きな理由なのだと、ぼくには思えてならないのである。

アイルランドを離れてアメリカに移り住んだ多くのアイリッシュたちは、やがて「アイリッシュ・アメリカン」と呼ばれるようになる。このことは、彼らがアメリカ人になってしまったこと、二度とアイルランドには戻る意志がないことを意味している。彼らは故郷を捨て、アメリカでの新しい人生を始めるためにやってきたのだ。だからアイルランドでは、アメリカへと渡って行く連中の「葬儀」を行ったりもした。たとえばジェイムズ・ジョイスの難解な小説、『フィネガンズ・ウェイク』の「ウェイク」は、ゲール語で「通夜」という意味だ。アメリカへ旅立つことは、そのまま死への旅だち、今生の別れ、を意味していた。「アメリカン・ウェイク」と言っていい。アメリカへの旅立ちは、そのまま死の国への旅立ちだった。だが、一方英語の「ウェイク」は「目覚め」をあらわす。すなわち、アイルランドでの死は同時に、アメリカでの目覚め、新天地での新しい人生を意味しているのではなかろうか。

若い女性たちもまた、アメリカに渡った。アイルランドでの生活は苦しかったし、何よりも結婚することが出来なかったためにアメリカを目指した。かの地は昔からの長子相続制で、長子以外と結婚したくても、それは食べていかれないことを意味していたからだ。だから若い女性たちが目指すのは、生活を安定させてくれそうな、生涯の伴侶を探すことだった。

結婚を目的にアメリカにやってきた女性たちに、うまくいい相手が見つけられればいいが、そうでない場合、または相手を見つけられたとしても、必ずしも「末長く」というわけにいかない場合もあり、手に職のない、あるいは職を見つけられない女性が身を持ち崩すということもある。貧しいアイリッシュの女性たちの多くは、そういう道をたどることもあった。アメリカでだけとは限らず、本国でもそういうことがあり、この節の最初に紹介したトリ貝とムール貝を声高らかに売り歩いていたモリー・マローンの銅像は、豊かな胸があらわなびっくりするような服を着ていた。一説によると、彼女もまた昼は行商、夜は身を売るような人間であったとも言われている。

そんな彼女たちの主たる働き場所は、いわゆる「メイド」だった。彼女たちは一般家庭に入り、家事や子守りや料理を引き受けた。この時代、アメリカに移民としてやってきた女性たちは、それぞれに働く場所が決まっていた。たとえばイタリア系、ユダヤ系は、東部の繊維工場、裁縫工場、あるいは自宅での造花作り、ポーランドをはじめとする東欧系の女性は主として中西部に散在する食肉処理工場や缶詰工場で働き、アイルランド女性は召使いやメイドの仕事が多かった。黒人女性もまた都市部にいるものは召使いの職があったが、南部に住む女性はより条件の悪いタバコ工場などで働くしかなかった。

アイルランド女性がメイドに適任だと思われたのは、彼女たちはまず英語がしゃべれるということがある。こう書くと、「当たり前だ」と思うかもしれないが、本来アイルランドは、英語民族ではなかった。ケルト人の系統で、ゲール語を本来のものとしていた。それを捨てさせ、英語を押しつけたのはイングランドの圧政であり抑圧だった。自国の言語を捨てさせ征服者の言語を押しつける。ハワイイがそうであり、沖縄がそうだ。そういう歴史を持った国は、悲しい。ジェイムズ・ジョイスは、自分の言葉を奪い取られたことの痛みと、英語で書かざるを得ない矛盾、それがどれほど傷つくことなのかを書いている。

だから彼女たちが英語を話せたことは、仕事を得るためには有利ではあったとしても、その奥には痛みを伴う屈辱があったことを忘れてはならない。確かに彼女たちは他の国の移民女性にはない特技――英語が喋れるという能力で、メイドという、工場労働より少なくとも怪我や死に直面する危険の少ない仕事に就けることは幸せだった。もう一つ、彼女たちがメイドとして働くに有利であったのは、いわゆる「貧乏人の子沢山」という言葉があるように、貧窮のアイルランドでもまた子沢山だったからだ。子沢山ゆえ彼女たちは必然的に子守りが得意になっていった。メイドの仕事の中では、子守りは大きな部分を占めるから、それもまた、彼女たちがメイド仕事に適していると思われる要素だった。

だがここではもう一つ、彼女たちは貧しさゆえに上手に料理をする——無駄を出さず、節約を旨とし、質実な家庭料理を作るのが得意でもあった、と思いたい。それとも、最後の頼みの綱のジャガイモさえままならない生活では、料理というに値する食材はもちろん、時間的、肉体的、精神的な余裕がなかったかもしれない。しかしだからこそ、料理を楽しもう、と思ったかもしれないではないか。彼女たちがアメリカ人の家庭に入り料理を担当する機会があったとしたら、そこにアイルランド料理の影響はなかったろうか。野菜をクタクタに煮たり茹でたりすることはないかもしれないけれど、それでもジャガイモを使った料理のあれこれがテーブルに登場する回数が増えたなんてことはないだろうか。彼女たちは中流家庭に入ったろうから——もっと上流階級の正式なコースの晩餐を出すようなハイクラスの家では、もっときちんと教育を受けたメイドやボーイやコックが雇われるだろう——ジャガイモ料理をはじめとするアイルランドの節約料理がアメリカの一般的な家庭の、普通の人々《オーディナリ・ピープル》の食——いわゆるサイレント・クィジーンの根本に影響を与えたのではないかと思われるのだ。

こうも考えられる。彼女たちの故国の、ほとんど唯一の食といってもいいだろうジャガイモの料理がたびたび食卓を賑わし、その結果アメリカの平均的な家庭での基本的な料理になっていった。たとえば、肉料理の付け合わせの王道、ベイクドポテトからフライドポテト、マッシュドポテト、ポテトパンケーキ、ハッシュドポテト、そしてそこからスナックとしてのポテトチップスやシューストリングスなどが生まれてくる。これらはジャガイモ王国、アイルランドの遺産でなくて何だろう。

アイルランド人やその近隣で一緒に働き、生活をしてきたドイツ人たちの食べ物の嗜好に合った「豚肉とジャガイモ」の料理がアメリカ庶民のメインの料理になっていった。そこから「基本的な」ということを意味する「ミート・アンド・ポテト」というイディオムが生まれたことは明白だ。「ミート・アンド・ポテト」が大好き、いや、もっとも大衆的なその基本の食さえあればいい、というタイプの男のことを「ミート・アンド・ポテト・マン」という。

ジェットコースター・スリラー作家と呼ばれるメアリー・ヒギンズ・クラークの『ダンスシューズは死を招く』にも、「ミート・アンド・ポテト・マン」という形容が出てくる。この場合、昔からの価値観にとらわれた古くさい男というニュアンスがあるようだ。カントリー・シンガーのスターの一人、アラン・ジャクソンの歌にそのものずばりの「ミート・アンド・ポテト・マン」というのがある。こんな歌詞だ。

I like my steak well done, my taters fried
Football games on Monday night
It's just who I am
A meat and potato man

I like my coffee black
Ol' TV shows
My women hot and my beer ice cold
It's just who I am

A meat and potato man

「ステーキはウェルダン、ポテトはフライ。月曜日の夜はフットボールの中継。それが他でもないミート・アンド・ポテト・マンのおれ」と歌い出す。「コーヒーはブラック、テレビは昔ながらのショウ番組、おれの女はホットだが、おれの飲むビールは氷のように冷たい」そして「キャビアやスシバー、税務署やインチキ臭いスターたちは嫌いだ。おれはマール・ハガードのファンなんだ。政治家も偽善者も、そしてガキに着せるようなものをプードルに着せるやつも嫌いだ。好きなのはフライフィッシングのおれだけの穴場、蛍、そしてレスター・フラットとアール・スクラッグスが好きなんだ。それに、ラングラー・ジーンズやカウボーイ・ブーツ、コーンブレッドに豆料理、田舎が生み出したすべてが。それが誰あろうミート・アンド・ポテト・マンのおれという男だ」と歌うこの歌は、スコッチ・アイリッシュたちが入植したアパラチア・ルーツのカントリーミュージックらしさを前面に押し出している。南部の、というよりはケンタッキー、テネシー、ウエストヴァージニア、ノースカロライナといったアパラチア地方に接する土地ならではの保守的で、頑固で、排他的で、昔からの価値観をはっきりと肯定しているのである。

もう一曲、少し趣の異なる曲に、「オール・ザット・ミート・アンド・ノー・ポテイトゥズ」がある。一九四一年にファッツ・ウォーラーが歌ったもので、こんな風に歌われる。

A man works hard then comes on home,
Expects to find stew with that fine ham bone.
He opens the door, then start to lookin',

Says, "Woman, what's this stuff you're cookin'?"

All that meat and no potatoes
Just ain't right, like green tomatoes.
Here I'm waiting, palpitatin',
For all that meat and no potatoes.

男が疲れて家に帰ってきて、そこにうまいハムの骨で取ったシチューがなかった時、彼は家のドアを開けて家中を見回す。そして「おい、このにおいは何を作っているんだ」と訊ねる。「肉だったらどんな肉でもいい。ただしポテトがない食事なんて、未熟なトマトのように未完成」と歌う。ファッツ・ウォーラーはルイ・アームストロングに曲を提供したりしただけでなく、自ら「エイント・ミスヘイヴン」や「ハニーサックル・ローズ」などのヒットを飛ばしているスターでもある。その彼が歌ったのがこの曲で、やはり「ミート・アンド・ポテト・マン」の面目躍如たるところがある。一般に、「ミート・アンド・ポテト・マン」というと、白人の、たとえばWASPの、保守的で古い価値観に固執しているようなタイプを、いくらか皮肉混じりに言う表現かと思われているが、このように黒人たちにも「ミート・アンド・ポテト」派がいるらしいのはちょっと面白い。

しかしアイルランドの女性たちをメイドに雇ったのは、ひとまずイングランドからの移民の、ある程度裕福な——メイドを雇えるほどに裕福な家庭だろう。彼らはプリマスやボストン・ハーバーなどのニューイングランド地方に入植した初期移民がそうであったように、当初からの「ビーフ・イーター」であった。ポークではなくビーフであるという証拠としては「ポーク・アンド・ポテト」という慣用句はないが、「ビーフ・アンド・ポテト」はいつの間にか市民権を獲得したことでもわかる。そして「ビーフステーキとジャガイモ」のコンビは、アメリカの食の中核、あるいは大きな部分を占める食の代表になっていくのだ。

「肉とジャガイモ」よりも、もっと根源的にジャガイモそのものを歌った曲もまた多い。「マッシュドポテト」という言葉を「混沌」の代名詞に使う歌もあれば、ズバリ食べ物を歌ったものなど様々だ。そのことは、ジャガイモという食べ物がどれほど広く、深く愛されているかを教えてくれるのである。

夜遅く腹を空かして帰ってきた時、食べたいのは熱々のジャガイモだ、と歌うのは「ホット・ポテイトゥズ」で、茹でたのもマッシュしたのも、シチューに入れたのも大好きと歌うのは「ポウ・テイートゥズー」という曲だ。「マッシュドポテト」という曲もあれば、一九四六年、ナットキング・コールが歌った「ソリッド・ポテトサラダ」は、リヨン風のジャガイモサラダを好む人もいれば、フレンチ・フライドポテトが好きな人もいる。けれど自分はマヨネーズで和えただけのシンプルなポテトサラダが好きだ、と歌う。

四〇年代に歌われたジャガイモと、同じジャガイモでも今は少しニュアンスが違うようだ。日本のポップ・パンク・バンドのHUSKING BEEの歌った「A Small Patato's Mind」というのは、いかにも今の歌だ。

「彼の気持ちが落ち着く時間を稼ぐためのタバコも覚えたし、正直に話すために飲むことも覚えた。暗い気分を逃れるためにドラッグにも……そうやってやり過ごした日々の後、ジャガイモが教えてくれたのは違うことだった。根を伸ばすこと、葉を生やすこと、芽を出すこと。小さなジャガイモの気持ちで。道が教えてくれること、道の周囲の景色が教えてくれること、そこから始める。小さなジャガイモの気持ちで。彼との生活を逃れて旅に出て学ぶこと、根を生やした生活、葉を伸ばす生活、それが見え始めている」それが心の奥に沈み込んだ「スモール・ポテト・マインド」なのだ。

そう歌うこの曲は、都会で迷い、悩む若い女性、自己を見つめ直そうとする孤独な姿が見える。ジャガイモは、そういう人々の味方でもあるのだ、とも教えてくれる。これが日本のバンドの作品だとはちょっと信じられない。いい歌にとって、国境は関係ない。

ジョー・ディフィーは「コールド・バドワイザー・アンド・ア・スイート・ティター」で、昨夜出て行った彼女のことを、一時間もシャワーの下にたたずみながら考えている。本当なら追いかければいいのはわかっている、でも自分はこのトレーラーハウスから抜け出せやしない。今必要なのは、冷蔵庫の中にある冷たいビールとサツマイモを甘く煮たもの……。

ここには、まぎれもなく庶民の生き方がある。アイルランドやドイツからのかつての移民たちが生きたと同じ空気がある。

アイリッシュは、遅れた移民としてアメリカに渡ってきた。祖国を追われるように、というか祖国にはもう生きていくすべがなかった。彼らは好んで祖国を捨てたのではない。地獄へ行くか、アメリカに渡るかの二者択一の中で、この新しい可能性の国で生き直そうとした。だが彼らに残された場所は、最低の環境、最低の労働、最低の生き方だった。彼らは己の肉体を使って、この国で生き延びていくしかなかった。

今、アメリカには四つの色の職種があると言われている。そう言われてから久しいから、今はもっと多彩な色が出てきているかもしれない。ともあれ、まずはホワイトカラーとブルーカラーで、それから赤。これは「レッドネック」と呼ばれる、陽光のもとで働くために首筋が赤く陽焼けしている人たちを指した言葉だ。言うところの、屋外労働者である。そして最後は、緑で、これは環境保全関係、自然エネルギーから森林や動物の保護、生態系のバランスや絶滅危惧種の見守り、廃棄物処理や資源の再生、再利用などに関わる仕事をしている人たちを「グリーンカラー」と呼んでいる。

レッドネッカーは、幅広い。農業関係から、ビルや運河をはじめとする建設関係、道路工事や鉄道の敷設・保全、時に炭坑やトラック業界などの運輸関係、牧畜や漁業にまで及ぶ。言葉を換えて、ほとんど一年中ネクタイをしない人たち、と定義する人もいる。いわば、おのれの肉体を使って、この世を生きていく人たちだ。アイリッシュ・アメリカンのことを考えると、彼らは兵士として南北戦争時代からアメリカに尽くし、カウボーイとしてアメリカの食を維持し、運河を掘り、鉄路を敷き、石炭を掘り出し、機関車を通すトンネルを掘り、トラック輸送に従事し、漁船を操舵し、網を巻き上げ、時に警察官になり、消防士になり、ボクサーとして、あるいはレスラーやロデオ・スターとして活躍し……といった肉体を酷使することによって彼らはアメリカを生き、アメリカ人になっていった。それが彼らの存在理由《レゾン・デートル》だった。

アイルランドからの移民たちは、とくに「ジャガイモ飢饉」の被災者として、残る家族との苦渋の別れと苦難の船旅の果てにたどり着いた新天地では、故郷を捨てた「離郷者」、祖国を離れた「祖国喪失者」として、そして故国でのイングランドの人びととの確執と、自ら信じる宗教のゆえにひどい差別と迫害を受けることになった。彼らは自分の国を捨てながらも、アメリカ人として組み込まれたいという気持ちから、あらゆる肉体的な苦痛を通してこの若い国に貢献していったのではないだろうか。

アイリッシュたちは、ことに南北戦争に多くを出兵し、多くの犠牲を払った彼らは、その勇敢さをもってよく記憶されている。様々な戦いに出て行くことで、その存在を認めてもらおうとした。それは自分たちに続く子孫たちのためだった。自分たちよりましな生活が出来るようにと、彼らは願った。そのアイリッシュたちの食が、アメリカの底辺に息づいている。彼らは文字通り肉体をもってアメリカの国づくりに参加し、その彼らの食がアメリカの食を作った。

カウボーイやガンマンになったアイリッシュの若者は多い。そんな中の一人、二一歳で殺された時には二一人を殺していたというアメリカ西部史を飾る大悪人ビリー・ザ・キッドを追っていた時期がぼくにはある。彼は「極悪人」と呼ばれたが、彼は言うところの「悪事」を働いていたわけではない。当時の悪人の常套手段であった銀行強盗や列車強盗、押し込み強盗などをやったのではなく、ただ「自由」を得るために人を殺した。それも、自分が働いていた牧場と別の牧場での馬泥棒の疑いへの抗議から始まったことだった。その彼の生きた時代と周囲の人たちのことを知りたくて、西部のアイリッシュのことを調べていたのだ。

彼らの旅は、馬と一緒の長距離旅行だった。馬に乗って走らせることは、馬の疲労を考えてそう多くはなく、そのほとんどは手綱を引いての徒歩旅行だった。それがどれほどの長旅だったか、ビリーが働いていたニューメキシコ州サンタフェのホテルから、移り住んだ南のシルヴァーシティまで車を走らせたことがある。ニューメキシコ州の制限速度は七五マイル、一二〇キロだが、その速さで車を走らせても前方に見えているメサは、二時間走っても少しも近づいてくるようには見えなかった。その距離をビリーたちは、何日もかけて旅した。来る日も来る日も、同じ景色の中を歩き続けるのはどんな気持ちだったのだろう。少しも変わらない景色の中を歩いていくというのは、どういう気分だったろう。想像もできない。

カウボーイたちの時代、旅での食事となると、まずドライビーフ、ビーフジャーキーが思い浮かぶ。カウボーイの団体旅行――グレート・ラウンドアップと呼ばれる何百頭もの牛を追っての旅では、チャック・ワゴンと名づけられた調理用のワゴンに食材や食器、調理道具を積み、調理専門のコックがカウボーイたちの胃袋を満たすために腕を振るった。そういう場合なら、カウボーイ料理の定番となっている塩漬け豚肉と豆の煮物、ポーク・アンド・ビーンズやダッチオーヴンで作るコーンブレッド、それに粉から煮出すコーヒーなどが、ごく当たり前のように口にできた。だが、一人旅ではそうもいかない。干した牛肉やインディアンの作る、加熱して溶かした動物性脂肪に、肉や乾燥させたチェリーやスグリ、クランベリーやブルーベリーなどを混ぜて固めた携帯保存食のペミカンをかじり、コヨーテ避けに火を熾し、そこにホーローか錫のカップをかけて湯を沸かし、コーヒーの粉を入れてそれが沈んだら上澄みを飲む。

そういう一人きりの孤独な旅の日々だったビリー・ザ・キッドのことを書いた本を読んでいるうちに気になったことがある。それは彼らが旅する時、いつも岩塩の小さな塊を持っていることだった。それをナイフで削って、食べるものにかける。ビーフジャーキーやペミカンはすでに塩味などがついているので、岩塩は必要ない。だったら、何に使うのか。実は彼らはいつも缶詰を持っていたのである。それも野菜の水煮の缶詰で、その代表がホウレン草の缶詰なのだ。ナイフで缶詰のふたをこじ開け、野菜の水煮に削った岩塩を振りかけて、食べる。船乗りたちと同じように、長い間新鮮な野菜類が食べられない場合の壊血病予防なのだろう。ホウレン草の缶詰となると、ポパイを思い出す。

ポパイの生みの親はエルジー・クリスラー・シーガーで、ぼくはこの人もまた、ビリーと同じようにアイルランドの血を持った人なのではないかと、内心思い続けていた。しかし、彼の名前のシーガーは、フォーク・シンガーのピート・シーガーからもわかるように、ドイツ系なのである。煮すぎたような缶詰のホウレン草を思うたび、アイルランド系だったなら話は早いのになあ、と残念に思ったものだ。そして、シーガーの生まれたイリノイ州チェスターにある「シーガー・メモリアル・パーク」に建つポパイの像［図㉓］を見た時も秘かに吐息を漏らした。

ふと、考える。ホウレン草の缶詰は、当初ビタミンの補給、あるいは壊血病予防のために考えられた携行食だったろう。だからカウボーイの長旅や兵士たちの糧食に用いられたのだ。だが一方、ホウレン草の含有する栄養は、健康で強い鉄の肉体と鉄の意思を象徴するように思えたのではなかろうか。だからドイツ人シーガーが生み出したポパイは、実は肉体派の彼らの夢の具現ではなかったのか、と思えて仕方がないのだ。

貧しい牧師の息子であったぼくの親父は、一〇代から製材所、イチゴ摘み、道路建設、畑の用水路作りなどを通して自分の肉体で学費を稼ぐしかなかったと聞く。今、彼の「イーチュア・グリーン」は、ある色合いを持って耳の底に甦るのである。

7　赤いチェックのテーブルクロスと二択問題——イタリア系の人びとの食

i　アメリカの三大スープ

アメリカの中流クラスより少し下のレストランに入ると、いつも当惑するような選択を迫られることに出くわす。当初、それがなければアメリカでの外食は、至極楽しいものになるだろうにと、いくらか気が滅入る感じもなくはなかった。それは、「はじめに」でも述べたスープかサラダかを選択させることだ。アラカルトで注文しても、たいていはメニューの欄外に、パンと付け合わせの野菜、そしてスープかサラダが付きます、と書いてある。付け合わせの野菜も二つか三つ選ばなければならないが、こちらは好きなものを注文すればいいのでそう苦労はしない。ところが、スープかサラダかは、まったく別問題なのである。

アメリカを旅するようになって、ずいぶん経つけれど、ぼくにとっての最初の食にまつわる戸惑いは、このスープかサラダの選択だった。スープもサラダも好きだという人間にとって、そしてそれまでの洋食を食べてきた経験からして、コース料理ならばスープもサラダも付いてくるのが普通のことなのに、こともあろうにそのどちらかを選ばせることがまず驚きだった。その突拍子のなさはいかにもアメリカらしい乱暴な押しつけであると、長い間、本当に長い間、納得できずにいた。

どうしてそういう選択のシステムが生まれたのかというアメリカの食に対する疑問は、それから食事のたびにいつもぼくを悩ませ続けた。その疑問はまるで肝臓か胃に病を抱えているかのような重苦しい存在になっていった。何年も何年も、一人でロードサイド・レストランやカウンター一本のダイナーやランチカウンターで、そして時にはぼく一人ではなく、誰かとの旅のホテル付属のレストランや空港の大小の食堂、割ときちんとした一ツ星のレストランなどでも、ぼくはその理不尽な事態を打開しようと、少なくとも自分の胸の中で、その選択の意味を何らかの形で納得しようとする努力をし続けてきた。

アメリカのスープはご存じの方も多いだろうが、まずコンソメというのがほとんどない。フランス料理を売り物にしている、高級か、または高級だと自任しているレストランならともかく、一般の食堂のメニューにコンソメという文字を見つけることは難しい。そういう言葉がないのだと思うしかない。「ビーフブロス」という疲労回復や虚弱体質改善に、牛のすじ肉やすね肉を煮出した濃いエキスがある。スープではないが、その市販品が「ボブリル」という商品で、こちらはビーフブロスの濃縮液のようなもので、黒くドロッとした液体を湯に溶かして飲むのが普通だけれど、中には料理に使う人もいるかもしれない。ぼくはそれこそ、疲労回復のためにたまに飲むけれど、独特の風味は好き嫌いがあるだろう、とそのたびに思う。

コンソメばかりでなく、ポタージュもまた少ない。トマトスープやグリンピーススープ、アスパラガススープ、その他野菜のあれこれを煮つぶして裏ごし（今ではフードプロセッサーでやるのだろうけれど）したものや、ロブスタービスクを筆頭とするさまざまな魚介類の濃いビスクのようなもの以外は、あまり登場しない。冷たいポタージュとしては、ジャガイモの冷製クリームスープである「ヴィシソワーズ」以外、あまり見あたらないのが現状である。

なら、何があるか。思いつくのはまず、クラムチャウダーだろう。クラム（clam）はアサリでもハマグリでもなく、もしかしたら「ホンビノスガイ」、あるいは「コタマガイ」か「サルボウ」という貝なのかもしれない。貝のことはよくわからない。辞書で見ると、「アサリ、ハマグリの類」とあるが、確か東京湾でもよく獲れるけれど、日本ではほとんど利用されない貝だろうと思う。スペインやイタリアの海に近い町では、様々な貝類を、それも生で食べさせてくれる店をよく見かけるけど、アメリカの海沿いの町ではほとんど見かけない。生で食べるのは牡蠣ぐらいだろうか、バターで蒸したのはムール貝やこのクラムぐらいだろう。クラムは、アメリカのどこの海岸の砂浜にもいるらしく、どんな港町でもこれを食べさせない店はない。

ぼくが思うアメリカ三大スープとは次の三つだ。一つはこのクラムチャウダーであり、もう一つはミネストローネ、そしてチキンヌードル・スープである。基本的に海に近い地方に行くと、クラムチャウダーがメニューに載り出す。「ボストン・クラムチャウダー」は、クリームの入った白いポタージュ系で、ジャガイモがゴロゴロ入っているのが正式のようだ。一方、トマト風味は「マンハッタン・クラムチャウダー」で、これはニューヨークはリトルイタリーで考え出された。ボストン・クラムチャウダーにジャガイモが豊富に入れられるのは、この町にアイルランド移民が多く住んだ証拠の一つでもあり、トマト風味の「マンハッタン」は多くの貧しいイタリア移民が住んだ証明でもある。

田園地帯から農村地帯に入ると、俄然ミネストローネスープが多くなる。牛肉を煮込んだ「ビーフヴェジタブル」や押し麦を加えた「ビーフ・バーレイ・スープ」などに変化はしても、おおもとは野菜が主体のミネストローネ系なのである。そうではないかと以前から気がついているものの確かめる当てもなく、漠然とそうに違いないと独り決めしているのは、トマトが入ったものを「ミネストローネ」、入っていないものを「ヴェジタブルスープ」と呼び分けていると思われることだ。いずれにしろ、この手の野菜スープは、やはり野菜が豊富な地域では、ごくごくベーシックなスープと言えるだろう。

もう一つ、もっともアメリカらしいというか、アメリカにしかない、あるいはアメリカでこそ存在価値を認められているのが、チキンヌードル・スープだ。端的に言えば、海辺でもなく農村地帯でもない、これといった名産のない都市部で存在感を示すのが、このぼやけた麵が沈むチキンスープなのである。このチキンヌードル・スープがアメリカ人にとってどういう意味を持っているのかは、また別の項で触れたいと思う。しかし、このチキンヌードル・スープが、アメリカ中でいかに愛され、飲まれ、あるいは食べられているかは、スーパーマーケットの棚に必ず「キャンベル」のチキンヌードル・スープが並べられているばかりでなく、たとえばホテルの、それもビジネスピープルが多く集まる中流の上といった都市型のチェーンホテルの売店には、ティッシュや髭剃りや櫛、頭痛薬や歯磨きチューブなどに混じって、袋に入ったインスタントのチキンヌードル・スープ、たいがいは「リプトン」のそれが置いてあることからもわかる。これに部屋付きの湯沸かしケトルの湯を注いで作る熱々のチキンヌードル・スープは、旅の疲れを確実に癒してくれる秘密兵器である。

「キャンベル」の缶スープの場合、ヌードルが太いので、食べる時につい啜る音がして無礼になりがちだけれど、「リプトン」の袋入りの粉末スープは麺が細いので食べるのに啜らずにすむのがいい。それに持ち運びに便利である。旅の友にうってつけだろう。旅の必需品の一つが、コーヒーマグに入れた水を沸かすことの出来る、電気湯沸かし器だ。一日運転してきてようやくホテルに入り、パーキングエリアの所定の場所に車を駐めてその真ん前のドアを開けると、典型的なロードサイド・モテルの、カーペットクリーナーのにおいの残る部屋が目に飛びこんでくる。その部屋の片隅のテーブルに一人向かって啜るリプトンのインスタント・チキンヌードル・スープは、疲れた身体をたしかに癒してはくれる。とはいえ、どことないわびしさまでは、なかなか癒しきれるものではない。

ともあれ、これらアメリカらしいスープと、あまり特徴があるとも思えない、いや、ドレッシング――フレンチ、サウザンド・アイランズ、イタリアン、ブルーチーズ、オイル・アンド・ヴィネガーといったドレッシングをかけることで初めて味わいが違ってくるだけのサラダとを選択する儀式が、夜ごとのレストランで繰り広げられているのである。サラダのドレッシング一つとっても、その選択肢の多さはアメリカ特有のものだろう。フレンチ・レストランやイタリアンの食堂で、普通サラダはお仕着せのドレッシングで供される。客に何かを選択させようとするのは、コーヒーか紅茶、そしてデザート類ぐらいのもので、彼らには、スープかサラダか、そしてサラダのドレッシングの種類まで選択させる気は、はなからなさそうだ。

この何かを選択させるという仕来りは、日本人の旅行者には鬱陶しいという人が多い。食事の際の様々な選択、そのいい例が朝食で、目玉焼きの焼き方、ベーコンかハムかソーセージか、パンの種類は、コーヒーか紅茶か、コーヒーならレギュラーかカフェイン抜きのデカフェか、砂糖やクリームはいるか……などから始まる、「選ばせることを強制する文化」は、いったいどこからきたのだろうか。

その選択好きのアメリカでも突拍子のなさで第一位に挙げたいのが、このスープとサラダの選択なのである。なぜ、こういう考えられないような組み合わせを二者択一させるのか。

アメリカの旅が長くなるにつれ、ぼくにとって夜ごとの食事テーブルでの悩みというか、大いなる疑問は、その理由を知るまではスープもサラダもすっきりとは選べなくなっていった。あげくに、メニューには書いていない「今日のスープ（Soup of the day）」なんていうのもあったりして、この「今日のスープ」は、ウェイトレスに聞かないと何が出来るのかわからない。しかも、彼女たちは笑顔は素敵なのだけれど、早口で、よく聞き取れないことが多いのだ。一緒に旅したぼくの友人もわからないのに、知ったふりして注文してひどい目に遭ったことがある。

かくして、このスープかサラダの二者択一の責め苦を何百回となく経験しているうちに、ついに自分なりの一つの結論を得るに至った。それは、スープは「煮サラダ」なのだ、ということだった。サラダによく使われる生野菜は、身体を冷やすと言われている。ことに、レタスなどの葉野菜はそうらしい。だから、最初から体温の高い、汗をよくかく人たちは生野菜のサラダが向いているのだろうけれど、生まれつきの冷え性というか、身体が細くエネルギー効率の悪い人にはむしろ温かいスープ、それも身体を温めるというジャガイモやニンジン、カブなどの根菜類を使ったスープが向いている。

そうなんだ、とぼくは一人納得した。冷野菜のサラダと温野菜のスープ。だから、スープかサラダの二つの選択は、決して突拍子のないものではなかったのだ。ことにアメリカのレストランで出会う、食堂の椅子に座っているよりも、どこかのリングの中で悪役を張っている方が似合いそうな巨漢の連中にとっては、身体を冷やす必要があるのかもしれない。さらに、人によってはダイエットのためのサラダ志向もあるだろう。一方、生野菜は身体を冷やすからよくない、と考える人も確かにいる。だから、このスープかサラダは、生野菜と煮野菜の選択なのだ。そう思い定め、納得することにした。

ところが、その後の旅で、そしてあちこちの町の小さな図書館や記念館やアーカイヴで出会った資料類やスクラップの山の中に、とても気になる文章があった。それは料理研究家というよりも、もっと直截にアメリカ料理研究家と規定してしまった方がいいような、そう呼ぶにふさわしいアメリカ料理史の大部な本を発表して、その地位を揺るぎないものにしている人物、エヴァン・ジョーンズの文章で、何かの新聞に寄稿したらしいそこには、「アメリカへのイタリア移民たちによって、それまでの食の概念がいくつも変わることになった。その中でも顕著なのが、アンティパスト（イタリア料理の前菜の一種）の導入だ。このアンティパストは、アメリカ料理へ取り入れられたイタリア食習慣の第一歩だと言っていい。それは一つの皿から次の皿への、句読点のように用いられ始めたのだが、西海岸のざっくばらんな地域性からか、その習慣が積極的に取り入れられて、しっかり前菜として定着するようになった。やがてその〝サラダ前菜症候群（salad-as-appetizer syndrome）〟とでもいうべき動きは、間もなく東部の都市へと急速に拡がっていった」と書かれていた。

もう一つ、この人の説で非常にわかり易かったのは、「アメリカ人というものは、労働者階級ばかりでなく、ほとんどどの階級の人間も皆せっかちで腹を空かせている」という一行だ。レストランの席に着いてメニューを開いて注文をすませたあと、それが出てくるまで待てない。そこでまずスープかサラダを選ばせることにした。そのどちらも、作り置きのきく、ほぼ出来合いの料理なので、注文が決まればすかさず提供することが出来る。なるほど、アメリカ人はいつの間にか「せっかち」な人種になってしまったのである。だから、それまで世界のどの国も考えもしなかった「ファストフード・チェーン」を作り出したのだ。ここには二つのアメリカ的本質が隠されている。一つは、せっかちであるということ、そしてもう一つは、味の普遍性を保証しているのである。このことはまた別の項であらためて書くつもりだが、この「味の普遍性」はアメリカ食の大いなる特徴であることを考えると、食のチェーン店化の志向は意味が深い。

〝サラダ前菜症候群〟のもう一つの理由、すなわち彼らがメインの皿が出てくるのが待てない理由は、いや、これはぼくの推理なのだが、彼らアメリカ人の多くが、あまり酒をたしなまないからではないか。一人でテーブルに着こうが、あるいは何人かの仲間と座ろうが、ワインでもちびちびやっていれば、胃袋の活性化も含めて食べ物がくるのを楽しみながら待つことができるのだろうけれど、まったく飲まない人だとこの時間はかなり長く感じられるに違いない。待ちくたびれた結果、そのレストランのサーヴィスが遅いという文句も出てくることだろう。

アメリカ人が酒をよく飲むか飲まないか、これは難しい問題だ。映画や小説や音楽や劇では、よく飲む人が出てくる。身体の大きな彼らは、ぼくらよりも量が飲めるだろうし、それだけに、量を飲まなければ酔わないだろうとも思える。ぼくら日本人は彼らほど肝臓も強くないからアルコール依存症にさえなれずに、先に肝臓を壊してしまうのだという話も聞く。そして映画や小説や歌の世界を見ると、アメリカでは酒を飲む人が大半なのではないかと思ったりもする。

だが実際には、飲まない人が多いのは事実だ。どんな地域のレストランでも飲む人よりも飲まない人の方が圧倒的多数だ。実際に統計をとったわけではないけれど、ぼくの目には、そう見えてしまう。今も多くの州では禁酒を法律とする「禁酒郡《ドライ・カウンティ》」が驚くほど多いし、スーパーなどで酒を扱っている店でも、夕方や週末には売らないというところも多い。ぼくの知り合いの大半も、酒を飲まない。ところが、飲む人となるとものすごく飲む。いつでも、どこでも飲む。そういう人の印象が強いので、アメリカ人は酒好きだ、と思いやすいのだけれど、実は飲まない人の方が多いように思う。タバコを喫う人が確実に減りつつあるように、酒を飲む人もまた年々少なくなっているに違いない。

そう思う理由の一つが、酒を飲ませない店が増えているように思われるからだ。むろんアルコール販売の免許を持っていない店もあるけれど、そうでないところもある。面白いのはオクラホマ州のオクラホマシティ近くの町で入ったレストランでのことだ。いったいにアメリカの郊外のレストランでは、レストラン自体でアルコール飲料を用意しているところもあれば、飲ませるバーと食べさせるレストランとが別になっているところもある。客の中には、レストランでしっかり食べずに、バーで飲みながら適当につまむだけでいいという人もいる。だからバーでは何がしかは食べられるかも知れないが、レストランでは飲ませない、ときっちり区別しているのだ。

さて、オクラホマシティの郊外のレストランでのことだ。バーが隣接している店で、その時は友人のカメラマンと二人、ぼくらはバーでビールを飲んでいた。腹も空いていたのでレストランに移ろうとしたのだが、レストランでは酒類はサーヴしないと言う。ただ、バーからジョッキを持って行ってもいいとのことなので、ぼくらは喜んでジョッキ片手にレストランに移った。ところが、席に座って料理を注文した後、そのジョッキは当然のごとく空になってしまったのだ。しかしレストランでは酒は注文できない、仕方なくバーに行ってビールを買ってまた戻ってくるしかないと思っていたら、そこはうまい具合に、ウェイトレスがぼくらの気配を察して近づいてくるや、バーからビールを運んできましょうか、と訊いてくれるではないか。彼女は二杯のビールをエプロンの下に隠しながら、運んできてくれたのである。こういう町には、住みたいというほどではないが、もう一度行ってもいいように思うのだが、その店がどの辺りにあったのか、何という名前の店だったのか、今はさっぱり忘れてしまった。しかし、飲み足りない客がこれまでにも何千人といたろう、そのリクエストを実にうまいこと処理する方法を考え出したものだ。ビールのお代わりもありがたいがそれ以上に、そのウェイトレスとある種秘密を分かち合った気分で、その時の食事はとても気持ち良かったことだけははっきりと覚えている。

こうやって、食事間際までアペリティフを楽しむことは出来るけれど、それでもスープかサラダかの選択はやってくるわけで、そうなると酒の方が邪魔になってしまうこともある。そこから考えられるのは、スープかサラダかの選択は、実は酒を飲まない人たちがいかに多いかをあらわしているのではないか、彼らの手持ち無沙汰解消のためではないかということだ。

イタリア料理は、独特の、そして強烈な彩りや味わいを持っているから、それがその人の嗜好に合えば容易に虜《とりこ》になってしまうところがある。したがってその影響は大きく、サラダ自体は他と変わるところがないのだが、そのサーヴする「時」というか「タイミング」というか、その段取りがそれまで普通に行われていた英欧スタイルから瞬く間に入れ替わってしまったのだと思う。これまで長い間、ぼくを悩ませ続けてきた 'Soup or salad' の二択問題は、かの地の人びとの体質や健康志向まで慮《おもんぱか》る必要はまったくなかったのだ。

しかし、一人での長旅、一人での食事や宿泊——そう、ホテルのフロント係とレストランのウェイトレス、そして図書館の司書や博物館のキュレイターたちとほんのひと言ふた言話すだけの毎日が続くと、つい自分自身との会話が多くなる。そうなるとその旅で見かけた、または気がついた、あるいは思いついた小さな疑問は、やがてまるで人生の大テーマのように頭の中枢を占領し始めるのである。その謎が、たまたま出会ったたった一回だけのことだったなら、すぐに次の展開や事態に遭遇してどこかに紛れてしまうのだが、それが毎夕の食事でのこととなるといつも新しく刷り込まれるわけで、その疑問は次第に大きくなる。ぼくはこのエヴァン・ジョーンズの文章を読んで、自分の出生の秘密を解明してもらったかのような安堵感と、ある種の寂しさを覚えたものだった。同時にイタリア料理はすごい力を持っている、という思いも正直強く感じたのだった。

ii　「チキン・キャッチャトリー」の正体

イタリア料理に関しては、つくづくと我が家は駄目な家であったなあ、と思わずにはいられない。子供の頃、おふくろがよく作っていた洋食に「チキン・キャッチャトリー」というのがあった。正しい料理名はなんというのか、どう表記すればいいのかわからないが、おふくろが言ったままを字にするとこう書くしかない。これが子供の頃には、不思議でたまらなかった。チキンはわかる。鶏肉がメインの材料であることは、その名前が教えてくれる。けれど、「キャッチャトリー」とは何のことだろうか。その頃のぼくの英語のレベルは、「キャッチ」は「捕まえる」ということだとわかる程度だった。問題は「トリ」だ。トリは鶏だろう。だとすると意味は「チキンは鶏を捕まえる」ということなのだろうか、と小学生高学年のぼくは、悩んでいた。

料理の名前としては、奇妙である。奇妙だ、不思議だ、と思いながら、その後何度もその「チキン・キャッチャトリー」を食べ続けて大人になった。大人になってからも、小学生時代より少し英語が上達しても、鶏を捕まえるチキンの料理の謎は解けないまま、そしておふくろの料理も少しも変わらずにあった。内容はといえば、塩・コショウして粉をはたいた鶏肉をフライパンで両面を焼いてカリッとさせ、これにトマトとタマネギは櫛形に切り、セロリ、ピーマンは大ぶりのざく切り、それにマッシュルームの薄切りなどを加えてゆっくりと煮て、軟らかくなったら塩・コショウで味を整え、一方、きしめんを茹でて皿に盛る。そこに、この煮込んだ鶏肉シチューのようなものをかけて、好みでパルメザンチーズやタバスコを振る、というものだった。

きしめん、というのがミソで、その時代、いくらか幅広のパスタであるフェトチーネはそう容易く手に入らなかった。だいたい「パスタ」という言葉もほとんど知られていなかった。それとも、我が家だけのことだったのだろうか。家が家だっただけに、かなり自信がない。世間はともかく、我が家ではパスタを知らないまま、きしめんが登場した。親父の仕事の関係でよく使っていたらしい食べ物屋の主人だか女将さんだかが名古屋の出身で、まとめて取り寄せてもらっていたのか、あるいは上客ででもあって歳暮や中元に送られていたのかは知らない。ただ我が家では昼食によくきしめんが出てきた。うちは麺好きの一家でもあった。それも、うどんかきしめんに限られていた。蕎麦も素麺も冷麦もラーメンも、中学の終わりか高校の初めまで、ぼくの世界には存在しなかった。今のぼくも麺が好きで、昼食は様々な麺をとっかえひっかえ、一年間毎日でも飽きない。

ともあれ我が家の「チキン・キャッチャトリー」は、今思えば、スパゲティ・ミートソースのスパゲティがきしめんに、ミートソースがキャッチャトリーになったのだと思えばわかり易い。そして、そういうものだと思い続けてきた。しかし大人になって、少しは食べ物のことがわかるようになってきた時、驚愕すべき二つの事実に出くわすことになった。一つは、これまで我が家では。ごく当たり前に「キャッチャトリー」で通っていたイタリア料理の一種が、正しくは「カチャトーラ」であるという事実である。

「チキン・キャッチャトリー」は、正しくは「ポッロ・アッラ・カチャトーラ（Pollo alla cuciatora）」であった。カチャトーラ、すなわち「猟師風」である。英語で言うところの「チキン、ハンター・スタイル（Chicken, hunter style）」で、これを少しシャレてというか、イタリア風を匂わせて「チキン」だけは英語で、後はイタリア語風にしたのだろう。惜しむらくは、その発音がなっていなかった。むろん我が家のがである。もし「キャッチャトーラ」になっていたら、鶏が虎を捕まえる、ともっとわからない言葉になってしまったことだろう。

ぼくが最初に買ったイタリア料理の本は、昭和四九（一九七四）年初版の、当時イタリアの、いや、世界的な人気女優、ソフィア・ローレンの『キッチンより愛をこめて』だった。彼女の人気の故ではなく、今も覚えているが、様々な調理法以外に挿入されたあれこれの知識、たとえばピッツァの項では「手に関するエチケット」、パスタの項では「パスタの種類」と「パスタのゆで方」、そして「タバコの煙とエチケット」、ご飯・スープでは「大勢で食事するときは」、魚の項では「目の果たす役割」といった彼女のミニエッセイのようなものが、そしてその確信に満ちた物言いが、まだ軟らかかったぼくの心に多くのものを与えてくれた。

ソフィア・ローレンの『キッチンから愛をこめて』〔図㉔〕には「鶏とピーマンのトマト煮」という日本語訳で、'Pollo alla cacciatora con i peperoni' という料理が載っている。問題の「カチャトーラ」である。この人のは、鶏とタマネギとトマトとピーマンだけ。他にオリーヴオイルとローズマリーと塩・コショウ。彼女は、ナポリではピーマンを使うと書いている。ここでは、セロリもマッシュルームも出てこない。本場のはこういうものなのだろう。少し元気がなくなってきた。

日本での本格的なイタリア料理の先駆者は料理研究家の本谷滋子ではないかと、ぼくは彼女の昭和五二年初版の『スパゲッティ　ピッツァ』を見るたびに思う。昭和五二年は一九七七年。この時代、これだけ本格的でしっかりしたイタリア料理の本を出版するなんて、驚くべきことだ。

その中にある、「猟師風スパゲッティ　スパゲッティ・アッラ・カチャトーラ」の材料は鶏肉と丸のままの小タマネギとピーマン。これらをタマネギのみじん切りやニンニクなどと一緒に炒め、白ワインを入れて缶詰の水煮トマトを加えて煮込む。これをスパゲティにかけて供する。我が家とほぼ同じである。ただ本谷さんもまたセロリは入れていなかった。どうやら、中国料理の「チャプスイ」といい、イタリア料理の「キャッチャトリー」といい、おふくろの料理にとってセロリがキーになる食材であるようだ、と後に判明する。

おふくろのセロリはどこから来たのだろう。一九世紀半ばに生まれたファニー・ファーマーは、一八九六年にアメリカ中に大きな影響を与えたかの有名な『ボストン・クッキングスクール・クックブック（*The Boston Cooking-School Cook Book*, 1896）』を発表して、アメリカ料理の伝統を作り上げた人物である。家にあるのは、そのバンタムブックのペーパーバック版（一九五九年）で、今は無残にもボロボロになっている。その本を下敷きとした『ファニー・ファーマー・クックブック（*The Fannie Farmer Cook Book: The Great All-American Cookbook*, 1979）』は、おふくろの座右の本だった。今手元にあるのは、ペーパーバックで二〇版。一九八八年六月六日、ヴァンクーヴァーで親父が買っておふくろに贈ったものだということは、最初のページの書き込みでわかる。向こうの人は、よくこういう書き込みをする。古本屋に売る気がないのだろう。一八〇〇のレシピが載っているその二九四ページに'Chicken Cacciatore'がある。材料は乾燥マッシュルーム、鶏肉、タマネギ、トマトペースト、生か缶のトマト、それに白ワインにニンニク、オールスパイスとタイムとローリエの葉、それに塩・コショウ。

もう一冊、現代アメリカ料理の集大成ともいうべき前掲の料理本『ジョイ・オブ・クッキング』では、'Chicken Cacciatore or Hunter's Chicken'と題してレシピが載っているが、内容はほぼファニー・ファーマーと変わるところがない。いったい、うちのキャッチャトリーのセロリはどこから来たのか。ますます不安になってきた。

その前に、イタリア語ではCacciatoraが、アメリカ語表記ではCacciatoreであることが気になった。このアメリカ語の発音では「カチャトール」か、あるいは語尾がreなので、「カチャトーリ」と発音する人がいるかもしれない。また、caは、アメリカでは「カ」と発音するよりもcatのように「キャ」としてしまう人が多いことだろう。となると、我が家の「キャッチャトリー」もまんざら頓珍漢なわけでもなさそうだ。ただ、その言葉から、変な想像をしたぼくがいけない。

しかし、もっと気になるのは、どうして我が家の「ハンターズ・チキン」にセロリが混じってきたかである。日本では「五目野菜炒め」や「八宝菜」と名づけられた、本来は「チャプスイ」と一般に呼ばれる料理でもセロリは使わない。中国や台湾やマカオにはそう何度も行ったわけではないし、チャプスイだけを研究しに行ったわけでもないから本場のがどういう風になっているかよくわからないのだが、今、ウェブのサイトをあちこちうろついてみると、きちんとした中国料理のレシピでは、セロリは出てこない。だが、英語で探すとアメリカン・チャイニーズ・クィジーンとして、セロリの入ったものがいくつか見つかった。すなわち、セロリ入りは、アメリカ料理の一種の烙印のようなものではなかろうか。わが国では、セロリは基本的には生野菜としての存在感の方が大きい。好き嫌いが多く、ことににおいがきついからと敬遠する人が多く、それも子供が苦手としている。近所のおばさんは、漢方の煎じ薬のにおいと同じで苦手だと言う。ぼくの周囲にも、セロリ好きは少ない。

セロリ自体は芹科で、原産地はヨーロッパ、中近東。日本には加藤清正が持ち込んできたので「清正ニンジン」とも呼ばれるが、においが三つ葉に似ているから「オランダ三つ葉」の名前もある。中国で改良された「芹菜」は、スープセロリと呼ばれていて、今我々の知るセロリのように白い部分は少なくて細く、むしろ香菜やイタリアンパセリに近い印象がある。ほぼどこの部分も食用になるが、とくに名前のように煮る料理に用いられることが多くて、それでヨーロッパやアメリカに紹介されたのだろう。洋食では、セロリは生で食べるよりも煮炊きものに用いられることが多い。とくにスープやシチューには、ある種欠かせない食材と言えるだろう。中国料理でもよく用いられるが、欧米には負けるのではなかろうか。チャプスイに、もともとセロリが使われていたかどうか、正確にはわからない。だが、今、ネットで探れるレシピでは、ほぼ使わないと言って差し支えないようだ。もちろん、どこかの地域のどこかの店の誰かは使うかもしれないが、一般には使うことはなさそうだ。となると、チャプスイはアメリカに渡って、あるいはアメリカで作られた時に、アメリカ人の好物のセロリが入れられたのではないか。それはまた、カチャトーラにも言える。カチャトーラがキャッチャトリー、またはキャチャトーレになった時に、イタリアでは入っていなかったセロリを入れる人が出てきたということではなかろうか。ヨーロッパの人のことはよく知らないが、アメリカ人はセロリ好きで、その例になるかどうか、最近「セロリにピーナッツバター」が子供たちの間で大流行している。セロリスティックにピーナッツバターをのせ、その上に蜂蜜や好みのコンフィチュール、またはレーズンやドライクランベリーなどをのせると、実はオードヴルにも絶妙で、大人たちにも流行が広がっている。こういう食べ方を発明するアメリカ人は、やはりセロリ好きといって差し支えなかろう。

ここで結論である。外国で生まれた料理はアメリカ式になると、セロリを加えることが多い。セロリが入っているかどうかによって、それがアメリカ生まれ、またはアメリカナイズされた食べ物であることの証だ、とは決めつけられないかもしれないけれど、ただし、イタリアや中国など本場のレシピを正しく伝えるものは、セロリなど入れない。ではなぜアメリカ料理になった途端、セロリが入ってしまうのか。それが、次の大きな謎だった。

もう一つ、ぼくが驚かされたのは、大人になっていっぱしの味のわかる男のつもりで、その頃に評判だった小体なイタリアンレストランに行った時のことだ。メニューに「カチャトーラ」の一行を見つけて、我が家のそれが本物からどれほど離れているかを知りたくて注文してみた。しばし待って出てきたのは、確かに鶏肉やピーマンやタマネギをトマトソースで煮込んだもので、味や見た目や体裁は、我が家のそれとの差は致し方ないとここでは無視するが、問題は麵、いや、パスタだった。むしろんそれはきしめんではなく、デュラムセモリナ粉で作ったフェトチーネだった。だが問題はそこにはなく、その大きな違いは量なのだ。ようするにフェトチーネ、すなわちパスタは、カチャトーラの付け合わせに過ぎなかったのだ。それを我が家では、まるで「スパゲティ・ミートソース」のようにきしめんを皿にたっぷりと盛って、その上にキャッチャトリーを、これまた上からどっぷりとかけた。典型的なワンプレートミールである。ところが、こういうのは邪道とは言わないまでも、本格からはずれていたことがわかった。

その後どこの土地でもどこの店に行っても、フェトチーネをスパゲティのようにたっぷり食べるやり方というのにには一度もお目にかかったことがない。ある店では、ラム酒に漬けた干しブドウを混ぜたバターライスに、うちのよりもっとスパイシーでフレイバーもヘヴィーな、あえて言うならば大人の雰囲気を持ったカチャトーラがよそわれていたりした。これが単品の「ポッロ・アッラ・カチャトーラ」なのかと、その成熟した味に感心した。それに比べてうちの、そう「チキン・キャッチャトリー」は、名前からして子供っぽい代物だと思わずにはいられなかった。

しかし、本谷滋子の『スパゲッティ　ピッツァ』での「スパゲッティ・アッラ・カチャトーラ」は、うちと同じ、だがきしめんやひもかわうどんではなく、れっきとしたスパゲティがたっぷりと盛られている。ある時代、日本の、それも家庭でのスパゲティはこういうものだったのだろう。シャレた洋風の夕食の一皿として、それで充足させなければならない。レストランででもない限り、二皿も三皿も準備出来るはずがない。だから、スパゲティが潤沢に盛られていても不思議がないのである。そう思うしか、この本の写真から判断のしようがない。

我が家のイタリア料理のレパートリーは、それだけではない。むろん、インスタントのイタリアン・サラダドレッシングは別にしてだ。仔牛の粉チーズ入りカツレツ、「ヴィール・パルミジャーノ」、イタリアでは「コトレッタ・アッラ・ミラネーゼ」というのだろうけれども、それももう一つのレパートリーの一つで、時々食卓に上ったのが、子供の頃からの定番のパスタ類だった。その頃は「パスタ」とは言わなかった。単にスパゲティでありマカロニであった。それらがパスタの中でも、形状や大きさや太さによって、様々に分類されているうちの二つだとは知る由もなかった。

おふくろの料理の中では、スパゲティよりもマカロニの方が早くレパートリーになったのではないかと、子供の頃のおぼろな記憶だけを頼りに思う。いわゆる「マカロニグラタン」が小学校時代のぼくの、いや、いまだに好物のひとつだから、その歴史は実に長い。けれどそのマカロニグラタンは、あの白くクリーミーなベシャメルソースの、そしてパン粉を振りかけられてオーヴンでこんがりと焼かれ、旨そうに焦げ目のついたお馴染みの一品ではなかった。おふくろは、おそらくはその人生で一度もベシャメルソースというものを作ったことがなかっただろう。

一度、「ドリア」の話をして、彼女は眉をしかめたのを覚えている。彼女は、米飯を汚して食べたくない人間だった。正確に言えば、飯茶碗を汚したくないというのだろうか。たとえば納豆。あの人は不思議なことに、カナダで生まれ育ったにもかかわらず、納豆が好きだった。親父は苦手だった。彼女の両親も、好物だったとはとても思えない。どういう事情から、彼女は納豆好きになったのだろうか。ぼくにとって信じがたかったおふくろの納豆は、ネギや芥子や醬油ではなく、砂糖だけを入れた。それを白飯の上にそっとのせて、その部分だけをすくうようにして食べていた。決して茶碗に納豆をつけないようにしていた。今のぼくもまったく同じで、納豆ののった飯だけをすくって食べる。彼女はまた、瓶詰めのウニも好きだったが、同じように慎重にやっていた。焼き海苔も、醬油が他の飯につくのがいやで、味付け海苔が出てからはそれ一点張りだった。だから彼女にしてみれば、ドリアは論外な食べ物だったろう。焼き飯も、チャーハンも、ピラフや何かの丼物も、彼女が食べているのを見たことがない。だが、グレイヴィのかかった白飯には抵抗がなかったようだから、結局はなんだかよくわからない。

ともあれ、うちではベシャメルソース系のマカロニグラタンは登場しなかった。では何があったのかというと、マカロニ・チーズグラタンだった。チェダーチーズの、あの明るい黄色が華やかで眼にしみるようなグラタンで、市販のマカロニとチェダーチーズの粉末がセットになったものだ。マカロニを茹で、チェダーチーズの粉をまぶし、キャセロールに入れてオーヴンで焼く。それだけ。パン粉やパルメザンチーズは好みで振ってもいい。上火で焼くと表面がいい具合に焦げて好きだった。オーヴンがなくたって、添付のチェダーチーズの粉末をまぶしただけでもいいから、至極簡便である。

こういう貧しさのにじんだような、いわゆる「プアマンズ・マカロニ・オウ・グラタン」のようなものは、アメリカ特有のものだろう。「マカロニグラタン」は、イタリアのマカロニとフランスの調理法である「オウ・グラタン」を合体させたハイブリッド料理で、第三代大統領ジェファーソン考案のアメリカ独自の料理である、と前にも書いた。このマカロニグラタンにしろ、グレイヴィソースにしろ、ケイジャン料理の「ルウ」にしろ、英欧料理の物真似、いや、本当に真似をするだけの力も味覚もなく、知識もなく、それこそ猿真似に過ぎない。そしてその猿真似の特徴は、その真似によってヨーロッパ趣味や風味や文化の香りを受け継ごうというのではなかった。ただ簡便で旨ければよかったのだ。

アメリカに渡った初期の入植者や移民たちは、新しい移民たちによって機械的に、また既得権益の裏付けによって上の階級へと押し上げられていった。そのことによってできた上流階級以外はなべて平均的に貧しく、言語上のハンディキャップによる教育の不足などもあって、二流、三流の市民に甘んじるしかなかった。そういった人びとがこの国の大部分を形成しているのである。彼らの中のある者にとってアメリカのハイブリッド料理は、ヨーロッパの懐かしい雰囲気を持った食でもあったろうし、また別の移民たちにはまったく珍奇といっていいような食であったろう。しかし、そのどこの国のものともつかない違和感のある食ではあっても、そうやって誰もが少しずつ妥協することによって世界のどこにもない「アメリカの食」と「アメリカ人」という新しい文化と民族が創られていったのだ。

ひるがえって、「チェダーチーズ・マカロニグラタン」である。ここにもアメリカ食の特徴が出ている。今、市販されている「チェダーチーズ・マカロニグラタン」の箱の裏に書かれた調理法には、マカロニをたっぷりの湯で茹でた後にバターを、これまたたっぷりと入れて、添付のチェダーチーズの粉をからめる、となっている。それでカロリーが多いようなら、バターの量を半減してローファットミルクを入れろ、とある。

我が家のもう一つのパスタは、スパゲティだった。それもミートソース一点張りだった。作り方は、合い挽き肉にセロリやタマネギやピーマン、ニンジンの粗みじん、そこにトマトの角切り、マッシュルームの薄切り、あればグリーンかブラックのオリーヴを薄切りにして入れ、長い間煮るというものだったと思う。子供の頃、袋入りのインスタントのイタリアン・ミートソース・シーズニングとかいうのを振り入れていたが、その後ほとんど登場しなくなった。スパイスの何か、おそらくはオレガノか何かの風味がおふくろには合わず、入れなくなったのかもしれない。このミートソースは、いわゆるイタリアのボロネーズソースとは、風味も味わいも違うだろうけど、それが我が家の、そしてアメリカのスパゲティ・ミートソースなのだろうと思う。癖がなく、スパイシーでもなく、穏やかで、平穏な味なのである。これだけしか登場しなくても、飽きるも何も、飽きる要素のまったくない豆腐の味噌汁のようなものだと、今は思っている。

冒険のつもりだったのか、一度か二度、彼女はミートボール・スパゲティを作ったことがある。冒険ではなく、育ち盛りの男の子のために、ミートソースよりも少しは肉っ気のあるものを、とでも考えたのかもしれない。やはり本で学んだのだろうが、いつものミートソースと違っていくらかオレガノの風味が潜んでいるようなトマトソースに、ゴロリゴロリと肉団子が転がっているというものだった。スパゲティはいつものように茹で上げてオリーヴオイルをからめたものに、肉団子の入ったトマトソースをかけてある、という絵に描いたような一品だったが、これは食べにくかった。肉団子がである。スパゲティを片寄せた皿の隅に肉団子を置いて、ナイフとフォークで切るのだが、材料の案配なのかしっかりした塊になっていて、フォークで刺そうにもナイフで切ろうにも、ブンッ、というような強い弾力を感じる具合だった。床に落としたら、弾んだことだろう。それをなんとか割って、トマトソースをからめて食べ、次いでスパゲティもからめて食べ……ようするに、トマトソースがたっぷりないと、どちらも中途半端なものになってしまう。スパゲッティ・ミートボールは、実はスパゲティを食べる一皿ではないのではなかろうか。主役はスパゲティではなく、ミートボールではないのか。大人になって何度かアメリカのイタリアンレストランでこれと格闘しながら思ったものだった。

あれは肉料理なのである。スペイン料理に、「アルボンディガス」という肉団子料理がある。トマトソースで煮込んだもので、これにスパゲティを加えたものが、イタリア料理の「スパゲティ・ミートボール」で、イタリア語では「スパゲティ・コン・イ・ポルペッティニ」となるのだろう。この場合、スパゲティをこんもりと盛って一皿充実の一品にはせずに、むしろ肉団子、イタリア語で言うところのポルペッテがメインの肉料理と考えるべきなのだ。

ミートボールのトマトソース煮込みを、スパゲティに仕立てたのはアメリカ人だろうという想像がぼくにはある。それが日本に渡ってきて、「スパゲティ・ミートボール」としてメニューに載るようになった。これが紹介された頃、日本の洋食はフランス系の他に、アメリカ経由のイタリア料理がその存在感を高めていったのだと思う。ミートボールだけではもの足りない、チキンの猟師風だけでは物足りない、そこでスパゲティが登場することになる。先に紹介した本谷滋子の『スパゲッティピッツア』には、この両方とも、すなわち「スパゲッティ・アッラ・カチャトーラ」と「スパゲッティ・コン・イ・ポルペッティニ」が堂々と載っている。そしてともにたっぷりとスパゲティが盛られている。うちの場合と同じだ。

ミートボールにしろ、ミートソースにしろ、おふくろのスパゲティはそれなりに旨かったし懐かしいけれど、最近のパスタ事情を考えるとつい溜め息が出てしまう。ぼくの家の、いや、もっと広く言えば、日本のパスタを振り返るといくらか恥ずかしく、それでいて懐かしく愛おしい。

今のスパゲティを茹でるやり方は、たっぷりの湯にひと摑みの塩を入れ、スパゲティを投じ、歯ごたえのあるところで引き上げて湯を切り、それをあらかじめ別のフライパンで作ってあったソース類をからめて皿に盛って供する、というところだろう。ミートソースやその他のしっかりしたソースの場合は、茹で上げたものを皿に盛ってから、上にソースをかけるというやり方もある。テレビの料理番組のスパゲティを取り上げるような時でも、ごく当たり前のように茹で上げだし、町中のチェーン店などのパスタ店でも、わざわざ「茹で上げスパゲティ」と看板にうたっていることからもわかる。

この茹で上げはいつ頃から日本でもやり出したのか、最近のイタリア料理の興隆からなのかと思っていたら、昔のことだと教えてくれた人がいる。古川緑波である。このグルメにしてグルマン、もっと端的に言えば「大食いの食いしん坊」である彼の本、昭和三〇年初版の東京創元社『ロッパ食談』という本が手元にある。この「あまカラ」に連載した文章の中の、「新版洋食記1」、「近ごろの、食ひ歩記である」と始まるエッセイの終わり近くに、イタリア料理の店が登場する。「西銀座のコーナー・ハウスは、スパゲッティ専門で、マカロニはないが」という話から、麻布のレストランに話は続く。「同じイタリー料理に、麻布霞町の、イタリアン・ガーデンがある。こっちは、スパゲッティの他、マカロニもあり、イタリーのヒモカワうどんTagliatellもある。すべて、イタリー式に、湯煮のまゝをミートソースや、トマトソースなど、好みのものを掛けて食ふやうになってゐる」とある。なるほど、昭和三〇年といえば一九五五年で、戦後一〇年。昭和三九年、一九六四年の東京オリンピックやその六年前の一九五八年に東京で行われたアジア競技大会などで、初めて外国人が日本に大挙してやってきて、にわかに国際的な感覚と文化が流入してきた以前から、「本場イタリー」のやり方が東京にはあったのだとわかる。

この古川緑波という人の、食に関する強烈な興味と欲求は、後のぼくらに大いなる遺産として貴重な記録を残してくれている。そこが、実にありがたい。『古川ロッパ昭和日記』の昭和一三年四月二二日（金曜）には「ニューグランドへ行き、トマトクリームスープに、ミートボール、スパゲティ。」の描写がある。「ミートボール、スパゲティ」とあるのは、ミートボール・スパゲティのこと。「ニューグランド」が、横浜のホテル・ニューグランドかどうかの確証がないが、このホテルなら、一九二七年開業以来の初代料理長にサリー・ワイルという人がいた。この人はスイス生まれだが、ヨーロッパ各地で修業して様々な国の料理に通じていて、イタリア料理ももちろんその掌中にあった。その弟子の入江茂忠がスパゲティ・ナポリタンを創案したことでも知られている。

ワイルはスパゲティをどうやって作ったのだろうか。やはり茹で上げだったのだろうか。それとも、すでに茹でたものを注文がくるたびに茹で直したり、炒めたりしたのだろうか。とても興味がある。ぼくが自分の金で外で食べるようになった頃、スパゲティは炒め直すのが普通だった。このやり方はいったいどこから来たのだろうか。

一九六〇年代に青春を送ったぼくにとってのスパゲティは、どうしてもナポリタンになってしまう。よく食べた。学生の頃の学食や、学校近くの食堂や喫茶店。どこもほとんど作り方は同じで、注文するとまずオムレツ用のフライパンに油を引き、ざるに入れられた茹で上げてあるスパゲティを分量だけとって炒める。タマネギのほうが先だったかもしれない。それにハムかソーセージの薄切り、それも皮が赤いソーセージにピーマンと缶詰のマッシュルーム薄切りを加えて炒める。ケチャップと塩・コショウで味をつけて出来上がり。どこも同じだった。学校のあった池袋のあれこれの店でも、住んでいた青山のあちこちでも、よく遊びに行った六本木や横浜のどこでもほとんど同じだった。スパゲティは茹で置いたものを炒めるのが常識だった。

もう一つ、その時代洒落ていた食べ物がマカロニグラタンだった。どちらかというと女の子の食べ物で、喫茶店の黒い樹脂張りの細長いテーブルにスパゲティとマカロニグラタンの皿が並んでいるのを思い出せる。マカロニの代わりにスパゲティを使ったグラタンは、よく行った葉山は長者ヶ崎の「ポニー」の名物だった。ホワイトソースではなくトマト風味で、春先、相模湾を渡るまだどこか寒さの残る風にこの「スパゲティグラタン」はよく合った。グラタンだから、当然スパゲティはやわらかい。ぼくにとって、スパゲティはやわらかいものだ。一度茹でたものを温めなおしたり、炒めなおしたりするものだ、という考えがすっかり染みついている。

しかし大人になってからは、この学生時代の大学近くの喫茶店や食堂や食べ物屋で出てくるスパゲティ・ナポリタンの作り方は、邪道だと思ってこの歳まで生きてきた。イタリアの本場できちんと食べたことはない。ただ一つの経験はフランスとスイスの国境近くのジュラ地方、ヌーシャテルの村近くにあった時計工場から、一人車を運転してレマン湖を巡ってモンテ・ビアンコの山を越えてイタリアはトスカーナ地方へと向かった。途中ピエモンテ州の一般家屋と見まがうような小さな食堂で、小腹を満たそうと入った。ピエモンテは「スパゲティ・ピエモンテーズ」の名前があるように、茸のスパゲティが名物なのである。だから、その食堂では名物を頼んだ。イタリア語はよくわからず、店の老婆とはまったく話が噛み合わず、たまたまローマの大学から戻ってきていた大学生の娘が英語がわかって、注文が通じた。旨かったかどうか、今ではよく覚えてないのが悔しい。イタリア人もスイス人も、フランス人もドイツ人も皆スピード狂で、高速道路を背中を突かれるようにして運転してきた気疲れで味なんかわからなかったのだろうと思う。むろん、スパゲティをどんな風に調理してあったのかも覚えてない。だから大きい口はとても叩けない。

しかし、心のどこかでは、スパゲティは食べるたびに茹で上げるものだ、という思いは拭いきれない。しかも、歯ごたえのあるように茹でる。歯に、という意味の「アル・デンテ」という言葉を一般に知らしめたのは、後に映画監督になる、その頃俳優でエッセイストでもあった伊丹十三だった。彼の『ヨーロッパ退屈日記』（一九六五）は、当時落ち着かない心を持てあましていた若者にとって大変なバイブルだった。男には、悔しいけれど妥協してはいけないことがある。守るべきロクでもないことがある。自己を律する勝手な理屈がある、ということを教えてくれたのは、彼の本だった。それら、まともな人間からすればいささか滑稽ではあっても背筋を伸ばして生きるやり方は、今もぼくの重要なバックボーンになっている。それは正直、貴重な教えだった。まともな大人は誰もそんなことを教えてくれない。そして、そういうことこそが人生を生きる、もっとも大切なことなのだと、今、亡くなった彼よりも長生きしているぼくは心底思う。

その彼は「スパゲッティの正しい調理法」という章で、こんな風に書いている。

「しからば、真のスパゲッティとはどんなものなのか」という段落の前に、イタリア人がやっていないイタリア料理店はイタリア料理店ではない、と主張する。それに、たとえイタリア人がやっているはずの、マドリッドのイタリア料理店のメニューの「スパゲッティ・イタリアーノ」なんていうのは食べてはいけない。なぜなら「こういう店のスパゲッティは、概して日本で食べるスパゲッティに似ています。スパゲッティが茹で過ぎてフワフワしている。色んな具がはいって、トマト・ソースで和え、フライパンで炒めて熱いうちに供す、ということなのでしょう」と言う。で、こういうスパゲッティは、本物ではない。正しいスパゲッティではない、しからば……というところで、前記の段落に移るのである。その続きはこうなる。

「まずイタリーのスパゲッティを手に入れる。

次に手持ちの中から最大の鍋を選んでお湯を沸かします。大きな鍋が無ければ、洗面器でもバケツでもよい、水は多いほどよいのです。

沸騰寸前に塩を一つかみいれる。

沸騰したら、スパゲッティを、なるべくながいままいれる。

茹で加減は、信州そばよりやや硬いくらい。スパゲッティ一本を前歯で嚙んで、すかっと歯ざわりのある感じ。これをイタリー人はアル・デンテと呼ぶ」

この『退屈日記』、今ぼくの手元にあるのは、一九七四（昭和四九）年の新装版第二刷だけど、以前は新書判の一九六五年の初版を持っていた。今見当たらないが、このスパゲッティの「アル・デンテ」の記述は、一九六五（昭和四〇）年の初版にあったものだ。もっと言えば、彼はその二年前の一九六三年、昭和三八年に寿屋（現サントリー）の『洋酒天国』に、この『ヨーロッパ退屈日記』の連載を始めている。その後、『婦人画報』に連載が引き継がれて二年書いたというから、この「スパゲッティの正しい調理法」は、一九六三年か、六四年頃に書かれたものだろう。その頃に「アル・デンテ」を紹介しているのだから、その後に勃興する「アル・デンテ」教の、まさに教祖といっていい。

ぼくもこれを読んでから、スパゲッティというものは「アル・デンテ」に限るのだ、と、それまでの「炒め直しナポリタン」を軽蔑することしきりだった。今はすっかり、スパゲティは「茹でたてアル・デンテ」が常識になっている。そして伊丹が言うように、本場イタリーでは「アル・デンテ」が普通のことであって、それ以外はまったく存在価値がないのだと思っていた。

しかし、今市販されているスパゲティ、たとえば手元にある「デ・チェコ　No.11スパゲティーニ太さ約1.6mm」の袋の表面には「Cottura 9min」と「Al dente 7min」と書かれている。Cotturaはcookだろうから、九分茹で、という意味だろう。そして歯ごたえのある方がいい、アル・デンテがいいという人は「七分茹でる」と指示しているのである。となると、イタリアでは必ずしもすべてのパスタが「アル・デンテ」ではないのだと、この記述で教えられるのである。だとしたらイタリア人にも、フニャフニャのスパゲティ好きがいるのだと思うと、なんだかうれしい。ぼくらは必ずしもパスタ後進国ではなかったのである。

ニューヨークの新奇と珍奇を追い求める新しいレストランでは、アル・デンテ以上の、むしろ硬過ぎるスパゲティが出てきて驚かされたという話を聞く。まるで「針金」だというのだ。行き過ぎも極まれりだろう。

なら、とぼくは勇んでまた別のことを調べてみた。ぼくがかつてこよなく愛した、「茹で置き炒め直し」のスパゲティ・ナポリタンは、どこから来たのかをだ。同じようなことを考える人はいるもので、スパゲティ・ナポリタン発祥の地である横浜のホテル・ニューグランドでは、スパゲティはどんな風に扱っているのかを取材した人がいた。その人のブログによると、ニューグランドではナポリタンは「下ごしらえ段階でまとめて茹でられており、それを再加熱して出されていた」と書かれていたのだ。

もう少し正確な描写がある。「『予め茹でたものを、再度、茹でてお出ししてます』とのこと。『ニューグランドのスパゲティーは、アルデンテでなく柔らかいのが特徴となっております』」というのだ。これには驚いた。それればかりではない。昔の洋食屋、それも人気がある店ほど、客の注文に応じてそのつどスパゲティを茹でるのでは間に合わず、あらかじめ大量に茹でておいて、注文が入るたびにフライパンで炒めていたものだということもわかった。だから、ぼくが学生の頃に食べていた喫茶店や学生食堂やらのナポリタンの作り方は、まっとうなものだったのだ。少なくとも、日本でのナポリタンの元祖であるニューグランドもまた、温め直しを正当な調理法としていた。これはようするに、日本の「オリジナル・スパゲティ」のあり方なのだ。ただし、ニューグランドでは「炒め直し」ではなく「茹で直し」であって、その方が油っぽくない、というか、風味を損なわないということなのだろうと思う。この「温め直し」は、もっと言えば、日本のパスタの「正しいあり方」なのである。イタリアのことは知らない。イタリアには、その本場なりのちゃんとしたやり方というものがあるのだろう。

と思っていた。ところが、やはりイタリアも、それも大衆的な「トラットリア」のような店では、「茹で置き」が普通のことだという記事も見つけた。そして注文が来てから、再加熱するのも当たり前のことだとあった。なんだか鬼の首をとったような気分だった。ただし、イタリアでは、最初にパスタを茹でる時はアル・デンテよりももっと早く、歯ごたえがはっきり残るあたりで引き上げ、それを広げて素早く冷まし、注文が来たらすぐに茹で直す、というやり方をするらしい。それを「ハーフ・ボイルド」というそうだが、なぜここで英語が出てくるのかはわからない。

我が家や、その時代のアメリカなどでもやっていたろうやり方——茹で上げたら、さすがに水で洗ってぬめりをとるなどということはないだろうが、湯を切った後にオリーヴオイルをからめて、大きな毛玉のようになるのを防ぐというのは、もう古い方法であるに違いない。だいたい、茹でてからくっつかないように工夫するという発想自体、歯ごたえのある「アル・デンテ」という思想からはほど遠い。これもまた、「アル・デンテ」という言葉はけっして辞書にはないだろうアメリカ式のパスタのあり方だろうと思う。

日本でいつパスタが作られたのか、日本パスタ協会の資料によると、明治一六（一八八三）年、長崎でキリスト教布教活動を行い、大浦天主堂を作ったフランス人宣教師マリク・マリー・ド・ロ神父が、長崎市外海町にマカロニ工場を造ったことに始まる、とある。それが、やがては一般的になり、伊丹十三も引用しているが、永井荷風が一九〇九（明治四二）年に夏目漱石の依頼で東京朝日新聞に連載した『冷笑』に、「給仕人が伊太利亜のマカロニを持ち出す頃には、葡萄酒の一壜は既に空しくなりかけて居た」と書いている。荷風はこの六年前の一九〇三年にアメリカに渡って四年ほど滞在している。そこでマカロニは馴染みになったのかもしれない。

荷風に連載を依頼した方の漱石にも、マカロニの記述がある。荷風の『冷笑』より一年前の一九〇八（明治四一）年秋に同じ朝日新聞に連載した『三四郎』である。そこには、「図書館の横をのたくるように」正門の方に行くと、友人が肩を叩いて、なぜ講義を休んだのか、と三四郎に言う。「今日は伊太利人がマカロニーを如何にして食ふかと云ふ講義を聞いた」と告げる。マカロニにしろマカロニーにしろ、この明治四一、二年は、既に日本にイタリア料理が普及していたことがわかる。少なくとも、新聞連載の小説に書いても読者はそれが何であるかがわかっていたことを示唆している。しかし、どうやって調理していたのだろうか。グラタンにするという手間をかけたろうか。それとも、ただ茹でただけのものに何かのソースをかけたのだろうか。そしてそれは、果たして旨かったのだろうか。興味はつきない。

一方、アメリカにパスタ、それもマカロニを紹介したのは、第三代大統領のトマス・ジェファーソンだということは書いた。彼がフランス公使であった時、イタリアのナポリでマカロニ製造機を買い、それをパリまで送らせたのだが、届いたのは彼がアメリカへとパリを離れた後だった。その機械をアメリカに移送して、フィラデルフィアに到着したのが一七九〇年のこと。だが、それがアメリカ初のマカロニという言葉の登場ではなかった。それより二〇年近くも前に、アメリカ人たちはマカロニという言葉に慣れ親しんでいた。ただ、それが、旨いイタリアの食べ物であったと皆が知っていたかどうかはわからない。

その言葉が登場するのは一七七〇年頃に作られ、アメリカ独立戦争の時の愛唱歌、というか愛国歌とも言うべき、あの「ヤンキー・ドゥードル」である。

Yankee Doodle went to town
A-riding on a pony
He stuck a feather in his hat
And called it macaroni

(Chorus)
Yankee Doodle, keep it up
Yankee Doodle dandy
Mind the music and the step
and with the girls be handy!

「ヤンキー・ドゥードルは仔馬に乗って町に出かけた、彼は帽子に羽根を挿し、それをマカロニと呼んだ」と一番の歌詞を直訳すればこうなる。ヤンキー・ドゥードルを「間抜けなヤンキー」と訳すこともある。「ヤンキー」の言葉は、ニューイングランド沖合を航路としていた、イギリスの帆船「ヤンキー・クリッパー」から、この地方をヤンキーと呼ぶようになり、そこに住む人間たちをもヤンキーと呼ぶようになったという説がある。また、イギリス軍が未組織のニューイングランド軍の連中を、半ばバカにして「ヤンキー」と呼んだという説もある。他にも、フレンチ・インディアン戦争の時のアメリカ軍兵士は腰抜けだという意味で、そう呼んだとも言われている。どれが本当かわからないが、いずれにしろ、褒め言葉でないことは確かなようだ。

その間抜けな田舎者の「ヤンキー」が町に出かける時は、羽根飾りを帽子に挿し、マカロニ気分でいると囃した歌だとされている。一八世紀のイギリスでは、イタリアで流行のファッションに触れて新規なお洒落をするものを「マカロニ」と呼んだ事実がある。それにかぶれて奇抜なファッションをするものを茶化して、「マカロニ」と呼んだとする文献もある。ところが、セオドール・ラフの書いた『ザ・アメリカン・ソング・トレジャリー（*The American Song Treasury—100 Favorites, 1964*）』という本でのYankee Doodle の解説では、元歌はフランスやスペイン、オランダやドイツやハンガリーであるという様々な説があるが、メロディーの方はイギリスの子供の歌 'Lucy Locker' である、と断定している。

それに続く重要な指摘は、実は一六五三年頃、清教徒革命を成し遂げたオリヴァー・クロムウェルが馬に乗る時には、必ず帽子に羽根飾りをつけていたこと。そこでイタリアのダンディかぶれのクロムウェルを「マカロニ」と呼んだ。そして、革命に破れた国教会派である王党派の連中は、後のアメリカでの敵ニューイングランドの清教徒の連中をクロムウェルへの憎しみを込めて「マカロニ」と呼んだというのだ。これは新しい説で、面白い。なるほど、あれこれのクロムウェルの絵では、おおむね羽根飾りのついたつば広の帽子をかぶっているようだ［図㉕ドラロッシュ画「クロムウェルとチャールズ一世」］。だが、今ここで取り上げる、食べる方の「マカロニ」とは何の関連もなさそうだ。

マカロニにしろスパゲティにしろ、アメリカのそれはすでにイタリアのものとは違うように、パスタ類をはじめとするイタリア料理はアメリカで独自の進化を遂げていくのである。

iii　イタロ・アメリカーナの食文化

イタリア人のアメリカ移住は一八八〇年代に始まり、第一次世界大戦の始まる一九一四年頃までがピークとされている。このイタリア人の移住の動向がアメリカのイタリア料理の変遷に大きく関わっているようだ。イタリア系移民が大挙して押しかけてきたのは、一九世紀の終わり近くだけれど、その前からも小規模な移住は始まっていたことは、一八四九年にカリフォルニアで起こったゴールドラッシュの時代、イタリア人、あるいはイタリア人家族によってイタリアンレストランが、砂金採取に沸く町に作られていたという事実がある。それがパスタのようなものであったかどうかははっきりしていないが、少なくともトマトソースを用いた料理であったらしいことはわかっている。同じ頃、サンフランシスコで船乗りだったジョゼッペ・ブッザーロによってイタリア風の魚介のシチューが作られている。これが今の「チオッピーノ」(cioppino)」で、トマト風味のブイヤベースのようなものだった。現在でもこの「チオッピーノ」はサンフランシスコ名物になっている。

一九世紀末には、スパゲティはイタリア系移民によって、一般に広まっていくようになる。それだけ多くのイタリア系移民がアメリカの一般社会に浸透してきた証拠であり、彼らは移住する時にイタリアの主な食事であるパスタ類を持ってきたこと、そしてそれがアメリカ市民にも容易に受け入れられたことを意味している。たとえば、ニューヨークのイタリア系移民のことを考えるとわかり易い。

移民たちの玄関口であるエリス島の入国審査を終えて無事に入国することが出来、アメリカ市民として受け入れられるようになったイタリア系の人びとは、手っ取り早くマンハッタンのダウンタウンに定着していく。彼らは言葉の不自由さや独特の生活習慣、とくに大袈裟な身振りや大きな声やあっけらかんとした生き方から、周囲の人びとにはなかなか溶け込めず、それぞれが孤立して生きるより仲間が寄り集まって住む方が生き易く、間もなく「リトルイタリー」という名前のコミュニティが作り上げられた。

何度か、リトルイタリーには出かけた。店が面白いし、気さくな人びとが楽しい。近くには、というかほとんど互いに浸食しているような距離にチャイナタウンもあるし、古いニューヨークがわずかに残るこの界隈は、とても魅力的だ。何よりも、その近くにグリニッジ・ヴィレッジがある。一九六一年の夏、このグリニッジ・ヴィレッジに通うようにして、歩き回った。フォークソングが世の中に出てくる時代だった。初めてのアメリカ一人旅の途中で、それまでカントリー・アンド・ウエスタンと呼ばれる音楽に夢中になっていたのだが、ニューヨークに来ていちころでフォークソングの虜になった。その知的な雰囲気と苦い視線が好きだった。今思えば、それはユダヤ人たちの苦渋に関係なくもなかったのだが、その頃のぼくはほとんど何もわかっていなかった。

『シング・アウト！（Sing Out!）』というフォークミュージックの機関紙のようなものがあり、当時の編集長はアーウィン・シルバーで、ぼくはマクドゥーガル・ストリート近くにあるこの『シング・アウト！』の編集部に入り浸っていた。誰かが連れて行ってくれたテニスコートでのコンサートで、それがどこにあったのか、今はまったく覚えていないのだけれど、コートの中央に置かれたマイクロフォンを中心とした小さなステージに、時間になるとストライプのシャツを着た三人の若者が走り寄って、バンジョーとギターをかき鳴らして歌い始めた。確か「M.T.A.」という曲だったと思う。それが、後にフォークソング・ブームに火をつけることになる、キングストン・トリオの初ステージだった。

グリニッジ・ヴィレッジについては、書くことがありすぎて困ってしまうのだが、一つだけ、そこがジャック・ケルアックなどに影響された詩人たちや、ウディ・ガスリーたち放浪のフォークシンガーに心惹かれる若き歌い手たちの溜まり場であったことを記しておく。彼らボヘミアンを気取った連中は、なべて貧しかった。それが、アメリカにスパゲティなどのパスタを定着させる大きな原因になった。二〇世紀初頭から、この地には多くの芸術家や芸術家を気取る人びと、またその芸術家を愛する女性たちが集まっていた。その貧しい芸術家たちにとって、腹持ちがよく、安上がりで腹を満たす最高の食べ物がスパゲティ・ディナーだった。パスタは材料費が安く、パンよりも充実感と満腹感のある良質の澱粉質だったのだ。パスタ類は、何も芸術家たちばかりを養ったのではない。リトル・イタリー近くに住む、難民に等しい移民たちにとっても、パスタは救世主だった。幾つもある小体《こてい》なレストランで、何度スパゲティ・ミートソースを食べたろうか。ぼくの食べたあちこちのミートソースはどれもオレガノのスパイスがきいていてどれも胸焼けを残してくれた。その時代、アメリカには「ペペロンチーノ」なんていうのはなかったような気がする。それともメニューにはあったのに、知らないというだけで気にも止めなかったのだろうか。

アメリカでイタリアン・パスタが人気食品になると、多くの産業が動き始めた。まずはカンザス州などの平原州では、イタリア特産のデュラム・セモリナ小麦を栽培する農家が増えていった。これは第一次世界大戦が始まって小麦の輸入が滞り始めるや、国内の小麦農家は生産が追われるようになったからだ、という。もう一つ重要な変化があった。

一九世紀末からアメリカの缶詰産業は、生のトマトを密封する技術を確立し、トマトそのものとそれを加工したソース類を缶詰として売り出せるようになったことだ。これにより、単にトマトとトマトの加工品ばかりでなく、たとえばチーズを詰めたラヴィオリやスパゲティ・ミートボールといったある程度しっかりした料理の缶詰を世に送り出すことができるようになり、これまた庶民の食卓を大きく変えることになった。同時に ready to eat と呼ばれる、すぐに食べられる食品、出来合いの料理の開発を推進することになった。

当時他の国では、食べ物は手間をかけてゆっくりと心を込めて調理することが、ママの味、マンマの料理であった。だが、独りアメリカは別の方を向いていたのだと言わざるを得ない。これは、ただ単に主婦たちの手間を省くというだけではなく、その時代、女性たちもまた働き手として重要であったということを教えてくれる。とくに第一次大戦で戦場に出かけた男たちに代わって、女性たちも軍事工場で働く必要があった。労働する女性にとって、家事の軽減は歓迎すべきものだった。そうやって、アメリカの食は変わっていくことになる。

アメリカの食の変化は、何も缶詰ばかりではない。イタリア人の農業従事者が、ことにカリフォルニアのセントラル・ヴァリーと呼ばれる、北はレディングから南はベーカースフィールドの南まで広がる広大な農業地帯で働くようになって、たとえばアーティチョークの食べ方を変えていくことになった。それまで、フランス料理では、その萼《がく》を一枚ずつはがして、根元の部分をヴィネグレット・ソースにつけて歯でしごくようにして食べるというのが常識だった。それをイタリア人たちは萼を全部外して、中の部分を大きく刻みオレガノを入れたトマトソースで煮込んで食べるようにした。この新しい食べ方は人気を呼び、セントラル・ヴァリーではアーティチョークを栽培する農家が増えていった。実際この辺りの畑を歩くと、見渡す限りのアーティチョーク畑には圧倒されるし、ところどころにある新鮮な野菜を売る八百屋では、まあ、赤ん坊の頭ほどもあるかというアーティチョークが並べられていて、その大きさにも驚かされる。その店頭に並べられた見事な野菜類を見ていた時、夕食の野菜を買いにきたらしい父親と一〇歳ぐらいの息子が、枝に芽キャベツがボコボコとなっている、まるで梶棒にお手玉をくっつけたような枝を買って、肩に担いで去って行った姿はちょっと忘れられない。

生産現場でのイタリア系の人びとの影響もさることながら、都会では直接に料理人が新しいイタリアの味覚を庶民に提供し始め、それを味わった人びとの味蕾にしっかりとイタリア料理の魅力が刷り込まれていくことになる。顕著な例が、一九〇五年に、ニューヨークのスプリング・ストリートにあったジェンナーロ・ロンバルディのピッツェリア「ロンバルディーズ」でピッツァを売り出した例だ。その簡便さと旨さに人びとは飛びつき、一躍人気商品となった。それは移住してきたイタリア移民たちにとって懐かしい味というだけでなく、それまでイタリア料理の何たるかを知らなかった東欧の人びとにとっても魅力的な料理だった。

同時に、このピッツァを始めとするイタリア料理は、宗教的な側面からも歓迎されるようになった。都会の貧民階級を形成するイタリア人、アイルランド人、その他東欧系のカトリック信者たちは、イースター、復活祭の四六日前の「灰の水曜日（Ash Wednesday）」からイースターの前日までの間の「レント（四旬節）」の期間、肉食を控えることになっている。その「肉なしデイ」の日々、イタリア風のチーズやトマトソースを多用した料理は、肉がなくても十分な充足感や満腹感を与えてくれるからだった。パルメザンチーズとトマトソースたっぷりのスパゲティやマカロニ・チーズグラタン、肉なしのラザニアやチーズ入りのラヴィオリなどは、貧しい人びとに対して経済的な面でもまた、やさしかった。

やがて第一次世界大戦が始まると、同盟国イタリアを応援する意味もあって、イタリア製のトマトソースの缶詰や食材類が大いに売れた。この時代、イタリアのパスタ類の人気は絶大で、フレンチレストランでは客を呼ぶためにわざわざ看板に「イタリエンヌ」と書いて、イタリア料理もやっています、と宣伝したほどだ。この風潮が今もアメリカの地方のレストランに残っていて、確かフランス料理店に入ったはずなのに、メニューにはパスタ類が並んでいるといったことがよくある。実際、家庭の主婦たちも、厳選された食材を手の込んだ調理法で、複雑で微妙な味わいを求めるフランスの高級料理、「オート・キュイジーヌ」よりも、ごくありふれた食材で誰にも簡単に、時間や手間をかけずに作れそうなイタリアの料理の方が馴染み易かった。

イタリア風味を一般家庭に持ち込ませる工夫も、様々な場面でなされていた。いい例が、ヴァーモント州バーレイの町の肉屋が考え出したと言われている、肉自体にイタリアのスパイスやハーブ類をあらかじめまぶしておいて、そのまま調理するとすぐにイタリア風の肉料理が出来るという食材だ。こうすれば、素人の主婦たちもごく簡単にイタリア風味を家庭に持ち込むことが出来たばかりでなく、近隣のレストランのシェフやコックたちも好んでこの風味づけ肉を買うようになった。そして瞬く間に、各地方に拡がっていった。

イタリア料理の流行は一九四〇年代、第二次世界大戦中の「リゾット」にも見られる。アメリカのリゾットは、ビーフかチキンまたは野菜のストックで米を炊き、これにイタリアンソーセージをぶつ切りにしたものを入れただけのもので、言うなれば「ソーセージ雑炊」のようなものだ。この一皿完結料理は、サンフランシスコのギラデリ・スクエア辺りの貧しい子沢山のイタリア人の家庭で、典型的な「ワン・ディッシュ・ミール」として重宝がられたのだった。

他の移民たちよりも遅れてやってきたイタリアの人たちは、地方には住む場所がなく、仕方なく都会に潜り込むしかなかった。しかし、そこにはすでに多くの人びとが働き、暮らしており、彼ら後続の人たちは狭い住宅に大人数が押し込められざるを得なかった。そうした過剰な働き手が働く場所といえば、劣悪な労働環境と安い賃金しかない。それでも働ける場所があればまだましだった。仕事にありつけない人たちは、相互互助会のような「リトルイタリー」と呼ばれる保護地区を頼りに生きていくしかなかった。都会に住むしかなかったイタリアの人たちの貧しさは、「スラム」と呼ばれる地区が生まれたことでもわかる。そのスラムから逃れるには、手っ取り早く料理を提供する店を開くしかなかったのである。

こうして一九四〇年までにアメリカのイタリア料理、いわゆるイタリア系アメリカ人、イタロ・アメリカーナと呼ばれる人びとの食文化は、アメリカンフードの一つの象徴として定着していく。言うなれば、貧しいものの代表食なのである。このことを教えてくれるのは、ニューヨークやボストン、シカゴといった大都会に移住したのは、イタリアも南部、ナポリやシチリアからの移民たちであった事実だ。彼らの本来の食は、乾燥パスタ、トマトソース、そしてオリーヴオイル中心だった。それらを使った料理が、今我々が認識している「イタリアン」で、それがアメリカばかりでなく世界中に広まっていったのである。それは都会の食であった。リトルイタリーを中心として、アメリカ中の貧しきものたちへと広まっていった食である。

一方、イタリア半島のもっと北の地域からの移民たちは、大都会ではなく五大湖地方や西海岸、中西部のあちこちに移り住み、彼らの食の基本、米や生パスタ、バターといった食材の料理を広めていくことになった。

同じ粉食である、それも「アメリカンピッツァ」と呼ばれるピッツァに関して、「はじめに」にも書いたが、マンハッタンのイタロ・アメリカーナのマンマたちにまつわるぼくの好きなエピソードがある。貧しい家庭を取り仕切る彼女たちは、腹を空かした子供たちに残ったパン生地を薄くのばしてトマトソースを塗り、チーズを振りかけて焼いたそれを「ピース・オブ・パイ（パイの一切れ）」と呼んだ。それがアメリカでの「ピッツァ・パイ」になったというのだ。ピッツァの語源が「ピース・オブ・パイ」だなんていう説は、にわかには信じ難いだろう。しかし、信じる人もいる。信じたい人もいる。ぼくもその一人だ。ぼくの心には、イタロ・アメリカーナの食は、本場イタリアのイタリア料理とはまた別のものだという思いがある。

我が家のイタリア料理、それは子供の頃のおふくろのスパゲティから始まった。その後大人になり、おふくろの「毛玉防止スパゲティ」や喫茶店の「炒め直しナポリタン」から遠く離れた頃、一人でアメリカを車で旅するようになった。その日その日どこで食べるかわからない夕食——ロードサイド・ダイナーかモテルのある小さな町の食堂が続くと、時に目先を変えてイタリアンレストランに入ることがある。注文するのはたいがい「仔牛のパルミジャーノ」か「ラヴィオリ」か「スパゲティ・ミートボール」だった。ラヴィオリもスパゲティも茹で過ぎで、フォークで刺すのも巻くのもひと苦労だった。「アル・デンテ」などという言葉はおふくろの語彙にもなかったように、この国の人たちのヴォキャブラリーにもないのだ。アメリカ人たちはと見ると、その多くはナイフかフォークの横でスパゲティをズタズタに切ってから、フォークですくって食べている。見ているうちに、これこそがアメリカのスパゲティである、という確信を持つようになった。彼らにとって、スパゲティディナーは、ナイフとフォークを用いた、栄養満点のワンディッシュミールなのである。だからして、パンがつく。ディナーだからなのだ。以前、沖縄に行った友人が、スパゲティを注文したらパンがついてきて不思議だった、と言ったことがあったが、あの島は、半ばアメリカなのである。スパム好きといい、テックス・メックス料理の「タコス」の具をライスにのせた「タコライス」といい、アメリカが色濃く漂っているところなのである。

かくしてアメリカン・スパゲティは、ニューヨーク、マンハッタンのリトルイタリーからこの若き移民の国に広がり、愛されるようになっていった。プリモ・ピアットではなく、具の蛋白質、麵の炭水化物（糖質）、炒め油と脂質と栄養的には一応充たされているセコンド・ピアット、一皿充足のディナープレートとしてだ。パスタはスープと同列だから、メインディッシュとなったパスタ類は、ここアメリカでは「スープかサラダか」、という二択を迫ることはあっても、「スープかスパゲティか」という二択問題はあり得ないのである。

アメリカ三大外国食と呼ばれているのが、イタリア料理とメキシコ料理、そして中華料理である。まだ日本食はそこまで行っていないらしい。ともあれ、その三大料理の中でも、レストランや料理教室の数、電波媒体での料理番組の露出度、一般家庭への進出の度合いなど、そのどれもで群を抜いているのがイタリア料理だ。一九七〇年のギャラップ調査で、ピッツァは外食の人気第一であるハンバーガーに肉薄しており、一秒間に三五〇切れ売れているという結果が出ている。すでにしてピッツァはイタリアのものではなく、アメリカの食なのだ。分厚いディープディッシュのシカゴ・ピッツァやかりかりとクリスピィなニューヨーク・ピッツァはアメリカばかりでなく、世界的な存在感を見せているのである。

新しいタイプのアメリカン・ピッツァに出合ったのは、シアトル近郊のミニビール工場、マイクロ・ブリュワリーに付帯するレストランでのことだった。ビール酵母を使ったピッツァを食べたのである。ぱりぱりに焼いた生地ではなく、ソフトで白っぽい、どこかピタパンを思わせるドウ（生地）の上に、クリームチーズやマスカルポーネなどのチーズとともに、トマトやアヴォカドなどの野菜とチコリやフェンネル、ラヴェンダーやミントなどのハーブ類からパンジー、デイジーとしか思えない花が飾られていた。楔形に切り分けるとそれぞれの花の香りがたって、ちょっと忘れられない味わいだった。

アメリカ生まれのスパゲティもまた人気がある。「春のスパゲティ——スパゲッティ・プリマヴェーラ」は、ズッキーニやブロッコリ、グリンピースやサヤインゲン、アスパラガスやマッシュルームなどをクリームソースで和えたもので、イタリアにはない。

故国を離れ、独自の成長を見せたイタロ・アメリカーナの食も、一九八〇年代半ばその母国からある逆襲を受ける。スローフード運動である。一般にアメリカナイズされた「ファストフード産業」に対しての「スロー」という主張かと思われがちだが、それは間違っている。ローマのスペイン広場にハンバーガーチェーンの「マクドナルド」が開店したことから、イタリア北部のピエモンテ州のブラの町で、この運動が広がったと説明するものが多い。動機やその後の経緯はその通りかもしれないが、その本質は、一九九六年に発表された「スローフード法令」に三つの指針として提示されている。それは、「消えてゆく恐れのある伝統的な食材や料理、質のよい食品、酒を守る」、「子供たちを含め、消費者に味の教育を進める」、「質のよい素材を提供する小生産者を守る」ということで、これはどの国でも至極当たり前の目標であるだろうと思う。

ただアメリカでは少し違った受け取り方もされた。当初、スローフード運動の理念とされたのは「その土地の伝統的な食文化や食材を見直す」ことだったが、アメリカという国ならではの事情で、「伝統的な食文化」というものが規定できないのだ。

その前に、アメリカの「伝統食」は何かという問題がある。早い時期に植民したイングランド系の食が「アメリカの伝統食」であるとは一概に言えない。だから、スローフード運動で言われる「伝統食の保護」といったことは、それぞれの移民たちの心と手と舌に残るそれぞれの伝統食を大切にしていくという、漠然とした概念にとどまってしまう。「消えていく恐れのある料理」ということになると、もっと難しい。これはやがて語ることになるアメリカ食の大きな特徴——アメリカの食は変化していかざるを得ない宿命を負っているからだ。移民の寄り集まりであるからこそ、お互いに影響を与えつづけ、変わりつづけていっている。それを止めることはできないし、悪いことだと決めつけることもできない。下ごしらえのされた大量生産の食材を手っ取り早く調理し、大急ぎで食べる、ということが「ファストフード」であるとしたら、それはアメリカ食の一部でしかない。しかし、それと対比するようなニュアンスの「スローフード」もまた、アメリカの食には馴染まないだろう。

アメリカの食の方向性は、速い、遅いといったファクターではなく、まったく別の視点——少数の者の幸福ではなく、すべての人の「公平」と「機会均等」を目指すことなのである。ともすれば、自分のコミュニティの利益を守るために唱えられることもなくはない「スローフード」の言葉の用い方には、どこか据わりのよくないものを、ぼくなんかは感じている。

イタリアンフードを象徴する色、とくにイタロ・アメリカーナたちの食を彩るのは、「赤」である。トマトソースの赤はもちろんだが、一九四〇年頃からイタリアンレストランのテーブルクロスは赤と白のチェックが定着し、そのテーブルの上の照明として、「キャンティ・クラシコ」の藁包みのワインの瓶の口にさされるのは、必ず赤いろうそくであり、そこから垂れた赤い蠟がワインの瓶を飾っている。客のこぼす汚れを目立たせないようにと用いられるナプキンも赤と決まっていれば、調味料の、アメリカの醱酵食品を代表する「タバスコ」の色も赤である。この「タバスコ」がテーブルにあるのは、イタロ・アメリカーナ食の大特徴だろう。本物のイタリア料理店には「タバスコ」はないという人がいるが、それは当然のことなのだ。あれはアメリカの発明品で、アメリカでしか愛好されない香辛料である。それと、スパゲティにスプーンを添えるのもアメリカならではだ。彩りの違うのは、「クラフト」のパルメザンチーズの緑色の容器と黄色い蓋ぐらいのものだろうか。

この色彩感覚とメニューと調理法とがそのまま日本にやってきた。そして、六本木の「キャンティ」や「シシリア」、南青山の「アントニオ」などの日本のイタリアンレストランが生まれた。日本のイタリア料理は、イタリア人が作ったものではない。イタロ・アメリカーナと呼ばれるイタリア系アメリカ人、イタリアからの移民たちがニューヨークはマンハッタンで作り上げたアメリカ風イタリア料理が海を渡ってきたものだ。

イタロ・アメリカーナの代表食ともなった「ミートボール・スパゲティ」は、第二次大戦の時の軍の糧食となって、その缶詰が兵士たちに配られた。栄養が万遍なく、温めても冷めてもまあまあ食べられたからだ。これにパンさえあれば彼らは満足した。そして、ヨーロッパ戦線でイタリアの土地で戦った兵士たちは、この地で経験したスパゲティやピッツァやその他の平均的なイタリア料理を、除隊すると本国へ、故郷へと持ち帰っていった。そうやってイタリア料理が、いや、曲がりなりにも彼らの舌に記録されたイタリア料理もどきの食が、アメリカのあちこちの地方の、名前を聞いても覚えられないような小さな町にも定着していくことになったのだ。それこそが、アメリカのイタリア料理だと、ぼくはなんだか懐かしい気分にひたりながら、軟らかいスパゲティを苦労しながら巻き上げ巻き上げ、ナイフでそれを切り刻む彼らの姿を見ているのである。それはむろん、歯ごたえなんか微塵もないもので、それこそがぼくに懐かしさを感じさせるのだ。

その味わいに戻りたくなると、ぼくは「シェフ・ボイアルディ」や「キャンベル」のスパゲティ・アンド・ミートボールやラビオリの缶詰［図26シェフ・ボイアルディのスパゲティ・アンド・ミートボール］を開ける。鍋にあけて温めたそれは、すでにしてスパゲティではない。少なくともデュラム・セモリナ粉で打ったパスタではない。だいたい、デュラム小麦を日本で植えても、数年をおかずにうどん粉のようになってしまうと聞いたことがある。アメリカだって同じだろう。あの白くフカフカの食パンしか作れなくなるに違いない。だから、アメリカのスパゲティは柔らかいのかもしれない。

缶詰のスパゲティ・ミートボールはパスタでもスパゲティでもなく、ただのヌードルに過ぎない。

そう、「キャンベル」のあの「チキンヌードル・スープ」のヌードルそのものである。今、アメリカでチキンヌードルのスープ缶は、人の心を癒すハートフルな食品であるとして多くの人がそれに安らぎを求めている。失恋や失業、離別や死別といった失意の中で、あのスープに癒されている人がどれほど多いか。サイトを覗いても、信じられないくらい多くの人がこのスープに安らぎを得ていることがわかる。

同じヌードルであるアメリカのスパゲティもまた、多くの人に癒しを与える食品なのではなかろうか。故郷イタリアを思い、マンマを思い、あるいはイタリア戦線で失った友を思い、彼らは自家製の、あるいは缶のスパゲティを食べる。彼らにとって、それはたいして旨くなくともいい。ぼくの家も含めて、おふくろたちの料理が、そうたいして旨くなかったように、もともとそれらに旨さを求めてはいないからだ。そう、アメリカのスパゲティは歯《デンテ》のためではなく、心のための食べ物なのである、とぼくは独り決めしている。

8　ロックスと種なしパンの間——東欧系の人びとの食

i　ロックスとコーシャー・デリ

サンドウィッチが好きかどうか、時々自問する。これがとても難しい。素直に、好き、と言えない、どこか迷うものがぼくの中にある。愛憎半ばする、というほど大袈裟ではないが、サンドウィッチの中に大好きな部分と、いくらか忌避するところがあることは確かだ。

サンドウィッチは、まあまあ食べる方だと思う。ことにアメリカを旅している間、昼食となるとほとんどがファストフードかフィンガーフードで、だがしかしいつでもハンバーグやホットドックやフライドチキン、ピッツァやタコスやトルティーヤの旨くて安心できる店が都合よくあるわけではないから、仕方なく入る手近な店ではランチはサンドウィッチで済ませることが多い。スープ好きもあって、サンドウィッチにコーヒーや紅茶ではなく、スープが付くとうれしくなる。そういう時に都合がいいのが、「ハーフサンドウィッチ・アンド・トゥデイズスープ」という定番セットだ。

サンドウィッチにはいくつかの選択肢がある。ハム・アンド・チーズ、コールドターキーやチキンマヨネーズ、BLT、ツナサラダなどなど。スープの方はその日によって異なって、ポテト・アンド・チーズやビーフバーレイ、ヴェジタブル、チキンヌードル、クリーム・オブ・マッシュルーム、キャベッジ・アンド・ベーコンなどの中からその日のお仕着せをもらう。これもカップかボウルかを選べる。という具合に、どこの町にもあるランチカウンターのメニューにあるこの「ハーフサンドウィッチ・アンド・トゥデイズスープ」は、どの店でもほとんど同じ味がする。それがつまらない、という人もいれば、この国の味覚は健在なのだと安心出来るという人もいる。古いアメリカに馴染んでいるぼくにも、この後者の気持ちはよくわかる。

そうやって、旅の間の多くをサンドウィッチを食べて過ごしているのに、サンドウィッチに対して全面的な愛情を注ぎきれないのは、一つには日本のサンドウィッチの旨くないこと、頭の固さ、発想の貧困と愛情のなさにうんざりしているからだ。その第一の原因は、駅弁のサンドウィッチにある。四角いボール紙の箱の中にきっちりと綺麗に詰め込まれたサンドウィッチは、白く軟らかい長方形にカットされたパンにうっすらとバターやマスタードが塗ってあり、中身は極薄のハムであったりチーズであったり。エッグサンドもあったし、イチゴジャムが薄く塗られたものもあった。ポテトサラダのサンドウィッチもあったような気がする、という人もいる。というのも、今ではあの手の駅弁サンドウィッチにはあまりお目にかかれなくなってしまったからだ。

思えば駅弁サンドウィッチは、若く元気な人には、何のこっちゃ、という気分になるような代物だったろう。ぼくにしても、あれはいつどこで、何のために食べるのかわからない、実に不思議な、というか奇妙な食べ物だった。何よりも、積極的に食べようという魅力に欠けているように思えてならない。あれがサンドウィッチなら、別に食べなくてもいいや、という気持ちになったことも確かだった。後でわかったのだが、あれは「イングリッシュ・アフターヌーンティー」につきもののティータイム・サンドウィッチを真似たものだったのだ。おそらくは戦前、英欧の文化——中でもかの地の食文化が至上のものだと考える人たちの影響なのだと思う。しかも何人かの健啖、健胃の人たち以外は、たいてい食が細く頭でっかちばかりで、英欧の上品で歴史ある文化的な世界を崇拝はしても、生き生きと力強く躍動的で挑戦的で、未知の魅力のあるアメリカの、ちょうど元国鉄総裁の石田礼助の生涯を描いた城山三郎の本のタイトル「粗にして野だが卑ではない」にも通じる、ダイナミックな食の魅力を理解することには不能であったらしい。

ともあれ、英欧崇拝の風潮からイギリスのティータイム・サンドウィッチは、日本に定着することになった。本場イギリスのそれとは異なっていたものの、女性たちは好んであの小箱のサンドウィッチを食べていたような気がする。米の飯の駅弁では重過ぎるということなのかもしれない。けれど男性にとっては、小腹の空いた時のしのぎ、腹の虫養いといったニュアンスから遠くはなかった。むしろ、ビールのつまみにはよかったのだろう。

今住んでいる町のJRの駅には、「大船軒」の弁当屋が出ていて、そこでもサンドウィッチ弁当を売っている。かつての感じとは違うかもしれないと、都心に行くついでに買ってみた。味に関しては格別に言うこともないが、「鎌倉ハム　ボンレスハム使用」とある箱に書かれた出自が面白い。そこには「日本初の駅弁」という惹句の後、ついで「『サンドウィッチ』誕生秘話」のタイトルが書かれている。本文は、「大船軒創業者の富岡周蔵が明治政府の要人・黒田清隆から薦められ、自ら考案した『サンドウィッチ』は好評を博し大船の名物になりました。明治三十二年の事でした」とある。それを読んでから改めて食べると、これがなかなかなのだ。ボンレスハム使用、とことわるほどたくさん入っているわけじゃないが、ただ懐かしい。人は由緒に弱いという典型がここにある。

子供の頃、家で作ってくれたサンドウィッチということもあったのだが、学校に行くようになってから、うまくいかない。昼食にサンドウィッチのことを思い出そうとしている。けれど、家族揃っての――といっても親父とおふくろとぼくの三人だけれど――昼食は土曜日が主で、その時のサンドウィッチは、うろ覚えだがハムとレタスがたっぷり、それにマヨネーズだったような気がする。そうたいして旨いと思ったことはないが、大人になってから自分で作るサンドウィッチも自然とそうなる。これも遺伝だろうか。親父の場合、ハムではなくボローニャソーセージが好物だった。缶詰のサケかツナにスイートピクルスとタマネギのみじん切りをマヨネーズで和えた、いわゆる「ツナサンドウィッチ」系統のものもよく食べた。それをボウルに入れておき、自分で好きな量だけレタスとツナを挟んだ記憶がある。けれど、うろ覚えに過ぎないから、きっと食べた回数も少なかったのだろう。

その頃、ぼくにとってサンドウィッチはたいして好きでもなく、どちらかと言えばどうでもいいような食べ物だった。長じて、立食パーティなんかにも出席するようになって、テーブルにサンドウィッチが並べられていると何だか経費を節約しているように思えてうれしくない。あんなものでお腹を満たさせるのか、サンドウィッチなんかで誤摩化されないぞ、という気持ちが一番近い。だがそのどうでもいい、食べなくても一向に平気だったサンドウィッチという食べ物に対する認識が一変したのは、ニューヨークシティはマンハッタンでのことだった。

ニューヨークシティにあるレストランの数は、圧倒的だ。様々な国の料理がひしめいている。それらを次々と毎日食べたとしても、何年かかっても食べ終わらないのではなかろうか。食材も豊富で、それこそ世界中の料理用の材料が集まっているだろう。中でも予想外のものが、幅を利かせていることを知った。名産、名物でもないのに、これほどよくあの町で見かける食材もないのではなかろうか。それはスモークサーモンだ。ニューヨークでは、薫製のサケがよく食べられる、と書くと、レストランでのオードヴルにかと思うだろうか。違うのだ。彼らは、これを朝食に食べる。ある種のニューヨーカーの朝食には欠かせない。ベーグルを上下二つに割って、そこにスモークサーモンとクリームチーズをたっぷりと挟んだものだ。「ロックス」と呼んでいる。

アメリカへの旅を始めた頃、ニューヨークという町とスモークサーモンの組み合わせは、かなり不思議だった。ニューヨークばかりでなく、ハワイイでもサーモンが幅を利かせている。これも不思議だ。あそこは暖流の暖かな海だから、近海の漁場ではマヒマヒと呼ばれるシイラや、オナガと呼ばれるフエダイの一種、それにキハダマグロのアヒ、カツオのアクなどが日常よく食べられているが、北の魚であるサーモンはいない。サケが暖かなハワイイの近海で獲れるわけもないし、川を遡ってくるはずがない。なのに名物であるのは、ハワイイの名物料理「ロミロミ・サーモン」を作るのにサケは欠かせないからだ。生のサケをサイコロ状に切って塩をし、トマトの角切りやタマネギの粗みじんを加え、レモンを搾ることもある。酒の肴にも、とてもいい。ビールが似合いだろう。ロミロミとはハワイイ語で「揉む」という意味で、マッサージなんかも「ロミロミ」である。だからサーモンと他の材料とをよく揉んで作るというところから来ているに違いない。

同じように、アメリカの朝食の定型——トーストやパンケーキ、ベーコンかハムかソーセージに卵料理、コーヒーにオレンジジュースといった定番メニューが、まるで全体主義国家のようにどこの地方でも、どこの町でも幅を利かせ、大手を振っている中でただニューヨークシティには別メニューの朝食があって、そのスモークサーモンをメインとする「ロックス」が当たり前のようにどのレストランにも存在するということが、不思議でたまらなかった。

ロックスはLoxと書き、もとはドイツ語のサーモンを意味するLachsからきているという。生の魚を乾燥させて食料にすることは紀元前二〇〇〇年頃から行われていたようだが、燻蒸したのはアイルランドでのことで、当時からすでにサケが材料として用いられていたらしい。北ヨーロッパの人びとは、もともと魚を塩蔵することを知っていたが、このアイルランドの方式を新しく学び「コールド・スモーキング」と呼ばれる方式を考え出した。この冷温燻蒸、すなわち冷燻では魚に塩やブラウンシュガーをまぶし、果樹の幹を削ったチップを燃やしてその煙でスモークしたという。こうしてスモークサーモンは、ノルウェー、チリ、デンマーク領のフェロー諸島などで作られ、その後全世界に拡がり今に至っている。

一九世紀後半から二〇世紀前半にかけて、東欧系のユダヤ人がアメリカに移住した時にこの塩蔵と燻蒸の文化を持って来たのが「スモークサーモン」となり、それがニューヨークのマンハッタンのロワー・イーストサイドからアメリカ中へと拡がっていったのである。

しかし、一五九〇年に出版されたトマス・ハリオットの『ヴァージニアのニューファウドランドについての簡潔にして真実なる報告（*A Briefe and True Report of the New Foundland of Virginia*）』という本の中に、ジョン・ホワイトが描いたエッチングが掲載されていて、そこにはヴァージニアのインディアンたちがサケとおぼしい魚を丸のまま何尾か木製の棚の上に並べて、下でたき火を燃やして焼いているところが描写されている［図㉗］。英語での説明文には'American barbecue'とあるものの、盛大な煙が上がっているところを見ても、これは焼いているというよりもむしろ燻蒸しているように見える。もし彼らが燻蒸しているのであるなら、入植して来た北ヨーロッパの人びとから学んだということなのだろうか。それとも彼らは、独自に燻蒸技術を編み出したのだろうか。

北西アメリカのインディアンたちは、遥か昔から北太平洋の海から川を遡ってくるサケを捕獲しては、食料としていた。多く獲れた時は、冬の食料にと保存したことだろう。ホワイトの銅版画がサケならば、盛大にバーベキューをしたのか、それとも保存食作りだったのか、この一枚のエッチングからはわからない。しかし、この煙の様子からは、いずれにしろ燻蒸に近い焼き方になったことだろうと思う。

それにしても、冷燻のサケとベーグルとクリームチーズとのコンビネーションがどうやって生まれたのかは、謎である。だが一九三〇年代、「ミンストレル・ショウ」［図㉘ミンストレル・ショウのポスター］まがいに顔を黒塗りして黒人に扮して歌った「スワニー」の大ヒットで知られる、ユダヤ系芸人のアル・ジョルスンがチーズ製造会社「クラフト」提供のラジオ番組で、「クラフト・クリームチーズとベーグルとロックスの組み合わせは旨いよ」といった内容のコマーシャルソングを歌っていたというから、それがきっかけで〝Lox〟という食べ物が世に知られるようになったのだろう。この基本の三つの素材に、好みによってはタマネギのスライスを入れる人もいる。ベーグルを軽くトーストという人もいるけれど、肝要なのはクリームチーズをたっぷりと塗ることだ。アングロ・アメリカン系の定番朝食に慣れた人は少し戸惑うかもしれないが、一度食べたら病みつきになる。ニューヨークにいる間のぼくの朝食の七〇パーセントは、このロックスだと言っていい。

このロックスがユダヤ系の「食」だと知ってあらためて見回してみると、ニューヨークのあちこちに、それまで意識していなかったユダヤ系の人たちの食の存在にあらためて気がついた。アメリカにおける経済界、芸能界などへの彼らの進出と実力は、これまで多く語られてきた。考えてみれば、彼らの進出が食の世界にも及んでいるのは当然だろう。

しかし、実際にイスラエルのユダヤ人たちの食に接してみると、「ロックス」なんていう朝食にはまったくと言っていいほどお目にかかれない。どうしてなのだろう。だいたい、ベーグル本体も見かけない。好物のマッツォボールも見なかった。不思議である。ニューヨークの、いやアメリカのユダヤ系の人たちの代表的な食べ物とされながら、イスラエルではその存在を窺えないというのはどうしてなのだろうか。短くはあったけれど、それでもイスラエル各地を旅しながら考え続けた。そして、もしかしたらロックスやベーグルやマッツォボールなどは、東欧のユダヤ系の人びとの独特の食、あるいは彼ら特有の食なのではないか、と思いついた。

長い歴史の中で各国に散らばっていたユダヤ系の人びとの中には、イスラエルという国が作られてからその新しくできた「祖国」へと向かったものもいた。一九四八年のイスラエル建国から何年か何十年かを「祖国」で暮らした、世界中から集まったユダヤ系の人びとが持ち寄った料理をもとに改めて生み出した「イスラエルの食」と、ユダヤの血を持ちながらも長く別の土地で暮らすしかなかった東欧のユダヤ系のアシュケナジムたちの料理とは、おのずと違って当たり前のことなのかもしれない。端的に言えば、イスラエルの食と、ニューヨークのユダヤ人街で作られる料理とは、別物だと言ってもいいのだろう。ぼくはマンハッタンのコーシャー・デリで食べたものが、イスラエルでは見つけられなかったことに小さなショックを受けていた。

ニューヨークの五つの区、ブルックリン、クイーンズ、スタテンアイランド、ブロンクス、中でもマンハッタンで食事すべきところは、所狭しと軒を並べるレストランではない。マンハッタンに馴染みがないと、つい安全そうできっと美味しいだろうと思われる店に行くことになると思う。町のガイド誌'Where'のような本が推薦するレストランならばそうたいして外れることはないだろう。けれど、世界中のどこの町でも我々の感覚で「安心」だったり、「清潔そう」だったり、「リーズナブル」で「美味しそう」な感じで、しかもある程度の客が入っているような店を選んでしまうことが多い。実は、これらすべてが間違っている。

その町の本物の味を知りたかったら、その町に住む人たちが行く店に行く方がいい、と、これまでも幾冊もの案内本に書かれ続けている。そして今、同じ陳腐なことしか書けないのが悔しい。なるほど、現地の人間が行く店に行く、それが鉄則であることは間違いではない。間違いではないが、旅行者にはこれが案外に難しい。難しいけれど、ここではそれを克服したとして話を進めよう。

そしてマンハッタンで何千、いやもしかしたら何万もあるかもしれない様々なレストランを横目に入り口をくぐるべきは、「デリ」である。デリとは、何か。ドイツ語の「デリカテッセン」を縮めたもので、本来は「美味しいもの」という意味の「デリカテッセ」を売る店、というところからきたものだと言われている。

一七世紀から一八世紀初頭にアメリカに入植してきたドイツ系、とくにアルザス地方出身の人びとは、自分たちの野菜栽培や食肉加工による調理品を金に換えようと、移住先の町々でそれらを手押し車にのせて売り歩いた。それらの小規模移動販売は、一九世紀前後に移住してきた貧しい人びとの生活を支えるのに欠かせない店になっていった。やがて彼らは、貧しいものたちの住まうダウンタウンに、小さな店を手に入れて固定店舗を開くようになる。それが「デリカテッセン」、言うならば「惣菜屋」だった。

その販売方式を受け継いだのが、東ヨーロッパからやってきたユダヤ系の、いわゆる「アシュケナジム」と呼ばれる人びとだった。アシュケナジムとは、東欧のディアスポラの人びとを指す言葉だ。

一八八一年から一九二九年にかけて約二〇〇万人のアシュケナジムがアメリカに渡ってきて、その四分の三がニューヨークシティに住んだ。そして、一九一〇年頃には、シティでもっとも人口の多い単一グループになっていた。彼らもまた自分たちの独特の食を、ドイツ系の人びとにならって手押し車で販売するようになり、一九〇〇年頃のマンハッタンのロワー・イーストサイドの道には、二万五〇〇〇以上のプッシュカートが溢れ返っていたという。そのカートには鍋やフライパン、野菜から果物、ソーセージや腸詰類の食肉加工品、塩などの調味料などほとんどあらゆるものがのせられていた。その手押し車の商店は、やがてそこに集まってくるユダヤ人たちにとって、自らの宗教や政治問題、経済的な困窮や家庭のありようを話し合い、愚痴をこぼす場になっていった。

ドイツ系の固定店舗、デリカテッセンが人びとの生活の中に少しずつ根を下ろし、やがて「デリ」と縮めて呼ばれるようになった頃、この簡易店舗形式の食堂兼食料販売店はユダヤ人たちの手に渡っていくようになった。彼ら独特の料理を提供するデリカテッセンには、多くのユダヤ人が集まり、仲間内での議論を交わす場になり、一種のコミュニティの様相を呈するようになっていく。現在、デリカテッセン、またはデリは、近代アメリカでのユダヤ系移民の歴史そのものを見るようだと言われている。

実際、ユダヤ系のデリは、食べ物を売る場所という以上の意味があった。シェリル・ベルマンの『アメリカズ・グレート・デリズ（*America's Great Delis: Recipes and Traditions From Coast to Coast*, 2005）』という本には、「そこで売られるパストラミやチーズ・ブリンツがユダヤ人たちの空腹を満たす場所である以上に、彼らにとっては家庭のようにアイデンティティを覚える場所なのだ」と書かれている。そういう店でアメリカを代表するまた別種の料理が生まれ育ち、間もなくアメリカ中に拡がっていった。それらは、マッツォボール・スープやポテトラッケやゲフィルトフィッシュやチーズケーキなどなどで、どれもがデリならではの、デリ生まれの食べ物だ。

ニューヨークシティのマンハッタンは、デリの「ハブ」だと言われる。ハブは幹線が集まる路線結束点と訳され、たとえばシカゴのオヘア空港やテキサスのダラス゠フォートワース空港、ニューヨークのJFK空港などの空港がアメリカ国内のハブ空港である。それと同様、マンハッタンのデリは、車輪のスポークが集まる中心のようにアメリカ中に旅立っていく味の拠点である。この地を中心にブルックリン、ブロンクス、クイーンズを越えて、その先のアメリカ中の町へと拡がっていく。テネシー州ナッシュビルでも実にうまいマッツォボール・スープを味わえるし、ワイオミング州ジャクソンではドイツ名物とも見まがう結構なポテトラッケにありつける。カンザス州アビリーンでは目を見張るようなパストラミにぶち当たった。そういうものを商うのは、ただの「デリ」ではなく、「コーシャー・デリ」と書かれた店であることが多い。

コーシャーはヘブライ語で「ふさわしい」「適正な」という意味だ。ユダヤ律法では、食べてはいけないものといいものとがはっきりわかれている。たとえば、豚肉、貝、甲殻類はどんな時でも食べてはいけない。また、牛肉と牛乳を一緒に食べたり飲んだりしてはいけない。動物は生きているうちに屠って、すべての血を抜かないといけない。といった厳格なルールがある。そういう決まりをきちんと守って、正しく調理したものが「コーシャー料理」である。

その戒律の原典は旧約聖書の「レビ記」にある。レビ記とは、シナイ山で神がモーセに告げた生活や宗教上の約束事、すなわち「律法」を記したものだ。そこには、祭司に向けた儀式の方法や形式、そして清浄なものと不浄なものなどの規定を記した前半と、捧げ物や祝い日に関する規定、動物の扱い、幕屋、死刑などに関する規定、性や神に対するタブーなど、民衆に向けた「神聖法集」の二つに分かれている。そしてコーシャーである食べ物の規定は、前半の祭司のための規定の最後の章、レビ記第一一章にある。だがその前の第七章、捧げ物に関する規定の第二三節で、神はモーセにこう言う。「イスラエルの人々に告げてこう言いなさい。牛、羊、山羊の脂肪を食べてはならない」と。また二六節には「あなたたちがどこに住もうとも、鳥類および動物の血は決して食用に供してはならない」（日本聖書協会　新共同訳）とある。この、血を食用にしてはならないということが、屠った後すべての血を抜くという「コーシャー」の理由になっていることがわかる。

だが、本当の意味での食べ物に対する規定は、レビ記一一章の最初からこう続いている。「地上のあらゆる動物のうちで、あなたたちの食べてよい生き物は、ひづめが分かれ、完全に割れており、しかも反すうするものである。従って反すうするだけか、あるいは、ひづめが分かれただけの生き物は食べてはならない。らくだは反すうするが、ひづめが分かれていないから、汚れたものである。岩狸は反すうするが、ひづめが分かれていないから、汚れたものである。野兎も反すうするが、ひづめが分かれていないから、汚れたものである。いのししはひづめが分かれ、完全に割れているが、全く反すうしないから、汚れたものである。これらの動物の肉を食べてはならない」

魚に関しても厳しい規定がある。「水中の魚類のうち、ひれ、うろこのあるものは、海のものでも、川のものでもすべて食べてよい。しかしひれやうろこのないものは、海のものでも、川のものでも、水に群がるものでも、水の中の生き物はすべて汚らわしいものである」と。うなぎはうろこはないが、ひれがあるから食べていいのだろうか。だが八つ目ウナギは、尾びれや背びれはかろうじてあるが、魚として水中の姿勢を安定させる対鰭《ついき》（胸びれと腹びれ）がない。どうしたらいいのだろうか。カニやエビなどの甲殻類、貝類は駄目だろうと思う。

鳥類で汚れたものは、「禿鷲、ひげ鷲、黒禿鷲、鳶、隼の類、烏の類、鷲みみずく、小みみずく、虎ふずく、鷹の類、森ふくろう、魚みみずく、大このはずく、小きんめふくろう、このはずく、みさご、こうのとり、青鷺の類、やつがしら鳥、こうもり」そして、「羽があり、四本の足で動き、群れを成す昆虫はすべて汚らわしいものである」となると、イナゴの佃煮などはとんでもない話だ。こう書いてくると、我々日本人は、本当に何でも食べる。むろん、中国人も「四つ足のものは机と椅子以外のすべて、空を飛ぶものは飛行機を除いて、何でも食べる」というけれど、なあに日本人だってよく似ている。そうだ、思い出した。古今亭志ん生のまくらに「何でも食べるけど、炬燵だけは食べねえんだ。ありゃ、あたるから」というのがあった。

ともあれ、このような厳格な戒律の上にコーシャー・デリは成り立っている。

コーシャーには、ある想い出がある。おふくろは一時、日系のアメリカ人やカナダ人女性の友人たちと、当時青山の高樹町にあった、今もあるのかも知れないけれど、おふくろの言うところの、「ユダヤ協会」にコーシャー料理を習いにいっていた。戒律に従ったやり方で作られたチーズやバター、また食肉製品やパンなどを買って帰り、それらは一時期、我が家の食卓の花形だった。しばらくの間、コーシャーは夕食時の話題になったが、ある時おふくろは一緒に行く仲間がユダヤ人のことを「いちきゅう」と呼んでいてびっくりした、という話をしてから、その食卓に何となく違った空気が流れ込んできたように思われた。「いちきゅう」とは、一と九のことで足すと一〇になる。ユダヤの人たちを表立ってJewとは呼べないから、そういうふうに呼ぶのだということだった。それを聞いた時の奇妙な気分は、今も思い出すことができる。おふくろが「いちきゅう」を差別していなかったことは、そのずっと後に、ぼくが当時電通に務めていた白人の青年の友人をよく家に連れてくるようになった時のことでわかる。彼には食べられないものがいくつもあって、ユダヤ人かユダヤ教徒なのだと知っても、おふくろはぼくの他のブルーグラスをやっている仲間同様、なんら変わることなく迎え入れてくれた。そういう彼女が、友だちの間だから仕方なくかもしれないが、ユダヤ系の人たちを

「いちきゅう」と呼ばねばならなかった時、どういう気持ちだったのかと今も不思議に思う。けれど、そういう仲間とともに教わってきたコーシャーのどれを彼女が作ってくれたのかも、その味わいも、今ではまったく覚えていない。だから、現在、ぼくの知るユダヤ系の食は、アメリカを旅しながら舌と胃袋に残してきたものばかりだ。

ii　ペーパースィン・サンドウィッチとルーベン・サンドウィッチ

デリ通いの日々から随分経ってしまったけれど、マンハッタンをはじめとするアメリカ各地のデリや東欧系のレストランで食べたあれこれは、今も、たった今でも食べたい、と強く思い続けている。あれらはやはり、本当に「旨い」アメリカの美味のひとつだと確信している。

しかし、ぼくがマンハッタンのあちこちのデリで受けた衝撃は、コーシャー料理やその他の東欧系の移民たちの料理ではなかった。むろんそれらは、その後のぼくの食の経験とレパートリーと嗜好に大きな影響を与えはしたが、それらよりも数倍、数十倍もの衝撃は、サンドウィッチだった。

アメリカのカウンター対面型の食堂では、その前に立って注文する時はいつも忸怩《じくじ》たる思いが残る。そうでなくとも、こと食べ物に関しては優柔不断なたちだから、店に入った瞬間から迷いがはじまる。遠くから壁に掲げられたメニューを眺め、あれでもないこれでもない、と胸の内で逡巡し、ようやく食べたいものが形をあらわし始めたところで、ようし、あのコースに決めようと決心しても、カウンターの前に立った途端その決心は揺らぎ始める。日本の食堂でのように席に座ると水と品書きが届き、さて「何を食べようかな」とメニューをしげしげと眺め、やがて届けられたおしぼりで手や顔を拭きながら注文するものを決めるといった悠長なことはとてもやっていられない。これは日本にあるアメリカ系のフランチャイズ店、ＫＦＣやＭａｃやサブウェイなどの店でも同じだ。

自分の番が来たらすかさず、よどみなく、その時食べたいもの、あるいは前々から食べたかったものを注文する。メインの料理と付け合わせ、フライドポテトかコールスローか、時にスープはミネストローネかコーンポタージュか、飲むものはコーラかアイスティーかホットコーヒーか、または甘いものならヨーグルトムースかスムージーか、決めるのは容易ではない。ようやく注文したものが目の前のプレートやバスケットで登場して、それを持ってテーブル席についた時まだ胸底に残る迷いは消えない。フライドポテトはスモールにすればよかったかな、コーラはミディアムがよかったかもしれない、と、これはぼくの優柔不断の性格ゆえなのかも知れないが、どうもファストフードには「後悔のソース」というやつが付きものであるらしいのだ。

日本語の通じる店でもそうなのだから、本場のデリで、早口で訛りの強い、そして親切心が売り物であるとはとても思えない事務的な口調で畳みかけられる中で、当初、自分の食べたいものを口にすることはなかなかできなかった。まず 'here or to go' から始まって、サンドウィッチならパンを選ぶ難題が待っている。白か全粒か、ライ麦かピタかフレンチか、トーストかそれとも焼かないままか、塗るのはバターかマーガリンかマヨネーズか、そしてメインの具、それに加えるのはスライスチーズかアメリカンチェダーかモントレージャックか、コルビージャックか、振りかけるのはベーコンビッツかチョップドオリーヴか、野菜類のうちレタスは、トマトは、オニオンは、シュレッデッドキャロッツは、さらにピクルスは、レリッシュは、と畳みかけられるような質問をかいくぐり、どうにか自分の食べたい物を注文し終わった時は、まさに人生の難事業のひとつを成し遂げたような安堵感と達成感にひたれる、はずだが、実に出来上がってきたものは時にぎょっとさせられることもあるほど思惑が外れる。

たとえば、ぼくは一度ターキーの胸肉、ホワイトミートのスライスをメインに選んだ。これではかなりぱさつくだろうと思って、チョップドレバーを合わせて頼んだことがあった。それとレタスとオニオンにし、トマトやチーズはやめた。ところが、目の前にあらわれたのは厚さがゆうに五センチはあった。スライス・ターキーブレストが二・五センチ、チョップドレバーが二センチ、レタスとオニオンが五ミリ、といった案配だ。ぱさつくどころか、しっとりどころか、かぶりつくとそれは口内にモゴモゴとわだかまり、飲み込むまでの時間がひどく長く感じられた。

チョップドレバーは、主に鶏のレバーを用いるが、店によっては白い仔牛のレバーを混ぜるところもある。これにタマネギのみじん切り、固茹で卵のみじん切り、それに「シュマルツ」と呼ばれる鶏の脂肪——彼らはこれを「ユダヤ人のバター」と呼んで愛している——などを混ぜて、炒めるか煮るかして裏ごしする。といっても名前にあるように「チョップド」だから包丁で叩くことが多く、いかにもアメリカ人らしく繊細ではないのだが、それでもその旨さは少しも変わらない。ようするにレバーペーストなのだが、カナッペやオードヴルなんかに出てくるクラッカーなどに塗られているのとは大違いで、その荒々しさ、上品とはとても呼べない。だがその素晴らしい旨さの魅力は、とても「レバーペースト」とは呼びたくない代物なのである。味的には、それぞれの特徴があるからどちらがどうとも言えないが、問題はその量である。トーストしたパンにたっぷり、こってりと盛り上げるように塗る。すでにしてこれは「塗る」という状態ではない。「盛る」とか、「のせる」とか言うしかない。彼らはこの状態を、「パイルド・ハイ（Piled high）」と呼ぶ。いわゆる「てんこ盛り」にするのが定番なのである。その量の多さ、気前の良さ、大盤振る舞い、豊穣、太っ腹、もしかしたら無神経、とも言えるその巨大さは、かつてアメリカ料理が良くも悪くも持っていた特性が健在であることを教えてくれる。その気前の良さのようなものは、何も「チョップドレバー」だけではない。サンドウィッチに挟む具もまた巨大であって、それは目もくらむほどだ。と書きながら、「量の多さ」に関して忘れられない、ある経験を思い出した。

あれはまだ、自分の目的のためにアメリカを旅する以前、雑誌社や放送局などの仕事で旅をしていた頃だ。その時も、もう長年付き合ってきて、旅の伴侶として欠かせないコンビとなっていたカメラマンとの二人旅だった。雑誌に企画を持ち込み、自分たちで調査し、アポイントをとり、段取りをつけ、時に往復の旅の手配もし、宿泊から食事からその他あらゆることを自分たちの手でやるという取材だったから、雑誌社の編集者がついてくることはまったくと言っていいほどなかった。

そういう旅のある日、その日の取材が終わってようやく探し当てた店で夕食をとることにした。その日はタフな一日で二人とも、ともかくビールを一杯やりたかった。だが、せっかく探したその店は、アメリカではよくあることなのだが、アルコール類をいっさい提供していなかった。これにはがっくり来た。二人とも疲れ切ってはいたが、このまま何も飲まずに食事だけしてベッドに入るのは、おたがい潔しとはしなかった。しかし、一度店に入ってしまって、何も注文せずに席を立つのはいくらなんでもまずい。今更コーヒー一杯というわけにも行くまい。だったら、一番量の少なそうなのを注文して、ここを出てまた別の店に行って思いっきり飲んで食べよう、ということに決まった。で、メニューを見て、二人で一つ、プレーンオムレツを頼んだ。これでいいや、という楽観的な気持ちは一〇分ともたなかった。目の前にあらわれたオムレツは、実に巨大だった。二人でどうにかそれを平らげたあと、レジでの支払いを済ませたぼくらはもう満腹で、他の店に行く胃袋の余裕も、いや、その前にビール一杯分の隙間もなかった。七〇年代の終わりか、八〇年代の初め、まだアメリカが飽食のただ中にあった時代だった。

その時のことが、マンハッタンのデリのオーダーカウンターの前に立つと思い出される。そのぐらい、デリ・サンドウィッチは豊穣そのものだ。だいたい、アメリカン・デリでの肉類のスライスの案配というのは、日本での想像の埒外にある。まったく別次元のありようだ。量ばかりでなく、その形状がである。ローストビーフでもポークでも、チキンブレストでもターキーでも、ウィリアムスバーグ・ハムでもボローニャ・ソーセージでも、ボイルドハムでもスモークハムでも、コーンドビーフでもパストラミビーフでもすべてが薄くスライスされている。それも尋常の薄さではない。いわゆる「ペイパースィン（Paper thin）」と呼ばれる、紙にも匹敵するほどの薄さなのだ。これを一センチから一・五センチほどの厚みに重ねる。このペイパースィンの旨さは、同じ厚さに切ったハムなどとはとても比較にならない。まさに段違いと言っていい。厚切りは歯応えとしては申し分ないが、ハムステーキならともかく口から溢れんばかりのものを嚙み砕くという作業は、好きずきもあるだろうけれど、少なくともサンドウィッチには向かない。挟んでいるパンとの兼ね合いもある。厚切りのハムだけでいいという人もいるかもしれないけれど、そこにレタスやトマト、キュウリやチーズなんかも加えたいという人もいる。そういう人びとの多様な嗜好や欲求を鑑みながら作り上げられてきたのが、「ペイパースィン」という発想だろうと思うのだ。やはりファストフード、フィンガーフード王国というべき歴史と工夫とが生み出した、この紙の薄さでしか得られない旨さだろうと思うのだ。

このペイパースィン・サンドウィッチに惹かれて、デリに行くたびに別の種類のハムやローストの肉類を注文した。サンドウィッチの旨さ、凄さ、奥深さに目覚めたのはこの時である。それぞれの肉類やハム類はそれなりに旨いが、やがてコーンドビーフ・サンドウィッチに行き当たった。ぼくらの知る「コンビーフ」は、あの台形の缶の、白い脂肪の固まりと肉の細片がびっしりと凝固したものだろうと思う。本当のコンビーフ、正しくは「コーンドビーフ」はそれとはまったく違う。では、本物のコンビーフはどういうものか、ということを教えてくれたのがこのデリだった。

まず、コーン、とは何か。それはかつて肉の塊を塩漬けする時に用いた「塩」が、トウモロコシの粒の大きさだったから、コーン、の名前がついたのである。そのコーンの大きさの塩で漬けることを「コーンド」と呼ぶようになった。塩漬けのビーフで「コーンドビーフ」なのである。今の塩は、かつてのようなとうもろこし大の岩塩ではなくなっても、呼び名は変わらない。その塩漬けした肉の塊を茹でて塩分を抜く。これをごく薄くスライスする。一センチほどの厚さにしたら、これはもう「ボイルド・ビーフ・ソルト・ビーフ」であって、別の味わい、別の料理になってしまう。ボストン名物の「ボイルド・ビーフ・ディナー」である。ペイパースィンにすることで、サンドウィッチの具として最適な食材に仕立てあげたのだ。それによる収穫は、まずしっとりとした歯触りと、薄くすることで味の波状攻撃のような、次々と旨さが追いうちをかけてくることだ。この「ペイパースィン」を挟んだサンドウィッチに出くわさなかったら、ぼくの食の世界からサンドウィッチというものはほぼ存在しないにも等しかったろうと思う。

デリのカウンターの向こうで、コンビーフの塊が湯気を立てている。今、茹で上がったばかりなのだ。注文が入るたびにスライサーで薄く切って、好みのパンの上に折り重ねてくれる。その様子を見ているだけで、惚れ惚れする。技術に対してではない。そういうことが、旨さを引き出すと考え出した人間の営みに対してだ。潤沢さ、豊潤さ、その豊満で豊麗な感じは、見るものの心に染み込み、もしかしたら感性のある部分を変化させる力があるように思う。何よりも美味の勘どころを押さえたサーヴィスのありように対して、「アメリカ料理は美味しくない」という人は、これまでいったい何を食べてきたのだろうかと思ったりもする。「ペイパースィン・サンドウィッチ」はまさに、この国の豊かさを象徴すると言っていい。

この場合のパンは、軽くトーストした方がいい。コンビーフの肉汁がパンに染みて思いがけない旨さを醸し出す。だがしかし、この「コンビーフ・サンドウィッチ」を凌駕すると思われるのが、

「ホットパストラミ・オン・ライ」だろうとぼくは確信する。サンドウィッチの王となると、一方では「クラブハウス・サンドウィッチ」を挙げる人がいるかもしれない。人によっては、「ローストビーフ・サンドウィッチ」の方が高級感というか、贅沢な感じがあると言うだろう。

そういう贅沢さとは違った意味で絶妙だと思うのは、カニと缶詰のアスパラガスのコンビネーションだった。ぼくはこれを鎌倉の、今はもうサンドウィッチは作らなくなったクレープ屋で知った。むろんこの場合にはフカフカのやわらかいパンが必須で、その一枚にバター、もう一枚にマヨネーズをごく薄く塗り、白いアスパラをパンの長さに縦半分に切って並べ、その上に出来れば生のカニを蒸して冷やしたもの、なければカニ缶の身をほぐして全体にのせる。歯触りを変えたかったら、アスパラの代わりにキュウリのごく細い千切りでもいいだろう。

ロンドンの小さな店で食べたアフタヌーンティー・サンドウィッチに、やわらかいパンにアプリコットジャムかイチゴジャムを薄く塗った上に、新鮮なクレソンを挟んだのがあって、この甘さとほろ苦さのバランスは今も舌先に残る。

話を戻したい。正しい「コーシャー・サンドウィッチ」の話だった。ぼくにとって、やはり最高のサンドウィッチは「ホットパストラミ・オン・ライ」で、これはコーシャー・サンドウィッチ、アメリカン・サンドウィッチの極北だろうと思う。熱々のパストラミのペイパースィンを、トーストしてマスタードを塗ったライブレッドに挟んだ逸品である。ライブレッドをトーストすると硬くなるから、上口蓋を傷めることがあっても、やはり食べずにはいられない。

パストラミとコンビーフとは、見た目がよく似ている。むろんパストラミの方がドライな感じで、コンビーフの方がしっとり感は強い。これは作り方による。材料は同じ牛のブリスケ(胸肉)やその下に続く腹肉で、それぞれのスパイス液に漬けるのは変わらない。違っているのは、コンビーフは漬けた後に茹で上げるが、パストラミはスモークして、それから蒸す。蒸すか茹でるか、スティームかボイルかはさておき、大きな違いは燻蒸するかしないかだろう。「ホットパストラミ・オン・ライ」は、サンドウィッチ界の「ホールマーク」だ、という言い方がある。金や銀の純度検証の極印と同じだと言うのだ。言葉を換えれば、そのデリのランクは、パストラミの出来によって決まるということだ。

パストラミはトルコで生まれた。Busturha と呼ばれ、もとは「圧迫」という意味だったようだ。本来は肉を風干ししてその後に塩とスパイスをすり込んだものを、トルコの騎馬の民たちが鞍の下に敷いて圧迫し、味わい深くしたのだという。どこかで聞いた話だと思ったら、あのモンゴル帝国のタタール人たちがやはり鞍の下に肉を敷いてやわらかくして食べたという「タルタルステーキ」誕生秘話とよく似ている。騎馬の民たちはどこでも同じようなことを考えるものらしい。

ともあれ、アメリカにはトルコ系の移民たちの手で運ばれてきた。当初、アメリカでは Pastirma と呼ばれたものが、やがて Pastrami に落ち着いた。パストラミ製造は「1P3S」と言われる。すなわち、Pickling（漬けこみ）、Spicing（スパイス）、Smoking（燻蒸）、Steaming（蒸し）だという。一つのPと三つのSの手順が大切だというのだ。どういったスパイスを使うか、そのスパイスと塩を溶かし込んだ液にどのくらいの時間漬け込むのか、どのくらいの温度の煙で何時間スモークするかもパストラミの出来を左右するが、一番大切なのは蒸し上げなのだと言う。蒸すことによって、肉の味つけや、やわらかさを決定づけるからだ。店によって蒸す時間に大きな差があり、あるデリでは三時間、別の店では六時間とまちまちで、それがその店の味わいの大きな特徴になっている。この蒸し時間の長短は案外の難問で、それが原因で一般家庭ではなかなか旨いパストラミが作れないことも事実なのだ。その点、コンビーフはずっとやさしい。ブリスケなどの肉の塊にフォークなどで全体を突き刺し、そこにスパイスと塩をすり込んでから、香味野菜やスパイス、塩などを入れた漬け込み液に一週間とか二週間などの一定時間漬ける。時至ったら取り出し、真水で茹でる。この時、肉の塩分によって――塩辛ければ、長い時間茹でるといったように、茹で時間が決まるわけで、このあたりは製作者の、それこそ「塩梅《あんばい》」なのだ。コンビーフは家庭でも作れるが、パストラミはデリでしか味わえない「至宝」だと言っていいかもしれない。

このパストラミを使った「ホットパストラミ・オン・ライ」がデリ・サンドウィッチの一方の極北なら、もう一つの、ぼくにとっての至福の逸品は、このホットパストラミにいくらか、いやそっくりというしかない「ルーベン・サンドウィッチ」だ。コンビーフを使うのが定番である。それを「クラシック・ルーベン」と呼んでいる。これにコールスロー、またはザウアークラウト、そしてスイスチーズ。肝心のパンは、ライブレッドと決まっている。だいたい、デリでもっとも注文の多いパンの種類は「ライ」である。なぜなら、昔北ヨーロッパで収穫できる麦はライ麦が主で、小麦や大麦、燕麦などはその寒涼な気候と地質の関係もあってか、多くは収穫出来なかったからだ。このライ麦から作ったパン、ライブレッドが北ヨーロッパから東ヨーロッパにも波及していったのである。今、デリでのパンの王道は「ライブレッド」と決まっている。このライ麦パンをトーストするかしないかも重要な選択肢であって、大きく二派に分かれて互いに主張しあっている節もなくはない。

ライブレッドにコールスローではなく暖かいザウアークラウトを敷き、その上にホット・コンビーフをのせ、その上にスイスチーズを置いてオーヴンで温めてチーズを溶かす。これに「ロシアンドレッシング」をかけるというレシピもある。いわゆる「ロシアンドレッシング」とは、マヨネーズにトマトケッチャップを混ぜたサラダドレッシングで、一九一〇年代にニューハンプシャー州のナシュアの町に住むジェイムズ・E・コルバーンが創案したと伝えられている。

ぼくの場合、ライブレッドはトーストした方が好きで、ロシアンドレッシングはいらない。コンビーフとザウアークラウトとスイスチーズの味だけで、このサンドウィッチはすでにして完成している。だがもっと言えば、これに「フレンチーズ」のマスタードを絞りかける。これで完璧である。

しかし、このサンドウィッチにはいくつかの謎があり、それがぼくを落ち着かなくさせる。たとえばザウアークラウトとなると、東ヨーロッパのドイツ語を話す人びとによってアメリカにもたらされた料理だろう。コンビーフが、どこで作り始められたものかはわからないが、ことアメリカに関する限り、ユダヤ系料理、とくにコーシャーの手法によって作られたものは、アメリカ食の中でも大きな意味を持っている。新大陸に入植した初期の植民者たちにとっても肉の保存は塩漬けであり、それを茹で野菜類とともに煮る「ボイルドビーフ」料理は、この国の食の根源の一つを成している。

そこで考える。東ヨーロッパのドイツ語圏のアシュケナジムたちによって、ライ麦パンとコンビーフとザウアークラウト、それにスイスチーズの組み合わせによって「ルーベン・サンドウィッチ」が生み出された。ここではチーズが問題だ。このチーズ、スイス系のドイツ語を母語とする、言うところのペンシルヴァニア・ダッチと呼ばれる人びとによって作られたもので、本来はスイスのエメンタールチーズをアメリカ風にアレンジしたものだ。カートゥーン映画の名作『トムとジェリー』で、ネズミのジェリーがいつも猫のトムの仕掛けたチーズの罠に誘われてしまう、あの孔のポコポコあいたチーズ、あれが「スイスチーズ」だと知れば、このチーズがもっともアメリカらしいチーズなのだということがわかる。チーズの存在は、後に置こう。ここに用いられる食材のどれもが、ヨーロッパの東側からの人びとによってもたらされたものだ。それらの食材を使って、このデリのメニューの中のマイルストーン、あるいは金字塔ともいうべきサンドウィッチを作り出した人物には諸説がある。

もっともよく知られているのは、ネブラスカ州オマハの町のブラックストーン・ホテルでルーベン・クラコフスキーという食料商の仲間が夜ごとポーカーゲームに興じていたところ、そのホテルのオーナーであるチャールズ・シンメルが彼らのために作ったのだという、地元紙『オマハ・デイリー・ニュース』の説。シンメルがそのホテルを経営していたのは一九二五〜三五年だというから、「ルーベン・サンドウィッチ」が創案されたのは、その一〇年間のどこかだろうと思われる。もう一つの説は、ニューヨークはマンハッタンに数軒のデリ、「ルーベンズ・デリカテッセン」を経営していたアーノルド・ルーベンが、一九一四年頃に発明したというものだ。ここで大切なのは、ルーベンは自らドイツ系だと語っていて、シンメルは家系がはっきりしないが、エルスドン・C・スミスの著した『ニューディクショナリー・オブ・アメリカン・ファミリーネイムス（*New Dictionary of American Family Names*, 1988）』によると、Schimmel はドイツ系の名前だということだ。

この二人のどちらが「ルーベン・サンドウィッチ」を世に送り出したにしろ、二人ともがドイツ系だということが大切なのだ。もともとザウアークラウトをこのサンドウィッチに使うということからして、ドイツ系の影は感じられはした。ただ現在これは各地のデリの、むろんコーシャー・デリも含めて看板メニューでありながら、そこにはユダヤ人、あるいはアシュケナジムの色彩が感じられないのが、ぼくには謎だった。それはスイスチーズの存在による。

スイスだろうとどこだろうと、ユダヤ人は牛肉とチーズを一緒に食べない。少なくとも両方を食べる時間を六時間はあけないといけない。今時の若いユダヤ系の人たちには、そういった厳格な戒律に対する心構えは希薄かもしれないが、本来はそういうものだった。だからこのルーベン、東欧のドイツ系、またスイスのドイツ語圏の非ユダヤ系の人びとによって作られたものなのではないか。だがその後、ユダヤ人たちのコーシャーや、旧約聖書のレビ記に書かれた戒律が時代とともに薄まっていくに従って、コーシャー・デリの店頭でもその存在感を誇示するようになった、と考えるのが妥当のような気がする。

ただぼくには、もう二人の「ルーベン」がいる。アパラチアン・マウンテンミュージックに「ルーベン」という曲がある。「ルーベンズ・トレイン」とも呼ばれ、かつてモダンフォーク・ブームの時に大いに流行った「500マイル」や「900マイル」といった曲で歌われる、さすらいの男が放浪生活に疲れ果てて家に戻ろうという歌の原曲と言われている。この曲はまた、バンジョーやフィドルの演奏曲として「トレイン45」という名前でもよく知られている。先にも書いたが、この歌にはホーボーと呼ばれる放浪の労働者、いわゆる季節労働者が出てくる。彼が仲間のバムに、腹が空いてたまらないから「コーンブレッド」を分けてくれないか、と乞うている歌詞も出てくることからも、彼の空腹の切実さがよくうかがわれる。原題が'Reuben's Train'だから、汽車の持ち主か、その汽車の機関手や車掌、あるいはその汽車にただ乗りする、言うところの「レイルロード・バム」と呼ばれる人びとの中にルーベンという名前の人物がいたのかもしれない、と想像する。こんなところに鉄道会社の社長や機関手の名前が出てくるなんて突飛過ぎるから、ここはやはりホーボーたちの一人が「ルーベン」で、レイルロード・バムであるルーベンの乗る貨物列車、それが「ルーベンズ・トレイン」なのだろう。

もう一人のルーベンは「ルーベン・ジェイムズ」という名前だ。一九八〇年代、大人気だったケニー・ロジャースというモダンカントリーのシンガーが歌って大ヒットした曲である。こちらは老いた黒人の農夫を歌ったもので、ケニー・ロジャースの心にしみる歌声とマイノリティへの温かな視線がある。

どちらのルーベンも庶民である。もう一つ、「USSルーベン・ジェイムズ」という第二次大戦で最初に沈没したアメリカの駆逐艦がある。ドイツのUボートの魚雷でやられた船だ。その名前は、アメリカ独立後初めて宣戦布告した外国との戦い、第一次バーバリ戦争で活躍したルーベン・ジェイムズ掌帆長に因んでいる。ウディ・ガスリーはこの駆逐艦のことを「シンキング・オブ・ザ・ルーベン・ジェイムズ」という歌にしており、フォークソングの人気グループ、キングストン・トリオなどにも歌われヒットしている。もっともそのメロディの大半はカントリーソングの「ワイルドウッド・フラワー」を使ったもので、よく知られたメロディーだから馴染み易くて人びとに親しまれたのである。

ようするに、「ルーベン」という名前は、アメリカ人にとっては案外によく知られた親しみ易い名前なのだ。発明者、創案者がどういう人であれ、アメリカ人にとっては「ルーベン・サンドウィッチ」は、いくらかの悲劇的な色合いを帯びた彼ら好みのネーミングなのであろう。少なくともぼくにとっては、ＢＬＴサンドウィッチやイギリスのアフタヌーンティー・サンドウィッチなんかより、はるかに心と胃袋の奥に届くのである。

このルーベン・サンドウィッチ、場所によってその姿が少しずつ変わる。ドイツ系移民の多いミシガン湖周辺、中でもミシガン州辺りでは、コンビーフの代わりにパストラミ、ザウアークラウトの代わりにコールスローを用いた、その名もルーベンならぬ「レイチェル・サンドウィッチ」と呼ばれる変種が人気を呼んでいる。最初にこれを食べたのはシカゴのダウンタウンの普通のレストランだったけれど、ちょっとよかった。第一に、マンハッタン・デリでのように山盛りのペイパースィンのコンビーフが、少し少なめでおとなしげなパストラミになっていたし、コールスローも穏やかな味わいでよかった。スイスチーズの溶け具合もとてもよかった。カリフォルニアやジョージアでのルーベンは、名前はそのまま「カリフォルニア・ルーベン」や「ジョージア・ルーベン」と称している。ロシアンドレッシングの代わりにバーベキューソースを使っている。ラスヴェガスで食べた友人は、ソースではなくてマスタードがパンに塗られていた、と教えてくれた。彼にはコンビーフだかパストラミだかその違いはわからなかったけれど、パストラミは確かにマスタードがよく合う。それも「フレンチーズ」の、ただ黄色くてすっぱいだけで、マスタードはどこですか？　と尋ねたくなるようなのが最高だ。

あれはナッシュヴィルだったかのホテルの食堂で、ライブレッドの代わりにマフィンを使ったのを食べたことがある。これに熱々のパストラミとザウアークラウト、溶かしたスイスチーズ、そしてその上にオーヴァーイージーの卵焼きが乗っていて、全体にロシアンドレッシングがかかっていて、これは実に旨かった。アルミホイルで包まれたそれは、そのホテルにいた三日ほどの間、毎朝食の定番だった。このマフィンのやわらかさとソースを吸った感触が絶妙で、これはこれで熟考した結果の逸品だと思われた。きっと、硬いライトーストの苦手な客かコックがいたのだろう。

サンドウィッチに欠かせないのがピクルスで、それも「ディルピクルス」でなければもう一つ、という感は免れない。キュウリのピクルスなのだが、名前の通りハーブのディル（dill）を風味づけに使ったものだ。これが実に大きい。日本のキュウリよりもずんぐりとしていて太い。デリのサンドウィッチやその他の食べ物の付け合わせには欠かせないが、店によっては、まるまる一本出てきたりする。まあ、普通の店なら縦半分か、縦四分の一に切って提供する。それでもでかい。

これはスイートピクルスとは違って、甘くない。薄い塩味とディルの香りが効いて、これはサンドウィッチから肉料理まで付け合わせには最高だ、と書きながら、不意にブルーグラスミュージックのインストルメンタルの名曲「ディルピクルス・ラグ」を思い出した。盲目のシンガーで、ブルーグラス・ギタリストの最高峰の一人ドク・ワトソンや、おそらくは現代ギター界の最高峰、ジャズ、カントリー、クラシック、フラメンコ、そのどのジャンルでもそれぞれの一流の人々と共演して、それらの人びとにスポットライトを当ててやりながらも、自らこれまで考えられなかったようなギター奏法を生み出したチェット・アトキンスをはじめ、フィドルやスティールギターなど様々な楽器による名演奏で知られるこの曲は、以前、もし「ディルピクルス」がコーシャー料理の一種だったのなら、カントリーやブルーグラスの発祥の地であるアパラチア地方にも、アシュケナジムが入り込んで行ったものだろうと考えていた。サンドウィッチに添えられるピクルスには、大まかに甘いのと、「ガーキン（Gherkin）」と呼ばれる塩味だけのキュウリのピクルスがあり、この甘くないディル風味のピクルスは、ニューヨークのコーシャー・デリの名物で、したがってユダヤ系の食であると勝手に考えていた。だが、まったく違った。

「ディルピクルス・ラグ」の曲は、一九〇六年にチャールズ・L・ジョンソンが作ったものだった。「ラグ」はラグタイムの略で、主としてピアノによるシンコペーションを多用した奏法である。二〇世紀初頭、スコット・ジョプリンなどのエンターテイナーによって広められ、一世を風靡した。カンザスシティで生まれ、カンザスで死んだジョンソンは、名前からしてアシュケナジムではなさそうで、この曲はユダヤ系とは関係がないように思われる。むしろ、ブルーグラスやカントリーの世界では「ディルピクルス」が日常の食であって、いわゆる「ブレッド・アンド・バター・ピクルス」と言われる毎食の常備食なのだ。アパラチア一帯には、ドイツ系の人びとも大勢入っていった。だから、ディル風味のピクルスが広がっていったのは当然だろう。なら、それがコーシャーのレパートリーになったのはなぜか。こうは考えられないだろうか。マンハッタンのユダヤ系の人びとの「デリ」は、もともとドイツ系の人たちの手押し車販売から固定店舗への変化を見習ったものだから、ドイツ系の人びとの売っていた食べ物のレパートリーが、ユダヤ系の人たちに引き継がれていった。ディルピクルスは、その時代からアメリカ人の好物だったのだろう。

iii　チキンヌードル・スープとハンガリアン・グーラッシュ

サンドウィッチばかりに、行数を費やし過ぎた。デリにはサンドウィッチばかりでなく独特の旨いものがいっぱいある。デリに行って、コンビーフやパストラミのサンドウィッチの他に、絶対に食べなくてはいけない、と言われるものに「マッツォボール・スープ」〔図㉙〕がある。マッツォはMatzoと書く。その歴史は古く、ほぼ二〇〇〇年前のモーセがイスラエルの民を率いてエジプトを脱出する時に、パンを膨らませる時間がなかった。そのために、すなわち粉と水だけで焼いたパン「フラットブレッド（種なしパン）」を食べることになった。この種なしパンと同じ材料、粉を水で溶いて丸めたものがマッツォで、アシュケナジム系のユダヤ人たちの言葉であるイディッシュ語から来ている。それをアメリカへ渡ってきた、アシュケナジム系のユダヤ人移民たちがシナゴーグで作り、礼拝に来る人びとに配っていた。一八四〇年の頃だ。それから一〇年も経たないうちに、マンハッタンはロワー・イーストサイドのリヴィングストン・ストリートにマッツォ・ベイカリー工場が出来ていたと言う。

このマッツォを丸めたマッツォボール、大きさはピンポン球ぐらいからテニスボールぐらいまで様々だが、それをチキンスープの中に沈めたものが「マッツォボール・スープ」と呼ばれる逸品である。ここでは、スープが肝要だ。主人公はスープだと言ってもいい。鶏丸一羽とセロリ、カブ、ニンジン、タマネギ、パセリなどの香味野菜とともに、水からじっくりと煮出していく。カブが香味野菜かと思わないでもないが、あちらの人にとってはそうらしい。やがて黄金色のスープが出来上がる。これをデリの人びとは胸を張って「ゴールデン・チキンスープ」と呼ぶ。黄金色なのは、チキンの脂肪による。味付けは塩とコショウのみ。よけいなものは一切入れない。

このチキンスープ、驚くべき名前がある。「ジューイッシュ・ペニシリン」というのだ。だてにこの名前をつけたのではない。本当に薬効あらたかなのである。まず風邪の症状をやわらげ、鼻のつまりを治し、喉の痛みを緩和する。このチキンスープにはタンパク質のシスチンやアミノ酸などが豊富で、これは気管支炎にも効果がある。何よりも、チキンスープを飲むと心が安らぐ、と言われている。その色合い、香り、味わい、温かさ、脂肪と塩分のバランスなどが相まって、心をリラックスさせる。それはこのスープの持つ、独特の効能だろう。他の国ではどうだかわからないが、ことアメリカに関する限り、こういうごく普通の、どこの家庭でも日常的に作れるスープに人を癒す効果があるというケースはかなりめずらしい。

ともあれ、その市販版であるキャンベルのチキンヌードル・スープ、前にも書いたように、ぼくはこれを飲んで旅の疲れを癒すのだが、どうやらそれはぼくばかりではないらしく、サイトを覗くとある種宗教的なまでに、このスープに対する感謝とありがたさ、心から癒されることへの喜びと、母親や家族への穏やかな愛情にも似たやさしい眼差しに溢れていることに驚く。まさに信仰に近い。あるいは、中毒と言ってもいい。チキンヌードル・スープは幸せである。「アメリカン・チキンスープ」というの「マッツォボール・スープ」のチキンスープも含めて、「アメリカン・チキンスープ」というのは、アメリカ独特の、そしてアメリカ料理の冠たる傑作と言っていいだろう。ヌードルの代わりにチキンスープにライスを入れたものもある。これはこれで悪くないが、残り物の雑炊といった気分が拭いきれず、生来の麺好きもあって、ぼくは「ヌードル・スープ」の方が格段に好きだ。

前出の『アメリカズ・グレート・デリズ』の著者、シェリル・ベルマンは、このスープを飲むのは'Nothing short of heaven'と書いている。「まさに天国」、「天国そのもの」というところだろう。この'Nothing short of'というフレーズは好きで、クリス・クリストファースンの歌「サンデイ・モーニング・カミング・ダウン」に出てくることでいっそう好きになった。

日曜の朝、一人住む部屋から日曜の歩道に出て行く。道はひと気がなく、誰かが揚げているサンデイ・ブランチのフライドチキンの香りが漂っている。故郷を遠く離れ、町にひとり住む男の切ない孤独が歌われる。独りぼっちということは「まさに死ぬこと」と同じだ―― Nothing short of dying…

チキンヌードル・スープを口に運ぶたび、まさに天国だな、と思う一方、大都会の片隅で孤独なテーブルに向かいスープボウルを抱えながら、独りきりの死ぬような寂しさを感じているだろう多くのアメリカ人に思いが漂うことがある。アメリカ人は孤独だ。だから人なつこいのかもしれないな、という思いはぼくの中に根強くある。

「ポテト・ラトケス」もまた、コーシャー・デリならではの、いや、東欧、かのアシュケナジムたちの名品だと思う。ジャガイモをすり下ろし、卵、タマネギのみじん切りや粉を混ぜて揚げる。「ポテト・パンケーキ」と呼ばれることもあるし、ドイツでは「カルトッフェルクーヘン」として知られている。アメリカでは「テイター・トッツ」というブランド名で商品化されてもいる。ようするに日本の「ポテトコロッケ」、それも肉抜きのコロッケだと思えば近い。これにサワークリームやアップルソースなどが添えられるが、揚げたて、それも手づかみでアチチ……と言いながら食べる方が数段旨く感じられる。コロッケと同じだ。

「ピックルド・ヘリング」、酢漬けのニシンも、デリ・メニューでは名高い。ぼくは冬になると厚手のヘリンボーンのジャケットを着たくなるのだが、このニシンの骨《ヘリンボーン》の文様の織物は見た目がいいし、暖かく男らしいように思われる。ギターのボディの周囲を飾る模様も、高級になるとヘリンボーンが使われる。ちょっと憧れだ。少し厚地のヘリンボーン織りのネクタイを持っているけれど、これに合わせる上着が難しい。その存在感に上着が負けてしまうのだ。日本語では「杉綾織り」と呼ぶけれど、「ニシンの骨」の方がずっと情緒がある。

ニシンという魚が好きだ。軟らかくホロッとした身に、細く細かい骨がみっしりと巻きつくように並んでいる。生のニシンは北の町でないとあまり見かけることはないが、ひと塩したものはたまに近くの魚屋の店頭にも並ぶ。数の子が入っていたら儲けもので、それだけでその日とその週一杯は幸運な気分でいられる。

ぼくのニシン好きは、親父やおふくろが生まれ育ったカナダの地でよく獲れたらしいことと関係があるだろうか。二人ともニシンが好きだった。子供の頃は姿も味も地味で、何となく渋みがあるようで、その独特のにおいと相まってあまり好きでなかったけれど、歳がいくに従ってそういうところがむしろ好ましくなった。身欠きニシンも甘露煮にしたのも好きで、京都に行くと一度はニシン蕎麦を食べてしまう。やわらかな身欠きニシンは、味噌をつけると旨いと北の方の酒場で覚えた。そして、酢漬けのニシンである。長い間、北欧の食べ物だと思ってきた。

酢の具合もいろいろで、形が日本のよりも小型のほとんど生っぽいのをまるごと一匹、頭からかぶりつく人もいた。たいていは開いてあって、白っぽく色が変わっている。酢締めの程度が強めで、むせ返りそうになることもあった。しめサバを好物としている身としては、旨味の点でいくらか不満がある。まあ、酢漬けのニシンよりももっと旨いものがあるので、あまり熱中できなかったことは確かだ。酸っぱいものはワインと合うとは思えない。とくに白ワインとは最悪だ。だからサワークリームを添えてのウォトカが気に入っている。このピックルド・ヘリングもまた、デリでの定番だということは、その場に行って多くの人が食べているのを見て初めて知った。

ピックルド・ヘリングがデリの名物であることにも驚いたが、チーズケーキもデリでは人気があった。日本のフランス系の洋菓子屋で作られているものより、もっと大雑把で洗練さに欠けるが、それだけに粗野な旨さが感じられる。昼間食事を済ませて歩いている時、デリの前に出たりすると、あ、チーズケーキを……と、つい入ってしまうことがある。入らないまでも、足が自然に止まる。ダイエットのために甘いものはできるだけ見ないようにしていてもこれだから、もし甘いものを解禁したらどうなったことだろう。

親父はよく、「太田胃散」を飲んでいた。食べることが好きだったし、それ以上に飲むことも好きだった。晩年には、この「いやあ、いー薬です」の愛用者だったけれど、ぼくが子供の頃はコップ一杯の水に何かの錠剤を溶かした泡立ったものを飲んでいた。のちにそれは「アルカ‐セルツァー」という薬だと知った。このセルツァー水もまた、アシュケナジムの土産だ。ようするに炭酸水で、ドイツのセルツァーズという町で湧出する発泡性ミネラルウォーターなのである。一般に胸焼けや食べ過ぎ、飲み過ぎ、二日酔いのむかつき、胃酸過多、それに頭痛にも効くという。ニューヨークシティでは一七九〇年代からこの炭酸水を樽に詰めて馬車にのせ、町々を売り歩いたという。一八〇九年になると人工的に炭酸水を作れるようになり、気が抜けない瓶詰め技術の進歩と相まって、アメリカ中にこの炭酸を溶入した発泡水が人気になっていく。それを商品化したのが「アルカ‐セルツァー」［図30］だった。ラムネの菓子があるけれど、あれとおなじような固形の円形の錠剤を水に入れると、盛大に発泡するのである。親父はその愛用者の一人だった。

その後アメリカの雑誌をぱらぱらやる年齢になると、もう一つ錠剤ではないが、「ブロモ・セルツァー」というのがあることを知った。やがてこのセルツァー水のアルカとブロモは兄弟であるという噂を聞いた。平安京と平城京が姉妹である、と考えていた女子高生の本を読んだことがあるけれど、「京」という名前は同じでも苗字が違う。そこが笑えるのだが、アルカとブロモも兄弟だという冗談話を真に受けたぼくも似たようなものだ。

ずっと後になって、ベイブ・ルースとエドガー・アラン・ポーの家を見に行ったメリーランド州のボルチモアに、エマーソン製薬会社のブロモタワーという建物があるのを見つけた。エマーソンは、ブロモ・セルツァーの創案者である。このブロモの方は、胸焼けやむかつきを抑える胃の薬というよりも、解熱鎮痛剤として、そしてたいていの家の常備薬としてもよく知られているのである。このセルツァー水、「ジューイッシュ・シャンペン」と呼ばれていて愛用されていたらしい。ユダヤ人に必ずしも胸焼けや胃酸過多の人が多いというわけではなく、きっと一八世紀から一九世紀初頭のニューヨークでは、いい飲み水が容易に手に入らなかったのではなかったろうか。しかし、この時代のセルツァー水は無料ではなく、だから貴重な飲み物としてシャンパンにも喩えられたのだろう。

アシュケナジムたちの食べ物が、アメリカ料理にどれほど影響を与えたか、調べれば調べるほど広く深く浸透していることに驚く。簡単に「アメリカ料理はね」とは、けっして決めつけられないほど奥が深い。その辺りのことを知らずに「アメリカ料理は不味い」とはとても言えない。

東ヨーロッパからアメリカに渡ってきた移民たちは、なにもユダヤ系のアシュケナジムばかりではなかった。その他にもリトアニア、ポーランド、チェコ、ハンガリー、ルーマニアなどの人びともまた、アメリカ料理に様々な影響を、多かれ少なかれ与えてきた。我が家でも、もうほとんどうろ覚えだが、東欧系の食べ物が時々出てきた。その中でもおふくろの得意料理だったのか、案外よく食卓に上ったのが「ハンガリアン・グーラッシュ」だった。ぼくは今、おふくろが発音した通りに書いている。彼女は確かに「グーラッシュ」と呼んでいた。しかし、今、その作り方を確かめようといくつかのレシピブックをめくってみたが、「ハンガリアン」とつくのは見当たらないし、だいたい「グーラッシュ」というのもない。あれこれ本を開いてみた結果、本来は「グラーシュ」であり、「グヤーシュ」であるようだ。ドイツ語圏では「グラーシュ（Gulash）」、ハンガリーでは「グヤーシュ（gulyás）」というらしい。となると「グーラッシュ（goulash）」は英語なのだろう。これまでもいくつかの料理の名前が、アメリカ風に発音されてきた。前にも書いた「チキン・キャッチャトリー」がいい例だ。こうやって、本物の料理はアメリカナイズされて、味も形も、調理法もニュアンスも少しずつ違っていったのだろうと思われる。

うちの「ハンガリアン・グーラッシュ」は、牛のシチュー肉にジャガイモ、タマネギ、ニンジン、そしてこの料理に不可欠だと言われるパプリカも入っていた。何より赤いシチューであるという印象が強い。人によってはセロリを入れることもあるらしいから、いつもの我が家のシチューと少しも変わるところがない、ただパプリカが入るか入らないかの違いだ。ハンガリーと名前がついてはいるが、東ヨーロッパのあちこちのかなり広範な地域で、この「グラーシュ」「グヤーシュ」が食べられている。とても生半可な知識と経験で、グーラッシュはハンガリーの名物料理とは言えないのだ。東ヨーロッパの料理は、実に幅広くて奥行きが深い。

「ボルシチ」もおふくろの得意料理だった。こちらも牛のすね肉などの硬い肉をジックリコックリとやわらかくなるまで煮込み、ビーツ——「赤カブ」と呼ばれることはあっても、これはカブの仲間ではなくアカザ科の根菜で、サトウダイコンの仲間。日本語では「火炎菜」という名がついているように芯まで真っ赤なこのビーツを茹でて入れる。うちの場合は、拍子木切りだったけれど、土地により、店により、人によって様々だろう。このビーツを茹でるのが楽しい。煮汁が見る見る朱に染まって、これで何かの布などを染色することが出来そうだと、いつも思ったものだった。うまく茹でると、ビーツの皮がツルリとむけて、中からきれいな朱の玉があらわれてくるところも気持ちいい。同時にこのビーツの持つ、どこか泥臭いというか独特なにおいも次第に魅力的に感じられてくる。

牛肉にビーツ、それに赤キャベツの千切りを一緒に煮込むのがうちのスタイルだった。けれど、世の中にはビーツとその他の野菜だけで、牛肉を入れないというヴェジタブルシチューとしてのボルシチもあるようだ。いずれにしろ、この真っ赤なシチューは、いつものビーフシチューとは味わいも雰囲気もまったくの別物で、好きな料理だった。これにサワークリームは欠かせなくて、入れすぎるとくどくなるというその塩梅も楽しかった。

ぼくの家の東ヨーロッパ料理は、このグーラッシュとボルシチに始まって終わる。しかしアメリカに行くと、結構な数の東欧系のレストランがひしめいていることに気づく。だが、メニューを見ても何が何だかわからない。写真入りのメニューのある店もあるけれど、たいていは肝心な写真の質が良くなくて、見ても一向にわからないという程度なのだ。仕方なく店の人に訊いてみても、「シチュー・ウィズ・ミート」とか「ヴェジタブルシチュー」とか言うだけで、どんな中身でどんな味で、どんな調理法なのかほとんどわからない。チャイニーズレストランに行くと、漢字では「肉絲炒麺」と書いてあっても、英語の表記では'Noodle with meat'としか書いていないのと同じだ。

今、「イーストヨーロピアン・クィジーン」というサイトを眺めてみると、写真付きで詳しい料理全般が載っている。見ているうちに、ああ、あの町で食べたのはこのアルメニア料理のミートボール・シチューだったのか、とは思うものの、しかし名前が読めないのだ。もう一度食べたいと思ってもどう注文したらいいのか、この写真をコピーしてそれを見せるしかないだろう。けれど、今度行く東欧系のレストランが、必ずしもアルメニア料理を出すとは限らない。東ヨーロッパ料理を理解するためには、まだまだ遠い道を行かねばならないようだ。

手元に、トム・バーナディンが書いた『ザ・エリス・アイランド・イミグラント・クックブック（*The Ellis Island Imigrant Cookbook*, 1995）』という本がある。エリス島はマンハッタン島の南、自由の女神像のあるリバティー・アイランドの北にある島だ。このアメリカの玄関口を無事に通ってアメリカ国民となった人びとが、アメリカ各地に散らばって自分たちの生活を確立した上で、さて故郷の料理は、ということをテーマに、様々な人たちの得意のレシピをまとめた本なのである。内容は、アルファベット順でAのアルメニアからオーストリア、ベルギー、キプロス、チェコスロヴァキア、デンマーク、イングランド、フィンランド、フランス、ジャーマニー（ドイツ）、ギリシャ……と続き、最後はシリア、トルコ、ウクライナ、ウェールズ、ユーゴスラヴィア、で終わる。総計三三の国と地域からの移民たちの家庭のレシピが網羅されている。さすが、移民大国だと思わざるを得ない。

今ぼくは、この『エリス・アイランド・クックブック』をパラパラめくりながら、移民たちの料理の味を、そしてそれらを、家族や故郷に残してきた人びとのために心を込めて作ったろう、母親や主婦や調理人たちのことを思う。そしてここが大切なのだが、それらの料理はおそらく、故郷の調理法や味のままでなく、好むと好まざるにかかわらず、そして意図したわけでもなく変化してしまったろうと想像する。言うなれば、「アメリカのヨーロッパ料理」なのだ。故郷の、本来の料理とは別物なのだ。それが良いか悪いか、とても一言では断じられない。本場の料理とは違う、と本場に行った人は言うかもしれない。だから何なのだろう、と少しむっとしながらぼくは思う。それらの料理は、ヨーロッパの故国を捨てて、新しい土地、新しい国で、そこの国の人になろうと努力してきた人たちの手による、紛れもない彼らの心の料理だと思うのだ。もとの国の料理と違って当たり前だ。それこそが、アメリカのヨーロッパ移民の料理、もっと言えば、それこそがアメリカ料理の本質なのだ。

9 雑炊とコーン・スシ――アジア系の人びとの食

i　アメリカの小さな町のチャイニーズレストラン

車での長旅が続くと、さすがに醬油味が恋しくなることがある。フランスのようにバターに、あるいはスペインやイタリアのようにオリーヴオイルに胸がもたれるようなことはアメリカではないが、それでも揚げ物が多かったり、塩分が強すぎたり、コーンスターチの使い過ぎでとろみがきつ過ぎるスープ類――クラムチャウダーやシーフード・ビスクやグリンピースのポタージュなどは、時に口にするのが辛くなることがある。

醬油味が恋しい、と、まるでホームシックを患うかのように切実に心と身体が欲するのは、たいがいはへとへとに疲れ切ってしまった時だ。長い経験で、疲労困憊――それも毎日ほぼ八〇〇キロ近く、五〇〇マイルだから時速五〇マイルで一〇時間、六〇マイル制限なら八時間少々、一五分おきにエリアを外れてまた新しいステーションからの放送が、何事もなかったかのように届けられるカーラジオだけを友に、ひたすらハンドルを握るだけ。そんなハードドライヴィングの後のひどい疲労に効くのは、実は中華料理の「酸辛湯《サンラータン》」だと思う。

字面通り酸っぱく、辛い。この「ホット・アンド・サワー・スープ」にも、いろいろな作り方があるだろうし、最近のシャレた中国料理ではいろいろモダンな味わいになっているのだろうけれど、ぼくが飽くことなく食べ続けたアメリカン・ホット・アンド・サワー・スープは、豚肉、タケノコの細切り、豆腐、キクラゲ、時にシイタケやフクロダケ、それにとろみがついて卵が流し入れてある。店のコックの出身地のせいでか、香菜が散らされていることもある。熱々のそれに、あれば辣油と黒コショウの粗挽きをガリガリとやる。本物の中国黒酢を置いてあったら、と思わないでもないが、そんなことは滅多にないし、もしそういう店に遭遇したなら、その日は「黒酢記念日」にしようと心に誓っているのだが、いまだにその日を制定できないでいる。しかし万が一見つけたら、酸味をもう少あったりする。

し強くしたいといつも思う。そして酸味と辛さと熱さにむせながらも、その碗一杯のホット・アンド・サワースープは確実に身体の中の何ものかを目覚めさせ、疲労を軽減させてくれることにあらためて気づく。目覚めさせてくれたその何ものかは、旅を続ける意欲であったり、時に単なる食欲であったりする。

本当は、アメリカの旅に疲れたら、簡単に日本食を求めればいいのかもしれない。だが日本食の店は、アメリカ内陸の小さな地方都市ではおよそ見つけることができない。たとえあったとしても、それは世界中の料理の中で言えば、そう、どちらかと言えば日本料理に近いかもしれない、という程度のメニューと味と、調理技術なのである。そういうところで、寿司や刺身を食べるのは怖い。というか、海を見たことなく一生を過ごす人もいるような土地では、ほとんどそういうものはないのがふつうなのだが、そういう食べもの以外日本料理を特徴づけるものがそうはない。だから、店側としてはどうにかして、少なくとも日本料理の看板を掲げている限り、それらしいものを置くしかないのだ。

ある日、ある町でそういう店の一軒で、食事をしなくてはならなくなった。もしかしたら日本がどこにあるか知らない人が――なにせ「トーキョー」は中国にあるという人に何人もあったことがある経験からして、そういう人が作ったかもしれない煮物も焼き物も剣呑で、と言っても海から一〇〇〇マイルも離れているところで寿司もなあ、と思った時にあることに気がついた。あの、カニとアヴォカドとマヨネーズで作られる「カリフォルニア・ロール」という寿司は、実は新鮮な魚介類が届かない内陸の海のない州で広まったのではないかということだ。発明されたのはカリフォルニアで、創案した人物のこともわかっている。一九七〇年代初期、ロサンゼルスの「トウキョウ・カイカン」のイチロウ・マシタがその人だと、一般には言われている。だが、そのレシピを維持し広め、アメリカの寿司の定番に仕立て上げたのは、「寿司」の名前の食べものを出さなければならなかった、そういう内陸の、これまで日本に行ったことはないのはもちろん、日本食を食べたこともない人が調理を担当する店だったのではないかと思えるのだ。

しかし、そういう内陸の日本食店で、寿司や刺身以外の何を注文したろうか、と今頭をひねる。ごく稀に、そして幸運にも日本人の経営する店に出会い、ホウレン草のおひたしやワカメの入ったキュウリもみ、納豆やアジのひらきやイワシの干物、ホッケや肉じゃがといったものがメニューにはあっても、注文したことがない。そういうものは日本食からいっときも離れられないタイプの人と一緒でない限り、あまり欲しくない。アメリカを旅しているのだ。ここまで来て日本食はないだろう、という気持ちが強い。アメリカでひじきの煮物やおからの煮たのを食べるなら、むしろ酸辛湯の方が、よほど疲れを癒し、気持ちをリラックスさせてくれることか。ようするに、もともと中華料理が好きなのだろうと思う。だから少しまともな町に着くと、そして、あのバンブー体と呼ばれる独特の書体で書かれたChineseやMandarinの字を見ると、つい入りたくなってしまうのである。

それ以前に、何よりもアメリカの食べ物が好きなのだ。朝食のダラー・パンケーキにソーセージ・パティ、オーヴァーイージーの目玉焼きにたっぷりとシロップをかけて全部一緒くたにして食べる時の、あの甘辛の味の混淆の愉快といったら、中毒になるほどだ。もしかしたらぼくは、このアメリカンフードを食べたくてアメリカへの旅に出るのかもしれない。

日本の中華料理店は、明らかに二種類ある。中国料理と中華料理だ。中国料理は中国大陸からの料理、中華は台湾の料理を指していると聞いたことがある。本当だろうか。あるいは、中華料理は大衆的、中国料理は高級、というイメージもあるようだ。このニュアンスは、わからないでもない。町の中華料理店——ラーメン、タンメン、餃子、シューマイ、麻婆豆腐や中華丼などをメニューの中心としている店と、北京ダックやフカヒレの姿煮、カニの卵のスープやコイの唐揚げといったものがメニューにある店とがあるようだ。この二種類の中華料理店は、世界のどこにもある。それをもってしても、どれほどチャイニーズフードが広まり、浸透しているかがわかろうというものだ。

イシモチの姿蒸しやアワビの姿煮が食べたければ、各国、各地に散在するチャイナタウンに行く方がいい。一時、世界中の中華街を制覇したい、という野望に燃えたこともあった。アメリカ中のチャイナタウンを渡り歩いた、とぼくに豪語したのは、映画監督の原田真人で、彼はロサンゼルス住まいが長く、それも可能かもしれないと羨ましかった。だが今、アメリカ大陸の両岸、太平洋・大西洋岸の各都市に散らばる中華街は、場所によっては衰退の様相を見せているところもある。

サンフランシスコのそれは、時代もあったのだろうが寂しいものだった。カナダのヴァンクーヴァーも、シアトルやサクラメントも、ハワイイのオアフのそれも、けっして元気一杯とは言えない。「時代もあったのだろうが」と書いたが、これはアメリカに渡ってくる新移民の、若い世代の感覚や新天地で紡ごうとする夢のあり方にも大きく関係するように思うのだ。ようするに、アメリカに移住した初期の中国人移民は差別され、排斥され、ただただひどい環境で、肉体労働――その多くは鉄道労働者としてアメリカ建国に寄与する具体的な働きをしながらも、なかなか認められることはなかった。そこで彼らは、寄り集まって生きること、すなわちコミュニティを作り、そこを他者からの防塞とし、また故国の文化を守る拠点とし、自分たちの生活に便利な様々を求めやすい手近な生活空間を作り上げることを考えた。それが「チャイナタウン」と呼ばれる地域で、アメリカ人、いや日本人やその他の国ぐにの人たちにとってオリエンタリズム溢れるエキゾチックな魅惑空間となっていった。第一世代の中国移民たちにとっては、そのコミュニティは安全で安寧、安逸に暮らせるエリアであった。

だが、アメリカに渡って数世代を経ると、その子孫たちはアメリカ式の教育を受け、祖国の話は聞いても、それは見たこともない見知らぬ世界のことであり、いつの間にか自分たちはアメリカ人の一員であると考えるようになっていく。このことは、ぼくの親父やおふくろが経験したこと、そのままだった。彼らは日本人であり、日本人でなかった。日本のことが理解できなかった。日本に帰ってきた時、他の初めて行った外国と同じように、まったく馴染めなかった。だが一方、彼らは日本人以上に日本人だった。おふくろは正月のお節料理を日本人がやる以上に、完璧に作ろうとした。それがどの地方のお節だかはわからないけれど。しかしタイの姿焼きがあり、伊勢エビがあった。ブリの照り焼きがあり、鴨の丸《がん》があった。ぼくにはそれが普通のことだと思っていたけれど、毎年では飽きてきた。

おそらく、チャイナタウンの二世、三世も同じだろうと思う。彼らも、中国とは何かをよく知らないながらも、親たち以上に中国人であるのではないか。その彼ら、意欲のある若者たちが親たちとは違った料理と経営術と世界観を持って中華街を出、外の世界に進出していくようになる。それらは世襲で、ごく当たり前のように親たちの仕事を受け継いでいった世代とはまた違った思いと勢いを持っていた。より洗練され、よりモダンに、より多くの味蕾に合致するような料理を提供しようとする意欲といったものが、昔ながらのチャイナタウンに翳りが見られるようになった遠因だろうと思われるのだ。

そしてぼくはその時期に、アメリカのチャイナタウンの表通りを風が吹き抜けていくような風景に出くわしたのだと思う。それでも、少し寂しいあちこちの店のドアを、半ばおそるおそる開けたのだった。

ぼくが日本からワシントン州のシアトル空港へまず飛んで行くようになったのは、あるいはオレゴン州ポートランドの町が合衆国への入り口になってしまったのは、ただロサンゼルスが込み合い過ぎ、通俗化し過ぎ、外来の人間に親切ではないように感じられるようになったからだ。ポートランドは何よりも、いいシーフード・レストランとモダンなワインバーと、「パウエル・ブックス」という優れた新本・古本屋があるからだ。

シアトルが好きなのは、やはり海が近く、坂の町で、貨物列車の汽笛が胸に響き、日系の人たちが温かくて、そしてわずか数軒しかないがチャイナタウンの店の料理の旨さによると思う。何という店だったか、どこかにメモしてあるのだが、どうしてか今は見つからない。その店、ああ、思い出した。「チャイナ・ゲイト」だったと思う。ともあれその店へは、ある時期、日本への帰りの最後の夜に必ずと言っていいほど寄っていたものだ。そこではエビの蒸したもの、イシモチ一匹の姿蒸し、それと大きな巻貝の刺身に熱いオイルをかけたもの、豆苗の炒めものが必須だった。

忘れもしないことがある。紹興酒を注文したかったのだが、こちらの発音が悪くてなかなか通じない。そこは漢字国同士のありがたさ、ナプキンにボールペンで書いたら一発で通じた。しかし、あとがいけない。燗がつけられ、氷砂糖が添えられている。紹興酒は、温めて氷砂糖を入れて甘くして飲むのが定番のように思われているが、この風習はかつての日中戦争における大陸侵攻で彼の地に渡った日本兵たちが、日本酒のような甘い酒を求めて紹興酒に砂糖を入れたことから始まったと言われている。こうすると胃に入ってから二次醱酵して悪酔いするという説もあり、これまで一度も砂糖を入れたことがない。第一、生《き》のままの方がうまい。

ところが最近は、オン・ザ・ロックにすることが多くなり、邪道だろうなあ、といくらか後ろめたい思いもないではないが、これだとなぜかあまり酔わないのがありがたい。酒は酔うためにある、と言う人もいるけれど、やはり年相応の飲み方というものもまたあるのではないかと、少し旗色悪いとは思いながらもそう主張してしまうのだ。その罰が当たったようなことが起きた。

その店には友人三人と行った。ぼくの旅につき合った男と、別の仕事で行っていた男とが合流したのである。シアトル最後の晩で、心は弾んでいた。いつもの好きな料理を注文して、紹興酒を一本、それと氷をアイスバケットに、と付け加えた。ところが、氷がなぜ必要であるのかが通じなかった。この店ではまだ、「温めて氷砂糖」方式が、ごく普通のことだったのだ。氷をバケツで？　と中国人だと思われる若い女性――アメリカ中のチャイニーズレストランでは従業員は、必ずと言っていいほど中国人、のようにぼくには思える人ばかりなのも面白い。その点日本食レストランでは、日本人従業員に出会えることは滅多にない。中国人の仲間意識の強さをあらわしているのだろうか――は、当惑を通り越して、ほとほと困惑しているようだった。いいから持ってきて、とぼくもまた懇願するように言った。彼女は渋々と調理場の方に去って行った。そして五、六分後、彼女が持ってきたのは氷の満たされた大振りのアイスバケットに刺された、ナプキンが被せられた紹興酒の瓶だった。彼女にしてみれば、紹興酒をシャンパンのように注文する人間がいるなど、信じられなかったろう。その顔に、如実にそう書いてあった。ぼくにとってはちょっと恥ずかしい、そうは忘れられない思い出だけれど、彼女にとってもまた、忘れられない出来事だろうと思う。おそらくは同僚と、変わった日本人もいるものだと笑い合ったに違いない。

一方、そういう大きな中華料理店ではない小さな店でも、ちょっと忘れられないことがある。だいたい、田舎の小さな町にチャイニーズレストランがぽつんとあるのは、何かの理由があってのことで、だが長い間、その理由というのがはっきりとは見えなかった。

ある年の春、ぼくは歌にも残る有名な鉄道事故の現場を訪ねたいと、ウエストヴァージニアのアパラチア山系、むしろアレゲニー山脈の、と言った方が通りがいいだろう山間《やまあい》の小さな町、クリフトン・フォージを目指していた。ハイウェイ沿いにその事故のメモリアルでもあるのではないかと、行った。

いくらかゆっくり目に車を走らせていった。そして何の目的もなく、やってきた出口《エグジット》を降りて、ハイウェイ沿いにある、そのハイウェイがあったからこそ出来たような、ごく小さな町へと坂道を下って行った。

すぐに二〇軒ほどの集落が見えてきた。閑散として人っ子一人通らない、午後の陽に居眠りをしているようなメインストリートを、ゆっくりと走って行った。観光が主産業でない、こういう集落に入った時は、ゆったりと車を走らせるに限る。今は、どの家にも人の気配がうかがえないが、きっと窓の向こうではカーテンを指先でわずかに引き寄せ、あるいはレース越しにこの車の動きを監視しているに決まっている。変な動きをしたり、不審な感情を与えたりしたら、きっと誰かが保安官に連絡して、どこからともなく現れたカウンティ・ポリスに車を停められ、くだらない質問で無駄な時間を奪われ、時には罰金という名前の小遣いをあげなくてはならないことになったりする。だからぼくは慎重に運転して、町外れに近いところにベンディング・マシーンを見つけて、その横に車を駐めておもむろに降りた。

空気の流れ、風の具合、陽差しといったものから感じ取れる雰囲気のようなもので、その町の何かがわかる。その時も、ぼくは車の横に立って道や辺りのたたずまい、家並みの背後の樹々に目を向けて小さな伸びをしたと思う。背後のどこかでドアを閉める音がして、そちらに顔を向けると、灰色の髪を後ろにひっつめた小柄な老婦人が小走りにこちらにやってくるところだった。黒いズボンに白いシャツ姿が、セピア色の町並みに浮き立つようだった。近づいて来るにしたがって、その足は速まり、最後は転げるのではないかという勢いだった。

ぼくの前に立った彼女は、涙を見せていた。息を整え、何か言ったが聞き取れなかった。だがその喋り方と白い靴下とプレーンな黒い靴を見て、中国の女性だと知れた。落ち着くと、ゆっくりとした英語で喋り出した。何十年ぶりだかで東洋の人間に会えて信じられなかった。最初中国人かと思ったが、違ったのは残念だったけれど、それでもうれしかった。彼女の祖父が西のシンシナティから線路を敷きながらこの山を越えてこの町に来た。鉄道敷設とともに移動してきて、この町に住み着いたことなどを、彼女は語ってくれた。ここまでたどり着いた中国人労働者は少なくて、もっと前に仕事を辞めて近くの町に根をおろした人もいれば、事故やトンネル工事の落盤で命を落とした人も大勢いる。ここまで来られたことは本当に幸運だった、と彼女は笑顔を見せた。ぼくたちは少しの間、お互いの話をして別れた。なぜかひどく後ろ髪引かれる思いが、なかなか抜けなかった。

中国人の鉄道労働者は、生活必需品として鉄製の中華鍋とお玉を手放さなかった。それさえあればどこでも調理が出来た。蒸籠《せいろ》があれば、米も蒸《ふ》かせた。戦場に赴く時も、彼らはそれだけを持って行ったと聞くし、実際、昔の鉄道工事の古い写真を見ると弁髪の中国人たちが鉄鍋を囲んでいるのが写っていたりする。そういう調理道具を使いこなして、自分たちの食事を作る彼らは、鉄道仕事を途中でリタイヤして、地方都市に腰を据えると、食べて行くために手っ取り早く中華料理店を開いた。現在、地方都市で何の脈絡もなく中華料理店がぽつんと存在するのは、そういう理由もあるだろう。

さて、そういった店に入る楽しみは、メニューにある料理が本来の中国料理のそれとは微妙に、あるいは大きく変化していることだ。周囲には中国料理を知るものがいないという、いわば一種の閉鎖空間だから、本人の記憶の変化、また他人に伝えていくことによる誤差といったことが原因だろう。たとえば、青椒肉絲はピーマンもタケノコも豚肉の千切りも、妙に太い。ピーマンは一センチ角、タケノコは拍子木、肉は棒切り、と言っても過言ではない。酢豚だってケチャップ風味のもあれば、食紅で真っ赤になったのもあった。本来は黒酢や醤油やらで色づけるのだろうけれど、そのような調理法は伝わっていないのだろうか。エビのチリソース炒めにはケチャップ風味のもあるけれど、それが酢豚に転じてしまったのだろうか。

あれはワイオミングの小さな町でだったと思うけど、バーカウンターでたまたま隣りに座ったテンガロンハットの男がロングネックのビール瓶を逆立てながら、どこから来たのか、と訊いてきたことがあった。日本からだと言うと、彼はつい最近日本に行ったのだが、日本にいる馬の総数、競走馬から皇宮警察の馬、牧場や相馬野馬追いの馬、流鏑馬《やぶさめ》の馬や天然記念物として保護されている馬などど、あらゆる馬の総数よりも、自分の牧場にいる馬の方が多いんだと、少し自慢げに言った。ぼくは日本の馬の総数を知らないから、反論するすべもなく、ただ感心して見せるしかなかった。

そういう人間のいる町での中華食堂でのことだ。友人と二人の旅だったが、ぼくはチャオファン（炒飯）とブロッコリーと牛肉の炒めものにエッグシュリンプのプレートランチ、友人は朝食を食べ過ぎたとかでチャオミエン（炒麺）を注文した。そして、ビール。小さなチャイニーズレストランは、酒類販売のライセンスを持っていないところが多い。その代わり外で買ってきて飲んでもいいという店もまた多い。その時は、幸運にもライセンスのある店だった。

間もなく、薄くて小指の第二関節から先ぐらいの長さの、揚げ物が出てきた。一つつまむと、ぽりぽりとしてなかなか旨い。これはビールのつまみだろうと、ぼくたちはぽりぽりやりながら、ビールのグラスを傾けた。その揚げせんべいのようなものを食べ終わり、ビールも飲み終わったところで、注文したそれぞれの皿が届いた。ぼくのは、平凡だった。彼の炒麺は、野菜炒めにコーンスターチでとろみをつけただけのもので、それをフォークでかき回していた彼は頭をひねると、これはおかしい、と言い出した。麺がないというのだ。大阪人の彼は、つい声を上げた。「これチャオミエンとチャウネン」と。そう、ぼくらがビールのつまみにぽりぽりやってしまったあの揚げセンのようなのが、肝心の「かた焼きそば」だったのだ。あれにこのとろみのついた野菜炒めをかけて食べるべきもる。

のだった。これは、想像していなかった焼きそばの変化である。店主の工夫だったのかもしれないが、このことからも、アメリカでの中華料理はこんな風に様々に変化しているのだろうと想像出来る。

アメリカのチャイニーズレストランの中には、メニューは英語だけで漢字を書いていない店もある。この漢字のあるなしは、店主の思想というか、書かない場合は、自分のところはもう中国大陸を引きずっていない、「アメリカン・チャイニーズ」なのだ、という思いを表しているようだし、反対に漢字の書いてある店では、それを書くことによってこの店は本格的な中国料理店なのだ、と高級感を持たせようとしているようにも思える。漢字で書かれたメニューは、ほとんどの場合材料とその調理法を説明していると聞く。日本人が大好きな「青椒牛肉絲」は、青椒、すなわちピーマンと牛肉の糸切りであることがわかる。だがこれだと、材料とその材料の処理の仕方はわかっても、調理の方法まではわからないが、「清炒蝦片」と書くエビの炒めものの場合、「蝦の薄切りを塩味で炒めたもの」と、材料とその切り方と調理の仕方、味の付け方までわかる仕組みになっている。英語表記のメニュー［図❸❶］では、漢字の一語一語を逐語訳していくことが多く、酸辛湯の'Hot and sour soup'などがいい例だ。酢豚の'Sweet and sour pork'なんかも、この伝でわかりやすい。わかりにくいのもある。'Egg fu yan'は「かに玉」のことで、漢字で書くと「芙蓉蟹」である。芙蓉の花を中国語で「フーヤン」と発音するのかどうかよく知らない。だが、もし「ふよう」の中国語読みが「フーヤン」であって、それを耳で聞いてFu yanとそのまま英語に当てたのだとしたら、芙蓉のようにふんわり、ふっくらした卵炒めなのかもしれない、とそれはそれで納得は行く。だが、eggはあるものの「カニ」がない。'Crab fu yan'という料理は、これまで見たことがない。アメリカの「かに玉」にはカニが入っていないのだと思うアメリカ人もいることだろう。

しかし、この芙蓉蟹がどんな料理かわかっているから、Egg fu yan の何たるかも想像はつく。けれど、レモンチキンはどうだろう。まあ、レモン風味のチキンなら、そう違和感はない。しかし、マンダリンチキンとなるとどうだろう。マンダリンは中国や台湾の言葉を指し、時に北京語を指すこともある。中国風のチキン。わかったようでわからない。なら、モンゴリアンビーフはどうだろう。「蒙古風牛肉」となると、やはり焙り肉のイメージなのだろうか。あるいはムーシューポークは。

メニューにそれらがあると、注文したい一方、はずれだったらどうしようという気持ちを振り払いがたく、何となく躊躇してしまうことが多い。ムーシューポーク、あるいは、ムーシューチキンは、薄いパンケーキのようなもので細切りの野菜類や肉類を巻いて、甘い甜麵醤《テンメンジャン》をつけて食べる。山東料理の「木須肉《ムーシューロー》」からきたものだろう。こういうものはメニューの中に見つけても、すぐにはわからない料理ばかりだ。英語だけだと、こういう場合結構悩むのである。

ii　チャプスイと東家の中華料理

書いているうちに、Egg fu yan は我が家の大好物であったことを思い出した。Sweet and sour pork や Sweet and sour meatball、そして Shredded beef and green pepper と並んでのお気に入りで、週に一度か二度は近所の中華料理屋から出前をとっていた。この間その店が、まだ青山の外苑前交差点角にあるのを見つけた。六五年以上も同じところで店を開いているとは驚きだった。

今思うのだが、おふくろと親父における中華料理の世界というのは、酢豚や肉団子やかに玉などが原点ではなかったろうか。ようするに、彼らがカナダで食べた中華料理のレパートリーが、そこにあらわれているのだ。庶民の、ごく平凡な、どこにでもある中華料理。おそらくは中国人の経営していたろう町中のそういう店が、彼らの中華料理の世界のすべてであった。

家でも、中華風としか言えないものを作ることがあった。今もぼくは、豚肉とジャガイモの千切りという、どことなく中華風といぅおふくろの料理が好物だ。あれは何なのだろうか、と思いながら、この前赤坂見附の小さな中華屋で似たようなジャガイモの千切り炒めの一皿に出会った。それはうちのとは大違いのシャキシャキと歯ごたえのある炒めものだった。ここでもおふくろは炒め過ぎていたのだと思うと、妙におかしかった。

もう一つは、コマツナと豚肉の「くず煮」としか言えないようなものがあった。コマツナを茹でておき、フライパンに油を注いで豚の小間切肉を少し炒めて水を入れる。次いでコマツナを入れて塩・コショウで味をととのえ、最後に水溶き片栗粉でとろみをつけて終わり。こっちはまだどこの店でもお目にかかったことがない。まあ、こんな料理では商売にはならないだろうけれど。

我が家の、そしてアメリカの中華料理の極めつきが「チャプスイ」である。チャプスイはアメリカの中華料理を代表する一品だろうと思う。どんな店にもそのメニューの中に'Chop Suey'の文字を見ないことはない。内容的に言えば、中華丼の具、といっても遠くはない。けれど、そうだと決めつけることも出来ない。メニューには、「八宝菜」という漢字で書いてあるところもあれば、肉と野菜の炒めものと説明のあるところもある。以前、アメリカでは中華料理の店を「チャプスイ・ハウス」と呼んでいた。チャプスイは単一の料理名だけでなく、中華料理全体または中華料理店そのものをさす言葉でもあったことは、たとえば、ハワイイはオアフ島のワイキキから北へ向かう、すなわちカメハメハ・ハイウェイやハワイイ大学モアナ校へと向かう道、マッカリー・ストリートには「マッカリー・チャプスイ」という看板が今も見かけられる。これなどは、チャプスイは中華料理そのものを指している言葉だということがよくわかる事例だろう。

おふくろの得意だったチャプスイは、豚肉にセロリ、ピーマン、ニンジン、タマネギ、シイタケ、モヤシなどが材料で、モヤシ以外はどれも一口大に切ってあった。火の通りにくいものは下茹でしておき、豚肉から始めて硬いものから軽く炒めて、水かスープを入れ、塩・コショウで味を整えて、片栗粉でとろみをつける。ぼくの知るチャプスイはこういうもので、他ではあまり見たことがない。ここで不可欠なのはセロリで、その香りが独特の雰囲気と味わいを醸し出しているのである。言うならば、どこかエキゾチックなオリエンタル風味とでも言うか。子供の頃、日本食で堂々とセロリを用いることは少なかった。セロリはサラダの材料として生で食べることがごく当たり前で、それには何の違和感もなかった。それを炒めて煮るというところが驚きで、しかも、これは病みつきになるほど旨かった。

ともあれ、これがチャプスイなのだ、と長い間信じていた。大人になって、アメリカのあちこちの中華料理店で味わうそれは、どれも少しずつ異なっていた。そしてどれも、ぼくは嫌いではなかった。そうやって、チャプスイを代表とするアメリカの中華料理に馴染み、我がものとして行った。しかし、チャプスイとは何だろう、という疑問は、頭を離れることはなかった。その名前の由来は、何なのだろうといつもうっすらと考えていた。

そのことがわかったのは、邱永漢の食味エッセイ集『食は広州に在り』の中の「雑炊起源」を読んでからだ。話は横浜から香港への船旅の途中のことだ。フランス語のメニューに飽きた頃、船がマニラに停泊していたある日の夕食、ウェイターは笑顔で「今日は中華料理ですよ」と言う。そして並べられたのは「白い飯のそばにもやしと肉を煮込んだような惣菜」だった。それを「チャプスイ」だと言う。ところがそれがまずくて、テーブルを囲んだ客たちは、途中でフォークを投げ出してしまうのだ。そこから、チャプスイとは何かという話が始まる。そしてある人物がアメリカにおけるチャプスイの始まりは清朝の重臣、李鴻章《りこうしょう》の渡米からという説を紹介する。

日清戦争後の下関講和条約での清国全権になったばかりの李鴻章は、イギリスではヴィクトリア女王に拝謁した時、女王の「宝算」、すなわち年齢を聞いたというエピソードを持っている。欧米では無礼なその行為のせいで、翌日の新聞には大きく報道された。彼は、シメタと思った。それで清国の存在が示せたと考えたのだ。そういう人物がアメリカに来たのだから、アメリカ政府筋は粗相がないようにと、当時旧金山《サンフランシスコ》の一流の中華料理店からコックを呼んで料理を担当させた。だが、きちんとした中華料理を食べてきた李鴻章にはどれも口に合わず、業を煮やした彼はすべての料理を一緒くたにして煮込ませた。それがチャプスイの始まりだそうで、「だから、チャプスイとはわが国で言う残り物のごった煮のことですよ」と、その船旅で一緒になった人物は邱永漢に言ったのだった。そして、チャプスイは「雑炊」の当て字だと結論づけている。ぼくなんかには「チャプスイ＝Chop Suey」の当て字が「雑炊」なのだ、と思ってしまうが、まあ、そういうことなのだろう。

となると、本来のチャプスイは、そこらにある手に入るだけの材料、または残りもので作る雑な炊きもの、ということになる。「炊」に「炒める」という意味があるのかとも思ってみたが、そうではなく、チャプスイの調理は、まず肉や野菜類を炒めて、そこに水かスープを加えて少しだけ煮て、味を整えてとろみをつけるので、やはり「炊く」としか言えないのだろう、と思うことにした。

その調理法や成り立ちを考えても、けっして高級な料理ではなかった。鉄鍋を一つ、背中に背負って中国大陸の戦場やアメリカ大陸の線路だけが延びる大平原で、自分たちの本分を全うしようとしていた清国の男たちのことが思い浮かぶ。一八〇〇年代前半にアメリカに渡った中国人労働者――一般に苦力《クーリー》と呼ばれる清朝の弁髪姿の下級労働者にとって、残された肉体労働は鉄道工事しかなかった。

だが、鉄路が敷設されて行くにしたがって、疲労や怪我や事故、また差別や年齢のことなどもあってか、工事現場からドロップアウトして途中の土地で暮らすようになった者も多かった。だが、そういう町では容易く仕事を見つけられるわけもなく、仕方なく彼らの多くはごく自然にいつもの手慣れた、そして生きるための技術を発揮したのではなかろうか。だから当初、アメリカやカナダの中華料理店は、素人の域を出るか出ないかという貧弱な、それこそ小屋掛けから出発したような貧しい感じの食堂が多かったのだ。そこで供される料理も、苦力が腹を満たす「チャプスイ」程度のものだったろう。チャプスイ・ハウスはその影を引きずっていた。やがて少しずつレパートリーが増えていったろうが、それも彼らの持てる知識と記憶を頼りにした、どこかおぼつかないものだった。だから、故郷、中国の料理とは、どことなく変わってしまうことになる。なにしろ彼らは専門の料理人ではなかった。自分で味わった経験——母親や家族の誰かが作っていたものを思い出してか、あるいは鉄道工事仲間の料理の達者な人間から得た知識などから、うろ覚えのまま再現したものだろうからだ。

かくして、アメリカの地方の小さなチャイニーズレストランのレシピが、どこか本場とは違う、いや、それこそが本当のアメリカの中華料理なのだ、と思えるようなレシピが出来上がったのではなかろうか。ぼくの頭の中には、日本ではほとんど見かけたことのないレモンチキンや、きっとモンゴルにはないだろうモンゴリアンビーフやマンダリンオレンジ・ジュースを用いた鶏もも肉の炒めものであるマンダリンチキン、それに牛肉とネギ、それにホイシンソース（Hoi shin sause）と呼ばれる海鮮醬を用いるムーシューポークなどの、アメリカでしかお目にかかれないような料理が浮かんでは消える。だいたい、アメリカのチャイニーズレストランではごくありふれた存在である「ビーフ・アンド・ブロッコリー」なんかも、日本の中華の店ではおよそ見たことがない。

アメリカのチャイニーズフードは、おそらくは中華料理とはまったく別物の料理で、独自の進化の道を辿ったものだ。それは、プロの料理人がアメリカに渡ることが少なかったという事実に起因する。アメリカで中華料理店を営んでいる人たちの多くは、様々な事情によってアメリカに流れ着いた

「故郷喪失者」なのだ。故国で十分安定し、安寧な生活を営んでいる人間は、わざわざ移住する必要がない。すなわち、熟練労働者や、手にきちんとした技術を持った人間、故国でなんら苦労することのない人びと――その中には、しっかりした腕を持った料理人もいただろう――は、まだ荒々しいフロンティアを持つ、若い国アメリカに行く必要がなかった。そのことが、実はアメリカを世界に類のない独特の国に仕立てていくことになる。その一つが、世界のどこにもない中華料理が存在するという理由なのである。

中華料理好きな我が家は、出前を取っていた他に、これまた週に一度か二度、週末には必ずと言っていいほど、どこかの中国料理店に食べに出かけた。残る日は何を食べていたかというと、例の奇妙な洋食と奇妙な日本食だった。この中華の外食習慣は、ぼくが本当に子供の頃から彼らの晩年、亡くなる少し前まで変わることはなかった。

よく行ったのは、原宿駅近くにあった「福禄寿飯店」で、ここはワシントンハイツのアメリカ人を相手にしていたのか、Forbidden City（禁断の町）という英語の名前を持っていて、子供の頃にはちょっとドキドキするようなネーミングだった。いい時代だった、というか、本来はそういうものなのだろうが、北京ダックを注文すると、パリパリの皮と白髪ネギとキュウリの千切りと甜麺醤を「包餅《パオピン》」でくるんで食べるのが普通だが、その残り、皮をむいた後のダック丸ごと一匹を土鍋で煮込んだものがセットとして出てきた。今は、北京ダック自体、一人当たり二巻き程度しか割り当てられないから、せっかくの皮も全部使うわけではない。残ったのはまた別の客のところに行くのかどうかはわからないが、ぼくの知っていた時代は、北京ダックは一匹丸ごとを買ったように思う。あのダックの土鍋煮込みは、抜群に旨かったのだけれど、今では、また別の料理として注文しなければならないのだろう。いい時代だった、というのはそういう意味だ。

親父は、ナマコと鶏手羽先の煮込みやアワビの醤油煮込みなんかが好きだった。おふくろは、北京ダック系のもの、その包む薄い皮、北京ダックの場合は「包餅」というらしいが、他にも「薄餅《バオビン》」や「春餅《チュンビン》」という呼び方もあって、その差はぼくにはわからないが、すなわち、小麦粉を薄く焼いたもので、若い連中に人気のクレープに似ているそれに何かをくるんで食べる料理が好きだった。くるむのは、エビ入りの卵焼き、焼豚、モヤシとニラの炒めものなどをはじめいろいろのものがあったと思う。ただし、ここでも白髪ネギと甜麵醤は必需品だったようだ。どこかの店でこの「薄餅」を食べさせると聞くと、おふくろはぼくを誘って、どこまでも出かけて行ったものだった。

親父の好物のナマコやアワビの煮ものも、おふくろの北京ダックや春餅も、一般の中華料理よりも少し高級で、大人になってその価値がわかるにつれて、二人は案外に家近くの出前での時とは違って、口が奢っていたというか、贅沢だったんだな、と思わないでもなかった。けれどその後、彼らについてのあれこれを知るにつれて、そこにはまた違った意味があったのかもしれない、と想像したりしている。

親父やおふくろの好みの中華料理は、アメリカやカナダのあちこちの小さな町で出合う中華料理店のごく平凡な庶民のメニューと同じだと、今はわかる。だから親父としては、家で出前で取る昔なじみの中華以外は、きちんとした中国料理店に行く時にはナマコやアワビといった高級食材というか、手のかかる本格的な料理を食べたかったのだろうと、これまた想像する。

その点、おふくろの北京ダックは、これとは少し違う。ぼくたちは戦前、満州の地にいた。親父が満鉄発行の新聞社に勤めていたからだ。満州での食の影響の中に、この薄餅があることははっきりしている。おふくろはよく、苦力たちが食べている薄い小麦粉のクレープ状のもので、細ネギと味噌を巻いたものを恋しがった。その頃満州で住んでいたアパートの近くに、苦力たちのたまり場のようなところがあり、そこで彼らはその日の収入に見合った薄餅を買ってはその日の食事にした、とおふくろは話してくれた。そういう男たちに混じって、薄餅を買う度胸が彼女にあったのだろうか。晩年の彼女からは、想像もつかない。

同じ小麦粉の皮を使った料理でよく覚えているのは、水餃子だ。当時、誰かが家にやってくるとなると近所の人だか、それとも親父の仕事関係の人だか、よく知らない女の人たちが何人か集まってきては、大量に包んでいた姿を思いだす。出来上がった餃子が新聞紙の上にべったりと並べられた時の壮観は、そう、伊丹十三の『ヨーロッパ退屈日記』に、「まるで二十日鼠がびっしりと並んでいるようだった」とあるように、まだ幼稚園前だったと思うが、その壮観はぼくの目にもはっきりと焼きついている。それを作っている間、ぼくの役目は二歳下の弟の手を引いてどこかで遊んで来ることだった。

水餃子を振る舞った来客の一人におふくろは英語を教え、その彼から結核を伝《う》染《つ》されて、後半の人生を台無しにした。戦後、親父はソ連に抑留され、おふくろと祖母と弟と四人で、引き揚げ船に乗ってどうにか帰ってきた。弟は帰りの船の中で死んだ。そういう経験をした満州だったが、親父やおふくろの中に、彼の地で体感した中華料理は深く、色濃く残っていたのだと、あらためて気づく。

おふくろの薄餅好きがぼくにも遺伝したのか、ぼくもこの薄い小麦粉のクレープ状の餅でくるむ食べ物が好きだ。おふくろの時代、それらはどこかに食べに行くか自分で手作りするしかなかった。その頃、今と同じようにスーパーの棚に当たり前のように「北京ダックの皮」と称して売っていたり、調味料のコーナーで甜麵醬がごく簡単に手に入ったりしていたら、彼女は少しは幸せだったろうか。

iii フォーチュン・クッキーのルーツを求めて

そうだ、アメリカ特有の中華料理で思い出したことがある。アメリカ式の中華料理の食後の定番は、「フォーチュン・クッキー」〔図㉜〕という甘味せんべいをひねって容器状にしたものの中に、細い紙が入っていて、そこに英語で短く運勢やら孔子の言葉やら、警句やらが書かれている菓子だ。アメリカのどこのチャイニーズレストランでも、食後にはこの菓子が出てくる。それがどれほど親しまれているかのいい例は、一九六六年のビリー・ワイルダー監督の、ジャック・レモンとウォルター・マッソーの黄金コンビの映画『恋人よ帰れ！　わが胸に』の原題は'The Fortune Cookie'だし、一九七六年のジョディー・フォスターとバーバラ・ハリス主演の『フリーキー・フライデー』のリメーク版である二〇〇三年の同名の映画の邦題は「フォーチュン・クッキー」だった。一九九九年のロバート・アルトマン監督映画に『クッキー・フォーチュン』というのがあるが、これは自殺した叔母の遺体を殺人に偽装する映画で、原題で書けばすぐわかるように'Cookie's Fortune'で、まったく別ジャンルの映画だ。これは日本の歌だが、AKB48にも「恋するフォーチュンクッキー」というのがある。

どこの中華料理店でも、と書いたように、アメリカ中のチャイニーズレストランで使われるのだから、いったいどれほどの売り上げがあるだろうかと、これを砕き中の紙を引きずり出しながらいつも考えてしまう。誰が最初に考え出したのかは諸説があってはっきりはしないのだが、それでも中国料理店での定番だから、当然中国人の発案、あるいは中国で作られ始めたのだろう、と書きながら、ぼくの胸の奥で何かがかすかにひっかかっていた。

ホノルルにあるハワイ州立図書館で、随分いろいろな「フォーチュン・クッキー」の本を閲覧し、コピーを取った。しかしあそこは閉架式で、こちらが希望する本の概要をしっかり把握していないとうまく探しだしてくれないというところがある。だが、場所柄、というか、歴史上のこともあってアジア関係の蔵書は、メインランドの比ではない。うまく巡り会った「フォーチュン・クッキー」関係の本のほぼどれにも、最初に商業的に製造販売したのは、一九三〇年代にニューヨークシティのウィリアム・T・リオングの「キー・フォーチュン・クッキー・カンパニー」だとされている。一九六〇年代までは、あのクッキーの独特の形は手で折っていた。それを機械で折るようになったのは、サンフランシスコのエドワード・ルイーの「ロータス・フォーチュン・クッキー」だとある。一般的には、こういうことだろうと思う。

しかし、ぼくの胸のつかえは、実は「フォーチュン・クッキー」は、日本人の発明なのだ、あるいは、創案、というべきか、紹介というべきか迷うが、しかし、そうに違いないのになあ、という慨嘆からのものだ。つい二年ほど前に亡くなった、母方の親戚の老婦人が話してくれたことが長いこと気になっていた。老婦人と書いたが、血族としてどうつながっているのか、何度も聞いたのだがもう一つわからない。そういうことに無頓着であった罰が、こういう時にあたる。ともあれ、彼女の話では、以前隣に住んでいた――その話を聞いたのはヴァンクーヴァー・アイランドのほぼ真ん中にあるナナイモという町の家でのことだけれど、隣というのはナナイモのことなのか、あるいはまた別の町なのか、またゆっくり聞けばいい、ときちんと聞き直さなかったことも、今は悔しい。ともかく、以前隣に住んでいた日系の人が、最初に「フォーチュン・クッキー」を作ったということだった。いつ頃のことなのか、そしてその頃、それをなんと呼んでいたのかわからないことだらけだが、その話を聞いた時には、彼女はまだまだ元気でいるだろうと思ったし、何か他のことに心とらわれていて、あまり深く尋ねようとしなかった。そして、今や彼女はいない。何か知りたくても、その情報を持っているだろう人びとがこの世を去って行ってしまうのは、なんと早いことか。いつも誰かの訃報に接すると、打ちのめされてしまう。

それから時間が経ったが、しかし、「フォーチュン・クッキー日本人創案説」は、ぼくの心の中に根深く残った。まず、中国や台湾、その他のアジアの「華僑」と呼ばれる中国国籍を持つ漢民族が暮らしている国ぐにでも、このフォーチュン・クッキーというものはない。いや最近になって、アメリカでの風習が輸入されたかもしれないが、原則としては存在しない。何よりも、この「クッキー」の生地は、日本の「瓦せんべい」である、という味覚的な確信がぼくにはある。

日本人が作ったものに違いない、とは思いながら、それを裏づける情報があまりにも少ない。親戚の老婦人亡き後、その隣人を追う伝手《つて》もなく、それでもヴァンクーヴァーのダウンタウン、かつての日本人街に今も残る「トナリグミ」［図㉝］という集会所のようなところに集まっている日系二世のお年寄りたちに、この日本的な「フォーチュン・クッキー」についての何か、その関係者や創案者に心当たりがないか、昔にジャパニーズタウンの料理店などでそういう菓子が出されていたのか、あるいは普通に売られていたのか、を尋ね歩いた。しかし、誰もがおぼろな記憶を辿ってくれたものの、ほとんど得るものはなかった。

半ば諦めかけていた時、ウェブページで'Food Timeline'というサイトを見ているうちに、'Asian-American Cuisine'のコーナーに、二〇世紀に入る前後、サンフランシスコ「日本庭園（Japanese Tea Garden）」を設計・運営したLandscape Architectというから「庭園設計技師」と訳すべきかもしれないが、平たく言えば「庭師」だろうと思われる日系人のマコト・ハギワラという人物が、娘のサダ・ヤマモトとその庭園のティーハウスで「フォーチュン・クッキー」を提供していたという話があるのを知った。しかし「ティーハウス」で、突然「フォーチュン・クッキー」を出すというのには、少し違和感がある。これはきっと「瓦せんべい」のようなものを、茶菓子として出していたのではないか、と思うことにした。

そうやって、何事も進展しない日々が過ぎた。ところが数年前、京都に住む友人が重い病で入院することになり、勇気づけようと一泊して一夜話し合うことにした。もう一人京都在住の友人と一緒で、彼は翌日帰りの列車までの間、東福寺から伏見稲荷への散歩につき合ってくれた。JRの稲荷駅で降りて稲荷大社へと歩いて行く。その参道の両側の店で、ぼくは確かに何かを見たのだが、その時はまったく識閾を越えて頭に残らなかった。だが漠然たるその何ものかは、確実に心のどこかにひっかかっていた。その時はそれで終わった。その後何年か経って、千葉県佐倉にある国立歴史民俗博物館で、それまでの展示内容を調べていたら、二〇〇一年の夏に「異界万華鏡」という企画展示で神奈川大学の中町泰子という人の「辻占煎餅」に関する追跡研究があったことがわかった。辻占煎餅となると、伏見稲荷大社が知られている。その瞬間に、あの参道の店先で見た光景にフォーカスが合った。そこには、色とりどりの、そう赤や白、緑や黄色の塊があって、よく見るとそれはあの「フォーチュン・クッキー」の形をしていたのだ。子供たちや若い女性向きに派手やかな色にしたのだろうが、それがいつもの薄茶色の瓦せんべい色ではなかったから、ピンとこなかったのだ。そういえば、おみくじ入りの「辻占煎餅」を売り物にしている「総本家　いなりや」は、創業大正七（一九一八）年、当時は岐阜で「大垣煎餅」を販売していたのだが、昭和初期には伏見稲荷大社前に移転、そこで大社土産としてこの辻占煎餅を売り出したのだという。その「総本家　いなりや」では、「きつね煎餅」、「おたふく煎餅」にまじって、この元祖フォーチュン・クッキーが売られている。同じ、伏見稲荷近くの「宝玉堂」という煎餅屋では、おみくじ入りのはその形から「鈴」と呼んでいるという。いずれにしろ、辻占煎餅は間違いなくフォーチュン・クッキーの元祖であることは確かだ。中町泰子さんのいくつかの研究は、ぼくの胸のつかえを取ってくれるに十分だった。やはり、アメリカ中の中華料理店で勘定書とともに運ばれてくる「フォーチュン・クッキー」は、日本にルーツがあった。

今は追うことの出来ない、あの親戚の婦人の話してくれた日系人は、瓦せんべいの職人でもあったろうか。ぼくはいつも、そう食べる気のしないフォーチュン・クッキーを何気なく砕き、中の紙を引きずり出してなんとなく眺める。たいがいは、よくわからないことが書いてあるからだ。フォーチュン・クッキーの会社によっては、悪意に満ちた言葉を書くところもあるらしい。それを面白がる被虐的な人ならともかく、ぼくはどこかにいいことが書いていないか、この先の旅を無事にやり過ごせるおまじないのようなことが書いてないかと、つい目を通してしまう。そして、どうでもいいような言葉ならその場でくちゃくちゃと丸めて捨てる。いいことなら、手帳に挟んでいつまでもとっておく。

今手帳に入っているのは、二〇一三年の三月テネシー州ナッシュヴィルのダウンタウンのチャイニーズレストランで出てきたものだ〔図㉞〕。そこには 'Soon you will be sitting on top of the world' とあり、ラッキーナンバーは「6、40、50、28、2、42」と書いてある。「世界の頂上」は無縁だし、どの数字も何ももたらしてはくれていない。どうやらフォーチュン・クッキーは、悪意ばかりでなく嘘もまた紛れ込んでいるらしい。

とここまで、「フォーチュン・クッキー」は日本で作られアメリカやカナダに運ばれて日本人の手によって作られたもので、それをやがては中国人がチャイニーズフードの食後のサーヴィスとして用い、普及させたのだ、とぼくの調査と推理を書いてきた。だが、それもその後に読んだ、一つの文章で覆りそうなのである。それは一八七七（明治一〇）年に日本にやってきて大森貝塚を発掘した動物学者、エドワード・モースの書いた『日本その日その日』だった。そこには、こんな文章がある。

「米国にもあるが、日本にはある種の格言を入れた菓子がある。112図は三角形の菓子の中にはいったものを示す。これは糖蜜で出来ていてパリパリし、味は生薑《しょうが》のはいっていないジンジャー・スナップ［生薑入りの薄い菓子］に似ていた。格言を意訳すると『決心は巌でも徹す。我々が一緒になれぬことがあろうか』となる」とあって、これを訳してくれた人物によると、これらの格言は「普通恋愛や政治に関係がある」ことが書かれ、昔から行われつつある、と説明してくれたという。そして、「私は子供の時米国で、恋愛に関する格言を入れた同様な仕掛けを見たことを覚えている」とこの章を締めくくっている。

彼の描いた図は、どれも実に楽しい。ただの描線が、どこかユーモアを感じさせる筆致で、日本のあれこれを簡略ながら的確に表現している。その図［図㉟］だが、横長の三角形の菓子が描かれ、中に紙が入っていることを示すためか透き通ったように描かれている。その下に書かれた文字はモースが書き写したものなのか、よく判読できない。しかし、ここで大切なことはその格言ではなくて彼の文章だ。

エドワード・シルヴェスタ・モースは一八三八年（天保九）年、メイン州ポートランドで生まれている。明治政府のお雇い外国人の一人としてやってきて、その後計三回に及ぶ日本滞在での思い出を、一九一三（大正二）年、七五歳の時に『日本その日その日（原題 Japan day by day）』を書き始める。書き終えたのは四年後の一九一七（大正六）年のことで、まあ、三〇年以上も前の記憶だが、彼の明晰であったろう科学的な頭脳が衰えてなかったとして、一番気になるのは彼が子供の時に同じような恋の格言を書いた紙を入れた菓子を見たことがあるということだ。日本での最初期の移民はハワイに渡った明治元年の「元年者」だとされている。天保は一五年まで続くから、モースが子供の時に見たのだとしたら、日系移民が持って行ったと思えるよりも前のことになる。

しかし、よく調べてみると京都伏見稲荷大社前の「いなりや」よりも前、石川県金沢では正月に三角形の菓子に辻占《つじうら》の紙を入れたものを食べる風習が江戸時代からあるという。形はモースのイラストに似ている。また、一八三七（天保八）年に起稿された『守貞謾稿《もりさだまんこう》』にも辻占煎餅の描写があるというし、為永春水《ためながしゅんすい》も吉原の芸妓がこの辻占を楽しむ様子を描いているというから、モースの誕生前にすでに日本にはあったようだ。しかし、だからと言って子供のモースがそれを見ているはずがない。モースの見た菓子は、アメリカの創案なのだろうか、どんな形をしていたのでだろうか。「そうだ、メイン州に行こう」と呼びかける声が、聞こえる。

日本が先か、アメリカが先か、それとも中国人の創案なのだろうか。やはり、ぼくの想像は独りよがりだったのだろうか、と少し消沈していたところに、二〇一三年の映画『アイアンマン3』に、いいセリフが出てきた。映画の中で史上最悪のテロリスト、マンダリンが、フォーチュン・クッキーは中国のものじゃない「日本のレシピでアメリカ人が作ったのだ」と言うのだ。マンダリンの認識は正確ではないかもしれないが、それでも胸がすいた。ただ、今アメリカの中国レストランで供されるフォーチュン・クッキーの生地は「瓦せんべい」のそれだが、金沢のは砂糖と餅粉をこねたもので、少しねっちりとして透明感がある。これが乾燥したなら、モースの言う糖蜜に近い感じはする。はっきりさせるには、やはり、メイン州ポートランドに行くしかないのかもしれない。

iv　スパム、グリーンソボロ、ロコモコ

フォーチュン・クッキーはともかく、中国人にしてみれば、アメリカのチャイニーズフードは本物のそれとはずいぶん違うと感じるだろう。アメリカという国は、なんでも変化させる、あるいは前言にしたがえば、なんでも進化させてしまうところがある。人も、考え方も、服装も、作法も、人間関係も、そして食べ物もである。そのことを如実に教えてくれるのは、ハワイイでの日本食だろう。ロコモコやスパムなど、あの島独特の食が存在することはよく知られている。

「スパム」［図㊱］は、沖縄では「ポーク」という呼び名で知られている。それを、美味しい、と思う人と、そうでない人とがはっきりと二分されるようだ。別に、その旨さを押しつけるつもりはないが、この食べ物を抜いてはハワイイも沖縄も、薄い膜一枚を通してしか近づけないのではないか、と思えて仕方がない。スパムは、ある種の人たちには、とても大切な食なのだ。

「スパム」はランチョンミートの缶詰の、ブランド名である。最近はどこのスーパーでも置いてある。以前よりずっと手に入り易くはなったが、スパムについて何かを知ろうとしても、日本ではほとんど何の手がかりもない。今でこそウェブで探ると何がしかの情報を得られることもあるし、「スパムむすび」をメニューに載せている店も出てきているし、スパムを食材としてきちんと食べさせてくれる店も増えてきた。沖縄には独自の「わしたポーク」というのがある。沖縄土産物専門店の「わしたショップ」のプライヴェート・ブランドで、ようするに、和製のランチョンミートの缶詰である。それを使った様々な沖縄料理の店が市民権を得て、誰もが簡単に食べられるようになったからだろう。

ぼくがスパムについて興味を持ち始めたのは、一九九八年のことだった。その前の年、九七年がスパム生誕六〇周年記念であることを知ったからだ。だが当時、スパムの何たるかを知ることは難しかった。芝公園にあるアメリカ文化センターの図書室に行っても、資料は何もない。もちろん我が国でこれまで「スパム」について書かれた文献もない。

オアフ島にあるパブリック・ライブラリーに、最初に行ったのはいつ頃だろう。たしか近代サーフィンの父、デューク・カハナモクのことを調べていた時だから、もう二五年も前になるだろうか。当時は中庭への扉もない開放的な昔ながらの建物で、中庭に面した回廊の椅子に座って借り出した本のページを繰っていると、遠くアロハタワーの向こうのホノルルハーバーからの海風が吹き抜けていったりして、実に気持ちのいい図書館だった。その海風が蔵書に良くなかったのか、今は改築され、内庭側には全体にガラス戸が張りめぐらされるようになった。カード索引だったのがコンピューターに代わり、検索に手慣れていないと時間がかかり、台数も少なかったから、他の利用者を気にしながらの本探しは結構大変だった。一階の奥に太平洋地域の資料コーナーがある。そこでぼくは「スパム」にまつわる新聞や雑誌やパンフレットのスクラップの、ほとんど未整理の山を見つけた。

一九三七年、ようやく大恐慌の不安が払拭され、世界一周横断飛行中のアメリカ航空界のヒロイン、アメリア・イアハートが南太平洋で行方を絶ち、ドイツの飛行船ヒンデンブルグ号がニュージャージー州の海軍飛行場で炎上し、第二次世界大戦への暗い影が人々の生活に重くのしかかりはじめたその年、ミネソタ州の小さな町、オースティンで「スパム」は生まれた。

ソーセージの缶詰で知られる家族会社ホーメルの当主、ジェイ・ホーメルが不要の豚の肩肉を挽き、それに塩漬けのハムを混ぜて「スパイスハム」という新しいランチョンミートを作りだすことに成功した。いわば廃物利用から生まれたのである。その年の五月一一日に特許がおり、35335 7という特許番号が与えられた。「スパム」という名前は、会社が公募したブランド名コンテストに応募した、ケネス・ダグニュウのアイデアによるもので彼は賞金一〇〇ドルを手にしている。

大戦が勃発したことが、ホーメルにとっては幸せだったと言うしかない。陸軍の兵士たち、ことに太平洋戦域の兵士たちの糧食に、腐敗の心配のない缶詰の肉として重宝されたのである。そして兵士たちは、愛着と半ばウンザリ感をこめてＳＰＡＭの四文字をSouth Pacific Army Meatと呼んだのだった。

兵糧食としてのスパムを試食したアイゼンハアー将軍は「スパム」を鼻でせせら笑ったが、しかし、それを食べなければならなかった兵士たちにとっては忘れることの出来ない食べ物となった。ある時代、戦場での毎日、それを食べるしかなかった彼らは、兵役を終えて故郷に帰ると、好んでスパムを食べるようになった。安価であったから家計にも優しい食材であり、すぐに近隣の家庭にも普及していった。一九八二年、当時のハワイイ州知事のジョージ・アリヨシは、新聞に「スパム」にまつわる大戦当時の思い出話を寄せ、その中で「スパムを好きじゃない人に会ったことがあるかい？」と書いてもいる。

ホーメル社の二〇一三年付けのホームページによると、「スパム」缶の世界全体での年間消費量は一億二〇〇〇万缶で、そのうちハワイイでの年間消費量は、二〇〇九年のAP通信社の配信記事では六〇〇万缶で、世界一。次点はグアムらしい。沖縄の数値はわからない。ちょっと残念だ。

つい最近「スパム・ヘヴン」と呼ばれるハワイイの首都、ホノルルの本屋で『スパム・クックブック』を見つけた。「サトウ・ショーユ・スパム」から「スパム・ダイコン」まで五一種類のメニューが列記されていて、これが実に面白い。だが数あるスパム料理の中でも白眉なのが、「スパムむすび」だろうと思う。

これはスパムをのせた「おむすび」というより、長方形なのが普通だからどちらかというと「にぎり」の寿司に近い。これに缶から出したままの生か、少しフライパンで焼いたのをのせる。中には甘くない卵焼きを加えることもある。最後にクルリと海苔が巻いてある。このスパムむすびを作るための、透明のプラスティックの道具を手に入れたけれど、まだ一度も作ったことがない。スパムの缶詰を買っても、ゴーヤチャンプルーやスパムと目玉焼きとホウレン草のバター炒めの丼物を作ることの方が多くて、すなおにスパムむすびが作れないでいる。甘くない卵焼きというのがネックなのだろうか。それとも「スパムむすび」は買い食いするものだ、とでも思っているのだろうか。

少し前のことだけれど、フランク・デリマという男が、あの「ＹＭＣＡ」のメロディに乗せて

'Spam musubi' という歌を歌っていて、今もワイキキのKINEというロコのラジオ局なんかではよくかかっている。

I wanna eat Spam musubi...

というノリがとても良くて、ついいつの間にか一緒に口ずさんでいたりする。

消費量世界一、「ランチョン・ミート王国」といわれるハワイイのスーパー、ハワイイ島ならヒロ、マウイ島ならカフルイ、オアフ島ならかつて日本人街のあったサウスキング・ストリートのチャイナタウンの先の運河を越えた向こう側——今はフィリピーノたちの街になりつつあるあたりのスーパーマーケット、あるいはゼネラルストアには、何種類ものランチョンミートの缶詰が並んでいて圧巻だ。他の店、スーパーマーケットでこれほどの種類は見たことがない。

オランダのチューリップ社のは「ポーク・ランチョンミート」、アーモール社のは「チョップドハム」で、トリート社のはチキンとポークの「ランチョンローフ」になっている。ヘレフォード社はズバリ「ランチョンミート」、そしてウェスタン・ファミリー社のものも「ランチョンミート」だ。面白いのは、缶の大きさや形態や意匠はみな少しずつ違っているのに、どれもが一様にヘルシーをうたい文句にしていることだ。それもこれも、成分分析の結果「スパム」は塩分が多くコレステロールも多く、脂肪も多すぎると、ようするに健康にとってはろくでもない食べ物であるという烙印を押されてから、減脂肪のファットフリー、コレステロールフリー、減塩のソディウムフリーなどのランチョンミートが登場してきたのである。だがやはり、キング・オブ・ランチョンミート「スパム」にはかなわない。

大きな理由は、その語呂の良さだろう。たとえば「スパム」のキャラクター人形の名前は、「スパミー」である。他の会社の製品ではこうはいかない。一九九五年九月にワイキキ近くの「アラモアナ・ショッピングセンター」内のデパート「リバティーハウス」で開かれた、ハワイイの年間六〇〇万缶という消費量世界一を記念しての五日間にわたるスパム・フェスティバルのタイトルは「スパムボリー・ジャンボリー（Spamboree-Jamboree）」だった。その語呂の良さが、まず子供たちの心を摑んだのだ。

語呂がいいといえば、もう一つハワイイ独特の食べ物、ハワイイが生んだ日系の食の王者とでも言うべきものに「ロコモコ」がある。ロコモコとは何か、ズバリ書いてしまえば、ようするにハンバーグ丼である。米の飯の上にハンバーグをのせ、そこにグレイヴィをかける。一番上に目玉焼きを飾ることもある。今や「ロコモコ」は、「スパムむすび」や「フトマキ」と並んで、ハワイイの国民食といった感がある。ここで言うハンバーグステーキとは、日本風のタマネギのみじん切りやパン粉のつなぎなんかの入っていない純粋に牛肉だけのもので、正しく高級のものは挽き肉を使わずに、良い部分を包丁で叩いて作る、言うところの「チョップド・ステーキ」のことだ。脂身のないところを選んでチョップドできるので、健康食としてもいい。レストランに行くと、エルダーメニューに入っているが、肉が軟らかいからというばかりでなく、健康上の理由で彼らはこれを選択しているのである。

ハワイイによく行く時代があった。一つはワイキキを舞台にした探偵事務所の物語を書くためと称して、ハワイイのあちこちを結構な日にち歩き回っていた。その時のぼくは、緑色のそぼろ、つまり「グリーンソボロ」［図37］というものについて知りたいとうろついている最中でもあった。

ハワイイのもう一つのポピュラーな日本食に、「フトマキ」がある。本来は「太巻き寿司」なのだが、すでに「フトマキ」はハワイイの現地語になってしまっている。テイクアウトのランチの定番で、「ベントー」よりも手軽で人気がある。内容も体裁も、ぼくたちの馴染みの太巻き寿司と変わるところはない。甘辛く煮たカンピョウやシイタケ、卵焼き、ピンクのそぼろ、キュウリが入っていることもある。茹でたエビが入っていれば、豪勢だ。そして味も、日本のものと少しも違わない。気に入って、スパムむすびかどちらかというぐらいよく食べていた。ところがある日、しげしげと巻かれている具を見つめたことがあった。すると見慣れないものを発見した。むろん以前から入っていたのだろうけれど、あらためてその存在に気づいたのだ。それは濃い緑色をした甘い粒つぶで、歯触り舌触りは、あのエビそぼろと同じだった。しかしなぜ緑色なのか。これが不思議でたまらなかった。ハワイに住む、いろんな人にこの緑色のものは何なのだろうか、と訊いても、ほとんどわからない。

いや、これでは正確ではない。これははっきりと、そぼろである、と答えてくれた人もいる。エビやタイなどで作る「そぼろ」そのものである、と伝えてくれた人もいる。正体はわかっているのだが、なぜ緑色で、それがフトマキに入っているのか。おそらくは、ピンクとの対比で緑色はきれいだから、という程度で、その存在理由にまで話が深まることはなかったのだろう。因みに、ぼくは、日本で緑色のそぼろというものを見たことがない。もしかしたらどこかの地方にはあるのかもしれないけれど、まあ国内でもよく旅行する方だとは思うぼくが、これまで一度もそれ自体や、それを使った巻き寿司に出合ったことがない。どうやらこれはハワイだけのものらしいのだ。ともあれ、ぼくはそれから、「緑色のそぼろ」の正体を知るためにハワイのあちこちを歩き回ることになった。

そして、たどり着いたのがヒロの町だった。ヒロは古い日系人の町で、たとえば一九〇三年、鮮烈で骨太な小説『野性の呼び声』でデビューし、アメリカ文学界に大きな衝撃を与えた作家のジャック・ロンドンにも関係が深い。彼はそれまでの頭の中だけで思考をめぐらせる形式の文学ではなく、自分の肉体を使って経験したことを生き生きと描く新しいタイプの作家だった。彼は一八九六年のユーコン準州のクロンダイクのゴールドラッシュに馳せ参じ、そこでの経験から、元飼い犬がさらわれて橇犬にされ、さまざまな経験から野生の血に目覚めて自然に帰っていくというデビュー作で一躍流行作家になり、アメリカ文学界を代表する高みにまで上り詰めることになる。その彼と冒険行を共にする日本人の従僕がいた。ロンドンには前後三人の日系人の従僕がいたが、ロンドンがもっとも愛し、その面倒を見、共に支え合ったのはナカタ・ヨシマツだった。ナカタは、このヒロの出身である。ヨシマツのことを知りたくて彼を追った時も、このヒロの町にやってきた。

明治の末から日本人が住み、古い日本の文化もまだ息づいているようなこのヒロの町だったら、グリーンソボロの謎もわかるかもしれないと、はかない願いを持っての旅だった。同時に、この町はまた、ロコモコ発祥の地でもあることも知った。グリーンソボロの謎を追いながらも、一方ではロコモコのこともわかれば面白い、というのがその時の気持ちだった。

ヒロの町のいいところは、ヒロ・ベイに向かって町がなだらかに傾斜しているところだ。ヒロ湾沿いのベイフロント・ハイウェイにはパーム・トゥリーが立ち並び、そこへと下る道筋——パウアヒやポナハワイイやマモといったストリートから見える景色は、一生忘れられない。

それはまぎれもない「郷愁」である。それも実在する故郷へのそれではなく、どこにもない、だが誰の心の中にも確かに存在する、「南国」という夢の場所の懐かしい風景であり、情景であり、想い出なのだ。子供時代、童話や絵本で繰り返し飽くことなく語られたまだ見ぬ異国の、それも遠い南の国の港町——青い空にカモメが浮かび椰子の葉が風にさやぎ、色鮮やかな花やかぐわしい果物がたわわな南洋の町、あるいはネオンの奥に深い闇が横たわるそこここに、どこか怪しげな酒場が暗い入り口を開き、空には死に神の鎌のような鋭い月がかかり、どこからか胸が締めつけられるような音楽が煙の筋のように流れてくる……小川未明や、時に宮沢賢治の物語の中にしか存在しない街がここに具現されている。そのエキゾチックでノスタルジックな気分は、たとえばカントリーシンガーのトミ藤山が歌った「オリエンタルカレー」のコマーシャルソングを聴く時に感じるものと等質だ。

そのヒロの町のダウンタウンの「エルシーズ」で、ロコモコの話を聞いた。「エルシーズ」は一九五〇年代の時代そのまま時間が止まってしまったようなソーダファウンテンだ。日系人夫婦が経営するその店でランチにハンバーグを食べようとしていたぼくは、ある選択を迫られた。一つはホームメイドハンバーガーで、もう一つがロコモコだった。

「この町はロコモコのホームタウンだからね」

と、エルシーズの名前の由来であるミセス・エルシー・シノハラのご主人、ジミー・シノハラが言った。

その言葉がきっかけだった。ロコモコを最初に作った人に会ってみたい、という思いがふくらんでいった。ヒロの商工会議所の観光案内係を訪ねて、現在「ホーム・オブ・ロコモコ」と呼ばれているのは、キラウエア・アヴェニューに面したドライヴイン・カフェ「カフェ100《ワンハンドレッド》」だと聞いた。なにせ、ロコモコの特許を持っている店だというのだから凄い。

ドライヴイン・カフェというよりテイクアウト・カウンターといった方がいいその店は、時分どきもあってアジア系の若者や子供連れの豊かな体つきの母親たちで賑わっていた。ピックアップ・カウンターからしきりと、出来上がった注文品をアナウンスしている。

「ナンバー・フォーティワン、スーパーロコ、トゥー」

普通のロコモコが一ドル七五セントで、スーパーが三ドル九九セント。こちらはハンバーガーパティにスパムとフライドエッグ、それにキムチがついている。

次々と告げられるアナウンスはせわしなく、もちろんこの店の創始者リチャード・ミヤギも今は亡く、跡を継いだその娘さんに話を聞きたくともとても無理だとあきらめた。ぼくは、白い発泡スチロールのカップに入れられた、フライドエッグ付きのロコモコを、透明のプラスティックのフォークで食べながら自分に言い聞かせていた。今回は、これで十分だ。ロコモコの誕生についての、一つの手懸かりのようなものを得ることは出来た。後は運が決めてくれるだろう。勢いに乗って追いかけていっても、まったく近づけないこともあるし、向こうから近づいてきてくれることもある。

今回も、その運にまかせることにした。だが、運はロコモコでなく、別の方向へとぼくを導いてくれた。いや、グリーンソボロの方から、ぼくを招いてくれたと言っていい。そして、緑色のエビそぼろは、なぜハワイイにだけ存在するのかということを教えてくれることになった。

ヒロのダウンタウンから少し離れたところに、ヒロ漁港の水揚げ場「スイサン」がある。泊まっていたホテルでは、その日の水揚げによって夕食の刺身が違う。アクかアヒ、そう、カツオかマグロか、マヒマヒ、すなわちシイラか、どうせ薬味は粉わさびだけれど、どんな刺身が出るか気になってならない。そこで「スイサン」でその日の水揚げをチェックすることになる。船からの水揚げはとっくに終わり、競りも無事に済んだらしく残っていた四人の男たちのうち一人は日系人らしいが、残る三人ほどは明らかにロコ（ハワイイで生まれ育った人）で、彼らは車座にしゃがんで何事かを話していた。

「今朝は何が獲れたんですか」とぼくは思い切って訊いた。「マヒマヒ……オナガ……アク」と重い口調で、教えてくれる。けれど、みんななくなっちゃった、とも。早い時間に競りが終わり、競りにかけられない小物も、近所の人が買い求めていってしまったのだろう。水揚げ場はガランとしていた。ぼくは「スイサン」の売店でスパムむすびかフトマキでも買おうと、ぶらぶらと近づいていった。「オカズヤ」という名前のその売店には、魚介類の加工品も少しだが並べられていた。もしかしたら、という背中がゾクゾクするような感覚の中で、ぼくはガラス棚を覗いた。「ふりかけ」のような大きさの袋に「ドライド・シェイヴド・シュリンプ」の文字を見つけた。その隣に……あった。「ハナエビ」と書かれた袋の中身は、紛れもない緑色のそぼろだった。手に取ってみると、日本から輸入したものだとわかった。

フトマキの中の緑色のものは、この緑色に染められたエビそぼろであることは、これで確かめることが出来た。しかし、なぜ緑色なのか。ぼくはその一袋を買って、細かな文字を拾い読みしたけれど、緑色のそぼろが存在することは納得できたものの、だがなぜ緑色なのか、単に色鮮やかでフトマキやチラシ寿司の色添えに必要であると考えたのかどうかは、まったくわからないままだった。袋の説明には神戸の会社が製造したものであることと、それをどう使うかは書いてあった。だが、なぜそういうものが作られるようになったのかは、どこにも書いてなかった。

ぼくの中で謎のまま残ることになったグリーンソボロ誕生の秘密は、それからずっと後、一人の知り合いの女性、九〇を超えた二世のお年寄りの口から聞いた。

ハワイイには昔、巻き寿司に入れる適当な緑野菜——三つ葉ややわらかなホウレン草といった和の野菜が手に入らなかった。だから彩りとして、そぼろを緑に染めた、という話だった。

食材がなければ、仕方がないと諦めない。何かを代用にしてまで、かつての味や色や風味を再現する。その気持ちは何なのだろう。できるだけ元の姿を守っていこうとしているのだろうか。それは彼らの中の祖国、日本への固執なのだろうか。

そうやって、ハワイイの食の何ものかが、少しずつわかり始めていった。ロコモコについて一つの手がかりのようなものを得ただけの、まだ入り口近くに立っただけに過ぎなかったけれど、グリーンソボロの正体が分かっただけでも、ぼくにとっては夢のような収穫だった。

アメリカに移民した人びとの本来の食が変容せざるを得ない理由の一つが、食材の不足にある。これはアメリカの場合だけでなく、世界のあらゆる国でも、新参者は祖国の味を再現することに大変なエネルギーを費やさねばならない。チャイナタウンは、だから中華料理本来の様々な食材と調理の知恵と技術を踏襲するため、とは一概に決めつけられないにしても、そういう面にも大いに貢献する便利な町として機能したのだった。日本人街も同じだった。沢庵、豆腐類などの大豆食品、海藻をはじめとする乾物類、醬油や味噌といった調味料などの日本独特の食材を求めようとする人のため、また正しい米の研ぎ方、炊き方、味噌汁のダシの取り方を学びたい人のためにも、このリトルトーキョーや各地のジャパンタウンはすぐれた兵站《へいたん》基地になった。

しかし、そういう昔ながらのオーソドックスな味や食材に頼れない場合に、フトマキのグリーンソボロのような代替品を考え出す力もまた持っていた。その代替品の価値、それがあることの理由はやがておぼろになり、忘れ去られても、その食材は残る。そういうことにぼくはひどく興味をそそられるし、愛しい。

グリーンソボロの存在理由はわかった。一方のロコモコの真の創案者のことは、結局はわずかな暁光を見るだけにとどまった。一応、それで自分を納得させ、再び日本での毎日が始まった。

そんな時、親父が旅立った。そしてハワイイに住む親戚の女性が、葬儀にやってきてくれた。彼女はハワイイ大学で栄養学を教えていたこともあって、大学のハミルトン・ライブラリーかシンクレア・ライブラリーで誰かが書いたロコモコについての論文を見たことがある、と話してくれた。ハワイイに帰った彼女は、一枚の新聞の切り抜きを送ってくれた。一九九四年一一月一六日付けの『ホノルル・アドヴァタイザー』紙のその記事は、「ロコモコの創案者は静かなる男だった」という見出しのもと、リチャード・イノウエは去る土曜日、八二歳で亡くなった、とあった。

いつもこうなのだ、何かのことを知りたいと思うと、その関係者はたいがいは亡くなっているか、会う前にみまかってしまう。遅く生まれ過ぎたというしかない。

リチャードの訃報を聞いて、ぼくは再びハワイイに向かった。ビッグ・アイランドに向かう前の日、ワイキキの裏手に広がるハワイイ大学のハミルトン図書館で、ジェイムズ・ケリー教授の論文「ロコモコ、大衆食の誕生」を閲覧し、コピーをとってきた。その主旨は「ロコモコ」という日系英語「ピジョン・イングリッシュ」からの考察で、言葉同様食もまた混合する、というものだった。

ロコモコの創案者の未亡人の住まいは、まったくの偶然からわかった。

一九四九年、リチャードとナンシーのイノウエ夫妻［図㊳］は、ヒロ・ダウンタウンに小さな食堂を開店する。キノオレとポナハワイイ・ストリートの角に位置する「リンカーン・グリル」は、近所の人びと、特にリンカーン公園で遊ぶ人たちや近くの高校「ヒロ・ハイスクール」の生徒たちでいつも込んでいた。そこで生まれたのが、「ロコモコ」だった。

一九六三年、イノウエ夫妻は店を手放し、町を離れた。それからのことは、よくわかっていない。ヒロを出た後のイノウエ夫妻を追うことは難しかった。それがうまく見つけられたのは、偶然以外の何ものでもない。鎌倉にお住まいの料理研究家の石原明子さんとお会いした時、ロコモコの話が出た。そして、その創案者である、かつてヒロの町にいた「リンカーン・グリル」をやっていた「イノウエさん」を探しているとお話しした。石原さんはその話を、仙台でクッキー屋さんをやっているハワイイ出身のケント・ヒラヤマ氏に話したらしい。するとケント氏から連絡があった。彼のお母さんがミセス・イノウエと同じ「カムエラ・ホングワンジ・キョーダン（本願寺教団）」の仲間だったのだ。

その線をたどってようやく訪ねたイノウエさんは小柄だが元気な方で、最初ぼくの訪問の意図をはかりかねていたようだが、すぐに喜んで話してくださった。

かつての「リンカーン・グリル」は、階上にあった「オキノ・ホテル」に日本からの政治家や商売人、力士、それに芸能人――木下サーカスの面々や小唄勝太郎、歌手の市丸や江利チエミといった人たちが滞在していたこともあって目の回るほど繁盛していた。そんなある日、ヒロ高校の腹を空かした連中がやってきたのだが、いつものハンバーガーよりもう少し腹にたまるものが欲しいという。しかも、ポケットには三五セントしかない。

そこでナンシー・イノウエが思いついたのが、サイミン（ハワイ式ラーメン）の丼にライスを盛り、上にハンバーグをのせ……そうして、「ロコモコ」が出来上がった。その名前は、前述のケリー教授によると、当時のピジョン・イングリッシュにクレージーを意味するポルトガル語の「ロコ」があった。腹を空かせたその高校生のあだ名がそれで、それにつづく言葉、うまく韻をふむものをいろいろ探し、ロコ・ドコ、ロコ・ココ、ロコ・ソコ……とやっているうちに「ロコモコ」におさまったというのだ。

「グレイヴィが他とは違ったのよ」

とナンシー・イノウエは誇らしげに言った。ワイキキのロイアル・ハワイアン・ホテルでコックをやっていたご主人のリチャードは、誰もが作るグレイヴィとはひと味違う――フライパンにこびりついた肉汁の固まり（それを彼女は「スクラッチ」と呼んだが）を大切にとっておき、グレイヴィを作るたびにそれを溶かして使ったという。今、日本で食べられる「ロコモコ」の最大の欠点は、このグレイヴィがないことだ。

「ロコモコ」はかくして生まれ、その創案者ではなく、真似をした近くの食堂が一九八四年、特許を申請した。特許をとっても、誰かが作るたびに特許料が入るわけでもない。その後ロコモコはハワイを越えて着実に世界に広がっていき、創案者ではないのに特許を申請したその食堂は、今も心ある人から笑いものになっている。ただ、後の調査の結果、どうやら「リンカーン・グリル」のそれは目玉焼きがのっていなかったようだ。だからフライドエッグを最初にのせたらしい「カフェ100」の功績もないわけではない。

ミセス・イノウエの家を辞したあと、ぼくはヒロのダウンタウンを歩いていた。好きな町だった。アメリカには、いくつも好きな町があって、半年ずつそういう町に住みたいという、見果てぬ夢を持っていた時期もあった。インターステートの入り口である丘の上から見下ろす夜景の美しい町。夕方には町中がピンク色に染まる入り日の美しい町。何もない、星が降るだけの町。夜空を寝転んで見上げれば、無数の星屑の一粒一粒が落ちて来るのではないかという思いに、恐ろしくなったことがあった。自分の息の音以外何も聞こえない場所。いかに自分が孤独であるのかを心底教えてくれる場所。そういうところに住みたかった。これまで蓄積してきたと、勝手に妄想してきた知性や教養なんか、何の意味もないことを教えてくれるような場所。そういうことを、あの国のあちこちの町たちは教えてくれた。「キミの世界は狭いよ」と。

ヒロもまた、住みたい町だった。この町で未来を見つけることは難しいかもしれないが、過去は、想い出は、懐かしい日々はたっぷりある。ゆっくりと来し方を振り返るにはぴったりな町で、もうそろそろそういう生き方をしてもいいかなと思える年頃になっていた。

ぼくはヒロのダウンタウンを歩いていた。もう何度目かのこの町のどこかに、ロコモコ発祥の地、かつての「リンカーン・グリル」があったはずだった。その名残の何かを見つけられるわけもないのに、その町を離れがたかった。ダウンタウンの道筋の両側に散在する店のウィンドウには、奴凧や「子若」と襟に書かれた子供の祭半纏、小さな鯉のぼりやらが飾られている。髭の濃い鍾馗人形もあった。その飾り窓の前で、少し動けないでいた。それはある時代の幸せな家庭の象徴の数々であった。ぼくの両親も、飾るものの意味もよくわからないまま、いくつもの五月人形を買い与えてくれたものだった。その中で四〇センチほどの長さの、太刀飾りがあった。ぼくはそれがうれしくて、あちこちに持って行ってはそれを振るい、すぐに折ってしまったことを覚えている。そして、この町にはヒロの町には紛れもなく、戦前の男の子が男の子らしかった時代の空気があった。

メインストリートから、海へと下る道を少し行くと、間口が二間《けん》ほどの古道具屋があった。古道具屋というか、家を畳んでこの町から出て行った人たち、あるいは主が亡くなって家を畳まざるをえなくなった人たちが残していった道具類を引き取って並べているような店だった。ああ、こんなものがあったっけな、と古い「カネヨクレンザー」の箱や、カンカン帽をかぶった黒人が大きな目をこちらに向けながらグラスに差したストローを咥えている古いカルピスのポスターなどに飽きることがなかった。そういうものに混じって、ボール紙の箱に一二個ほど入れられた緑色のガラス瓶［図39］を見つけた。高さ一五センチほど、胴の周囲が二五センチほど、両手の親指と人差し指で丸を作ったぐらいの大きさで、瓶の中ほどに三個の丸い孔が開けられている。聞くと、蠅捕り瓶だという。中に水を入れて置いておくと、蠅がガラス瓶に迷い込んできて逃げ場がなくなり、ついには溺れ死ぬのだそうだ。

ボール紙の箱には「キンチュー・グラス」とあって、京都は縄手通りの所番地が書いてある。「キンチュー」は、蚊取り線香の「金鳥」と何か関係があるのだろうか。「キンチュー・グラス」は、ようするに蠅捕り瓶専門の会社ではなくて、単なるガラス器製造会社なのだろうか。この頃は蠅に悩まされることもなくなったが、一つ買ってみた。今それは、本棚の隅に置かれている。ずっと後になって、このキンチュー・グラスという会社のことが気になって、京都に行った時縄手通りのそのあたりとおぼしきところを歩いてみたけれど、普通の町並みが続くばかりで、「キンチュー・グラス」というガラス工場も蠅捕り専門の店も見つけることはできなかった。もうとっくに廃業してしまったに違いなかった。ヒロという、昔が生きている町の古道具屋に並べられていた品物を、今も流通しているものだと錯覚したぼくがいけなかった。

キンチューの蠅捕り瓶を茶色の紙袋に入れてもらい、町のメインストリートを少し歩いた。一軒の日本食堂を見つけて、時分どきだと入ってみた。二世だろうか、まだ日本語をはっきり口にできる六〇代の女性が、水とメニューを持ってきてくれた。メニューの中身はありきたりだったが、壁に貼られたその他の献立の中に「ヘッカ」というのがあった。よく見ると、ヘッカにも種類があって、「ビーフ・ヘッカ」、「トーフ・ヘッカ」、「ヴェジタブル・ヘッカ」などの文字が並んでいる。

「ヘッカって何ですか」と訊くと、「すき焼きの一種です」という答え。どんなものかと注文してみた。中身は、タマネギにニンジン、タケノコの細切り、それにロングライスが、どうやら基本のようだった。いや、この店での基本のようだった。ロングライスというのは、すなわち「春雨」で、春雨は緑豆《りょくとう》やジャガイモなどの澱粉から作られるもので、少なくとも「ライス」ではない。これは、おそらくは米の粉で作る、中国語の「米粉」、日本で言う「ビーフン」との混同だろうと思われる。それはともかく、この基本に牛肉を入れると「ビーフ・ヘッカ」になり、豆腐を入れると「トーフ・ヘッカ」になり、何も入れなければ「ヴェジタブル・ヘッカ」で、チキンを入れれば……という具合である。

他に入れる具は自由なようで、あるところでは、キャベツが入っていたり、トマトが入っていたり、トウモロコシの粒が入っていたところもあった。その具のヴァラエティの理由はひとまず措くとして、この甘辛く煮た汁沢山の煮物は、それも目の前で小鍋立てのようにして肉や野菜を煮ながら食べるという形式は、なるほど「すき焼き」である。だが、ビーフの他にもポークあり、チキンあり、それらを一緒にしたものもあれば、肉なしもあるという幅の広さを思うと、どうしても「すき焼き」の直系であるとはとても思えない。それに名前も「ヘッカ」だという。調理法もさることながら、「ヘッカ」という名前はどこから来たのだろうか。ハワイイの方言であると片づけてしまう研究者もいるようだが、突然に新しい言葉が生まれてくるものではない。何か元の言葉があって、それが何らかの形に変化、変容していくものだ。ハワイイの多くの知人や、知らない人にも手当たり次第に尋ねてみたが、誰もその言葉の由来を知らなかった。熊本弁だという説もあるけれど、何人かの熊本出身者に訊いてみたものの誰一人知らなかった。言語学的な考察は、そう短兵急に追いつめてもいい結果が出るとは思えない。中国の鍋料理、辛いスープと淡白な白湯の二種類のスープで煮て食べる「火鍋」は「ホオグオ」と発音する。それが大きく歪んで「ヘッカ」にならないとも限らない。英語でhekkaは、lotやreallyの意味を持つ。lotなら鍋に入れる具材の種類の多さから使われないとも限らない。あるいは、鹿児島県に海水浴場で知られる海岸に「辺塚」というところがあって、読み方は「へっか」である。この鹿児島も、沖縄や広島に並んで多くの移民をハワイイに送り出している。だから鹿児島の、その「辺塚」周辺から来た人たちが食べていた「すき焼き」を「ヘッカ」と呼ぶ可能性もない訳ではない。

こと「ヘッカ」に関して、その語源を調べるのはここらで諦めるしかないと思っていたら、面白い記事にぶつかった。それは『ホノルル・アドヴァタイザー』紙の二〇〇七年一月一七日水曜日のワンダ・A・アダムスのコラム‘You say heka, I say hekka’というコラムだった。フードエディターの彼女は、ハワイイの食のあれこれに関して探究心旺盛な興味深い文章を発表している。今回のコラムは、「あなたはhekaといい、私はhekkaという」というタイトルのもと、ハワイィ風のすき焼きがなぜ「ヘッカ」と呼ばれているのかの考察をしている。これまで彼女は、いろんな人にそのことを尋ね

25

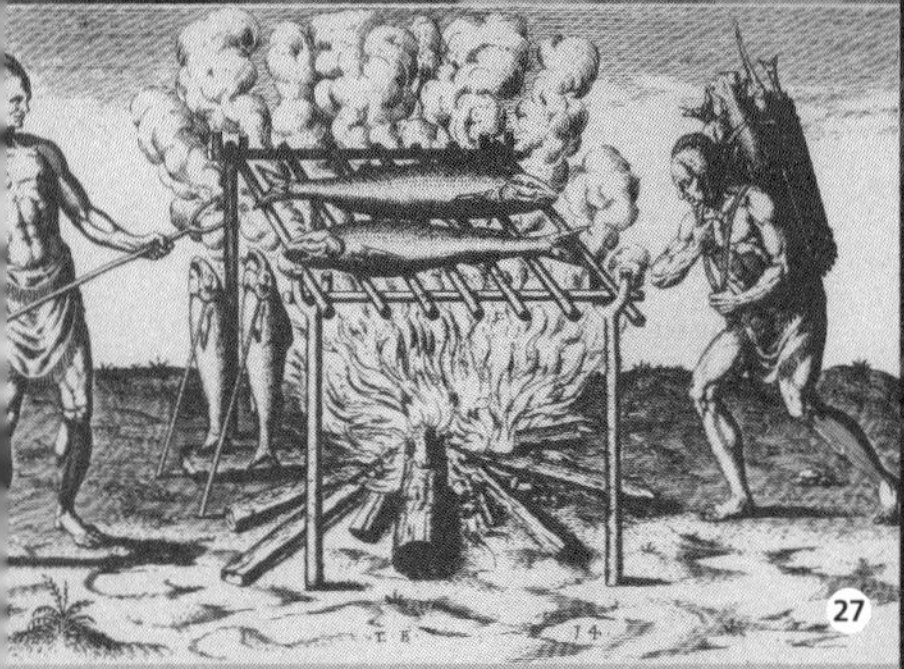

27

23

SPECIAL HOUSE SUGGESTIONS

(Served with soup or salad in house dressing)

HS1. HOUSE SPECIAL HOT POT 10.50
Shrimp, scallop, chicken, beef, B-B-Q pork and vegetables sauteed in chef special sauce and served in a sizzling hot pot.

HS2. SEAFOOD LOVER'S GWO-BA 9.75
Scallops, shrimp and calamary sauteed with mixed vegetables. Served on sizzling platter at your table.

HS3. PEKING PORK 8.50
Lightly deep fried pork, sauteed in our unique Peking sauce

HS4. TWO STYLE SHRIMP ★ 10.50
A combination of one side spicy and the other side lightly stir fried. Garnished with seasoned broccoli.

HS5. CRAB GALORE 8.95
Fresh crab meat and vegetables sauteed in a wine sauce and served over a bed of broccoli.

HS6. SZECHUAN SPECIAL** 8.95
Shrimp, chicken, beef, B-B-Q pork,

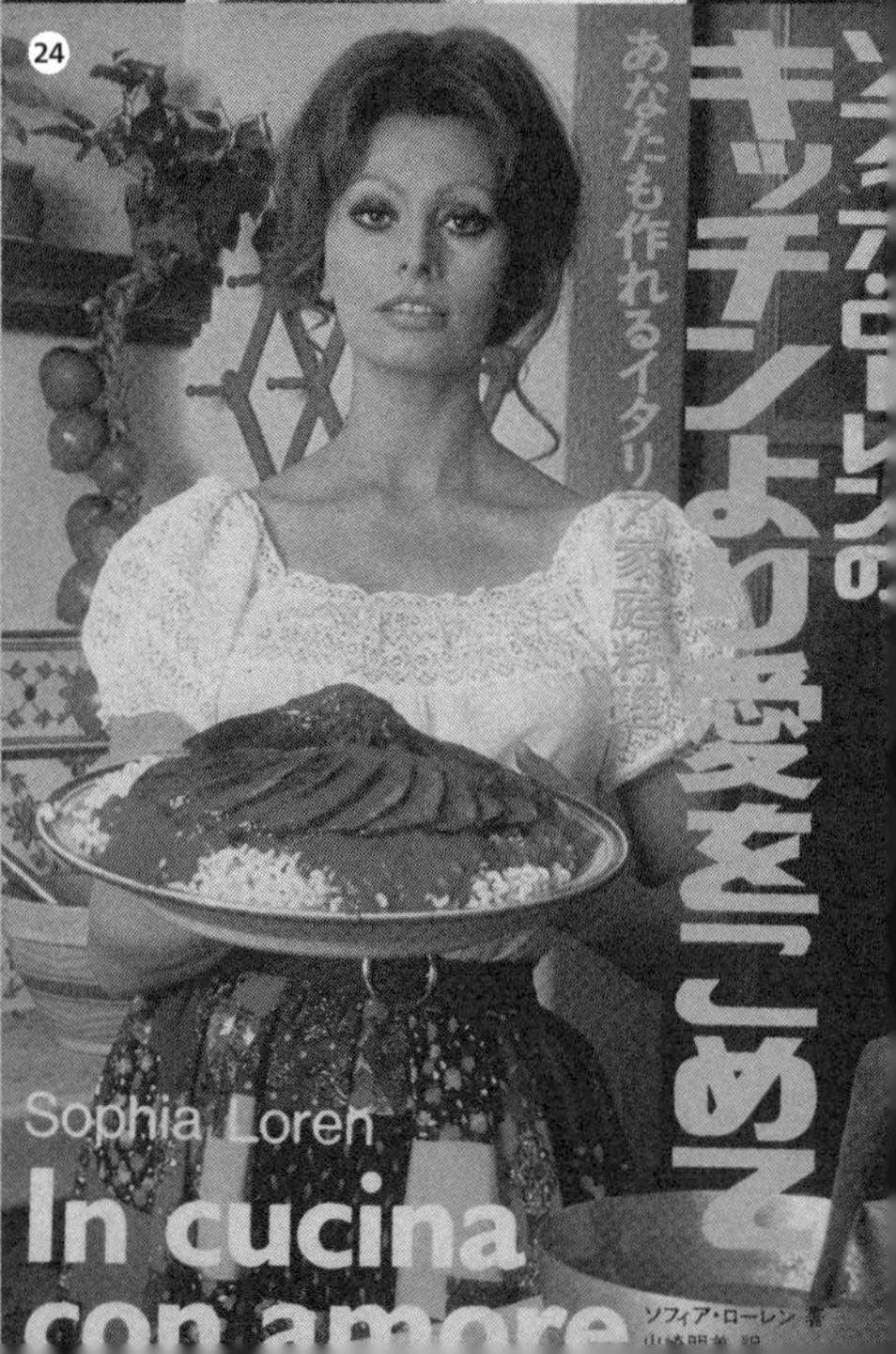

24

32

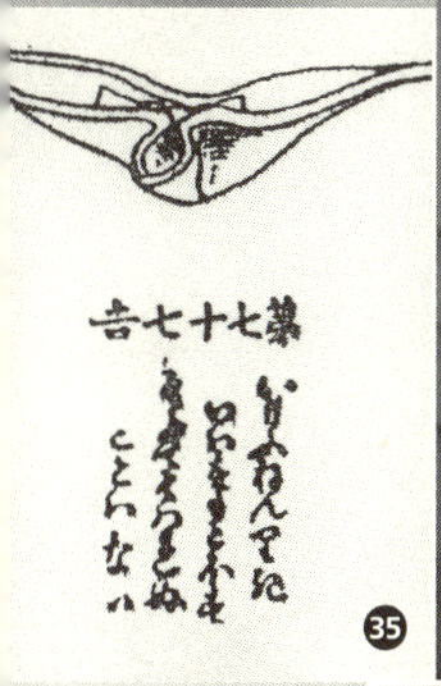

35

38

37

26

28

30

29

33

34

Soon you will be sitting on top of the world.
Lucky Numbers 6, 40, 50, 28, 2, 42

39

36

31

For the discerning gourmet. May we recommend our Chef Special House dinner for four or more persons. Just leave the food selection to us, and prepare yourself to enjoy an authentic traditional gourmet meal.
8.95 per person

GOURMET FAMILY STYLE DINNERS

Minimum Service for 2. Served with rice, tea, fortune cookie and your choice of Won Ton soup or Hot & Sour soup.

NO. A DINNER .... Per Person 8.50
APPETIZER:
Paper wrapped chicken & Fried Won Ton
MAIN COURSES:

(For 2 persons)	Cashew Chicken Saute, Sizzling Beef Saute
(For 3, add)	Sweet & Sour Pork
(For 4, add)	Vegetarian Delight
(For 5, add)	Yu Hsing Chicken ★
(For 6, add)	Garlic Green Bean ★

NO. B DINNER .... Per Person 9.25

回ったのだが、誰もはっきりとした答えを持っていなかった。だけど誰もが、ヘッカは庶民的なワンポット・ディッシュで、炒めた鶏肉か牛肉と野菜、そしてyam-thread noodles、というからヤムイモから作られた麵、すなわちイモの澱粉で作った麵——先述した日本で言うところの春雨だろうものを入れた「スキヤキ」のようなものだと書いている。そして、「ヘッカ」は、ハワイイで最初に市民権を獲得した日本料理だとも主張している。

彼女はこんな話を続ける。ハワイイ島コナ・ヴィレッジ・リゾートの料理長マーク・ノグチは、ハワイイの日本文化センター、全国日系米人歴史協会、全米日系人博物館などの関係者に「ヘッカ」についてご存じのことを教えてもらいたいというメールを送ってみた。すると、非常に興味深い返事が返って来た。文化センターのブライアン・ニイヤとヤエコ・ホベインが、広島弁の辞典を調べていたら、'heka' は広島弁で「スキヤキ」のことを意味していることを見つけ出したというのだ。アダムスは、広島から多くの移民がハワイイにやってきており、当初「ヘカ」と呼んでいたものが、やがて「ヘッカ」と促音が入るようになったと結論づけている。

熊本弁だという説もあったが、実際には広島弁であるようで、そこでいろいろ調べてみた。すると、「ヘカ」とは、耕作の時に牛に引かせる農機具の「鋤」の先に着いている幅広の鉄板のことで、これで肉や野菜を焼いて食べたものが「ヘカ焼き」と呼ばれるようになったという。「すき焼き」の語源の「すき」が、農機具の「鋤」から来ていることとよく似ている。どちらが先だろうか。どれも農民たちの日常の道具が、調理道具になった例だろう。何となく「へか焼き」の方が先輩のような気がする。京都には、農機具の鍬の先の平たい鉄の皿状の道具で、肉や野菜を脂で焼いて食べさせる料理店がある。それも、似たようなものだろう。

江戸時代、肉食は御法度で味噌で煮た牛肉を内緒で「ヘカ焼き」と言ったようだともある。古典落語の「二番煎じ」にでてくる、味噌仕立ての「しし鍋」と似たようなものだろう。そして、ハワイイに移住した広島の人たちの間でも、このすき焼きならぬ「へカ焼き」はよく作られていて、この場合は、どうやら「焼き」が省略されて「へカ」とだけ呼ばれていたらしい。ことに第二次世界大戦に参戦した日系部隊には広島出身者が多く、彼らの野戦肉料理を「へカ」と呼んでいたという。ここではっきりと「すき焼きを広島弁でへカ焼きという」と書いてある。

しかし、「へカ」は何も広島ばかりでなく、島根県太田市の郷土料理にも「へカ焼き」または「へカ鍋」というのがあり、この場合は肉料理ではなくて魚介の鍋で、材料としては「カレイ、コトチ（ホウボウ）、コビル（甘鯛）、カナガシラ、ノドグロ、春菊、コンニャク、豆腐、ハクサイ、ダイコン、生ワカメ、砂糖、醬油」となっている。この料理はいわゆる「うおすき」なのかもしれない。この地方では昔、漁業関係者は肉を食べて漁に出てはいけない、と言われていて、この「へカ鍋」を食べることにしたらしい。一方、鳥取県大山町はサザエが有名で、ここでは野菜たっぷりのすき焼き風サザエ料理を「へカ」と呼んでいるという。どうやら、このあたりが「へッカ」の語源のようだ。

しかし、もう一つぼくを悩ませるのは、すき焼きなら中身の具材がもう少し固定化してもいいのではないか、ということである。日本のすき焼きでも、白菜を入れる人がいたり、いや、それでは水っぽくなると反対する人もいたり、またタマネギを入れるという意見や、それでは味が甘くなり過ぎる、と文句を言う人もいるが、豆腐、糸コンニャク、シイタケ、春菊、ネギといった基本的な具材——もちろん地方によっていろいろだろうけれど——は大体共通している。だがハワイイのへッカは、トマトを入れたり、セロリやレタス、パセリやキュウリやブロッコリーが入ったりと実に様々だ。ハワイイでは、いったいどうしてこういうヴァリエーションができるようになったのだろうか。

たとえばグリーンソボロのように、もとの素材を手に入れることが出来ないのでそれぞれが手近な食材で代替したからなのか。しかし、それほどまでにして、「すき焼き」を食べたい、あるいはその食文化を維持していきたいという思いが、ハワイイの日系人の間で強かったのだろうか。あるいはこうも考えられる。

ハワイイの日系移民史は、万延元年（一八六〇年）、ハワイイに寄港した遣米使節団に、ハワイイのカメハメハ四世がハワイイに労働者を供給してもらえるよう親書を手渡したことから始まる。ハワイイ移民史に残る日本人労働者たち、万延元年の「元年者」や日本ハワイイ移民条約による「契約移民」たちの中には、出身地で魚を使った今で言う「魚スキ」のようなものを食べていた人もいたろう。ハワイイで魚も簡単に手に入ったろうが、より一般的だった豚肉や鶏肉を用いて、肉系の「すき焼き」が食べられるようになったのではないか。ハワイイでの牧畜の始まりは一八五〇年頃。その前に持ち込まれた牛が野生化していたという話もあるから、日本からの初期移民たちの口にも牛肉は届いていたかもしれない。いずれにせよ、激しい労働をする者にとって、魚よりも肉の方がエネルギーが出てスタミナもつくと好まれたのではなかろうか。そして、それらの肉を甘辛く煮た料理をごく自然に「ヘカ」と呼んだにちがいない。こうしてやがては「すき焼き」と呼ばれることになる料理は普及していった。そしてそれぞれの地方の人びと、またアジアのあちこちからやってきた人びとによって、中に入れられる具材はヴァラエティ豊かになっていった。

V　変容するハワイイの食

そうなのだと納得しようとしていた頃、ハワイイの親戚一家と食事に行くことがあり、彼らの住む地区の少しはずれにあるレストランに行った。何料理とも、どこの国の料理とも言えない、ようするにハワイイのロコたちのよく行く、普通の食堂のようなところだった。

ハワイイには、大きく分けると四種類の料理があるように思う。一つはハワイイ本来の食、「ルアウ」と呼ばれる野外宴会料理を基本としたもので、「イム」と呼ばれる地中のかまどで石焼きにした豚肉をほぐした「カルア・ピッグ」、タロイモやバナナの葉で肉や野菜を包んで蒸し焼きにした「ラウラウ」、土着の人びとの食であるタロイモのペーストの「ポイ」や塩漬けのサケをタマネギと和えた「ロミロミ・サーモン」、生魚と海藻のオゴを岩塩とククイナッツのオイルで和えた「ポキ」または「ポケ」、波打ち際の岩に張りつくトコブシに似た平らな貝を茹でた「オピヒ」といったハワイイ伝統食だ。

もう一つはそのハワイイを軍事上の拠点としたアメリカの一般的な食である。ポークチョップやローストチキン、レバーステーキやチョップドステーキといったメインの肉料理にマッシュドポテトやニンジンや野菜類にグレイヴィソース……まさに我が家の洋食そのもののような料理である。この手の食を出す店はつい一〇年ほど前まで、ワイキキのダウンタウン、カラカウア・アヴェニューやクヒオ・アヴェニュー周辺に点在していた、昔風のホテルの食堂のメニューによく載っていたものだった。だがそれもアジアからの観光客が増えるに従って、レストランばかりでなくホテル自体も消えて、新しいタイプの豪華な外見のホテルばかりになってしまった。

その後に続くのは、この島に移民としてやってきた日本人の食であり、そして後続の中国やその他のアジアの国ぐにからの移民によるエスニック料理である。最後の一つは、これらのハワイイの食を土台として新しく生まれた環太平洋料理「パシフィック・リム・クィジーン」と呼ばれる、ニュー・ハワイイ・クィジーンである。そして、親戚一家と行ったのは、そういった種類の、言わば庶民の混沌とした食の最前線といったレストランだった。そこにも「ヘッカ」があった。ぼくはそれを注文したが、驚いたのは中に入れる具材を、自分で選ぶことだった。

テーブル席の端に、スーパーマーケットで見かけるような冷凍食品を納めるバスタブのような容器の中に、様々な食材が並べられている。鶏肉や牛肉、豚肉やマトンやラムがある。魚もいろいろ並べられている。野菜も豊富である。豆腐や糸コンニャクや春雨とシイタケはすでに甘辛く煮てある。油揚げや麩、マッシュルームやフクロダケや缶詰のクワイなんかもある。うどんやラーメンがある。魚介類も、イカやタコ、貝類、エビやカニ、白身や赤身の魚の切り身も並んでいる。もっと驚くべきは、その横にサラダバーがあった。そこにはトマトやレタス、セロリやピーマン、ニンジンやブロッコリーやズッキーニ、コーンやツナ、ビーツやダイコンなどがあった。それでわかった。健康上牛肉を食べられない人には脂身の少ない豚のヒレ肉を、宗教上豚を食べられない人には鶏肉を、あるいはラムを。ヴェジタリアンには野菜類や大豆蛋白を。そしてその豊富な品揃えから、牛も豚も鶏も魚や貝類も入れてしまうごった煮のような状況になってしまうのだ。サラダバーの野菜もヘッカ鍋の具材になってしまっている事実、それが今のハワイイの「ヘッカ」なのである。

それらはすでにして「すき焼き」ではない。「シェイヴド・シュリンプ」が「エビそぼろ」ではないように、ノースショア名物の「シェイヴド・アイス」が「かき氷」ではないように、それらはもうぼくたちに馴染みの日本食とは思えない変貌ぶりを見せている。ハワイイの食べ物は、その名前の変化からも日本の食べ物ではないことを教えてくれる。たとえば、「コーン・スシ」というのがある。ぼくは長い間、このコーン・スシなるものがわからないでいた。いや、そのものを目の前にすれば、それが単なる、そしてよく知っている「いなり寿司」であることは一目瞭然である。けれど、「コーン・スシ」という名前がどこから来たのかわからないまま、長い時間が過ぎて行った。そしてある日、ついにその名前の由来がわかった。それは「アイスクリーム・コーン」の「コーン」だったのだ。あの道路建設や通行帯制限用の円錐形のパイロンのコーンである。あの三角形の形からいなり寿司の、俵型ではない三角形に切られた油揚げに詰められた寿司の形を連想したのだろう。

　こうしたハワイイの日本食を見れば、この島では、あるいはこの州では、食は変わって行く必然というか、運命を持っているように思われてならない。変わる食と変わらない食とがあるということは前にも書いた。時間や時代、人の嗜好の変化によって変わることを余儀なくされる食の中でも、日本での日本食は、変化するとしてもごくゆっくりであるのに、なぜハワイイでは急速に大きく変わって行くのだろうか。そのことを実感したのは、これまた親戚を見ていてのことだ。

　一世というのは初めて外国に渡った人だ。血脈は純粋の日本人である。二世というのは、その人たちを両親として外国で生まれた人。日本人の二世は、血脈は純粋の日本人である。二世というのは、生まれた場所が外国であったというだけだ。三世は二世同士の両親から生まれた人、四世は……と続く。これはぼくの親戚を見てもわかることだが、二世までは、ほとんど日本人同士で結婚している。しかし三世になると三人に二人は別の国の出身の相手と結婚している。カナダのヴァンクーヴァーに住む親戚の息子の三世は、ハンガリーの女性と結婚した。その両親の二世は、孫に日本人の名前を付けたくて、ぼくに相談してきた。ぼくは、姓名判断の知識も字画のこともよく知らずに、すでに相手が考えていた古くさいと思われるような名前に安易に賛成してしまった。問題は、せっかくのその名前に、彼らの長男もその妻のハンガリー人も、その二人の子供、彼らには孫である男の子もまったく興味を示さなかったという事実だ。彼らを見ていると、日本という存在は何ら意味を持っていないのではなかろうか、としか思えない。彼らの「食」からは、すでに日本食と料理は消えてしまっている。あるいは、両親から教えられた日本食も、ハンガリーの何かが混じってきて、日本食以外のものになってしまっている。彼らとテーブルを囲んで、はっきりとそれがわかった。

　ハワイイの食が変容して行く大きな理由は、ハワイイに住む人びと、それがどこの国の出身であろうと、自分のルーツでない国の人と結婚することが多いからだと思われる。日本人の男は、フィリピン人の女性と結婚し、その兄はサモアンの女性と、日本人の妹はプエルトリコの男性と、サモア人の弟はコリアンの女性と、という具合で、このカップルたちの例は、出鱈目に選んだのではない。ハワイイで知り合ったアイランド・ミュージックのシンガーの家族の実際の話だ。彼らの食事は、それこそどこの国のものとは言えない、と彼はいくらか苦笑いを見せながら話してくれた。

その話を聞きながら、自然と日本での「雑煮」のことを思い出した。別の地方の男女が夫婦になると、正月の雑煮は元旦が亭主の出身地のスタイル、二日目が妻の地方の雑煮にしている、というのが、思いつくままに訊いて回った結果である。それも、一度や二度ではなく、何年にもわたって、その時その時の話題の中で出てきた結果である。ここではっきりしているのは、平均的な日本人は、こと雑煮に関してはそれぞれの地方のものをきっちりと守っているということで、けっして、二つの地方を混合して新しいスタイルの雑煮を作ろうとはしないということだ。そこで、食の「純粋派」と「混在派」の話になる。

食には二つの方向があるのではないかと、ぼくは思っている。それは、「混在派」対「排除派」、あるいは、「雑多派」対「純粋派」とでも言うか、うまい言葉が見つからないのがもどかしいが、雑煮を混合しない日本は、さしずめ後者の典型と言えるだろう。基本的に雑駁、混成、融合を嫌い、それらを排除して単純に純粋な方向を目指そうという志向性を内包している食なのである。

湯豆腐や蕎麦を見るとわかり易い。本当の湯豆腐好きは昆布を沈めた湯に豆腐を放ち、ゆらりと身じろぎしたら生《き》醤油にせいぜいがネギ。中にはカヤの油を鍋に落とす、という人もいるけれど、そうなるとまた別種の湯豆腐になりそうだ。日本蕎麦の場合、そば粉一〇割で打ちたて茹でたて、よく冷やして締めたのを「もり」で。つけ汁は辛味ダイコンのおろし汁に生醤油を垂らすだけ。極力雑物を排除する。そういったことからうかがえるのは、食味的にも美的にも、そして「わび」や「さび」といったある種の精神的な面からも、我々日本人は純粋を求める傾向にあるということだ。

一方の混在派はこれとは逆で、様々な食の要素が混じり合い、複雑で一種混沌とした様相を呈する食である。いい例がタイ料理だ。あの国には南からのココナッツ文化、西からの唐辛子などの辛味文化やスパイス文化、北からの魚醬文化、そして古来からの米や粉食文化などが混淆して、独特の複雑玄妙な味わいを生み出している。たとえば、汁ビーフンといっていいだろう「クィッティヤオ」は、鶏ガラのあっさりスープに米粉で作った麺が入れられ、そこに魚肉で作った白い団子やパクチー（香菜）などが飾られるが、肝心なのは調味料で、砂糖やライムの汁、唐辛子、ナンプラーで味つけられることだ。甘、酸、辛、鹹《かん》（塩味）の四味がここにはある。焼きそばの一種である「パッタイ」は、入れる具はニラ、モヤシ、エビ、干しエビ、鶏肉、厚揚げのような豆腐、それに砕いたピーナッツ、香菜の他に、味付けはナンプラー、タマリンドの汁、唐辛子、好みで砂糖やライムの搾り汁、という次第だ。ここでも甘さと塩辛さと酸味と辛さが渾然一体となっているのである。辛みダイコン汁と生醬油に先端だけを浸した「もりそば」が本筋というのと比較するまでもなく、日本食とはまったく別方向を向いた食である。

そしてハワイイの食はまさに、この混在派、雑多派に与している。それはあの島に移り住んだ様々な国の人びとによってもたらされた、各国の食が混淆したものなのだ。そこでは、祖国の味や見た目は、どうしても変わっていかざるを得ない。変化の渦中にある食の宿命といっていいだろう。

かつて、「ハワイイ風」と言われたローストしたハムや豚肉の塊に、クローヴを刺しパイナップルをあしらったステレオタイプの、そしてアメリカばかりでなく世界中の料理本やレシピ集で飽くことなく紹介され続けてきたハワイイ料理は、すでに影を潜めてしまった。それはハワイイの若く意欲的なシェフたちの出現によるところが大きい。

一九九〇年代頃から、アメリカ・メインランドの、ことに西海岸では、かつて「仏印」、仏領インドシナと呼ばれた、ラオス、カンボジア、ヴェトナム中部のアンナン、北部のトンキン、南部のコーチシナ、タイや、上海租界といったアジアの地域で、フランス料理の影響を受けたセンシティヴなアジア料理が、たとえば中国料理が「シノワ」と呼ばれたように繊細で優美な料理が評判になっていったのと同じように、タイ料理やヴェトナム料理なども、モダンで彩りも鮮やか、食材の豊かさと味わいの斬新さでウエストコーストの現代っ子を魅了していくことになる。これに新しいイタリアンレストランの影響、ことに店舗の内装外装にクールでシャレた感じを加味したことは大きい。そういう様々が、新しいアメリカの食の方向性を示唆してきたのだと思える。

そしてハワイイの若きシェフたちは、このアメリカ・メインランドの新しいイタリアンやフレンチを経験し、またシノワやニュー・タイ・クィジーンなどの新エスニック料理の洗礼を受け、同時にニューオルリーンズのモダン・ケイジャンやニューヨークのアメリカナイズされたユダヤ料理、オレゴン州ポートランドから北のカナダのヴァンクーヴァーに至るパシフィック・ノースコースト特有のヘルシーシーフードなどの、アメリカ食の現在進行形の変容を体感したのだった。そして何よりもシンプルで静謐、ヘルシーで自然にやさしい日本の「和食」からの、技術・精神への影響がある。彼らは、ホームグラウンドとしてのハワイイに、あるいはハワイイの豊かな食材と自由な魂と、大いなるチャンス――多数の客を迎える多くの巨大なホテルがあり、そこでいろいろ新しい料理を試せるといったチャンスを求めて集まってきたことから、ハワイイは二一世紀の新しいアメリカ料理の先鞭となっていく。それは、ハワイイ一州のことではなく、ハワイアン・リージョナル・クィジーンを超えた環太平洋沿岸料理「パシフィック・リム・クィジーン」への進化だった。エスニシティー、多民族国家ハワイイを円弧の中心として、その周囲を取り囲む環太平洋の国々の食の祭典と言ってもいい。

そこにあらわれる日本食もまた、大きく変化している。それが面白い。カツオのタタキは「シールド・アヒ」と呼ばれる。シールドは、遮蔽とか保護とかの意味で、すなわちバーナーでカツオの表面を焼いて、タタキにするその様子を表現したものだ。これにワサビを醤油に溶いたワサビショーユと、紅生姜、レッドジンジャーが添えられている。これはすでにして、土佐の「カツオのタタキ」ではない。ここであらためて思い出す。何年か前、当時の農水大臣がアメリカはニューヨークの寿司の現状を見て、正しい日本の寿司を普及させようと検定だったたか、指導員派遣だったかを実施するといった話があった。今思えば、彼には世界の潮流、食の世界的な変容を理解することが出来なかったとしか思えない。他の国ことは知らない。だが、少なくともアメリカという国においては、食は変わっていくものだ。いや、変わらなければそれは庶民の食とは言えない。文化財に指定されたり、古いアーカイヴのような由緒あるレストランでもない限りはだ。生きている食は、常に変化していっている。

こうしてアジアの食を見て行くと、アメリカは食を変える力を持っていることに気づく。もとの国での食は新しい国で、他の国の様々な食と出合って必然的に変わって行く。アメリカを旅しながら出合うそういった各国の食は、アメリカという国に引っ張られるようヴィヴィッドに変わっていっているのかと思うと、「不味い」とよく言われるアメリカの食も、まんざら捨てたものではないと思えるのである。

第二部

画一性という食の魅力

序　逃げ水を追いながら、アメリカの朝食を考える

アメリカのハイウェイは、時に「ブラックトップ」とか「トゥーレーン」とか「ハードトップ」なども表現される。もっと他にもいろいろ言い方があるだろうけれど、「ロード」や「ターンパイク」や「ハイウェイ」や「インターステート」といった道路の種類、ランクとは違って、こう言い表される道路はその道の状態を教えてくれていて、その言葉を聞くだけでも何となくいい気分になる。

ブラックトップは、アスファルトを結合材として砂利や砂で作ったアスファルト・コンクリートで舗装した道路で、表面がアスファルトで黒色になっていることからこう呼ばれている。トゥーレーンは、道路の中央に白い境界線が引かれている、二車線の道路のことだ。こう書くと片側一車線になるけれど、実際は、むしろ一車線半で、追い越されやすいように路側帯がとってあり、そこに車を寄せて走ると先を急ぐ車は自由に追い越すことができる。

ハードトップは、コンクリート舗装の古いタイプの道で、田舎のカウンティロードに多く見られる。同じように古いタイプに、マカダム舗装というのがある。スコットランドのジョン・マカダムが考案したもので、砂利や砂ではなく、細かく砕いた砕石を敷き、その上を重圧をかけると砕石同士のでこぼこの突起がお互いに噛み合って、がっちりとした表層の道路になる。ただ、かつて馬車の時代に考案されたもので、馬車の鉄輪のひっかかりや馬の蹄の足がかりがいいのだが、タイヤだとその粗い表面のせいで、バラバラバラバラ、と耳障りな音や振動が気になる。けれど見た目がきれいだし、水はけがいいので好きな道路だ。

アメリカを車で旅する時、それも一人だとどうしてもハイウェイと親しくなっていかざるを得な

い。対話する相手は、ほとんどといっていいほど道路だけだからだ。どうしてもハイウェイのことを気にし、興味を持つようになる。急ぐ時は目的地にまっしぐらで、タイムゾーンやサマータイム、正しくはデイライト・セーヴィング・タイム（ＤＳＴ）の関係で、開館閉館時間の読めない資料館や図書館や記念館のことだけが気になって、ハイウェイにかまっていられないことも多い。ハワイイをはじめ、インディアナやアリゾナはなぜかサマータイムを実施していないので要注意である。西への旅でタイムゾーンを順行する場合は時間が儲かったと思うけど、東への時を遡るドライヴではせっかくたどり着いてももう閉まっていることも多く、がっくりすることがある。もう一日その地に足止めされるし、モテルを探さねばならないし、いいことは一つもない。あるとしたら、少しのんびり出来ることだろうか。潤沢な資金があるわけもなく、切りつめた旅の中、無駄だよなあ、と嘆息ばかり。そんな夜は、バカみたいにＴＶに熱中する。一日中、礼拝の様子を中継している宗教チャンネルがあるかと思うと、人生相談ばかりの局もある。クイズだけが売り物らしいのも、お見合いチャンネルのようなのもあって、そういうのはただ通り過ぎていく。見るのは野球中継が多く、野茂の危うくパーフェクトかという惜しい試合もカール・リプケンの引退試合も、そういった時に見た。

行きたい場所を探す手だては、ランドマクナリーの大判の『ロード・アトラス』によることが多い。行くたびに必ず買うから、もう何冊たまったろうか。古いのは捨ててもいいようなものだが、一九七〇年代初期には確かにあったＵＳハイウェイ「ルート66」の道も、年を追うごとに少しずつインターステート・ハイウェイに吸収されて消えていく状態を知ることができる。ここに、あるアメリカの文化が消滅していく様子がわかって、とてもこれらの地図は捨てられない。目的地近くのスーパーマーケットやガソリンスタンドで、周辺の少し詳しい地図を手に入れることは出来るのだが、それ以外は、この大判のアメリカ全州とカナダ、メキシコの主要道路が網羅されている地図を連れ合いに、どこにあるかよくわからない場所を目指して車を転がしていくことが多い。

行きたい場所の、行き先の所番地か何かがわかっていればしめたもので、アメリカの町は街路名や住居番号が実に合理的にできていて、ほとんどの場合間違えることはない。ぼくがアメリカ中をフロントグラス越しに見つめながら旅していた時代、まだナヴィゲーションシステムというものが充実していなかった。日本にはあったけれど、ぼく自身持っていなかったから馴染みがなかったし、まだ地図を見ながらそれを頭に入れて運転する方が好きだった。ナヴィシステムは徐々に普及していったが、ぼくの借りるレンタカーにはついていなかった、というか、オプションとして別料金で借りねばならなかったので、節約する意味でもほとんど使うことはなかった。

もう一つ、もっと切実な理由があった。申し込むと独立した機材として貸してくれたものを吸盤でフロントウィンドウに吸着させるタイプのものが多かったから、夜モテルのパーキングに車を一晩置いて置くには、それをはずして部屋に持ち込まなければならないから面倒くさかったのだ。一晩どころでなく、昼食の時や、ちょっとした見学やショッピングにでも取り外す必要がある町が結構あった。

その町が物騒かどうかは、ガソリンスタンドの支払い窓口でわかる。三センチもありそうな分厚い強化ガラス窓の下に切られたスライド式の料金収受口のあるところなどは、最高級の警戒が必要だった。町を流していて、酒場のドアが厚い合板だったり、商店の窓に鉄格子がはめられていたりすれば、その町の素性がすぐにわかった。一日八〇〇キロも走っていれば、安全極まりない町や、不安にかられ一刻も早く通り過ぎてしまいたい町にも出くわす。アメリカは広いのである。町の治安と道路の整備は州のやる気にかかっていることを、アクセルを踏みながら学んでいった。

必ずそこにあるだろうと確信しながらも、どうしても見つけられないということもある。あれは、オハイオ州デイトンの町のことだ。ぼくはライト兄弟の自転車店を一目見たいと思っていた。ライト兄弟が世界初と言われる動力飛行機を組み立てたのがその自転車店だったからだ。エンジンの動力をプロペラの回転へと伝えるために、彼らは自転車のチェーンを用いた。それは自転車屋ならではの発想である。

実はその時、ぼくはコネティカット州ブリッジポートの町からやってきた。ブリッジポートには、グスタフ・ホワイトヘッドという男がライト兄弟よりも前に動力飛行を成功させたという言い伝えがあったからだ。ただ、その飛行している写真がない。そのためライト兄弟が最初だとされている。そうであったかもしれない。そうではなかったかもしれないが、ホワイトヘッドの手作りの飛行機は、鳥の形に似せて実に美しく、ライト兄弟の無骨な凧のような飛行機械とは大違いだ。その一点だけでも、ぼくはホワイトヘッドに肩入れする。しかし、ライト兄弟の自転車店は、誰が世界で最初に動力飛行を成し遂げたかという事実を知るためにも重要な場所だった。

ぼくはデイトンの町の小さなモテルのフロント係の若い女性に Wright Cycle Company ——京都府自転車軽自動車商協同組合の訳によると「ライト兄弟自転車商会」になるけれど——の場所を知らないかと訊いてみた。彼女は子供の頃の想い出を蘇らせようとするような表情を見せると、ちょっと待って、といってカウンターの下の何かの本のページを繰り始めた。その真剣な表情と仕草から、きっとホテルの観光案内マニュアルかコンシェルジュ読本のようなものを見ているのかと思った。しばらくすると、彼女はまるで自分の大失敗であるかのように心からのすまなさそうな顔をすると、「ソーリー」と切り出した。そして、「そういう名前の自転車店は電話帳のどこを探しても見つかりません。きっとどこかに引っ越したんじゃないかと思うのですが」と言ったのだった。ぼくはちょっと唖然として、しかしきちんと礼を言って、さっきもらったばかりのルームカードを握りしめて与えられた部屋を目指した。彼女が見ていたのは、最新の電話帳だった。デイトンばかりでなく、アメリカ、いや世界のヒーローだろう二人を知らない住民もいる。これは新鮮な驚きだった。実に、アメリカは広い。

ライト兄弟の自転車店は、それから半年以上たって、そしてデイトンから三五〇キロも北にあるミシガン州デトロイトの町の近くで見つけた。自動車王ヘンリー・フォードの故郷、ディアボーンにある「ヘンリー・フォード博物館とグリーンフィールド・ヴィレッジ」でだった。博物館にはT型フォードをはじめ、近代を切り開いた様々な発明品が展示されていた。中には、リンカーン大統領が暗殺された時座っていたワシントンDCのフォード劇場の二階バルコニーにあった椅子や、JFKが殺された時に乗っていた車などもあって、それなりに面白かったが、白眉はグリーンフィールド・ヴィレッジの方だった。そこは野外の大きな町を模したもので、広い街路と緑の芝生を従えた様々な建物が並んでいた。その多くは一九世紀のものだった。エジソンが白熱電球を発明したメンローパークの研究所や、フォードが独学で学んだ英語教科書を書いたノア・ウェブスターの生家などに混じって、赤煉瓦作り二階建て、まるでボール紙の箱で建てたような建物 The Wright Cycle Company ［図㊵］はあった。ぼくはそのグリーンフィールド・ヴィレッジを歩き回りながら、無性に腹が立ってならなかった。フォードの自分勝手な言い分に対してだった。彼は、近代アメリカの産業に貢献したこういう記念すべき建物をきちんと保存するには、ここに置くのがいいと考えた、といった意味のメッセージを残している。それは野にある草花を切り取って、瓶に挿して並べただけの展覧会に似ている。それらは野にあってこそ意味があった。生えたところ育ったところの、日当り水はけ、傾斜、平坦、荒地……あらゆる要素の中にあってこそ、その草花は本領を発揮するし、その本態を知らしめてくれる。

あのオハイオのデイトンの町にこそ、ライトの自転車店はあるべきだった。町の人とそれを見に目指してくる人のために、そしてオハイオ州デイトンという歴史に残る町のために。その町にあってこそ、ライト兄弟の息吹や努力や夢や苦労や喜びを感じられるのだ。ヘンリー・フォードは優れた企業人であることは認める。道化的なところもあるが、確かにアメリカの近代を開き、その時代を代表する人間であることも認める。認めた上でなお、ぼくはこの一点で赦すことができない。

帰りに、もう一度博物館を一巡りして、一台のバスの前から離れられなくなった。一九五五年、アラバマ州モンゴメリーの町でローザ・パークスが乗ったバスだった。彼女は、バスの運転手の、白人優先席から移れ、との命令を聞かずに座り続けたことで逮捕される。これに激怒した黒人たちは、モンゴメリー市でバスに乗ることを拒否する運動を展開する。いわゆる「バス・ボイコット事件」のきっかけをつくった人物である。彼女のその行動から、アメリカ中に公民権運動が広がっていくことになる。今、ぼくの目の前にクリーム色の天井と薄緑色の窓枠と黄土色のボディカラーのバスがある。ローザが、このバスの座席に、どんな夢と希望と苦悩と恐怖を抱いて座っていたか、自分のことのように感じ取れた。しかし、このバスはアラバマ州モンゴメリーの町にあるべきだった。ここにバスだけが置かれていても、彼女のなした功績、人種差別撤廃への導火線となる働きに気がつく人は何人いるだろうか、このバスが、それを見た人にどれほどの勇気を与えられるだろうか。まさにモンゴメリーにあるべきバスだった。いや、少なくとも、ここヘンリー・フォード博物館に置いてはいけないバスだった。これは、ただの記念品ではない。血を吐くような、人の勇気の象徴だった。

フォードは「モノ」の人だった。モノがあれば充足した。モノだけに価値があった。モノは人が作り、それを使う人がいて、それを愛し、時に憎み、大切にし、同じようなものを作り、そのモノに未来や希望や絶望を感じる人がいることなど想像もできなかったのかもしれない。モノには、あるべき場所がある。そこから引き離されたモノは、悲しいだけだ。

そうやってぼくは、何かを求めてアメリカを流離《さすら》ってきた。人に尋ね、相談し、いい方法を提案してもらいながら、多くのアメリカ人に会い、接してきた。

「あんたももの好きだねえ」と半ば呆れた風に頭を振りながら、それでも懸命に記憶をたどってくれた、よくもまあ自分の体重を支えられるものだと思うような細い足の巨漢の年配の女性もいれば、「それが何かの役に立つのかね、あんたは政府の人間か？」と聞いた、家の壁に椅子の背をもたせかけ、ポケットナイフでリンゴを切りながら口に運ぶ、針金のように痩せた老人もいた。誰もが、そんなことを知りたがるぼくを少し頭のおかしな人間であるかのように、半ば哀れむように見つめながらも懸命に考えてくれた。

ほぼ直線のブラックトップのカウンティロードのずっと先に、もやもやと黒くわだかまる水のようなものを追いかけるようにして車を走らせる。逃げ水は、決して追いつくことはできない。でも、長く旅をしていると、逃げ水が無性に恋しくなることがある。あそこまで、あそこに行けば、とアクセルを踏み続ける。何時間も、ただまっすぐな道を——たとえば、ほぼ横長の四角い形をしているノースダコタ州の真ん中より南を走るインターステートハイウェイ94のような道を走る時、あるいは三分ごとにまったく別の景色を見せてくれる、かつての幌馬車の開拓路、オレゴン・トレイルの脇を寄り添うようにして走る道たちをドライヴする時、つくづくアメリカは広いと痛感させられる。

長いドライヴの友は、カーラジオとスカンクのにおいだ。田舎のハイウェイだと、どこかでスカンクを轢いてきてしまったトラックが、行き過ぎる時にそのにおいを残してすれ違って行く。最初は慣れないにおいだったが、そのうち嫌いでなくなり、いつか恋しくなる。しばらくして、またアメリカに戻ってハイウェイの旅が始まると、このにおいが漂ってくると故郷に帰ったような気がしてくる。

ぼくの車の旅は、今回の旅程が終わって日本に帰り、またしばらくして戻ってきて再びハイウェイを走り出すと、この前の続きの旅がまた始まるように感じられる。ちょうどＤＶＤの映画を途中で停めてまた再生すると、もう一度その続きから始まるリジューム機能のように、今始まる旅が何の違和感もなくスタートする。直近の旅とはまた別の場所から始まっても、旅は途切れることなく続いて行く。その独特な継続感、移行感は病みつきになる。そしてその旅には、いつだって逃げ水とスカンクのにおいがついて回る。

長いドライヴの最中、いつも考えるのは、今夜は何を食べようか、ということ。しかし何を食べようにも、たいがいはモテル付属のレストランか、モテルには付いていない時は、近くの店になってしまうから、メニューのレパートリーはだいたい決まりきっている。選択肢がそう多くないことも、旅人にとってはある種ありがたいことなのではあるけれど。

すると思いは、自然と朝食のことへと移って行く。アメリカのレストラン朝食ほど、類型的なものはないだろう。確かに、日本の旅館やどこかの朝食堂、定食屋での朝定食もまた、典型的な朝ご飯であるのは確かだ。生卵、納豆、アジの開き、焼き海苔、豆腐とワカメの味噌汁、切り干しダイコンかひじきの煮物、冷や奴や温泉卵なんかも出てくることもある。だがこれらのものをよく見ると、ご飯と味噌汁以外は、すべてあらかじめ準備しておけるものばかりだ。まあ、味噌汁を温める、干物を焼くとしてもだ。ということは、日本人はそういうものが好きであるのだろうけれど、むしろ作り手の手間を考えている節もある。日本はもともとファストフードの国であって、だからアメリカからのハンバーグ店やフライドチキンの店をごく自然に受け入れられた、という説も何となく肯ける。

アメリカの朝食は、出来合いのものはジュースやミルクやジャム、バターやシリアルやヨーグルトといった程度だろうか、その他は注文を聞いてから作る。どんな地方の食堂でも同じだ。卵料理やトーストの種類、その他様々な選択肢があって、それもその調理の仕方による選択肢もあって、そこがとても面白い。

アメリカの朝食は画一的だ、とぼくなんかは思う。だから、むしろ安心できるところもある。馴染みでないものを食べる不安がないからだけれど、どこの土地に行っても朝食は同じという地域性の欠如はまた、アメリカ食のもう一つの特徴だろうと思う。むろん、ニューヨークで盛んな「ロックス」、スモークサーモンとクリームチーズとベーグルのコンビネーションは、あの町のユダヤ系の人たちの多さからくる一つの文化だろうし、アメリカ中西部、テキサスやアリゾナ、ニューメキシコなどのメキシコに近い土地で勃然と登場するテックス・メックス料理での朝食の雄「ウエボス・ランチェロス」は、「牧場玉子」、いや、「カウボーイズ・エッグス」とでも訳したほうがわかりやすいだろうか。ともあれそれは、トルティーヤにフリホーレスと呼ばれる豆の煮物と目玉焼きをのせ、ホットなソース・ピカンテをかけたものだ。こういったローカル朝食以外に地方性をとくに感じさせるものは少ない。その他は、なべてアメリカ式朝食である。それらの根本は、初期移民たちの故郷イングランドからやって来たものだ。

サマセット・モームも言うように「イングランドで旨い食事を求めるなら、三度朝食をとるべき」だろうと思う。まったく、アメリカの朝食はトーストとベーコンエッグにしろ、ソーセージとビスケット・アンド・グレイヴィにしろ、目玉焼きと甘いシロップをたっぷりかけた薄いパンケーキを何枚も重ねたもの——彼らは、そんなに大きいものではない、という意味で、「ダラー・パンケーキ」と呼んでいる。一ドル銀貨ほどの大きさだというのだ——などのアメリカの朝食の旨さは、時々夢に出てくるほどだ。中毒症状を起こしたりするほど食べたくてたまらなくなる。

ぼくが旅をしている間中、それがどんな町であれ朝食堂のメニューはほとんど変わることはない。そして、フルーツの欄はごく狭いことに気づく。一行か二行、三行あったらそこは果物に熱心な店のように思える。町中の、ある程度のホテルなら朝食はたいていビュッフェだけれど、そこで選べるフルーツによって、アメリカのある部分が透けて見える。たとえば、どんな季節でも関係なく、キャンタロープメロンかハニーデューメロン、イチゴかバナナ、オレンジかグレープフルーツ、時にスイカなどである。彼らには、季節はたいして意味を持っていないように思える。むろん、中には季節ならではの食べ物を大切にする人や地方や、家庭もあるだろう。しかし、ことアメリカ中に存在する朝食堂からは、およそ季節感というものは感じ取れない。イチゴやラズベリーなどの春らしい果物がテーブルを飾ることはある。けれど、モモやナシやカキ、アケビやクリ、ミカンやイチジク、そういう季節と密着した果物は目にすることがない。サクランボはアメリカのダークチェリーというのが日本にも輸入されているけれど、日本の佐藤錦のように初夏の風物詩という感じからはほど遠い。それはまあ、日本のイチゴも、かつてのように春先の珠玉のフルーツであった時代から、今は、晩秋からもう店頭に並ぶようになった。先取り、早取り、それで売れればいいというのだろうけれど、季節を失ったイチゴは哀れである。世界的に季節感は、あまり重要視されなくなっていく傾向にあるのだろうか。

スーパーマーケットの果物の棚も、アメリカでは貧弱である。しなびたようなモモ、小さな洋ナシ、小型のリンゴ、オレンジやグレープフルーツは土地柄のせいか勢いがあるけれど、イチゴなどは、無造作に山積みされていたりする。自分で好きな量や数を勝手に選んで袋に入れるスタイルが多いから、こぎれいに箱に並べられた日本の店頭とは少しニュアンスが違う。イチゴやブルーベリーやラズベリー類は、紙の箱に入れて売られていて、時々無性に果物が食べたくなると買ってきて、ホテルの洗面所で洗って食べたりする。身体が欲しているから旨いのだが、どうも落ち着かない。果物は義務的に食べるものではないのである。

ホテルのフロントのカウンターに、大きなボウルに山ほどリンゴを入れて、チェックアウトする客に好きに持って行かせるところもある。グラニー・スミスやピニャータ、ブレバーンやキャミオ、ガラといった種類が多く、中にはいいにおいのするのもあり、それを一つもらってフロントグラスのところにおいておくと、いい気分で車を走らせることができる。いいにおいのするリンゴだったら、その旅は豊かなものになる。

しかしフルーツばかりでなく、アメリカ人は食での季節感を気にしていないように見える。日本のように春の木の芽から、シソやミョウガ、はじかみ生姜や青柚子、といった香味野菜などの季節感を大切にしてきたのとは、感性と言うか、文化の種類が違うのだろう。だが、彼らにだって季節ならではの様々がある。秋の日、少し田舎の方への旅は郷愁をくすぐる。鋤き返されて黒い土が盛り上がる畑には、取り残された黄色いランタンのようなカボチャが転がり、冬支度の薪が家々の外壁に沿って積まれ始めたり、小さな町を通ると、秋の果物で瓶詰めを作ったり、リンゴを搾ってサイダーを作ったり、ジャムやコンフィチュールを煮込むいい香りが漂っていたりする。豊穣な秋の恵みがそこここにうかがわれ、この季節アメリカの旅はホームシックを誘う。だがそれは、自分の家に帰りたいとか、日本に戻りたいというのではない。不思議なのだが、どこでもない場所、もっと言えば、自分の頭の中で創造した故郷、それはなぜか一九四〇年代のアメリカで、たとえばノーマン・ロックウェルが描いたような古き良きアメリカであったりするのだ。ぼくは、生粋の日本人でありながら、日本のどこかの時代に戻りたいという気持ちはない。これが不思議でたまらない。そしていつも、そういう人懐かしい季節の中で車を走らせながら、なぜアメリカには食に関する季節感が希薄なのだろうかと考え続けているのである。

第一章　土地の広さが食を作る

1　なぜアメリカには醗酵食品が少ないのか

ドライヴィン・レストランやダイナーに毛の生えたような店でなく、少しはましな——まし、とはどういう根拠なのかというと、まずワインのコルクを開けてくれるウェイターやウェイトレスが手馴れているかいないかも、一つの目安になる。ぼくがやろうかと言いたくなる人もいて、一見まともそうなそういう店ではたいがい失望する。しかも、その日の気分の高まり、というか、ちょっとしたことで楽天的になる時もあって、そんな時なぜかフランスのワインを注文してしまったりするのだ。これが大失敗なのである。そういう店では、一応メニューの手前フレンチワインを揃えておくものの、誰も注文しないからどんどん古くなってしまう。しかも管理がよければいいのだけれど、そんなこと望むべくもない。かくしてコルク臭く、少し酸っぱく、後悔の味も含まれた液体を溜め息とともに飲むしかなくなる。

さて、カベルネ・ソーヴィニヨンかピノ・ノワールかがまあまあ旨い店なら、時々チーズボードが出てくることがある。むろん、注文すればだけれど。最近では、ロックフォールやスティルトン、ゴルゴンゾーラやカマンベール、ブリー・ド・モーやウォッシュタイプのタレジョなどの熟成タイプのものも見かけるようになったけれど、かつてアメリカのスーパーや食料品店で並べられていたチーズは、クラフトなどのプロセスチーズだった。すなわち醗酵を止められたチーズ、チェダー、サムソー、エダム、マリボーといった熟成という過程から切り離されたチーズばかりだった。そういうのを見ているうちに、なぜアメリカには醱酵食品が少ないのか、という疑問が頭をもたげてきた。

ぼくは知らなかったのだが、醱酵と腐敗とは同じ化学作用なのだ、と知った時はびっくりした。ただ違うのは、人間にとって役に立つか立たないかなのである。食品の醱酵は、微生物を利用して別の食品にすることなのだが、もう少し詳しく書けば、細菌や酵母などの微生物がエネルギーを得るために酸素のない状態で有機化合物を酸化してアルコールや有機酸や二酸化炭素を生成する過程のことだ。そこで、膝を叩く。糠味噌作りは、昔からよくかき混ぜろ、と言われているけど、これは大いなる間違いで、本当はかき混ぜない方がいい、という説も根強い。昔からの人ほど、よくかき混ぜないと美味しくないと言う。ところが、醱酵は嫌気性なので、本当はできるだけ空気にさらさない方がいいとも言われている。だからかき混ぜてはいけない、という話と、空気に触れた部分から次々に腐敗や変色が始まりカビが生えるので、その部分を空気の触れない奥へと混ぜ込んでいかないといけないという話とがあって、それが混同されているのだろう。世界中どこでも、科学と経験とは合致しないのが普通なのだ。

醱酵に用いる微生物は、酵母、カビ、細菌の三つがあり、ビールやウィスキーは酵母の作用、鰹節や甘酒はカビの作用、納豆やくさややチーズ類は細菌の作用による。それらのどれか一つだけでなく、カビと酵母で泡盛や味醂《みりん》、カビと細菌でカマンベールチーズやロックフォールチーズ、酵母と細菌でキムチやラム酒や醸造酢などが作られている。三つが集まって作るものには、清酒、醬油、味噌などがある。

さてアメリカである。アイリッシュやスコッチ・アイリッシュがもたらしたウィスキー類、イギリス系のエール、ドイツ系移民のビール類、三角貿易の主役たるラム酒などのアルコール醱酵はまた別で、アメリカで知られる醱酵食品は辛味調味料の「タバスコ」ぐらいのものだろう。タバスコは、ルイジアナ州で作られた生粋のアメリカ製品である。材料は岩塩と穀物酢と、タバスコ唐辛子。唐辛子をすり潰し、これに岩塩を混ぜてオークの樽で最低三年間熟成させて、それから酢を加える。

しかし、これがアメリカ唯一の醱酵食品と言ってしまうと語弊がありそうだ。たとえば、濃縮牛肉エキスである「ボブリル」もまた、醱酵食品であるし、これはイギリスやアイルランドの食品だけど、ビール酵母を醱酵させる「マーマイト」というのがある。ボブリルに似ているが、こちらは湯で薄めて飲むこともあるが、基本的にはトーストに塗る。アメリカにはイギリス、スコッチ・アイリッシュ、そしてアイルランドからの移民たちによってもたらされたものだ。

酢漬けのピクルスは漬け物ではあるけれど、日本の糠漬けや朝鮮のキムチと違って醱酵食品とは言えない。実は初期の入植者、特にアパラチアに入っていったスコッチ・アイリッシュの伝統では、生の野菜をざく切りにしてその汁とともにガラス器や陶器の容器に入れて醱酵させ、それを保存食にしたという記録もある。これに塩を加えればお馴染みのザウアークラウト、あるいはシュークルートと同じ理屈だろう。それを自家製として、自宅で消費している間はよかったが、コミュニティ内の便利屋、ゼネラルストアができると一般客にも売るようになり、そうなると消毒の意味も兼ねて酢につけることが多くなった。そうやって醱酵させた野菜漬けは、食中毒の心配のないピクルスへと取って代わっていったのである。

もう一つ、同じ野菜の醱酵食品として、入植時代からよく知られていたものに「ケチャップ」がある。といっても、今我々の知る赤いトマトケチャップではない。今でこそケチャップといえば、トマトと相場が決まっているけれど、本来は違った。もともと中国は厦門《アモイ》地方の方言、Ke-tsiap（塩漬けの魚）」からきている調味料であると言われる一方、その語源はマレーシアの調味料 Kecap（これは ketjap

と発音するらしい）であるという説も、東インドのソースだという説もある。また、福建語や台湾語では魚の汁を醱酵させた「サケ汁」をKeciapと呼んでいて、それが語源だという説も有力だ。これは塩辛や魚醬に近いものだったらしい。

この話になると、ぼくにはロード・ダンセイニという人物の書いたサプライズド・エンディングのショートショート「二本の調味料壜」を思い出さずにはいられない。この手の小説は筋を書いてはルール違反なのでここでは触れないけれど、大切な小道具に「ナム・ヌモ」という調味料が登場する。「デザート用魚料理」の「セイボリー」に合う薬味がこのナム・ヌモなのだという。デザート用魚料理とは何のことかよくわからないが、肉料理にも合う、とさりげなく書いてある。そこがミソなのである。ナム・ヌモの正体はよくわからないが、名前からして、どうも東南アジアのどこかの調味料のように思われてならない。ダンセイニ卿もそこからこの物語を発想したのかもしれない。

ケチャップは、イギリスでは当初、茸やクルミで作るのが普通だった。茸は塩をまぶしてしばらく置き、浸み出した液体を煮詰めて作り、クルミはすり潰して塩漬けにしたものを醱酵させた。他にもキュウリやインゲンなどの野菜類、クランベリーやブルーベリーやレモン、ブドウなどの果物類を醱酵させて作った。アメリカでも第二二代及び第二四代大統領クリーヴランドの妻、フランセスの残したレシピノートにも、「ウォールナッツ・ケチャップ」の作り方が載っているほどだ。

トマトを使ったケチャップは、イギリスからケチャップの作り方が伝えられたアメリカで作られはじめたようだ。最初の記述があるのが一七九五年に発表されたサリー・ベラ・ダンロップの書いたレシピブックで、トマトを刻んで塩を振り、二、三日後にその汁とともに煮詰めたようだ。一八三〇年代にはトマトとタマネギのみじん切りとハーブに砂糖と塩を加えたものがよく作られていたが、一八四八年、ジョシュア・ダヴェンポートがトマトに砂糖と酢という定番を作る。この辺りから、醱酵食品ではなくなったのではなかろうか。レシピ、というか材料は書き残されているけれど、肝心の醗酵させたかどうかがよくわからない。トマトケチャップの運命を決めたのは、一八七六年にヘンリー・ジョン・ハインツがトマトケチャップを市販するようになってからだ。それ以後、一般家庭では、ほとんどケチャップは作られなくなっていく。そして現在の普及ぶりだ。

第三一代大統領のフーヴァーはコンビーフハッシュにトマトケチャップをかけるのが好物だったし、第三三代のトゥルーマン大統領も、第三四代のアイゼンハウアーも、ミートローフにトマトケチャップをかけるのを当たり前のこととしていた。あれをかけてしまうと他の味が消えてしまうのに、と、自分の経験からはっきりと言える。他の国の人は、こういうところをアメリカらしいと言うのだろう。

アメリカでは ketchup と書くが、イギリスでは catsup と書くという。あるいは、catsup は、アメリカの造語だとも言う。ケチャップを猫が舐めると飛び上がるからだと聞いたことがある。むろん。嘘に決まっている。と、思う。

あれはワイオミング州のシャイアンでだったか、町の郊外で昔のワゴントレインで使われた幌馬車の実物が飾られている屋外の博物館のようなところに通りかかったことがある。少し休みたかったこともあって車を駐めて中を覗くと、これが結構面白かった。中でも気にかかったのが、チャックワゴンと呼ばれる調理用幌馬車［図㊶］だった。ワゴン全体が移動キッチンのように要領よく、また使い易そうに各部分が改造されている。

調理用《チャック・》馬車《ワゴン》のあれこれを説明してくれたのは、白髪でよく陽に灼け、細い皺が顔を覆って魅力的な風貌を見せる年配の男で、かつてのチャック・ワゴンでの食料の必需品の話になった。缶詰は重かったのでもっぱら乾燥したものや塩蔵したものを運んだこと、調理に必要な鍋のこと、ダッチオーヴンのこと、特にパンを焼くにはどうしてもダッチオーヴンが欠かせなかったことなどを話してくれた。疲労困憊した時には、チーズやチョコレートが効果があったとも言う。食べるとすぐに元気が出たというのだ。

チーズの話になった。かつてのチーズは加熱しないナチュラルチーズだったから、放っておけばどんどん熟成が進んだ。出発地では、ちょうどいい具合だったものが、全行程五カ月か六カ月の最後の頃には醱酵が進んで、食べられない人も出てくるという始末だった。むろん、それを旨いと感じる人もいただろうが、当時、チーズは嗜好品ではなく、家庭で蛋白質や脂肪分を容易に補充できる貴重な栄養源だった。醱酵し過ぎたチーズは、捨てるしかなかった。「冷蔵庫なんてものはなかったからね」と彼は片目をつぶってみせた。

それからアメリカでは、ナチュラルチーズを一種類かあるいは幾種類か合わせて加熱するようになった。加熱することによって殺菌して、細菌醱酵を止めた。そうやって作ったチーズをプロセスチーズと呼ぶ。

ああ、と納得した。チーズを熟成させないために生み出した「プロセスチーズ」は、すなわち過醱酵を止めたものである。ようするにアメリカという国が広過ぎるからなのだ。国土が広いがゆえに、食べ物は変化せざるを得ない。それはアメリカの宿命であるようだった。そしてもっと重大な要素が、醱酵による旨味成分にあまり興味がなさそうなアメリカに住む人びとは、この旨味ということに関して少しばかり鈍なのではないかということだ。彼らは確かに食味の深み、豊かさ、あるいは微妙さといったものとは無縁なのではないかと思うことがある。いわばお子様ランチなのではないか、と。

アメリカの食は、メニューを見ればその味や盛りつけが簡単に想像がつく。子供が絵に描くようなわかり易い料理なのだ。だが、満更バカにしたものでもない。これはこれで、うれしいところもある。下手に料理人が工夫した得体の知れない押しつけ料理でないから、疲れたり、腹の立つことも少ない。それに味が一定だから、どこで食べようと似たようなもので安心である。値段もほぼ、全国一律に近い。これは旅人にとっては、実にありがたい。

だが、その旅も長くなると、中国料理を食べたくなるのは、一つにはこの醱酵食品の旨味を欲求するからではないかと思うのだ。以前、そう一九七〇年代に入る前後、アメリカの中国料理店の入り口に一枚の張り紙が貼られていたものだ。それは、この店では「旨み調味料」を使っていません、という趣旨だった。この時代、中国料理を食べると頭痛や吐き気や、時に歯の痛みや身体の痺れを感じる人がいたからだ。中国料理と旨み調味料とは、一時期切っても切れない関係にあった。この頭痛や吐き気は「中華料理店症候群（Chinese Restaurant Syndrome）」として知られている。旨味を追求するあまりのことだろうけど、今はもうそんなことはないとは思うものの、今もたまに地方の小さな中国料理店で、この張り紙に出くわすことがあるし、メニューの表紙に'No MSG'と書かれた［図㊷］店もある。MSGはMonosodium Glutamateの略で、「グルタミン酸ナトリウム」、旨み調味料のことだ。

旨味のことで言えば、アメリカにも醱酵食品はあるにはあるが、それは料理を旨くするためではないようだ。なるほど、アメリカにやってきた移民の中には、旨いものを食べるために生きていると言うフランスやイタリアなどのラテン系の人びとや、食に熱心な日本や中国を含めてのアジアの国ぐに、そしてその他の多くの食べることを大切にしている国からの人びとがいるにもかかわらず、なぜ彼らはもっとこの国に醱酵食品の旨味を広めようとせず、しかも、それがなくても充足してしまうのだろうか。むろん彼らは、自分たちなりのコミュニティや家庭や仲間内では、祖国の醱酵食品を食べているのだろう。朝鮮のキムチや日本の味噌・醬油やタイのナンプラー、ベトナムのニョクマムのようにだ。

だが、それがいったん「アメリカ人」となるとチーズの醱酵を止め、その他の旨味のもとである醱酵食品を我がものにしようとはしなかったのは、なぜなのだろうか。ぼくは、一日何時間も、ブラックトップやトゥーレーン・ハイウェイを車で走りながら、そしてあっけらかんとした「トゥデイズスープ」と「ハーフサンドウィッチ」のコンビ、誰もが嫌いではない単純明快なサンドウィッチを頬張りながら、何度も何度も考えてきた。そして、あのチャック・ワゴンを説明してくれた男の言うように、「アメリカは広過ぎる」からなのだ、ということが納得できるようになった。アメリカの広さは、アメリカの食を世界のどこにもないような方向に向かわせ、変化させてきた。アメリカの食べ物は、国土の広さから生まれた独特なものでもあるのだ。

2　広さの持つ意味とその克服

思えば、西の辺境の開拓を目指せと促す標語とも言える「ゴー・ウエスト・ヤングマン」は意味深い言葉だ。東部は、彼ら若者たちを西へ派遣しようと企んだ権力と権益を手にした人間たちが跋扈する土地であって、そこに新しい感覚と意欲と希望と夢を持った若者たちの入り込める余地はなかった。しかし西の、その時代未開であった土地は、彼らの正義と価値観を広めていく余地が充分にあった。そして西への拡大――ウエスタン・エクスパンションが始まる。

領土の拡大、それはもとはといえば、キリスト教の布教に根を持つ、彼らの拡大思想の宿命と言えた。その思想の根源は、アメリカの風土ならではの「キリスト教的正義の敷衍」に他ならない。かくしてアメリカ大陸の開拓は、一八九〇年に終焉を迎える。その年、国勢調査局がアメリカには「フロンティア」がなくなったと報告したのだ。すなわち、一平方マイルにつき人口二人以上六人以下の地域を「フロンティア」と定めていたが、アメリカ中どこの土地にもそれ以上の割合で人が住んでいるということだ。「開拓線」という言葉を使うが、それは線ではなく「面」であった。開拓線のもとの言葉は Frontier line で、これは西へと漸進していく開拓地のその外辺のことなのである。その開拓線がついに西の果てに到達して、アメリカには「辺境」というものが消滅した。そのことは、もうアメリカ大陸内には開拓すべき大地、拡大すべき領土はなくなったことを意味していた。

彼らの視線は自然と外に向かって行く。一八四六年、テキサス共和国がアメリカの州として併合され、それを原因とする米墨戦争による勝利の結果、カリフォルニア・アリゾナ両州を獲得する。さらに一八九八年、マッキンリー大統領の時の米西戦争によってキューバとフィリピンを巡るスペインとの戦争で勝利し、カリブ海と西大西洋の覇権を掌握していた。同じ一八九八年、ハワイイを併合する。

このアメリカの領土拡張コンプレックスは、一種の強迫観念と言っていい。そのことを逆手に取った大統領がいた。ＪＦＫとして知られる第三五代のケネディである。

辺境がなくなったアメリカには拡張すべき領土がなくなり、海外を目指しての覇権拡大である列強の植民地争奪も近代になると終わりを告げ、戦争による領土の分捕りの可能性も薄れていった。第二次世界大戦ではアメリカの視線は海外に向けられはしたものの、戦後すぐの朝鮮戦争を挟んで共産主義浸透の恐怖から、マッカーシズムなどの嵐が国中に吹き荒れることになる。一九六〇年、ジョン・Ｆ・ケネディの登場で国土としての辺境を失ったアメリカ、すなわち、マニフェスト・デスティニーを発揮する道を失ったアメリカに、この若き大統領は新しい辺境を提示した。それが「ニューフロンティア」だった。残るフロンティアは人の心の中にこそある。その辺境を切り拓いて行くべきだ、と彼は主張した。ＪＦＫの示唆する「ニューフロンティア」運動は、やがて公民権運動を起こし、ヴェトナム反戦と大学紛争に火を点ける。開かれた心の辺境の、新しい開拓の結果だった。ぼくが「心の辺境」の存在に気づいたのは、大学一年の時だった。

一九六一年、アメリカにいた。初めての一人旅だった。車は運転しなかったが、人は容易にヒッチさせてくれた。見知らぬ若者を泊めてもくれた。グレイハウンドバスの乗客は、まだほとんどが白人ばかりだったし、ＹＭＣＡも同性愛者の溜まり場ではなかった。テネシー州ナッシュヴィルのダウンタウンでバスを待っていた時、ようやく来たバスには、前と後ろに昇降口があった。後ろはカラードピープル専用で、ぼくはそのどちらから乗ろうか、と、ちょっとの間迷っていた。すると運転手が窓から首を出して大声で、「こっちに乗れ」と前方のドアの方に手を振った。ぼくはすごすごと、後ろの入り口に並んでいる人たちの間を前の乗り口まで歩いていった。胸苦しい思いはなかなか消えなかった。今もその時のことを思い出すと、自分に対する腹立たしさが甦る。

アメリカが変わろうとしていた時代だったろう。けれど、ぼくはそれに気がついていなかった。男たちはきちんとソフト帽をかぶり、女性たちもスーツ姿に帽子の人が多かった。車は大きく豪華で、古い町並みは威厳があり、犬たちも子供たちも屈託がなかった。人は親切で、自分が日本人であることを意識することはほとんどなかった。けれど、それは一つのアメリカであるに過ぎない。別の、もっと貧しく苦悩を抱えているアメリカもあることが、その時のぼくには見えていなかった。

若きアメリカは、人が入植することによって辺境をなくし、領土を拡大し、世界有数の広さを獲得した。単に広さということからすれば、一位のロシア、二位のカナダに次いで三番目だが、一位も二位も人跡未踏の地域が広い。アメリカは山のてっぺんか氷河、砂漠のど真ん中でもない限り、人がいて、均質の文化が存在する。一八九〇年の辺境消滅宣言から、この国は広さの克服に、「文明の敷衍」、「法の敷衍」で対処していこうとした。どこにでも人の住める環境を作る。そしてどこでもアメリカ的文化を享受できる。そういう国を目指したように、ぼくには思える。言葉を換えれば、機会均等であり、公平の原則の保証だ。馬車の時代を経て、彼らは鉄道と道路、電線の敷設に力を注いだ。移動の自由、情報取得の自由、教育機会の公平な普及だった。そして、「法」というルールを全国に広めていった。この場合の「法」とは、国家が定めた法律であって、それまでの西部にあったのは、「復讐法」と呼ばれる仕返しの「法」であった。

辺境の地には様々な人が入植し、やがてコミュニティを作ると同時に、人びとの利害得失が表面化し、そこに正義と悪が生まれる。何が正義かは、立場によって異なる。だがより多くの人の生活の安定が、正義であるかのように思えた。そこから外れたものは、時に悪の側と見なされ、市民からはじかれ、追われ、時に狩られることがあった。法の傘の下にいるものは、国家権力や官憲、自警団や自衛団に保護された。その囲いから外れたものは、「アウトロー」と呼ばれた。日本語では、「無法者」と訳されるが、直訳そのままに「法の外」、すなわち「外法者」というのが正しい。法の外にいる連中。法のルールに与しない人びと。法の埒外にいて、自由に生きること――法に頼らず、自分の身や家族、コミュニティの安寧などを、自らの手で守ることを選んだ人びとがいた。アメリカが銃を捨てきれないのはそういう人びとと、自分の領分、ひいては自分の国を自らの手で守ろうとする人びとの手段を保証する憲法修正第二条があったからだろう。そこにはこう謳われている。

「規律ある民兵は、自由な国家の安全にとって必要であるから、人民が武器を保有しまた携帯する権利は、これを侵してはならない」

アメリカが銃と絶縁できないのは、この条文によるところが大きい、とぼくは思う。

世界第三位のアメリカの広さは、文明と法がくまなく行きわたった、開かれた土地の広さである。文明と法とが敷衍するということは、どんな所に住む人も平等に、ある程度の文化的な生活を営める、ということを保証されているという意味である。そしてそのことは、そこに住む人びとが同等の生活をきちんと享受できる体制にあり、またそれを得て当然であるという認識をもまた、平等に持てるということである。アメリカは自国の広さの克服を、そういう形で推し進めていったのだ。

世界第三位の広さといっても、ピンとこないかもしれない。もっと具体的にかの国の広さを語るなら、たとえば最大の州であるアラスカ、二番目がテキサス、三番目がカリフォルニア、そしてモンタナと続く中で、モンタナ州は三八万一二〇〇平方キロで、日本は三七万七九〇〇平方キロだから、この四州までは日本より大きい。モンタナ州よりも馴染みのある全米第三位のカリフォルニアを例にとれば、北のオレゴン州境近くの海岸の町、クレセントシティから南の港湾都市、軍港としても知られるサンディエゴまでの中に日本全体がすっぽり入ってしまうことになるのだ。サンフランシスコからロサンゼルスまで四二〇マイル、約六八〇キロほどで、ほとんど一日で行ける距離だ。そこを何度も往復した経験から言えば、東京から広島までほぼ同じ七〇〇キロだけど、どちらかというとカリフォルニアは日本よりずっと狭く感じられる。それだけ道路が使いやすく、走りやすいというだけのことだろうか。不思議である。

アメリカの広さを別の話であらわせば、第二位のテキサス州は、六九万六二〇〇平方キロでフランス全土の六四万七〇〇平方キロよりも広い。日本のほぼ倍近いと言ってもいい。しかしここで問題なのは、アメリカの大きさではない。フランスの隅々まで行ったことは、もちろんない。けれど、あの国は北はノルマンディやカレーから南はマルセーユやニース、東はベルギー、ドイツ、ルクセンブルグ、スイス、イタリアなどの国境、西はブルターニュ半島、南はピレネー山脈を隔ててスペインはバスク地方と隣接する広がりがあり、それぞれの地方は、それぞれに独特の気質や情熱を持ち、これまた独特の文化と食を生み出している。地域的な特性、近隣の土地の影響もあるだろうけど、その地方特有の風味の違いはこの国の食と文化と人間性の豊かな多様性を際立たせてくれる。

しかし……ぼくの行くテキサスは、確実に広大である。で、走りながら思うのだ。テキサスって小さいな、と。矛盾しているようだが、日本ではこれだけの距離をとても一日では走れない。スコットランドは七万八三九〇平方キロだから、日本の五分の一、テキサスのおよそ九分の一だけれど、ネッシーに遭えるかと訪ねたネス湖のハイランドからテンプル騎士団を追ってローランドのあちこちを巡った村々は、とても一日や二日では回りきれなかった。そういう意味から言うと、テキサスは狭い。フランスでの車の旅はよく知らないけれど、考えただけでも広い。北のドーヴァーやイギリス海狭沿岸地帯、西のブルターニュ半島やビスケー湾岸、南は地中海を臨むマルセイユの港町、その多様な地方色の中に、彩り豊かな文化と食の世界がある。それがフランスという食の大国の魅力だ。

一方、テキサスはどうだろう。東南のヒューストン、南のコーパス・クリスティ、その北のサンアントニオ、東北のダラス、ほぼ中央のアビリーン、西北のルボック、北のアマリロ、距離的にはひどく離れているけれど、そこに見られる風俗や気質、文化や食のありようは少しも変わるところがない。まるで金太郎飴のように、どこを切っても同じ表情、同じ雰囲気、同じ色合い、同じ味を持っている。それがフランスよりも広いテキサスの姿であり、それはそのままアメリカという国全体に当てはめることが出来る。そして、どこの地方の食堂に行っても、ほとんど変わらないメニューと味が登場してくる。実にこれこそが、アメリカ食の本質なのである。画一的な食、それがアメリカにとってとても大切なことなのだということが、長い間旅をしてきてようやくわかったのだった。

3 ステーキが教えてくれたこと

ステーキの話をしたい。アメリカの代表的な料理は、という質問に「分厚いステーキ」と答える人が、友人の中にも何人かいる。彼らはいい年齢の男たちで、ようするにそこには少年の頃からの憧れの気持ちが多分に混じっているのだろうと思う。実際にアメリカ人が、分厚いステーキを食べているのを見たこともないだろうに、だ。だが、アメリカのステーキハウスに行くと、なるほど何ポンドとその大きさを競うようにメニューに書かれている文字を見つけることが出来る。一ポンドが四五〇グラムほどだから、二ポンドのステーキとなると一キロ近くになるわけで、これを売り物にするようなTボーン・ステーキやポーターハウス・ステーキの巨大さは、正直目を見張る。牛肉の塊をローストして厚切りに切り分ける「プライム・リブロースト」は、普通でも二・五センチから三センチの厚さで、全体の大きさは週刊誌ぐらいはある。それも中がピンク色のミディアムレアなんかを注文すると、アメリカの食の醍醐味ここに極まれり、の感を強くする。こういう牛肉の調理の仕方は、おそらくはイギリスのローストビーフから来ているのだろうけど、あんなに薄くはない。その豪快なことには胸がすく。それはまあ、すき焼きのように薄切りだからこそ旨いという食べ方もあることは確かだろうが、本来の牛肉の旨さ、いや、その他の肉もそうだけれど、やはり歯と歯茎とにある程度の抵抗感を伴った刺激があってこそ、肉を食べているのだ、という感慨が心に響くのではなかろうか。やはり、彼らは肉食人間だと片付けてしまうには、もったいない旨さなのである。

プライム・リブローストのピンク色のやわらかな肉の周囲はカリッと焦げ目がつき、表皮から内部に向かって熱が少しずつ加わり、蛋白質が凝固して行く歯触りの違いが、色のグラデーションによって目でも楽しめることなど、アメリカ料理は不味い、と知ったように言う人の顔を改めてしげしげと見たいものだと思いながらナイフを持ち直すのである。ステーキの旨さを書きたいのではない。ステーキはアメリカ料理を代表するものではないが、アメリカの食の大きな部分を象徴していることは確かなのである。

ある時、アラスカ・ハイウェイに車を走らせていた。南の起点は、カナダのブリティッシュ・コロンビア州のドーソンクリークで、その時ぼくは親父が子供時代を過ごしたという、アメリカ・アラスカ州との国境のすぐ南にあるカナダの太平洋岸の町プリンスルパートの町を出るところだった。その時、北のユーコン準州を抜けて思い切ってアラスカ・ハイウェイを走ってみようか、と不意に思いついた。アメリカ陸軍が造ったというこのハイウェイは、冬の厳寒の時にはコンクリートが凍りつき、春先にはグズグズの砂利道になってしまうと聞いた。アッツ、キスカへの日本軍上陸でアリューシャン列島への防備に備えて造られたものの、今はあまり使われていないらしい。

秋口だったから、どこか寂しげな風景の中をただ車を走らせて行った。森がすぐそこに迫るかと思うと、不意に開けて風が野面を走って行くのが見えるような景色になったりする。まったく目的のないドライヴというのは、心もとない。これまでは何か、曲がりなりにも目的があった。それが今は、ただ走りたい、というだけのことで、それが一瞬一瞬実現されていっているという感覚は初めての経験だった。雄大、という言い方はあまりにイノセントに過ぎる。茫漠とした景色の中、先に延びていくハイウェイは紆余曲折し、黒いリボンをほどいて伸ばしただけのように見える。季節のせいなのか、逃げ水さえも見えない。そういう景色の中、自分もまた点景の一つにすぎないんだと、俯瞰する視線で車を走らせて行く。こういう感覚でハンドルを握ったのは、ニューメキシコ州チボラ・カウンティの「エンチャンテッド・メサ」の横を走った、あの大盆地でのドライヴだけだった。アコマ・プエブロ・インディアンの土地で、自分がどれほど小さく思えたかしれない。

アラスカ州に入って少しして、前方に何かが見えたような気がした。ずうっと向こうに、黒くわだかまるものが風景の中にとけ込んでいる。それが少しずつ近づいてきて、胸の内に温かな湯のようなものが湧き出してくるのがわかった。大自然と呼ばれる、このとりとめもない景色の中にも、人の手が及んでいるという不思議な安心感。肩と、アクセルを踏む足の力が抜け、小さな吐息が洩れた。

わずか五軒ほどの集落だった。それも肩を寄せ合うのではなく、わざと背を向け合っているのかと思えるように、ばらばらに建っている。車を止めて初めて気がついたが、強い風が家と家の間を吹き抜けて行っている。どの家も、ケーキの箱のように真四角で、細い煙突が突き出ていて、薄青い煙が風に吹き散らされていた。その一軒の窓に「クアーズ」ビールのネオン管が見えていて、そこが食堂かバーだと踏んでドアを開けた。中は暖かかった。奥にカウンターが伸び、大きなストーヴがあり、壁にはピンボールマシンが並べられている。いい匂いがした。何かのパイとコーヒーでも、と考えてカウンターに歩み寄った。しかしこんなアラスカの寒村で、どんな季節だって新鮮な果物が手に入るわけもない。だからそれを瓶詰めにしたり、冷凍したりして保存しておくわけもない。だからパイといってもきっと市販のベリー類や、モモやナシの缶詰を使ったものだろうと考えて、別の何かにすることにした。

メニューはどこだろうと首を巡らせたところに、調理場のスプリングドアを開けて、ずんぐりした頑丈そうな体軀の親父が出てきた。他には客もおらず、彼は笑みらしいものを唇の端に浮かべながらぼくに近づき、紙を一枚渡してくれた。おそらくはアップライト型の旧いタイプライターで打ったらしいメニューだった。

ちょっとの間迷っていた。何かの当てがあってここまで来たわけではない。別にたいして腹が空いていたわけでも、喉がひどく乾いていたわけでもない。ただひと休みしたくて、寄ったようなものだ。ようするに長い孤独なドライヴをしていると目が寂しいのだということがわかった。別に誰かと話をしたいのでもない。人間がいることの証拠の何かを見たいのだ。猥雑な人の存在に触れたいのだ。

この店を出たら、もうカナダに戻ろうかと思っていた。この先進んで行っても切りがないことはわかっている。車で走ることは、切りがないものなのだ。よほどの理由がない限り、戻るのは苦痛を伴う。でも、もう戻る時だとわかっていた。戻って人里に近づくまでに、どのくらいの時間がかかるかわからない。次にいつ食べられるかはっきりしない。だったらここで食べる方がいい。そういう目でメニューを見直す。よれた紙のメニューの、eの孔がつぶれたsteakのところに目が行った。

その欄には、一応、ニューヨークストリップやフィレ、サーロインにリブ・アイなどの名前が並んでいた。しかし、ぼくの目はムースのステーキに吸い寄せられていた。牛肉はどこでだって食べられるけれど、ヘラジカなんかそうは食べられない。それを注文し、親父はうなずいてくれたが焼き具合を聞いてはくれないのが不満だった。

間もなく、白く分厚い大型の皿にのったステーキが目の前に置かれた。ポテトクリーム・グラタンがひとすくい。くたくたに茹ですぎたドジョウインゲン。そしてなぜか、シチュード・プルーンズがお守りのようについていた。豚の料理にはプルーンが付き物だと聞いたことがあるが、ヘラジカのステーキにも合うのだろうか。その肝心のステーキは、粉をはたいてフライパンで焼いたもので、横にベーコンが二枚並べられていた。それで少しわかった。ヘラジカのステーキは、脂身が少なく、パサパサしているのではないか。ちょうどレバーステーキのパサつきを補完するためだろう、やはりベーコンがつきものであるのと同じだろう。だいたいパンフライド・ステーキは脂分過多と敬遠する人が多い。だから普通のレストランで見かけることはほとんどない。フライパンで焼くのは、それこそレバーステーキぐらいだろう。

思えば日本で「ステーキ」と称される牛肉を焼く料理は、九九パーセントがフライパンか、外食の店では鉄製の皿や鉄板で焼かれるのが普通だ。肉を焼くのは鉄の板の上であって、決して裸火では焼かない。フライパンで焼くということは、肉やその脂身から出る脂で炒めるか、煮てしまうことになる。フライにする感じでもあるから「パンフライド・ステーキ」という名前で、網で焼くステーキとはまた別物とされている。それがこのムースのステーキは明らかにパンフライドなのだから、やはり脂分が足りないのだろう。ぼくは目の前のステーキランチに安物のステンレスのナイフとフォークで立ち向かった。それはウェルダンだった。

「パイプラインを見たいのですが」とぼくは、何か喋った方が少しはこの空気を和らげるかもしれないと、訊いてみた。別に真剣に見に行きたいわけでもなかったが、一度はアラスカ・パイプライン［図㊸］をこの目で見たかった。写真で見たそれは、凍土に埋めるのではなく、何メートルかの高さの支柱を建てて、その上にパイプを設置している。遠く銀色に光りながら、うねうねと荒野を這っていくその光景を見たいと長い間思っていた。

「あんなもの、見たって仕方ないさ」と親父の口調は冷たかった。「あんなものが出来たおかげで、動物たちが可哀相だ」

彼は両手を肩の高さに挙げ、何かを投げ捨てるように振り下ろした。パイプラインを流れる石油は、地表や外気よりも温かい。そこに、寒冷地帯の動物たちが冬には身を寄せて寒さを防ぐようになったという。「ディスラプション」と彼は、言い慣れないらしい言葉を口にし、「オブ・エコシステム」と締めくくった。生態系の破壊だ、と吐き捨てるようだった。今食べているこのヘラジカも、そうやって暖をとっている最中にでも、狩られたのだろうか。それまでの味が、少し変わったような気がした。

しかし、肉は旨かった。噛みごたえがあるというのも肉の旨さの一つで、箸で切れるようなやわらかい肉は気持ち悪いという人間を、アメリカ人ばかりでなく何人か知っている。ただ脂がなかった。いわゆる脂分の旨味に欠けていた。ヘラジカにも当然フィレやサーロインやらがあるのだろうとは思うのだけれど、ヘラジカは正しく「鹿」であって、鹿は牛よりも運動家のように思えるから脂肪分はずっと少ないのかもしれない。

そういう牛だって、脂肪のきれいに入った、いうところの「サシ」の入った高級な牛肉は、ひたすらDNAの問題であって、ビールを飲ませたり藁で身体をこすったりしても何の意味もない、と聞いたことがある。それに、やはり配合飼料よりも自然の草や干し草を食べている方が旨い肉になるとも聞く。だったら、ヘラジカにもそれが当てはまるはずだが、ぼくの出会ったムースはDNAにも恵まれていなかったということなのだろう。

いつもそうなのだが、メニューを慎重に見て選びに選んでついに決定した料理を食べながら、しかしどこか心残りの思いもあって、ぼくはいつもメニューを横目で見ながら注文した料理を食べるのが当たり前のようになっていた。そしてその日も、いつものようにぼくはパサパサのステーキを口に運びつつも、メニューに載った他のステーキがちょっと羨ましかった。

旅をしていての夕食に、あまりステーキを食べたいとは思わない。どうしてだろうと考えると、何となく「速球」のような感じがするからだ。あるいは、ホームラン狙いか。アメリカに戻った当初、ああ、肉が食べたいと思う。日本とは違って歯応えがあり、ジューシーで噛み締めるほど味の出てくるステーキをである。一度、あれはどこの空港だったろうか、シカゴやダラスやニューヨークやボストン、DCやLAといった大きなところではなく、しかし日本から直行したのだからデトロイトかアトランタ、シアトルかポートランドだったか、ともかく乗った飛行機が着陸してドアが開き、タラップに出て外気を胸一杯吸ったところで、すぐ後ろにいた白人男性が、「さあ、肉が食えるぞ」と言ったのを聞いた。大きな声じゃなかったから、本心からの独り言、決して他人の笑いを誘いたいという言い方でもなかった。だからこそ、本音だとわかった。日本人だったら、成田や大阪空港に着いて、「さ、味噌汁が飲めるぞ」と感慨を持って言うだろうか。そう思うと、彼の心のストレートでフランクな感じが、ちょっと羨ましくもあった。

肉のことを考えると、子供の頃からのある疑問にいつも突き当たる。cow と beef の違いだ。オックステイル、というのもあるから、ox と beef の違いと言ってもいい。豚の場合、pig という。これは小型の食用豚のことらしい。調べてみると、hog というのもあって、これは去勢した牡豚。去勢していないのは boar。ボアはまた、いのししや野豚をもあらわしている。sow というのもあって、これは大型の牝豚のことらしい。そして、これら豚全体を swine と呼んでいる。だが一方では pork とも言う。なぜ、二つの名前があるのか。それが不思議でならなかった。

最初、生きている時と死んだものとの差かと思った。あるいは家畜の時と、食用になった時との名前なのかと考えた。日本語なら漢字で「牛」の一つだが、生きているときは「ウシ」、食べる時は「ギュウ」と同じなのかもしれないと、これはかなり強引に自分に納得させるために考えたことなのだが、もっと強引に「豚」の「ブタ」と「トン」もそうなのかもしれない、と一度は思いもしたが、「豚舎」とも言うし「ブタ肉」とも言う。だからこの発想は、土台無理な話だ。

そんな時、気になって読み直したウォルター・スコットの『アイヴァンホー』に納得できる話が出てきた。ずっと前、まだ子供だった頃に『少年少女世界文学全集』だか何だかで、読んだことがあるのだけれど、この部分はまったく覚えていない。興味がなかったのだろうし、それ以前にこんな部分は子供用には省略されていたのだろうと思う。

一一九〇年代前後、ノルマン人に征服されたサクソン人たちのイングランドが舞台のこの物語は、アイヴァンホーと呼ばれるウィルフレッド、その恋の相手ロウィーナ、そして彼を助ける黒騎士、森の義賊ロクスリーたちが織りなす壮大な歴史物語、いやアドヴェンチャー・ヒーロー物語である。黒騎士とは獅子心王リチャード一世であり、ロクスリーはロビン・フッドであることがわかって、少年の心を踊らせる冒険物語だった。黒騎士に憧れ、小学校時代に飼ったワイアーヘアード・スコッチテリアに「リッキー」という名前をつけたぐらいだった。彼は「リチャード・ザ・ライオンハート」という大袈裟な名前をつけられたとも知らぬまま、小、中、高、大と兄弟のように一緒に成長した。

肝心の『アイヴァンホー』に、こういう部分がある。ほとんど冒頭近く、ノルマン人たちに征服されたことを嘆く、農奴で豚飼いのガースと、道化師のウォンバとの会話だ。少し長いけれど引用しよう。

まず、「はてさて、お前さま、この四足で走りまわり、ぶうぶうなるけだものはなんといいなさるのじゃ」(『アイヴァンホー』菊池武一訳、岩波文庫)と、ウォンバが訊く。かつての外国文学の翻訳においては、身分や地位の低い人たち、また野蛮な人たち、文化的に遅れているとされた人たち、人種的に劣っているとされた人たち、あるいは地方に住んでいる人たちなどの喋る口調は、奇妙な訛り(その多くはなぜか東北弁が使われていた)に翻訳するのが普通のことだった。ぼくはそれにはずいぶんと違和感を感じてきた。さすがに最近では少なくなったが、今、アメリカ南部で「サザン・ドロー」と呼ばれる独特の訛りや、黒人たちの、時に the を da と発音する、公民権運動以前に表記されていた南部の訛りを自分が訳す段になって、他人の訳したものでも、こういう場面に出くわすと、ぼくだったらどうしようか、とつい考えてしまう。ここで引用するのは古い訳なので、かつての翻訳の調子がうかがえるので面白い。

それはともかく、ウォンバの質問にガースはこう答える。

「豚、スワインじゃ、あほう。そんなことどんなあほうでも知っとるわい」

「そのスワイン（豚）は立派なサクソン語じゃ。したがってその牝《め》豚が皮をむかれ、はらわたをぬかれ、四つ裂きにされ、踵《かかと》をしばってつるされ、まるで謀反人《むほんにん》のような目にあわされたときには、お前さまはそれをなんといいなさる？」

「ポーク、だあね」

「どんなあほうでもそれもやっぱり知ってなさるとはありがたいではござんせんか。でそのポークというのは立派なノルマン・フランス語のようでござんすね。このけだものも、生きてサクソン人の奴隷の世話になっているあいだは、サクソンの名前でとおりまする、それがお城の広間に召し出されお偉いみなさまのごちそうのお仲間になるだんになると、それ、ノルマン人になってポークという名前になりまする。ガースどの、これをなんと思《おぼ》し召します、へっ！」

「ウォンバどん、どうしてそのあほうの頭で考えついたかしらんが、なるほどこれはもっともな道理じゃな」

「いや、まだござる」ウォンバはあいかわらずの調子でいった。「長老オックス（牛）どのじゃ。お前さまのような小作人で農奴の世話になっているあいだはサクソンの名前は捨てなさらん、がさて長老どのをむしゃむしゃ食べるありがたいお顎《あご》さまの前までゆくと、これがビーフとなって、熱烈なフランスの色男に早がわりするのでござる。カーフ（仔牛）どのもおなじくムシュ・ド・ヴォーと相成る。世話のやけるときはサクソンで、おたのしみの種になるときにはノルマンの名前になりますするのじゃ」

ここには、アングロ・サクソン人がノルマン・フランス人にイングランドを乗っ取られたことに対する恨みや憤慨、憤りなどが溢れかえっている。やがてイングランドに征服され近年の独立問題を抱えるスコットランド人であるウォルター・スコットにしてみれば、ノルマン人に征服されたイングランド人であるサクソン人の憤慨に、スコットランド人としての思いを仮託しているようにも感じられる。

ここには、「牛」が持つ二つの名前の隠された真実が露呈されている。すなわちサクソン人は牛や豚を飼い、それを征服者に献上する。それを食べるのはノルマン人で、言葉が異なる民族だから同じ家畜でも名前が違ってくる。ここに征服者と被征服者との姿が隠されているのだ。こういった時代を経て、イングランド人は自由に自分たちのオックスを食べられるようになり、いつの間にか「ビーフィーター」になっていく。自分たちの食べている牛肉「ビーフ」がかつての敵性語であることも忘れて。

cow, ox と beef の背景も知らぬぼくらの食べるアメリカのステーキは、確かにソースも何もかけずに焼いた牛肉をそのまま食べる。スペインやフランスやイタリアでも、メニューにはそれぞれの国の言葉で「ステーキ」料理が記載されている。けれどたいがいは、何かのソースがかかっていて、どうも本当のステーキを食べるやり方ではないといつも感じる。あれは牛肉の旨さを信用していないところがあるように、ぼくなんかには思えるのだ。

ステーキは嫌いじゃない。むしろ、好きな方だと思うが、「肉、肉が食べたい」というほどでもない。すぐに飽きるし、時に持て余したりもする。確かに、メニューで最初に目が行くのは、メインディッシュやアントレーの欄だ。そこにある「鴨の胸肉のオレンジ風味」や「ラムのクラウン・ロースト」や、「鳩のコンフィ」や「マスのベイクド、茸詰め」なんていう方が、ストレートボールのステーキよりも魅力があることは確かだ。一つには、ステーキはすでにどんな味かわかっているので、何が出てくるかドキドキするような感覚が薄いのかもしれない。けれど、ステーキの欄に目が行かないわけではない。そして、しげしげと眺めているうちに気がつくのだ。アメリカ中、どこへ行ってもステーキは同じだ、ということにだ。

今、アラスカの寒村。小さな食堂の少し磨いた方がいいようなカウンターに座って、ヘラジカのステーキに、少々うんざりしているぼくの目に映るメニューのステーキたちは、フィレもTボーンも、ニューヨークカットもサーロインも、どこの町のどんな店のステーキともまったく同じ値段だ。きっと焼き方も同じなら、肉の質も同じ、味わいも同じだろう。ここアラスカの寒村の簡易な食堂でも、フロリダの高級ホテルのレストランでもほぼ似ている。それはまあ、高級レストランではそれなりの料金をとるためのあれこれの工夫があるだろうけど、その高級と思われるレストランの近くにあるごく普通の食堂のステーキは、このアラスカのものと瓜二つと言ってもいい。

昔から肉牛の集散地であったテキサス州オースティン、そしてカンザス州アビリーンも、ステーキの旨いことで知られている。ぼくの経験からしても、その両方の土地のステーキハウスのメニューにあるステーキの種類も質も、焼き方も値段も、他のどの町のステーキともほぼ同じである。付け合わせの野菜もサーヴしてくれるウェイトレスの笑顔もよく似ている。最初、その事実をよく飲み込めないでいた。

しかしやがて、アメリカは、いつでもどこでも同じものを食べられることを目指しているのではないか、ということに思い至った。たとえば、但馬牛や飛騨牛、あるいは松阪牛や米沢牛という優れた産地の肉は、とても気楽に食べられる値段ではない。気軽く食卓にのせられるのは、オーストラリア産かカナダ産かアメリカンビーフというのでは、何ともやるせない。旨いものならいくら高くても、それが当たり前という気持ちが、ぼくらの心の底にはある。それはすぐに「高価だから旨くて当たり前」という論理になる。そして結局、高いのに不味いのは赦せない、になり、安いから不味くて当たり前、になって行く。こんなに歪んだ気持ちで食事をしていいものだろうか、と、アメリカのポーターハウス・ステーキやプライム・リブローストと格闘しながら思うのである。そしてその量と値段にも、驚きを隠せない。おそらくは——すべてに行ったわけではないから自信はないのだけれど、アメリカ中のステーキを供するレストランでのステーキの質と値段と焼き方は、どこでも同じと決めつけていいと思う。

ステーキで思い出した。先にも書いたが、日本でステーキというと、フライパンに油を引き、そこで肉を焼く。それぞれの好みで焼き上がったら皿にとり、上にバターをのせる。このパンフライド・ステーキは日本の洋食屋のほぼどこでもの定番だった。時に、熱く焼いた鉄皿の上に、まだジュージューと焼けている肉を運んでくる店もある。そのステーキの上にもバターがのせられている。このやり方は二つの点で間違っている。

まず鉄皿だ。せっかくレア、ミディアムで注文した肉も、見る見る焼けてしまってついにはウェルダンもいいところになってしまうことだ。まあ、ステーキの焼き具合も、レアからウェルダンまで順次楽しませよう、という意図ならこれも悪くはないかもしれないけれど、ぼくにはあまりうれしくない。そういう意図を楽しまないわけではないけれど、もう一つのことで納得がいかない。もう一つの間違い、バターをのせることだ。せっかくの肉の風味を、バターの風味がかき消してしまうのである。第一にステーキは、そう脂っぽくしてはいけない。アメリカでステーキを注文しても、よほどのことがない限り先の「パンフライド・ステーキ」にはしない。これは、また別の肉料理なのである。むしろ、牛肉の「脂炒め」、あるいは「脂炊き」と言った方がいいかもしれない。それは正しいステーキの焼き方とは言えないのである。

正しい焼き方は、チャコール・ブロイルである。炭火の上で、網で焼く。こうすると余分な脂が落ち、その煙りによって燻蒸されて、独特の旨味も増す。炭火の網焼きなど出来ない家庭の場合、いや、はっきり言えば、フライパンでしか焼くことの出来ない家庭で、どうやって脂っぽくしないで焼くのか。それがぼくには疑問だった。

おふくろは、ある時、一人でアメリカ中を旅したことがあった。その時彼女は、アリゾナ州の南のはずれトゥーサンの町のランチ（牧場）で、ちょっとの間馬たちと過ごしたことがあったらしい。病弱な人だと思っていたが、彼女はそこで馬の世話をし、乗馬を覚え、帰ってきた時は両膝の内側に鞍で擦れた青あざが残り、そこで履いていたカウボーイブーツを大切にしていた。そのランチで覚えた、一般家庭のフライパンで焼くステーキのやり方は、フライパンにあらかじめ塩を敷くということだった。フライパンを火に掛け、塩を振り、時に黒コショウを挽き、熱くなった頃肉をのせる。これでよけいな脂分を使わなくてすむし、しかも脂による焼け過ぎ、煮られ過ぎを防ぐことができる。かつ、さっぱりしていて旨い。肉の旨味が、封じ込められている。秀逸なアイデアだった。

そのアリゾナ州トゥーサン、山ひとつ越えればメキシコで、その山脈を越えて熱く乾いた風が吹いてくる。ひどく乾燥した土地で、車の窓を開けるとシュッと音がするように一瞬にして唇がかさかさに乾く。その熱く乾いた風が吹き抜ける町で食べたステーキもまた、同じ値段で同じ焼き方で同じ味の、まるで版画のように、どこの町のともそっくりのステーキだった。アメリカ人は「いつでも、どこでも、同じものを食べたい」のだ。それはごく狭い範囲であったかもしれないけれど、それでもかなりあちこちの土地でステーキを見、食べ歩いた末に気づいた一つの結論だった。そしてそのことが、アメリカ料理を理解する上で、とても大切なことなのだと気がつくことになるのである。

それはすなわち、アメリカの広さを克服する一つの手段なのだ。いつでもどこでも同じものを手にすることが出来ること、どれだけ距離が隔たっていようと、誰もが公平であることに通じ、場所が違えど、誰もが同じ程度のものを手にする機会が均等にあるということでもあるのである。それこそが、アメリカという国が求め続け、今も求め、また将来にわたってそうであることを保証していける国であろうとしているのである。

第二章 なぜアメリカの食は画一的な側面を持っているのか

序　移民であることの意味

西経一〇〇度の線は、ノースダコタ州、サウスダコタ州、ネブラスカ州、カンザス州、オクラホマ州、テキサス州を南北に通る線で、ミシシッピー川以西のグレイトプレーンズ（大平原）」と呼ばれる地域にあるこれら六州を「フロンティア・ストリップ」という。ミシシッピー川以東は、旧大陸、英欧の価値観や美意識、古くからの文化などに影響を受けた金融界、経済界の後ろ盾を持つ東部エスタブリッシュメントの土地であり、一方の西に拡がる大地は未開の辺境だと思われていた。実際はアメリカ・インディアンの、アングロ・サクソンとはまた別の文化が君臨する土地であったのだが。

このフロンティア・ストリップ六州の西の州境が「フロンティアライン」、すなわち「開拓線」で、開拓が進むにつれてこのフロンティアラインは西進していくことになる。そして一八九〇年、開拓線は西端に到達してアメリカには未開の辺境の地がなくなったとされた。

この六つの州は、辺境へのスタート地点というだけでなく、アメリカ大陸の地勢とその産業に大きな意味を持っているのである。それは西経一〇〇度の線を境にして、東側は降雨量が適当で農業に向いていて西側は乾燥地帯で農業には向かず、牧畜が主な産業になっているのである。

アメリカの牧畜と農業の分岐点であるこの西経一〇〇度の線を、むろん見えるわけではないが、それでもここら辺りだろうな、と思いながら何度も横切る旅の最中、ぼくはいつもアメリカという国と、そこに住む人びとの生活ぶりを考えてきた。何よりも、彼らの「食」の一方の大きな性格が、「画一的である」のはなぜなのか。これだけ多くの国ぐにから多くの移民が寄り集まった雑多な民族が住むという多様性がありながら、こと食においては、なぜその真反対とも言える「画一性」を追求するのだろうか、と考え続けてきた。そして、少しずつ、その理由、原因、志向の大元が見えてきたような気がする。

たとえばアメリカは、移民によって成り立つ国であることが、世界のどこことも違う国を誕生させたとはっきりと言える。アメリカという国を切り拓いた初期の入植者は、主にイギリスからの植民者たちであったことは、周知の事実だ。彼らは限られた旅装の中、限られた食器類、調理器具しか持ってこられなかった。もう一つ限られたものは、食材に対する知識だった。ことにアメリカという初めて見る国で、何が生え、何が穫れるか。そしてそれらをどう加工すれば食用になるのか、また毒性や危険性の有無といったこともほとんどわかっていなかった。既知の限られた食材と、運んでくることの出来た限定的、基本的な食器や調理器具によって作られる料理もまた、自然と固定化していかざるを得なかった。したがって、彼らがこの新しい大陸で営むことが出来た食生活は限られたものだったのだ。たとえインディアンから食用になる植物、動物、魚介類などの情報を得られたとしても、彼らに続くその後の子孫たちにもまた、そのインディアンからの知恵も含めて決まりきった食材の中での食生活を継続していくしかなかった。

もっと大切な要素は、初期の入植者が苦労して得た知識――食べられる食材、栽培できる故国の野菜類、狩ることの出来る動物、飼育できる家畜、そして必要最低限の調理器具や食器類などの経験則からの知識を、後続の植民希望者、移民希望者たちに伝えたことだ。それらは一つの「植民心得読本」のような形で連綿と伝えられていった。それがこのアメリカで生きていく上での基本的生活情報となって、少なくとも当初、イングランド系の植民・移民者のベーシックな知識となっていく。

　イングランド系の植民者が、アメリカの基本的植民生活、日常生活を形作っていったから、それに続くドイツ系やアイルランド系、その他の人びとは、これを見本として守り伝えていくことになった。そうやってアメリカの食の世界の、ある基本パターンが作り上げられていった。その後に続いた様々な国からの移民たちも、その食に関する不文律のようなものを守っていくことになる。当然、様々な国の移民たちは自国の特殊な食べ物、日本で言えば沢庵や味噌や醬油や干物類、米をはじめとする穀類を携えて来て、それらを自在に手に入れられる食生活空間を作っていこうと努力した。しかし、持ってきた自国の伝統的な食材はすぐに底をつき、調理器具や食習慣は違う環境では発揮できず、結局は移住した新天地でまかなえる食へと収斂していくことになる。

　というわけで、様々な国からの移民たちは自国の料理、味覚、それらを包括する「食」そのものを諦め、アメリカという移住先の環境で許される食材や調理技術による新しい料理を作り上げていかざるを得なかったのだ。あちこちの国からの移民たちは、そうやって仕方なく、到着した土地のあり方に従うしかなかった。かくして、どこの国の料理でもない、アメリカにしかない移民たちの料理、「アメリカ料理」が出来上がっていったのだった。食にこだわるイタリアやフランスなどのラテン系の人びとや、日本や中国やその他の国の移民たちは、自国の「正しい料理」を放棄し、手に入る材料についても贅沢が言えるわけもなく、妥協の末にどうにかましな食べものを作るしかなかった。それが「アメリカ料理」になった。ここに、料理が画一的ならざるをえなかったいくつかの理由の一つがあるようだ。

1　開拓民であったこと

i　オレゴン・トレイルとバーボン・ウィスキー

当初、アメリカに入植した人たちは、主として大西洋を越えてやってきたから、必然的に東部に集中することになった。その東部に次々と移民が到着して込み合うようになったから、移民たちの中でも進取の気性に富んだ人たちは、アパラチア山脈、アレゲニー山脈、スモーキー・マウンテンやカンバーランド・ギャップといった峻険な山々、起伏の激しい地形の盆地や谷間を越えて西の新天地へと向かっていった。しかし、東西の文化や地勢を分けるミシシッピーという川を越える未開の土地への旅は、想像以上に楽なものではなかった。

東部に留まる人、そこを出て新しい土地での可能性を求める人も、そのどちらもが「アメリカ人」であった。そしてアメリカという国を創り上げていった。創り上げるためには、「開拓」が必要であった。

このアメリカという広大な土地の開拓は、初期の入植者の熱心なキリスト教信仰によるところが大きい。メイフラワー号でアメリカに到着したピルグリム・ファーザーたちに続いた、聖書に書かれたことをそのまま真実であると解釈しようとするピューリタンたちにとって、キリストの荒野での断食と悪魔の誘惑との戦いは、すなわち自分たちの前に立ちはだかる森林や荒野との戦いでもあった。キリスト教に敵対する悪の象徴である「悪魔」の棲む荒野——それはニューイングランドに入植した人びとにとっては樹林の影濃い鬱蒼とした人跡未踏の大自然であり、そこは信仰や知恵、神の福音といった人類が営々と築き上げてきた「文明」が行き届かない場所であった。「未開の荒野」のイメージは、深い森林であろうと峻険な山々であろうと、荒涼たる砂漠や茫漠たる大草原、果てのないような湖、荒々しい川のどこにもあてはまり、そこは悪と野蛮、暗愚が潜むところという認識が定着し、彼らにとって切り拓いていくべき場所そのものであった。当初、入植者は、自分たちのテリトリーを確保し、地歩を固め、生活の安寧を求め、新大陸の先住者という外敵からひたすら身を守る、いわばアルマジロのような防御を専らとする人びとであった。

やがてインディアンとの交流も進むと、彼らはキリスト教文明の拡充を目指し、周囲を暗黒の土地ではなく開明の地へと変えていく努力を始めた。それは宣教、伝道といった形をとりはしたが、要は「文明」と「信仰」の押しつけであった。これはピューリタンゆえ、いや、プロテスタント、中でも長老派や会衆派ばかりでなく、カトリックの神父たちもまた非常に熱心に宣教に励んだ。その自らの「宗教」を押しつける伝道行為はいいところもあったが、悪いところも少なくなかった。とくに悪かったのは、先住民であるインディアンたちの歴史ある文明――生活習慣や彼らなりの信仰や思想や感性といった文化的な側面をも「悪しきもの」として排除していったことだ。ことに彼らの多くが文字文化をもっていなかったから、その歴史的・民族的意味は根こそぎ消滅させられていったのである。その後に書かれた歴史は、文字を持つ人間たちの「勝手」な、自分たちに都合のいい描写ばかりだった。

アメリカに渡った移住者、植民者たちが「開拓者」に変わるのは、そうたいして時間はかからなかった。まずは「探検」という形をとって未開の荒野を観察することから始まった。この大陸の広さと豊かさ、自然の恵みが与えてくれる豊潤な資源――その大半は動物たちの毛皮であり、インディアンとの交易であり、幅広い食料の確保であった。最初、この大陸に住んだのはイギリス人、フランス人、スペイン人、ドイツ人、そして北欧の人びとといった、国別に分けられる人たちだった。だが、「探検」を経て「開拓」の時代を迎えると、彼らはいつの間にか自らの「国」という背景を捨て、一つの民族になっていく。「アメリカ人」の誕生である。

一八〇四年、時の大統領ジェファーソンの命を受けて西部探検に出発したルイス・アンド・クラーク探検隊は、オレゴンの太平洋岸まで踏査し、二年後の一八〇六年、出発地のセントルイスに戻ってきた。彼らの踏査路が地図に残されるや、西の新天地への関心はにわかに高まった。だが、まだ「未開」であり、そこに住む「野蛮人」である先住民たちの激しい抵抗を考えると、一般の人びとは西部へ出かけるという意欲はなかなか湧かなかった。

一八三五年、牧師のマーカス・ホイットマンとサミュエル・パーカーが、ミズーリ州リバティからオレゴンまでの伝道の旅を完遂する。翌年、ホイットマンは新婚の妻ナルシッサ・プレンティス・ホイットマンを連れて、再び同じルートを旅し無事に戻ってきたことで、彼女は大陸の西の果てまで踏破した最初の女性となった。ナルシッサの成功が多くの人びと、中でも女性たちに勇気を与えた。彼女に行けたのなら、と、東部に住む女性たちに移住、開拓の意欲を持たせ、開拓ブームの大きなきっかけとなったのだった。

一八四〇年代初期、ミシシッピー川以東は、その数年前の恐慌による土地の高騰と、それにともなう耕作地の払底、それが原因である土地の密集とその結果である耕作過多からの農業の不振に、農民たちは東部の耕作地を見限ろうとしていた。実際、その頃の東部は人が溢れ、後発の人間は農業や牧畜をやるスペースがなかった。目に余ると言われたその「耕作地の密集」は、実際は隣家との距離が一二マイル（約一九キロ）という、今から考えればがら空きといっていい状態だったが、単位面積あたりの収穫率が悪かった当時は、一定の収穫を確保するには相当の広さの土地が必要だったのである。

土地の代金は高く、収穫は確保できない。物価の上昇や折しものコレラの蔓延なども影響した。また、多くの移住者が東部一帯に居住するようになると、ごく自然に国籍や、民族的慣習による格差が生まれてくる。先に移民した人びとによる既得権益がはびこるようになる。また、後述するが、移住時期によって「差別」が生まれてきもした。そういう旧い土壌を捨てて、新しい土地でまっさらな人生を始めたい、と考える人が増えていった。

そういうことが重なって、人びとはこぞって西への旅を始めた。やがて「オレゴン・トレイル」と呼ばれることになる、ホイットマン夫妻が旅した道を通って西へと向かっていった人数は諸説あるが、一八三四年から三九年まではわずか二〇人だったものが、その後四八年までに一万一五一二人、一八六〇年までに五万三〇〇〇人が加わり、計約八万人が、この「オレゴン・トレイル」を通って当時のオレゴン準州に移住している。同じ道を使いながらも途中から南に折れてカリフォルニア・ゴールドラッシュを目指したのは二五万人、さらに途中のユタ州にとどまったモルモン教徒は計七万人、この道を利用した人間の総計は四〇万人とも言われている。忘れてならないのは旅の途中で亡くなった犠牲者で、総計八四〇〇人から二万一〇〇〇人と伝えられ、うち病死が一万二五〇〇人、インディアンの襲撃による死者は四五〇〇人と見積もられている。他に溺死や馬車の暴走、銃撃、壊血病などで、それこそオレゴン・トレイルの一マイルに一人が埋葬されているという伝説が生まれたのである。新天地を夢見て家を後にした人たちには、これから旅する道が後年「世界最長の墓場（World longest graveyard）」と呼ばれるなど想像もできなかった。

西へと旅していった人びとの国籍、祖先の分類は詳しくはわからないが、アイルランド人たちの多くが移住して行ったことは、その事実を描いた子供向けの本がいくつも出版されていることでもわかる。自らの苦難の生き方を次世代に伝えようとする思いが、痛いほど感じられるのだ。

東部に住む多くの移住者たちは、勇んで新しい土地を目指していった。生活に余裕のあるものは家財道具一式を持って、余裕のない者は、全財産を売り払って金に換え、旅立っていった。オレゴンを目指す開拓の旅の出発点の一つはミズーリ州インデペンデンスだ。このインデペンデンスまでは、東部から水路をたどって行ける。実際、やがてミシシッピー川の名物となる水路交通機関の蒸気船、船体の両側に巨大な水車を持つ外輪船が、一八一〇年にペンシルヴァニア州ピッツバーグから、オハイオ川とミシシッピーの合流地カイロに到着している。

東部からインデペンデンスまで船でやってきた人はそこから陸路になって、自分たちの足での本当のスタートを切った。まずここで、幌馬車を仕立てなければならなかった。馬車は、オセージオレンジかホワイトオークの木で作られていた。強くて軽かったからだ。ホワイトオークはバーボンウィスキーの樽の素材でもある。長さ一〇から一一フィート（約三メートルから三メートル三五センチ）、幅四フィート（約一メートル二〇センチ）、深さ二フィート（約六一センチ）ほどの、「平原の帆船」と呼ばれる美しい姿のコネストーガ・ワゴンは舟形に作られていたから、川に出くわすと浅い川ならそのまま渡れたが、深い川では防水が完備されていなかったため、いちいちワゴンを解体して筏に組み直して渡るしかなかった。渡り終わるとまた組み立て直す必要があり、一回の旅程でもそれが何回か繰り返されることがあった。したがって、幌馬車は軽く頑丈に作られていなければならなかったのだ。

問題は、この馬車を牽く動物――ラバか雄牛かの選択だった。たいがいはラバを選んだ。道がなだらかで餌になる草さえ豊富ならラバは足も速く、暑さにも強かったからだ。しかし値段が高かった。一頭が一〇〇ドル。六頭立てが普通だったから、計六〇〇ドルは移住を目的とする彼らには負担だった。一方の雄牛は、一頭二五ドル。ラバの四分の一の値段であり、牛は我慢強く長旅に向いていたばかりでなく、万一の時は食料にもなった。

オレゴン・トレイルとほぼ同じルートだが、モルモン教徒たちが新しい信仰の土地を作ろうとユタ州ソルトレイク湖畔を目指して途中で分かれたのがモルモン・トレイルだった。一八四六年、その旅を記録したエルダー・パーリー・P・プラットは、家族五人のための装備一式として、ワゴン一台、それを牽くラバか雄牛のための二頭用くびき三組、羊三頭、食用の牛二頭、ミルク用の牛二頭、小麦粉一〇〇〇ポンド、砂糖二〇ポンド、紅茶二ポンド、コーヒー五ポンド、銃一丁、テント一式、樽一杯分のアルコール。

このアルコールは、ほとんどの場合がバーボン・ウィスキーだった。バーボン以外にも、各地でそれなりのウィスキーが作られていた。だから、アメリカのウィスキーを「バーボン」と決めつけてしまうのは間違いである。バーボンはケンタッキー州の一つの郡、カウンティの名前だ。だからバーボン・ウィスキーは、ケンタッキー州バーボン・カウンティで作られるウィスキーにだけに、冠せられた名前である。シャンパーニュ地方で作られる発泡ワインだけを、「シャンパン」と呼べるのと同じである。テネシー州で作られるウィスキー、「ジャック・ダニエル」はバーボンではなく、テネシー・ウィスキーと呼ばなくてはならない。バーボンを選んだのは、東部からのオハイオ川航路の途中のケンタッキー州ルイヴィルで簡単に仕入れられたからだ。

そのウィスキーは、まず消毒薬として用いられた。次いで麻酔薬、睡眠薬、料理の調味料、仲間との団欒、娯楽、孤独を癒し、妊婦の胸に塗れば乳の出が良くなったとも言われる。しかし生《き》のまま飲むと、しばしば健康を害した。そこで新しい飲み方が生まれたのではないかと、ぼくは想像する。

たとえば、オレゴン・トレイルとカリフォルニアの金を求めた人びとが通るカリフォルニア・トレイルとの分岐点、アイダホ州のソーダ・スプリングには、その名の通り天然の炭酸水を湧出する泉がある。この天然の炭酸水は、パンの醗酵、消毒用、洗濯の時の衣服の汚れ落とし、そして胃のもたれや胸焼けといった治療用の医薬品としても便利に用いられた。その炭酸水とウィスキーはごく自然に融合した。当時の樽から出したばかりの、水で薄めていない度数の高いバーボンは、そのまま飲むよりも何かで割った方が良かった。その方が、ウィスキーの持つアロマとフレイヴァーが花開く、と、バーボンの名品「ブッカーズ」を作ったブッカー・ノウ本人が教えてくれた。水は幌馬車隊にとって貴重品だった。そこで天然の炭酸水を使ってみたら、これが絶妙な味わいだった。そうやって「ウィスキーのソーダ割り」後に「ハイボール」と呼ばれることになる逸品が、誕生することになった。と、ハイボール・ファンのぼくは推測するのである。

そういった幌馬車が通った、西のオレゴンの新天地を目指すメインロードであったオレゴン・トレイルをたどる旅をしたことがあるが、その中でいくつか忘れられないことがあった。といっても、本物のワゴン・トレイル、幌馬車が通った道は当時も今も道なき道である。彼らは目的地を目指して愚直に進んでいった。越えられない絶壁があればどこか通れる隙間がないかと探し、登れない山があれば、どれほど遠回りだろうが迂回した。だから今、オレゴン・トレイルを走ろうにも、そのままの道を通ることはできない。ごく近くまで行き、彼らが通った道らしきところを眺めるしかない。それは大草原を抜け、山を越えていく。なぜわかるかと言うと、それから一五〇年以上も経ちながら、今も草地の中に、馬車が土をえぐった轍《わだち》の痕と思われる痕跡がうかがわれたり、多くの馬車の鉄輪が通ったために深くえぐれた車輪の跡が岩場に穿たれているのを見ることが出来るからだ。それを見るたび、彼らの意志の強さ、たゆまぬ努力に胸打たれるのである。

もう一つ、その旅の苦労を教えられたことがある。オレゴン・トレイルの出発地の近く、カンザス州のカンザスシティを出て、五〇マイルも行かないと思われるところにある人口八〇人というオークの町の手前でのことだった。突然水の底に沈んだかと思われるほどの大雨に襲われた。土砂降りどころでなく、天の底が抜けたというのさえもっと弱い降りかと思われるほどの豪雨だった。とても運転は無理で、ようやく見つけたタヴァーン兼ランチカウンターに飛び込んだ。

何人かの先客がいて、ビール瓶を逆立てたり何かのパイをフォークで切り分けては口に運んだりしていた。甘くないアイスティーを注文して、カウンターの片隅に腰を落ち着け、アイスティーの残りがグラス三分の一ぐらいになったところで豪雨は盛りを過ぎ、やがて止んだ。勘定を済ませて出て行こうとしていた時、それまで隣に座っていた七〇代半ばだと思われる男が、「うまく行くと宝物が見つかるかもしれないよ」と声をかけて来た。その意味を計りかね、彼の隣に戻ると話の続きを催促した。

話は簡単だった。この豪雨によって、この近辺の土の中に埋もれた移住者たちの遺品——重い銀製のカトラリーや彫刻も美しい銀製のブラシや手鏡、コルセットや編み上げ靴の紐締め具といった銀器や、カットグラスの香水壜などが地表に出て来ることがあるというのだ。彼らは、東部でのそれまでの生活をそのまま西の最果ての土地でも出来ると信じて旅を始めたにちがいない。だが実際の旅の過酷さを、まだほんのわずか移動しただけにもかかわらず思い知らされた。いわばこのあたりは、彼らの夢が破れ、挫折を思い知らされた最初の土地なのかも知れない。

彼らは、かつての生活の中で運べるものは出来るだけたくさん新生活の場へ持っていこうとした。しかし、間もなく家財道具のあれこれを捨てるしかなかった。そうした夢のかけらが雨によって地中から洗い出されてくるらしいのだ。だが、それら埋もれた遺品を何一つ見つけることなく、ぼくは再び西を目指して車を走らせた。

オレゴン・トレイルにしろ、途中から枝分かれするモルモン・トレイルにしろ、そしてオレゴンシティよりももっと南のカリフォルニアはサクラメントの近郊を目指したカリフォルニア・トレイルにしろ、その旅に欠かせないのが食料であり、その備蓄への配慮だった。モルモン・トレイルを旅したエルダー・プラット一家五人分の準備品は前述したが、それよりも距離のあるオレゴン・トレイルでの、一家四人のほぼ半年分の生活維持品は、小麦粉八二四ポンド（約三七〇キロ）、ベーコン七二五ポンド（約三三〇キロ）、コーヒー七五ポンド（約三四キロ）、砂糖一六〇ポンド（約七二キロ）、豚脂・牛脂二〇〇ポンド（約九〇キロ）、豆類二〇〇ポンド、モモ、リンゴ、塩、コショウなど二五ポンド（約一一キロ）、その他重炭酸ソーダなど、合計二二〇〇ポンドにもなった。この資料には、肉類が抜けている。大半はベーコンを使い、生肉は連れている牛や羊を屠ったからだ。ともあれ総計、ほぼ一トン。現代の小型自動車は一トン以下だから、ほぼそのぐらいの重さだと想像するといい。これで幌馬車は一杯である。一人一人の持ち物など、とても積みきれないのではなかろうか。

しかし、これはかなり大所帯の数字である。もう少し一般的な数字は、これはモルモン・トレイルでの公式に発表された、準備すべき一週間分の食料の量は、パン一ポンド半（約六八〇グラム）、粉一ポンド（約四五〇グラム）、オートミール、米、豆類各一ポンド半、ジャガイモ二ポンド、豚肉一ポンド、砂糖同量、牛肉一ポンド四分の一（約五七〇グラム）、塩と紅茶各二オンス（約六〇グラム）、医療目的のブランディ少々、となっている。面白いのは「米」の存在で、これはそのまま蒸したり茹でたりして、肉類の付け合わせの、いわゆる一種の野菜として用いたのではなく、スープ類に一摑み入れて重湯のようにとろみをつけるために用いることが多かった。すなわち腹持ちを良くするためで、ケイジャン料理でのガンボーやジャンバラヤなどの知恵がここにも生きている。というのも、この三つのトレイルが通る地域はかつてフランス領で、それが一八〇三年のトーマス・ジェファーソン大統領の「ルイジアナ購入」によってアメリカ領になったものだと知れば、この米の調理法は納得がいく。

また、ブランディーがウイスキーに代わって気付け薬として用いられたことは、前述の『風と共に去りぬ』の主人公、スカーレット・オハラが南北戦争中の不安な生活の中でよくブランディを飲んでいたことからもわかる。彼女のプランテーションでも、奴隷たちはワインを作っていた。その品質はまちまちだったろうから、それから作られるブランディが必ずしも高級だとは限らない。だから、ブランディを持って行くかウィスキーにするかは単に好みの問題だと言っていいだろう。ただし、モルモン教徒は禁酒主義だから、ここでは医療用に度数の強いブランディを持参したのだろう。

ここであげられている肉類、豚と牛とは、むろん生肉ではなく塩蔵品である。木の樽に塩水を満たしそこに肉を沈める。ソルトポークとしてそのまま野菜の煮込み料理に用いたり、乾燥させて「ジャーキー」にするか、あるいは燻蒸してベーコンにし、牛肉は乾燥させてパストラミビーフのようにするか、茹でてコーンドビーフのようなものに作り替えた。

アメリカ陸軍大尉、ランドルフ・バーンズ・マーシーは自分の部隊を率いて中西部平原を横断した経験から、一八五九年に出版した『平原の旅人（*The Prairie Traveler*）』［図㊹］は、この時代のオレゴンへ向かう開拓民にとっては貴重な案内読本であった。現在一九九三年に復刻されたものが手に入る。

これは、非常に興味深い本である。狩りの仕方や飲料水の探し方などに混じって、持っていく肉類はベーコンがもっとも便利であるという記述がある。塩漬けの肉はその四〇パーセントが不要の皮類や骨類で、そういったものも含めて塩水を満たした樽ごと持っていくのは重いし、かさばる。何よりも、中西部の乾燥地帯でその漬け汁が蒸発して水位が下がり、肉が水中から露出したらすぐに腐る。そうなると腐った肉の入った塩水も傷み、残りの肉類も駄目になってしまうし、食中毒でも起こせば体力を消耗している人には死の危険がある。それで塩漬けした肉を、燻蒸処理したベーコンがいいわけだ。このベーコンを一〇〇ポンド（約四五キロ）ずつ、丈夫な布で包むこと。熱い日や気温の高い地帯を行く時にベーコンの脂身が溶け出す恐れがある場合、金属の箱に入れてその隙間に、小麦の糠《ぬか》である「ふすま」をぴっちりと詰めるといい。粉も一〇〇ポンドずつ二重の頑丈な布袋に入れる。砂糖はインドゴムの袋に入れる……といった忠告に満ちている。

大切なのは野菜不足対策で、壊血病予防に野菜類は乾燥させて固めて石のようにしておき、これを水でふやかして煮る、とある。

移住者たちのこういった食材を用いての典型的な朝食は、ベーコンを焼くかフライにし、ダッチオーヴンで作るパン——ビスケットかハードクラッカーと呼ばれる硬めでポロポロともろいパンとコーヒーだった。この時代、遅い昼食を「ディナー」、早い夕食を「サパー」と読んでいて、それが彼らの一日の団欒でもあった。その時に食べるいつもの食事は、オートミール、干しリンゴのシチュー煮、フライドベーコン、そしてパイロットブレッドと呼ばれる堅パンが普通だった。むろん、米や豆類、大麦やジャガイモなどを調理して食べる人たちもあったろうが、それもその日の行程がきつくなく疲れ切っていなかったらという条件がついた。彼らは一日が終われば、倒れ込むようにして寝込むのが普通だった。たいがいは塩漬け豚肉と豆を煮たもの、言うところのポーク・アンド・ビーンズを大量に作っておき、煮返し煮返し、食事のたびに温め直して食べた。ただ日曜日、安息日には労働が禁止されていたので調理は御法度で、彼らは冷たいままのこの煮豆料理を、パンですくうようにして食べた。

ii　ゴー・ウエスト・ヤングマン！

そういった食事の工夫をこらした人びとによって、西への開拓が行われていった。むろん、終着地のオレゴンシティまでたどり着かずに、途中でリタイヤして好みの場所に住居を定めた人びとも多い。このことが、アメリカ全体に人びとが万遍なく住むことになった、もう一つの理由である。

多くの若者もまた、西の辺境へと東部の町を捨てて移住していった。その若者の心を奮い立たせたのが一つの標語だった。最初から標語として作られたものではない。だが、人びとの心にその言葉は、直接に届いていった。それが「若者よ、西へ行け（Go west, young man）」である。

この西への開拓移住は、自分たちの生活の安定や飛躍や豊かさばかりを目的としたものではなかった。もう一つ、アメリカ政府がこの開拓集団を後押しした理由があった。当時の西海岸北部の土地は、カナダの西のブリティッシュ・コロンビア州の町や島、またアメリカの現ワシントン州の町にその名を残すイギリスの探検家ジョージ・ヴァンクーヴァーたちの探査により、今のカリフォルニア北部、オレゴン、ワシントンの準州はイギリス領になりそうになっていた。アメリカとしては、一刻も早くそれらの土地に「アメリカ人」を送り込み、アメリカの領土として居住権を確立したかったのだ。

そんなところにあらわれたのが「若者よ、西へ行け」の言葉だった。単なる自己の欲求ばかりでなく、それを超えた愛国的な動機づけとして、それは便利な言葉でもあった。この言葉は、アメリカ有数の新聞の編集者であり、政治家でもあったホーレス・グリーリーが、一八六五年七月一三日付けの『ヘラルド・トリビューン』紙の社説の一節として書いたものだ。

「ワシントンは住むところではない。家賃は高く、食べ物は不味く、埃は不快極まりなく、モラルは最低だ。西へ行け、若者よ、西へ。そこで国とともに大きく成長しろ」

この言葉の重要な点は、これによって多くの若い男性たちに、西に行きたいという衝動を植えつけたことだ。だが、その楽天的な気分とは裏腹の、ある精神的な救いもまたこの言葉には隠されていた。ようするに、他の人びとを残して自分たちだけが新天地での新しい生活を目指す、という後ろめたさを、この「愛国的な気分」によって帳消しに出来たのである。

同じように新天地を目指して未開の辺境に人びとが定着していった、もう一つの大きな動機があった。それが「ホームステッド法」という、公有地の払い下げ制度をより自由にしたもので一般に「自営農地法」と訳されている。これはアメリカ西部の未開の土地を、一区画一六〇エーカー（約六五ヘクタール）を無償で払い下げるもので、その条件として申請時に二一歳以上、払い下げ希望の土地に一二フィート×一四フィート（約三・七メートル×四・三メートル）以上の大きさの住居を建てて最低五年間は農業を行ったという実績があることだった。

農業を希望する人びとは、その条件を満たすべく競って西部へと出かけていった。だがそこには、アメリカの宿命とも言える確執があった。西経一〇〇度の線から西の、農業には不向きだと思われる土地で牧畜を生業《なりわい》とする先住の人びとの存在だった。その両者の戦いを描いた物語や映画は多い。中でも不朽の名作映画と言われるのは『シェーン』だ。

ぼくたちは文句なく、いつも農民の側につくシェーンの味方をする。むろんそれでいいのだが、彼が登場する背景というのを忘れてはいけない。ワイオミング州ジャクソン（正しくはジャクソンホール）で開拓農民ジョー・スターレット一家が、町の牧畜業者のライカーとの確執の中、ライカーは用心棒としてジャック・パランス扮するガンマン、ウィルソンを雇う。その銃の腕は並大抵でなく開拓者たちは敵うわけがない。農民たちは、一方的にライカーたちのやり方を我慢するしかなかった。そんなところにやはりガンマンのシェーンという男がやってくる。当初、スターレットとはうまくいかなかったが、子供のジョーイに銃の腕を見せてから親しくなり、ジョーの妻マリアへの淡い恋心もあって打ち解けていく。やがて、スターレットたち開拓農民とライカーたちの牧畜業者側との確執は高まり、ついに銃撃戦が始まる。そして……。結末はもう誰もが知っていることだろう。シェーンはウィルソンに勝つが、彼自身も瀕死の重傷を負い、ジョーイに「シェーン・カムバック！」と呼ばれながらも、馬に揺られティトン山脈の彼方を目指していく。

ここで語られるのは、開拓農民と牧畜業者との諍いである。スターレットたちのような農民は、一八六二年に制定された自営農地法（ホームステッド法）によって西部の未開発の土地を無償で払い下げてもらうためにやってきた農民志願の連中の一人だった。

一方の牧畜業のライカーにしてみれば、どこでも「未開の土地」と決めつけて我がものにしようとする開拓農民たちは自分勝手な連中としか映らない。牧畜業は、牧場を開いてそこで牛や馬を放し飼いにして育てて行くだけではない。彼らはその育てた牛や馬を売らねば生きてはいけない。家畜たちを移動させる一番いい方法、費用も手間もそうかけなくてすむのは、牛たち自身の足で歩かせることだ。春に子供が生まれ、烙印を押し、夏の間中放牧で育て、秋になったら、彼らを市場へと運んでいく。秋は'Roundup'と呼ばれる「駆り集め」が行われ、その牛たちを都市部につながる貨物列車の駅へと移動させる'Great cattle drive'という大移動が行われる。家畜の種付けや出産、放牧などはいわば、材料の仕込み、資本投下にすぎない。牧場主、そこで雇われているカウボーイたちのもっとも重要な仕事は、仕込んだ材料を消費地へと運び、それを売り上げて資金を回収することだ。その肝心な家畜の移動に、農地は邪魔なだけだった。

そこで両者の確執が生まれる。そのうち農家は、家畜の群れが農地に足を踏み入れられないように工夫をする。それが柵、それも家畜の嫌がる有刺鉄線だった。フランスで発明されたものだが、実用的な形での発明は一八七四年、アメリカのジョセフ・グリッデンによる。しかし間もなく、鉄状網用のカッターでそれを切り裂いて通り道を作る牧童と、再び新しい柵を作る農民たちとの追いかけごっこが始まり、それが長い間続いた。

ぼくは「ゴー・ウエスト・ヤングマン」に、アメリカの若さと大いなる可能性と明るい未来とを、我がことのように見ていた。可能性の土地《ランド・オブ・オポチュニティ》、という言葉に、まるで窓から風の抜けるような開放感を感じていた。当然、アメリカの開拓を「善」とする気持ちに疑問を感じることもなかった。「ゴー・ウエスト・ヤングマン」に、苦い「征服」のニュアンスを考えることもなかった。おそらくは、多くのアメリカ人たちもぼくと同じように、その言葉は勇気と正義の象徴であったろうと思う。

　アメリカが領土を拡大すること、すなわち領土の獲得は、入植者としての彼らにとって一つの天命のようなものだった。自分たちがようやく手に入れた安住の地、人によっては「神が与え給うた土地」、それを獲得し、自分たちに続く人びとのためにそれを拡大していこうとすることは、この国に移住してきた人にとっては、大きな使命だった。それを、アメリカ人は、「マニフェスト・デスティニー（明白なる運命＝天命）」と呼んだのだった。

　この「マニフェスト・デスティニー」は、一八四五年、テキサス独立を巡っての米墨戦争、アメリカとメキシコの戦いによってテキサスが共和国として独立を勝ち得た時に、ジャーナリスト、コラムニストであったジョン・オサリヴァンが用いた言葉だ。未開の大地を切り拓いていく使命、それはやがてアメリカ的な開拓精神であり、キリスト教的正義であり、近代文明を是とする開拓者、征服者の思想を育てていくことになる。そして、この言葉はアメリカの「膨張」、フィリピンやキューバを巡るスペインとの戦い、またハワイイの併合、そして結局はインディアンたちを駆逐するためであった「西部開拓」を正当化するものであったのだ。

　国家としての思惑はともあれ、人びとはかつて「未開」と呼ばれた西部辺境に満ちていった。

　オレゴン・トレイルにしろホームステッド法にしろ、西の辺境へと移住していった人びとは、やがてアメリカ中西部を中心として「サイレント・マジョリティ」という層を形成するようになる。「もの言わぬ多数派」と訳される彼らは、アメリカという国の大きな部分を占め、あらゆる戦争に出て行き、国の方向性にも大きな影響を与えるようになる。こと食に関して言えば、彼らの食事こそが「サイレント・フード」あるいは「サイレント・クィジーン」と呼ばれる、アメリカの大多数が口にする食事であり料理法であり、食に対する嗜好を決定づけ、アメリカの農産、畜産、漁業を方向づける暗黙の力を持っているのである。

重要なことは、開拓者であった彼らの祖先は、携行食、移動食であるという制約の中で、やむなく食材や調理器具、調理方法を画一的にしていくしかなく、それが一つの「食」として確立していったということだ。アメリカの食の大きな核をなすこの「画一的である」という揺るぎない性向は、ここから生まれてきた。むしろ彼らにとっては、ある種の誇りとも言える「食」なのである。それがこの新しい未開の国に入植した人びと——開拓民の宿命の食なのである。

2　鉄道の影響

i　鉄道敷設がもたらした「定型の食」

記憶を遡ってみると、最初の汽車とのつき合いは、満州は新京から、おふくろ、祖母、弟の四人で乗った引き揚げ列車に行き着く。どこの駅で乗って、どこで降りたのかまったく記憶がないが、乗ったのは無蓋の貨物列車で、屋根代わりのカーキ色のキャンヴァス布で覆われたその貨車の片隅にみんなで身を寄せ合っていたことは思い出せる。

その列車が実に遅かった。少し走っては止まり、しばらくそのまま動かず、やがて思い出したようにガクンと身じろいで動き出す、といったことの繰り返しだった。いつになったら目的地に着けるのか、いや、目的地そのものがあるのかどうかもわからないような旅だった。いったい何のための停車なのかわかりようもないが、前の方からひそひそと、ソ連だか中国だかの飛行機が飛んでいる、といった噂が伝わってきたりした。

実際に、頭上を横切る飛行機のエンジン音を聞いたことも何度かあった。一度、大人に見られないようにそっと立ち上がり、貨車の横板とキャンヴァス布の隙間から外を眺めたりした。「やめなさい、ミチオ！」と、あれは確か祖母の声だったが、今もまだ耳に残っている。ずうっと向こうの空に黒い点が見え、それが見る見る近づいてきて、あ、飛行機だ、とわかる瞬間に両翼の中程が光って、人の背丈の二倍はありそうな土埃りと飛行機のエンジン音が近づいてきて、ぼくたちの貨車の四輛ほど先を越えて飛び去っていった。すぐに反対側の隙間からうかがうと、飛び去ったと思われた飛行機は大きく反転してまたこちらに土埃りと轟音を伴って近づいてきた。機銃の音も聞こえたような気もするけれど、むしろポカッと真空のような無音の時間が長かったように覚えている。

そういう攻撃を耐え忍んだ列車は再度動き出し、ぼくら一家はどうにか港に着いて、そこから引き揚げ船に乗ることが出来た。あの飛行機の攻撃は——とその後大人になってからも何度か思い出す——現実のことだったのだろうか。それとも、その後何年も経ってから見た冒険映画か何かのシーンを、自分の記憶に刷り込んでしまったのだろうか。ともあれぼくらは、引き揚げ船の中で弟を亡くし、おふくろはやがて片肺を失くすことになる結核を患い、命からがら日本に帰ってきた。

その後も、数えきれないほど汽車に乗ったろうに、そしてそのどれもが快適とばかりは言えないはずなのに、なぜか汽車が好きだ。ただ、鉄道マニアではない。写真を撮ったこともないし、枕木でベランダを作ったこともないし、時刻表でアリバイ工作したこともない。早く言えば、ぼくは日本の汽車にはほとんど興味がない。好きなのは、アメリカの汽車や列車なのだ。特に貨物列車。アメリカのフレイト・トレインは、ひどく長い。通り過ぎるのを数えていると、一〇〇輛を超えることはざらだ。

人の存在や車の気配のほとんどない荒野の道を走っていて出合う踏切で、通り過ぎる列車の長いこと長いこと。自分の車のエンジンを切ってそこらを散歩してきても、まだ間に合う。大きな声では言えないけれどそれをチャンスと小用を足したこともある。

アメリカの道は、まず川沿いに人が踏みならし、そこを馬が走り、馬車が走り、電柱が立てられ、線路が敷かれ、やがてハイウェイが作られることが多い。だから車を走らせている道路のすぐ近くに線路があって、しかしそれは車からはたいがいの場合見えないのだが、平原の開けた景色のずっと向こうに、突然、光を見つけることがある。それは機関車のヘッドライトで、ぼくはうれしくなって車を停めると外に出て、線路になるたけ近いところまで行って、手を振る準備をする。機関車と書いたが、それは蒸気機関車でも電気機関車でもなく、まるで四角い積み木のように愛想のないディーゼルの動力車なのだ。このパワーユニットは普通は三輛一組で、長蛇の貨物車を引っ張っていく。黄色く塗られたパワーユニットが近づいてきて、汽笛を鳴らす。アメリカの列車の汽笛は、とてもいい。心の奥底まで届くような音色だ。日本の蒸気や電気機関車、そして現在走っている電力車のどの警笛も、味わいがない。なぜなら単音だからだ。アメリカのそれは、およそ音色が違う。A♯とD♯とEの三つの音で構成されている、ようするに和音なので複雑な、そして哀愁を帯びた独特のトレインホイッスル・サウンドを醸し出すのだ。

最近はイチローがいなくなって、シアトルからの野球中継はなくなってしまった。これは、無念極まりない。あのシアトルの町のダウンタウンには、貨物駅と操車場があって、夜でも切ない汽笛の音が響く。チャイナタウンや日本人街にも近く、そこに住む人びとは異国の汽車の汽笛といえども、そこはかとない郷愁のようなものを感じたのではなかろうか。そしてその音色、故国のものでない汽笛の音にホームシックのようなものを感じた瞬間、彼らの中にアメリカという国に対する何らかのアイデンティティが生まれたのではなかろうかと想像する。

そして今、三和音の汽笛を鳴らしながら、三連のパワーユニットが目の前に近づいてきて、運転席の男は窓から身を乗り出すようにして、ぼくが懸命に振る手に応えて振り返してくれる。彼には運転助手というパートナーがいるのかどうかはわからないけれど、おそらくはコンピューターまかせで彼一人きり長旅に出ているのだとしたら、ぼくの旅の孤独感と彼のそれとが呼応して、お互いに共鳴するように懸命に手を振り合うのではなかろうか。そして彼の牽く百何十輛という貨物列車を見送り、おもむろに運転席に戻ってエンジンを生き返らせ、ふたたび旅が始まる。

あれはイリノイ州のジョリエットの街の郊外の、かなりの安宿に泊まった時のことだった。きちんとカーテンも閉まらないような部屋のベッドで、なぜか夜中に目が覚めた。部屋が細かく振動しているせいだった。地震ではなかった。すぐにいつもの三和音の汽笛が聞こえてきた。汽車が近づいてきているのだ。跳ね起きて、外に出てモテルの裏手に回った。チェックインして部屋に入った時には気がつかなかったが、モテルのすぐ背後を線路が走っていたのだ。こんな夜中に汽笛を鳴らして列車が通過するなんて。だからホテル代は安く、しかも客は少ないのだろう。

モテルの裏の暗闇の中で、汽車が近づいて来る音のする方を見つめていた。突然、まぶしい光が角を曲がって暗闇を切り裂いた。目の前を、轟音とともに黒い塊が風を巻き上げながら通り過ぎて行った。すぐに音は遠ざかり、線路のつなぎ目を乗り越えて行く車輪のカタンカタンという音だけがいつまでも続き、それも遠ざかるとそっちの方向からまた汽笛の音が届いてきた。線路は月の光に輝いていた。しばらくの間、そのまま立ち尽くしていた。月明かりに青白く光る鉄路を、もしかしたらまだ温かいかもしれないと、触ろうとしたそのすぐ横に、錆びた犬釘を見つけた。「レイルロード・スパイク」、線路を枕木に固定する大きな釘。こういうものが落ちていること自体が、不思議だった。あとで、その線路はロック・アイランド鉄道のものだと知った。

その犬釘は、今も本棚の片隅に置いてある。けれど、見るたびに錆は犬釘を浸食して、どんどんやせ細って行くようだった。錆の進行によってこの犬釘が消えてしまうまで、ぼくは生きられるだろうか。何となく競争しているような気分になる。

犬釘の錆に悩むことには無縁の人を知っていた。この話をぼくは大切にしている。実はぼくには、一人のペンパルがいた。相手は、女性である。一度も会ったこともないし、写真を送り合ったこともなかった。相手は、九〇歳を過ぎた、カナダにお住まいのご婦人だった。親父がヴァンクーヴァーでの大学時代、日系人向けの英字新聞を発行していたことがあり、その記事の載った新聞のスクラップを送ってくださって知り合った。それから手紙のやり取りが始まった。

彼女は汽車が好きで、一人で何度もカナダの列車に乗ったと書いてあった。何かの鉄道愛好グループに入り、その旅でカナディアン・パシフィック・レイルロードの犬釘を手に入れたらしい。それが今もこの手紙を書いている机の上に飾ってあるという。しかし、ぼくのとは違いピカピカに磨き上げたと、写真を同封してくれた。ますます自分の錆びた犬釘が可哀相になった。けれど、磨いてしまってはあの夜の犬釘とは別ものになるのではないかという思いがなかなか抜けない。

彼女の犬釘を思い、自分の錆びた犬釘を見るたび、アメリカの鉄道は悲劇に彩られていることもまた思いだされる。

鉄道建設に伴う二大障害、そしてそれにまつわる罪業がそのことをよく教えてくれる。障害の一つは先住民たるインディアンたちであり、もう一つはバッファローの群れである。どちらもこの土地を我が領土として暮らしてきたのだが、鉄道敷設の障害として追いやられ、無残な殺戮にさらされたのである。さらには枕木を調達するための森林伐採という環境破壊も鉄道建設に伴う罪業として、アメリカの人びとの心の中に深く刻まれている。

そうした負の遺産を抱えながらも、鉄道は人びとに多くのものをもたらした。まず、この鉄道によってアメリカは、均質的な文化を万遍なく行き渡らせることが出来た。それは「食」においても、はっきりと言える。ひとつの料理が、いや、いくつもの料理が全国に広がって行くきっかけを作り、広めていった。最初は全国から集まった各国の移民の労働者たち、中でもアイルランド人やドイツ人たち、そしてアメリカ鉄道は彼らなくしては完成しなかったと言われる中国人苦力たちを含む、多くの鉄道建設労働者たちに提供した「賄い料理」によって、彼らに一定の食のレヴェルを教えていくことになった。この場合のレヴェルというのは、使う食材の範囲であり、調理の技術であり、味つけの程度のことだ。一度に数十人、数百人分の食事を作るわけだから、そこには自然と大量調理の知恵からくる「定型の食」が形作られていくことになる。

鉄道工事の歌として、日本でも馴染み深い曲に「線路は続くよどこまでも（I've Been Workin' on the Railroad）」がある。こんな歌詞だ。

I've been working on the railroad
All the live-long day.
I've been working on the railroad
Just to pass the time away.

Can't you hear the whistle blowing,
Rise up so early in the morn;
Can't you hear the captain shouting,
"Dinah, blow your horn!"

Dinah, won't you blow, Dinah, won't you blow,
Dinah, won't you blow your horn?
Dinah, won't you blow, Dinah, won't you blow,
Dinah, won't you blow your horn?

Someone's in the kitchen with Dinah
Someone's in the kitchen I know
Someone's in the kitchen with Dinah
Strummin' on the old banjo!

Fee, fie, fiddly-i-o
Fee, fie, fiddly-i-o-o-o-o
Fee, fie, fiddly-i-o
Strummin' on the old banjo.

「これまでの一生、時が経つのも忘れて線路の仕事をしてきた。あの汽笛が聞こえないか。早朝の起床の合図だ。そして工事監督の声も聞こえないか。食事の合図に、ダイナ、ラッパを吹き鳴らせ！と叫ぶのを」

汽笛に起こされ、ダイナの吹くラッパで食事が始まる。ここでは、それが食事の合図だとはっきりとは書かれていないが、後の歌詞でそう想像できる。そして歌は「ダイナ、ラッパを吹いてくれ」を繰り返す。ダイナはどういう女性だかは、次の歌詞でわかる。すなわち、彼女はキッチンにいるのだ。おそらくは料理担当なのだろう。そして今、そこからバンジョーをかき鳴らす音が聞こえてくる。きっと、誰かと一緒なのだろう、と。その後に笛とフィドルの囃子言葉が続く。

この歌を歌った線路工夫たちは、どうやって工事現場で暮らしていたのだろうか。これまで多くの鉄道関係の本からうかがい知れるのは、線路敷設現場付近には生活用、あるいは食事施設としての、また医療用のテントのような野外天幕は見当たらないということだった。では彼らは、どうやって生活していたのだろう。まさか近隣の町から馬車かなにかで通って来たのではないだろうな、と、この疑念も長い間、ぼくの心に住み着いていた。そんなある日、一冊のアメリカ鉄道史の本を見ていた時に、非常に納得する写真を見つけた。

山を越えて谷を下り、また上り、果てしない平原を走る鉄路。そればかりでなく峻険な渓谷に、まるで伐り倒したばかりのような大木を組み合わせて作った木橋には驚くしかない。まったく人力の凄まじさには、目を見張る。巨大な木造の橋を、大きな釘や鎹《かすがい》を使わずに木材同士をロープで縛り上げただけで組み上げて行く。しかもマッチ棒を一本一本精妙に組み立てたような橋を見ると、ちょっとの間その写真類から目が離せなかった。繊細に、また剛直に組み合わされたその木の寄せ集めは一見もろそうで、指一本で突けばガラガラと崩れて行くのではないかという華奢さの反面、実に精緻な力学的バランスと、重力による自重とによってがっしりと締め上げられて何十トンという機関車と列車、貨車を支えることが出来るのだろう。そうしたものまで作りながら、彼らはアメリカ西部の未開の土地に線路を敷いていった。

そういった工区の最先端、次の線路を敷設する工夫たちが寝泊まりする施設の写真［図㊺］がある。それは普通の有蓋の貨物列車の、高さにして倍、長さも三割ほどは長いだろうという三階建ての巨大な居住用列車で、アパート列車、というか——今のカプセルホテルのような寝たままの姿勢でいるしかない個室があてがわれているのだろう、車体の横腹に規則正しくうがたれた各部屋の窓から、男たちが上半身を出してカメラに向かって笑顔を見せている。彼らは屈託なく見えるが、まるで棺桶のような狭いその場所が身体を休め、明日へのエネルギーを甦らせる場所なのだ。もう一つ、重労働へのエネルギーを注入する場所がある。「線路は続くよ、どこまでも」の歌の最後の方に「誰かがダイナとキッチンにいる」というフレーズがあって、この工事用車輛の先頭部分には彼らの宿泊施設とともに、キッチンカーが連結されていたことがわかる。

この移動工事現場には、工夫たちの他、監督官、牧師や医者や調理人といった人びとが、同じように共同生活を送る。それが何カ月、時には何年も続いた。それはわが国でのように自宅や寮から工事現場に通うといったイメージとは大違いで、線路が延びるに従ってこの工夫生活車輛もまた、現場とともに移動して行く。これは何も鉄道建設当時の話とは限らない。以前、アメリカの大動脈である州間高速道路の、ネヴァダ州だったかユタ州だったかのインターステート・ハイウェイ80を走っていた時だった。間に緑地帯を挟んだ対向車線を、大型の工事車輛の列がゆっくりと走っているのを見かけた。一台一台の距離が開いているので、あっという間に行き過ぎることがなく、しばらくの間、それが何なのかを見極めることが出来た。

先頭の車はでこぼこの突起のついたローラー車で、道路の表層を砕いて行く。次の車輛は、塵取りのような先端部を備えたベルトコンベアをのせていて、破砕したアスファルト片をすくい上げて、コンベアで後部の荷台に送り込んで行く。その後ろに続くのはタンクローリー、道路の下地を流し入れる車輛、しばらくしてアスファルトを流し入れる車輛が追いかけ、それが冷める距離を置いて表面を均《なら》す重量ローラー車がゆっくりと表面を整形し、一番最後にセンターラインを引く白ペンキを積んだ車輛が締めくくるといった具合だ。その一連の道路補修連隊は、長さにして四キロか五キロ、いや、ぼくの方もすれ違うように走っているので正確なことはわからないのだけれど、もし路傍に立ち止まってこの一連隊の先頭から最後尾までを見送るとしたら、それこそ小一時間かあるいはそれ以上長く立ち尽くしていなければならないことだろう。

彼らは辺鄙な未開の土地の道路を補修しているわけではない。ハイウェイの沿線には便利なモテルやロードサイドレストランもあるから、昔ほどの大所帯、衣食住全部をひっくるめた二四時間の団体行動を強いられることはなく、宿泊はきっとどこかのモテルを予約しているに違いない。

鉄道工事に話は戻る。いずれにしろ、多くの工夫とともに、そして線路の進展とともに、食事もまた線路工事とともに移動していった。その時々の工事現場まで運んで行ける食材にしろ、持って行ける調理器具にしろ、また雇える調理人の調理技術の程度にしろ、字義通り、男たちの腹を満たすだけで、それ以上でも以下でもない料理だったろうと思われる。しかし、その味わい、その調理法は鉄道の広がりにともなってアメリカ中に広まっていった。

工夫たちの中には前述した中国人苦力も数多く加わっていた。彼らの存在がなければアメリカの鉄道はなかったろう、とまでは言えないかもしれないが、おそらくはひどく遅れ、アメリカの発展、アメリカの大国としての成長もずっと後のことになったことだろうと想像できる。その中国人工夫たちは、このキッチンカーの世話にはならなかったろうこともまた、容易に想像がつく。彼らは自分たち独自で料理をし、それに固執して、現場の料理を食べることはなかった。

ここに一枚の写真がある。巨大な居住用貨物列車を背景に、工夫たちがカメラに向かって大きな笑顔を見せている。大型本の見開きまるまる二ページの全体にうじゃうじゃと男たちがいる。様々な人種であることは、その表情や姿勢、顔つきからもわかる。東欧の顔つき、ドイツ人らしい顔、紛れもない北欧系の顔、そしてこういう肉体労働の場には必ず見かけるアイリッシュの男たち、しかしそこには東洋系の顔はひとつもない。だが、また別の写真の、巨木を精緻なデザインで組み上げた木造の橋が中心に写されたものには、何人かの、これはもう紛れもなく山型の網代笠というか、沖縄のクバ笠のようなものをかぶった人や、剃り上げた頭の後から長く編んだ髪を垂らす弁髪姿の、明らかに中国人とわかる人びとが写っている［図46］。それは彼らの集団の存在を示唆してくれる。彼らは、自分たちの集団だけで料理を作り、食事した。彼らには、言うところの「西洋料理」は口には合わなかった。そうやって、中国料理は鉄道の普及発展、拡大に付随するようにアメリカのあちこちへと広まっていった。第一部の「アジア系の人びとの食」の項で詳しく書いたように、それが、今、アメリカ中のほとんどどんな町にもチャイニーズフードを提供する店がある理由だ。

ii　味覚の公平さを促した大陸横断鉄道

この居住用列車には中国人以外にも実に様々な出身地の男たちがいた。彼らは中国人たちとは違って、自分たちで料理を作ろうとはしなかった。それはまあ、中には、小さなコンロで枕木の端切などで火を熾して、故郷の味の「ハンガリアン・グーラッシュ」や「ポテト・パンケーキ」を作ったとは断定できない。しかし彼らの仕事は、歌にもあったように早朝からの激しい重労働だった。酒も御法度だったろう。それでも気分転換に、同郷の仲間と小さな火を囲んで懐かしき歌でも歌ったろうか。あり得ないことではないだろう。だが、おそらく大概の人間は、割り当てられた食事を文句をいいながらも食べ、疲れた身体を棺桶のようなベッドスペースに潜り込ませて、泥のような眠りをむさぼったのではなかろうか。

そういう彼らの胃袋を満たしたのは、それこそお仕着せの料理だった。どこの国の料理とも言えなかった。様々な移民たちの集合体である彼ら鉄道工夫たちは、故国の味ではないものを口にするしかなかった。だが肝心なのは、その「どこの国のでもない」料理は、彼ら誰の口にも合う料理、誰もが嫌わない、けっして満足すべき味ではないが、そうひどく不味くもない料理へと変身して行くようになる。この集団に向けられた料理のありようが、アメリカの食に大きな影響を与えることになったのではないかと思う。

一八六七年、大陸横断鉄道は完成し、曲がりなりにもアメリカは一つの大きな国として、均質な文化を持つ国へと発展して行く。鉄道は人を運び、情報を運び、それらを土台とする各地の文化を運び、それらをまたゆっくりと混ぜ合わせて一つの色合いに染め上げていった。それはいいもの、わかりやすいもの、便利なものへと収斂して行くことになる。こうしてアメリカ文化は、鉄道によって凝縮され、精錬され、一つのものに固まって行くことになった。そしてもっとも大切なことは、それら凝縮された「アメリカらしき食」は、この列車によってアメリカ中に拡散されていったことだ。アメリカの言葉が、あの広い各地でバラバラにならず、一つの「アメリカ語」として広まって行ったのは、人びとがアメリカ大陸をくまなく移動していたからだ、という説がある。「食」もまた、それと同じことが言える。

鉄道は人も運んだが、各地の産物を運ぶことにも実力を発揮した。いくつもの、そして様々な地方の有名無名なものを、瑕疵のあるなしなどにかかわらず、列車は物品を運び続けてきた。そのことが列車にとって誇りであったことは、これまたカントリー、ブルーグラス音楽の名曲として誉れの高い「オレンジブロッサム・スペシャル」［図47］にもあらわれている。

「オレンジブロッサム・スペシャル」は、シーボード・エアライン・レイルロードが一九二五年に開通させた、ニューヨークシティからフロリダ州マイアミまで走る特急列車だった。北の大都会から、常夏のパラダイスへの路線は当時の人びとにとっては大変な魅力だった。その汽車を讃えて作られた曲が、同名の「オレンジブロッサム・スペシャル」で、もとはフィドルチューンとして作られたものだ。フィドル独特の奏法とサウンドによって列車走行音の効果をうまく生かし、誰が聞いても心揺さぶられる曲として君臨している。オレンジブロッサム・スペシャルは、本来は客車だったが、この時代の通例として貨物車も連結しており、名前の通りオレンジの産地、大都会フロリダからニューヨークの消費地へと新鮮なフルーツを運ぶ列車でもあった。オレンジを運ぶ列車を歌ったというだけではない。こういう列車の存在が、一つの地方の産物をアメリカ中に運んで行くという事実、それはフロリダの最高のオレンジがアメリカ各地の人びとの味蕾を刺激したろう事実を教えてくれる。すなわちオレンジは、一地方の特産品という枠を超えて「アメリカの味覚」に仕立て上げられていったのである。

そのことを思い知らされたのは、一八七〇年代後半に肉の卸売業者だったグスタフ・F・スウィフトが発明した冷蔵貨車によってだった。話を八年前に戻そう。わずか八年である。その年、一八六九年五月、ネブラスカ州オマハ郊外のプロモントリー・ポイントと呼ばれる地点で、東からやって来たユニオン・パシフィック鉄道の線路と、西からのセントラル・パシフィック鉄道のそれとが合体した。その両者の鉄路を結びつける最後の黄金の犬釘が打ち込まれた瞬間、東西が一挙に結ば

WRIGHT CYCLE CO.

40

43

The Best-Selling Handbook for America's Pioneers
THE
PRAIRIE TRAVELER
RANDOLPH B. MARCY
Captain, U.S. Army
INCLUDES
Routes · First Aid
Recommended Clothing, Shelter, Provisions
Wagon Maintenance and the Selection and Care of Horses
Information Concerning the Habits of Indians

44

FREE LOCAL DELIVERY
LUNCH & DINNER
($10.00 Minimum Order)
EFFECTIVE MARCH 15, 1997
四川
SZECHUAN
RESTAURANT
NO MSG
1600 NE Hwy. 97
Bend, Oregon
383-9033
Mon - Thur 11:00-10:00
Fri 11:00-11:00
Sat 11:30-11:00
Sun 11:30-10:00
We stop delivering
a half-hour before closing

42

46

The Orange Blossom Special Going
Through Orange Groves in Florida
47

45

48

れたアメリカ大陸は、名実ともに公平、平等、機会均等が実現することになった。それは同時に、「食」の、味覚の、料理の公平であり機会均等であり、誰でもが享受できる平等の時代になったことを意味した。

スウィフトが冷蔵車を発明した頃、世界はそれぞれ自らの土地の産物を特産品として特徴づけ、他の地域にはない「名物」に仕立て上げようと躍起だった。他の土地、他の地域、他国にはないものを作り出し、差別化を図り、自らの土地を格別のものにすることに重きを置いていた。それがその地域を、他とはまったく違う特別な土地として価値を高める手っ取り早い手段だった。ところがその頃アメリカは独り、違う方向に向いていた。一つの地方の名物で終わらせず、それをアメリカ中に広めていく。それが格別に美味なものならなおさら、その地方だけが独り占めせずに、アメリカ中の人の口に届けたい。それがアメリカが考える「食」の、そして味覚の「公平」ということだった。そういう発想の中で、もう一つの動きがあった。

この「味の公平」は、鉄道で旅する人たちに、どこでも同じものを食べたいという欲求を喚起することになる。どこの土地に行っても、都会と同じようなものを、誰もが、いつでも食べられる——。その希望から生まれたのが、各駅に出来た、乗客相手の高級食堂だった。一八七五年にカンザス・パシフィック鉄道でフレッド・ハーヴェイが始めたものだが、あまりうまくいかず、二年後の一八七七年、アチソン・トピーカ・サンタフェ鉄道で各駅に付随したレストランを開業する。各駅というところがミソで、ここからレストランチェーンが始まったと言ってもいい。ハーヴェイの数々のレストランは乗客に気に入られ、当時、まだ食堂車がしっかりと普及していなかった西部地域では、乗客は列車が停車している間にもそのレストランで落ち着いた食事を楽しむことが出来て人気が出た。彼のレストランは、やがてサーヴィスする女性たちを厳選するようになる。容姿端麗を旨として、当時人気のあったヴィクトリア朝風の美人の見本のような女性たちを集めたのだった。彼女たちは「ハーヴェイ・ガールズ」［図㊽］と呼ばれて大変な評判になり、多くの女性たちの憧れの職業となっていく。レストランは「ハーヴェイ・ハウス」と呼ばれ、そこに働く「ハーヴェイ・ガールズ」との組み合わせは、一つの文化的な象徴になっていきもした。何よりも、このハーヴェイ・レストランは、もっともアメリカらしいハイウェイ沿いのチェーンレストランや、チェーンホテルを生むことになったし、「どこでも、いつでも、同じものを」というアメリカ的な嗜好の広まりを後押しをしたのである。ハーヴェイ・ハウスはその最盛期、カリフォルニア州、アリゾナ州、ニューメキシコ州、カンザス州、コロラド州などに計一七のレストランを展開した。一九四六年にはジュディ・ガーランド主演の映画『ハーヴェイ・ガールズ』が作られもした。だが、二〇世紀半ばには時代に合わず多くが閉鎖されたが、六カ所ほど今もまだ営業を続けているようだ。

鉄道がアメリカ料理の大きな特徴を生み、育てて行ったことは間違いない。そしてそれは紛れもなく、アメリカの食の画一性という他の国には類を見ない確固たる特徴であったのである。

3　軍隊食の影響

i　缶詰の効用

時々、食べ物の中で何が一番好きかと、訊かれることがあるし、自分でも、何が好きなのかなあ、と考えたりすることもある。また「最後の晩餐ゲーム」というのもある。死ぬ前の最後の一食に何を食べたいか、というあれである。ぼくの答えは、これはちょっと恥ずかしいのだが、心底好きなのが「サケ缶」なのである。熱々のご飯にも、酒の肴にも――なんだか何かの食料品の広告みたいだけど、何よりも大好物なのである。どうしてだか、理由がわかれば世話はない。

缶を開ける。キコキコとやる。開けたら皿に移し、レモンを搾りかけ、醬油を少々さす。これ以上でも、これ以下でもない。腹身のところが旨いし、グズグズの骨のところも大好きだ。サケやブリの骨のところだけを詰めた缶詰もあるけれど、いくら好きだとはいえ、それだけでは少し寂しい。

ぼくだけではなく、我が家はなかなかの缶詰好きだったなあ、と当時の友人たちの家や親戚や知り合いの家庭の様子と比べてみて思った。デザートの大半がフルーツの缶詰めだったぐらいで、なにしろ、キッチンの片隅の柱に缶開け器がつけられていたほどだ。東京オリンピックや万博はまだ遠い先の頃だから、かなり昔のことになる。しかし、これはひどく便利な代物で、缶の縁を嚙む歯車の他に、缶蓋に密着する磁石のついた取っ手があって、ハンドルを回して缶を開けるとその上蓋だけは、磁石にくっついて缶の中に落ちてこないというすぐれものだった。この缶開け器を使うのはちょっとした快感で、用もないのにパイナップルの缶なんかを開けてしまったこともあるぐらいだった。親父は新しもの好きで。きっとアメリカかカナダに行った時に手に入れたものだろう。だが、こういうものがアメリカにあるということは、それだけアメリカでは缶詰を開ける必要があったという証拠だ。

これを使って開けるのは、何もフルーツの缶詰ばかりではない。おふくろの作る料理の多くは、缶詰に頼っていたところがあった。周囲の人たちの話を聞いたり、その言葉のニュアンスから推し量ると、どうも缶詰は、我が家以外の人たちにとって臨時、というか、仕方なく使う、というか、急場凌ぎや何かのときの備蓄のように考えているらしいことが段々とわかってきた。ようするに、何も缶詰を食べなくてももっと新鮮なものがあるのに、という考えが根強くあるのではなかろうか。そう、缶詰は、新鮮な食材が手に入らない場合、または、季節外れでそう簡単には手に入らない食材、あるいは食卓にもう一品、それも手早く何かを足したい、という場合に、どこか消極的に使うといった意味合いが濃厚だった。

そういう雰囲気に比べれば、おふくろは実に積極的に缶詰を開けたし、利用した。むしろ、缶詰ならではの旨さを大切にしたようなところがあったな、と、今さらのように思い当たったりもする。グリンピースや煮豆、マッシュルームやトマト、アスパラガスや椰子の若芽であるパルミット、そういった素材から、そのまま食卓に出せるようなものまで缶詰は様々だが、日本でのそれは、最近でこそ料理の食材としての「素材缶」が脚光を浴びるようになってきたが、少し前までは調理済みのイワシのトマト煮や牛肉の大和煮、サバの味噌煮、サンマの蒲焼き、赤貝の甘辛煮などが幅を利かせていた時代がある。缶詰さえ開ければ、後はご飯があれば充分という具合だ。

アメリカの多くの缶詰も、開けただけでそのまま食卓にのせられるというものが多い。たとえば、ぼくのもう一つの大好物である「ボイ・アル・ディ」のラビオリの缶詰やスパゲティ・ミートボールの缶詰は、それにパン、贅沢を言えば野菜のスティックでもあれば、もう立派な一食になった。ポーク・アンド・ビーンズやチリコンカンも、結構重宝した。スープの缶詰もまた大手を振っている。ミネストローネやオニオングラタン・スープ、クリーム・オブ・マッシュルーム、トマトスープ、ヴェジタブルビーフ、チキンヌードルなどなど「キャンベルスープ」の独擅場である。

これらのスープの缶詰はそのまま食卓に直行するだけではなく、クリーム・オブ・マッシュルームやオニオングラタン・スープは、シチュー類のベースやソース、中でもグレイヴィソースの素材として用いられることも多い。ようするに本来のグレイヴィソースは肉を焼いたその肉汁を用いて作るものだが、この缶詰さえあれば肉を焼かなくても、まあまあのグレイヴィソースが作れるというわけだ。何らかの理由で肉類を敬遠している人、野菜料理に固執している人、あるいはサーモンローフや魚のムニエル、脂肪を摂取しないように鶏やターキーの胸肉を蒸し煮したりローストする場合などなど、本来のグレイヴィソースの作り方に頼らずとも、それなりのソースが作れるという利点から、これの利用者は多い。そしてこういった利用法は、いわゆるサイレント・マジョリティたちのベーシックな味わい、すなわちアメリカの画一的な味作りを手助けすることになった。

缶詰の便利さは、即席の調理補助というばかりでなく、何よりも長持ちをすること、万が一の時に安心であることなども忘れてはならないだろう。この点では、我が家は失笑に値した。親父たちは晩年、集合住宅住まいだったが、そこに納戸のような、小さなストレージルームがあって、そこに主として食料品の買い置きが収められていた。見るたびに呆れたのだが、そこには彼らが一生かかってもとても食べきれないだろうと思われるほど様々なものが蓄積されていた。

確かに、何も缶詰を開けなくとも、缶詰に頼らなくとも、缶詰よりも新鮮で、繊細な食材があるのに、という気持ちはよくわかる。しかし、缶詰でなければならない食材、素材そして味覚、というものもまたあるのである。そしてそれらは、缶詰であるからこそ旨い。乗り継ぎの関係で、ベルギーの飛行場で数時間過ごしたことがある。そのラウンジにキャビアの店があって、様々なランクの大小のキャビアの缶詰を売っている。そこのスタンドでは、むろん食べさせてもくれる。その店でキャビアをすくうための鼈甲《べっこう》のスプーンを買ったりしたが、動物保護のため今ではもう作っていないに違いない。それからよく冷えたウォトカとそば粉の小型のブリニ（ロシア語でブリヌイ）にのせた大粒のベルーガのひとすくいをやりながら、日本ではイクラの缶詰があるだろうかと考えていた。ようするに生の、あるいは塩や醤油漬けのいいものが季節になれば簡単に手に入るから、わざわざイクラを缶詰にするまでもないのだろう。確かに瓶詰めはあるけれど、ぼくの知る限り缶詰は見かけない。トビコの缶詰ならありそうだけれど、筋子も数の子の缶詰も、まだ見たことがない。

季節ごとの新鮮な食材が手に入り、海に近く、山にも近く、耕作あるいは畜産に適した土地に恵まれ、適度の降雨と適度の日照と精神を豊かにする四季が存在する国はそうはない。そのことを忘れてはいけない。周囲が海に囲まれた国もあれば、海など見たこともないような人のいる国もある。アメリカにだって、そういう人がいる。十何年か前の旅の途中、ある内陸の町でのことだった。生まれてから一度も海を見たことがない、という年配の女性に会ったことがある。彼女は図書館の司書で、ぼくの調べたいことに根気よくつき合ってくれた後、ぼくがどこからやってきたのか、という話になった。日本って海に囲まれた国なんですってね、と言った後に、まだ生まれてから一度も海を見たことがないの、と、何か凄く恥ずかしいことを告白するようにはにかみながら言ったのだった。男性なら、徴兵で海外に出て行くこともあるだろうけれど、女性だからその機会がなかった人もいるのだと、アメリカの不思議さをその時も感じたのだった。

テネシー州も海のない州で、その州都であるナッシュヴィルから日本にやってきた知人と食事をした時、せっかくだから新鮮な海の幸をと舌平目のムニエルを注文した。だが彼は小骨の多さに辟易し、何と身の薄い魚かと呆れ返っていた。その時もぼくは、答えに窮した。五〇年も前の話だけれど。

そういう海を知らない人びとにも、海の魚介——オヒョウやタラやニシンやアトランティック・サーモン、クラムやカラマリ（イカ）、ブルークラブやカクテル・シュリンプなどを食卓にのせることの出来るチャンスは確保しなければならない。そのための手段が保存食の工夫であり、各地に散在するスーパーマーケットであり、冷凍・冷蔵技術であり、流通システムの確立だった。この「いつでも、どこでも、誰でも」という理念は、乾物の工夫と塩蔵、燻蒸技術の確立、そして缶詰の普及を促すのである。

ことアメリカで、缶詰という保存と携行に適した容器の開発と普及は、戦争のお陰であると言っていい。いや、アメリカだけでなく、缶詰自体が戦争のために生まれたものなのだ。一七九五年、フランス政府は陸軍の糧食に一万二〇〇〇フランかけて、保存技術の方法を募集した。その大きな理由は、この時代のヨーロッパでの戦死者は銃や銃剣類によるものは少なく、ほぼ八〇パーセントが病死だった。それも食の不備によるものだったのだ。このナポレオン・ボナパルトの懸賞募集に、一八〇六年、同国のニコラ・アッペールが一種の瓶詰を考案する。これは材料を入れた瓶に栓をして空気を遮断して煮沸するので、栓がしっかり締まっている限り中身は腐らない。瓶は厚みがあり、圧に強いシャンパンの瓶を用いたという。二年後フランス海軍によって実験されて実用が確認され、四年後にフランス内務大臣から懸賞金が授けられた。だがガラス瓶は重く、壊れやすいという欠点があった。この工夫に改良を加えたものが、イギリスで登場した。

一八一一年、イギリス人、ピーター・デュランドが金属製の容器に食品を入れて密封する、いわゆる「缶詰」を発明した。同じ年に、やはりイギリス人のブライアン・ドンキンとジョン・ホールが缶を密閉する技術を開発して、「ドンキン・ホール・アンド・ギャンブル」という会社を起こし、一八一七年にイギリス陸軍と海軍に、六カ月はもつと保証する総計三〇〇〇ポンド相当の肉の缶詰を納入したと記録されている。缶詰が保存と携行にも便利であることを実際に世に知らしめたのはイギリスの海軍少将ウィリアム・エドワード・パリー卿で、彼は一八二四年にHMSフュリー号での北極探検行に、牛肉と豆のスープの缶詰を持っていったのだった。

アメリカでの缶詰にまつわる出来事は、一八一二年ロバート・エイヤースがニューヨークシティにアメリカ初の缶詰工場を造ったことがあげられる。だが彼の缶詰は、実は大変に不便だった、いや、これまでの缶詰は、いざ食べようとするにはあまりに面倒だった。

缶切りが発明されたのは、一八五八年。アメリカ人、エズラ・J・ワーナーが缶蓋の中央に孔をあけてそこを起点として缶の周囲のブリキを切り進むという式の道具を考え出したのだ。それまでは、ナイフやノミと金槌、という組み合わせで苦労して開けるしかなかった。戦場でなら、銃で撃つこともあったらしい。

缶詰工場が出来たものの、アメリカ中に缶詰が普及するのは、その発明のきっかけとなった戦争での需要を証明した南北戦争の時のことで、工場が出来てから四八年後、缶切りが発明されてから二年後、しかし、銃や銃剣で無理矢理こじ開けなくてすむようになるには、まだ八年もの間不自由な思いをして戦場で食べていたのだ。だとしても、缶詰は戦時においてこそ、その本領を発揮してきた。やがて戦場から家庭にも入り込んできて、アメリカ人の味覚形成、彼らの食の嗜好さえをも支配するようになったのである。

ii　戦場食としての缶詰

まずは戦場食としての、缶詰の話だ。アメリカ軍の缶詰というと、ぼくは沖縄の金武《きん》の町の米軍放出品を扱うマーケットで買った、横流しの携行食料の缶詰を思い出す。「国防色」という呼び方も今思うと感慨深いが、むしろオリーヴ色、言うところの「オリーヴドラヴ」だろうか——本格的な野戦用の迷彩ではなく、どこか黄土色の混じったグリーン、「ナイルグリーン」という言葉を聞いたことがあるけれど、あれは灰色のかった黄緑だから、少し違うかもしれない。ともあれ、第二次大戦からヴェトナム戦争までのアメリカ軍の兵装と軍用車輛の標準塗装色で、ぼくの知っている軍の野戦用糧食はタバコからトイレットペーパーまでこのオリーヴドラヴ色だった。

このレーションにもいろいろの種類があるのだが、戦闘部隊の駐留キャンプに野戦食堂があれば、コックたちによって温かな食事を提供してもらえるが、そうでない場合、すなわち軍事行動中に食べるのは、一般に「Cレーション」と呼ばれるものだ。Aレーションは基地やキャンプでコックが調理してくれる通常の食事、いわゆる「ギャリソン・レーション」であり、Bレーションは戦地のフィールド・キッチンで調理される温かい食事のことだ。そしてこのCレーションは主として缶詰が中心となっている。その缶詰には二種類あって、調理済みの肉や野菜のM-unitとビスケットやクラッカー、キャンディの入ったB-unitで、Mはmeatの頭文字、Bはbiscuit（ビスケット）の頭文字だ。MもBもそれぞれ三種類あって、M-unitにはポーク・アンド・ビーンズのような'meat and beans'、コンビーフ・ハッシュのような'meat and vegetable hash'、ヴェジタブル・ビーフシチューのような'meat and vegetable stew'とがある。一九三九年に開発されてから、このMユニットの中身はいろいろと変化して、やがてはスパゲティ・ミートソースやスパムのようなものも加わっていって、これらの味が兵士たちの舌に刻まれ、彼らが除隊しそれぞれの故郷に帰った時、その味の記憶をもまた運んでいったのだった。

アメリカの最初の戦争、と公式に記録されているのは「独立戦争」である。戦争のきっかけは、領主国イギリスがその植民地であるアメリカに様々な形で税金をかけようとしたからだ。

独立戦争が始まった一七七五年当初、イギリス軍は陸軍、海軍ともにそれまでのヨーロッパでのいくつかの戦争の経験でよく訓練され、しかも充分な食料を与えられ戦意も高まっていた。一方のアメリカ大陸軍には、正式な陸軍も海軍もなかった。各植民地の民兵たちは「兵士」としての制服もなく、日常の格好のまま部隊に集結し、戦いの場に赴くこともあった。したがって戦意は低く、装備も不備で武器も古く、きちんとした肉体的訓練を受けることなく、精神的なしたたかさも持ち合わせていなかった。彼らにとっての大きな問題は、むしろホームシックだった。彼らはまた、それぞれの地域でのインディアンたちとの単発的な遭遇戦、ゲリラ戦などの経験はあったものの、本来の彼らは農民や商人であって、いわゆる職業軍人ではなかった。きちんとした部隊単位の軍事行動でなく、自宅から直接戦闘に参加するものもまた多かった。

そういった民兵たちをきちんとした軍隊に育てようと、ジョージ・ワシントン将軍はヨーロッパの優れた将軍たちを招いて軍事教練を徹底させようとした。フランス人では独立戦争の勝利を決定づけたヨークタウンの戦いで功績のあったラファイエット侯爵、ドイツ人では主に軍事訓練と部隊の統制の基本を教えたフリードリッヒ・フォン・シュトイベン男爵、ポーランド人ではアメリカ騎兵隊を育て上げたカシミール・プラスキー、そして独立戦争には義勇兵として参加、ワシントンの副官として活躍、外国人ながらアメリカ陸軍准将にまで昇進したタデウシュ・コシチュシュコなどがよく知られている。独立戦争の時代から、この国には多くの国の人びとが集まり、一つの壮大な事業――一国の独立という大きな事業を成し遂げようとしたことがわかる。この国は、もともとそういう宿命にあったのだろう。

この独立戦争は、当初、後の南北戦争と比べると戦場は限られていた。彼らの昼食は手作りのランチボックスのようなものを持参し、夕食には自宅に戻るということもよくあった。中には戦場の男たちに温かいスープを飲ませてやりたいと、弾丸飛び交う中をかいくぐりバケツ一杯のスープを運んでいった女性がいる。命からがら自宅に戻ってみると、スカートに敵の弾丸が貫通した孔があいていたという。現代にも伝えられる、この戦争を陰で支えた勇敢な女性たちのエピソードは、実に面白い。

この時代、冬の戦場でよく知られた食べ物があった。一つの物語がある。アメリカ植民地連合はイギリス軍と対抗するため、一三植民地が集まった「大陸会議」によって一七七五年に軍隊を創設したが、その大陸軍の総指令官は、独立戦争の間を通してワシントン将軍だった。ある冬、ペンシルヴァニアのダッチランド、ドイツ人集落のヴァレイ・フォージに駐屯していた兵士たちの軍服はまるでぼろ同然、靴もごく薄く、雪まじりの雨や泥濘《ぬかるみ》に濡れそぼって兵士たちを苦しめていた。その上配給された糧食もほとんど底をつき、肉類は一切れも残っていなかった。彼らは凍え、震え、寒さに意気消沈していた。とても戦える状態ではなかった。視察に来たワシントン将軍は、彼らのみすぼらしく惨めな様子を見て、部隊付きコックに彼らに何か温かいものを与えてやれないかと相談した。恐れながら、とそのコックは勇猛名高い将軍におそるおそる内情を告げた。我々の蓄えは、近隣の独立援護派の肉屋からの差し入れである、数百ポンドの牛の内臓《トライプ》と何がしかの黒コショウの粒しかありません、と。今のところ、後方からの援助物資がいつ到着するかわからない。だから、どうにかその材料で食べられるものを作ってやってくれと、将軍は命じた。コックは工夫して、トライプをよく洗って鍋に入れ、全体が浸かるほどの水を入れて七、八時間柔らかくなるまで茹でこぼした後、塩とあるだけの香辛料と、つぶした黒コショウを山ほど加えて、再び煮込んだものを兵士たちに食べさせた。熱々の「トライプ・シチュー」すなわちモツ煮込みである。辛いその煮物はスタミナがつき、しかも身体が芯から暖まると大好評だった。

「こいつは、兵士を英雄にする食べ物だ」と将軍は大喜びで、コックにこのシチューの名前はなんというのかと問いただした。しかしコックは、今思いついたもので名前なんかありません、と答え、ついで、「ここ、将軍のホームタウンに敬意を表して『フィラデルフィア・ペパーポット』と呼びたいと思います」と答えたと言う。ワシントンの故郷の名前を冠したこの「アメリカン・ペパーシチュー」は、兵士たちの口からすぐに町の人びとの耳に入り、間もなく冬の日にフィラデルフィアのダウンタウンの狭い路地を、鍋をのせた手押し車を押しながら売り歩く声が響いた、と言われてい

る。その売り声は、

All hot! All hot!
Pepper pot! Pepper pot!
Makes back strong,
Makes live long,
All hot! Pepper pot!

というもので、今もこの呼び声はフィラデルフィアの町の名物になっているそうだ。

アメリカ独立軍のワシントン将軍が、旗下の兵士たち思いであり、そしてそれ故に彼をして「名将軍」と呼ばれることになるのは、ある手紙の存在が大きく関係している。独立戦争での陸軍兵士に支給されたギャリソン・レーション（戦地糧食）は、牛肉一ポンド、牛肉がない場合は豚肉か塩漬けの魚、牛乳五〇〇cc、小麦粉、エンドウ豆、インゲン豆一四一九ccのどれかを一週間に一回、米またはトウモロコシ粉とともに二三六ccを一週間に一度。糖蜜三四〇ccを週に一度。そしてこれにミルク以外の飲料としてビール九四六cc、ただしこれは原料がトウモロコシであったらしい。あるいはリンゴ酒となっている。トウモロコシビール、すなわちコーンビールは日本ではあまり馴染みがないが、たとえばペルーの「チチャ」がその代表で、トウモロコシを醗酵させた酒だが、かつてのペルーではトウモロコシを口で噛んで唾液と一緒に瓶や陶器の壺に入れて醗酵させたと言う。

ビールにしろシードルにしろ、いずれも醸造酒で、その酔いは緩やかなものだ。頭脳よりも肉体を酔わせる。兵士たちへの戦場での適切な飲料とは言いがたい。特に臨戦体制にあるものたちには。また特に寒さの中で、意気消沈しかけている兵士たちにとっては。そこでジョージ・ワシントン将軍は、糧食や配給飲料として、より適切なものを支給したいと願っていた。この場合の「より適切」とは要するに、兵士たちに「やる気」を注入できるものだ。それはすなわち強い酒であろう、将軍はそう信じていた。「強い酒」である蒸留酒は、この時代手に入るのは、まずラムだった。

そのラムの原料となるサトウキビ運搬船が、アメリカ大西洋沿岸を哨戒するイギリス艦隊に拿捕されたり、あるいは沈没させられることが多くなった。そこでワシントン将軍はラムを諦め、アメリカ自前のウィスキーを兵士たちに振る舞おうと決心した。そのためにはウィスキーの増産が必要で、そのことを大陸会議議長に進言した一七七七年八月一六日付の手紙が残っている。そこには、兵士たちに強い酒を提供するために国直轄の蒸留所をそれぞれの植民地に作るべきこと、そして穀類と蒸留法に堪能な人物を配置することを強く希望する、とある。その彼が所望した酒のおかげもあってか、ワシントン将軍の下、アメリカは独立を勝ち取った。

独立戦争の時の戦場食は文章で書き残されたものだけだが、国を二分した南北戦争の時には写真が多くのことを教えてくれる。今も残るこの南と北との戦いの写真では、士官と兵士たちとの待遇に歴然たる差があることがわかる。まず士官たちは、テントの外でテーブルを囲んで食事をしている［図㊾］。食事風景の写真がいつもテントを背景にしているのは、本来はテントの中で食事をしていたのだろうけど、当時のダゲレオ・タイプの銀版写真はフィルムの感度が悪く、テントの中では暗過ぎて写せなかったからではなかろうか。マグネシュウムを焚くフラッシュが使われるようになったのは一九〇〇年頃だというから、当時はまだない。それに、位階による着席順を決めやすく、写真で表現しやすかったのだろう。写真で見る限り、彼らのテーブルにセットされた食器類は、さすがに銀器とはいかないが、明らかに磁器のカップ・アンド・ソーサーと皿類、そしてこれもシルヴァーではないがしっかりした作りのカトラリー類が見受けられる。

それに比べてヒラの兵士たちは一応に野外に一列か半円で、これはまあ写真機の方に向いてくれと言われたろうから、そうなるに決まっているだろうけど、しかし誰もがしかつめらしい、少し不機嫌そうというか愛想の微塵もない顔で、あるいは寝起きなのだろうか、と思いたくなるような仏頂面で、地べたにじかにしゃがみ込み、目の前に確かに錫とおぼしき皿と取っ手のついたコップと、ペナペナのスプーンやフォーク類が置かれている。ナイフがないのは、彼らは誰もが自前のナイフを腰に差しているか、あるいは銃剣を持っているからに違いない。彼らは、食事の団欒というか「食べる」ということの喜びの表情は微塵も見せず、ただ無表情なボタンのような虚ろな目でこちらを見つめているきりだ。

残された記録によるこの戦場での彼らの糧食は、まずパンで、これは小麦粉またはハードタックと呼ばれる、小麦粉を水で練って焼いただけのそのままでは硬くてとても食べられない代物で、普通コーヒーや紅茶に浸して食べるしかなかったものだ。それと生牛肉またはベーコン、生牛肉またはソルトビーフ、ジャガイモ、エンドウ豆、大豆など、これにコーヒーか紅茶、あるいは両方、というようなものが支給された。生牛肉は、戦場で火を使って焼くか煮るかするしかない。しかし、そうすれば煙が立つ。その煙はどうしたろう。それとも、敵もまた同じような糧食で火を使ったろうから、あまり気にしなかったのだろうか。

ここには酒がない。独立戦争の時のジョージ・ワシントン将軍のような懐の大きな、あるいは酒好きがいなかったのかもしれない。ただ、同じ南北戦争を歌った名曲で、今もなお多くの人に歌われている「ザ・レベル・ソルジャー」では、こんな風に歌われている。

Oh Polly Oh Polly its for your sake alone,
I have left my old Father, my Country, my home
I have left my old Mother to weep and to mourn
I am a rebel soldier, and far from my home

The grape shot and musket and the cannons lumber lie
Its many a mangled body the blanket for the shroud
Its many a mangled body left on the fields alone
I am a rebel soldier and far from my home

Here is a good old cup of brandy and a glass of wine
You can drink to your true love and I will drink to mine
You can drink to your true love and I will lament and moan
I am a rebel soldier and far from my home.

さまざまなヴァージョンがあって歌詞にもいろいろあるが、ここはレッドネック・ロックの雄、ウェイロン・ジェニングスのものを載せた。

「ポリーよ、おまえを守るために故郷に父を残し、悲しみに涙する母を残し、南軍兵士として遠くに赴く。大砲の散弾、マスケット銃、カノン砲が轟音をたてて着弾する。惨たらしく死んだ兵士たちの身体に毛布がかけられたまま戦場に取り残されている」

そして酒が出てくる。こう歌う。

「ここにカップに注がれたブランディがあり、グラス一杯のワインもある。きみは真実の恋人のため、おれも自分の恋人のためにそれを干そう。そして嘆き悲しもう」と。残して来た恋人と死んだ戦友のために、杯を掲げる男たちが、ここには歌われている。

この南北戦争の時代、『風と共に去りぬ』のスカーレットのタラの農場でも、奴隷たちを使ってワインを作らせ、それを蒸留してブランディを作ったことが出てくる。そしてそれは、スカーレットの好物だった。ニューハンプシャーのラムやヴァージニアのウィスキーから、随分遠くに来たものだ。

この南北戦争での犠牲者のことに触れたい。そこに食に関して、また別の角度からの数字がある事実を示唆してくれる。

総計六二万人余の死者のうち、実は戦闘そのものでの犠牲者は、南北双方合わせて約二〇万四〇〇〇名。それでは残りは何かと言うと、まず捕虜収容所の劣悪の環境が理由での死者数が約五万六〇〇〇名。残るおよそ二八万人が病死である。その原因は赤痢などの下痢による衰弱死である。他に、戦場での負傷が遠因となって死んだ者もいる。また別のソースでは、北軍の戦死者三六万人、南軍は二六万人、総計六二万人。戦闘による死者は、北軍六万七〇〇〇人、南軍九万。戦病死が、北軍二二万人、南軍一三万人となっている。北軍の戦病死者のうち赤痢での死亡が五万七〇〇〇人。両軍の戦死者合計が三五万八〇〇〇人。他に捕虜としての死亡や、戦傷の末の死亡なども加えられている。様々なソースによってこの戦死者の数は異なる。ことに南軍側と北軍側での統計がまちまちであるとも言われる。正確な数字を見極めるのはなかなか難しい。どれを信じるかは、その人の選択に任せるしかない。いずれにしろ戦闘での戦死よりも、不潔な環境での病死が多いことが、この戦争の悲惨さをより色濃く我々に突きつけてくるのである。

この戦病死者の多さから、この時代に画期的なことが起こった。この南北戦争は、「国を二分した戦い」という言葉そのままに、戦場は合衆国のあちこちに散らばっていた。兵士たちの食料の問題はそのまま、その食材を運ぶ兵站の問題だった。食料の多く――それは乾燥肉や塩漬け肉、豆類、米、小麦粉、乾燥野菜類が主で、それも戦場が離れていれば離れているほど、それらを運ぶ馬車による兵站線が伸びる。そのことは、彼らの食事は開拓者の食事内容と変わることがなかったということを示唆してくれる。南軍が南部の戦場で戦っているのなら、また北軍が自由労働州内で戦っているのなら、自軍に味方する人びとからの現地調達も考えられなくもなかった。そういう場合、少しでも新鮮な食材――生野菜や生の肉類を口にすることができ、この戦争で大きな問題となった「壊血病」という厄介な存在を解決する糸口になったことだろう。乾燥野菜はあったが、それを戻す水がいつも新鮮で清潔とは限らなかった。長期の戦闘では、水が腐ることもあった。そういった大きな悩みを解決したのが、「缶詰」の登場だったのだ。

この南北戦争での缶詰の出現は壊血病の予防や食中毒からの回避、またそこらに生えている得体の知れない草花を必要に駆られて食べてしまう危険を避けるといった衛生上の貢献ばかりでなく、缶詰を食べるしかなかった多くの兵士たちへの味覚、嗜好に対する影響が何よりも大きかった。缶詰にされた食材は、当初素材だけが封入されていたのである。ポパイが缶詰のホウレン草を食べるようにそのまま食べるなら、当時は塩を振らなければ何の味もしなかった。この野菜の水煮の缶詰は、壊血病をはじめとする、野菜不足が原因の病いを防ぐものだったからだ。南北戦争でのレーションの中に、間もなく塩やコショウといった調味料が加えられて行くことからもそのことがわかる。しかし、それを本当に必要としたのは、わずかな間だった。缶詰の食材が調理済みの食材を封入するようになるのは、そうたいした時間は必要ではなかった。

iii　缶詰による味覚の統一

缶詰の既製の味わいに、兵士たちは慣れ親しんでいった。いや、それ以上に缶詰で食べる料理が、本来はそういう味のものなのだと心と肉体に刻印されるようになる。戦後、彼らはその味を味蕾や消化器に刻み込んで帰郷する。この味覚の統一経験は、何も缶詰によるばかりではなかった。

明治初期、イギリスのポーツマスに留学した東郷平八郎が、彼の地で味わった「ビーフシチュー」を再現しようとして海軍に作らせたのが「肉じゃが」で、むろん陸軍にもすぐにこのレシピが伝わり、「肉と馬鈴薯の甘煮」という名前で後々まで伝えられていった。また海軍では、この「肉じゃが」にカレー粉を足した「海軍カレー」を発案。肉じゃがとカレーとの素材がほぼ共通であったことからの発想のようだ。この肉じゃがやカレーが、やがて除隊した兵たちによって全国に広められていき、今も日本人の好物の筆頭に上げられる人気惣菜となっていったのと、よく似ている。

第一次世界大戦でアメリカの兵士たちの舌に記憶されたのは、ミートローフだった。兵站もトラック運送が可能になり、戦場までの輸送が遥かに簡単になった。また同盟国からの物資も多く集めることが出来たし、兵舎では温かな食事も供給することが出来た。そしてアメリカ兵たちは生き延びた幸運と、経済的で誰もが好きなミートローフという料理とともに、故郷に帰っていった。こうして「ミートローフ」は、アメリカの国民食になっていった。

アメリカ大統領の好物料理を集めた『ザ・プレジデンツ・オウン・ホワイトハウス・クックブック（*The President's Own White House Cook Book*, 1968）』と、彼らの奥さんが亭主のために大統領官邸で作ったろう、いや、専属のコックに指示して作らせたろう数々のレシピと実物の写真の載った大型の写真本『ザ・ファーストレディ・クックブック（*The First Ladies Cook Book: Favorite Recipes of All the Presidents of the United States*, 1969）』というのを持っている。掲載されている好物料理は初代ワシントンから第三七代ニクソンまでだが、その後改訂版などではもっと後世の大統領の好物も網羅されているのかもしれない。

その中に、朝食のメニューに見られる「コンビーフ・ハッシュ」の好きな大統領がいる。それが第三一代のハーバート・フーヴァー〔図㊿〕である。その写真を見ると、巨大なかまぼこ兵舎のような趣がある。ホワイトハウスだからきっと大勢の人のために作ったのだろう、と思うしかない大きさである。大統領官邸の晩餐会のメニューが「コンビーフ・ハッシュ」だとしたらいったいどんな感じなのだろうか。皇居に呼ばれて、豚汁とアジの干物にホウレン草のおひたしが出てくるようなものだろうか。アメリカでならこういうことはあり得ても、日本ではけっして起こるはずがない。

フーヴァーは、アイオワ州の熱心なクエーカー教徒の家に生まれた。両親を早く亡くし、一一歳の時に叔母に一〇セント玉二枚を服の内側に縫いつけてもらい、昼食用のサンドウィッチを持たされて単身、大陸横断鉄道で親戚の住むオレゴンに向かった。そこで彼は、言うところの「セルフメイド・マン」として自分で学び働き、口を糊する生活から大きく成長していった。調べてみても、彼に第一次大戦での軍歴は見当たらない。その代わり鉱山技師として世界を渡り歩き、特にオーストラリアでは鉛鉱の開発で名を上げる。鉱山の採掘現場での集団生活が、彼にコンビーフ・ハッシュの味を覚えさせたのではなかろうか。大統領としての彼は、取り立てて輝くような業績は見当たらない。しかし彼は、鉱山調査で中国にいた時に義和団事件に遭遇し、彼らに一カ月も包囲された経験を持つ。その時、彼は懸命に中国人の子供たちを守ったことで知られている。また、商務長官在任中の一九二一年、ロシア革命でのロシア人や第一次大戦後の悲惨な生活を余儀なくされているドイツ人たちに、食料援助を行っている。敵の人間でもいったん戦いが終われば助けの手を伸べるという、いかにも「山上の垂訓」を実行しようとするクエーカー教徒らしい人類愛の見本のような人物だった。

このフーヴァーの好物料理を見て、おそらく日本のお偉い人なら、もっと凝った料理、手が込んで珍しく、高価で美味極まるものを、と想像することだろう。だがこのことは、アメリカには「身分」の上下がないことを教えてくれる。地位の上下、階級の上下はあっても、生まれ育ち、趣味、嗜好、そして教育によっての上下はない、と建前としてはそうなっている。少なくとも、食に関しては、身分差がない。

先にも書いたように、アメリカ軍の野戦用糧食として、CレーションのMユニットが有名だが、先の三つの基本ユニット以外に兵士たちの人気や、より栄養的に、また満腹感、充足感を考慮して、いくつかの新しいユニットが提供されるようになった。

たとえば一九四三年には'Meat & Spaghetti in Tomato Sauce'が加わったが、これは「スパゲティミートボール」である。一九四四年後半には'Chopped Ham, Egg, and Potato'が加わり、このチョップド・ハムはランチョンミートのことだろうと思う。その他、チキンヌードル・スープの水分のずっと少ない、むしろ肉とヌードルの煮込み的なのが'Meat and Noodles'であり、ジャンバラヤに近いのが'Pork and Rice'だと思われる。

塩漬けの豚肉を使うのが「ポーク・アンド・ビーンズ」だが、なぜかこの料理はカウボーイ時代から男たちには評判が悪く、当時は大鍋に何度も煮返しているせいか、TVシリーズの『ローハイド』でも、コックのウィッシュボーンが作るこの料理を一口食べたカウボーイたちがペッと吐き出す場面が何度も出てきたものだ。もう少しヴァラエティに富ませて、ポークを別のものにして目先を変えようとしたらしいのが、'Frankfurters and Beans'だったり、'Ham and Lima Beans'だったりした。兵士たちに評判が悪いとされた'Meat Hash'は間もなく姿を消したらしい。

沖縄は金武の町の米軍放出品の店で買った、オリーヴ色の缶詰のCレーションのMユニットは、サバの水煮缶ぐらいの大きさだったと思う。こんなものであの大柄なアメリカ兵たちの腹を満たせるのかと思っていたが、どうやら昼食用、夕食用など缶の大きさにもいろいろあるらしい。中身のことはよく覚えていないが、「ビーフ・アンド・ヴェジタブル・シチュー」は市販されている「チャンキービーフ」に似ている。「ポーク・アンド・ビーンズ」や「ミート・アンド・スパゲティ・ウィズ・トマトソース」は市販されている「ボイ・アルディ」の「スパゲティ・ミートボール」と同じだったように思える。

缶詰の中身はいろいろあるけれど、中でも「スパゲティ・ミートボール」が兵士たちには好評だった。このミートボール、缶詰ばかりでなく、兵舎での食事でも大きなバットに山盛りにされて、兵士たちの食欲をそそった。ポークチョップやフライドチキンもメインディッシュだったが、このミートボール・スパゲティにパンさえあれば兵士たちの腹は充足できた。これらは食事を出す側にも、出される側にもありがたいことだった。特に、アメリカ人はトマトソースが大好きで、アメリカ中どこででも同じ味なのが、その証拠と言えるだろう。今も地方の小さなイタリアンレストランや普通の食堂で、この手のイタリア風トマトソースのヌードルを注文することがある。なぜか懐かしく、ホッとする気持ちになるが、しかしぼくはその日一日中胸焼けに悩まされる。

フライドチキンやポークチョップ類につきものなのがマッシュドポテトで、これは帰隊時間に遅刻した、といった程度の比較的軽度の軍紀違反者への罰として、大量のジャガイモの皮をむかせるということでまかなっているところがあった。このことは戦後、進駐軍から流れて来た漫画本、主として兵隊たちの生活を皮肉まじりに面白おかしく描いたもので、横一五センチ、縦一〇センチ、厚さ一センチほどの横長のカートゥーン誌によく取り上げられていた。ジャガイモの山の前に座り込んだ兵士がひたすらその皮をむいている横で、同僚らしいのが一言、たとえば訓練か実戦かで、ともかくへとへとになった男が、「おまえは楽でいいよな」と、違反者を羨ましがっている、というのや、「おまえよく飽きないなあ」と言っているものもある。ともかくそういったパターンが一つのジャンルをなしていた。その中で今もよく覚えているのが、自分の身体が隠れるほどに積み上げたジャガイモに立ち向かい、横のボウルにこれまたむき終わったのを山ほど積み上げながらもまだ懸命に皮むき作業をしている兵士に向かって、葉巻をくわえ、まるで「ポパイ」に登場するブルートを思わせる男――いつも小さなことでルールを無視するタイプの男で、前掛けを掛けているから料理係の曹長か何からしく、太い二の腕にはハートと矢のおなじみのタトゥーがあり、Tシャツもエプロンも汚れたまま――がこう言っている。「しかし、うまいもんだなあ」そしてこう続ける。「おれも今度生まれてくるなら、アイリッシュになりたいよ」と。

これを見た頃、ぼくにはほとんど意味がわからなかった。ジャガイモの皮むきが刑罰であることも、アイルランドではジャガイモが主食であることも、また多くのアイリッシュがアメリカ兵として戦場に出て行ったこともぼくの知識にはなかった。今その意味がわかり、そして納得できるようになった。

かくして兵たちは、大量のジャガイモに馴染んでいくようになる。それはたとえば、コンビーフ・ハッシュのような主食にもなり、また朝食や他の肉料理のサイドディッシュとして、あるいは付け合わせのフレンチフライやフライドポテト、マッシュドポテトやベイクドポテト、そしてスナックとしてのチップスやシューストリングス、シチューやスープの具材としてのポテトを生まれたときから食べていたかの如く馴れ親しんで、除隊後彼らは、そういった料理を故郷に持って帰ったのだった。そして今となっては、料理法や味わいがどうであれ、ジャガイモがなければ食事として画竜点睛を欠くというか、食事としてどこか落ち着かない。すなわち肉とジャガイモこそが「アメリカ人」の本質的な食べ物であり、そのストレートで剛直で、味に揺るぎがなく――ということは、誰が作ってもほぼ似たような味になり、それ以外にはおよそ考えられないような不動、不滅のアメリカン・クィジーンを信奉する「ビーフ・アンド・ポテトマン」の食になってしまうのである。

軍隊での食の影響ということを考えると、どうやら「集団による学び」が、彼らアメリカ人の食と密接に関わっているのではないかと思われてならない。開拓者たちの集団移住、カウボーイたちの牛追いの集団移動、「リヴァイヴァル運動」と呼ばれる宗教的覚醒を目指した集団キャンプ、鉄道、運河、炭鉱、ビル建設などの集団で携わる労働現場、そして軍隊——そういうものが彼らの舌を平均化していったのではなかろうか。誰一人特別な食を与えられることなく、出来合いの、しかも、そのどれもが至極簡便な料理であるということが、これまた大切な要素だ。実際、そういう集団の現場では手の込んだ料理など望むべくもなく、したがってその味わいは一律で平板で、悪く言えば奥行きがない。しかしその方が、あらゆる国からの様々な個性と味覚経験を持った移民の集団には受けがよく、安心だったのではないかと思うのだ。

ここまで書いてきて、実はアメリカ人というのは「野外」の人なのではないかと思い当たったりもする。移民や開拓民として外からやって来て、そして鉄道という移動の手段を建設し、軍隊では野戦に従軍し、家に閉じこもるのではなく、流れ行く人びとを作り出すハイウェイというシステムを生み出し、自らも移動し続ける人びと、そういったところで工夫された野外や移動の食を、不便な食環境として甘受するのではなく、むしろ積極的にその野外の食を「目的」として洗練させ、同時にそれを楽しみたいために野外生活をしたがるのではないかとも思える。

この後でも触れようと思う簡便食への志向、冷凍、冷蔵、乾物、燻製、缶詰、瓶詰などへの志向、そして買い溜め、買い置き、これらは「定住」に対する不安、不満、あるいは疑念といったものに根ざしているのではないか。それが食だけでなく、他の国ではあまり目につくことのない、アメリカ独特とも言える移動文化――ロードノヴェル、ロードムーヴィー、ロードミュージックなどを生み出し、愛好する理由でもあるのではないか。

そういう人びとが作り上げ、育て上げていった「アメリカ食」は、確実に他の国とはどこか違う方向に進み、他の国にはない特殊な食を生み出していったのだ。

第二章 アメリカの食を特殊なものにしたいくつかの要素

序　蒸気の世紀、電気の世紀

あたりには青い影が少しずつ忍び寄りはじめていたが、フロントグラスから上空を眺めると、まだ明るく光っていた。遠くに細い雲があり、それが黄金色のペンキをひと刷毛《はけ》したように輝いている。それが高空を飛び去った飛行機の飛行機雲だとわかって、不意にホームシックがぶり返す。といって、どこに帰りたい、という具体的な望郷感ではない。家に戻りたいのでも、家族が恋しいのでも、日本という国、そこでの料理、人の感性、やさしさ、頑固さ、奥床しさ、などに触れたいのでもない。そういうところではない、どこか。そのどこかの空気や風が無性に恋しくなる時間だった。

夕陽が沈むのと競争するかのように、ほとんど行き交う車のない夕暮れの道を走っていた。スピーカーから流れてくるラジオの音もそぞろに、このホームシックを呼び起こすものの正体はいったいなんなのだろうと考えていた。そしてある時、ぼくにとってホームシックの出どころは、過去のアメリカなのだ、と不意に気づいた。

一九五〇年代だろうか、あるいは戦争の終わった四五年頃からだろうか。ノーマン・ロックウェルの絵にあるようなアメリカン・ファミリーの風景が、ぼくの心のどこかに温かいものを点し続けている。その時代にアメリカにいたこともないし、その時代の何かを詳しく知っているわけでもない。けれど、懐かしい。デジャ・ヴのように、まるで実際にそこにいたかのように、ただ思うだけで胸苦しくなる、どこかの風景。

秋の日、冬支度を始めたアメリカ中西部の小さな町のたたずまい——木造平屋建ての横壁に作りつけられた石積みの煙突に沿って、暖炉用の薪が綺麗に積み上げられているのを見たり、感謝祭やクリスマスのローストターキー用なのだろうクランベリージャムを煮詰めている香りが漂う中をドライヴしていくのは、なんとも言えないやるせなさを感じる。そういう生活をしたこともないのに。この季節のアメリカの田舎町は、確かにホームシックを誘う。

そんな感傷に似た気分は、こういったセージブラッシュの散らばる乾き切った荒野に似つかわしい。夕暮れのドライヴは、疲れもあるのだろうけれど視界が狭くなるように思える。だから、意識的に視野を拡げるようにして、自分も含めた辺りの風景を大きく眺めるようにする。昼間と違って、景色は向こうから目の中に飛び込んできてくれない。全体が背景のように拡散してしまう。そこでことさらに目を見張るようにして、フロントグラスの先を見つめる。右手のずうっと奥に、黄金色の糸が風に吹かれるように延びているのが、一瞬、見えたような気がした。二、三度瞬きをしてもう一度目を凝らす。それは電線だった。四、五本の黄金色の筋が、夕陽に映えて美しく延びている。

アメリカの電線は、電気機関車のためではない。アメリカには電気機関車はないと言ってもいい。あの広大な土地に電線を張り巡らせるのは、土台無理な話だ。そこで重油を燃料とするディーゼル機関車の登場となる。その動力車を、彼らは「パワーユニット」と無機的に呼ぶ。乾燥した風土なのだ。感性の乾湿の具合が違う。

エアコンの空気が辛くなってウィンドウを巻き下ろすと、シュッと音のするほど乾燥した空気が吹き込んでくる。唇が、あっという間にかさかさになるのがわかる。その乾き切った空気が、ぼくらが日本の機関車に感じるのとはまた質の違う感慨を生むのだろう。

黄金色の電線は少しずつ近づいてくる。その電線を支えているのは木の電柱だ。コンクリート製の電柱は、都会ででもない限り見たことがない。鉄塔のようなものもないではないが、ぼくの走る平原で出合う、そしてたいがいの町で見かける電柱はみんな太い木材ばかりだ。興味を引かれるのは、その電柱の形状だ。たいがいは、普通の十字架。横棒が縦棒の上の方に位置している一般的によく見る十字架で、「ラテン十字架」と呼ばれているものだ。時には横棒が一番上につけられた、ローマ字のTの字型の「タウ十字架」もある。好きなのは、横棒が上の方に二本つけられた直立の「キ」の字のような、「パトリアーカル十字架」と呼ばれる十字架だ。十字架の形によって電線の数が違う。タウ十字架ではせいぜいが四本、ラテン十字架だと四本から六本、パトリアーカルなら八本から一二本だろうか。

ごくたまに時間があれば、その電柱の列沿いに走ったり、その一本の根元に車を停めて電柱を見上げ、風が鳴らす電線の口笛を聞いたりする。そういう時、必ず聞こえてくる歌がある。一九七〇年代初期にヒットしたジム・ウェッブの「ウィチタ・ラインマン」だ。カンザス州ウィチタ周辺の電線工事をしている男を歌ったもので、六〇年代後半独特の心が広がるようなメロディが、電柱の上で働く男の寂寥をあらわしていて秀逸だ。そのメロディを小さく歌いながら歩き回っていると、電柱の根方に交換の終わった緑色のガラス製の、使い古した碍子《がいし》［図51］を見つけた。捨てられていたものの大半は、無理に取り外したせいか、半分に割れたりしていたが、中にまったく無傷で綺麗なのがあって、重いのを承知で拾ってきた。今、それは本棚の片隅にあり、ごく時たま分厚い本を開く時の文鎮に使ったりしている。

夕陽の荒野の一人きりの退屈なドライヴで、この黄金色に輝く電線を見るたびにおふくろの言葉を思い出す。子供の頃、今より電気の供給が不安定だったのか、時たま停電することがあった。台風や地震のせいで電柱や配電盤、送信所がどうかなったわけでもないらしく、五分か一〇分もすればすぐに明かりは点いた。その時彼女はいつも小さな声で、

'Thank you Mr. Edison'

と呟いたのだった。エジソンさんありがとう、と。それはアメリカやカナダでよく使われる言い方なのかどうか知らない。しかし、おふくろの口調には照明のありがたさ、その明かりをふんだんに使えるようにしてくれた発明王エジソンへの率直な感謝があった。トーマス・エジソンは発明家というより、発明工場経営者でパテント取得の代表者にすぎなかったのではないか、と考えるぼくにとっては、彼女のイノセントな喜びが今はまぶしく懐かしい。

黄金色に輝く電線の筋から目を離し、ぼくのいつもの癖、車を運転しながら深いもの思いに耽る——。

ぼくが今こうやって自分の興味を充足させるためにアメリカ中を旅していられるのは車のお陰だ。車はガソリンを必要とする。オレゴン州以外ガスステーションはセルフサーヴィスで、日本よりも遥かに安いガソリンをガロン単位で入れ、虫のこびりついたフロントグラスを水で洗い流し、時々オイルを見、空気圧をチェックし——これが大切で、これから行く先々の土地柄によっては適正な空気圧でないと、タイヤがバーストしたりすることがあるからだ。ハイウェイに裂けたタイヤの黒いくずが落ちていたら、運転は少し慎重にした方がいい。だから空気圧をチェックして金を払い、またハイウェイに戻っていく。思いは、ガソリンエンジンのことへと漂っていく。

アメリカの車は駄目だ、という人がいる。駐車場を見れば、それがよくわかると。スーパーマーケットでも郵便局でも、政府の機関でも図書館でも病院でも、さらには警察署に駐められているパト

カーの下にも、オイルが洩れた黒い染みがついている。どれほどエンジンやブレーキやらのネジをきつく締めようとも、彼らの車からはオイルが洩れる。アメリカ車が駄目だという人は、口を極めてそう言う。なるほどと思わざるを得ない。日本の駐車場のどこにも、そういう黒い染みはない。

だが一方、たとえば西海岸のポートランドかシアトルの空港で車を借り、そこから内陸へ向かう。どこへ行くかはその時の旅の具合だけれど、ともあれ、一カ月以上も毎日毎日、朝七時から夜の七時頃までおよそ一二時間、その間にエンジンを切るのは合計三時間ほどだろうか。残る九時間はエンジンと車輪は回転しっぱなし。そういう車の旅で、これまで一度もトラブルにあったことはない。アメリカの車は、よく走る。まるで健気なラバのようにタフで、アパルーサ・コルト(馬)のように俊敏だ。アメリカの車が、ぼくは嫌いじゃない。

ガソリン自動車を発明したのはカール・ベンツで、一八八五年のことだ。それまでの、燃料のガスを電気点火装置で爆発させ、その勢いでピストンの上下運動を回転運動に転化するという実用的な2ストローク・エンジンは一八五九年、ベルギー生まれの、ジャン＝ジョゼフ・ルノアールが発明した。ゴッドリープ・ダイムラーは燃料にガスでなくガソリンを使った霧吹き型キャブレターを備えた内燃機関を作り出し、二年後の一八八五年、この小型4サイクル・ガソリン・エンジンを使った世界初の自動車を世に送り出している。ほぼ同時期にカール・ベンツも同じような発明をし、同じような自動車を作り出しているので、現在ガソリン動力自動車の発明という栄誉に関して、両者は同列に置かれている。

一九世紀の終わりに登場したこのガソリン・エンジンの前は、蒸気を動力とした。木材や石炭などを燃やした熱で蒸気を生み出し、その蒸気の力でピストンを動かすレシプロ機関と、蒸気を直接歯車に当てて回転させるタービン機関との二つがあった。ジェイムズ・ワットが蒸気機関を創案した(厳密に言えば改良）のは一七六九年だから、それ以後の一四〇年ほどは蒸気の時代で、ぼくは一九世紀は「蒸気の世紀」だと考えていた。だから、ガソリン・エンジンが発明された一九世紀末から二〇世紀末までは「ガソリンの世紀」であると独り決めした。ところが蒸気エンジンは、二〇世紀半ばまでかなり有用で、十分機能していたから、ガソリン機関と蒸気機関とは同時に活躍していたことになる。

ガソリンやガスや石炭といった化石燃料を、動力や暖房や調理に利用することは二〇世紀になっても変わらない。だが、二〇世紀に入って熱エネルギーをもう一つのエネルギーに変換することを人間は考えた。電気である。可燃性の何かを燃やすことによって得られるエネルギーを直接使うことを、便宜上、「一次エネルギー」とぼくは整理した。その一次エネルギーを使って、また別の利用可能なエネルギーを生み出したものを「二次エネルギー」と呼ぶとしたら、その典型が「電気エネルギー」だろう。電気は汎用性の高いエネルギーで、光を発すること、熱を発すること、通信の手段に使えること、化学分解によってさまざまな化合物を作り出せること、加えてエネルギーを蓄積することも出来る。まさに電気は二〇世紀のエネルギー、すなわち二〇世紀は「電気の世紀」だと言ってもいい。

この電気エネルギーは今のところ究極のエネルギーで、この先当分の間はこれを凌駕するような便利で強力、使い勝手のいい、汎用性の高いエネルギーは見つからないだろうと思われる。問題は作り方で、これまでのように化石燃料を燃焼させてタービンを回して得るやり方では、副産物に悩まされることになる。二酸化炭素や亜硫酸ガス、窒素酸化物などで大気を汚染し、その結果、酸性雨を降らせ、粒子状物質によって呼吸器障害を起こしたりする。むろん、これまでも物質を燃焼させない水力発電などもあったし、波力、潮力などによる発電も研究されている。最近とみに注目を浴びている風力や太陽光、バイオマスや地熱発電などもある。

目の前に、何度も見た光景が甦る。低い丘を回り込んでいくと、突然目の前の斜面全体に白い風車が林立しているのに出くわすことがある［図52］。丘一面が白っぽく光り、よく見るとその一つ一つが巨大な風車で、それがゆっくりゆっくりと三枚羽根を回している。その羽根が風を受けて回転する音が低周波音になって、ヴァンヴァンと音というよりも低い衝撃が、カッキリとは感じられないながらも身体と心の奥に深い振動となって運転している車にも伝わってくる。

あるいは、谷を下った先の薄茶色の砂礫の平原全体に、ギラリと輝く広大な鏡面に出くわすこともある。太陽光発電の受光パネルの、光る湖面のような風景だ。時に遠く、ずんぐりと驚くほど太い煙突状の建造物を見ることがある。形はいろいろだけれど、あちこちの土地で見かけるそれらは原子力発電所に違いない。

二一世紀、ぼくらにとっての新しいエネルギーは、と考える時、いつも自然エネルギーと原子力エネルギーの二つに言及される。しかしそれらはどれも、帯とたすきの関係のように思える。自然を利用して作るエネルギーは、薄い、と聞く。それがどういう意味なのか、なぜそうなのか、どうしたら「濃く」なるのか、何も知らない。エネルギー効率が悪い、ということではなく、ただ「薄い」ということらしい。それがわからない。味噌汁の出汁が薄い、というのと同じなのだろうか。原子力発電に関しては、もう何も言わなくてもいいだろう。袋小路である。先行き明るい道が見えてこない。後始末にも、何の算段もない。そっちはもう諦めて、自然を「濃く」することを考えた方がいい。他にもシェールガスやオイルサンド、メタンハイドレートなどの新しい化石燃料も登場しているが、いずれにしても汚染問題からは抜け出せない。

ともあれ、電気の登場によって、ぼくたちの世界や文化や生き方が変わった。それはいいことだったと同時に、悪いことであったかもしれない。ただはっきり言えるのは、少なくとも「アメリカの食」は、電気によって大きく変わってしまった、ということである。世界のそれとは大きく違う、特殊なものになってしまったのは、電気のせいだということだ。

電気の登場によって「食」が変わったのは、なにもアメリカばかりではない。世界中の家庭料理と、レストランの料理法とが大きく変わった。だが、たとえば日本を見てみると、どうも電気調理器具に関してはかなり消極的な方ではないかと思えてならない。手間をかけること、時間をかけること、食材や原料にこだわること、それぞれの食材にはそれぞれに適した調理法があるのであって、何でも一緒くたに、一律に処理してしまうことには抵抗があること、ようするに人が心と身体を惜しみなく使って料理をすることこそ本来の食なのだ、という思いが、まさに信仰のように人びとの心の底に重くあるようだ。それに比べるとアメリカは、料理に関してはもっと軽い心を持っているように思える。大きなこだわりがなく、時間も手間も出来るだけかけない方向に頭が進んで行っているようだ。

もっといえば彼らは、機械を使うことに抵抗がない。思えば、この国の開拓時代、人びとは広大な農地を人力で耕すのは労力も時間もかかりすぎるということに悩んでいたという事実がある。

一八三一年、ヴァージニアのサイラス・マコーミックが馬力を用いた小麦の刈り取り機を発明した。一八五一年の英国で行われた世界初の万国博覧会でマコーミックの刈り取り機が出品され、雨や風によって倒された麦穂をも何の苦もなく引き起こして刈り取るその性能の良さに、世界中の人びとは驚嘆した。そういうことからも、アメリカ人は機械を使いこなすこと、機械と仲良くやって行くこと、機械とともに生きて行くことをよしとするようになったのではないか、と思われてならない。

もうひとつは、彼らが――と、ひと括りに出来るわけもないのだが、どこの国の出身の人でも「アメリカ人」になったその人びとは、なぜか不器用であるようだ。アメリカに渡った世界中の人がすべて不器用であるとはとても思えないのだが、しかし、なぜか「アメリカ人」となると、不器用の烙印を押されることが多い。商品の梱包ひとつとっても、ぐちゃぐちゃで、結局はバサッと袋に入れるだけ、という人が多いのを見てもそのことは当たらずとも遠からずだろうと思う。だから、機械に頼る。機械に任せることに抵抗がない。日本人は器用だ、と言われることと対照的だ。

夕闇が濃くなってきていた。もう電線も見えない。ハイウェイに戻ると、町の灯が近づいてきて、温かそうなコミュニティの存在を教えてくれる。「サンキュー・ミスター・エディスン」と声に出してみた。

そろそろホテルを探すべき時間だった。今夜は何を食べよう。いいレストランが近くにあればいいのだけれど……。ハイウェイの出口近くに、この出口を降りたらこんなモテルやこんなレストラン、こんなガスステーションがある、と教えてくれる標識を見て、良さそうだ、と勘にまかせてEXITから出て行く。

ふいに一日の疲れが、車の中に満ちていることに気がつく。アクセルも、少し重くなったようだ。

1 スーパーマーケットがアメリカの食を変えた

i ゼネラルストアからスーパーマーケットへ

長い旅が続くと、朝も昼も夜も、何日も何日も、朝食堂やらランチカウンターやらレストランバーやらで食べることに飽きることがある。想像できるメニューに想像できる味、想像できる笑顔に想像できるサーヴィス、そういうものにうんざりすることがある。

一日の長いドライヴが終わって、ようやく見つけたモテルにチェックインし、荷物をほどき、顔と手を洗い、口をすすぎ、一瞬だけ靴を脱いで脚の指をひらひらさせ、伸びをし、それまでカーラジオから流れていた歌を一節……さて、と考える。どこかに食べに行くのも億劫だ。モテルによっては、部屋にデリヴァリーしてくれるピッツァやハンバーガーやパスタ類のメニューが置いてあるところもある。でも、よほどのことがない限り、頼まない。これまで一度も、その、よほど、のことがなかったから注文したことは皆無なのだけれど。では、どうするかというと、買いに出かけるのである。

ハイウェイのインターチェンジ近くで、モテルが何軒かあるところなら、たいがいは大きなスーパーマーケットがある。足を踏み入れた途端、煌々たる照明と過剰な空調、人を焦らせるような特売のお知らせと業務連絡のアナウンスとBGMが誘ってくる。さらには、音を立ててうなる冷凍庫や、肌を熱するようなロースターオーヴン、野菜果物の陳列棚への水しぶきを上げる自動霧噴器など、まさに電気の恩恵の殿堂と呼ぶにふさわしい。そういう中、通路《アイル》を歩きながらいつも、この物質の豊かさの象徴のような店が、どうやってこの世に生まれてきたのだろうかと考える。それまで町の商店街にあった、家族経営の小売店を駆逐することになった悪の元凶であるように思われがちな、この大型店舗がなぜ生まれてきたのか。やはり経営優先、資本の論理、金儲け主義、拝金思想の賜物であると片付けてしまうのは簡単だ。そうなのか、スーパーマーケットはやはり商習慣と食べ物のあり方、人の生き方を変えてしまう悪しき進化に過ぎないのだろうか。

しかし、スーパーマーケットの肉売り場の巨大なサーロインの塊やバットほどもあろうかというソーセージ、手入れがいいとはけっして言えない野菜売り場、小さくしなびたようなモモやネクタリン、同じく小粒ではあってもそれなりに輝いているリンゴやオレンジ、そういうのを眺めながら、スーパーマーケットこそがアメリカの生活、文化、そして食を変えたのだと、あらためて思い知らされる。いや、反対だろう。アメリカ人の生活の変化が、スーパーマーケットという新しい販売店を欲したのだ。

アメリカのスーパーマーケットは、巨大だ。たいがいは通りすがりか、夕食をあわてて買いに行くために寄る程度のことだから、寒くて広くて、人の少ない通路を小走りにうろうろすることが多い。昼間、通りがかりに寄るのは日用雑貨売り場が目的だ。地図の小さな字を読み取るための虫眼鏡、それもライト付きの拡大鏡だったり、乾電池や＋２・５か３ぐらいの度のリーディンググラスだったり、ダッシュボードに貼る、この先の道順を書くための糊付き付箋紙、心細くなってきたシャープペンシルの芯などなど、ほとんどが文房具関係だ。いや、思いがけずに舌を噛んでしまって出来た口内炎用の塗り薬や、ホテル備えつけのシャンプーがどうしてもいやで、そしてあまりの乾燥で明らかにぱさついてきた髪のために少しはいいかと思える「ニュートロジーナ」のシャンプーとコンディショナー、人から頼まれていたことを思い出したその州の詳しい地図……そういったものを初めて入ったスーパーマーケットで探し出すのは、実に大変だ。広大な迷路を走り回るようにうろつく。ＴＶ番組でこういうゲームがなかったろうか、と追っ手が来ないかと後ろを振り返ったりする。

食べ物のコーナーがあり、飲み物が陳列されているコーナーがあり、雑貨や衣料、医薬品、化粧品、書籍、文房具類などがごく普通のスーパーマーケットの扱い品目だろう。日本の場合、「スーパー」の大半は食料品が中心で、むろん中には全国展開の大きな企業が経営するような大型店舗で幅広い商品を扱っている店があるけれど、アメリカのそれは総合商店と専門商店との両方があるように思う。食品を中心として、雑貨、衣料、文房具、薬品類、時に大工道具など生活全般の商品を扱う店は、開拓時代以降に各コミュニティに根を下ろし、町の中心となり、人びとの交流やオピニオンの集積場所ともなった「ゼネラルストア」から発展したものだ。

様々な商品を取り揃えて、村や町のコミュニティの中心として「何でも扱う」店として開拓時代から存在感を強めてきたゼネラルストアは、なるほど今のスーパーマーケットの祖先であることは間違いがないだろう。しかし、ゼネラルストアがそのまま現在のスーパーマーケットへと直線的に進歩していったのかというと、少し違う。ゼネラルストアが、スーパーマーケットになるには、ある一つの要件が不可欠だったのである。しかし、多くのゼネラルストアはその要件を満たすことが出来なかったがゆえに、やがて袋小路へと踏み込んでいくことになった。そしてこのことは、現在の、日本を含めて世界中の小売店の不振、行き詰まり、ひいてはシャッター通りを生むに至る、客の購買意識の変化について行けない店のあり方を示唆しているのだ。

多種多様な商品を大量に展示して、客のヴァラエティに富んだ購買意欲に応えようとした最初は、一八四八年、ニューヨークはブロードウェイにアイルランド系移民のアレグザンダー・スチュアートの開いた「マーブル・ドライグッズ・パレス」だとされている。「ドライグッズ」とあるから、乾物を主に扱っていたのかもしれない。デパートメントストア、日本語の「百貨店」の登場である。その後、この手の大規模小売店舗はエスカレーターの設置やショウステージ、美容室、ルーフガーデンなどの人を惹きつける設備なども充実させて、ただ「売る」以外にも客たちに娯楽や楽しみをも提供するようになる。かつての「三越デパート」の「三越劇場」や「大食堂」、屋上庭園や屋上遊園地、エレヴェーターやそれを操作するエレヴェーターガールなどに客たちが魅了されたことを思えば、町のデパートメントストアのあり方がよくわかる。やがて、地下に安売りのコーナーが設けられるようになり、それが大人気で、集客の大きなポイントになってくると、その「安売り商法」に目をつけて、全店一律の「五セント・一〇セント均一」の安売り店にしたのがフランク・W・ウールワースだった。彼は、一八七九年ニューヨーク州ユーティカで第一号店をオープンし、その後は全米有数のチェーン店に発展させていく。

しかし、これらのデパートメントストアやバーゲンセールストアは、後のスーパーマーケットを生む一つの要素ではあっても、直接の祖先ではない。スーパーマーケットは、それまでなかった形式の販売法を生み出したところがユニークであり、その方法がその後天下を取り、今も興隆の続く要因となったのである。その一世を風靡することになる最大の理由は、一九〇一年に現在の「ナビスコ」(ナショナル・ビスケット・カンパニー)が特許を取った、'Inner seal package'だった。今のナビスコの白いクリームを挟んだ二枚のチョコレートクッキー、「オレオ」も、箱の中に丸い筒型のワックスペーパーで包まれ密封された袋に入っている。このワックスペーパーの包装が「インナーシール・パッケージ」とか「インナーシール・ラップ」と呼ばれるものだ。一九〇一年二月二七日付けの『ミルウォーキー・ジャーナル』紙や九月九日付けの『サン』には、本特許の広告が載っている。この、湿度や埃、水分、軽い衝撃にも耐えうる包装法の出現によって、それまでの多くの商品が小分けにしてパッケージされて店頭に並ぶことになった。

アメリカの小売店は初期のゼネラルストアの時代から、扱う商品のほとんど、灯油から釘、服の布地まですべて量り売りだった。したがって客との商品の受け渡しに店員や係員が介在しなければならず、それ故その時代の商店を中心とする日常的なコミュニケーションの場としての役割が大きかったことを教えてくれる。ゼネラルストアは辺境の地や僻地での万能店舗として、様々なジャンルの品揃えに留意はしたが、同一商品の種類となると多くは望めなかった。むしろ「一品種一商品」というのがごく当たり前のことだった。周辺の人口が増えるに従って店舗は拡大し、売り場面積も拡がっていった。その状況の中で品揃えは増えはしても、一品種一商品の原則は変わることはなかった。その量り売りシステムに対する大きな変革は、「ナビスコ」が特許を取得した「インナーシール・パッケージ」によってもたらされた。

それまでの商品は、大きな樽に入れられたり、大きな反物は丸めて棚に収められたり、ヴィネガーオイルは大型の瓶を担ぎ上げるために口元に指を入れる輪っかを作りつけた「グロウラー」と呼ばれる瓶に入れられたり、ラードやワセリンなどは大型の円筒形の金属缶に入れらていた。それが、この発明によって商品のそれぞれが小分けされて小さくパッケージングされて棚に並ぶようになったのである。このインナーシール・ラッピングが特に有効だったのは、粉末や顆粒、菓子類やキャンディなどで、それらは真っ先に個別包装されて売られるようになり、客はそれまでよりずっと買いやすくなった。買いやすい、という中には、実はプライヴァシーの問題も含まれていた。誰それの家では、確か一人住まいのはずなのにかなりの量の小麦粉を買っていった。誰か一緒に住んでいるのだろうか、といった、あらぬ憶測や噂話に悩まされることが少なくなったのだ。

これは同時に、一品種一商品システムからの脱皮であった。客は何種類かの同種の商品から、その商品の質、その味わい、その意匠、そのものから醸し出される雰囲気のようなものに惹かれて、好みのものを手に取り購買した。この一品種多商品システムの出現が新しい販売形態を生み出すのは間もなくだった。

そしてスーパーマーケットが出現した。

食品や日用品が小分けされて売られていれば、客は自宅から空き瓶や容器や紙や布の袋などを持っていかなくても、手ぶらで買い物に行けるという、それまで考えられもしなかった「購買の自由」がここにはあった。そして、それまでのように店員の手を煩わせての量り売りシステムを脱して、自分が適当だと思われる分量、数量を外気から遮断された清潔な状態で誰もが簡単に手に入れられるというこのパッケージの登場は、そのまま「食」に革命をもたらすものだった。

ii　セルフサーヴィスの登場

しかし一方、商品すべてを店頭に並べて、量り売りあるいは個数売りをする世界もある。ヨーロッパや中東、アジア、それに中南米の各地の、あちこちでの露天や天幕の下の市場、またはスペインのメルカドやイタリアのメルカット、フランスのマルシェ、中東のバザール、ブラジルの移動市場フェイラなどなどで、そういうところでは現代でも個別パッケージは登場する余地がない。それは、こと食品に関してはその方が新鮮であるとか、よけいな手が加えられていないとか、どういう環境でパッケージングされたのか不安であるとか、おそらくはそういう「感じ」、言うなれば一種の信仰のように、その方がいい品物なのだということを信じる気持ちや信じたい気持ちが、こうした形態の店が存続する理由なのだろうと思われる。

個別パッケージ、インナーシール・パッケージ商品が登場したアメリカでは、やがて商店自体も大きな変貌を遂げることになる。それは多種類の商品を大量に揃える大型店舗の出現だった。考え出したのはテネシー州メンフィスに住むクラレンス・サンダースで、彼は個別にパッケージングされた商品や、小麦粉や砂糖などのまだ量り売りされている商品も含めて「セルフサーヴィング・ストア」という新商法を考案し、この名前で特許を取得したのだ。今で言うスーパーマーケットの前身のようなこの店は、「ピグリー・ウィグリー（Piggly Wiggly）」という名前の食料雑貨店で、第一号店はメンフィスのジェファーソン・アヴェニューに開店した。サンダース本人は、この店のあまりの繁盛ぶりに有頂天になり、株に手を出して以降、何度か再起を試みたものの、行方不明のまま最後を迎えたとされている。ただ彼の残した「ピグリー・ウィグリー」は今も健在で、全米一七の州で六〇〇を超える支店があると言われている。だが肝心の発祥の地のメンフィスにはない。かつて一号店があった場所近くに、記念のプラーク（碑）が立っているきりだ。そこで写真を撮った覚えがあるけれど、今はなぜか見つからない。デジタル以前の紙焼きの時代だったから、どこかの本のページの間に挟まっているに違いない。メンフィスにない代わりのように、そう遠くない同じテネシー州のナッシュヴィルには五店舗あって、近くを通ると何も買いたいものがないのに、どこか昔風のスーパーマーケットの匂いに魅かれて、つい寄ってしまうのだ。

この「ピグリー・ウィグリー」が、それまでの大型のゼネラルストアのような品揃えも豊富な店たちと大きく違ったのは、客が自分たちで商品を選べ、好きな数だけ自由に買えるという、セルフサーヴィス・システムだった。この「セルフサーヴィス」は、それ以前の商習慣とは大きくかけ離れたもので、客たちはこの「自由選択制」という購買方法が気に入ったのだった。この新しい商法こそが、旧態の個人商店——さすがに昔風の量り売りから脱して個別パッケージの商品を扱うようになってはいても、それまでの商店では得られない購買の醍醐味になっていくのである。個人商店、個人小売店では、品揃えに限界があった。いや、むしろ専門店化している個人商店では、単一商品の種類、品質は選べても、他の商品を買うためにはまた別の店に行くしかない。その不自由さが、多種類、大量の品揃えの大型店舗を登場させたと言っていい。接客される煩わしさを避け、時間や人目を気にすることなく自分が欲しいものを選ぶことの出来る自由さがスーパーマーケットを生み、繁盛させている理由だろう。

クラレンス・サンダースが見通せなかったのが、店舗の広さだった。初期の「ピグリー・ウィグリー」にもある程度の品揃えの中から自由に選択するという考え方はあったが、それはあくまでも「ある程度」という範囲であった。だが人は、一度この「選択の自由」の快感を経験すると、それをより広めていこうとする欲求に目覚める。品揃えの豊富さは、すなわち店舗面積の広さとなり、それを追求した、今で言う真のスーパーマーケットが誕生したのは、ニューヨーク州ジャマイカに、アイルランド系移民のマイケル・J・カレンが開店した「グロッサリー・ウェアハウス」で、食料雑貨を取り揃えた巨大店舗だった。ただ、巨大であり広大であると、客にとってはまた別の不便さが生じる。自由に、そして好きなだけ選んだ商品を勘定するためにレジに運ぶことが、まず大変だったのだ。そういう悩みを解決すべく登場したのが、「ショッピングカート」だった。

ショッピングカートを発明したのは、広大なスーパーマーケットを世に送り出した、マイケル・J・カレンだという説もあるが、正しくは一九三六年、例のサンダースの「ピグリー・ウィグリー」のオクラホマシティ支店を経営していたシルヴァン・ゴールドマンである。彼はこれを「バスケットキャリヤー」と呼んだ。これで客たちは一度に大量の買い物をすることが可能になった。店舗の広大さが生んだ必然と言えるだろう。そしてこのことは単に、商品を数多く運べて便利である、というだけではなかった。新しい生活習慣を生み出していくことになるのに、そう時間はかからなかった。それはこうした買い物のスタイルから生まれた、必然の結果だった。ようするに大量の食品を購入することができるようになると、買い置き、買い溜めするという欲求を目覚めさせることになったのだ。かくして、巨大スーパーマーケットは、その存在を不滅のものとしたのである。

スーパーマーケットの発展は、町の変化に密接に関わっている。ヨーロッパの産業革命に呼応するように、アメリカは遅れて工業化の波に洗われる。アメリカの各地方都市の中心街は二〇世紀前半、一九四〇年代以前は住宅地と商店街が仲良く同居する、世界中の他の近代都市と同じような様相を呈していた。そればかりでなく、交通の便——資材の搬入、製品の出荷などの流通の効率化、また働き手の居住地区との距離の短縮、いわゆる職住隣接が加速され、さらには近代化の象徴として国威発揚を促す意味もあって、工場や倉庫、駅舎、出張事務所、会社本体などが一極に集中することになった。地方の主要都市、セントルイスやメンフィス、ルイヴィルやシンシナティやクリーヴランドなどでは、その時代の名残として、現在でも町中に煉瓦作りの工場の廃墟――それも巨大な横壁に会社の名前やロゴマークがペンキで大書されていたり、何かの絵が描かれたりしたまま崩れ残っていたり、かつて盛大に煙を吐いていたろう煙突が、ただ宙天を目指して屹立している孤独な姿を見ることがある。それは、壊滅した地上に絶望し、一人天を仰ぐ痩身の巨人のように見える。

『ヴィクトリア朝時代の真実』というイラスト多載の本を持っている。それを見ると、アメリカの都市はその時代、いかに工場排煙による「スモッグ」――この言葉は、最近のものではなく、すでに一九〇五年、イギリスはロンドンの医師、ヘンリー・アントン・デ・ヴォーが、公衆衛生への報告書で用いたものだ。ロンドン名物の霧と煤煙や硫黄酸化物などの工場排煙が混合された「黒いスモッグ」と呼ばれるロンドン型のスモッグに対して、それも一九〇九年、グラスゴー、エディンバラでは一〇〇〇人からの犠牲者を出したことからこの言葉が広まったとされている――に悩まされ、井戸水の汚染、河川の汚濁、都心の交通の混雑――それも当時の交通機関は蒸気鉄道と軌道馬車で、そのあまりの混雑ぶりにラッシュの時には鉄道と軌道馬車との衝突が頻繁に起こり、また荷物運搬用の荷馬車との衝突などで、傷つき、あるいは死んだ馬がそのまま道路脇に放置されていたり、馬車鉄道とぶつかって破壊された荷車の残骸もまた片付けられることなく路傍に打ち捨てられているといったひどい有様だった。それればかりでなく、馬たちの排泄物が大量に道路に堆積し、歩行者にとって都会の大通りはその臭気も含めて剣呑な場所になり果ててしまっていた。それが、二〇世紀初頭のニューヨークなどの大都会の真実の姿だった。

そうした背景の下、都市に大量の人びとが集まってきたが、それらの大半は、都市なら仕事があるだろう、と多くの移民たちが集中してきた結果だった。しかし、仕事を手にできた者はわずかで、失業者、浮浪者が都市に溢れ、落ちこぼれた彼らはスラムを作っていった。経済的に安定した者と貧困者が同居する都市は二極化し、スラムを嫌った人びとは町を離れ、都市は少しずつ荒廃していくことになる。

第二次世界大戦が終わると、各地の都市に変化があらわれ始めた。戦場から戻った兵士たちは、奨学金をもらって大学へ行くか、結婚して町を離れ郊外に住むようになった。この都市部から郊外への人口流出は、新しい電化生活、新しいモータリゼーション、そして女性たちの職場進出といった生活の変化によってますます進展していくことになる。また、都市のダウンタウンの建造物の老朽化も、この動きを加速した。配線は古く、といって冷暖房器の設置は困難で、スティーム暖房は維持管理に手間と金がかかり、消防設備の不備も目につくようになった。かつてのスラムは、人びとのより良い住環境への流出によって、空き家が目立つようになった。

そしてもう一つの要素が加わった。空き家に黒人たちが流入してくるようになったのだ。それを好ましく思わない白人たちは逃げ出すように、ダウンタウンを後にした。やがてそういった建物には手が入れられなくなり、市からのサーヴィスが滞り、ガラスは割れたままで、住むには不便になったほとんど廃墟に近い都市の古い建物からは、次第に人の姿が消えていった。建物に一枚でも割れたガラス窓が放置されたままだと、その地のすべてが荒廃していくという「ブロークン・ウィンドウズ・シンドローム」の理論は、こうして証明されるわけである。

都市部から出て行った人びとは、かつて住んだ都心の周辺に新しいコミュニティを作り、それはまるで以前の町の周囲を取り囲むようだったので、これを「ドーナッツ化現象」と呼んだ。町を取り巻く住宅地に分散した人びとにとって便利な動線の交点に、日常の買い物が出来る店がつくられていった。町で店舗を開いた人びともまた彼らと同じように郊外に出て行ったが、新しい居住地に腰を据えた新郊外住民にとって必要だったのは、昔ながらの小店舗ではなく、一カ所で様々な生活必需品が購入できる大規模の総合食品雑貨店だった。そうした彼らの需要に見合う店舗を開設出来るのは、全国区のチェーン店で、それらはアメリカ各地で培ったノウハウ、充実した品揃えやリーズナブルな価格設定など、それまでの経験を発揮することが出来た。

郊外の住民たちは、しかし幹線道路に面した、または大きな交差点のすぐ横、あるいは広いショッピングモール内のこれまた大きなスーパーマーケットが自分たちの居住区域から離れていることから、何度も買い物に行く時間を惜しむために買い置きを考え、また、まさかの時に備えて人びとは大量購入をするようになった。そうやってスーパーマーケットは、アメリカ人の生活習慣と食習慣を変えていったのだった。そして、その大量購入を可能にするもう一つの要素が、アメリカの台所事情に出現したのである。

2　冷凍保存という革命

i　買い溜めという生活スタイル

アメリカ人の生き方、食べ方を変えることになったその広大なスーパーマーケットに、今ぼくはいる。スーパーマーケットの通路を歩いていると、いくつかのことに気づく。入り口から正面の壁際にはたいがい肉や魚介類の売り場がある。右手か左手、ほとんどの場合右側のような気がするけれど、ともあれ、左右のどちらかの壁際には酒類の売り場があり、そこと食品売り場との間に文房具やカード類や化粧品、日用雑貨の売り場が置かれ、隣に缶詰や瓶詰類、米や小麦やシリアルなどのドライグッズ、それから野菜、果物の売り場、そして酒とは反対側の壁際にはパンや菓子パン、ケーキ類に出来合いのサンドウィッチやピッツァ、トルティーヤ、タコスなどが並べられ、その横手にポテトやマカロニサラダ、豆やビーツなどのサラダ、ミートローフやラザニアなどなど、ようするにこのあたりは惣菜のコーナーなのである。

そしてそういった食品類の売り場の真ん中にデンと鎮座しているのが、ステンレスとガラスでつくられた冷凍食品の売り棚だ。モーターの大きなうなり音を振り撒いている旧式の古い型の冷凍庫などもあり、ガラス戸の中を覗くと紙の箱がびっしりと収められている。

食料品などを冷凍して保存するという発想は、寒冷地ならごく日常の生活の知恵だろう。子供の頃の満州での記憶はうろ覚えだけれど、冬には二重ガラス窓の間に食べ物を入れて凍らせていた。作り置きの餃子だけはよく覚えているけれど、その他にも薄餅《パオピン》なんかも凍らせていたかもしれない。アラスカでも、凍った土に穴を穿ち、そこに野牛やムースの肉の塊を入れていると聞いたことがある。

凍らせる、という技術は、まずは氷を求めて始まったようだ。最初にエーテルの気化を利用して氷を作ったのは、スコットランド人のウィリアム・カレンで、一七四八年のことだという。しかし機械による冷凍機は一八五六年、オーストラリアのハリソンがエーテル式冷凍機を発明、一八五九年にはフランスのカレがアンモニア吸収方式の冷凍機を発明している。これらによって自在に「氷」を作り出すことが出来るようになった。

氷、となると、ぼくにはとても興味深く思えることがある。一八八一年というから、明治一四年。アリゾナ州トゥームストンの「OKコラル」［図53「OKコラル」のガンサイト］で、保安官のワイアット・アープとその仲間と地元で牧場を経営していたクラントン一家との間で、決闘があった年だ。コラルは「牧場」ではなく、馬預かり所だ。トゥームストンの町中は馬で闊歩するよりも歩いた方が便利であり、その間、長旅で疲れた馬を休め、餌を与えてもらうところだった。この「ＯＫ馬預かり所」はその時代特有のものではなく、今も馬ならぬ車を預かる駐車場として「ＯＫパーキング」は結構なチェーン店で、ミシシッピー川の両岸のあちこちの町で見かける。ということは、「ＯＫコラル」は、一カ所だけでなく、西部のあちこちの町の入り口にあったのかもしれない。その時代から継続してきたのなら、凄い。「オーライト・パーキング」というのもあり、ともに昔から競い合って商売してきたのだろう、そんな想像もしたくなる。

この「ＯＫコラル」での決闘物語は、これまで何度か映画化されてきた。その中でも一九四六年のジョン・フォードが監督した『荒野の決闘――いとしのクレメンタイン』は、史実とは大きくかけ離れた映画だし、第一、ＯＫコラルの場所が同じアリゾナ州ではあっても、トゥームストンではなく、赤茶けた砂漠とビュート（残丘）が印象的なモニュメント・ヴァレイが背景になっていて、やはり違和感は否めない。ヘンリー・フォンダ扮するワイアットの親友、ヴィクター・マチュア演じるドク・ホリデイがクレメンタインという若い女性を連れて町に帰ってくる。彼が馴染みの酒場に顔を出すと、バーテンダーが「いつ来るかと、シャンパンを冷やしときました」といった意味のことを言う。この時代、その場所がどこであれ、馬車にしろ汽車にしろ長旅覚悟で、西部の孤立した町に氷を運んでいくというのは凄いな、というのが、この映画を見た最初の感想だった。いくら馴染みの客であっても、それが相手の大好物だとしても、いつまた来るかわからない人間のためにシャンパンを冷やしておくというのがまた凄い。それが当たり前のことだ、とシャンパンを注文するドク・ホリデイという男も凄い。ヴィクター・マチュアを使い、ドク・ホリデイをそういう人物に描いたジョン・フォードという男も凄いなあ、と何度も感心したことを思い出す。

で、その氷を作る冷凍機だが、第一次大戦の終わる一九一八年頃には冷凍庫本体か、冷凍庫のついた冷蔵庫が一般家庭にもかなり普及したと言われている。これによって人びとは、凍らせることによって食料を保存するという便利さを手に入れた。それまでの保存の概念――乾燥や燻蒸、塩漬けや砂糖漬けや酢漬けといった保存の手段とは、大きな違いをこの冷凍保存は持っていた。素材の持ち味をあまり変えないこともその一つだったが、他の保存方法よりもはるかに手間がかからず、簡単極まりなかった。ただ冷凍庫に放り込んでおけば、何週間も何カ月間ももった。もとの状態に戻すのも、乾物や塩蔵品に比べて格段に容易だった。そうやって、この「冷凍」技術は多くの人びとに歓迎され、取り入れられた。そしてその便利さゆえに、アメリカの食を大きく変えることになったのである。

それは「買い溜め」だった。いつの時代もアメリカの主婦たちは仕事をし、あるいは子供や夫の世話に追われ、またボランティアや教会活動にと忙しい日常に明け暮れていた。実際彼女たちには、毎日の食事の材料を買いにいく時間的余裕がなかったのだ。そして週末に一週間分を大量に買うという習慣に慣れていった。平日は家にまっすぐに帰り、チャッチャッと夕食の支度をする。そうして生まれた時間を、彼女たちはほとんどの場合、家族のために使う。この大量購入はアメリカ独特のものではないが、そういう自由時間を生み出すための大量購入と、手ばやい調理という生活パターンを生み出したのは紛れもなくアメリカだ。

一週間に一度の買い物、という生活スタイルは、イギリスからのものだろう。だが、彼らはアメリカほどの大量の買い溜めが目的ではなく、しかも買い物をするのは郊外のスーパーマーケットではなく、近所の小売り店が主だった。冷凍庫付きの冷蔵庫を持っているだろうイタリア人は、現在でも何があろうと毎日買い物に出かける。それは民族性の違いだろうし、だから彼らの冷蔵庫の冷凍庫は、イギリスやアメリカよりも小さい、のではないかとぼくは想像する。

ぼくには、夕刻の賑わう下町の商店街が目に浮かぶ。魚屋や八百屋のみずみずしい魚介類や野菜たちを照らし出す裸電球、あるいはスーパーの、そう、なぜか日本のそれは「スーパー」とつづめて呼ぶのが似合う。そのスーパーの特売の陳列棚。そこに集う主婦や母親たちは、良さそうなものを見て、夜の献立を考える。主菜と副菜と汁ものと、時に亭主や息子たちの酒の肴に、その季節もっともいいもの、味が良さそうで、値段もリーズナブルなものを選んで調理法を考え、作る段取りを考え、中にはその料理のいくらかを翌日の子供たちの弁当のおかずにまわすことも考える。夫のため、父親のため、子供のため、家族のため、そしてもしかしたら自分のためにも、彼女たちは目をきらめかせ、その日の最高、最適な食材を物色する。おそらくはアメリカにはない光景だろう。少なくとも、アメリカ人にはこの発想はない。週に一度、冷凍品やシリアル、缶詰やジュース、ミルクやパンなどを買う生活は、すなわちいつの季節も、どんな天候でも同じものを手に入れたいという思いから成り立つものだ。もっと言えば、彼らには「はしり」も「旬」も「盛り」も「なごり」も、「お初」も「戻り」や「下り」も、さらに言えば「子持ち」や「活け締め」や「風干し」や「霜降り」や「煮えばな」や、といった食材の持つ時間やその状態、微妙な下準備や調理の機微といったものとは無縁なのだ。

旅先では冷凍食品を買うことはほとんどないけれど、しかし、ステンレスとガラスのケースの中を覗くのは楽しい。

冷凍ものでは、忘れられない想い出がある。前にも書いたが、カナダはブリティッシュ・コロンビア州のヴァンクーヴァー・アイランドのナナイモという町に住む年老いた親戚夫婦の話だ。庭が途方もなく広くて、いくつかの野菜と果樹が育てられている。ブルーベリーとラズベリーは豊富で、朝食には必ず摘みにいった。両方とも積んだままで、洗ってはいけないということは彼らに教わった。日系人である彼らは、曲がりなりにも日本食を大切にしていて、何かの折には日本の食材のあれこれの小包を送ってあげていた。どんな日本食が好きなのかわからずに、当初、焼き海苔とかお茶とか、たらこのふりかけとか松茸のお吸い物のたぐいとか、差し障りのないごく平凡な、誰もが思いつくようなものばかりだったけれど、そういうものは彼の地にもある日本の食材を扱っているスーパーマーケットにもあるとのことだった。それからは、レトルトの混ぜご飯の素や親子丼の素、即席漬けの素やフリーズドライの味噌汁や真空パックの餅やアンコ、きな粉などなど、航空便で送るには重くなるけれど、そういうものの方が簡単に日本風味のものが食べられるだろうと思ってのことだった。

彼らの食生活を実際に見たのは、その後アメリカの西北のはずれ、ワシントン州シアトルに、太平洋戦争の時に日本かアメリカかどちらの側に立って戦うかの二者択一を迫られた日系青年を描いた『ノー・ノー・ボーイ』の日系人作家、ジョン・オカダの遺族に会いにいったついでに、カナダとの国境を越えてナナイモを訪れた時のことだった。彼らはぼくの来訪を喜び、その夜冷凍庫の中でかちかちに凍っていたツナの塊を溶かした刺身を出してくれた。ご飯は炊いてくれたが、よく覚えていないが何かの野菜を炒めただけで、漬け物も吸い物も味噌汁もなかった。刺身用の粉ワサビがどこかにあったかもしれないと言っていたが、結局は見つからなかったし、醬油自体が古く、醬油さしの注ぎ口が黒く固まってもいた。しかし、その中のトロのマグロの刺身は、充分うまかった。三人で食べるには多過ぎるぐらいだったが、彼らはまた明日食べると丁寧に冷蔵庫にしまった。ぼくの送った和食風のあれこれは、大切にとってあるということを後になって知った。

彼らは、日本に帰るというぼくに、お土産があるとあるものをくれた。二人の家の広い庭の奥には、幅八メートルほどの川があった。川の両岸には高い樹々が伸び、下生えが途切れた辺りから川が始まっていた。木が覆っているせいか川面は暗く、流れは緩やかで、むしろ瀞《とろ》のような感じだった。

時々、そこまで歩いていくと、不意の来客に驚いたらしい小動物が川に飛び込むことがよくあった。だが正体がよくわからなかった。何度かそういう水音を聴き、波紋を見た後、それがビーヴァーだとやがてわかった。

その川には秋になると、サケが上がってきた。そのサケを獲れるのは六〇歳以上と一〇歳以下だけだと聞いた。記憶違いかもしれない。そして、二人はそのサケを獲り、さばいて、丸ごと一匹、いやシーズンには何匹かを冷凍してとっておく。その一匹を何重にも新聞紙に包み、最後にビニールにくるんで渡してくれた。ぼくはそのままナナイモから水上飛行機に乗ってヴァンクーヴァーの町に飛び、空港に直行したけれど最初から諦めていた。チェックインカウンターで荷物を預ける時、係の女性に冷凍物なので出来るだけ冷たい場所に置いてもらえないだろうか、と頼んでみた。彼女は案外簡単にOKしてくれた。しかし、成田に着いた時には新聞紙の細長い包みは、すでにやわらかくなっていた。

だいいち、生ものは検疫を通るわけもない。そのサケは、成田空港のゴミ箱に呆気なく棄てられてしまった。どうせ、という気持ちが、ぼくのどこかにあった。ドッグサーモンだから、と。痩せ細って白っぽい肉で、脂も少なく、けっして旨いとは言えない。いや、むしろ不味い。犬の餌にしかならない、というところから「ドッグサーモン」という名前が付いたのではないかと思う。

ぼくはドッグサーモンの包みをゴミ箱に捨てながら、むろん、老夫婦には申し訳ないという気持ちは大きかったけれど、その背後にある、何でも冷凍する彼らの生活文化のことを考えてもいた。それは、サケが川を遡ってくる季節でなくともサケを食べたいという文化である。いつの季節でも、そう、いつでもそれを食べられることを目的に、冷凍保存という知識が普及していった。それは時に「どこでも」でもあった。同じものをいつでもどこででも食べたい。このアメリカ人の食に対する志向が、冷凍技術をアメリカ中に広めていくことになった。

たとえば、イチゴがある。子供の頃、この可憐な果物は春の賜物だった。冬が終わり、春を待ちかねたように店頭に並んだ。果物屋でもフルーツパーラーでも、一挙に花が咲いたようになった。それがいつの間にか、冬の名物になってしまった。クリスマス・デコレーションケーキにはイチゴがつきもので、それがないと日本のクリスマスケーキは成り立たない。英米のキリスト教徒の家庭で飽くことなく作りつづけられる本場のクリスマスケーキはレーズンやチェリー、オレンジやレモンなどの皮を甘く煮たドライフルーツ、それにクルミやアーモンドなどの木の実などを練り込んだ焼き菓子で、ホイップクリームもイチゴのデコレーションも無縁だ。しかし、日本ではイチゴを抜いてはクリスマスケーキとは言えない。だから、イチゴの季節を前倒しにした。いや、イチゴから季節を奪った。

今、スーパーマーケットに行けば、ピーマンでもナスでも蚕豆《そらまめ》でも、様々な果物や野菜類が一年中売り場に並んでいる。ほとんどのものが、季節を失ってしまった。季節を問わずに、売れるようにした結果だ。

「いつでも、どこでも」の一つの例だろう。果物や野菜の収穫時期を変える、すなわち、ビニールハウス内での温度や日照などの環境制御することによって、「いつでも」を実現するやり方もあれば、収穫したものを即冷凍することによって「いつでも」を手に入れるやり方もある。収穫時期を調節することは、一般家庭や普通の消費者には出来ない。しかし、買ってきたものをすぐに冷凍することは、冷凍庫さえあれば簡単だし、すでに冷凍されて売られているものを買ってくれば、いつでも容易に新鮮なものを手に入れることが出来る。

缶詰もまた、調理済みの缶詰以外なら、新鮮なものを「いつでも、どこでも、誰にでも」を可能にしてくれる。そしてアメリカはその耕地の広大さによっても、「いつでも、どこでも、誰にでも」を実現しているのである。たとえば、トマトだ。春先、南部の畑から収穫が始まって、夏から秋に向かって徐々に北の地方へと収穫線が北上していく。秋にはカナダ国境近くまで上がったこの収穫線は冬に入るとずっと南、メキシコ国境近くからメキシコ国内の野菜畑へと南下していってここで穫れるトマトをアメリカ全州に送る。一年を通してアメリカ中から集められたトマトは、再びアメリカ中に送られる。そのため、運んでいる間に傷つかないように、アメリカのトマトの皮は他の国のそれよりも硬いと言われている。

しかし、こうやって一年を通してどこかで作られる季節なしの、ようするにその味わいはともあれ、供給優先として生まれたトマトは、かつてのごく自然な季節に生まれたトマトとは違うという人がいて当たり前だ。彼らはこの手のトマトを単なる「赤いパルプ」と呼んでいるのである。

赤いパルプそのものは、冷凍ケースの中には見つけられなかったが、しかし、日本と同じように皮をむいたジャガイモや茹でたグリンピース、インゲン豆やニンジンやブロッコリーなどの調理用野菜もかなりの種類があるし、ブルーベリーやイチゴやクランベリー、マンゴーなどの果物類も充実していた。しかし、ここで面白いのは調理済みの冷凍食品である。アメリカのそれと日本のものとは少しニュアンスが違う。日本では、餃子や焼売やエビフライやカキフライ、白身魚のフライといった、買った後にもう一手間かけるものがある一方、ピラフや炒飯などあらためて炒めなくとも電子レンジにかければいいものもある。

ii　TVディナー

同じようにアメリカにも、凍ったまま電子レンジで温めればすぐに食べられるインスタント冷凍食品とでも言うべきものがある。マカロニグラタンやキッシュ類、ベイクドビーンズ、チリコンカーン、スパゲティ・ミートボールなどはプラスティックの皿かアルミのプレートに入って凍らされている。アルミ皿はオーヴン用だ。ぼくの知っている頃は、ほとんどがアルミ皿だったような気がする。これらは単品だが、アメリカの冷凍食品には一食分まるまる、要するにプレートランチのように、主菜、副菜がバランスよく盛りつけられたものがあって、これがとても面白い。

以前はアルミ皿でオーヴン専用だったから、旅先で食べるのには不自由だったけど、最近はうまくコーティングされた紙皿に入っていて、これならモテルのセルフサーヴィスの朝食スペースに置いてある電子レンジが使えるかららしい。この冷凍ワンプレートディナー〔図54〕は、かつて「TVディナー」と呼ばれて有名だった。一九六〇年のビリー・ワイルダー監督作品の映画『アパートの鍵貸します』で、出世を願う一人の男が上役の浮気のために自分のアパートの部屋を貸すことになる。その上役の浮気相手が、自分の好きなエレヴェーターガールだと知って大いに悩む。そしてその二人が自分の部屋を使っている間、彼は一人わびしく「TVディナー」をつつくのである。主人公バド・バクスターにジャック・レモン、恋人フランにシャーリー・マクレーンのコンビが絶妙で、ビリー・ワイルダーならではのユーモアとほろりとさせる趣向で忘れられない作品である。モノクロだったけれど、このTVディナーはぼくには色付きのように印象深い。

で、スーパーマーケットの冷凍庫を覗く。TVディナーの蓋は透明なプラスティックだから、中身が見える。メインはローストビーフやローストターキー、骨付きのチキンのフライやロースト、あるいは骨なしの胸肉のグリル、サルズベリーステーキやレバーステーキ、それらにはとろりとグレイヴィソースがかかっている。付け合わせはマカロニチーズやポテトグラタン、マッシュドポテトやコンソメで煮たライス、時にワイルドライスとカーネルコーンなどなど。野菜はニンジン、カリフラワー、グリンピースやインゲンなどをバターでソテーしたものか、ブロッコリーチーズ、ベイクドポテトを溶けたチーズが覆っているもの、ホウレン草のベーコン炒めなど実にヴァラエティ豊かで、これにパンがあれば充分だな、といつも見ながら喉が鳴る。

喉は鳴るけれど、今夜のモテルに電子レンジがあるかどうか確かめてこなかったので、ＴＶディナーは諦め、やはりサンドウィッチにしようとパン売り場に向かった。好きなものを挟んで、それにいつもの旅の仲間である「リプトン」の袋入りインスタント・チキンヌードルがあれば充分だ。

3　たった一枚のパンが起こした変革

パンのコーナーには、袋に入ったスライスブレッドが山をなしていた。こういう時は塊のローフブレッドには目がいかない。フカフカの真っ白なパンは、あれは身体に良くない、と言う人もいる。小麦粉のもっとも栄養のない、そして身体にいい繊維質でもない部分を漂白した粉でつくった、ごく柔らかく、歯ごたえがなく、おそらくは満腹感を得るためにはかなりの枚数を食べないとならないだろうという手のパンだ。このフカフカのパンのことを考えると、いつもある人物のことを思い出してしまう、エルヴィス・プレスリーだ。

彼は、定職を持たず転職を繰り返すという生活力のない父親と、情緒の安定しない母親との貧しい生活の中で育ち、吃音と極度の恥ずかしがり屋の性格もあって内向的で、しかし夢を、それも大きな夢を抱くだけのコンプレックスの塊のような少年時代を過ごした。その彼の、幼い頃からの終生の好物がフカフカのやわらかいスライスパンにピーナッツバターを塗り、その上によく熟したバナナの薄切りを並べたサンドウィッチだった。この「バナナ・ピーナッツバター・サンドウィッチ」は想像できるように、ソフトで歯ごたえというものの欠如した、上口蓋にくっついて往生することのあるサンドウィッチだ。

エルヴィスを研究している人の中には、これこそ一種の拒食症の兆候だと言う人もいる。歯応えのあるものをしっかりと嚙みしだきながら食べるという行為を避けるように、ごくやわらかいものを好むというのは確かに拒食症の気配がする。しかし、そういうやわらかいパンを、ぼくは好きだ。そのままのフカフカもいいけれど、軽く黄金色に焼いたのもいい。だから朝食は、白いパンのトーストが理想だ。実際には、今のところ全粒粉パンだけれど。

アメリカのパン売り場に行っていつも驚かされるのが、食パンの袋の大きさだ。あれで、そう日本式に言えば、三斤はあるだろうか。子供の頃「パン、一斤買って来て」とお使いを頼まれた身としては、あれは三斤はあるな、と勘で分かる。一斤は約六〇〇グラムだが、今はもう重さでパンは売らない。大きなパンの包みが、山になっている。いろいろなブランドがあるらしいことは袋の意匠でわかるけれど、中身はまったく同じにしか見えない。どれがいいか悪いか、どれが旨いか不味いか、どれが健康に配慮しているのか、見た目でわかるはずもない。だから適当に、しかしもっとも小さな袋を買ったとしても、一斤以上はあるだろう。

スーパーマーケットのパン売り場では、バゲットや大きなローフブレッド、ピタパンやナンのようなものはあまり見かけない。フランス系やエジプト系、インド系の住民もいるだろうけれど、そういう人たちはまた別の専門店のようなところで買い物をしているのかもしれない。だいたい、フランス人にはこういう巨大なスーパーマーケットは似合いそうもない。せいぜい「マルシェ」と呼ばれる市場をモダンにしたところだろうか。それともあの個性の強い、我も強いエゴの塊のような、さしものフランス人も、アメリカに住むといつの間にかフランスを捨て、スライスしたフカフカのアメリカンブレッドに馴れてしまうのだろうか。今、目の前のスライスブレッドの山の中で、ローフブレッドは肩身が狭そうだ。かつてパン屋は、ローフが全盛だった時代があった。

アメリカの初期移民たちは、ヨーロッパでの時と同じように「ローフ」と呼ばれる塊になったパンを作るか買ってきて、食事の時にそれぞれが切り分けて食べるのが普通のことだった。西部の開拓時代、彼らは自らパンを作っていた。黒い鉄鍋やダッチオーヴンでパンを焼くことから一日が始まった。現代のアメリカのクックブックを見ても、まずパンを焼くことから記述が始まる。一方、日本の料理本には、米の炊き方から書き始めているのを滅多に見ない。なぜなのか、とここでは今考えない。

西部劇映画にも出てくることがあるけれど、無骨な木製のテーブルに、ここ何日か温め直してきたらしい肉と野菜のシチューか塩豚と豆の煮込みが置かれ、その傍に無造作に投げ出されたような大きな全粒粉のパンの塊がのっている。そのローフをテーブルに着いたものが各自手に取って千切るか、それぞれがナイフでざっくりと切り取るかしていた。それは、その場にいるものたちが「食」を共有していることを教えてくれる。もっと象徴的だったのは、父親たちがパンを切りわけ、家族全員に配っていたことだ。あれはまさに家族というもののあり方、そして一家の主が扶養するものへ食を分配するという根源的な「男」、あるいは「一族の長」のあり方を如実に示していた。

だがある日、そういう世界が終わりを告げる。それまでローフをそれぞれに千切ったり、ナイフで切り取っていたものを、機械が等分に切るようになったのだ。一九二七年のことだ。

アイオワ州ダヴェンポートの宝石のセールスマンだったオットー・フレデリック・ローウェッダーが、パンのスライサー［図55スライサーの図解］を発明したのは一九一七年のこと。間もなくその作業場と家が火事にあって発明品ともに消失してしまった。それに気落ちすることなく、彼は一〇年後の一九二七年にふたたびスライサーを完成させる。翌一九二八年、それを試そうとミズリー州チリコッテの「チリコッテ・ベイキング・カンパニー」のフランク・ベンチが一号機を購入。続いて二号機を購入したのはミズリー州セントルイスのオットー・ペパンディックで、彼はそのスライサーに改良を加えスライスした後即座に梱包する機械を発明したのだった。パンを何で包んだのかは詳しくわからないが、おそらくは蠟引きの紙だったろうと思われる。これによって切ったパンを乾燥から守ることが出来た。

この二〇世紀初頭は、ホームキッチンの大いなる変換期で、アメリカの家庭の三分の二に電気が通じ、それによって様々な電気器具が家庭に進出してきた。その一つが、スライスブレッドを焼くトースターだった。パンを焼くことは、かなり昔から行われていたことで、パンが誕生したのは六〇〇〇年前の古代エジプトだが、パンを焼いた最古の記録は、ローマ時代。ローマ軍の遠征に、今で言うトーストしたパンを行軍食料として用いたという記録があると聞く。「トースト」という言葉は、ラテン語の「Tostum」から来ていて、これは「焦がす」という意味らしい。

当初、パンを挟む金属製の枠を火にかざすことによってトーストしていたが、電気の出現によっていち早く「エレクトリック・トースター」が登場することになった。最初の電気トースターは一八九三年、スコットランドはエディンバラのチャールス・P・ストライトの発明による。アメリカでの初の電気式パン焼き器はニッケルとクロームの合金、「ニクロム」の発明から始まる。このニクロムの針金に電気を通して熱を発生させ、パンを焼いた。この原理を用いて、アメリカン・エレクトリカル・ヒーター・カンパニーのジョージ・シュナイダーによってパテントが取得され、一九一〇年に「モデルD-12」という画期的なトースターが世に送り出された。これによって、アメリカのパンはローフの時代からスライスパンの時代になり、トーストされたパンの旨さが人びとに認められるようになるに従って、薄くスライスされた白くやわらかいパンが店先、とくにスーパーマーケットの売場に並ぶようになった。そして自分の店でパンを焼いていたベーカリーは、少しずつ消滅していくことになる。

これら一連の動きは、こういうことを教えてくれる。一つの町にパン屋がある。毎日、毎朝パンを買うために人びとが集まってくるようになる。やがていつの間にか情報交換の場になり、一つのコミュニティを形成していく。だが、スライスされ包装されたパンが簡単に手に入る大規模な売場を持つ商店が進出してくると、町のパン屋は廃れていく。パン屋のような個々の店が繁盛することは、すなわち町自体が活性化することである。だが、人びとの要望もあって、パンだけでないものを扱う店、「ゼネラルストア」と呼ばれる総合食品店が田舎町に登場するようになった。そこには情報と商品が集まって町の拠点となるが、より大量の商品を扱う必要性が増すと、ゼネラルストアはスーパーマーケットに取って替わられていく。スーパーは、およそ国中どこにでもあるものを売るようになり、それはそれぞれの町特有の文化をつくらず、町の個性を失わせ、どの町もどの地方も同じ表情を持つことになる。便利さを取るか、人とのつながりをとるか。二〇世紀初めの頃、その選択を迫られた時代だった。

もしかしたら、と考える。この時からアメリカの人びとは孤独になり、その寂しさを埋めるかのように、失われたコミュニティの絆を求めてボランティア活動や教会での行事、近隣との付き合い、ランチパーティーやティーパーティーを頻繁に催しては忙しがるようになったのではないか。だがそれでも、彼らの寂しさは消えない。スーパーで個別にパッキングされた商品を買うことは、孤独な作業なのである。買っても買ってもその孤独は癒されることはない。

ぼくには見える。学校から帰ってきた子供たちが、まず冷蔵庫を開けて牛乳の大瓶を取り出してそのまま口をつけてゴクゴクと飲み、口のまわりに白いミルクの髭をつけたままフカフカのパンにピーナッツバターとグレープジェリーを塗って、それを口に咥えたまま遊ぶために家を飛び出していく。その家には両親も兄弟もいない。いるとしたら犬で、両親が仕事から帰り、姉や兄たちが学校から帰るまで、その家には誰もいない。

「寂しいアメリカ人」という言い方があるし、「孤独なアメリカ人」とも言われる。ぼくは、広いのに、いや広いから、なおいっそうそう感じる閑散としたスーパーマーケットのパン売り場を徘徊しながら、理由のない寂しさを感じていた。それは町からパン屋が消えていったからだ、と言っては言い過ぎだろうか。

4 プロとアマの差がないこと

i アマチュアならではのこだわり――サザン・フライドチキン

もうなくなってしまったけれど、ワイキキのカラカウア通りを、ダイヤモンドヘッドの方へ少し行った辺り、今、ロングボード・サーフィングのレジェンド、かつて一九一二年のストックホルム・オリンピックと二〇年のアントワープ・オリンピックの二度にわたる自由形のゴールドメダリストで、一〇〇メートル一分を切るかという時代の波乗りと泳ぎのヒーローだったデューク・カハナモクの銅像のある周辺に、古いホテルがあった。古い地図で見ると、「ワイキキ・サークル」だったのではないかなと思う。あるいはカラカウアとデュークス・レーンとの角の「ホリデイ・イン」だったろうか。ともあれ、そこで出されたディナープレートが懐かしい。

それは今のハワイイ風でもなく、今の流行のモダンな洋食でもない、昔ながらのアメリカ料理だった。なぜそれが懐かしいかと言えば、ようするにおふくろが作っていたものとほとんど同じだったからだ。材料も調理法も、付け合わせも、盛りつけ方も、それに付随するサラダもドレッシングも、コーヒーもデザートも……まあ、食器やカトラリー類はさすがに違ったけれど、レバーステーキの焼き過ぎて少し焦げ目のついたところや、添え物のベーコンがカリカリのシワシワであるところまで、そしてマッシュドポテトの具合、タマネギの炒め具合、グレイヴィソースの色やとろみ加減や味わいまでも、我が家のそれだった。

我が家のそれだった、という意味は、アメリカ料理のもう一つの側面を突きつける。すなわち、おふくろの料理の腕とそのホテルのプロのコックの腕前とはそうたいして差がないということだ。これはぼく個人としては、少しうれしいことなのか、それともがっくりくることなのか、ちょっと悩むところだ。ようするに、プロとアマ、そのアマであるおふくろもけっして料理自慢の、努力家で、味にうるさいこだわり屋というのではなく、作ることを楽しんではいたろうけれど、そういう方面に優れた才能や感覚やその他、料理するのに欠かせない何ものかを持っていたとは思えない。ごく普通の、カナダやアメリカの一般家庭の良き時代の主婦がごく当たり前のように作っていたろうものを、力まず、倦《う》まず作っていたことは確かだ。そういう一般家庭の主婦と、一応、客を取り、金も取り、継続して店を維持していっているだろう商売人と、そうたいして差がないということは、いったいどういうことなのだろうか。

旅をしていて、ぼくが入る程度のレストランやタヴァーン兼食堂、ロードサイドダイナーやカウンターキッチン、ストレートライン・カフェ（カウンターが直線のカフェ）などで出される食事は、材料と道具さえあれば、ぼくにだって、いつだって、どこの台所でだって作れそうなものばかりだ。ぼくばかりじゃなくて、たいがいの人間なら何の苦もなく作れるだろう。アメリカ料理というのは、そういうものだろうと思う。誰にでも、簡単に作れる程度のもの。そしてまた、誰にでも作れるように、あらかじめ下ごしらえした食材を売ってもいる。だから料理が出来ないとなると、それはたとえば映画『クレイマー、クレイマー』のダスティン・ホフマンの、妻に去られ子供と二人住まいの父親のように、突然作らなければならなくなった目玉焼きさえもひどいことになってしまう、という悲惨な状態を露呈することになる。この料理不能は、よほどの不器用か、駄目人間を表象するためにカリカチュアライズされることが多い。

夕方のスーパーは、いつも不思議なくらい閑散としている。夕食時の買い物の主婦たちの姿は、ほんのわずかしか見かけない。日ごとの夕食のための買い物、という習慣は、ここではあまりにも希薄だ。男親と子供というカップルは、そう、クレイマー親子のような連中は案外に見かける。男親が子供をカートの上に座らせ、何事か話しながら通路《アイル》の間を物色して回っている。仕事で会社から帰るのが遅くなったのだろうか。それとも、早い食事、サパーをすませて、二人で遊びにやってきたのだろうか。ぼくは彼らを横目に、今夜ホテルで何を食べようか少し迷いながらアイルをうろついていた。

出来合いの料理を並べてある売り場の片隅に、ひときわ明るく目立つ場所がある。近づいてみると、ガラスケースがあり、中に回転式のラックがあって、串に刺された小型のチキンが一羽、あれはコーニッシュヘンという種類だろうか、両手の掌でくるめそうな程度の大きさのが、実にいい色に焼けてジュージューと表面が泡立ち肉汁をぽとりぽとりと垂らしている。熱々のそれを見たら、もうボローニャソーセージやパストラミビーフなんか目に入らない。これでその夜のメインは、「ローストト・ホールチキン」の決まりだ。その丸焼きを一羽、紙のボックスに入れてもらい、プラスティックの白いナイフとフォーク、そして紙ナプキンを山ほど。

熱いローストチキンの袋を抱え、パーキングエリアで待っている車に戻りながら考えていた。このローストチキンだって、家で作る気と時間さえあれば誰にでも作れる程度のものだ。何の工夫も、特別な技術も、秘伝の隠し味も、一子相伝のレシピもあるわけじゃない。ただ塩・コショウ、もしかしたらベーコンドリップを塗っているかもしれない程度。熱々が取り柄だが、冷えたのにもまた別の旨さがある。コールドチキンの切り身をマヨネーズで和えたチキンサラダや、それをパンに挟んだチキンサンドウィッチの旨さは格別である。

だいたい、鶏料理というのは家庭料理に向いているのではないかと思う。前述のように、南部に入ると、途端にフライドチキンが幅を利かす。「サザン・フライドチキン」と呼ばれて、南部料理、それも南部家庭料理の定番になっている。あちこちの家庭に何度か招かれて、ランチではなく、昔からの言い方の「ディナー」をいただいたことがある。そのディナーはたいがいの場合、フライドチキンとトウモロコシの茹でたものだった。トウモロコシに塗る溶かしバターの容器、ガラスの器の下にアルコールランプが置かれ、小さな刷毛がガラス器を支える金属の支柱にぶら下げられている洒落たものだった。その金属は、明らかに銀器で、これははっきりと客用だとわかる。フライドチキン・ディナーとは、そういうものなのだとこの時に知った。

南部の各家庭には、それぞれにフライドチキンの作り方――衣の材料やカラリとさせる具合、下味のつけ方、スパイシーかそうでないか、といろいろあったが、そういう中でも隠し味に確かに醤油を使っているに違いないと思われるものや、それがどうやら秘中の秘でかなりの自慢らしいことや、鶏肉をやわらかくするための蛋白質分解酵素を持つパイナップルやパパイヤの風味が遠くで感じられるものもあった。揚げたままの、だから少し脂分が浮き出ているもの、揚げてからオーヴンに入れて表面をカリッとさせたもの、その肝心の揚げ油も「クリスコ」だったりラードだったりコーンオイルだったり、時に綿実油だと思われるものだったりと様々だ。このフライドチキン・ディナーの食後のフルーツは、キャンタロープメロンに決まっているという家庭もあれば、ハニーデューメロンに止めを刺すと胸を張る主婦もいた。一般家庭にして、こうも違う。

このフライドチキンは各家庭によって違うのはもちろん、ケンタッキー・フライド・チキン（KFC）に代表されるケンタッキー州のそれや、歯触りがラフな感じのメリーランドのフライドチキン、オーヴンフライドをよく見かけるジョージア州のそれ、スパイスの効いたルイジアナのフライドチキンなど州によっても作り方も味わいも実に様々だ。

だから、チェーン店のKFCは、ケンタッキー州に伝わるあるやり方をもとに、カーネル・サンダースという男の創意でスパイスを工夫し、圧力釜で揚げるという方法を考え出したものだろう。ケンタッキー州を代表してはいないのだろうが、あれはまさに全国区、いや世界に出て行けるだけの旨さを持っている。

アメリカ人たち、ことに南部人たちのフライドチキンに対する熱愛ぶりを教えてくれたのは、かつてアメリカ文化を知的に、それも洒落た知性をもって伝え続けてきたすぐれた雑誌『エスクァイア』だった。そのメンズマガジンには、当時人気だった『プレイボーイ』誌とはひと味もふた味も違う男の世界があった。『エスクァイア』が提示し続けたものは、英国が持っていたトラッドな伝統が何もない、と軽蔑され続けてきたアメリカの、アメリカ的な答えの一つだったように思う。その雑誌に掲載されたエッセイやルポやショートストーリーや詩や提言や指弾のどれもが、あるアメリカ人の心を育てていった。

その雑誌の連載を集めた本に、『ママと星条旗とアップルパイ――この素晴らしい小さなアメリカ』

というのがある。様々なジャンルを当時の『エスクァイア』に執筆していた売れっ子や気鋭の、またベテランの作家やジャーナリストが競うように腕を振るったエッセイ集で、一九七六年、アメリカ建国二〇〇年記念というわけでもないが、これまでアメリカと言えばホワイトハウスやペンタゴン、自動車産業や海外派兵といったことで見られがちだったものを、新たな視点から描こうとしたものだ。収録されているのは、「アップルパイ」、「ショッピングセンター」、「コカコーラ」、「プライヴェート・アイ（私立探偵）」、「バーボン」、「ベースボール」、「コーン」、「ガス・ステーション」などなど、ごく身近な題材を取り上げている。執筆陣も面白い。「テレヴィジョン」はアンディ・ウォーホールだし、「コーン」はジュリア・チャイルド、「フラッグ（星条旗）」はラッセル・ベイカーだし、「コメンスメント・アドレス」すなわち「卒業式の祝辞」はジョン・スタインベック、「アシッド・インディジェッション（胃酸過多）」はアート・バックウォルドといった具合だ。巨大なアメリカではなく、振り返れば素晴らしい小さなアメリカが、ここにはある。だからタイトルは良きアメリカそのものである「ママと星条旗とアップルパイ」なのである。そのどの文章も、ぞくぞくするほど面白い。

その中にジム・ヴィラスの「フライドチキン」がある。これまた抱腹絶倒の愉快な文章で、ぼくはこれを読んでフライドチキンのなんたるかを知った。ヴィラスは、のっけからこう断言する。

「フライドチキンを知るには、南部で乳飲み子の時から養育してもらわねばならない。フランス人はこれについてまったく無知であり、ジュリア・チャイルドやジェイムス・ビアードもほとんど知らない」（常盤新平訳）。そしてこうも言う。非南部人には結局その秘法がわからないし、フライドチキンそのものもわからない。むろん、全米各地のあらゆる人間は、自分だって美味なるフライドチキンを作れると言うだろうけれど、そんなものは「南部のフライド・チキン作りの名人が揚げた本物のフライド・チキンを一度でも口にすれば、とても太刀打ちできない」と切り捨てる。その彼がフライドチキンについて大きな口がきけるのは、今回の原稿を書く前に、「考えつく限りの技術と調理器具、油を用いて、二一羽半（または二一五個）のチキンを揚げたのである」と豪語する。

必要なもの、まず調理道具（代用品不可）は、包丁から俎板、蓋付きの厚い鋳鉄製のスキリット、大皿や長い柄のついた金箸、などまではわかるが、コーヒーの空缶、泡立て器、果ては家庭用消火器とあるのにはつい吹き出してしまう。そのあとは「チキンを揚げる前の準備」で、締めたばかりの鶏一羽のさばき方になる。脚を切り取り、内臓と首と手羽先はスープ用に別の鍋に入れる。それから解体が始まる。チキンをどういう方向で俎板にのせるか、どこに包丁を入れ、適当に骨のついたぶつ切りにしていくか、克明である。これをミルクの中に沈め、上からレモン汁を少々垂らす。そんなことをしたら、牛乳は酸でむらむらと分離するのではないかと思うが、そんなことはお構いなしのようだ。これを一晩冷蔵庫に入れる。翌日室温に戻したら、スキリットに満たしたショートニング——植物油の中でも「クリスコ」が最高だ、と彼は言う——中に入れてじっくりと揚げる。この後は、その要領がこと細かに書かれていて、とてもここには書ききれない。

彼は、「ブラウンバッグ」と呼ばれる茶色の紙袋を二つ用意しろ、と言う。一つには粉を入れて、塩・コショウした骨付き鶏のぶつ切りを入れてよく振って粉を満遍なくまぶす。これを油で揚げる。揚げた唐揚げの鶏肉を、もう一つ用意した袋に入れて、再びよく振って今度は油を落とすのだ。ペイパータオルや新聞紙やその他のあらゆるものよりも、このブラウンバッグが一番油を吸い取る、と彼は主張する。

フライドチキンには、まずクリームグレイヴィが欠かせないそうだ。作り方は、ケイジャン料理の「ルウ」と同じ。このあたりが、南部の料理、サザン・フライドチキンの面目躍如というところだろう。フライドチキンに不可欠なものは、このクリームグレイヴィをかけたマッシュドポテト、またはポテトサラダ、グリーンビーンズ、カブの葉、家庭菜園からのトマトの薄切り、スチュードオクラ、焼きたてのコーンブレッド、アイスティー、ビール、ホームメイドのピーチアイスクリーム、またはスイカ。スイカがキャンテロープメロンやハニーデューメロンでも構わない。

こうやって、アメリカ南部の名物料理「サザン・フライドチキン・ディナー」が出来上がる。そのこだわりが実に面白い。言うなれば、まさにアマチュアならではのこだわりだからだ。プロでは、とてもこうはいかない。こんなことをやっていたのでは、それこそ商売にならない。経済的にも、面白がりすぎるという点でもだ。しかし、これはアマチュアと言っても、ごくごく特殊な例だ。『エスクァイア』に書くということで、大袈裟なもの言いになっている部分もあるだろう。しかし一つだけはっきりしているのは、ことフライドチキンに関してはプロもアマもほとんど差がないということだ。それどころか、むしろアマチュアの方が独自のアイデアや経験、また祖先から伝えられたレシピやらで、プロの一品を凌駕するのではないか。その点から言えば、フライドチキンこそがアマチュア料理の代表だろうと思うのだ。いや、フライドチキンばかりでなく、様々なアメリカ料理で、プロの腕とアマチュアの腕とが拮抗しているのではないかと思われて仕方がない。

プロとアマの差が格段に違うことを教えてくれるのは、そしてそのあまりの差に圧倒されるのは、日本の場合、囲碁・将棋や相撲の世界で、アマはどんなに頑張ろうが絶対に敵わない、と言われている。他にもプロとアマの差が歴然としているものもあるだろうけれど、ぼくには日本料理の調理人の技もまた、素人とは格段の差があると思っている。京都の割烹の板場の凄さは、並大抵じゃない。ダイコンの桂むきというのは、ダイコンを縦にしてその繊維に沿って薄く薄くむいていく。これを今度は繊維を断ち切るように細く細く千切りにすれば、刺身のつまで馴染みの細切りになる。これのもととなる「桂むき」の薄さは、実に下に敷いた新聞紙の活字が読めるというぐらいのものだ。出汁の取り方、その味わいの繊細さ、煮もの、炊きもののふくよかさと細やかさ、焼きものの大胆さ、蒸しものの周到さ、揚げものの微妙さ、包丁さばきの秀逸さ、鋭さ、ドキドキする切り口、そして食材の選択とそれへの対し方の真摯なこと、まさに宗教儀式に近い。

日本料理の調理人、いわゆる「板前」あるいは「板場」と呼ばれる人びとの職人技、その突出した技術の裏付けはやはりひとえに包丁の切れ味にかかっているのではないか、と思えてならない。鋏で切るのが悪いとばかりは言えないし、その方がはるかに効果的で手っ取り早いことがあるのもよくわかる。だが鋏の持つ便利さとは、まったく異質の世界が研ぎすまされた包丁の世界にはある。調理用鋏で切ることで満足できる切れ味、切り口に対する感覚と、毎日包丁を研ぐことから始める日本の包丁人たちとの精神や感性における差は歴然としている。中国の料理人の包丁技も大変なものだが、彼らもその包丁を毎日のように研いでいるのだろうか。あるいは西洋包丁を扱う肉屋などは、右手に包丁、左手に研ぎ器を持って、時折チャッチャッと擦り合せて研いだりしている。子供の頃も大人になってからも、そして日本でも世界のどこででも、鋭いナイフを手に肉をさばく肉屋の手際を見るのは大好きで、どこででもすぐに足を止めてしまう。以前は、あの手持ちの研ぎ器で折に触れて包丁を研いでいる姿が、かっこいいなあ、とは思っていたけれど、ようく考えてみると、何度も研ぐということはそれだけすぐに鈍るか、最初から鈍い刃なのではなかろうか。日本の柳刃や出刃、菜っ切りやアジ切りとは、土台ランクが違う。日本刀と洋剣との違いだろう。

ぼくたちは、外のレストランや料理店に、家では求められない味や技術、雰囲気やサーヴィスを得ようと出かけていく。すき焼きやある種の鍋料理のようなものは、素材は格段に違うが、味においても出来映えにおいてもほぼ家でのそれと大差がない。ただし、天ぷら、寿司、焼き鳥、あるいは懐石料理に出てくるようなものには、逆立ちしたってかなわない。アメリカでは、外食するのは様々な事情があるのだろうけれど、単に家で作るのが面倒くさいということが第一の理由なのではなかろうか。あるいは、外で食べることは、いつもはバラバラに食べている家族揃って一緒に食卓を囲むと、いわば「一家団欒」を求めてのことかもしれない。または、いつも働いている母親、妻、パートナーたちに楽をさせてやろうという男たちの気遣いなのかもしれない。日本での正月の「お節料理」がそうであったようにだ。

サンフランシスコでは、人口より町のレストランの椅子の数の方が多い、と何かで読んだ記憶がある。あるいは、全家庭の食卓の椅子の数より、だったかもしれない。食事の卓に向かうのは椅子ばかりではない日本では、椅子の数だけでは何も推し量れないので、果たしてどちらが多いのか決めることは難しいところだ。食べ物屋のことで言えば、食堂やレストランが少ないなあ、という印象の町は、たとえば千葉県佐倉の町や福井県三国の町が思い浮かぶ。歩き回った夕方、ビールを一杯と思って店を探しても、これがなかなか見つからなくて往生したことがあるからだ。一方、飛騨高山の町は、日本蕎麦屋、ラーメン屋、牛肉を食べさせる店などなど、多いなあ、という思いが強い。だから全国平均にしたらどうだろう、日本も外食産業は盛んだけれど、サンフランシスコには負けるのではなかろうか。

アメリカのレストランには二種類あるような気がする。むろん高級レストランがあるし、高級ホテルの食堂や会員制クラブなどもあるから、それなりに洗練された格式のある料理というのも存在しているのだろう。けれど、ぼくにとってのアメリカンレストランの典型は、日本でも全国に広がる、いわゆる「ファミレス」なのである。家族が食事に来る、あるいは来やすいレストラン、ファミリー向けのレストランだ。日本では洋風のハンバーグやオムライスやビーフシチューなどの「ドミグラ系」とトンカツやチキンフライ、エビフライ、カニクリームコロッケなどのフライもの、グラタンやドリア、ピッツァなどの蕩けるチーズ系、スパゲティや焼きそばやうどんやラーメンなどの麵類などが多いけれど、アメリカのそれとレパートリーを組み上げる工夫、客への目線、店の空気や雰囲気といったものは、紛れもなく「家族向け」または「庶民向け」レストランという点で共通している。日本と違うのは、アルコール類を置いていないことだ。

「ファミリー」とは少しニュアンスが違うのは、一日中開店しているのではなく、昼のランチと夜のディナーの時だけオープンする、よく似た、だが照明がファミレスよりも暗い種類の店もある。メニューの中身はほとんど同じなのだが、酒が、ことにワインが幅を利かせているところが少し異なる。しかし、出すものは普通のファミレスと少しも変わるところがない。そこに来ているのは近所に住むらしい客たち──男同士だったり、女性連れだったり、女性のグループや、子供を連れた家族だったり、老夫婦だったり、明らかに旅の途中とわかる人たち、カップルやファミリーもいる。誰もが地に足をつけて生きていることがうかがわれる人たちだ。

ニューヨークなどの大都会の洒落た今風のレストランには、仕事の関係らしい人たち、ちょっと気の利いた夫婦、恋仲らしい二人、日本人ビジネスマン、ブルカの女性を連れた中東系らしい男性、トラッドな服装の似合う老夫婦たち……明らかに中西部のファミレスの客たちとは違う。ここに、二層のアメリカを見る。ホワイトカラーとブルーカラー、ビジネスマンとレッドネッカー。高級な、あるいは洗練された、または格式のあるレストランの、世界のどこの国にも共通する店の雰囲気、料理に対する態度、客たちの持つある空気、肌触りなどは、実はぼくにはあまり面白くない。その国の様子をあらわしてくれないからだ。こういう店で何かを注文していると、世界はある方向に向かっているのではないか、と思えてならない。少なくとも食の世界は。グローバル化、とひと言で片付けるわけにもいかないのだろうけれど、世界に共通するある空気。それは世界中のある層にとって、居心地のいい「宇宙」であるのかもしれないと思ったりもする。

世界の食卓の景色を見ると、二つの種類に分けられるようだ。皿にのせられた料理が、平面か立体かという違いだ。洋食は主に平面盛りつけで、日本料理は高さを意識した立体盛りつけの国だ。しかし、このことはここでは重要ではないので、詳しくは書かない。

ii　アメリカ人は不器用？

それとは別にもう一つ、料理のサーヴの仕方にも二種類あるように思える。時間差で出てくる場合と、すべての料理が一挙に食卓に並べられるものとだ。いわば、同時派と時間差派である。そして明らかに後者は、サーヴィスする人、給仕する人がいるということを意味している。昔の日本でも、主婦は給仕に徹して、自分の食事は後になるということもあった。地方によっては、随分後までその風習が残っていた。特に、客が来た時ほどそうだった。主婦は一家において、食卓において、長い間「サーヴ」する人だった。

アメリカでは客は、たとえ夫の客であってもそれは家族の客であって、したがって主婦もまた食卓を共にする。だから専門にサーヴする人がいない。食卓では全員が主人公、ということなのだろう。そこにはいくらか、食卓では誰もが公平、食べることにおいては機会均等、という認識が影響しているかもしれないが、何もそれを強引に結びつける必要はないだろう。アメリカだって、一九世紀中頃から二〇世紀にかけて、特に中流から上の人たちの家庭では、サーヴァーや料理人がいて料理はその家庭の好みや習慣によって順序よく出されていた。それは時間差のある給仕体系であって、そのような給仕をしてくれる人がいなければこのシステムは存在しない。中流の上から上流の食卓においては、給仕人は他の使用人の誰にもまして必要な人物だった。

しかし一般の家庭では、多くの場合原則としては、主婦も家事を手伝う娘たちも、畑仕事や工場や商店、事務所から帰ってきた男たち——夫や息子たちも、学校や遊びから駆け戻ってきた子供たちとともにテーブルを囲んだ。ごく一般的な家庭では給仕する人間を雇えるはずもなく、したがって、料理人、給仕人である妻や母たちも同時に食卓につき、同時に食べ始めた。なぜなら、食卓を囲む全員にすることがあったからだ。

それは、彼らの家庭生活にとってもっとも大切なこと、食前の祈りをあげることだった。食事の前には手を合わせ、または食卓を囲む隣り合わせの両側の人の手を取って丸くつながり、たいがいは父親が、時には子供たちの誰かが声に出して、その日の無事と食事を与えられた恩寵に感謝した。そのことは、それぞれの家庭や家族の食、庶民のあり方を決定づけていった。それは家族全員が食卓を囲み、自分たちの貧富の度合いに見合った家族の健康と安全、そして何よりも神への感謝に満ちた心豊かで心温まる食事風景であり、そこで出された料理の匂いや味や色合い、また食卓周辺にたゆたう安寧や安らぎを家族の心に刻印していった。アメリカの食の方向は、実はこの昔ながらの家族の食卓の風景を目指しているのではないかと思う。

日本でも、家族の団欒と食事とは切っても切りはなせない。しかし今、孤食、個食が問題になっている。仕事の忙しい父親、パートに忙しい母親、塾や習い事に忙しい子供たち、託児所や時間延長の保育園などに預けられている幼児。農水省の指針では、この個食化にブレーキをかけようとしているし、食生活のバランスを普及させようとしている。しかし、そうとうな予算を使っているのだろうが、そんな上っ面のキャンペーンや宣伝では、何一つ動かない。よほど意識し、家族の強い意思と協力と犠牲の上でなければ、この個食化傾向からは抜け出せない。

家族の食事が崩壊に向かう一方、外食の根ざす「グルメ指向」、言うところの「旨いものを追求する」ことにも強いヴェクトルがかかっている。旨いこと、安いこと、大盛りであること、お得であり、話題であり、新しい店であり、奇抜であり、そしてごく一部の人しか知らない珍しい味を求めて、最近の日本人はうろうろ、きょろきょろしているように思えて仕方がない。その目線、その姿勢、その方向には、家の、家族の、昔ながらの心穏やかな食からは遠ざかっているようにしか見えない。旨いものの追求に熱中するあまりの様々は、どこかはしたないように思えてしまう。武士は食わねど高楊枝、ではないけれど、旨さにあくせくする姿は少し恥ずかしく感じる。彼らには、アマチュアの味、家庭の味、は眼中にないとしか思えない。

アメリカでだって、グルメ指向が紛れもなく存在し、新しいタイプの味は客を惹きつけ、また由緒あるレストランは変わらず繁盛しているにもかかわらず、彼らの食においてはアマチュアとプロフェッショナルの差がごく小さいように思える。かつて日本の男たちはバーやクラブでの「付き出し」に、ヒジキや切り干しダイコンの煮物、おからやゼンマイと油揚げを煮たものなんかを「おふくろの味」ともてはやしたものだった。今もまだそうなのかどうか、よく知らない。しかしあれは、けっしてアメリカのようなアマチュアの味を大切にしていこうとしたものではなかった。家では食べられない、アマチュアの家庭の味を外で充足する。これはかなり奇妙な姿だ。

なぜアメリカの食が、アマチュアの料理に向いているのか。通常のレストランの多くが、家庭の味と大差ないものを出して、しかもそれを普通のこととして外食するのか。一つのヒントは、身分の差がないということだろう。タイやヴェトナム、カンボジアや沖縄、中国や韓国、ロシアやフランス。イタリアやスペインなどには王侯貴族の料理ともいうべき豪勢で華麗な料理があり、庶民の日常食とは大きな隔たりがあることは、数少ないこれまでの経験からしてもわかる。現地に行ってみても、きちんと「宮廷料理」とか「王宮料理」とかの名物特別料理を供する店がある。イングランドやドイツなどのアングロ・サクソン系の国でも王侯貴族の食はあるのだろうが、それを売り物にしているレストランがあるのかどうかよく知らない。というか、見かけることがこれまでなかった。アイルランドやスコットランドのようなケルト系の国でも、あまり貴賤の差のある食を売り物にしている話は聞かない。もしかしたら、貴い方々の食も庶民と似たり寄ったりなのかもしれない。今は王侯貴族といえども、以前は野蛮な連中だったのだ、という認識を持っていることだって考えられる。

アメリカには、貴賤の差はない。貧富の差はかなりあるだろうけれど。たとえ大統領といえども、庶民が食べるものと内容はほとんど変わらない。ただ食器が由緒ありげな、それも建国時代や独立戦争時代のものがホワイトハウスに残されているというだけで、中身の方は格別のことはない。滅多に手に入れられない食材でもなければ、準備するのに何日間もかかるものでも、びっくりするぐらい手間がかかるものでもない。ようするに庶民の食と、上流階級の食とが同居しているのだ。アメリカのすべてが庶民なのだ、と思えばわかりやすい。そしてそのことは、その食事は一般家庭でも、すなわち、アマチュアの主婦たちでもごく普通に作れるものなのである。

なぜアメリカには、こと「食」に関して、プロとアマの差がないのだろうか。れっきとした差のあるジャンルだってある。スポーツの世界がそうだし、文学の世界、音楽の世界や学問の世界もアマチュアとプロとは、歴然たる差がある。軍人もそうだろう。だが料理の世界では、どうやらそうではないらしい。もしかしたら、と漠然たる考えが浮かんできた。もしかしたら、アメリカの料理のプロたちは、プロである必要がないのではないか、と。その考えは、その後もずっと頭の隅にたゆたっていた。

ローストチキンの温かな包みとフカフカのスライスパン、それにプラスティックのコップに入った野菜スティック類、そしてそこがドライな（禁酒の）土地でない限り缶ビールを半ダース。余ったら明日また別のホテルで飲めばいい。それらを手にモテルに帰り、おもむろにローストチキンの箱を開け、解体にかかり、骨付きの脚――ドラムを叩く撥《ばち》のような形をしているので「ドラムスティック」と呼ばれる部分や手羽先や手羽もと、その他の骨の付いたところはそのままかぶりつき、胸肉や脚の肉はパンに挟む。時々指をしゃぶり、スティックサラダをかじり、脂っぽい指先をパンで拭い、缶ビールを傾け、テレビの野球中継のゲーム運びに思い出したように目を向け、食べ終わってフーッと太い吐息を漏らし、食べカスを片づけ、風呂の湯を溜め、その間に明日行くところをパソコンで調べ、少しだけメールし、湯が溜まったら日本から持ってきた入浴剤を振り入れ、ゆっくりと浸かり、パジャマを着てベッドに入り、ちょっとだけ本を読み、ローストチキンくさい空気の中で眠りにつく……つもりだったが、その夜は様々な考えが頭の中で錯綜していた。

アメリカの料理のプロが、どうしてアマチュアの主婦とその技量において、味覚において、美的感覚において差が出来ないのはなぜなのだろうか、という疑問が渦巻いていた。いくつもの考えが浮かんでは消える。たとえば前章の最後で触れたように、アメリカ人は、なべて「不器用」なのではなかろうか。アメリカ人になるということは、すなわち「不器用になる」ということなのではなかろうか、と。

料理は、不器用には向かない、と日本料理を見ると思う。いや、世界には器用が良いばかりでない料理もあって、その無骨さや粗雑さ、大雑把であることは、けっして料理として劣っているわけではない。それはそれで一つの魅力でさえある。ここでは不器用が悪いというのではなく、プロとアマの差がないのはなぜか、と考えている。そして料理をする時に不器用な人たちはどうするか、という問題なのである。

第一次世界大戦が終わってから二年後の、一九二〇年に批准された合衆国憲法修正第一九条第一節「合衆国市民の投票権は、性別の故をもって、合衆国またはいかなる州も、これを拒否し、または制限してはならない」という条項をもって、アメリカ女性は参政権を獲得した。南北戦争が終わって五年後の一八七〇年、「合衆国市民の投票権は、人種、皮膚の色あるいは過去における労役の状態（奴隷であったこと）の故を持って。合衆国あるいはいかなる州も、これを拒絶または制限してはならない」という合衆国憲法修正第一五条一節が確定されたから、人種による法律上の差別はなくなった。しかしそれから約五〇年の間、性による差別は存在し、女性たちはアメリカで最低の地位に甘んじるしかなかった。

国家禁酒法が施行された一九二〇年、それまで一人で家を出ることもままならず、「女性に必要なのはキッチンと子供部屋とベッドルームだけである」という無理解の中で暮らしていた彼女たちは、大きな自由を手に入れた。彼女たちの得た自由は、家を出て働くこと、自分のために生きること、貧しさから脱却することだった。だが、そういった自分のための時間を確保するには、それまで一日中かかずり合っていなければならなかった台所仕事から解放されなければならなかった。彼女たちの参政権獲得がそのまま電化製品の普及、と重ねるのは少し強引に過ぎるだろうか。だが、それを待っていたかのように登場したのが、電気調理器のあれこれだった。スライサーやチョッパー、ブレンダーやミキサー、グラインダーやミル、そういった道具類は調理の時間を短縮し、器用不器用に関係なく一定の仕上がりを保証し、見た目にも均一の印象を与えることが出来た。手間がかからず、多くの専用調理器具を用意することもなく、第一洗い物も少なくてすんだ。そのことはまた、彼女たちを手の込んだ料理よりも、より手のかからない簡便な食へと向かわせることになった。それらは、やがて家庭の主婦たちばかりでなく、プロたちの厨房でも幅を利かせるようになっていく。いや、むしろプロたちから一般家庭へ普及していったものかもしれない。専門の職人たちは手間の方を惜しみ、また食材を均質に処理することを優先することになったのだろう。それはそのまま調理技術の頭打ちを意味しているのではないか。

女性たちにとって、家庭用電化調理器具は救世主ではあったかもしれないが、調理の専門家たちにとっては実はあまりいいことではなかったのではないかと、ぼくは秘かに思っている。ようするに、それは彼らを調理技術の錬磨ということから遠ざけてしまった。彼らが「不器用」であったから、それを補うための調理補助器具だったのだろうけれど、それは同時にそれぞれの調理人の特徴をも均してしまった。ぼくたちの知っている細微な包丁仕事、みじん切りや薄切り、千六本やささがき、銀杏切りや半月、そぎ切りといったものはアメリカではまず必要がなかった。必要がないから発達もしなかった。アメリカに長く滞在した人の中には、あちらで「すき焼き」を食べたくとも日本でのように牛肉を薄く切ったものは手に入らない、という人が少なくなかった。牛肉を薄く切る技術を磨くより、誰でもが薄く切れる道具を作り出す。ここにも、アメリカという国のある姿が仄見える。

アメリカでは実に多彩な発明品――それも奇妙な発明品が多いのだが、ことに調理道具には愉快なものが多い。ぼくもいくつか、旅先で見かけて面白がって買った。トマトを切るためのギザギザの刃の、しかもトマト色をしたプラスティックのナイフ、ベーグルを真ん中から上下にうまくカットするためのベーグルカッター、スパムむすびを作るための透明プラスティックの箱、あるいは「ポットスティッカー」と呼ばれる餃子（鍋貼、と書いた方が正しいのだろうけど）を包む道具、茹で卵と一緒に茹でると適正な時間を教えてくれるタイマー、タマネギやニンニクの指先についたにおいを一瞬のうちに消すというステンレスの小さな板、煮ものと一緒に鍋に入れておけばけっして噴きこぼれる心配がないというガラスの円盤などなど……まだまだあるけれど、実は思い出すのも少し癪に障る。それらのどれもがほとんど役に立たないからだ。ようするにアメリカは、そういうものを面白がり、その効果のほどを笑ってすませるところでもあるのだ。まじめに怒っては、こういう発明品が可哀相だ。しかし、調理を楽に簡単に、そしてある一定のレベルを維持できるように、という発想はそのまま電化調理器具に引き継がれて、アメリカの調理場に浸透して行った。このプロの調理人とアマの主婦との間での電動調理器具の普及は、いみじくも調理技術の画一化をもたらした。プロたちは、主婦たちと同じレベルでよしとしているようだ。と、そこまで考えたら、むしろアメリカのプロの料理人たちは、食をそれほど高めようとは思っていないのではないか、と思いついた。何よりも、食を重要なものだとは思っていないのではないか。少なくとも精美な日本料理に比べれば、「料理は芸術」だとは思っていない。そうしたくもない、食は、彼らにとって生きる手段であり、食は至上ではなく、別の言い方をすればただの日常の行為に過ぎないのだ。

ベティ・フッセルという人の書いた『アイ・ヒア・アメリカ・クッキング（*I Hear America Cooking: The Cooks, Regions and Recipes of America Regional Cuisine*, 1997）』という本が面白い。その前文に、こうある。イングランドは実直な「ビーフ・イーター」で、肉そのものを好む国民だが、フランスはむしろ「ソース・イーター」と言うべきで、せっかくの素材を手の込んだソースで食べる人たちだ。そして、それぞれの厳格に決められたソースの味で、惜しむらくは細やかな食材の味を殺している、と断じている。一方イタリア人はソース・イーターではなく、オリーヴオイルとトマトソースが過剰ではあっても素材の魅力を発揮させる緩やかな精神の人たちである。また人はよく、アメリカの外食産業を取り上げて、アメリカのグローバル化を非難するけれど、実はフランス料理の方がはるかにグローバル化している、と言う。フランス料理は妥協のない厳格なもので、どの国のフランス料理も程度の差こそあれ、フランス料理であることに変わりはなく、そこにローカル性はほとんど見られない。きちんとしたソースの作り方、味わいは揺るぎがなく、それが少しでも崩れたらそれはもう「フランス料理」ではないのだ。そのフランス料理は、元の形のままグローバル化した。その広がりと厳格さは、マクドナルドも負ける、と。

そう言う彼女の面目躍如たるところは、今、新聞や雑誌で取り上げられ、テレビ番組で放映される料理番組での料理は「ガストロノミーク・ポルノグラフィ」であって、ポルノ映画のように、その刺激の強さだけが強調され、その背後にある人の感情や細やかな気持ちや思いやりや料理をすることの喜びといったものが欠落している。番組では、いつの季節でも同じ食材が得られ、素早く簡単に料理が作れ、そしていつでも「旨い」。観客の目を意識するために、ごく平凡な料理も奇抜さと派手やかさで彩られてしまう。これは、本物の料理ではない、と。

iii　アメリカ料理の神髄

では、どういうものが本当のアメリカの料理かというと、「ガストロノミーク・ポルノグラフィ」の対極にあるもので、一般家庭が営々と地味ではあっても作り続けてきた料理――それは何よりも家族のための料理であった。一人の口の奢ったグルメのための料理ではなく、そうたいして味がわかるわけでもないが、それでも料理を作ってくれた人の気持ちを汲み取ることの出来る心と、人へのやさしさと豊かさがある、そういう家族のために心を込めて作る料理。それをフッセルは「サイレント・クィジーン」と呼ぶ。それらの料理はテレビ番組には登場せず、グルメ雑誌や豪華なレストランガイドにも載らない。そしてそれはショウビズの世界やセレブリティたち、ファッション界とも縁遠く、声高に宣伝するレストラン業界や食料品ビジネスからも遠い存在だ。

そういう日常の行為、日常の料理、それがアメリカ食の神髄なのではないか。ぼくは考えあぐね、もう眠ろうと寝返りを打った。

口の中にほんのりニンジンスティックの甘さが残っているように思われた。そういえば、ここのところ甘いものを口にしていないことに気がついた。時々、小さなドーナッツ型というか浮き輪型というか、真ん中に孔の開いた白と赤のストライプのハッカ飴か、黒い紐のようなリコリスキャンディを舐めたりするのだが、それも今回の旅では口にしていない。頭を使うと、甘いものが欲しくなる、と聞いたことがある。今、甘いものに思いが行くのはそれなのかもしれないと、その時不意に、ああ、と思い当たった。

アメリカ中西部の旅でレストランに入ると、入り口付近に冷蔵ケースがあってそこにいくつかのパイが並べられていることがある。思えば、おふくろもよくパイを作っていた。主としてアップルパイやレモンパイ、バナナクリームパイやカスタードパイで、パイクラストをこねて作り、ホイップクリームやメレンゲを時に応じて飾りつけていた。子供の頃、よく食べていたので、そういう店のガラスケースの向こうに似たようなパイを見つけると無性に食べたくなる。けれどドライヴばかりの運動不足で、そうでなくとも痩せている方ではないので、甘いもの、特にアメリカのケーキ類の甘さには打ちのめされることがあり、だからつい見るだけで我慢してしまう。

敵は、ウェイトレスだ。今日のカスタードクリームパイは、ミシシッピーからこっちが本当の本物、「リアル・マッコイなんだから」と、半ば押し売りのように強制的な笑顔を見せるのだ。「これを食べなきゃ、あんたは一生後悔するよ」と。そのお節介というか過剰な親切に負けて、というばかりでなくやはり自分の内奥の欲求に負けてそのどれかを食べてしまうと、いつも後悔する。といっても意志強く、うまく断って帰ったとしても、これまた食べた時よりももっと後悔するに決まっている。だからぼくはこういう店のパイを「リグレットパイ」と呼んでいる。後悔のパイ、そのものなのである。「アメリカ・アズ・アップルパイ」という言葉がある。「アップルパイのようなアメリカ」と訳されているが、その意味するところは多様で、いかようにも解釈出来る難しい寓意だが、ぼくとしては「アメリカ・アズ・リグレットパイ」としたい。アメリカは、実は後悔と楽天の国だと思う。パイのあっけらかんとした楽天的な気分と、それを食べる時に「人生の後悔」を味わうからだ。この場合のパイを食べての後悔は、少し説明がいる。

アメリカ人にとって、パイがない食事は、本物の食事ではないのだ、と思った瞬間、F・X・トゥールの書いたボクシングの短編小説「モンキー・ルック」を思い出した。

F・X・トゥールはボクシングのカットマンで、七〇歳で初めての小説を書いた。五〇歳の時にそれまでのロクでもない人生を一変させようとボクサーに転じたものの、彼にはその才能も適性もなく、芽が出ないまま他のボクサーが試合で傷を負った時に素早く血を止め、その傷をふさぐ「カットマン」の仕事をするようになった。七〇歳で出した短編集の原題は、「ロープバーン」だった。ボクサーがロープを背にして回り込んで逃げると、背中がロープとの摩擦で火傷をする、その「ロープの火傷」というタイトルは、日本で刊行される時、ボクシング小説だということをわかりやすくするために「テン・カウント」に変えた。

ボクシング小説と西部劇小説は売れないものだ、と書籍業界では烙印が押されている。だから、きっと返本の山だろうな、とぼくは鬱々とした日々の中で訳していた。だが、売れないに決まっているという諦めも、映画化の話が出たことで消し飛んだ。クリント・イーストウッドがその中の一編を、いや、正確にいえば二つの短編のエピソードを交えて、映画化したのだ。それが、映画『ミリオンダラー・ベイビー』だった。その大ヒットのお陰で、邦題を変えた文庫本『ミリオンダラー・ベイビー』は、少しは長く本屋の棚に並ぶことが出来た。

その文庫本の最初の短編が「モンキー・ルック——猿顔」で、主人公はカットマンの「おれ」だ。彼は、パイ類がやたらと好きである。ボクシング興行のために、あちこちに旅をするのだが、ミズーリ州コリンズの町にある「エイミー・ジョーンズ・カフェ」がお気に入りで、「家庭料理と手作りパイ」の店という看板を横目に店に入ると、壁の高いところに蛍光ペンで書かれたパイのメニューが貼ってある。フレイヴァーは一六種類。「ココナッツ・クリームからブルーベリーまであらゆるものがそろっていた。おれはコーヒーとレモンパイを二切れ食べたが、カントリー・スタイルでなかなかのものだった。客の大半は気のいい年配の男たちで、トラック運転手や家族づれもいた。誰もがパイを食べていた」(ハヤカワ文庫)という店で、彼の食べるパイの向こうに、家族の風景がある。

「大恐慌の時代、おれの家での楽しみといえばパイとラジオだった。第二次大戦の後、テレビが普及する前もそうだった」

彼は、フォークでパイ屑をすくい上げながら、そこに座り込んだまま昔のことを考える。そうすることがますます多くなっていく。そしてこう思う。

「それまで何とも思わなかった人びとのことを懐かしむようになった」と。「そして、子供時代の出来事が、あたかもその場にいるかのように華やかによみがえってくる」のにまかせる。その中でも重要なパイの想い出は、また別の日、同じ「エイミー・ジョーンズ」でのこと、そこにはジョン・ディーアのキャップをかぶった連中がいた。緑色に塗られたトラクターで有名なジョン・ディーアは、アメリカ農業従事者の誇りでもある。そんな店で彼は、「コーヒーとレモンパイを二切れ頼んだ。おやじの隣で、カウチに座っている自分が見えるようだった。彼は、新しいラジオに身体を寄せている。装飾のほどこされたフィルコ社製の縦型のラジオで、緑色のチューニング・ライトがついている。一九四一年六月十八日のポロ・グラウンドでの試合だ。ライトヘビー級の元チャンピオンで、アイルランド人のビリー・コンが、ヘビー級の世界チャンピオンであるジョー・ルイスと闘って」いた。一三ラウンド、コンはルイスをKO寸前まで追いつめアイリッシュのチャンプが生まれるかと思われた。アイルランド人である彼の父親は、ラジオに向かいゲール語で応援をがなりたてていた。しかし、「褐色の爆撃機」と呼ばれたハードパンチャー、ルイスは一三ラウンドの二分五二秒、ビリー・コンをノックアウトした。

「カウントが一〇になった時、おれはおやじの内部の何かが死んでしまったのを見た。赤くなった顔を、油田の掘削でごつくなった手でおおったまま坐り、おふくろがラジオのスイッチを切った。試合が終わってから、みんなでメレンゲのレモン・パイを食べた。親父の好物だ。おれは小さな一切れを食べられたが、親父には無理だった。食べようとはしたのだが。その晩、親父は食器台にぶつかったりもしていた」

その思い出の中で、彼はもうパイを食べる気を失っていた。彼はスプーンをいじり、座ったまま自分の膝を見ていた。

子供時代の彼が食べたのは、母親の作ったホームメイドパイだった。レモンの人工フレイヴァーが薄力粉のとろみに溶け込んだ、時に口に粘つくような素人の作った典型的なアメリカンパイだ。それは郷愁のパイである。パイを作る母親がいて、それを一家で食べることへの憧れ。その時代から遠く離れ、その場所からも遠く離れ、その頃持っていた夢からもおそらくは遠く離れ、その頃周囲にいた人間とはまったく別の世界の住人たちに囲まれながら、彼らはパイを食べる。それは母親の作ったパイと寸分違《たが》わぬ味とフレイヴァー、パイクラストの歯触りと上口蓋にねっちりとからむパイフィリングを口にし、「その時代」に戻って行くのだ。

ゆえのない懐旧の念や望郷、ぼくの感じるあてのないホームシック。それが、パイの味わいの中にある。後悔しながら食べる、そういう店でのバナナクリームパイは、確実におふくろが作ってくれたパイと少しも変わらない味がする。そこはもう、ぼくの戻るべき場所ではないが、そういう場所がまだ心の奥の隅っこに残っていることに、まるで虫さされに塗った「キンカン」を嗅いでしまった時のように鼻の奥がツンとしてくる。においはタイムマシンだ、とぼくは思っている。同じようにパイの味わいもまた、ぼくにはタイムマシンなのである。いや、アメリカ人にとってもタイムマシンであるに違いない。

時々、ロードサイドダイナーの、いわゆるストレートラインカフェのカウンターでつくねんとパイをつついている年配の男を見かけたりする。アメリカ人の孤独、それは「ナイトホークス」を代表とする都会の孤独を描いた画家、エドワード・ホッパーの絵の中の人物のそれのように、彼らに共通する深い寂寥、堪え難い孤独である。それは他の国の人びとには、よくわからない感情だろうと思う。ぼくだって実はよくわからない。わからないけれど、彼らの国を旅していると感じ取ることは出来る。しかし、、その孤独をどう癒せばいいのかも、どうすればその孤独感を拭うことが出来るのかも、まだわからない。おそらくはアメリカ人も、そしてこの国に最初に足を下ろしたピルグリムたちもまた、この広大な大陸ゆえに感じただろう孤独と果てない夢とを、うまく飼いならしてきたのだろう。それらはいったいどこから来るのか。アメリカという土地が本来的に内包しているものなのだろうか。

結局、誘惑に負けてぼくは、ちょっとめずらしい「ジェファーソン・デイヴィス・パイ」を注文した。ナツメ、干しブドウ、ペカンナッツを砕いたもの、それにシナモン、オールスパイス、ナツメグなどのスパイスを入れたパイで、レモンメレンゲパイやバナナクリームパイのような派手やかさというか、お子様ランチ的な見た目の楽しさはないものの大人向きの地味な、そして滋味あふれるパイなのである。このパイからナッツとスパイスを抜いたものは、「ケンタッキーパイ」と呼ばれている。ぼくらの知らないパイが、アメリカにはまだたくさんある。それもペンシルヴァニア・ダッチのお陰だろう。

ペナペナの安っぽいフォークでパイの三角の先端を切り取って口に運び、次にもろく崩れたパイクラストをフォークの背に押しつけて口に運びながら、このパイはプロの調理師がつくったのではないのかな、と思っていた。しかし、味、歯触り、口当たりは、あまり多く経験しているわけではないが、普通の家庭で食べさせてもらったパイの味と何ら変わることはなかった。いや、ここはもう少し微妙なことを言わないといけないだろう。

今のアメリカで、母親がパイを作る家庭なんてどのくらいあるだろうか、と思う。あったとしてもごく少ないだろうし、少ない家でも家族のためにいつも作っているとなると、やがては教会のバザーや子供の学校のパーティー、ステートフェアなどの出店で、何がしかの値段で売れるようになっていく。そういう女性たちが、将来「エイミーズ」のような店をやらないとも限らない。そうやってプロの店が出来る。料理自慢の祖母がシチュー鍋を牛耳り、器用な亭主が汚れたエプロンを大きく膨らんだ腹に巻く。間もなく流れ者のコックが、厨房に入ってくる。目玉焼きやベーコン、パンケーキやハッシュドポテトを作れるという程度の腕だ。でも、近隣にいい食堂がなければ、いずれその土地に根ざした名物レストランになる。なにせ、ママやグランマが実際に作っているのだから、ホームメイド・クッキング、ハンドメイド・フードそのもの。人によっては、懐かしい味だろうと思われる。

ぼくの耳には、伸びやかで穏やか、誠実で心温まるメロディが聞こえていた。ジョニー・キャッシュの歌う「サパータイム」という曲だった。

Many years ago in days of childhood
I used to play till evenin' shadows come
Then windin' down that old familiar pathway
I'd hear my mother call at set of sun.

Come home, come home it's suppertime
The shadows lengthen fast
Come home, come home it's suppertime
We're going home at last.

ずっと昔、まだ子供だった頃、夕方の影が忍び寄るまでぼくは遊んでいた。そして日が沈む時分、曲がりくねり踏みならされた家への道の向こうからママが呼ぶ声が聞こえる。「帰っておいで、ご飯よ」と。影はいっそう長くなっていた。「帰っておいで！」そしてぼくらは、ついに家に帰る。

サパーは、OED（*Oxford English Dictionary*）によると、'The last meal of the day' となっている、一日の最後の食事のことで、もっと詳しくは 'Formerly, the last meal of the three meals of the day (breakfast, dinner, and supper)' ということになる。ようするに一日三度の食事のうちの最後の食事のことだ。普通、最後の食事はディナーと呼んで、ぼくたちははばからなかった。ではディナーはどう定義されているかといえば、'The chief meal of the day' とある。一日のうちのもっとも主要な食事であって、時間はこの場合問題ではない。こういうことだろう。一日のどの時間でも構わないが、量的にも内容的にも主要な食事は dinner と呼ばれ、時間的に一日の最後にとられる食事は supper であり、昼に取られる食事は、lunch だ。

で、この歌の「サパータイム」だ。かつて、アメリカの一般家庭では、夕方から夜にとる一日最後の食事をそう呼んだ。内容的に主要であるかどうかは問題ではなく、空腹で寝るのを避けるための軽い食事というニュアンスも強い。

ともあれ、夕刻、母親が食事を作り、父親は畑仕事か森林仕事、あるいは家畜の世話から戻って、手や顔を洗い、子供たちは息せききって駆け戻り、手や首筋や顔をゴシゴシと父親にきつく洗われて「イタイ、イタイ」と叫び、そんな中、家の中にはいい匂いが溢れている。粗雑な木のテーブルの上には、これまた分厚く頑丈一点張りの重い皿と、使い古され、もはや輝きを失った錫のフォークとスプーン。ナイフは食事用ばかりでなく生活全般——木切れやロープや、草や果物、罠で捕まえた兎の皮を剝ぎ、家の近くの川で釣ったレインボウトラウトを捌き、といったことに使ってきた荒々しい刃物であることが多い。そして、大きなボウルや皿、時に大型のスキリットのままテーブルに並べられる料理。彼らはそれぞれに頭を垂れ、あるいはお互いに手をつなぎ、祈りの言葉を口にする。アメリカ人の、少なくともアングロ・サクソン系、ケルト系などのブリティッシュ、アイリッシュ、スコッチ・アイリッシュ、そしてゲルマン系の人たちの家庭でよく見られた光景であり、これこそが彼らの食の原点であろうと思う。

このスタンザとコーラスと呼ばれる「繰り返し」の部分までが、ここでは歌われる。このあとはレシテーション、すなわち「語り」になる。詳しくは訳さないが、我々はいつかは天国でのサパータイムに招ばれ、神の大きなテーブルで大いなるサパーを口にするのだ、と語られる。これは子供時代の想い出に重ねた、かっちりした宗教歌である。その天国での「サパー」は、「イエスの肉を食し、その血を飲み」という「聖餐」を思わせる。

アメリカ人の多くは、生まれ育った家と土地、そこで味わった母親の手になるホームメイドの食事を夢見ているのではないのだろうか。その原点こそが、彼らにとって「家族の聖餐」であった。ファストフードをはじめとして、彼らはその懐かしのアメリカンフード、サイレント・クィジーンを追い求めているのではないか。多くのレストランのどこでもが、ホームメイドの名を謳い、母親たちが作ったろう懐かしの家庭料理を再現して客を惹きつけようとする。だからして、レストランで働くプロの料理人たちは、むしろプロの味や技術ではなく、家庭の、アマチュアの主婦たちの料理を、わざと目指しているのではないかと思えて仕方がない。それがアメリカでのプロとアマの差がない理由なのかもしれない。

ぼくの頭の中では、ハワイイのカラカウア・ストリートの「ワイキキ・サークル」の料理が浮かび、それらはいつの間にかそのまま小分けされたアルミの皿に盛られて冷凍されたＴＶディナーに姿を変えていた。ジャック・レモンのバクスターもまた、孤独に食べるＴＶディナーの向こうに、子供の頃に母親の作った料理を思い描いていたのかもしれない。

灯りを消して寝返りを打ったベッドの中で、ぼくの目の前から、湯気のたつローストポークの薄切りとマッシュドポテトとグリンピース、そしてそこにかけられた薄茶色のグレイヴィソースという、ひどくホームシックを誘うＴＶディナーがいつまでも消えなかった。

5　簡便食への志向

i　移動の自由を保障したハイウェイ網

翌日の朝、身体のどこかに、ＴＶディナーが食べたかったな、という思いが残っていた。そうだ。同じプレートディナーでもハワイイではランチカウンターのような店で、ランチの定食に「プレートランチ」というのを提供する。テリヤキチキンやスパム炒め、ブロッコリービーフやフトマキ、ニシメやキムチなどが三品ほど盛られたランチが幅を利かせている。これにヤキメシかゴハンが普通だ。ぼくにとっては、毎日でもいいぐらい好きなプレートだ。しかし、ハワイイのこのプレートランチを冷凍しようなどとは誰も思わない。ワイキキをはじめとして、オアフのあちこちの町や他の島々の町のスーパーマーケットや「オカズヤ」や、食料品をも売っている雑貨屋、マウイ島はハナの町の今はなき「ハセガワ・ゼネラルストア」のようなところの冷凍食品棚でも、見たことはない。あれはカウンターで好きなものを目の前で注文して盛ってもらうのがいいのであって、既製品ではああいう自由なあっけらかんとした旨さには到達しないのではないかと思ったりする。なるほど作りたてが旨いのは確かだけれど、要は、あの島では誰もが急ぐ必要がないということなのだろうと思う。ノンビリと作ってくれるのを、ノンビリと待つことが出来るのだ。

アメリカ・メインランドでは、冷凍ディナーを買ってきて家で慌ただしくチンをして、深く味わうでもなくこのお仕着せの食事を済ます。まさか一家団欒の食卓で、家族全員がＴＶディナーということはあるまい、とは想像するけれど、よくわからない。なにせ、あそこはいろんな人が集まっている、多様な価値の国なのだから。しかし、そうやって急いだ食事の結果に出来た余剰の時間を、彼らは何に使おうとしているのだろうか、といつも思う。慌ただしい簡便食によって食事時間を短縮した結果に出来た時間を、彼らはどう過ごしているのだろう。サマータイム、正しくはデイライトセイヴィング・タイムは、その名前の通り「日の当たる時間を大切にする」アイデアだけれど、ハワイイ、インディアナ、アリゾナの三州はこのシステムを実施していない、このサマータイムと時差とが、車で旅をする上でのかなりの障害になる。
彼らはサマータイムを作ってまで、自分たちの自由になる時間を捻出している。レジャーやスポーツや、知り合いとの会合に使うのかもしれない。だが彼らは、時間を余らせてまで何をしようとしているのだろうかと、いつも不思議に思う。食事での団欒以上に、もっと大切な何かがあるのだろうか。

ぼくの旅も、急ぎの旅だった。アメリカでの車の旅は、なぜか心を急かされる。だから、時間をいかに節約するかばかりを考える。夜、ホテルにチェックインする。一人で泊まるといっても、大抵はツインの部屋で、ぼくは自分のトランクを片方のベッドの上に大きく広げる。それから毎日の儀式が始まり、コトンと寝る。朝起きて、CNNをつけて、シャワーに入り、髭を剃り、着替えてパジャマをしまい、食堂に行くが、何を食べるかを選ぶのに時間はかけない。部屋に戻って歯を磨き、トイレに入って荷造りをして出発。今日の行く先は、前の夜に決めてあるから、ほとんど迷うこともない。

ハイウェイを走るには、いくつかのルールがある。まず、トラックには敬意を表さないといけない。今ぼくはイージーに「トラック」と書いたけれど、ここで書きたかったのは、厳密に言えば「トラック」ではない。正しくは、車を動かすためのエンジンを積んだ車に荷物をのせる荷台が付いているものを、「トラック」と呼ぶのである。日本でごく身近に見ることの出来る荷物運搬車、貨物車のことだ。だがたとえば、横浜や神戸などの海外からの船荷が着く港湾都市の道路には、単に後ろの荷台に荷物を積み込む「トラック」ばかりでなく、大型の動力車と荷物車との二つの部分からなる、いわば二輪連結の貨物自動車が大手を振って走っている。アメリカでは、その牽引《トラクター》動力車が自立して自走出来るのが「フルトレイラー」、自立出来ないのが「semi」で、「セミ」または「セマイ」と呼ばれる。この「セマイトレイラー」は、アメリカのハイウェイではもっともお馴染みの貨物輸送車輌で、一八本のタイヤが装着されているので、「エイティーン・ホイーラー」［図56］と呼ばれる。エイティーン・ホイーラーが人気があるのは、何よりもハイウェイを走る姿が美しいからだ。威風堂々としている。颯爽としている。気高く、男らしく、誇り高いことがよくわかる。エイティーン・ホイーラーのキャデラックと呼ばれる「ピーターービルト」が、背後に近づいてくるのをバックミラーで眺めるのは素敵だ。輝くステンレスの煙突やフロントグリル、タイヤ回りなど、実に美しい。前方不注意で危険だとはわかっていながら、つい見惚れてしまう。他にも、「フレイトライナー」や「ケンウォース」、「マック」などのメーカーがあり、この国はこういうトレイラー・トラクターによって成り立っているのだ、ということを思い知らされるのである。

ブルーカラーやレッドネッカーの家庭の子供たちは、いつか大人になったら自分もトレイラー・トラクターのドライヴァーになりたい、という夢を持っている。思えば、遥か昔から子供たちの憧れそのものだった。シアーズ・ローバックの通信販売システムがこの世にあらわれた一八九三年から、都市部から離れた地域に住む家庭は、日用品をはじめ必要なもののほとんどすべてを通販で手に入れてきた。子供たちへのプレゼントも学用品も、服や靴や自転車やソリ、空気銃やギターなどなど、彼らの成長に伴って多くのものがトラックで家まで運ばれてきた。子供たちの夢を運んできたのが、これらのトラックだった。大人になった彼らにとって、ハイウェイを疾駆するエイティーン・ホイーラーは、夢の運び屋そのものなのである。

しかし、ぼくらのような大人の、しかも外国のドライヴァーに敬意を払わせる、少なくともぼくが彼らを大切にしてあげたいと思わせられる要因は、トラクター運転手の大半が「インディペンデント」だからだ。自分でトラクターを持ち、荷主からトレイラー一杯の荷物を預かり、大陸の端から端までハイウェイを走り続けて受け手に届けることを仕事としている。燃料費も運送代金も、宿泊や食費もすべて含まれているのだろうが、その厳しい労働条件と肉体的な疲労、そしてわずかな収入の中で、彼らは懸命に燃費を節約していることがわかるからだ。

たとえば、カリフォルニアの、いや、どこでもいい、ワシントン州やオレゴン州などの西海岸の都市、シアトルやポートランド、LAやサンフランシスコ、あるいはアメリカの野菜畑、サリーナスやベイカーズフィールドあたりから、東部の大都市に野菜や輸入食品、ワインやビールやサワーブレッドなどの特産品を運んで行く彼らが、すぐに直面するのはコーストレンジと呼ばれるウエストコーストの内陸にそびえる山脈たちだ。行く先にもよるけれど、北寄りの道にはカスケード山脈が立ちはだかり、中央南寄りにはシェラネヴァダ山脈がそびえる。もっと南のLAからならモハーヴェ砂漠を抜けて行く道を選ぶことも出来るが、そうもいかない連中は、これらの山脈を越えるひどい上り坂を重い荷を引きずりながら走って行くしかない。

彼らは後進二段、前進六段というギヤを使う。バックにギヤが二段もあるなんて、初めて聞いた。一度運転台に乗せてもらったけれど、その高さ、広さ、装置類の多さに目がくらんだ覚えがある。そのギヤたちを駆使して、彼らはごくゆっくりゆっくり、走行車線の右端に車体を寄せて登って行く。何台も何台ものトレイラー・トラクターが一列になって、のろのろと坂を登って行く様子は、まるで象の行進のようだ。ぼくはその横を追い抜きながら彼らを横目で眺め、ご苦労様、と小さな声をかける。彼らがこの国の流通を支えていることははっきりしているにもかかわらず、あまりに個人の負担に負うところが多いことに、どこか収まりの悪い気持ちを抑えきれない。日本の「インディペンデント・トラクタードライヴァー」はどうなのだろうか、といつも思う。

アメリカのインディペンデントたちは、燃費のために風向きをも考える。向かい風をまともに受けないためなら、少々の迂回だっていとわない。走っている時、背後から彼らが追いついて来たらぼくは道をゆずってやる。彼らがブレーキを踏んでギアを一段落とし、また加速しなければならないと、それだけガソリンを食うからだ。ぼくのドライヴは、いわば遊びのようなものだ。確かに有用な旅だが、運転することが仕事ではない。その日のレートも考えずに、何ガロンものガソリンをセルフサーヴィスをいいことに給油してしまう。燃費のことも考えずにアクセルを吹かしたり、何度もブレーキを踏んでは、あれが探している建物か、と確認しながらゆっくりと走ったりする。こういうのは、趣味の運転と言うしかない。大きな差がある。

彼らは「キング・オブ・ザ・ハイウェイ」と呼ばれている。日本のトラッカーはどうだか知らないけれど、アメリカのセマイトレイラーのドライヴァーたちは紳士だ。運転マナーもちゃんとしているし、ルールだってきちんと守る。そして何よりも、人がいい。ロードサイドやパーキングエリアのレストランにエイティーン・ホイーラーたち用の席があるところがいい。むろんトラックストップに併設されているドライヴァー専用のレストランもある。そういうところには、ぼくらのようなただの旅人は入れない。一般客も入れるレストランには、彼ら専用のスペースがある。ぼくがアメリカをよく走っていた頃、彼らのテーブルには必ず電話機が備えられていた。カードで支払える公衆電話で、彼らはそれで延々と家に電話し、妻や子供や母親と話をする。セルラーフォン（携帯電話）が普及し、Wi－Fi環境が当たり前となってスカイプで顔を見ながら話せる時代から見ると隔世の感があるけれど、相手への思いは今よりもっと深く、濃かったのではないか、愛おしさ、恋しさの感情がもっと募っていたのではないかと思ってしまう。

彼らとともに走るハイウェイは、日本の道路ではけっして味わうことのできないある種の快感がある。ハイウェイを走る時にも、教えられることが多い。インターステート・ハイウェイでも、幹線ルート以外は地方に出ると二車線というのが普通だ。そこを走る場合、クルージング・ドライヴだったら右側の走行車線を走る。それも制限速度を一〇マイルほどオーヴァーして。そして前を走る車に追いついたら、初めて左側の追い越し車線に出て、少しスピードを速めて追い越して行く。そしてバックミラーに相手の車が見えたら、再び右側車線に戻る。誰でもがやる、ごく当たり前のハイウェイドライヴのルールだ。けれど守らない人がいる。急ぐからと、いつも左車線ばかりを走っている人はアメリカにも多い。急がなくとも、前に誰もいない方が気持ちがいいから、と追い越し車線ばかりを走り続ける人がいる。こういう人は「レフトレーン・バンディット」と呼ばれてバカにされることも教えられた。「左車線の悪人」とでも言えばいいだろうか。当初、ぼくは確実に悪人だった。我がもの顔に、傍若無人に、人の迷惑も考えずに、左車線ばかりを走り続けていた。今はもうそういうことは、けっしてやらない。

ハイウェイを走っていると、いつの間にか同じスピードで走っていくグループのようなものが出来てくる。五台か六台、それがかたまって走っていく、それも一時間や二時間ではなくほぼ半日、一緒の集団として走っているとなんとなく仲間意識のようなものが生まれてくるから不思議だ。そのうち、その中の一人がハイウェイを降りてしまうと何となく寂しくなるし、その仲間にいつの間にかエイティーン・ホイーラーが加わったりするとうれしくなってしまう。大きな象の近くで、小さな動物が安心しているだろう気分に似ていると思う。

ある時、ぼくはそういうセマイトレイラーの一台をゆっくりと追い抜いたことがあった。向こうの運転席が見え、それが長い金髪の若い女性だと知った。彼女のステアリングを握る手の指がリズムを取って上下していて、それが今ぼくが聞いているカーラジオからのカントリーミュージックのリズムとテンポが合っていて、彼女もまた同じラジオを聞いていることがわかった。お互い、顔もよく知らないのに、何かがつながっているようで、この時もちょっとうれしかった。そういう車たちとは、昼食の時間も何となく同じになる。先頭の一台がハイウェイを降りてレストランに入ると、ついこっちもつられるように入ってしまう。他にも何軒かのレストランがあるにもかかわらずだ。そしてたいがいは、そのレストランでかかっているのも同じラジオ局のカントリー番組だったりする。するとぼくたちは皆、同じ空気の中で生きていたんだな、と不思議な感慨を抱いたりもするのだ。

ある日、あれは夏だったと思うけれど、朝からの雨でその日一日、およそ二五〇マイル、四〇〇キロもの旅の間中雨に見舞われたことがあった。「今日は一日中雨のドライヴだった」と、その夜のモテルの気のいいフロントのおばさんに言ったら、「こっちはついさっき降り出したばかりよ」と言われて驚いた。ようするにぼくは、その日一日雨雲と一緒に旅をしていたのだった。

朝、朝食をすませ、洗面をすませ、キーを部屋に残すかフロントに預けるか。今では、Lan が使えてメールやショートメッセージ、時には無料電話で連絡が取れるから、フロントで電話代などを清算する必要がない。それからパーキングエリアで眠っているレンタカーを目覚めさせ、おもむろに町に出て行く。昨日、開館時間に間に合わなかったお目当ての記念館や資料館に朝一番で立ち寄ろうという時は、開館は九時半か一〇時が普通だから、ホテルを出るのはゆっくりでいいけれど、その町がただ通過するだけの一過性の町だったら、たいがいは七時には出発する。ぼくの記憶では、朝の旅立ちはなぜか雨の中というのは滅多になくて、青い空は広く、陽差しは引き締まっていて、まだ空気が冷たい。車もあまり多くはなく、静まり返ったような道路を町を抜ける方向に向かう。

ハイウェイは朝早ければ空《す》いていて、その先に様々な可能性が広がっているようなトゥーレーンのブラックトップの先が煙っている。郊外に延びるハイウェイの朝のドライヴは、おそらくぼくの人生の快感の一つだろうと思う。そしてほとんどいつも、あの曲が甦る。

On the road again…

ウィリー・ネルソンの、旅の喜びを歌った「オン・ザ・ロード・アゲイン」という歌だ。

On the road again
Just can't wait to get on the road again.
The life I love is making music with my friends
And I can't wait to get on the road again.

On the road again
Goin' places that I've never been.
Seein' things that I may never see again
And I can't wait to get on the road again.

「また旅が始まる。待ち遠しかった。友人たちと音楽をやる生活が大好きだ。どれほど待ち遠しかったか。また旅が始まる。行ったことのない土地、見たこともない風景、旅が待ち遠しい」

といったようなことを歌う。旅というものの持つ「自由」の喜びがこの歌には溢れている。それは煩雑で、細かな制約に取り囲まれた日常の煩わしさ、人との付き合い、義理——アメリカ人にも義理やら人情やらはあるのである——そしてしがらみのようなものを断ち切って、かりそめにも自由になれることを意味していた。自由、それは何ものにも代え難い。ハイウェイを車で走ることは、何をおいても自分は自由であるかもしれない、という気持ちを強く持たせる。それは人の心を安らがせ、希望を与え、夢を与えてくれる。ハイウェイを走るだけで、人は自分の中の何ものかに気づく。そういう気持ちにさせてくれるハイウェイは他の国にはない。

なぜだろうかと考える。アメリカの広さがこの国に世界有数のハイウェイ網を完備させ、車社会を発達させ、マイカー帝国を築かせた。これによって人に「移動の自由」を保証した。そこまでは、よくわかる。どこの国でも、そうだろうと思う。でも、そこからがアメリカは違うようだ。

移動の自由を保証するということ、それは生き方と生きる場所の自由を保証するということなのだ。そしてそのことは生活範囲の拡がりと、新しい活動領域を拡げさせることになった。それはとりもなおさず、生きる上での様々な可能性を信じさせてもくれる。アメリカ人の移動好きは、そこから来ているように思える。

アメリカのハイウェイは、旅がしやすい。車線の幅が広いし、ゆったりと延びるハイウェイの緩やかにくねる具合が実にいいのだ。むろん日本の高速道路と同じようにクロソイド曲線を用いて適度に人の眠気を追い払うようにしてあるところもあれば、人の眠気や意識集中への刺激のことなどまったく考えていないような、どこまで行っても真っ直ぐなカウンティロードもある。しかし何よりも、アメリカのハイウェイ、州間高速道路と呼ばれるインターステートハイウェイの特徴は、「オープンハイウェイ」だということだ。オープンハイウェイとは、どこから乗ってもどこで降りてもいい無料のハイウェイのことだ。便利なのは、そのハイウェイの入り口番号がハイウェイ上はむろんこと、地図にもはっきりと記されていることだ。このことも含めて、アメリカのハイウェイシステムの見事さは、まさに人をして車で旅をすることの快適さを保証するものだと言っていい。この Exit 番号は、実はただの番号ではなく州境——東西南北のどちらからかはその道によって異なるけれど、州境からの距離をあらわしてもいるのだ。Exit5は、州境から五マイルのところにある出入り口で、トリップメーターを見ればあと何マイルで目的の出口に到着するか見当をつけられる。

ハイウェイの番号は、偶数ならば東西に走り、奇数ならば南北に走る道だと教えてくれる「ハイウェイ・ナンバリングシステム」といい、出口周辺にはこの出口を出るとどんな施設や設備——病院や警察などの存在、またどんなレストランやガスステーション、モテルなどがあるかを教えてくれる標識が備え付けられていることといい、どれほど旅をしやすくできるか真剣に工夫していることがわかる。加えて、ガスステーションでのセルフサーヴィスの有様の気楽さ自由さは、いっそう旅を楽なものにしてくれる。最近は日本でもセルフのスタンドが増えたが、補給したあと窓を拭きたかったり、この先の地図を確かめたりしたいのだが、給油後に車を駐めておくスペースがほとんどないのが困る。

セルフでないと、「窓拭きましょうか」や「吸い殻捨てましょうか」などはまだいい方で、エンジンオイルが減ってるのだの、タイヤの溝がすり減っているのだのと注意され、揚句に、エンジンオイルにこれを混ぜるだけで燃費の節約になるとか、押しつけがましいスタンドもあってよけいに疲れてしまうことがある。窓も必要なら自分で拭く。長距離のドライヴだと、窓ガラスに羽虫の死骸がびっしりと付いていて、それも乾き切ってちょっとやそっとのことでは洗い流せないことがある。そういう時にゆっくりと洗えるスペースがあるのがいい。タイヤ圧だって自分で測るし、足りなければ足しもする。アメリカはオレゴン州だけがセルフサーヴィスステーションを認めていないが、残る四九州では気楽に立ち寄れて、一種の息抜きにもなるのである。

前にも書いたが、こういう走りやすいハイウェイを使って旅するということは、すでに一つの文化なのだ、とつくづく思い知らされる。あの国には、旅をテーマにした映画の「ロードムーヴィー」や小説の「ロードノヴェル」、音楽の「ロードミュージック」が実にたくさんあって、すでに確固としたジャンルを築き上げていることからもわかる。

もう一つ、ロードのつくものがある。「ロードフード」だ。フィンガーフードのおよそすべては「ロードフード」である。すなわちテーブルに正対して皿を前に置き、両手を使ってナイフとフォークやスプーン類を操って食事を摂る方式ではなく、椅子に座らず道具も使わずに食事をするやり方だ。

たとえナイフとフォークが揃っている場合でも、彼らは、まず肉や野菜をすべて切り分けてしまってナイフを置き、左手のフォークを右手（右利きの場合）に持ち替えて切ったものを突き刺して口に運ぶ。少し大きなものは、フォークの横腹で切る、というのが一般的なやり方だ。ようするに、アメリカ人にはナイフは必要ないとまでは言わないが、二次的な食器に過ぎなかったのだ。イギリスをはじめとするヨーロッパ各国のように、一般にナイフは右手、フォークは左手で、ほとんど最初から最後まで手放すことなく食事を終わらせるのと、大きく異なる。これはなにもアメリカの田舎や人里離れた荒野や、開拓地だけでの食事作法ではなく、都市部の人びとも同じような食べ方をするのが普通だ。そんな彼らの姿を見て、この開拓時代、アメリカを旅したヨーロッパ人、中でもフランス人は、この国の人間はいかにも野蛮である、と半ば蔑んでいる。

ii　ロードフードとしてのフィンガーフード

礼儀作法に則って食事道具、カトラリー類を扱わない、扱えないから、自然と使わない方向へと向かって行き、やがて「フィンガーフード」という簡便な食事法を生んでいくことになる。

食器がいらない食べ方は、時に食べ物自体が食器の役割を兼ねている場合がある。スペインのカタルーニャ地方バヤドリッドの山の中で出合った、ウヴァリヨという茸をオリーヴオイルと塩だけで網焼きして、焼き上がったそれをパンの上にのせて食べさせてくれたあの方式に似ている。あの時、パンは皿代わりであることを知った。史実としても、中世ローロッパでは固くなったパンを四角く切ってそれを皿代わりにしたとある。これは「トレンチャー」と呼ばれて、焼いた肉などをのせるとその汁がしみて旨い食べものになったらしいが、肉を食べた後の「皿」はたいていは貧しいものへの施し物、または飼い犬の餌になったという。

同じように、食器代わりのパンが一躍フィンガーフード界の王者になったのが「ホットドッグ」だ。今や'easy, inexpensive, fast'な食べ物として人気があり、アメリカ中のどこでも食べられる国民的な食べ物だ。

ソーセージ自体は、ドイツ系移民たちが新大陸に運んできたもので、その中の「スモークソーセージ」、ドイツ語でHundwurstと呼ばれる一品がアメリカに定着していった。これは英語ではDog sausageという意味だった。ここからホットドッグのdogの部分が浮かび上がってくる。前述したように、ドイツ系移民たちは町中で、手押し車式の屋台カートでソーセージを売り歩いた。当初、茹でたり焼いたりしたものをそのまま客に手渡していたのだが、一八四五年頃、手では熱いので皿の代わりとしてパンにのせて客に提供しはじめた。後に二つに割ったロールパンに挟んで供するようにしたのは、ニューヨークはブルックリンの海浜の遊び場、コニーアイランド・アミューズメント・パークで軽食スタンド「フェルトマンズ・ガーデン」を経営していたチャールズ・フェルトマンで、一八八九年のことだったという説がある。

このソーセージをロールパンで挟んだフィンガーフードに「ホットドッグ」という名前をつけたの

は、ハースト系の新聞でスポーツ漫画家として人気のあった、T・A・"テッド"・ドーガンで、一九〇六年、彼はドイツ人のカリカチュアとしてダックスフントを描いた。そのダックスフントをパンに挟んだ漫画で笑いを誘ったのだが、ソーセージは犬の肉を用いているのではないかという誤解を生み、一九一三年、コニーアイランドの商工会議所は、ホットドックを販売する店の看板に Hot Dogs の文字を使うことを禁じたほどだった。だがその旨さと軽便さは、海辺で遊ぶアメリカ人を惹きつけるのに充分だった。このホットドッグをコニーアイランド名物から全国区のフィンガーフードに仕立て上げたのは同じコニーアイランドでホットドックスタンド「ネイサンズ・フェイマス」を営む、かつてフェルトマンの店で働いていたネイサン・ハンドワーカーだった。

間もなくホットドッグは、アメリカを代表するフィンガーフードのチャンプになっていった。今では、アメリカ中に散在する野球場――メジャーから3A、その下のローカルチーム、大学や高校、中学、リトルリーグ、そして親父たちのソフトボールチームに至るまで、あらゆるボールパークで欠かせない存在となっていく。フィンガーフードが市民権を獲得したのだった。

そしておそらくは、ハンバーガーも、食べられる皿という発想から生まれたのだろう。挽き肉を焼いたパティをパンの皿の上にのせていたものに、いつの間にか野菜やレリッシュ、調味料を加えるようになり、それだけでは不安定極まりないので、もう一枚のパンで挟んで食べるようになったというところだろうか。そのうちにハンバーガー専用の「バン」が生まれたと思われる。そしてハンバーガーは、フィンガーフード界に君臨するようになった。

フィンガーフードのもっとも重要な要素は、簡便であるということと同時に、「ながら食」であるということだ。フィンガーフードのヨーロッパでの誕生の先陣を切ったのが、例のトランプ狂いのサンドウィッチ伯爵四代目のジョン・モンタギューで、トランプゲームに熱中するあまり食事時間が取れずに、肉をパンで挟んだものを口に運んでからだと言われている。事実であるかどうか、かなり怪しい。サンドウィッチ伯爵は名誉称号で、現在第一一代サンドウィッチ伯が健在である。彼がサンドウィッチが好きか、トランプゲームが好きか定かではない。しかし、サンドウィッチ家には定番の「サンドウィッチズ・サンドウィッチ」というのがあるのではないかと気になってならない。

ともあれ、このサンドウィッチの登場は、食の世界には画期的なことだった。それは、簡便であることと、何かをし「ながら」食べる、というそれまでの食事作法ではいけないこととされていたこと、あるいは、食事は重厚がいいのだという概念を覆すものだった。ぼくたちの社会では、何かをしながら食べるということは行儀上問題があるとされてきた。食べる時には食べることに専念する。それが正しい食事法だった。以前は喋ることさえ御法度であったようで、「黙って食べなさい」とはっきり言われるのが普通だった。ぼくの家ではそんなことはなかったが、子供の頃友だちの家に行って食事をする時、時にはしーんと静まり返った食事風景に出合って戸惑ったことを覚えている。何が楽しいのだろう、こんなことで美味しくご飯を食べられるのだろうか、とその頃のぼくは思っていた。

食事は儀式でもあり、神々から授けられた賜物をいただくということかもしれない。だから「何かしながら」の食は、不謹慎なことだとされたのだろう。本を読みながら、歩きながら、遊びながら、ヘッドホンで音楽を聴きながら、テレビを見ながらというのもいいことではなかったことは、よく聞く。食事時はテレビを消す家も珍しくはなかった。しかし、アメリカをはじめヨーロッパの国ぐにでも、神から授かった食べ物を大切に食べることや、それへの感謝の祈りを食前に捧げる風習はある。なのに、「ながら食」があまり悪いことのように言われないのはなぜだろうか。それとも、サンドウィッチ伯爵も当時はかなり行儀の悪い人間として、陰では軽く見られていたのだろうか。

今、日本のファミレスなんかでも母親や家族と一緒に食卓を囲む少年少女たちは、家族の顔はむろんのこと、テーブルに並ぶ料理の皿よりもケイタイの方に夢中だ。渋々のように食べる間も、目を離そうともしない。これは現代の「ながら食」の典型、いや、この場合主役はケイタイだから「ながらケイタイ」と言うべきだろう。それとも彼らは、朝食のテーブルで新聞を読んで奥さんに怒られた父親の子供たちなのかもしれない。そして今や、食べながらメールをする、メールをしながら食事をすることに注意をする家族もあまり見当たらない。世界は、「ながら食」の方向に向かっているようだ。

アメリカを旅している間のぼくもまた、「ながら食」の一員であることに今更のように気づく。地図を見ながら、この先訪問する施設へのアポイントなどのメールを打ちながら、またはすでにもらってきた資料を見直して足りないものがないかを調べながらの食事。子供の頃は、そんな食べ方は栄養にならないと言われた覚えがある。だが旅の途中では、ゆっくりとテーブルに向かいナプキンを広げ、皿に盛られた料理をナイフとフォークを操って食事をするのはそう容易いことではない。そういう食べ方にふさわしいレストランが、いつもあるとも限らない。

それ以上に旅では、それも車で何時間も、ある一定の速度で走り続けるような旅では、立ち止まることが苦痛であるという思いがけない事態が起こる。車を停めたくない、という感情だ。その思いは、予想外に強い。これは実際に運転してみなければ、けっして感じることはないだろう。だが焦る自分をどうにか抑えて、ハイウェイ脇のレストランやダイナーのパーキングエリアに車を入れる。車を降りても、まだ頭も身体も心もさっきまでと同じ速度で動き続けている。そういう時、長くかかる食事はむしろ精神や消化に悪いに決まっている。「安直、安価、早い」そういうファストフードこそがロードフードにもっとも適した食べ物だろうと、こういう時にはっきりと教えられる。そして、それはまた「ながら食」でもある。そういう時に考える。この「ながら」に耐えられる食こそがロードフードとして生き残れるのだ。いかにして「ながら食」に仕上げるかの工夫と努力が今日のアメリカのフィンガーフード、ロードフードをある高みに押し上げたのである。言葉を換えれば世界に類のないアメリカ独特の食のジャンルを作り出したと言える。

かつて日本も、フィンガーフードの盛んな国だった。寿司や天ぷら、焼き鳥などは屋台での立ち食いが当たり前だった。そしてどれも、指でつまんで食べる物だった。指で食べなくとも立ち食いという観点からすれば、そばやうどんも同じだ。落語にもある「二八そば」や「鍋焼きうどん」などの天秤棒を担いでの商いは、やがて戦後の屋台のラーメン屋に変化し、屋台のおでん屋、焼き鳥屋、フライ屋、焼き芋屋、縁日などの屋台の綿飴屋やベッコウ飴屋、アンズ飴屋など、そして米粒を高熱で爆発させる「バクダン」(ポン菓子)のような路傍の食は、日本では日常の庶民の馴染みのロードフードでありファストフードであり、フィンガーフードだった。

これらを「簡便食」とするならば、丼物もこの中に入るだろう。以前丼物の歴史を調べたことがある。ある江戸料理研究家に聞いたところによれば、江戸時代、今の東京靖国神社への九段の坂を上る荷車や牛車の後押しを手伝う人足たちがあの近くにたむろしており、彼らはその時代、江戸前の海で獲れる穴子の蒲焼き丼を「安直、安価、早い」食事としてよく食べていたという。おそらく、それが庶民の簡易食としての丼物のルーツだろうと思われる。

そして、日本のファストフードのどれもが、時代を追うごとに高級化されていく。天ぷら、寿司、焼き鳥、そしてものにもよるが丼物の中にもとても安直だとも、ましてや安価だとは言えないものだってある。ファストフードが高級化するという現象は、おそらくは日本だけのことではなかろうか、まさに「ガラケー」が生まれる、箱庭的な国民性がうかがわれるようだ。

もう一つの要素がある。おふくろは、ぼくが紙芝居の屋台で水飴を割り箸で練って白くしながら舐めたりするのや、屋台のラーメンなどを食べたがるのを「どんなふうに作っているかわからない」として嫌った。その目を盗んで食べるからいっそう旨かったのだろうとも思うけれど、実はこの屋台や路端での買い食いは、「不潔」「不衛生」という思いが、日本でのファストフードやロードフードの道を狭めていったのではないかと思う。

それでも日本は、充分にファストフードの王国だと言えるほどに庶民の食べ物として普及していたのは事実だ。だからこそ戦後ハンバーガーやフライドチキンなどのアメリカ産のファストフードが上陸してきても何ら抵抗なく受け入れることが出来た、と言えるのではないか。同じように、日本にはラムネという炭酸飲料があったので、コーラ類にも抵抗がなかった。むしろハンバーガーの流行から、握り飯の知恵でライスバーガーを作るといった食の拡がりを生み出すことが出来た、と。そうなると、現在の牛丼、天丼、親子丼といったカウンター式のチェーン店の繁栄は、日本人の中にもファストフード好みの遺伝子がまだ生き残っていることの証明なのかもしれない。

アメリカでフィンガーフード、ロードフードを食べる旅を続けていると、それらの存在は彼らの生き方に大きく関係しているのだと思えてくる。アメリカは、旅のし易い、別の言い方をすれば、旅を快感にしてくれるシステムを持っている。国の広さが道を造らせ、より速くより便利に移動できるようにハイウェイを充実させ、それが人をして旅に向かわせる。それは国自体が、人が旅をすることを保証するというか、移動の自由を確保していることに他ならない、とハンドルを握りながらいつも思う。人があちこちに移動して様々な人と出会い、話をし、様々な見知らぬ景色を眺めることで、国のあり方を人びとの間に普遍化させていくのである。そして、人びとはアメリカのどこへ旅しても同じものが食べられることで、アメリカ人としてのアイデンティティを感得することが出来るのではないか。アメリカ中のどこでも食事が同じだということを知り、それがこの国の「自由」を下支えしているのだということを納得できるのではなかろうか。

iii　アメリカ人の「旅の理由」

ときどき、なぜこの国の人は旅をするのだろうか、旅をし易くするシステムを充実させるほどに旅が大事なのだろうか、まるで宿命か何かででもあるかのように、彼らがよく移動するのはどうしてなのだろうか、と考えることがある。

アメリカを車で旅していてよく出合うのが、「キャンピングカー」と日本で言うところの「モービルホーム」または「モービルコーチ」［図57］だ。短く「キャンパー」とイタリア風に呼ぶ人もいる。彼らがノンビリ走っているのに出会うと、半分心が温かくなり、半分舌打ちをする。慎重な運転で苛々することが多いからだ。追い越すのに苦労することもある。運転席側の窓が開いて、手先だけで「行け行け」とひらひらと振ってくれたりする。追い越す時、ありがとう、と挨拶する。相手はたいていお年寄りで、助手席には連れ合いらしい相応の年配の女性がいる。お互い運転中なのに、笑顔を交わすこともある。しばらく行って、湖を見下ろすパーキングエリアか、山々を仰ぐ「ブエナ・ヴィスタ」と書かれた見晴らしのいいパーキングロットなどで、ほんの少し身体を伸ばそうかと車を駐める。水を飲み、背伸びをし、屈伸し、身体をひねり、用意してあればアイスボックスの中の冷えたハンドタオルで顔や首筋を拭ったりする。そして少しだけ辺りを歩き回る。道路案内の掲示板や地図や案内パンフレットが収められているケースがあれば手にとって読んでみたり、地図をチェックしたりして気分を転換する。たいがいは、他には誰もいない。車が駐まっていることもあるけれど、人の気配はない。どこかそこら辺を歩き回っているのかもしれない。

風が吹き抜けていく。こんな時、自分は今どこを旅しているのだろうか、と思うこともある。名前も知らないし、見知らぬ、これまで見たこともない場所なのだ。ちょっとの間ベンチに座って、自分の身体の中の疾走感と緊張感をなだめる。そんなところに、さっき追い抜いたキャンピングカーがパーキングロットにゆったりと入ってくる。そのうち車を降りた老夫婦がすぐそばのベンチに腰を下ろし、何となく話を交わす。どこへ行くのか、とか、どこから来たのか、というようなことはあまり大きな問題ではない。お互い旅をし続けていることは承知だから、この聞き方はあまり意味がないのだ。ただ、ぼくが日本からこの国にやってきたこと、調べたいことがあって旅をしていることがわかると、日本には観光で行ったことがある、とか、朝鮮戦争の時に寄ったことがある、とか、那覇は知っている、とか、いつかは行きたいと思っている、とか言い出し、ティーセレモニーやイケバナ、ゼンの話も出たりして打ち解けるきっかけになる。

彼らのキャンパーでの旅の目的は、単なる観光だったり、身体が動くうちにアメリカを見ておきたいとかいろいろだ。しかしそういった通り一遍の答えの裏に、やがてもっと別の面が見えてくることがある。裕福な人たちで、大型のモービルホームを購入して上下水道設備や電気・ガスの供給もしっかりした長期滞在用のモービルパークに長く逗留して、周辺を走り回るための小型の車を牽引したり、車体の下部に収納したりしている人もいれば、元気な人ならば自転車を車の後部に括りつけたりしている。半年ほどの旅行で家に戻る、という人もいれば、このモービルコーチが終《つい》の住処《すみか》と考えている人もいる。

彼らの中には東海岸や北部の都市の、結婚した時に買った庭の広い、子供たちが生まれ育った家を売ってキャンパーを買い、定住生活を捨てて車での旅の生活を選んだという人も、案外に多い。理由は、と聞くともなく聞くと、子供たちを訪ねる旅をしていると答える人もまた多い。ぼくには最初、想像外のことだった。子供たちは自分が生まれ育った家を、時に遠くの町の大学に通うために離れ、卒業後もそのままその町で就職し、そこで出会った人と結婚してその町に居を定め、一生をその町の住人として終えることも多い。日本のように「東京」に一極集中することは少なく、子供たちはアメリカ中に散らばることも珍しくもない。だから彼らも、その何人かの息子や娘たちの家を訪問して回るのだという。

子供たちが両親の家を訪ねるサンクスギヴィングやクリスマス、または復活祭などのホームカミングの帰省も依然としてあるのだろうけれど、「当てにできないんだよ」と言葉を交わして打ち解けた老キャンパー夫婦の片割れが言ったものだ。「今度行くよ」と子供たちは約束するが、彼らにも都合がある。会社の仕事があり、孫たちにもそれなりのスケジュールがあり、連れ合いの方に思うようにいかない予定があることもある。当てにしてがっかりするよりも「自分たちの行きたい時に自分たちで訪ねることにしたんだよ」と、二人で口を揃えるようにして言った。その時の彼らは、アルバカーキーのニューメキシコ大学に勤める娘と、シアトルのボーイングの工場で働く息子、ノースカロライナのブルーリッジ・パークウェイで自然保護の仕事をしている一番下の娘の三角点を巡り歩いていた。どこか一カ所を訪ね、ちょっとの間滞在したらまた別の子供のところへ。一年中、その旅は続くという。まるで巡礼だな、とその時思った。

「キャンパー・ピルグリム」その言葉が何かを教えてくれるようだった。ある老いた夫婦は、この年齢になって自分の目でアメリカというものを見ておきたいと思うようになってね、とモービルコーチでの旅を説明してくれた。彼らはＪＦＫを狙撃した現場のテキサス州ダラスの「テキサス教科書倉庫ビル」を見、マーティン・ルーサー・キングが暗殺されたテネシー州メンフィスのロレイン・モテルの二階バルコニーを見、独立を目ざしてサンタアナ将軍のメキシコ軍と戦ったデイヴィ・クロケットたちが立て籠り全滅したテキサス州サンアントニオの「アラモの砦」を見、メリーランド州バルティモアのベイブ・ルースの生家を見、マーガレット・ミッチェルが『風と共に去りぬ』を執筆したジョージア州アトランタの旧家を見、ライト兄弟が初飛行をしたノースカロライナ州キティ・ホークのキルデビルヒルズを見……アメリカをつくり上げたキーストーンとなる場所を旅して回っていた。ようするに彼らは、アメリカの歴史遺産を巡るピルグリムなのだ。

アメリカの正史に残る最初の移住者、植民者であるピルグリム・ファーザーの血を、このキャンパーたちは正しく受け継いでいるかのようだった。ピルグリム・ファーザーたちは、自分たちの祈りを正しく行うことの出来る土地を探して巡礼の旅を続けた。今、ぼくが旅の中で出会ったある年配の人たちは、かつてあった家庭やかつてあったアメリカという国に対して祈りを捧げようと、巡礼して回っているのではないか。

一人きりで、モービルホームを運転している男性に会ったことがある。行く先が同じだったのか、たまたま同じ道を選んだのか、何度かの休憩や眺めのいい場所で出会ううち、ようやく彼は重い口を開いた。そして、以前キャンパーでの旅の途中、妻を亡くしたと語った。ある夜、奥さんが急に腹痛を訴えたものの、人気《ひとけ》のない見知らぬ夜道で医者もガスステーションも見つからないまま、彼女には救急セットの痛み止めを飲ませて走り続け、ようやく見つけた道端のカフェで近くの診療所を教えてもらって駆けつけた時にはもう息がなかったと言う。急性腹膜炎だったらしい、と彼は深くくぐもった声で言った。それからの彼は、以前妻と一緒に旅した土地を、一人でもう一度訪ね歩いているのだと言う。彼の旅は、妻との想い出の土地を巡礼する旅なのである。

旅をし続ける人がいる。旅をやめられない人がいる。旅だけが、生きるよすがである人がいる。ぼくの出会った多くの年配の人たちは、残りの人生は旅だ、と思い定めているかのようだった。もう二度と定住する気はなさそうだった。彼らの身体の中の何かの装置が、彼らを旅に駆り立てているのだと思われた。その装置はまたぼくの中にもあって、そのスイッチが入ると目覚めるらしい「急ぎの虫」がいつもぼくを急き立てる。

旅が人生、という人もいる。カントリーやブルーグラスをはじめとするミュージシャンは、ある晩ある土地でコンサートやライヴをしては、次の日にはまた別の土地で演奏するために旅立っていく。夜ごと別の町で演奏する彼らを「ワンナイター」または「ワンナイト・スタンダー」と呼ぶ。年がら年中旅にある彼らの多くが、旅の上での事故、自動車や飛行機やバスや鉄道の事故によって命を失い、また旅の疲れを少しでも癒そうと摂取するアルコールや薬で生命を縮める。ロデオスター、テニスプレイヤー、そして、トラヴェリング・セールスマンと呼ばれる、聖書から薬から、便利だと称する珍奇な発明品までを売り歩く移動販売人、小さな村やコミュニティのこれまた小さな教会を巡っては信者たちに神の福音を説く移動牧師たち、牧畜・酪農地帯を診察して回る獣医たち……彼らは旅をしなければ生きてはいけない。仕事であるから、という理由は別にしても、しかしなぜ彼らは、ああも旅をするのだろうか。旅をしたがるのだろうか。

これまで、様々な旅の途中にある人たちに会った。彼らの「旅の理由」は、これまでの生き方を捨てて新しい生活を見つけるのだ、と、どこか疲れた表情を見せる女性もいれば、家に残した子供たちのところに戻るところという、明らかに芸能関係の仕事をしていたとおぼしき色合いが隠せない女性もいた。自分のベストを尽くせる何かを見つける、と遠くを見る目をした男もいれば、都会は性に合わない、やはり土を相手に生きていく、と黒い油染みのある手で別れの握手をしてくれた男性もいた。母親がピアノ弾きで、あちこちの町のホンキートンクで臨時雇いのミュージシャンとして働いているはずだから、と、そのママを追いかけているのだという若い女性もいた。彼らの旅は、いや、アメリカ人の旅は、実は家族探しなのではないか、と、彼らと話すうちに見えてきた気がした。

旅は、自分を変えてくれる。自分が変わっていくのがわかる。心が開かれていくのがわかる。一カ所に居続けると、心が硬く縮こまってしまうのではないか。今いるところでの考え方に、固執してしまうのではないか。そこでのあり方でしかないのに、他の場所でもそうあるべきだと決めつけてしまうようになるのではないか。そう思い出すと、人はじっとしていられなくなる。どこかへ向かいたくなる。

もう一つ、旅が与えてくれるのは「仮の姿」だ。泥の川のような日常から、別の世界へと誘ってくれる。別の人生を生かしてくれるように思える。劇中劇を演じているような気分になれる。そういうことも、人を旅に誘う。

アメリカを、車で走る旅は格別だ。走ることのあまりの快適さに、旅を続けていたくなる。移動の快感が、人を虜にする。一瞬一瞬変わっていく景色、空気の匂い、雲の形、陽差しの変化。何のしがらみもない、すべてから解き放されたような解放感。これまでの生き方を、そしてこの先に拡がるだろう可能性を、まるで肯定してくれるようなタイヤの響き。そこには夢と自由がある。ハイウェイの先の逃げ水の向こうに、それがあることがわかる。車を運転している間は、その夢と自由が確実に自分を待っていてくれると確信できる。

その、待ってくれている何かの、より具体的な姿を追い求めている自分に気づく。それを早く見つけたくて、人は旅路を急いでいるのではないのだろうか。自分の中で頭をもたげてくる「急ぎの虫」の存在を感じながら、いつもそう考える。

アメリカ人は急いでいるのだ、とわかってくる。なぜ彼らは急ぐのか。急いでどこに行こうとしているのか。それは彼らの見果てぬ夢、それこそが「アメリカン・ドリーム」なのではないか。夢は固定していない。いつも揺れ動く。夢は人によって異なり、その成就は人それぞれに違い、それを達成する時間も違う。彼らは急いでいるのだ。夢の国へと、その汽車に乗り遅れまいと。簡便食は、彼らの夢のために存在するとりあえずの、そして「ながら食」であるに違いない。日本人は、アメリカ人に比べて移動しない。旅行はするけれど、本当の意味での旅をしない。旅の神髄は、道中にある。十返舎一九の『東海道中膝栗毛』でもわかるように、道中こそが旅なのだ。しかしそのことは忘れてしまって、日本人は目的地に着いてから旅が始まる、と考えている。途中のことはどうでもいいようなところがある。それは旅ではなく「旅行」だ、とぼくは思う。travel と journey の違いかもしれない。「トラヴェル」は移動すること。「ジャーニー」は旅程。ようするに道中のことだ。彼らの旅は、いつも「ジャーニー」なのだと、彼らとともに旅の現場にいて思う。

梅干しを一度作ると、作り続けなければならない、と言われる。いや、そう聞いたことがある。そのことは裏を返せば、毎年コンスタントに梅干しを作れるような状況がなければならないということだ。その季節に家を空けてもいけないし、病気になってもいけない。家族に何か変動があっても、何かのトラブルがあっても梅干しを作り続けることは難しいだろう。ようするに、安寧な家庭と生活、家族や自分の健康、そして何よりも家族を支えていこうとする主婦たちの意欲とそれなりの生活環境。そういうものが大切なのだと、そういう意味がこの言葉の中には隠されているように思われてならない。そして、梅干しを作ろうという日本人は、そういう安定した生活が大切だと考えているのだろうと思う。

アメリカ人だって、ピクルスを作る人もチャツネやレリッシュを作る人も、ジャムやプリザーヴ類を作る人も大勢いる。日本との差は、一度ピクルスを作ったら作り続けねばならない、という言い方がないことだ。日本人はそういう意味では、旅の人間ではない。農耕型と言ってしまえばそれまでだけれど、予定調和の中で生きることを好んでいるようだ。アメリカ人には、一カ所に腰を落ち着けられない人が多い。そのことは少しでも長くあの国を旅したことがあればわかる。

彼らはどこに行こうとしているのだろうか。行く先が、行く当てが決まっているのだろうか。とりあえずは手近な場所、目先の食堂、最寄りのモテル、帰るつもりの家……しかし、彼らの旅はそこで終わらないのではないか。彼らもぼくも自分を振り返りながら、あてどない旅を続けているようだ。そう、彼らは常に旅の途中にあるのだ。ぼくがそうであるように、アメリカ人は、そしてアメリカという国自体も、旅の途中にあるのだと思う。それはどこを目指している旅なのだろうか。もしかしたら、彼らがこの国に来た瞬間から夢見た、理想の世界なのかもしれない。

彼らは大急ぎでそこを目指して移動中であり、その途中の彼らはゆったりと食事をしてもいられない。いや、食べることよりももっと重要なことがあるのだと考えているかのようだ。彼らには簡便食——安直で、安価で、すぐに食べられる料理が最良なのだ。ノンビリゆったり、美味と評判の、または旨いことを懸命に目指した「美食」に熱中する暇は彼らにはないのだ。もっと言えば、彼らはまだそこまで成熟していないのではないか。そう、彼らは青臭い。青年の青臭さがあるということが、あの国を旅していると随所に感じられる。旅の途中だからこそ、ロードフードやファストフードの簡便食が、「国民食」のようになっているのだろうと、目についたランチスタンドでおやつ代わりのホットドックを頬張りながら思うのだ。

第四章　アメリカ人は何のために食べるのか

序　本当にアメリカ料理は不味いのか

人は何のために食べるのか、いつもその疑問がぼくにつきまとっている。別のことを考えていても、いつの間にかそのことに戻っている。アメリカに行かなかったら、いや、アメリカを旅し続けて、アメリカの深い部分に触れるようにして人に遇い、話し、時々馬鹿にし、馬鹿にされ、尊敬し、羨ましく思い、くだらないなあ、と嘆息し、少し哀れみ、ひどくやるせなく、めちゃめちゃに恋しくなったりしながらも旅を続けなかったなら、こんな風には考えなかったかもしれない。アメリカの連中は、いったい何のために食べているのだろうか、と。

むろん、人は生きるために食べる。それを承知でなお、なぜ食べるのだろうかと、訊き返してくるものがある。それぞれの国で、一人一人が「何のために食べるか」の答えをきちんと持っていることだろう。生きるために食べる人もいれば、食べるために生きる人、生きるために食べるべく懸命に生きる、という人も、食べることがめんどうくさい、という人もいることだろう。こう考えると、ここでもアメリカ人は、いや、そのすべてとは言わないまでも、多くの、いわゆる「アメリカ人」は、世界の大勢とは少し違う方向を向いているように思われてならない。

アメリカの料理について、およそ誰もが一度は口にするのが「アメリカには旨いものがない」という言葉だ。そこから始めよう。そう、「アメリカの食は本当に不味いのか」である。なるほど、アメリカの食べ物は不味い、としてもいい。中には、驚くほど旨いものもあるけれど、それはどこの国だってひとつやふたつ旨いものがあるのと同じで、そうたいして意味のあることではない。隠れた美味を持ち出して、この国の料理は不味くない、と声を上げるほど無粋じゃない。アメリカだって、喜ばないだろう。

アメリカ料理が大雑把で荒々しく、繊細さに欠けるのは、きっと食べることの快楽よりも、あの国の成り立ち、近年まで開拓と移動を続けてきた歴史の中で生きていくには、もっと優先される何ものかがあったからに他ならない、と思うしかない。アメリカの料理のマイナス面を、前出したベティ・フッセルはその著書『アイ・ヒア・アメリカ・クッキング』で、ヨーロッパの人びとはアメリカ料理が「熱過ぎる、冷た過ぎる、甘過ぎる、酸っぱ過ぎる、せっかち過ぎる、どれもこれも同じようであり過ぎる、味がなさ過ぎる、そして多過ぎる」という、と書き、だが自らも「アメリカ料理は単に量が多過ぎ、粗野に過ぎ、様々な土地の料理が混じり合い過ぎて正体が分からなくなり過ぎている」と渋々ながらも認めている。

だとしても、アメリカの料理が不味いという非難は、食べる側にも問題があるのではないか、いや、食べる側にもその国の食に対しての誤解があるのではないか、と彼女は言うのだ。すなわち、ニューヨークに来てそこで食べたものがアメリカの料理そのものなのだと決めつけるのは間違いだ、といいことを言う。「パリの味がヨーロッパ大陸全体の味なのか、東京の料理がアジアの料理のすべてなのか」と。なるほど、アメリカの食はニューヨークだけにあるのではない。むしろ、様々な国の料理が同居していて、本来のアメリカ料理はその壁に隠れてしまっている。新しい感覚の人にアピールしようとしての先鋭的な盛りつけや味、雰囲気や物腰や態度は、けっして昔からのハートウォーミングなアメリカン・ディッシュではない。いや、それはもしかしたら、どこの国の料理でもないのかも知れない。

最近の食の大きな欠点は、本来の姿を脱して、自分たちの工夫であれこれと変化させようとすることだ。無国籍化がいいことのように考えているらしい節がある。あるいは創作料理を目指そうとする。それがたいがいは失敗している。はるか以前から多くの人の味覚によって磨かれてきた味わいを、よほどの天才でもない限り、一人の料理人がそう簡単に超えられるわけもない。多くの場合、独りよがりに終わっている。それはニューヨークや東京だけの問題ではない。世界のどこの町でも珍奇な料理を出す店が多くて、心からもう一度行きたいというところはごくごく珍しい。時たまそういう店に出遇うことはあっても、ほとんどすぐに飽きる。やはり食はオリジナル、オーソドックス、クラシック、オウセンティックを大切にしたいと思う。それはきっと、古くさい考え方なのだろう。

しかし、世の中には、「変わる料理」と「変わらない料理」とがあるように思える。もっと言えば、「変わろうとしている食」と「変わらないでいようとしている食」と言ってもいい。たとえば東京は木挽町にあった辨松総本店の「赤飯弁当」のめかじきの照焼き、つと麩や揚げボールの甘煮などはぼくの大学生の頃から少しも変わらない。何よりも切りイカの甘煮、と言うのだろうか、あの甘い煮物も変わらないところが素晴らしい。あるいは、横浜の崎陽軒の「シウマイ弁当」のアンズの甘煮やタケノコの甘辛煮などなど、焼売の印象の薄さに比べて突出している。四十年ほど昔のことだが、当時ラジオ関東（現ラジオ日本）という名前の横浜がベースのラジオ局のフォークの番組で、三年ほど土曜ごとに通った時の昼食がこのシウマイ弁当だったという、半ばうれしく半ば悲惨な状態を経験した。つい最近、思わず買ってしまったその弁当は、ご飯の量も含めて寸分変わることがなかった。

それとは反対に、近頃の出来立てを売り物にする弁当屋では、次々に新しいお菜を工夫している。ハンバーガーをはじめとするファストフードは、それが宿命なのだろう、目新しいもので、人を惹きつけ続けなければならない。でないと、飽きられる。しかし、本当に旨いものは飽きられないものだ。変わらない味、懐かしい味は味覚の大きな部分を占めているのではないかと、弁当の経木の蓋にこびりついた米粒を口に運びながら思う。新規なものを食べて口に合わない時のガックリ感が嫌だというごく保守的で臆病なものを、ぼくはどこかに抱え込んでいるに違いない。

もう一つ、アメリカを旅して感じるのは、アメリカ料理が旨くないというのは「本物」がないからではないかと思ったりもする。彼らは移民の集まりだから、それぞれの国から持ち寄った食が融合して、本来の食が持っていた独特の特徴が薄れてしまうことになる。アメリカで食べる「寿司」のことを考えるといい。大都会の有名店ならともかく、内陸の店の、店名も日本語なのか何語なのかわからないというような店では、シャリからネタから、握り方、巻き方、ガリや海苔や日本茶のどれ一つとっても日本のそれとは大きく違う。当然、職人が日本人でないこともあるけれど、それ以前に寿司というものの本質をよく知らないから、材料の質や季節、その扱いや、それ以前にもっとも美味を生み出すネタの切り方、握った米との量的バランス、そしてシャリは空気と一緒に握るといった塩梅などが出鱈目なのだ。まあ食べられる程度に新鮮だと思われる刺身類でなんとか寿司だと分かるという程度のものだ。こういうものしか知らなければ、おそらくは逆に日本の寿司には違和感を抱くかもしれない。

書きたいのは、そのことではない。むろん、寿司に対する知識不足が、おかしなものを「寿司」だとするのだということはわかる。だが、知識があったとしても、本物の材料が手に入らないということの方が、アメリカ料理の変容を説明する大切な要素だろうと思うのだ。

ハワイイのワイキキのダウンタウンのほぼ中心近くに、なかなかの日本そば屋がある。その店が由緒正しいかどうかはともかく、主人の心意気が高いと思われるのは、そこでサーヴする若い女性――

おそらくはハワイイ大学の学生アルバイトだろう彼女にそば湯を注文したら、「ユトウですか」とたどたどしくはあっても、近頃は日本のそば屋でも聞くことは滅多にない正式な呼び名「湯桶」を口にしたことでもわかる。その店には「おかめそば」がない。「もり」や「ざる」、肉や鶏や鴨の「南蛮そば」や「カレーうどん」、「天ぷらそば」、「天ざる」など、ほとんどすべてのメニューが揃っているが、ただ「おかめ」がない。

主人の話を聞くと、蒲鉾を作るのは大変だし、輸入ができないからだという。真空パックでなら手に入るだろうけれど、彼の気持ちが許さないのかもしれない。彼は、本物が手に入らないのなら作らない、という選択をしたのだ。「本物」がないという意味はそういうことだ。

一人旅だと、日本食レストランに入ることはほとんどないが、でも、そういうレストランがあるところを歩いていて、これまで「長崎チャンポン・皿うどん」の店は見た記憶がない。アメリカは広いし、日本人ばかりでなく長崎チャンポンが大好きな外国人もいるだろうから、絶対にないとは言い切れまい。きっと、長崎が故郷の日系人や長崎出身の人もいるに違いなく、だかられっきとしたチャンポン屋や日本での大チェーン店も、あるいは進出しているかもしれない。ただ、これまで出遇わなかったというだけに過ぎないのだろう。それとも、たまたま「長崎チャンポン」や「皿うどん」に興味がない人たちばかりの町を旅していたのだろうか。

だがしかし、もしどこかの町で長崎の名物料理のチャンポンを作って、アメリカ人にその存在を示そうとする人がいるとしたら、ちょっとやるせないのではないか。あの桃色の蒲鉾やさつま揚げを手に入れるのは、それも本物を手に入れるのは生易しいことではないだろうし、たとえばアサリなんかはどうなんだろう。タコやイカは、冷凍物があるに違いない。きっとアサリのむき身も、冷凍棚に並んでいる店があるのかもしれない。蒲鉾やさつま揚げの代わりに似たような何か、赤く染めたグルテンかクネルのようなものに衣をつけて揚げるか。だが、それを使うか、使わないチャンポンを出すか。

本物がないということはそういうことだ。チャンポン屋を諦めるか、それともチャンポンに似たような麺料理を出す店をやるか、だ。後者の場合、これまで「長崎チャンポン」というものに一度も接したことのない別の国からやってきた人びとは、チャンポンとはそういうものだ、と思うことだろう。彼らにはそれが、「偽チャンポン」「疑似チャンポン」だとは知らない。本物でないと、怒りはしない。怒るのは、本物を知っている人である。「これは違う」と平気で言う。およそのことには心の広い人でも、こと「食」のこととなるとひどく頭の硬くなる人がいる。

何年か前、日本は米不足になって、外国から緊急に輸入するということがあった。その時、中でもタイ米の評判が悪かった。インディカ米、いわゆるロングライスは炊き方も違えば、調理のし方、食べ方さえも異なる。合う料理、合わない料理がある。カレーや炒飯、洋食の付け合わせには合っても、うるち米のようにそのまま食べたらぼそぼそしていて旨くない。茶漬けや卵かけ御飯、納豆や刺身、鉄火丼や握り寿司に合うはずもない。それを日本米と同じように炊き、日本米と同じように飯茶碗で食べたら不味いと文句しきりだった。しかし、それではタイ米が、いやインディカ米という日本型のうるち米よりも、世界中ではるかに多く食べられているロングライスが可哀相である。これは日本人の、こと食に対する保守的、排他的な側面をあらわす大きな出来事だった。

そういう人たちがアメリカに行って、日本食まがいを食べる。あるいは日本で食べたステーキをはじめとする洋食を食べる。それらが自分の知るものと異なっているから「不味い」と決めつける。日本食もどきを食べて、それが馴染みの体裁や味ではないから駄目だとか、不味いだとかの烙印を押してしまう。これは何も日本人だけのことではない。おそらくは世界中のほとんどの人が、アメリカでの自国の料理やこれまで知っていた料理を食べて、日本人と同じように幻滅を感じ、アメリカ料理総体を「不味い」と決めつけてきたのだろうと思う。

アメリカにやって来たそれぞれの移民たちが、自分の国の、またはこれまで経験して我が物にしてきた料理を持ち寄って食べ、食べさせて来た。それらの料理はきちんとした、あるいは正式な食材が手に入らないまま、どうにか近似値の味にしようと努力してきたものだ。その国の人はもちろん、それ以外の国の人、そしてそれを初めて食べる人にとっても、それは正しく本来の料理ではないのだ、ということを薄々感じたことだろう。そしてそれは「まがい物」であるという思いが残り、それらは本物とは違うのだから「美味しくない」となっていくのだと思われる。

「まがい物」にならざるを得ないという宿命は、アメリカ人が移民であって、だからこそ懐かしの故郷の味を、本来の食材を調達できないまま——それは地味《ちみ》や気候、そして輸入できるかできないかなどが原因でもあるのだが、それでもその味を再現しようとしたことから生まれたものだ。両親や連れ合いや子供たち、近隣、知り合いの人たちに故郷の味を味わわせたいという気持ちから発したことだ。

もし彼らが、故郷にいたままだったら、けっして「まがい物」を作ることはなかったろう。移民としてまったく別の土地にやってきても、故郷の味をもう一度味わいたいという思いは人の性《さが》として拭えるものではないし、それを否定することもできない。ようするにアメリカの料理は、多かれ少なかれ「まがい物」である宿命を背負っていると言っていい。それがアメリカ料理が「不味い」とされる、もう一つの、そして隠れた理由だろうと思うのだ。

だが、この「まがい物」の烙印を拭い去るヒントもなくはない。ハワイイの料理が参考になる。当初、あの島の日系人たちが故郷の味を、手に入るもので「フトマキ」や「コーン・スシ」、「サイミン」や「シェイヴド・アイス」などを作ってきた。日本の太巻き寿司や稲荷寿司、ラーメンやかき氷などと比較したら、それらは間違いようもなく「まがい物」の域を出ない。いつまでも「偽物」の烙印を押され続けるしかない。しかし最近、特に若い人たちは、「フトマキ」は日本の太巻き寿司とは違う。「コーン・スシ」が稲荷寿司とは別のもの、そして「サイミン」はラーメンとは別の麺料理であり、「シェイヴド・アイス」は日本の夏の名物、かき氷とは異質のもので、それらはそれら独自の魅力と味覚を持った食べ物だと認識し始めている。そして美味しいと感じ、愉しんでいる。

アメリカの様々な料理を自分の国の料理と比較することをやめれば、アメリカ料理をイノセントに「不味い」とは言えないに違いない。アメリカ料理が不味いというのは、言うならば「相対的な不味さ」なのだと思う。だがそれでもなお「アメリカ料理は不味い」という絶対的評価があるとしたら、ではアメリカ人もまた自分の国の料理を不味いと思っているのだろうか、という疑念が浮かぶ。だとしたら、ではなぜ彼らはその不味い料理に甘んじて、食べ続けているのだろうか。この設問を問いつめていくと、実はアメリカ人は食べ物がそうたいして旨くなくともいい、と考えているのではないか、というところに行き着く。不味くてもいい、とはさすがに、考えてはいないだろうけれどもだ。

彼らにとっての「食」は、賞味する、あるいは美味を追求するある種の肉欲的、そして耽美的な快楽ではなく、もう少し別のものをそこに見ているのではないかと思えてならない。それはまあ、アメリカ人の中にもグルメでグルマン、美食を追求し、旨い「食」のためにはあらゆる努力、大金を払っても惜しくなく、世界のどこへでも出かけていき、あるいはどんな手だてを尽くしても取り寄せるだろう、「食の愉悦、食の快楽」に身を捧げる人だっているだろう。しかしそれが人生の目的であり、そのために生きるという人がどれほどいるのだろうか。どれほど多いだろうか。

「食べるために生きる」というラテン系の人びとや中国の人たちのような言い方が、アメリカでどの程度通じるかよくわからない。むろんブックストアに行けば、美食を探求する人たちの、案内本や料理本、自慢本や生き方指南のようなものが山積みされている。けれど、ぼくの出遇う、またはぼくの出遇った人びとは、その大半が「食」は人生にとってそうたいした意味を持っていないように思えてならなかった。そうでなければ、多くの町で多くのコミュニティで、あちこちのハイウェイのエグジットやエントランス付近で、なぜああもチェーンのレストランが軒を連ねているのだろうか。どこへ行っても、アメリカ中で見られるフランチャイズ店が存在感を際立たせている。当然、地域によってその店は異なっている。東部には東部で幅を利かすチェーン店が、西部や中部ではその地域に愛されているフランチャイズ店が生き生きとしている。日本でも、大型電気店や薬局などが地方によってその勢力範囲が違っているのと同じだ。

そういう大規模チェーンレストランに混じって、個人営業の、独自のメニューや調理法、売り物や名物を掲げる店のなんと肩身の狭いことか。これは、多くの普通の庶民とされている人たちが大型チェーンでの食事を喜んで食べているのだ、と決めつけるわけにはいかないだろうけれど、それでも忌避したり拒否したりしていないことを示しているのではないだろうか。ようするに彼らは、各レストランの商品開発のラボで研究され磨かれた味わいではあっても、そしてその結果、大規模な工場で画一的に作り上げられた、ある種科学的に作られた平均的な食品に甘んじていられるということ自体、その大量生産の食品を忌避していないという事実をあらわしているだろう。

これらの食品は、時に「マスプロの粗悪品」、「ジャンクフード」と呼ばれ、また「スローフード」の方がいいのだというニュアンスを含めて、あえて「ファストフード」として誇大に貶められるように語られてきもした。塩分が多い、飽和脂肪酸を使っているという、栄養学的な非難にもさらされてきた。だが一方、大規模工場で食品を製造するための自家農場や自家養鶏場、牧場などで管理栽培、飼育された野菜や肉類は、個人経営の生産者や小売りの店のものよりも安心、安全だとも言われている。農薬や遺伝子組み換えなどの問題も拭いきれないにしても、その国の人にはあまり気にならないのだろうか。日本ほど気にはしないのだろうか。

四季折々の素材を、ようするにその時期もっとも旨いものを用いて、手間と時間を惜しむことなく調理することが料理の「旨さ」であり、そのことが至上であるとしたら、アメリカのそれは様々な部分で逆行していると言うしかない。たとえば冷凍技術の普及によって家庭での食材の大半が冷凍保存されているというところからもそれはうかがえる。ようするに生活環境が大きく変わり、都会に住んでいた人びとが町の周辺部へと流出して、町の外縁部に建つ大型スーパーで週末にまとめ買いするという生活パターンが組み上げられていったのである。むろん「週末買い」をしない人もいて、そういう人の買い物を'midday quick shopping'と呼んでいる。そういう言葉が存在すること自体とりもなおさず、平日は間に合わせの買い物で、基本的には週末に一週間分の食材や生活必需品を購入するシステムが浸透していることをあらわしている。生活用品はともかく、日々の食材をまとめて買うということは、これはすなわち、毎日の食事には新鮮な食材でなくともいいということに他ならない。食料品の売り場の前に立って、レシピや段取りや手順を考えながら買い物をする。そういう日本やその他の国の主婦たちのあり方は、冷凍庫に食材が常備されている人たちとは、やはり食に対する思いや心意気、熱意に差が出てくるに違いない。そういった心と頭の使い方が、その国民にとってどういう影響を与えるかは単純には言えないが、きっとどこかで大きく異なってくるに違いない。どちらがいいとは、一概には言えない。国民性の違いとひと括りにしてもいいけれど、その国民の中にもそういうことが得意な人もいれば不得手な人もいるだろうし、それが正しい主婦のあり方であると決めつけるわけにもいかない。今の時代、食べる側に不満さえなければどんな形の食であっても正しいのである。

こういったアメリカ人の食に対する大雑把な姿勢というか、態度というか、感覚といったものを根拠に、彼らが粗雑な人間であると早急に決めつけるわけにはいかない。もしかすると、彼らは我々とは違う食の側面を大切にしているのではないかと思えて仕方がない。なぜならば、食べることに対して神経質で細やかで、作る料理が精緻であると評判の日本民族とはかなり異なった食への「視座」を持っているのではないかということを、ぼく自身、アメリカを旅しながら思い知らされたからである。日本人をはじめ、世界の国ぐにの人びととはどこか「違う」アメリカ人とは、いったいどういう人間たちなのか。ようするに「アメリカ人」とは誰なのか、または「アメリカ人」とはどういう人なのかというところから考えないと、このことはよくわからない。そのことを考えてみたい。

1　「アメリカ人」とは誰なのか

i　「アメリカ語」の誕生

これまで、アメリカ人と食について、ことにアメリカ人の食はなぜ世界の他の国とはいささかその趣を異にしているのか、旅をしながら、そして旅にあった日々に経験した様々なことから推測して、自分なりの何らかの答えを出そうともがき続けてきた。もしかしたら、それは自分勝手な決めつけであったり、大きな誤解であったり、判断ミスであったり、何よりも最初から見当違いだったのかも知れない、と悩み続けてきもした。

しかし、だとしてもアメリカという国の性格を作り上げている人たちを理解するために、政治や軍事、貿易や人種の問題や経済などの視点から判断するのは、案外に容易く、そしてそれは往々にして通り一遍のものでしかないということはわかっている。だとしたら、何を手段にすればいいのか。それはやはり「食」だろうと、ぼくは思い定めてきた。アメリカの食が、他の国ぐにとはいくらか異なっているのは、彼らが移民の集まりであり、国の開拓の過程で広大な国土を移動せざるを得なかったという要素を抜いては語れないことはわかってきた。そして彼ら移民たちが、アメリカの国を我が物とする過程で、自分たちをも変え、いや、変わらざるを得なかった事情もまた、アメリカ独特の食を作る要素になったこともまた確かだ。

ヨーロッパ人が、アジア人が、アフリカの人びとが、どうやってアメリカ人になっていったのかは、薄々わかってきつつある。だが、彼らが変わろうとした「アメリカ人」とはどういう人たちなのか。どうやって「アメリカ人」というものが出来上がったのか。それも、アメリカの食を考える上で、とても重要なことだ、と気がついた。そして「アメリカ人」になった彼らは、一体「何のために食べるのか」ということもまた、他の国とは異なっているのだ、ということがわかってきた。ここでは、それを取り上げてみようと思う。

まず、アメリカ人とは誰なのか、アメリカ人とはどういう人間たちなのか、である。

アメリカに渡ってきた人たちは、国も人種も、考え方も宗教観も金銭感覚も、心情も感性も、熱意も誠意も、心意気も意欲も、正直さの度合いも、愛情の深さも、怒りの沸騰点も、それぞれすべて異なった人たちだった。だがたった一つ共通するものがあった。それは彼らすべてが祖国を捨てて来たということだった。そういう人たちが、いつの間にかアメリカ人になり、アメリカ人と呼ばれるようになる。なぜか。それは彼ら自身が、アメリカ人になるためにやってきたからなのだ。

彼らは「移民」ではなく、「難民」と呼ぶべきだという人がいる。だがそれは少し違う。厳密に言えば「難民」はいつか故郷に戻る、といったニュアンスがある。たとえば、近年の様々な国の内戦で自分の生まれ育った国を離れざるを得なくなった人びとは、近隣の国の難民キャンプに収容される。彼らは、祖国の戦闘状態が終わって落ち着いたら再び祖国に帰ることを希望し、それ以外のことは望んでいない。だから、「難民」という言葉で規定してしまうと、アメリカに渡った移民たちは、それぞれの理由——祖国で死にたい、とか、親族に会いたい、といったような理由、あるいはもっと具体的に金を儲けたい、名をあげたいなどなど——で、いつか故国に戻りたいと思っていたのか、と言えばけっしてそうではない。いや、中にはそういう人もいただろうが、ほとんどはそうではない。だとしたらどう呼ぶのがいいか。ぼくは「窮民」と呼ぶのがふさわしいのではないかと思う。窮民とは、言葉通り生活に困窮している人のことだ。その困窮の理由は様々で、経済的・政治的理由であったり、親族関係や労働環境、飢饉や疫病の流行、といろいろあるだろうが、やむなく祖国を離れるしかなかった、なべて「離郷者」であった。

彼らはそれぞれに故郷を離れざるを得なかった、ということは裏を返せば、祖国にいられない人たちでもあった。そこでは生きていけないから、新天地を目指した。それまでの人生を「チャラ」にして、新しく生き直そうとした。もし彼らが、祖国で生きていくための何らかの身分や地位、技術や財産、あるいは生きていく助けになる何ものかを持っていたのなら、わざわざ苦労して他の土地に出かけていかなくとも、その地に留まっていればよかったはずだ。ようするに、祖国を離れるしかなかった「窮民」たちは、言い方はともかく、経済的に貧しく、身分が低く、教育の機会に恵まれることも少なく、未熟練労働者である、といった底辺の人びとであり、時には年季奉公人として、渡航費用を前借りするしかない曰くありげな人間や、犯罪に手を染めるような社会不適合者たちも混じっていた。

彼らは、ともかく生き延びるために、アメリカという新天地にやってきた。そこで以前の生活を捨て、一からやり直すしかなかった。都市の最底辺でどうにかその日暮らしを営む者、都市では仕事を得られずに生きていける可能性の少しでもありそうな未開の西部へと流れていく者、あるいは犯罪へと走るしかなかった者など様々だろうが、ともあれ誰もがこの若い国で生きる方策を見つけていかねばならなかった。

そういう状況で、たとえば同じ「窮民」でも、アイルランド人は英語が喋れるということだけでも、他の国からの移民たちよりも有利な位置にいることが出来た。アイリッシュの若い女性たちが、一般家庭のメイドや子守りとして働けたのは、前述した通り、単に意思疎通がうまくいったからに他ならない。だが、英語に堪能でない多くの移民たちが、いかに苦労してアメリカという国に馴染んでいったかは、現在に残る「アメリカ語」を見ればすぐにわかる。イングランドの言葉とアメリカの言葉は同じ「英語」だが、アメリカ語はこの日本語訳通りのイングランド語の「イングリッシュ」とは別のものだということは、すでによく知られている。

食べ物のことで戸惑うのは、たとえば鯛のように snapper と sea bream と名前が二つあることで、こういうことがアメリカ食の世界がどことなくくっきりした輪郭を見せてくれない原因であるように思えてならない。アメリカの食材について、明解に日本語訳できないことや、逆に日本食のあれこれの材料をアメリカ人に説明しにくいことの原因はこの辺りにありそうだ。

いずれにせよ、アメリカでは移住した人間の知識力と経験の不足、異世界での植生やその生育の状態が既知のものとは異なっていたことなどもあって、生物学的・植物学的にきちんと分類整理した名前や用語を確定することが出来なかった。今食べている魚が分類学上何なのか、そこが不分明であることが、アメリカ料理をある種あやふやにしているのではないかと思われるのだ。事物や事象は名称がつくことによって存在し、人に認識されるという。ただの名もなき「雑草」ではなく、例にとれば、ケンタッキー州の「州の草」であり、馬の飼料であり、しかもそこで生まれた音楽の名前にもなった草がブルーグラス（日本名、ナガハグサ）と名づけられた瞬間から、その草は存在し、意味を持つようになる、というのと同じだろう。

様々な国から寄り集まってきた、「窮民」であるアメリカ人とはどういう人たちなのか、その本質は何なのかを如実に教えてくれるのが、母国イングランドの言葉とは異なるアメリカで初めて作られた「アメリカ英語」で、これが実に興味深い。その典型は、たとえば地下鉄の tube がイングランド語であるのに、アメリカでは subway と呼ぶことだろう。地上の交通路が主であって、地下を走る道、あるいは交通手段は副だという発想から来たのだろうか。eggplant は卵のような実のなる木、すなわちナスのことだが、日本の「茄子紺」といわれる紫色の美しい野菜とは異なり、外国のナスは長細くなく、むしろ丸型でまっ白く、それこそ卵と見まがうものもある。まさに eggplant の命名は正しいとうなずくしかない。最近は、ナスの種類も多彩で、以前から長ナスと呼ばれていたように細長く、綺麗な紺青色のものばかりでなく、同じ長くとも真っ白いのや薄緑色のものや、ずんぐりと赤っぽいのやキンカン程度の大きさのものなどがあって目を見張ってしまう。白く長いナスがアメリカにあったのなら、どんな名前がついたろうか。

ガラガラヘビの rattlesnake も、ガラガラ鳴らす・ヘビという二語からなる造語だし、前述した青い草を意味する bluegrass もそうだ。ネコ科のオオヤマネコである bobcat は、bob の字義どおり尾が丸まっちく短いことから来ている。ナマズの catfish はネコのように髭のある魚だから、cookbook はそのまま料理するための本、薬局は drugstore で、そのまま「薬の店」だ。車道の脇にある歩道は

sidewalk、空をこするほどの高さの建物は skyscraper――日本語訳の「摩天楼」は実にうまい漢字を当てはめたものだと今更のように思う。

このように、アメリカ製の英語はごく簡単な語を二つ組み合わせて一つの単語にしたものが多いように思える。このことは、入植初期のイングランドの人たちは別として、その後にアメリカ大陸に移住してきた多くの人びとが英語を母語としない国の出身であったことを物語っているのかもしれない。この言葉に見られる彼らの発想が、アメリカという国、そこから生み出された文化が世界に広まっていく大きな理由にもなっているのだろうと考える。誰もが知っている単純な言葉を組み合わせることによって、新しいものの名前にするということは、特別な知識や教育を必要としない。そしてまた、誰もが理解しやすく受け入れやすい言葉と、そこから生まれた文化、服飾、考え方は、世界の様々な異文化を持つ国に入って行きやすい。

言葉のことを、もう少し続ける。この独特のアメリカ製造語――簡単な単語二個、ないしは三個の組み合わせによる新しいアメリカ語は、当初イングランド人たちから馬鹿にされていた。だが、新しい国での、新しい生き方とそこに住む人びとの新しい生活全般を表現するには、昔ながらのイングランド語ではおさまりきれないところがあった。

彼らが庶民の「アメリカ語」を作るということには、もう一つ愛国的な動機があったことも忘れられない。ここに、一人の教育家が登場する。一七五八年、コネチカット州に生まれたノア・ウェブスターである。彼は一六歳でイェール大学に入学したものの、独立戦争の最中で、その戦いはこの若者にイングランドの既成のあれこれ――政体や法律、宗教や身分制度などに対する反発心を植えつけた。

この時代、まだ開拓初期の段階にあった地方の小学校の、年齢のまちまちな七〇人もの生徒たちが机も椅子も不充分なまま、たった一つの教室に押し込められ、教師となると心意気はあるものの正式な訓練も受けておらず、しかも使う教科書はイングランドからのお仕着せで我慢するしかなかった。そして、そこで使われている言葉も、それを使う状況も、現状にそぐわないものばかりだった。アメリカ人はアメリカの教科書で学ぶべきである、と考えたウェブスターは一七八三年に「綴字法《スペラー》」、翌八四年には「文法《グラマー》」、そして八五年の「読本《リーダー》」からなる、やがて'A grammatical institute of the English language' と呼ばれることになるアメリカ英語の教科書を出版したのだ。これらは純粋にアメリカ風であり、キリスト教中心の教科書だった。中でも一八二九年に改訂された「スペラー」は、青い表紙であったことから『スペリングの青本（*The blue-back speller*）』として一八六一年まで五世代にわたり年間一〇〇万部を売り上げる評判の教科書で、ベンジャミン・フランクリンもまた、自身の孫の教育にこれを用いたと言われている。しかもウェブスターの受け取る印税は一部一セントという安さで、このことからも彼の教育に関する情熱をうかがい知ることが出来る。彼によって、イングランド語とは違う、より簡易で便利なアメリカ英語が体系づけられていった。中でも、一八二八年初版の『アメリカ英語辞書（*An American Dictionary of English Language*）』が出版され、アメリカ英語の論理的・学術的功績によって、彼の名前は「英語辞書」の代名詞になっていくのである。

いわゆるアメリカ語の中に、アイルランド語の多くの特徴が散見されるのは、それだけ多数のアイルランド人がアメリカにやってきたことを意味している、と言われる。それだけに止《とど》まらない。アメリカはあれほど広いのに、各地方での言語の特色——南部訛りや黒人たちの訛り、またピジン・イングリッシュと呼ばれる、外国人同士の異言語間での意思疎通を目的として作られた混成語などは別として、どの地方の土地の言葉も、ほとんど似たり寄ったりの特色を持っているとされ、それはまたアイルランド人の言語を基にしたアイルランド英語の特色とほぼ似ていると言われる。

このことは二つのことを教えてくれる。ひとつは、いかにアイルランド人が多かったか、そしてまたそのアイルランド人がアメリカ各地に分散拡充していったということだ。もっとある。アイリッシュ・イングリッシュはまた、黒人たちの英語とよく似ているという事実だ。このことはまた、もっと別の真実を示唆してくれているが、それはまた別の機会に譲りたい。

ii　時計が生んだ規則正しい生活

それとは別に、「アメリカ」を生むものが他にもあった。

貧しい者にとって金属製の高級な時計は高嶺の花であり、素人でも扱え、時には修理し、使いこなせる木製の時計は福音であった。

入植後、都市部に居場所を見つけ工場や商店や工事関係の仕事にありつけるものは良かった。だが、仕事にあぶれたもの、または都市の込み合った環境にどうしても馴染めないもの、自己の能力を発揮できずに落ちこぼれていくものたちは、西部開拓団の一員として、または農民として広大な西部地帯に散っていった。開拓団の目指す終着地、オレゴンシティまでたどり着かずに途中で自分たちの生活の居を定める家族もいた。初期には、広大な草原や大平原で草の生えたままの土を四角く切り取り、それを積み上げた‘Sod House’と呼ばれる芝土の家を自らの手で作り上げ、そこをねぐらとした。すべてはそこから始まった。まったくの平地ならいいが、邪魔な木があれば伐り倒し、根を掘り起こし、農地にしていく。人間の手だけでは無理だから、やがて牛を飼い、馬を飼い、食料としての豚や鶏を飼い、時に衣料のための羊を飼い、たまに狩りをし、釣りをし、農作物を採り入れ、女性たちは食用や薬用になる野草を探し、家畜の乳を搾り、卵をとり、保存食を作り、薬用としても役に立つよう穀類を蒸留してアルコール類を作り出し、羊毛や綿花から糸を紡ぎ、織って布を作り、編み、それを衣服にし、わずかな医学的知識を総動員して家庭薬を作り、子供に本を読み聞かせ、出身国での経験や知識を発揮して独自の生き方、文化、生活様式を参考にしてそれぞれに個性的な家庭を維持していく。しかし、さらなる向上を目指す必需品の一つが、時計だった。むろん、それまでも懐中時計を所持していた人もいただろう。しかし、もし故障した場合そういう精密な金属時計は、専門家でなければ修理することは難しい。町に出て、そこからもっと大きな町にあるはずの専門店に送って修理してもらうことも不可能ではなかったが、いったい修理にどれだけの時間と費用がかかるのか、また運送の間、失くされたり盗まれたりするのではないかという心配もなくはなかった。

家族単位で生きていくとなると、それぞれが生活の中できちんとした時間を知ることが必要になってきた。規則正しい生活が始まったのである。夜が明けたら働き、腹が減れば昼食で、暗くなれば寝る、という生活も孤立した環境でなら成り立ちはしても、いったん外部との接触を保つ生活が始まると、世間で、あるいは集団によって決められた時間軸に合わせる必要が出てきた。そのきっかけが子供たちの学校生活だった。

女性たちへの教育が充実するに従って、その教育を受けた若い女性たちは、得た知識を辺境に住む子供たちへ伝えようと、勇んで西部へと旅立って行った。辺境に住む人びとは、彼女たちのために寄り合って木造の小屋を建てたり、材木が潤沢でない平原地帯だと前述の芝土の家を造った。雨の心配よりも風をよけるためだった。そんなにまでしても子供たちの学校を造ろうというのは、教育を受ける機会を確保するため、すなわち「教育の機会均等」を至上としたからだ。

学校というシステムが辺境に出現すると、生活は途端に変化した。始業時間、昼のランチ、下校時間、予習、復習、そして規律正しい就寝と起床、通学に要する時間の認識、そういったものが、子供たちばかりでなく親の生活にも影響を及ぼすようになった。それ以上に、子供たちが得た学校での知識は親をはじめとして家族にも大きな影響を与え、世の中の出来事、常識、通り相場といったものが情報として家の中に入ってくるようになった。そして情報の公平な取得——新聞や手紙などを読み書きすることで、誰もが公平に知識や情報を得ることができる——アメリカに住む人びとに均質な認識を広めていくことになる。

そういう「時間」の制約が生まれた時代のアメリカ西部では、木製時計が普及していった。ゼンマイばねや摩耗の避けられない歯車の軸などの部品こそ金属製ではあったものの、その他のほとんどすべて、歯車本体や針、時計板、枠組みなどは木製であった。時計会社は、歯車をはじめとして木製の部品を大量生産して、万一壊れた場合には、その部品だけを注文出来るメールオーダー・システムを採用した。木製の時計なら、素人にも部品を交換することが出来た。大量生産による互換性部品の製造、それこそが「アメリカ式生産方式」の誕生に他ならなかった。そしてメールオーダー・システムによって、どこでも誰でも、いつでも欲しいものが手に入るという、アメリカのもう一つの特徴、「機会均等」の理念の普及をも促したのである。

彼らは、家の修理から井戸掘り、家畜の飼育や狩猟、病気の治療といったことのすべてをやらねばならない万能選手だった。これは一芸に秀でた、一つのことに習熟した熟練労働者ではない、何ごとも未熟練であった人間だったから適合できた生き方だった。

アメリカ西部辺境への探検、開拓を年代順に図示した本、『アトラス・オブ・ウエストワード・エクスパンション（*Atras of Westward Expansion*）』に、大工の一団が、西部中を回って家屋の修理などを請け負っていたらしいことが出ていた。開拓時代のアメリカには、そういう職能集団が巡回していたのだ。移動裁判所を開廷するための巡回判事が活躍した西部である。判事よりも、庶民にとっては大工や修理人の集団の方が、よほど必要な人材だったろう。

旅をする、なかば本職の器用な修理人を募集する'Help Wanted' の看板を、地方の小さな町を通り抜ける時に見ることがある。'Carpenter Wanted' や 'Wanted Painter'、または 'Hire（雇う）'、などの文字を見かけると、助けを求めているのは、きっと老人か病人にちがいないと想像して、ぼくに出来ることならと、つい思ってしまう。

一度サウスカロライナの山間部にある小さな集落――いったい名前がついているコミュニティなのかどうかわからないながらも、そこを通り抜けていこうと車を標識の指示通りにゆっくりと走らせていた時、白い紙にグリースペンシルの少し乱暴な字で 'Help Wanted' と書かれたのを見かけた。何を手助けしてもらいたいのかと気になって、車を停めてその紙の貼られた柵の手前から家全体を眺めていたら、ドアが開いて八〇代後半だと思われる銀髪の女性が出て来た。ぼくに出来ることなら、と切り出すと、フェンスのペンキを塗ってほしいということだった。家の裏手に回ると、薄い板木のてっぺんが三角形に切り取られた、これまたいかにも柵らしい柵があった。そのうちの一〇本ほどが、ペンキが剝がれていた。小一時間もあれば、ぼくにも塗れそうだった。承諾して、車を駐め直して戻っていくとペンキと刷毛が用意されていた。

ペンキ塗りは間もなく終わった。道具を片づけて玄関口に回ると、彼女は報酬をくれようと財布を出した。それを断ると、では、と手作りだというラズベリーパイを食べてくれと家の中に招き入れてくれた。パイは甘過ぎたけれど、酸味もあって旨かった。彼女は話好きで、なかなか帰してくれなかった。夕食もどうか、というのをようやく断って車に戻った時は、ペンキ塗りよりも話し相手の方が「ヘルプ・ウォンテッド」らしいとわかった。

孤立した大平原の一軒家なら、この 'Help Wanted' は話相手や情報取得にも大きな意味があったのだろうと、少し納得した。自分たちの手で修理や増改築の出来ない人もいたろうけれど、おおむね人びとは自分たちの手でいろいろなことに対処した。それがアメリカをＤＩＳの大国にした。Do it your-self。何でも自らの手でやる。それが、この若い国で生きていく最良の方法だった。実際、巨大なスーパーマーケットや小型店舗の長屋のようなモール、そういったものの集合体であるショッピングモールの中にある、これまた巨きなＤＩＳの店の品揃えの凄まじさはまさに目を見張る。小さな釘やねじからハンマー類、専門の免許が必要なのではないかと思われる小型・大型の自走機械――クレーン車や耕耘機、トラクター、溝掘り機などなど、また各種の色合い、デザインの作業服、ツーバイフォーの建築用材類、そしてこういった店の奥まったところにはひっそりと、ではなく、かなり堂々と銃器類の販売コーナーがある。ドゥー・イット・ユアセルフには、自分の身を守ることも含まれていることをあらためて思い知らされるのである。

この新大陸にやってきた人たち――その出身国や育ち、家庭の安定度や教養や肉体的能力の差、感性や感受性の違い、味覚の鋭さや嗜好の方向、器用不器用や信仰の有無とその種類などにはほとんど関係なく、アメリカという大地に渡り、根ざしていった人たちはいつの間にか誰も同じものを欲し、そのことに違和感を感じることもなく享受していくようになっていった。言葉を換えれば、彼らは皆と同じものを「必要」としたのだ。それはこの大陸で生き延びて行くのに不可欠な要素であるばかりでなく、それでこそ心の平安が保たれ、何よりも人と同じであることは居心地が良かったからだ。

この国では、一人だけ高級なもの、手のかかったもの、滅多に手に入らないもの、すなわち個性的なオーダーメイドのものを手に入れるには、それなりの時間と費用と、そしてそれを手に出来るのを待つ心と時間の余裕を持つことを許容する環境が必要だった。だが多くの、いや、この若い国に移住してきた移民たちの大半は、そういうもののおよそすべてを持ち合わせていなかった。かくして、彼らは自分たちの食べるものまで、他人と同じであることを求めた。

50

52

54

49

53

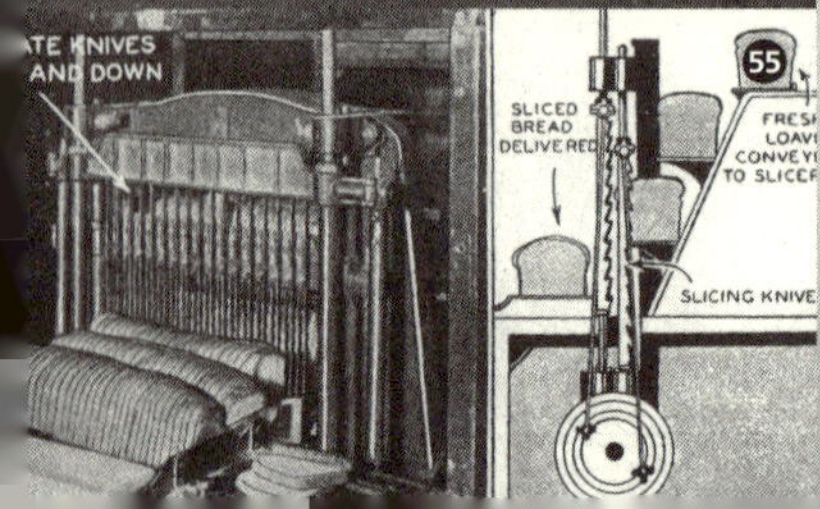

55

51

58

57

56

MULLER, S.
TARRAGONA (ESPAÑA)
PROVEEDORES
PONTIFICIOS
VINO DE MISA
SWEET MOSCATEL
ALTAR WINE
60

59

アメリカの食のもっとも根源的な要諦は、もう何度も書いたように「いつでも、どこでも、誰でも」が公平に食べられ、味わい、安心な食を享受できることを目指している。そこには必然的に、「画一的である」というもっとも重要で、しかも容易に達成できそうなわかりやすい食の姿がある。「誰でもが白い米を食べられるように」という目標は、日本人ならよくわかる目標であるに違いない。しかし、それは世界に通じる普遍性を持ってはいない。世界中の誰にもわかりやすいアメリカの食、画一的な食はいったいどうやって生まれたのだろうか。ぼくは、自分の旅の間中、アメリカの西経一〇〇度の線で東西に分かれるアメリカの食の分岐点を縫うように車を走らせながら、この疑問が頭から離れることはなかった。

はっきりしていることがある。アメリカ人は美食を享受するところから遠く離れているらしいということだ。では、生きるためにともかく食べているのか、と言えばそうでもない。むろん、貧しい人びとが明日へと命を延ばすために、かつかつのところで食べていることもあるだろう。だとしてもなお、アメリカ人全体が生きるためだけに食べているとは思えない。なら、彼らはいったい何のために食べるのか。それを探ることが、アメリカの食が世界とは少し異なっていることの答えになるのかもしれない。それを見つける旅は、まだ続いている。

2 健康のために食べる

i タバコとアルコール

アメリカ人の食に対する大雑把な姿勢というか、態度というか、感覚といったものが、アメリカの食は旨くない、という認識の根底にあるように思えてならない。量が多いだの、盛り合わせが雑駁だの、味つけが繊細ではない、あるいはサーヴィスする人間が乱暴である、といったことが、大まかな評判であることはよくわかる。しかし、そういった食に対しての印象が、そのまま彼らが粗雑な人間であることには直結しない。事実、別の面では、彼らは驚くほど神経質で繊細な部分がある。それは「健康」ということに関してである。

健康のために食べる。あるいは健康でありたいために食べ物や食べ方を選ぶ、ということに関して、アメリカには他の国ではちょっと見られないほどの熱意と工夫があるように思う。中国にも「医食同源」の思想がある。病気の治療も毎日の食事もともに生命を大切にし、健康にいられるためで、その源は同じである、という考え方だ。しかしアメリカのそれは、もっと直截である。もともとピューリタン的な考えから来ているのだろうが、こと健康に関しては潔癖とまで言えそうに極端に走るところがあった。たとえば、タバコだ。

かつて、アメリカはタバコ王国だった。ヴァージニアやノースカロライナはタバコの生産で成り立っていたという趣があった。「ウィンストン・セイラム」などというメンソール系タバコのブランド名の元となった町を通ると、以前タバコを喫っていた身としては、あのイノセントだった時代をいやでも思い出し、ちょっとやるせない。

ヴァージニアからノースカロライナ州にかけての田舎道を行くと、道路から少し離れたところに古びて今にも崩れそうな木造の小屋を見かけることがある。開け放たれた扉の奥に、黄色く変色した大きな葉が束ねられて天井からぶら下げられている。タバコ乾燥施設としてはあまりに小規模でお粗末で、自家用か近隣の人たち用だとしても、やはり免許のようなものがいるはずに違いなく、そうなるとあれは大手のタバコ会社へ売るためのものかもしれない。きっとこの周辺にはそういう小規模栽培農家が何十とあって、そこから集められているのかもしれないな、などとあれこれ巡る思いとともに、老い朽ち果てんとするタバコ小屋をいつも横目に通り過ぎていく。

『タバコ・ロード』というアースキン・コールドウェルの小説があった。読むのに苦労した覚えが、今もまだ鮮明だ。かつては豊かだったタバコ農場が、大恐慌という時代の中で没落していく。そうした状況にただ身をまかせるだけで何も考えることなく、それが運命だとへたり込んでいく人間を見るのは辛い。スタインベックの『怒りの葡萄』もそうだけれど、南部のプアホワイトの小説は、息苦しくなる。弱者に救いがないからだろうか。それとも、自然や運命、社会の仕組みに負けていくしかない人たちの姿があまりにリアルに描かれているからだろうか。彼らの無力さを目の当たりにすると、努力の質が、あるいは種類が違うのかもしれないと読むたびに考える。ぼくならどうしたろう、といつもいつも少し苛立ちながら考える。

車を走らせながら、タバコ・ロードが見つけられないかと目を凝らしたりする。乾燥させ終わったタバコの葉を熟成させるために樽に詰めて、それを荷馬車や牛車のところまで転がしていく時に押し固められて出来た道だ。しかしそれらしいものは見つけられない。今は小屋まで直接トラクターやトラックが入っていくのか、ともあれタバコ・ロードの痕跡は見つけることは出来なかった。車を停め、近くまで歩いていけば何か見つけられるのかもしれないけれど、いつも何ものかに心急かされるまま、走り抜けていく。今になってみると、勿体なかったなあ、という思いが強い。あの時、いや、あの時ばかりでなく、その他のごくごく小さな事柄、それこそその時は見なくてもなんということもないと思ったようなことに足を止めてじっくりと見ていれば、物事に対する見方が今とは違っていたかもしれない。勿体ないことをした。

もうタバコをやめてから何十年と経つのに、今でも市民健診の時の肺がんの問診票に「いつまで喫っていたのか」、「その時は日に何本喫っていたのか」を書かないといけない項目がある。いつもその欄に行くとペンが止まり、たいがいはうろ覚えのまま、いい加減な年数と本数を書き込む。そしてニコチンの影響はかくも長く続くのだと、小さく嘆息する。

ぼくがショートピースからハイライト、ホープからマイルドセブンへと遍歴を重ねていた頃、いわゆる「洋モク」はキャメルやラッキーストライク、そしてペルメルなんかがカッコよかった。『アメリカン・グラフィティ』という映画に、一九五〇～六〇年代初期の若者が、このキャメルの箱をTシャツの袖に巻き込むシーンがあって、それはそれで洒落ていた。あれはポール・ル・マットの扮したビッグ・ジョン・ミルナーという人物だった。ジーンズの脇や尻のポケットにソフトケースを入れたら、中のタバコは目も当てられないことになる。あれはポケットの使えない時のいいヒントになった。けれど、Tシャツの袖をまくり上げるのは少し不良っぽくて、真似するにはちょっと勇気がいった。だから、肩から羽織ったセーターの袖に入れたりしたのも、この映画からの知恵だった。このやり方を「袖タバコ」というらしいことは、ずっと後になってから知った。けれど本来、「袖タバコ」は和服の袖にタバコを入れることのはずだ。

また、007のジェイムズ・ボンドが愛用しているのはバルカン葉の、吸い口のところに黄金色の線が三本ある特別注文の煙草で、これにはかなり憧れたがいかんともしがたかった。

一九五〇年代、エド・マローというCBSのニュースキャスターがいた、赤狩りで愚かしい権力を振るったマッカーシー上院議員の言論封殺と闘い、マッカーシー旋風を終結させた人間だ。ぼくは彼を尊敬し、彼の映画『グッドナイト&グッドラック』のノヴェライゼーションを引き受けたぐらいだった。ジョージ・クルーニー制作・監督・出演のその映画は、彼の父親がジャーナリストの一員だったので、その父親に捧げる思いもあってこの映画を作ったらしい。ぼくの親父も、ジャーナリストの端くれだったから、彼の思いはわからないでもない。何よりも、その時代の強力な権力に面と向かって抵抗する勇気が、ぼくにはまぶしい。それはともかく、映画の中でのマローたちは、やたらにタバコを喫うので呆れる。一九五〇年代、誰もが無邪気だった。案の定、マローは肺癌で亡くなっている。

友人に肺に悪い細胞が見つかったのがいたけれど、この病はここに来て急激に増えたのだろうか。それとも最近の何か、大気汚染や食品添加物、電磁波の影響などがこの病を増長させているのだろうか。不思議な思いが消えない。かつて天下を誇ったタバコも、今や世界のほとんどの国でほぼ消滅しつつある。オーストラリアのタバコのパッケージの悪趣味な被害警告写真を見なくとも、誰もがその害に気がついており、現に喫煙人口は減っている。とくにアメリカでは、かつての興隆に掌を返したような扱いで、この国の両極に振れるありようを如実に物語ってくれる。

健康重視なのである。それは酒の世界でもそうで、たいていの町のちゃんとした店ではほとんど飲む人を見かけない。飲める場所を見つけるのも結構難しい。かつてカントリーミュージックのヒット曲に「シックス・パック・トゥ・ゴー」という、トラック運転手が缶ビールを一パック六缶、テイクアウトするということを歌った曲があったなんて、とても信じられない。ここにもイノセントな時代と人びとと、生き方があった。

一九七〇年代後半、ルート66というUSハイウェイが、新しく出来た州間高速道路——道幅も広く、直線が多く、大量輸送、高速運転のための新しいインターステート・ハイウェイに作り替えられたのは、かつての旧道があまりに事故が多かったことも一因だ。一九六〇年から七五年までの一五年間続いたヴェトナム戦争でのアメリカ軍の戦死者は約五万八〇〇〇人と言われている。一方、アメリカのハイウェイでの死者数は、二〇〇七年の統計で年間四万一二五九人。戦争が終わってからもまだまだヴェトナムでの戦いが継続しているに等しいと言われたものだ。そのほとんどが飲酒によるともっぱら囁かれた。そういう時代を経て、今アメリカでは、タバコほどではないが飲酒もまたかなり冷たい目で見られる。両極をいくブランコのようだ。

同じようにというか、もう少し軽度ではあるけれど、ジョギングもまたかつての光を失っている。走ることの身体への障害が言われ、ウォーキングの方がずっと健康にいいとされるようになった。アメリカらしい振れ方と言えるだろう。

ii　ヴェジタリアン運動

アメリカの健康好きは、食によくあらわれている。ようするに彼らは、健康のために食べる人間たちでもあるのだ。

ぼくの毎朝は、一枚のパンから始まる。そのパンはパスコの「ウィートナゲッツ」で、その袋書きによると《小麦粉をまるごと（胚乳、胚芽、ふすま）挽いた小麦全粒粉をブレンドし、それに「自家醱酵種」の「サワー種」を用いている》とある。醱酵種のサワー種の何たるかはよく知らないけれど、このパンがいいということはダイエット法でかつてカリスマであったドクター・ターノウナーだったか、タウノーアだったかという人の『トゥーウィークス・ダイエット』から学んだ。いや、正確に言えば、その本を紹介する記事で、日本で手に入る基本レシピの材料を紹介していたのだ。そこに書かれていたのがこのパスコの「ウィートナゲッツ」だった。これがそう簡単には手に入らない時期があって、このダイエット法もたった一品のことで実現できないと思っていた。だが偶然に、パスコを扱っているスーパーマーケットを見つけて、ぼくの「二週間ダイエット」が始まった。

このダイエット法、驚くべき効果であった。二週間で五キロ減量できたのである。最初はお腹周辺が細くなってくるけれど、最後に顔が細くなって人からも「痩せたんじゃない」と言われるようになる。こうなればもうシメタもので、うれしくなって二週間なんてあっという間だった。

何の参考にもならないだろうけれど、そのレシピをちょっとだけ書き出してみようか。

Breakfast（朝食）（この朝食は毎朝同じ。二週間の間、これだけである）
グレープフルーツ1/2、ウィートナゲット1、コーヒーか紅茶（砂糖もミルクもクリームも入れない）

Monday（月曜）
Lunch: スモークビーフまたはプレスハム［何枚でも］、トマトスライス1個分、コーヒーか紅茶
Dinner: ブロイルドフィッシュ（焼き魚）［焼き魚は塩を振ってオーヴン焼きまたは網焼き、アジ、サケ、タラなど脂のないもの］、サラダ［レタス、キュウリ、トマト、セロリなど好きなだけ］、ウィートナゲット1、コーヒーか紅茶

Tuesday（火曜）
Lunch: フルーツサラダ［バナナ以外の果物とレタス、キュウリ、セロリなど好きなだけ］、コー

ヒーか紅茶
Dinner: ステーキ［モーニングステーキ、キューブステーキ、または赤身のチョップドステーキなどを好きなだけ］、サラダ［上に同じ］、コーヒーか紅茶……

といった調子である。実は食べられるものを店で探すのだけでも面白く、それが案外の楽しみでもあった。水曜日のランチは「ツナサラダ」で、これは水煮のツナ缶にレタスやセロリやキュウリやトマトのサラダで、レモンを搾ると結構美味しい。好きだったのは木曜日の夕食で、'eggs and cottage cheese' というレシピだった。調理法は書いていない。油を使わずに作るカテージチーズ入りのオムレツか、小振りのキャセロールにカテージチーズを入れた溶き卵を注いでオーヴンで焼く。そこにあらかじめ茹でたホウレン草を混ぜると野菜もとれるし、第一サラダ代わりになる。なにせサラダも、ドレッシングなしの塩だけだからすぐに飽きてしまうのだ。水曜日の夜は '2 Lamb chops' である。ポークチョップならぬラムチョップも好物だ。でも、喜んではいられない。その次の木曜日には、クラフトチーズ三枚にサラダ、という昼食が待っていたりする。三センチに四センチの薄切りチーズ三枚のランチは、ちょっと辛い。

おわかりの通り、このレシピは量も少なく、食材の種類もまた少ない。だから、ダイエットにつきものの、我慢の二週間であることもまた確かなのだ。二週間、正しくは一週間分のレシピの繰り返しで二週間、それさえやり過ごせば、と思うのは人情で、明けの解放感はこれはもう堪《こた》えられない。好きなものが食べられるということは、なんと素晴らしいことかと、ダイエットが終わるたびに心の底から感得できた。その快感のゆえでもないだろうが、夏の海に行く数週間前、毎年必ずこのダイエットレシピを取り出しては、実行した。なぜ、毎年なのか？　答えは簡単だ。すぐにリバウンドするからである。それが何度か続き、このダイエットは効果がないのではないかと、さすがに気がついて、それからは熱が冷めた。その後しばらくして、ドクター・ターノウアーは男女問題のもつれで、相手の女性に拳銃で撃ち殺されたというニュースを新聞の小さな記事で知った。

「トゥーウィークス・ダイエット」はもうやることはないだろうが、ただこの二週間アルコールは一滴も飲まず、澱粉類、脂肪分、糖分、酪農製品、甘味はもちろん、甘みのある果物類などをいっさい口にせず、というどことなく清浄な感がなくもない潔さのようなものは、むしろ心地よくさえあった。それには今も、ちょっと憧れる。

口から摂取する食べ物によって健康でいよう、健康になろう、というのは人にとってはごく普通の欲求だろうと思う。疲れを取るには、犬や猫がそうであるようにひたすら眠るしかないと、ごく自然に思う。疲労回復には睡眠が一番だとは、誰もがいつの時代にもどこの国でもそう言う。それと同じように少しでも健康でいるためには、食べるものを選ぶか、あるいは食べるものを減らすか。元気になるまでは食べるものは最少にする、とこれまたどこでも誰でも、いつでも口にする。後はきっと、生活習慣だろう。早寝、早起き、精神の安定、人へのやさしさ、許容の心、謙譲心……なんだか嫌らしいもの言いになってきたな。でも、我々は昔からそういう風に生きてきたし、生きていこうと考えてはいる。これは、ラテン系の人たちはどうだかわからないが、その他のアングロ系やサクソン系、そしてわが国のある種の人びとはそうだろうと思う。

健康のために食べる、または食べない、そのことを考えると最初に浮かんで来るのが「菜食主義」という考えだ。検査医療が進歩していなかった時代、身体の不調は食べるものによって起こるのだと考えられていた。飽食、暴飲による体調不全から、それを反省して素朴で自然で、純粋なものを食べることで身体の状態を正常に戻そう、保とうと考えた。そこで一つの考えが生まれた。人間は、生まれ育った地域、その土地周辺で採取でき、捕食でき、収穫できるものだけを食べることが大切であるという考え方だった。海に近いところで生まれた人は魚さえ食べていれば、健康でいられる。極地に住むエスキモーやイヌイットは、自分たちの手で獲ったアザラシやセイウチやシャチの肉だけを食べて、一生野菜類を食べなくても虫歯一つ、壊血病一つ患うことはない。牧場でもない場所で牛乳を飲むのは、けっしていいことではない。満遍なく様々な食材を食べることが、健康の秘訣だというのは、実は嘘なのではないか。

そう考える人たちがいる。よけいなものは食べない、という健康法が注目されることになるのは、何でも食べる飽飲飽食の弊害が気になったからだ。実際、一九世紀後半のアメリカでは——他の国もそうなのかもしれないが、上流階級の人びとの多くは飽食の中にあった。残り半分の人びとが飢えに苦しんでいるにもかかわらずだ。この構造的な悲劇は、現在の世界でも少しも変わらない。

かつてペンシルヴァニアでのこのクラスの家庭の夕食は、三度の食事に「シックスープ」と呼ばれる濃厚な、あるいは具沢山のスープから始まり、一ダースにも及ぶ皿数が食卓を飾ったというし、その時代のレストランやホテルのダイニングルームでは、四〇〜五〇皿が常に用意されていたという。

そういった飽食が当たり前であった一九世紀後半には、女性は肥満であることが美しいとされていたし、男性もなべて太鼓腹の持ち主で、三つ揃いのスーツのチョッキのボタンが弾け飛ぶというカリカチュアがこの階級の意味のない贅沢、愚かしさの象徴のように、そう、チャップリンの映画でも表現されていた。彼らはハーバード・スペンサーが提唱し、後にダーウィンが『種の起源』で採用した「適者生存」の概念を我がものとし、今の成功、地位、裕福さは自分たちがこの時代の、この世界での「最適者」であるからである、という論理を振りかざして、贅沢と飽食とに明け暮れていた。貧しい移民たちが、その日口にするものを得るにも苦労している時代、もう半分の世界が、栄養過多と不健康の中にあったのである。これは何もアメリカに限ったことではなかった。そして、一九世紀末から二〇世紀にかけて大西洋の両側で、突然のように健康食の黄金時代を迎えた。

その少し前、一八三〇〜四〇年代、ロマンティックな風潮から、またピューリタニズムの影響もあって、菜食の思想が広がり始めたその原因に、豚肉の消費量のあまりの莫大さがあった。アメリカ人は安価な豚肉を過剰摂取して「豚の共和国」と半ば嘲笑気味に呼ばれたりするまでになっていた。それまでは牛肉を食べる人が多く、「我々の本質は飢えたビーフィーターに過ぎない」と自嘲的な言い方を好む人がいたものだった。何も牛肉ばかりでなく、ラムや鶏肉も多量に消費され、小麦、ライ麦、大麦やその他の穀類のパン食での消費量も膨大になっていた。そういった飽食の結果である肥満と不健康に対する反省が、蛋白質、澱粉類の摂取を控えようという動きになったのだ。

アメリカは植民地時代、多種類の苗や種子をヨーロッパの国ぐにから輸入した。それらの植物類が食卓に上るようになっていき、また果物を食べる量もまた旧世界の国ぐによりも多くなっていた、中でもリンゴは医学的にも効用があるとされて、多くの人が健康のためにリンゴをはじめとする果物を摂るようになった。これらのことが下地になって、この時代、菜食主義、果物優先主義、乳製品信奉者、海産物愛好者といった人びとが世に溢れてきた。

生の野菜を食べることが健康に通じると考える人は、煮た野菜や人の手にかかった醱酵食品を嫌った。冷蔵する技術がなく、煮た料理、焼いた料理を保存することは難しかった。また醱酵させるために貯蔵する樽は使い古され、消毒の概念が薄く、醱酵はともすれば腐敗をまぬがれず、樽は毒であるバクテリアの温床だと思われたからだった。こういう考え方が抜けきれず、それがアメリカで醱酵食品が少ない理由になっているのかもしれない。

菜食主義、言うところの「ヴェジタリアン」はごく日常的によく聞く言葉だ。そしてその言葉や表現を、案外に簡単に口にする。だが、ヴェジタリアンを志向する動機には幾つかの種類がある。分ければ、大きく三つになる。一つは、自分の身体にとって、その健康にとって重要な意味があるからという動機であり、もう一つは、宗教的な意味で「殺生」はしないという考えからの動機である。何も「殺生」は動物ばかりでなく、植物に対しても同様だとは思うのだが。ともあれ、日本の精進料理はこれに当たるだろう。最後が、環境問題としての菜食主義である。これは少し難しい。

ようするに、動物の肉から蛋白質を摂取するためには、その量に比して何倍もの費用と、環境に対する大きな負荷をかけているということなのだ。たとえば、牛肉一キログラムを得るためにはその一〇倍もの穀類を必要とする。その穀類を作るために多くの肥料を使い、多くの水を使う。多大の肥料使用は土壌破壊を生み、飼料を作るための地下水採水は土壌を破壊する。日本の畜産は、三大肥料である窒素、リン酸、カリの中で、リン鉱石は一〇〇パーセント輸入である。その他大量の飼料の輸入、そして仮想水の問題がある。

ヴァーチャル・ウォーターは、実際の水の使用ではなくその産品を作るために使われたと想定される水のことだ。日本は食料自給率が低く、多くの農産、畜産品は輸入に頼り、その生産地で相当量の水を使っているという事実を無視することはできない。日常、輸入の瓶詰飲料水を大量に消費している以外にも、目に見えないところで世界の水を使っているということを忘れてはいけない。そういった、環境に対するストレスが、人をして菜食主義に向かわせる原因の一つであることは否めない。

こういった、間接的な問題ではなくて、家畜類を飼育する際の直接的な環境汚染もまた問題になっている。ぼくの経験から言えば、牧場や牛舎のなどの近くを走るハイウェイで、突然、灰色の煙が道路の先にわだかまっているのに出くわしたりする。最初は、それが何かわからなかったのだが、その雲の中を通った時の臭さといったらなかった。それでその雲の正体が、牛の噯気《おくび》であることを知って、そのメタンが確実に地球の大気を汚染、というか地球温暖化を招いていることがわかった。そこで、畜産による環境破壊を止めようということから菜食を選ぶこともある。

その菜食主義の発祥は、古代インドだと言われているが、この「ヴェジタリアン」という言葉は、一八四七年、英国のヴェジタリアン協会設立の時からだとされる。ようするに、ここから菜食の有史時代に入ることになる。それは近代的な菜食の始まりで、それ以前の宗教的、感覚的、気分的な非肉食行動との決別を意味している。ただ、新しくなった分、複雑さを増した。

一般にヴェジタリアンというのは、まずは健康を目的としたものであり、次いで道徳的、また宗教的な理由による。そのヴェジタリアンの定義は、アメリカの栄養士学会によると「動物性食品を避け、穀物、豆類、種実類、その他の野菜、果物を摂取する人」ということになる。しかし、これがそう簡単には分類できない。いい例が、日本のヴェジタリアン協会では、「菜食だけ、または菜食に加えて本人の自由選択で卵や乳製品を摂る人」となっている。すなわち、人によってその範囲はまちまちなのだ。卵は食べるが乳製品は食べない、という人や、植物性の油はいいが動物性の油脂類を摂らない人など、とても一言で括るわけにはいかない。アメリカに住む知り合いの中でも、過剰な肉食は大量の動物性脂肪を摂取することを意味し、それはひいては中性脂肪過多や動脈硬化などの病気を誘因するとして忌避する人間もいるし、胃袋が四つもある牛が自分の子供を育てるために出す牛乳が、胃袋が一つしかない人間に合うわけがない、と飲まない人もいる。

ヴェジタリアンの中にも、もっと複雑な動機を持つ人もいる。同じ植物でも、アーティチョークはいいがニンジンは駄目だ、と言うのだ。アーティチョークは茎の先に出来るいくつもの花芽、というか蕾を食用にするのだが、この蕾を採っても苗そのものが死ぬわけではない。だがニンジンは一本土から抜いて食用にしてしまうと、そのニンジン自体が死ぬことになる。そこの差を理解するのは、結構難しいし、なるほどと思うしかない。そして、同じヴェジタリアンでも食べ物の選択は実は野菜なら何でもいい、というわけではないのだということに驚く。

宗教的な意味での菜食主義もある。これは日本の精進料理などに見られるし、インドなどにも見られる。しかしここで言う、健康のためのヴェジタリアンとは少し離れてしまう。また、健康のための菜食、というのは響きはいいが、実際には菜食ばかりでは栄養不良、栄養失調の恐れも指摘されている。よく言われているのは、普通食の人に比べて骨密度が五パーセントほど低くなると同時に、本人にはいいとしてもその子供の成長に影響があるとも言われ、健康のために菜食するということはそう簡単なことではない。

iii　グラハムブレッドとフレッチャーの健康法

ヴェジタリアン運動は、誰もが簡単にできることではないし、根深い支持者もいれば、根深い反対論者もいる。もっと自然体で、健康でいられる食べ物を、と考えてきたのは、シェイカー教徒たちだった。彼らは、季節に忠実な収穫を大切にする質素な食事を旨とし、そこに肉体と精神との純化を求め、人家から遠く離れたコミュニティでのユートピア建設を目指した。彼らの食の工夫で、世界の「食」に大きな影響を与えたものに「ホールウィート・ブレッド」すなわち「全粒粉パン」がある。

シェイカー教徒たちの全粒粉の栄養の高さに注目したのが、シェイカー教徒ではなくニュージャージー州の長老派教会《プレスベタリアン》の牧師の息子であるシルヴェスター・グラハム［図58］だった。彼はこの小麦のすべて——表皮、胚芽、胚乳を挽いた全粒粉で焼いたパンを、自分の名前をとって「グラハムブレッド」として売り出す。一八三七年のことだ。このパンが消化不良に悩まされていた多くのアメリカ人に迎えられ、大ヒットした。グラハムの信奉者には、開拓時代、西部開拓を推奨して「若者よ、西部へ行け」の標語を作った新聞編集者のホレス・グリーリーや、この後、アメリカの朝食を画期的に変え、やがて健康食品界の帝王になるジョン・ハーヴェイ・ケロッグなどがいた。

グラハムの主張は、「いいパンは家の台所で妻や母たちが作るもの。けっして召使いが作るものではない」というもので、この時代の厨房のあり方を教えてくれると同時に、家族の食事は家族の手で調理することを薦めている。家事は女性が、という昔ながらの考えを押しつけているだけのように見えるが、実は彼は食に関しての改革派であるばかりでなく、当時きついコルセットに締めつけられていた女性たちに、そのコルセットから解放されることこそ女性の解放につながるのだと主張して、女性の地位向上にも影響を与えている。

グラハムブレッドは、今でもスーパーで簡単に手に入る。時々、健康食の原点に戻ってみようかと買ってみたりするが、ぼくとしては「パスコ」のウィートナゲッツの方が旨く感じられる。グラハムブレッドが不味いというのではない、あれはあれで、いいパンだと思う。しかし、こういうパンを食べる時、健康食品と旨さということの相関関係に思いが及ぶ。

グラハムブレッドに大いに触発されたジョン・ハーヴェイ・ケロッグ［図59前列中央］は、安息日再臨派の信徒だった。この宗派は、一八六五年のクリスマスの日、突然のスピリチュアルなメッセージを受けたミシガン州バトルクリークのエレン・ホワイトが作り上げた。間もなく彼女は、信徒の多くが消化不良に悩まされていることを知り、新しい食事療法を施すサナトリュウム「バトルクリーク・ヘルス・サナトリュウム」を設立した。そこでの優等生、優秀な信者がケロッグだった。彼はグラハム博士の全粒粉というすぐれた栄養と繊維質をもった食材にヒントを得て、新しい食事法、中でも朝食に革命をもたらす食品を発明した。それが「グラノーラ」だった。

グラノーラは、オート麦（燕麦）を蒸してから押しつぶし乾かした、いわゆる押し麦を主材料として、これに麦や玄米、トウモロコシなどを加え、風味づけとしてココナッツ、ナッツ類、蜂蜜などを混ぜてオーヴンで焼き上げたものだ。焼いた後の塊を砕いて適当な粒にする。これを発明したのがケロッグで、彼は当時を回想して「ニューヨークシティのサードアヴェニューと28thストリート、（常磐新平風に表記すれば「三番街と二八丁目」）の角の建物の三階の部屋で、この朝食のアイデアを得た」と語っている。

このグラノーラ、一九六〇年代、突如人気が沸騰する。それは折からのヒッピーブームに乗って、自然食、環境にやさしい食として自然回帰の風潮に合致したからだった。今もこの時の印象は定着していて、アメリカの俗語に「グラノーラな人間」は「健康食品好みの人間」とか「環境を重視する人間」といったニュアンスで用いられている。グラノーラの粉砕片を棒状に固めた「グラノーラ・バー」は携帯食として人気があり、ボストンの私立探偵スペンサーは、体力維持、健康維持にこのグラノーラ・バーを欠かさない。

しかし、ケロッグの名前を不滅にしたのは、なんと言っても「コーンフレークス」だろう。トウモロコシの挽き割りを蒸気で加熱して、ローラーで平たく押しつぶしたコーンフレークスは、日本の朝食をも変えた時期があった。今は何となく、子供のおやつ的な感じがなくもない。

グラノーラを加熱処理しないのが「ミューズリー」で、これはスイス人の医者が発明したものだが、これも朝食の一方の王者だ。ぼくも急ぎの朝食には、このミューズリーにどれほど世話になったか知れない。しかし、ミューズリーにしても、グラノーラにしても案外に硬い。ヨーグルトやミルクでふやかして食べるのがいいとされているとしても、よく噛まないといけない。顎の筋肉が痛くなったりだるくなったりする。そこで考え出したのではないかと思われるのが、ホーレス・フレッチャーの健康法だ。

フレッチャーは、食べ物の種類を制限したり、ある食べ物を推薦したりという形ではなく、健康のためのまったく別の食事法を引っさげて、二〇世紀初頭に登場した。四〇歳の時には身長一七一センチ、体重一〇〇キロという短軀肥満の男だった。太り過ぎばかりでなく、体調もよくなく、何かいい食事法はないものかと探していた時に、イギリスの首相を務めたウィリアム・グラッドストンが食事は一口三〇回以上嚙む、と語っていることを知った。正しくは、人間は三三本の歯を神から授かったのだから、どんな食べ物でも三三回嚙むのがいい、という趣旨だった。フレッチャーは、それを実践することにした。幸い彼は大変な金持ちであって、その潤沢な資金を彼の「よく嚙む健康法」の研究に投ずることが出来た。彼自身は科学者でないにもかかわらず、その言動が科学的な色合いを帯びていると一般大衆から認められ、多くの信者を集めることになり、二〇世紀初頭、彼の健康法は世界的に有名になった。

食べ物を口に入れたら嚙み続け、味がなくなり、もとの形の痕跡がなくなるまでひたすら嚙み続け、最後に飲み込む。その「最後」とは、少なくともそれまでに一〇〇回が目安だった。液体の場合は、口の中に入れてから三十秒含んでおき、それからおもむろに飲み下す、というもの。よく嚙むことで、蛋白質の摂取が抑制されること、その結果、通風、ひどい頭痛、風邪、首筋や顔面のねぶと(疔)、足の慢性湿疹、消化不良などに効果があったという。その効能はともかくとして、健康には良くても食事法としてはうんざりする人も多かった。哲学者で心理学者、プラグマティストの代表者として知られるウィリアム・ジェイムスは、「降参したよ」と書いている。「フレッチャイズムに私は殺されそうだった」と。

オートミールのクエーカーオーツもグラハムブレッドも、グラノーラやコーンフレークスもともに今の時代にも元気一杯の現役の健康食品だ。ミューズリーにしても、根強い人気を誇っている。いかに人びとが健康食に関して興味を持ち、気にし続け、大切に思い、その効用を信じ、あるいは信じようとしているかがわかる。そしてこれらは世界のどこでも、いや、少なくともキリスト教文明国と呼ばれる国々では共通した思いであり、共通した朝食嗜好であるようだ。ようするに文明国と思われる国の人びとは、その文明、その文化のあり方、その生活様式の中に、どこか不健康なものを感じているということなのではなかろうか。

もう一つ、これは日本ではあまり馴染みがないが、アメリカでは現在も強い支持者集めているというか、ごく普通の日常食の地位を獲得したものに、「ソールズベリーステーキ」がある。一八二三年、ニューヨーク州スコットに生まれたジェイムズ・ヘンリー・ソールズベリー医学博士が考え出した低炭水化物の食事である。ぼくの信奉する健康食としての「ソールズベリーステーキ」は、牛肉のミンチだけで何も入れない。タマネギのみじん切りもパン粉も、牛乳も卵も何も入れない。そこがハンバーグステーキとは違う。むしろマックのビーフパティに近く、その点、時々ビッグマックを食べたくなったりする。しかし、牛肉のミンチ肉をつなぎを使わずにまとめ上げて焼くのは、案外に難しい。ばらばら、もろもろになってしまう。だから、両掌でのキャッチボールを入念にして、粘りを出さないといけない。

アメリカ合衆国農務省（USDA）によると、ソールズベリーステーキは挽き肉は六五パーセント以上、それも牛肉ばかりでなく、二五パーセント以下なら豚肉を混ぜてもいいらしい。それも脂肪のない肉をである。一方のハンバーグステーキの場合、牛肉は一〇〇パーセントという条件がついている。これは心外だ。むしろ反対だと思っていたからだ。それに、挽き肉は六五パーセント以上、ということは、残りは肉以外のものを入れてもいいということではないか。アメリカという国は、なんと雑駁な国なんだろう、と腹立たしく思うのはこういう時なのだ。

そう言えば、ミンチ肉で思い出すことがある。場所はよく覚えていない。おそらくはワイオミングかネブラスカ州だったろう。牛肉が旨いという、ようするに牧畜の盛んなところだったという思いが強いからだ。あるいはテキサスのオースティンだったかもしれない。あそこにはよく知られたいいステーキハウスがある。ともあれ、その町ではちょっと名の知れた店らしく、旅も長く、少し疲れたからいい肉でも食べて元気を出そうということで選んだのだった。その時は一人ではなく、ぼくの旅に便乗したいという友人と一緒だった。いくらか薄暗い店の落ち着いたボックス席で、ぼくらはそれぞれに好みの部位を注文した。

その席からそう離れていないテーブル席に、いい人生を送ってきたと見られる年配の、夫婦だろうと思われる客がいた。彼らが食べていたのは、明らかにミンチの肉だった。こんな店まできてハンバーグもないだろう、といった意味のことを友人は口にした。この店ならではの、いいステーキを食べた方がいいのに、というニュアンスだった。日本のステーキ屋では、確かにサーロインやフィレよりもハンバーグステーキの方が安価である。しかし、その時のぼくらは知らなかったのだ。あれは「チョップドステーキ」と言って、サーロインや赤身のテンダーロイン、フィレ類のショートロイン、Tボーンなどのストリップロイン、プライムリブで知られるリブなどの好みの部位の肉を、包丁で叩くのである。ハンバーグのように合い挽き肉につなぎや混ぜ物を入れてまとめ上げて焼き上げたものではない。「チョップドステーキ」は一〇〇パーセントビーフなのである。振るのは塩・コショウ程度。やわらかく、高級なステーキなのである。包丁で叩くから、細片に微妙な大きさの変化があって、それが口中で心地いい。塊の肉を食べるよりもやわらかく、独特のジューシーさがあり、また別種の豊かな滋味がある。歯に不安のある人、胃への負担を減らそうと思う人、そうたくさんは食べられないという年配の人には、これは最高のステーキだ。

ぼくにとってのソールズベリーステーキは、遠くでこういったイメージを持っていた。チョップドステーキほど高級ではないが、それでも健康にはいい大衆的なミンチステーキ、というイメージを持っていた。このソールズベリーステーキと常温の、むしろ温いと言った方がいいような水さえ摂取していれば、健康でいられると言われている。

肉体の健康のための食の工夫、食べ方の工夫ばかりでなく、精神の健康を目的とした食もまた見逃すことは出来ないだろう。その典型が、これも前に書いたが「アメリカン・チキンスープ」のあれこれだ。チキンヌードル・スープが人の心を癒す、と知ったのは、チキンヌードル愛好者のウェブサイトへの投稿だ。その後、ユダヤ系の人たちの一羽まるごとじっくりと煮てとったチキンスープは「ユダヤのペニシリン」と呼ばれているように、身体や心を癒すとされているし、ペンシルヴァニア・ダッチの「チキン・コーン・スープ」もまた、もっとも基本的な家族の癒しのスープである。他の土地では、キャンベルの缶詰の「チキンヌードル・スープ」が多くの人の孤独や悲嘆、心の傷を癒すと愛飲されている。アメリカには、シェアの順からキャンベル、ネッスル、ゼネラルフーズ、ベアトリス、ダート・アンド・クラフトといったスープの缶詰を出している会社があるが、ベアトリスとダート・アンド・クラフトはあまり見ることはない。でも、他のブランドに劣らず旨い。都会や近郊にひとり住む人たちにとっての心の特効薬であるらしいチキンヌードル・スープは、缶スープ界にとっても誇りだろうと思う。

当面、癒してもらわなければならないほど、心の傷があるわけではないけれど、気がついたら「チキンヌードル・スープ」の虜になっていたぼくは、きっと気がつかないところで癒してもらいたがっているのかもしれない。

3　神のためにに食べる

i　パンと葡萄酒と蜜

エデンの園は、チグリスとユーフラテスの間あるいはその周辺、または今のアルメニアのあたりにあったと聞く。ノアの方舟が着いたというアララト山も、この辺りからは遠くない。神のお気に入りの土地、というわけでもないだろうが、何よりも様々な生物や植物、それこそイチジクからリンゴまで、この辺りが原産地だという。エデンの住人が蛇にそそのかされて食べたリンゴも、それ以後恥を知って秘部を隠したイチジクの葉も、この辺りには潤沢にあったのだろう。そういう場所がエデンだと考えることは、本当かどうかわからないが楽しい。

アメリカの南部、アラバマ州で通りすがりの町の脇を抜けるハイウェイに、寄り添うように広がるショッピングセンターの中の大きな本屋で買った年表がある。タイトルは、'*Timechart History of the World*（Third millennium Trust,1997）。子供たちの歴史の副読本だということだったけれど、屏風型に折りたたまれたかなり大判のチャートで、縦三八センチ、横二六センチ、広げると四メートル一六センチある。一九九七年サード・ミレニアムの発行で「紀元前四〇〇〇年から紀元二〇〇〇年までの六〇〇〇年の世界史を一目で俯瞰できる図表《チャート》」であり、「原典は、かつて大英博物館に保存されていたが、現在は大英図書館に収蔵されているヴィクトリア朝時代の掛け図《ウォールチャート》である」、と書かれている。惹句は「家に、学校に、図書館に」備えていただきたい、ということらしい。

図表の最初は、一本の木の前にたたずむ男女、アダムとイヴの図で、二人の下半身は手前に生えている木の葉によってうまく隠されている。イチジクの葉ではないから、まだリンゴを食べていないらしく、これは二人の誕生直後の姿なのだろう。それがＢＣ四〇〇四年となっているから、今から六〇〇〇年前のことになる。その二人がエデンの園を追われてからカインとアベルが生まれる。人類初の殺人者と被害者である。チャートには、アベルは「世界最初の殉教者」と書かれており、殺された年代は不明だ。カインは「畑を耕す者」であり、アベルは「羊を飼う者」である。この時代から、牧畜業者と農業従事者とは敵対している。西部劇映画『シェーン』を持ち出すまでもなく、アメリカ各地で繰り返された牧場主たちと農民たちの確執はここから始まっているのだろう。殺した方のカインからはエノクが生まれ、エノクからはイラドが生まれ……と旧約聖書にあるように、それ以後の子孫の名前が連ねられている。カインとアベルの兄弟が生まれた後のアダムは別の女を知り、その二人からはセトが生まれエノシュが生まれ……。アダムは一三〇歳まで生きていたようだ。

　長寿に関してはノアにはかなわない。彼が神の言葉により方舟を作り、洪水に見舞われた時六〇〇歳だった。新しい陸地を発見してから様々な出来事を経て、九五〇歳で大往生している。彼が生まれたのは、ＢＣ二九四八年とある。やがてエジプト文明、バビロニア、アッシリア、フェニキア、ギリシャ、オリエント文明と続き、ついにイエスの誕生でＡＤ、「西暦紀元《アンノ・ドミニ》」になる。そのあとに磔刑のキリストの絵があり、それがＡＤ五〇年だ。それからは、よく知る歴史がヨーロッパ中心に進み、本の最後、この本が出版された現在時点で、アメリカはクリントン、ロシアはゴルバチョフからエリツィン、南アフリカではマンデラの名前が登場する。日本は‘Akihito（Heisei）’とある。

　こういう本が、エレメンタリー・スクールの歴史の授業の副読本となり、図書館や家庭の必需品のように扱われているという現実は、とても興味深い。本当に「副読本《サイドリーダー》」に用いられているのかどうか、これを買った本屋の店員の説明だけだから、なんとも言えない。しかし、人間はアダムとイヴから生まれたのか、それとも猿から進化してきたのかは、アメリカ人にとっては切実な問題であり、その真偽をめぐって「進化論裁判」という法廷闘争が実際に起き、現在でも進化論を信じない人が数多くいるのだ。アメリカという国は、つくづく不思議な国だなあと思わざるを得ない。

さて、キリスト教で食べ物のこととなると、最初に浮かぶのは「パンと葡萄酒」ではなかろうか。この「パンと葡萄酒」は、イエスの肉とその血を象徴しているのである。ダヴィンチの有名な「最後の晩餐」のテーブルでも、乱雑ではあってもパンの切れ端と葡萄酒の杯、むしろコップと言ったほうがいいような容器が登場している。イエスを中央に弟子たちが横並びで、中には明らかに女性らしい人物や、ナイフをちらつかせている剣呑な男もいる。このナイフは、イエスに敵対する人物の手にある、と解釈する人もいるが、当時のパンはいわゆるローフで、大きな塊をそれぞれがナイフで切り分けたりして食べていた。だから、食卓にナイフは欠かせない。

そのイエスが処刑される前夜、ユダの裏切りによってポンテオ・ピラトの手の者に引き渡される夜の最後の晩餐のテーブルで、彼はパンを手にしてそれを象徴する言葉を言う。

「主イエスは渡される夜、パンを取り、弟子たちに与えて言われました『取って食べなさい。これはあなた方のために与えるわたしの体です。わたしを記念するために、このように行いなさい』また食事の後、杯を取り、感謝して彼らに与えて言われました。『皆この杯から飲みなさい。これは罪の許しを得させるようにと、あなたがたおよび多くのひとびとのために流すわたしの新しい契約の血です。飲むたびにわたしの記念としてこのように行いなさい』」（日本聖公会祈禱書　聖餐式式文「感謝・聖別」より）

これは聖公会の聖餐式の前に唱えられる祈りの言葉だ。毎週毎週、これを唱えてから聖餐のパンと葡萄酒をいただく。このパンも葡萄酒も、イエスの心と思いと神性を自分の体に取り込む儀式だ。

ぼくの行く教会で与えられるワインは、水で薄められているが、これがなかなかいい。甘みがかっているけれど、黄金色の色合いといい香気といい、なかなかのものだ。気に入ったので、副牧師に頼んで二本買ってもらった。'Vino de Misa'［図60］という名前で、「スイート・モスカテル・アルター・ワイン」と書かれている。甘いマスカット種のワインだ。一八八八年、ローマ法王レオ一三世の時に催されたバチカン博覧会で金賞を受賞した、ローマ法王庁御用達ワインである。表のラヴェルにはローマ法王の紋章である「三王冠と天国の門の鍵」が描かれている。買ったのはいいが、生《き》のままでは甘過ぎてよほどのことがないと飲む気にならず、今はうっすらと埃をまとって、納戸の棚に横たわっている。

もう一つ忘れられない聖書の中の食事の場面は、五個のパンと二匹の魚で五〇〇〇人以上の人びとの腹を満たした、という奇跡の話だ。話の全体は、こんな感じだ。

イエスに洗礼を施したヨハネは、ヘロデ王の横恋慕をいさめたために、逆恨みのように斬首された。その知らせを聞いたイエスは、一人で祈った後、多くの群衆が自分に会いに集まってきたことを知る。夕暮れになったので弟子たちは彼らを帰して、各自食事をとらせようと進言したのだが、イエスは彼らに食事を与えなさいと命じた。しかしそこには五つのパンと二匹の魚しかなかったが、イエスはそれを持って来させ、群衆に草の上に座るように言い、天を仰いで賛美の祈りを唱えてパンを裂き、弟子たちに渡して群衆に食べさせた。彼らが満腹し、残ったパンの屑を集めると一二の籠いっぱいになった。食べたのは女子供を除いて、男五〇〇〇人ほどだった、ということになる。この話はマタイによる福音書一四章一六節から二一節の他、マルコ、ルカ、ヨハネの各福音書にもある。

ずっと昔、この話を知った時、このパンは種なしパンと呼ばれる、酵母を入れないパンなのではないかと思ったのを覚えている。ようするにイースト菌によって膨らんだ馴染みのパンではなく、

「マッツォ」と呼ばれるものだ。平たいクラッカーのようなものだと思えばいい。かつてユダヤ人がエジプトの俘囚であった時、神のお告げによってモーセがその人びとを連れてエジプトを脱出する。追っ手が迫っているので、持っていくパンを醱酵させる時間がなかった。そこでイースト菌を入れない、「種なしパン」で我慢するしかなかった。だから、当時のユダヤ人のパンとなると、この「種なしパン」というのが普通なのだろう。

そう考えて、長い時間が過ぎた。それがこの春（二〇一五年）、その奇跡が行われたガリラヤ湖畔のタブハの街に行く機会を得た。そしてタブハにあるその岩の上に建っている教会を訪れた。名前もずばり、「パンと魚の教会」である。聖書の物語は真実なのか、それとも聖書の物語に沿って後世に建てられたものなのか。その岩の前に立つと、不思議な思いが溢れてくる。そしてそこがみずみずしい緑豊かな土地であることに驚いた。これまで読み、想像していた聖書の世界は、赤茶けた砂礫や石ころだらけで、岩肌も荒々しい土地だろうと勝手に考えていた。そのイメージとは大違いだった。無論、イスラエルも広い。海抜マイナス四三〇メートルの死海から、焼けた岩肌だけが陽に晒されている裸の渓谷や、標高八〇〇メートルのエルサレム神殿、そしてまったくの砂だらけの砂漠地帯と様々だ。しかし、聖書に登場する土地の多くは、驚くほどしっとりと目に優しい風景だった。

いや、と不意に思い当たる。この想定からして間違っているようだ。ようするに、イエスの時代には、まだ雑多な人々の住む、昼は日差しをさえぎるものも少なく、夜は闇があちこちにわだかまる心安らぐところの少ない土地だったのだ。ところが今のイスラエルは、エルサレムは、ナザレやベツレヘムは、多くの観光客や信心深い巡礼者が訪れ、多くの人の視線にさらされ、人びとの呼吸が空気を変え、肌の熱が空気を動かす。かつてイエスが歩きひざまずき、つまずき、血を流し、息も絶えだえに這いずった町ではないし、裏切り者に口づけをされた園でもなく、最後の食事をした町でもない。

開け切った町や遺跡を巡りながら、その落差がぼくを迷わせ、簡単に誤解させる。そのことをしっかりと認識していなければ、この国に来た意味がない、と何度も言い聞かせる旅だった。

そして今は春、あたりには数々の花が咲き、聖書からうかがわれる乾燥し荒れた土地の印象とは別天地だ。道端をおおう黄色い可憐な花は「春菊」だという。イスラエルの人は春菊は食べないそうだ。すき焼きには春菊は欠かせない、と決めつけている身にはただもったいないという思いが波のように押し寄せる。野原一面の春菊。この国に来るまでは考えもしなかった風景だった。

イスラエルが地味豊かであるのは、ゴラン高原の北にある火山のおかげでもある。そこからの火山灰が、この地を肥沃にした。現在、多くの果樹園がバナナやマンゴー、スウィーティー、デーツなどをヨーロッパへの主力輸出品としている。マンゴーなどは別として果樹が豊かであったことは、昔も変わることはなかろう。だから、イエスが待てと言った群衆は、確かにそこらに広がるあたりの草地に腰を下ろしたのだろうし、パンの醱酵のあるなしにかかわらず、あれは確実にイエスの成した奇跡だったのだ。

旧約聖書の時代から、彼らのパンはみな「種なし」だと、ぼくは思っていた。だがそうではなく、ごくあたりまえの日常生活では、酵母の入った膨らんだパンを食べていたという。だからこそ、エジプト脱出という緊急の時に、特殊な「種なしパン」を食べたのだ。祖先のエジプト脱出の苦労を忘れまいと、ユダヤの人びとは今も「種なしパン」を過越祭（ペサハ）には食べるのだ。

「人はパンのみにて生くるにあらず」という言葉がある。新約聖書のマタイの福音書四章四節にある。だから、このパンの奇跡は、実は実際にパンを群衆に食べさせたのではなく、この言葉の後に「神の口から出る一つ一つの言葉による」とあるように、イエスは、何ものかにすがるように彼のもとにやってきた人びとの心を癒し安らがせ、明日への意欲や生きる意味を悟らせるような話をして、ているようだ。

群衆の心を満たしたということなのかもしれない。ここでもパンは、何かの象徴、何かの暗喩になっているようだ。

しかし、聖書に書かれた食事の数々は、けっして象徴としてだけではなく、また、何かの暗喩や神や神の子の力を示すためでもない。その時代も、彼らには豊かな食材があり、彼らの味蕾の感受性も現代と少しも変わらない敏感で深い感性を持っていた。たとえば、旧約聖書のイザヤ書二五章六節にこうある、こんな言葉だ。「すべての民に良い肉と古い酒を供される。それは脂肪に富む良い肉とえり抜きの酒」。これは、今のぼくらにも魅力的な言葉だ。彼らは豚は食べなかったろうが、羊や牛は放し飼いで草を食《は》んでいたのだろうから、今とあまり変わらない肉質で、脂がのってうまかったのだろう。

この場合の「えり抜きの酒」とは、幾つかの蓄えの中からヴィンテージを選んだということだろう。当時もそういう感覚があったかはわからないが、そういう質のいい酒であり、また古い葡萄酒がいいとされていたから、作りたてよりも少し寝かせて落ち着かせた酒であるに違いない。以前スペインに食の取材で出かけたことがある。ちょうど、ブドウを摘んでいる季節で、丈の低い樹からブドウを摘んでいる男たちの群れを見つけて、近づいていった。彼らはおおらかに歓迎してくれ、彼らの飲む皮袋に入ったワインを振る舞ってくれた、皮袋を逆立てて細い口からシュウッと口の中に注ぎ入れるのである。ところがこれがあまり熟成していない、ほとんど搾りたてのような酒で、中にヘタや皮の切れ端が混じり込んでいる塩梅で、すぐに腹を下した。灰汁《あく》のせいだろうと思う。「えり抜き」とは、そういう葡萄酒ではなく、もっと寝かせて灰汁が抜けたワインということなのだ。

「脂肪に富む肉とえり抜きの酒」を堪能する彼らの時代、どんな食材があったろうか。そのことを書いたいい本がある。奥田和子の『なぜ食べるのか——聖書と食』である。これは、旧約の時代や、イエスの生きた新約の時代、当時の人びとがどんなものを作り、どんなものを口にしていたかを教えてくれる。

旧約の時代、大麦、小麦、裸麦が獲れ、初穂は神に捧げ、残りは石臼で碾《ひ》き、粉にして水で練ってパンを焼いた。天然の酵母や乳酸菌が混じって膨らんだ旨いパンができた。だが、エジプト脱出の経験から、彼らは酵母の入らない「種なしパン」を作ることになり、それはやがて儀式用、祭祀用に用いられるようになる。ただこの時代のパンを作る粉は、麦芽やヌカまでもが入った全粒粉だったので、オレイン酸やリノレン酸といった不飽和結合の脂肪酸がたっぷり入っており、作ったその日のうちに食べないと天然の脂分が変質して、嫌な臭いを発するようになったという。

また、「出エジプト記」には、荒野を彷徨《さまよ》った四〇年の間、モーセに率いられた人びとは食べるものにも事欠いて苦労し、モーセを責めるといった騒ぎが起こった。モーセは神に祈ると、天から「マナ（マンナ）」が降ってきて人々の飢えを満たした、とある。マナの正体はよくわからない。「コエンドロ（コリアンダー、香菜）の種子のよう」で「琥珀色」、石臼で碾くか鉢ですり潰すかしてから平鍋で煮るか菓子にしたという。味は「コクのあるクリームのような」または「蜜の入ったウェファースのよう」だったという。聖書にも、「ウエファース」と表現されている。出エジプト記が書かれた時代にもウェファースはあったのだろうか。その名前は中世オランダ、ベルギーなどの中部ヨーロッパで使われていた中高ドイツ語だというけれど、キリスト教の聖餐式で、イエスの肉体として与えられるパンもこのウェファースに似たものだから、歴史としては古いのかもしれない。としても、聖書の翻訳の面では違和感が残る。

問題は、このマナは夜間に降り、朝になると辺り一面を覆い尽くしたらしい。ただ、毎日集めて食べる必要があり、保存はきかない。一晩おくと虫が湧き、嫌な臭いがした。神が天地を創造し、地球上のすべての生き物を作って仕事を完成した翌七日目、「安息日」と定めたその日には、一切の労働をしてはならない。だからその日にはマナを集めることができず、したがって週の六日目の日には翌日分を集めた。唯一、この日の分だけは腐敗せず、翌日まで蓄えることができた。

このマナにしろ、脂肪酸入りの全粒粉パンにしろ、すぐに腐敗したり虫が湧いたり、嫌な臭いを発したりする。あの時代、けっして清潔であるとは言えなかったろう生活環境のなかで、またパンをこねる間にも混じり込んだかもしれない様々な雑菌による食中毒やアレルギー性疾患に苦しまないように、という教えなのかもしれない。

魚はよく食べられていたようだが、あの辺は地中海にも近いから、海水魚やチグリス・ユーフラテスをはじめとする河川やガリラヤ湖などからの淡水魚が豊富だったのだろう。同じガリラヤ湖畔の町、あのマグダラのマリアの生地であるマグダラの町は一世紀頃興隆を誇った魚港で、そこで獲れた魚を塩漬けにしたものを地中海沿岸各地に輸出していることで知られる。だいたい「マグダラ」という意味は「塩漬けの魚」というギリシャ語だというのだ。ユダヤの人びとも日常的によく食べていたことは、聖書に魚のたとえ話が多いことからもわかる。干したり、塩蔵したりという以外にも、オリーヴがよく実ったからオリーヴオイルも日常の常備品で、ガリラヤ湖には淡水のイワシ科の魚がいたとも聞くから、もしかしてたくさん獲れたらオイル漬けにして、「オイルサーディン」のようなものが作られていたかもしれない。そう考えると楽しい。ローリエの樹も豊かに茂り、となると月桂樹の葉を香辛料として忍び込ませた洒落た一品だったかもしれない。

湖で網漁をする人の動画を見るとフナやコイらしいものも見られた。ナマズ類もきっとたくさんいることだろうとは思ったが、鱗がない魚なので食べないということも聞いた。だが、このガリラヤ湖の名物は、湖畔の町のタブハのレストランで食べた「聖ペテロの魚」［図61］であることは間違いない。

外見で言えば、少し口がとんがっていて、頭が身体のわりに大きく、背びれが猛々しく逆立っている。掌を一つ半縦に並べた程度の大きさだろうか。肌は暗い赤色をしている。タイ科の魚だそうで、孵化した稚魚を口の中で育てることで知られているらしい。それを丸ごと一匹、オリーヴオイルで唐揚げにしてある。レモンをかけて食べると白身が淡泊で、実に味わい深い。小骨は少なく、長い骨が腹腔を守るように並んでいるので抜き取り易く食べ易い。ニンジンやタマネギの粗みじん切りと炊いた付け合わせのピラフに、この魚をほぐしてまぶして食べると絶妙である。後で、ティラピアの一種で「ティラピア・ガリレエエ」というのだと知った。同じティラピアでも、食用としてよく知られているものに「ナイルティラピア」がいる。日本でも食用として輸入されたが、その優れた適応能力で在来種を駆逐する圧迫勢力となっている。

イエスはこのタブハの町にやって来た時、ペテロが「あなたたちの先生は神殿税を納めないのか」といった問答を仕掛けられる。そこでペテロはイエスにそのことを告げると、イエスはペテロを湖に釣りに行かせたところ、釣れた魚の口の中から銀貨が出てきて、それでイエスとペテロの分の税金を支払わせたという物語があって、その時の魚がこのティラピアであるところから、これを「聖ペテロの魚」と呼んでいるのだそうだ。

イエスもこの魚を食べたろうか。もし食べたのなら、やはりオリーヴオイルで揚げたろうか。興味深い。

ガリラヤ湖は網漁が主だろうから、きっと小エビやカニ類も捕れたろうし、もしかしたらウナギやドジョウなんかも獲物になったかもしれないが、コーシャーの戒律によって彼らは食べなかったろう。となると湖底にはそれらがわんさか潜んでいるのではないだろうかと想像する。羨ましくてたまらない。しかし、網にかかったそういう、彼らにとっての「外道」はどうするのだろうか。湖に戻すのだろうか、それとも捨ててしまうのだろうか。湖の周辺の土地は農地や果樹園も多いから、もしかしたら肥料にしているのかもしれない、と想像は広がる一方だ。

旧約聖書を読むと、生贄には羊がよく捧げられたようだが、牛は年一回程度、生贄された肉を食べていたようだ。羊の方は、時々食卓に上ったものの、案外に戒律が厳しかった。仔羊は焼いてもいいが、煮たものや生で食べてはいけない。羊の場合もまた、焼いて食べ、煮たり生のままではいけない。雄羊は煮て食べてもいいのだが、聖とされる肉なので、祭司以外の一般の人は食べてはいけない。他にも鹿やトナカイ、鳥も食べた。イナゴも食料だった。乳製品、チーズやバター、その他に蜂蜜、卵、レンズ豆、ソラ豆なども聖書に登場する。

蜂蜜、と今何気なく書いたが、これが曲者であることは、イスラエルの地で知った。モーセの「出エジプト記」には、神が与えると約束した土地は「乳と蜜の流れる地」とある。この「蜜」は、長い間「蜂蜜」だろうと思っていた。英語では「ミルク・アンド・ハニー」というから、なんら疑う余地はなかった。だが、実際に現地に行ってみて、そうではないことを知って、ちょっとしたショックを受けた。

ホテルでの朝食の時、ユダヤの人びとはひづめの割れた豚は食べないから、ベーコンもなければハムもない。だいたいソーセージ文化というものがない。その代わりのように乳製品類は豊富だし、ニシンやサケの酢漬けなども堪能できる。その他この地ならではの朝食のレパートリーは、違和感がないどころかひどく心地よい味わいだった。しかし、アングロ系の朝食が好みの人もいるわけで、ベーコン類はないにしても様々な卵料理やシリアル類、ワッフルやパンケーキなんかも揃えられている。そのワッフル、パンケーキにかけるシロップ類が、大きな銀のボウルに満たされた黒い液体だった。

これが「蜜」の正体なのだ。

イスラエルばかりでなく、地中海沿岸、ことに北アフリカや中東では主な食品となっているナツメヤシの実、英語で言うところのデーツで、これを水でじっくりと煮る。形が崩れるようになったら、種子を取り出して漉す。そして再び、とろりとするまで煮詰める。それがナツメヤシの蜜で、「黒蜜」と呼ばれている。思えば、あちこちの土地でその土地なりの糖分をとる方法がある。北アメリカ大陸で言えば、サトウカエデから取れるメープルシロップ、もっと南部のサトウキビからの糖蜜《モラセス》、果樹の豊かな土地では蜂蜜や果糖。農村地帯ではサトウダイコンによる砂糖。このサトウダイコン、日本では北海道を中心に「テンサイ」と呼ばれて、国内原料によるサトウ生産量の七五パーセントを占めているのだ。

そして、北アフリカから中近東にかけてはナツメヤシの黒蜜が生活必需品になっている。すなわち「乳と蜜の流れる地」とは、山羊や羊、駱駝などの乳の蛋白質と脂肪、黒蜜の糖分とカロリーを摂取すれば人は生き延びられる、という救命食料なのではなかろうか。ホテルの朝食で味わった「黒蜜」は、アメリカのシロップ類よりもあっさりとしていて、その旨さはちょっとした感動ものだった。なんとなくイエスの時代を、いや、それよりはるか以前のモーセの時代から生き続けてきた味は、舌を通して心や魂に届くようだった。

「イナゴも食料だった」とも書いた。確かに、マタイによる福音書第三章四節には、洗礼者ヨハネは「らくだの毛衣を着、腰に革の帯を締め、いなごと野蜜を食べ物としていた」と書いてある。「野蜜」は、ナツメヤシの黒蜜のことだろうか、それとも地蜂の巣でもを見つけてそこから蜜をすすりでもしたのだろうか。いや、それはどうでもいい、問題は「イナゴ」である。この文章は、本当だろうか。

申命記第四章一九節には「羽のある昆虫はすべて汚れたものであり、食べてはならない」とある。

イナゴもまた羽のある昆虫であるはずで、この矛盾はどうしたものだろうか。聖書の無謬性を信じる人たちは、さぞや戸惑ったことだろう。ぼく自身、長い間この記述の齟齬をどう考えていいのか、ひいては聖書の信憑性そのものへの気持ちの揺らぎを抑えられないこともあった。

だが、その後イスラエルの土地を踏み、ヨハネの食べたのはイナゴではないらしいことがわかった。あの土地には、イナゴ豆というのがあるのだ。それとの間違いだとはっきり教えてくれたのは、H&A・モルデンケの書いた『聖書の植物(*Plants of the Bible*,1952)』で、元はヘブライ語で書かれた聖書をギリシャ語に翻訳する時に、ヘブライ語のイナゴ豆「Chereb」のRをGと間違って書き写したために羽のある昆虫になってしまったというのだ。

イナゴ豆は、イスラエルやシリア、エジプト周辺では至るところでごく普通に見られる常緑のマメ科の木で、高さは一〇メートル、枝の広がりも同じくらい、幹の直径は時に三メートルにもなる大木だ。さやの長さは一五～二〇センチ、幅は三～五センチで、主として家畜類の飼料に用いられるが、人間も食べないわけではない。それも古代ローマ時代の南イタリアの詩人であるホラティウスや弁護士で風刺詩人であったユウェナリスなどは、このイナゴ豆はもっとも貧しい人々の食べ物である、と書いているとある。だが完熟すると非常に甘く、蜜のようなシロップがいっぱい詰まって、むしろ果物と呼ぶにふさわしいのだそうだ。

洗礼者ヨハネはこのイナゴ豆を食べたと言われていて、それは現在のニューヨークのユダヤ系の人が集まる市場では、イナゴ豆は「聖ヨハネのパン」と書かれた名札が下げられていると言われている。

知らないということは、恐ろしい。危うく聖書の記述は矛盾だらけじゃないか、と思うところだった。新共同訳の聖書は、この誤りを正すことがあるだろうか。それとも正式な旧約聖書とされるギリシャ語訳の誤りを、そのまま伝承するだろうか。とても興味が惹かれる。

イスラエルは果物も豊富だった。ブドウやイチジク、ナツメヤシ、ザクロ、リンゴなどが食べられていた。特にリンゴは豊富で、ホテルの朝食でもリンゴはフルーツのコーナーの中心にあった。そして、ブドウから作るワインは、今考える以上に愛飲されていた。どんな食卓にも葡萄酒はあったらしく、誰しも酒が大好きだったように思える。中でも、ノアは年老いてからもかなりの量を飲み続け、したたかに酔いつぶれて裸で寝込んでしまい、息子に衣をかけてもらったりしている。それがいつの間にか、「クリスチャンは酒を飲まない」とされるようになってしまった。なぜなのだろう。アメリカの婦人禁酒団体のせいか、禁酒法のせいだろうか。

イエスの誕生の時、東方の三博士がそれぞれに乳香《にゅうこう》、没薬《もつやく》、黄金を贈り物に持ってきたが、乳香はカンラン科の樹木の表皮に傷をつけて滲み出す樹液の樹脂で、薫香料のほか鎮痛薬や消炎薬、また強い抗菌作用がある。没薬もまた同じカンラン科の樹木の樹脂で、鎮痛作用があるほか、これを燃やした煙を吸うと風邪や熱冷ましに効果がある。また樹脂を砕いて練って傷口に塗るが、特に蛇に噛まれた時に効く。防腐作用もあり、ミイラの保存によく使われた。そのほかハーブ類や香辛料がある。ニッケイ、イノンド、マスタード、ウイキョウなどはよく知られている。新約時代にも基本的にはこういった食材は変わることがない。今に生きる、豊かな食生活がうかがわれる。

はっきりと言えるのは、この時代、食品添加物や遺伝子組み換えや防腐剤や着色料などはなかったということだ。今、アメリカで心ある人たちは、「イエスはそれを食べたろうか」という言葉を口にするという。このことを思う時、アメリカへと信教の自由のために離郷した信仰心の篤い人びとのことを思い出す。

ⅱ　シェーカーとクエーカーのレシピ

モーセはエジプトからユダヤの人びとを引き連れて荒野を目指した時、目指す土地についてこんな風に言っている。

「主はあなたを良い土地に導きいれようとしておられる。それは、平野にも山にも川が流れ、泉が湧き、地下水が溢れる土地、小麦、大麦、ぶどう、いちじく、ざくろが実る土地、オリーブの木と蜜のある土地である。不自由なくパンが食べることができ、何一つ欠けることのない土地で……あなたは食べて満足し、良い土地を与えてくださったことを思って、あなたの神、主をたたえなさい」（申命記八章七節～一〇節）

ペンシルヴァニアに入植したクエーカー、シェイカー、ダンカーズ、メノナイト、アーミッシュ、モラビア教徒といった人びとは、この土地の豊かさにモーセの言葉を思ったのではなかろうか。彼らは質素だが、調理の工夫と食材を自在にこなす技術に長け、アメリカでも類のない食文化を作り上げている。彼らの食を考える時、特にシェイカーたちの食に対する真摯な態度、愛情と工夫と情熱に気づかされるたび、彼らは「神への感謝の中で」食べているのではないかと思わせられる。

シェイカーたちは、一年の最初の生の野菜料理を、タンポポの芽吹きに合わせてタンポポサラダを作ることから始めるという。

手元に、『トラディショナル・シェイカー・レシピ（*Traditional Shaker Recipes, 2004*）』という料理本がある。その中に、「スプリングサラダ」というのがある。使うのはタンポポの葉で、紛れもなく'Dandelion Salad' だ。レシピは、こんな風に書いてある。

材料：タンポポの葉、カットしたもの四カップ、ベーコン四切れ、酢四分の三カップ、砂糖大さじ一、水二分の一カップ、塩ひとつまみ、コショウ少々、タマネギみじん切り大さじ一、固茹で卵四個。

作り方：タンポポの葉を茎から取り、三インチ（約七・五センチ）の長さに切る。厚手のフライパン（スキリット）で一センチほどのカットしたベーコンをカリカリに炒めて、取り出しておく。ベーコンドリップはそのまま残す。そこに酢と砂糖、水、塩・コショウを入れてよく混ぜる。サラダボウルに盛り付けたタンポポの葉とタマネギのみじん切りにこのドレッシングをまぶし、上に炒めたベーコンと薄切りの茹で卵を飾る。

タンポポの葉のわずかな苦味とベーコンの旨味、茹で卵の優しい味わいのコンビネーションが想像される。ここには、肥沃な土地と年ごとに変わることなく訪れる季節への感謝、そして復活の象徴である春の喜びがある。「何一つ欠けることのない土地で……あなたは食べて満足し、良い土地を与えてくださったことを思って、あなたの神、主をたたえなさい」とモーセが告げたそのままが、このペンシルヴァニアの土地そのものではなかったろうか。

もう一つ、「シェイカー・オムレツ」というのが面白い。

材料：小麦粉大さじ一杯、温めたミルク一カップ、卵黄五個分をといておく、塩一つまみ、卵白五個分泡立てておく、やわらかくしたバター大さじ二杯。

作り方：大さじ一杯の温かいミルクで粉を混ぜる。それを残りのミルクに溶かす。そこにといた卵黄と塩を入れてかき混ぜる。そこに硬く泡立てた卵白を混ぜ、耐熱容器に入れて三〇〇度のオーヴンで三〇分焼く。

ぼくたちのよく知るオムレツとは、ずいぶん違う。粉を入れるのは、腰を強くするためだろうか。これならしっかりしたオムレツができて、みんなと取り分けることができそうだ。ただ、おかしいのは英語表記で、'Shaker Omelot' と書いてあること。普通オムレツは Omelet と書く。誤植かと思ったが、その次のレシピ、クリのオムレツも 'Chestnut Omelot' と書いてある。ただ、このクリのオムレツの方の材料は、卵六個、ライトクリーム一カップ、小麦粉二カップ、茹でて細かく切ったクリ二カップ、それにベイキングパウダーも入れるから、これはもうパンに近いのではなかろうか。「卵たっぷりのパン」を、Omelot というのかもしれない。と考えたところ、'Spinach and Rosemary' というレシピでは、材料欄では確かに、「ローズマリー」とあるのに、タイトルは 'Romemary' となっているから、これはどうもミスプリントの匂いが強い。しかしちゃんとISBNのある本なのだ。やはり、のんびりと生きているのだろうか。

もう一つ 'Shaker Haying Water' というのがある。干し草刈りの重労働の時に飲むシェイカーたちの飲み物で、別名 'Switchel' とも言うらしい。砂糖四カップ、糖蜜三カップ、ジンジャーパウダー小さじ二杯、約七・五リットルの水。これをよく混ぜる。夏の刈り取りシーズンには何ガロンも作って毎日よく飲んでいたらしい。これなども、労働を尊ぶ彼ら独特の疲労回復飲料だろう。

クエーカー教徒のレシピも面白い。ホワイトライスの炊き方は、洗わない米とその倍量の水、海塩、無塩バターを鍋に入れてストーヴの上にのせて、じっくり一五分ほど煮る。これは、すなわちイタリアンリゾットではないか。メインディッシュの付け合せによく食べられるとある。イタリア食の影響がここにもあるのだろうか。いずれにしろ、日本の米飯の炊き方とはずいぶん違う。

アーミッシュたちの料理の中で、旨そうなのは 'Cheesy Amish Breakfast Casserole' だろう。「チーズ・キャセロール・アーミッシュ朝食風」というところだろうか。

材料：ベーコンの角切り一ポンド、タマネギみじん切り一個分、ハッシュブラウンポテト四カップ、チェダーチーズの細切り二カップ、カテージチーズ一カップと二分の一、スイスチーズの細切り一カップと四分の一、卵九個

作り方：オーヴンをあらかじめ一七五度で予熱しておく。大きなスキリットでベーコンとタマネギを炒めて大きなボウルに入れ、その他の材料と合わせて混ぜる。これをキャセロールに入れて、予熱したオーヴンで四五分から五〇分焼く。焼けたら、一〇分おく。

何人分とは書いていないが、シェイカーにしろアーミッシュにしろ、大勢で食卓を囲むのが普通のことだった。ことにシェイカーたちは集団生活を旨としていたから、大量の料理法に長けており、それを世に広めたことで知られている。

彼らのレシピの特徴は、質素であると同時に量と腹持ちの良さをも考えているところがある。同時にイエスの時代と同じように、自然のままの食材が自在に使われていることだ。食品添加物は使わないばかりでなく、彼らのこだわりは季節外れのものを食べないというところも、見逃せない。今はハウスや照明の加減で、季節と無関係に栽培・収穫できる。そういうものを「イエスは食べたろうか」と考える人たちがいることも忘れてはなるまい。現代社会で、季節に忠実であるためには、自分を律するしかない。イエスの食べていたものを食べれば、体に悪いことはないと考えるのは、ごく普通にたどり着く健康志向の考え方だろう。

もう一つ「神のために食べる」という考え方もある。新約聖書のローマ信徒への手紙第一四章六節

に、その言葉がある。「食べる人は主のために食べる。神に感謝しているからです。また、食べない人も、主のために食べない。そして神に感謝しているのです」これは「ローマ信徒への手紙」の冒頭にある「キリスト・イエスの僕《しもべ》、神の福音のために選び出され、召されて使徒となったパウロ」が、ローマへ何度かキリスト教伝道に行きたかったが果たせず、そこでローマの信徒たちに手紙を宛てたもので、書かれたのは紀元五八年頃だと考えられている。

聖書の言葉は難しい。この「神のために食べる」とは、どういう意味かと考える。もしかしたら神を、あるいはイエスを、自分の中に取り入れるために、神のような、イエスのような気持ちになるために食べる、ということではなかろうか、と考えてみたりもする。良き信徒、良きキリスト教徒になるために食べる。神の良き僕となるために食べる。そうも考えられる。

良き信徒、とは何か。これも難しい。しかし、キリスト教徒にとって何が大切かということになると、うっすらと思い至ることがある。有名な言葉がある。マタイによる福音書第五章三九節の「だれかがあなたの右の頰を打つなら、左の頰をも向けなさい」という一言である。この言葉が教えているのは、ただ一つ「赦し」である。すなわち、やられたらやり返す、という「目には目を」の世界からの決別を意味している。敵を倒すことによって敵をなくすのではなく、敵を赦すことによって敵をなくすのだ。言葉を換えれば「赦すことによって相手を敵にしない」と言える。それはマケドニアのハムラビ王が発布した法律、ハムラビ法典の中の言葉「目には目を、歯には歯を」とは対極の世界だ。もっとも、「目には目を、歯には歯を」は正しくは「目には目で、歯には歯で」で、これは復讐法そのものではなく、無限報復の連鎖の禁止、すなわち目をやられたら仕返しは目だけで、という意味だ。だとしても復讐法を否定した「右の頰を打たれたら」の世界からは遠い。

アメリカ人全体の八〇パーセントが、キリスト教徒だと言われている。カトリック、アングリカン・チャーチ、長老派、バプティスト、会衆派などをはじめ、オカルト系からファンダメンタルまで教義は多様だが、誰もがイエスを大切にしている。

赦すことは、とても難しい。赦さずにすめば、迷いは生まれない。赦すことは難しいから、なおさら人を赦したいと思う人がいるのではないか。キリスト教徒のうちの何パーセントが、人を赦すことを考えているのかはわからない。ただ、彼らの誰もが、自分の中にイエスがいるのだと考えているに違いない。イエスを内に抱えることは、人を赦すことに他ならない。

いや、もっと言えば、彼らがアメリカ人である限り人を赦さないと生きていけないのではないか。アメリカという戦場に自分をコミットして、かつ生きやすくするためには仕方なくとも人を赦さなければならないのではないか。

人を赦すために食べる。それはとりもなおさず、イエスを体の中に取り込むことだ。イエスの心を自分の心の中に置くことによって、人と調和して生きていける。神のために食べる。自分が神になりたいがために食べる。そう、人を赦せる神のような心を持てるように、彼らはイエスが食べたものを食べようとする。イエスはそれを食べたろうか、と自問しながら、イエスと同じものを食べようとしているのだと、ぼくは思いたい。

4 教育のために食べる

i 日本とアメリカの「食育」

ぼくの旅は、まったくの個人的な興味を満たすためだけのものだ。たまには、いい景色を見たいとか、どこまでも続くハイウェイを思いっきりぶっ飛ばしたいとか、大自然の中に身を委ねたい、といったこともないではないが、それが第一の目的ではない。知りたい事実、自分の調べたいことやどうしても見ておきたい現場などへ向かう旅の中で、偶然出遇ったのがいい夜景だったり、ということはあるが。

あれはインターステート40で東に向かっているニューメキシコ州でのことだった。さっきまでサイドミラーが捉えていた夕陽も、背後の青黒い地平線に消え、だがまだ天空は青味のかった灰色を見せていた。ハイウェイを出て町に向かい、町の中心を走っていたかつてのルート66が「セントラル・アヴェニュー」と名前を変える道へと入っていった。緩やかな傾斜で丘を登り切った途端、アルバカーキーの町が目の前に広がった。息を呑んだ。凄い夜景だった。町はまるでカルデラのような盆地にあり、その外縁の、町を一望できる高台に車を駐めて、しばらく動けないでいた。ようやく車の外に出て、背中に当たる颪の中で、きらめく町の灯、いや、灯の海を見つめた。世の中には、もっと凄い夜景を持った町があるのかもしれない。だが、たった今、目の前の光の海は、今日一日ハンドルを握りしめていた人間には、まるで天国ではないかと思わせられた。

一五分もいたろうか、そろそろ今夜の宿を探さねばならない時間だったし、何よりも空腹だった。

車に戻ると、カーラジオからイーグルスのカリフォルニアのホテルのことを歌った曲のイントロが流れてきた。サイドブレーキをゆっくりと外し、車を出して、光り輝く海の中へと滑り込んでいった。なだらかな坂を下る間中、その曲は続いていた。セントラル・アヴェニューの左右に目を走らせながら、良さそうなモテルを探していた。リオグランデを渡って、オールドタウンが目の前、もう少し行くとニューメキシコ大学というところで、分に合いそうなモテルを見つけた。アーニー・パイルの家にも、遠くないところだった。モテルのパーキングエリアに車を入れたところで、イーグルスの曲の長いエンディングのツインギターの演奏が終わった。あの町は、あの夜景は、おそらくは一生忘れない。

また時には、一直線のハイウェイを入り陽と競うように走ったり、レッドウッドの林の中から抜けるのに苦労したりということはあっても、それはあくまでも「結果」にしか過ぎない。まったくの個人の思いつきによる、勝手な欲求を充足させたいという旅でしかなかった。

これが何かの放送局や新聞社や雑誌社の名前を担いでの旅であったなら、向こうの誰かにインタヴューしたり訪問したり、教えを請うたりするのはずっと楽だ。背中に何の旗も掲げていない身としては、ことの本質に迫るのは並大抵のことではない。だが、それだけに得るものは比較できないほど大きい。

そういう旅だったから、この項に関しては自分のごく個人的な体験からの類推、いや、これまで書いてきたすべてが、ぼく自身が経験し、感じ、この目で見、人との会話から推測し、図書館や資料館で読み調べた結果の大雑把な感想にしか過ぎない。そのことを、最初に書いておきたい。食と教育の関係はこれまであまり語られることがなかったけれど、この問題に関しては、もっと組織的・徹底的な調査・取材が必要で、この関係がアメリカ人の「食」についてのある核心部分を握っているのではないか、と思われるのだ。そして、このことが、アメリカの食が他の国とはなぜ違うのか、という疑問の答えに迫る一つの鍵になるように思われて仕方がない。

普通一般、世界のほとんどの国の食が、「食べること」が美味しいものを味わうことであったり、家族が心を通わせる団欒の要素であったり、これまで味わったことのない未知の味覚を楽しみたい、あるいはその経験を心に留めたい、または、それを人に誇り、知らしめたい、という方向に向いているとするなら、アメリカのそれはかなり違う方向に向いているのではないか、ということに、この国を旅するようになってそう経たないうちに気がついた。だからそれ以後の旅での、こと「食」に関して言えば、その「気づき」の確認、裏づけを得るためであり、実見したいためであったように思う。そしてやがて、どうやら気がついた通りらしいという、うっすらとした確信のようなものが得られると、次に、ではなぜ彼らはそうなのだろうか、なぜそう求めているのか、ということを、旅をしている間ずっと考え続けてきた。

そうかもしれない、と考えた理由のいくつかを経て、では彼らはなぜ食べるのか、いや、どういう理由で、そうたいして旨くなくともいいと感じているらしいアメリカ料理を食べているのか、なぜ、もっと美味しくしようとはしないのか、なぜ食に熱心な他の国の人びとのように、食べる物を少しでも美味であるように精一杯工夫し、努力しようとはしないのか。それがぼくのたどり着いた、もう一つの疑問だった。そして、彼らは、もしかしたら「健康のため」に、また同時に「神のため」、いや、「神に近づきたいため」に食べているのではないかと、漠然とした推論を組み立てたりした。そして、それらとは別にもう一つ、彼らが食べる理由があるのではないかと、旅の中で出会った様々な人びとや出来事を思い返しながら、思い当たったのである。

ぼくはおそらく、戦後の学校給食の第一世代ではないかと思う。満州からの引き揚げ組で、父親がソ連に抑留されていた母子家庭だったから、住むところが定まらず、小学校は四度転校した。一年生で二回、二年生から四年生まで三番目の学校に通い、五年生から私立に移ってそのまま大学まで通った。給食の経験は最初が二年生から四年生までの三年間と、次いで五年生、六年生の二年間になる。最初の区立の小学校での給食は忘れられない。コッペパンにタクアンふた切れ、鯨のベーコン二枚、ココア味の脱脂粉乳に肝油一粒だった。他の生徒たちは脱脂粉乳が嫌いで、オエッと吐きそうになった子もいたけれど、ぼくは好きな方で人の分ももらったような気がする。今も、人の嫌がるバリュウムも、イチゴ風味のは嫌いじゃなくて、おかわり、と言いそうになったこともある。ちょっと変なのかもしれない。五年生で転校した私立の給食は、実に驚きだった。何かのサンドウィッチに四分の一にカットしたリンゴが付いてきて、スープもあったような気がする、といった程度で、はっきりとは覚えていない。それに比べて、タクワンとコッペパンと鯨ベーコン、肝油と脱脂粉乳の給食の方は今もはっきりと覚えている。いや、忘れられない。ぼくより少し下の年代では、鯨の竜田揚げだったという。一度は食べてみたいと思わないでもないが、ベーコンの方は今も時々飲み屋の黒板に書いてあったりする。見ると注文せずにはいられないが、竜田揚げの文字は見たことがない。鯨のベーコンの方が旨いからだ、と考えるのは身びいきだろうか。

ナッシュヴィルの高校の給食室を覗いたのは、割と最近のことである。私立の高校で、ランチタイムの混雑を避けてその少し前、調理の準備に追われている最中に見せてもらった程度だから、詳しいことやその本質を捉えることが出来たとは思えないが、それでも日本の学校とは違って、自由で明るく闊達な雰囲気はうかがうことが出来た。給食室というよりも、カフェテリアという方が当たっている。サンドウィッチからピッツァ、ソーセージやハンバーガーのビーフパティとそれぞれのバンズ、パスタ、サラダ、フライドポテト、茹でトウモロコシ、ヨーグルトをはじめとする乳製品、デーニッシュ、ベーグル、マフィン、スコーン、ビスケットなどの粉製品、スープ類、キャンテロープメロンやパイナップルやオレンジやバナナといったフルーツ類の盛られたいくつかのトレイがカウンターに並び、ガラスケースの中にはフライドチキンやポークやチキンのグリル、ミートボールや中華風の野菜と肉の炒めもの、茹で野菜などが並ぶ。飲み物は、日本のファミレスにあるドリンクバーのようだ。市販の清涼飲料水は自動給水になっているし、紅茶やハーブティーは自分で注ぐことが出来る。

何を食べようか迷うことだろうけれど、それ以上に、その日の自分の体調や食事制限や好みなどを反映できるのがいい。むろん、どこのテーブルに座ろうが自由で、日本の社員食堂のように仲間や友だち、気になる相手を選ぶことが出来る。高校生の給食室だから、かなり自由意志、自由判断にまかせている部分が多く、給食が教育の一環であるといった雰囲気はない。ランチタイムになって生徒たちがはしゃぎながら入ってきたが、そこには食事は楽しいという空気が溢れていた。食べ物を前にして祈る者もいれば、祈らない者もいる。それぞれの神が違うことは、服装や仕草や風体でわかる。いずれにしろ、テレビで見る日本の小学校での、一斉に「いただっきます!」と声を合わせるのとは大違いだ。どちらがいいのか、一言では言えない。国柄というしかない。

ただ彼らは卒業し、就職し、結婚し、歳がいった後、その給食をぼくのように覚えているだろうか。鯨ベーコンが食べたいというような物が、彼らにあるだろうか。そう考えると少し寂しい。何よりも、ここには「食育」の趣は微塵もない。

高校でなく、小学校の給食風景を見学したこともある。あれはテキサスだったろうか、オクラホマだったろうか。そう大きくない、だがけっして田舎じみてはいない近代的な郊外の町の小学校で、その時はテレビの取材だった。ナッシュヴィルの高校と同じように、様々な料理が部屋の中央の長い台の上に並べられている。ホテルやレストランなどのサラダバーやビュッフェで見かける形式だ。子供たちは皿を手に、それぞれ好きなものを取る。缶詰のカクテルフルーツとコテージチーズにマヨネーズという女の子もいれば、フレンチフライ・ポテトを山盛りにケチャップだけという男の子もいる。フライドチキンの脚を二本だけという子もいれば、PJS（ピーナッツバター・アンド・ジェリー・サンドウィッチ）の子供もいる。これでは栄養的に問題があるな、と思っていたら、子供たちはレジのようなところに並び始めた。そこに三〇代とおぼしき女性がいて、一人一人の皿をチェックする。彼女は管理栄養士で、子供たちが好きなものだけを取ったのでは、栄養面や好き嫌いという面で問題が出て来るので、それをチェックしているのだという。もっとサラダを取りなさい、とか、少し肥満気味の子にフライドチキンは多過ぎる、とか、ミルクはもっと大きなグラスにした方がいい、とか、甘いものだけやフルーツだけを取る女の子に、栄養のバランスの点で注意して取り直させるのである。

それだけではなかった。ちょっとした驚きは、その後にやってきた。子供たちは、彼女のいるところでお金を払っていたことだ。たしかに並べられた料理の容器の横に、数字の書いた紙切れが置いてあった。あれは値段だったのだ。そして子供たちに自分で選んだ食べ物がいくらするか、自分の持っているその日のお金の範囲内でどういうものを選べばいいのか、ヴァラエティに富んだ食事を選びながらその背後にあるもう一つの工夫、金銭の感覚をも教えていることがわかった。これもまた一つの「食育」であって、それはぼくには想像もできない方法だった。

給食について、別のことも書きたい。ウエストヴァージニアの小学校の給食に出されるチョコレートミルクがカロリー過多を理由に、一九〇カロリーから一五〇カロリーに減らされる、という話を聞いたことがある。それがいつのことなのか、そしてわずか四〇カロリー減らしただけで、肥満の問題に何らかの意味があるのかどうかも、よくわからない。ただアメリカの子供は、三人に一人が太り過ぎ、肥満の悩みを抱えている。チョコレートミルクの話はたまたま旅で会った、それもウエストヴァージニアの山間《やまあい》の小さな町のダイナーで隣のスツールに座って、何かのパイをミルクで食べていた六〇代だと思われる女性から聞いたことだから、確かな話だと胸を張って言えないところがある。彼女は自分が飲んでいるグラスの白い液体を指差し、

「子供たちはこういうものを飲めばいいのよ」

と切り出した。「甘いのは敵よ」と。そして先の話をしてくれた。

「でもね、甘いからといって、そして、それがカロリー過多で肥満の子が増えるといって、チョコレートが入ったミルクは給食に出すのをやめようということになったら」彼女は、ミルクの白い髭をはやしながら続けた。「ビタミンD不足になってしまう。そういう子がいるっていうことが問題なのよ」それから、辺りを見まわすようにして「ウエストヴァージニアは貧しいの」と締めくくり、別の話題に移っていった。

アメリカでも給食で栄養を補給しなければならない子供がいる。そして子供に学校で栄養を補給させなければならない家庭がある。アメリカのある部分の貧しさの存在に目を見張る思いがした瞬間だった。ミルクと貧困ということから、新潟県三条市が市内三〇の小中学校の給食に牛乳を試験的に中止する、というニュースがあったことを思い出す。中止の理由は和食系の給食に牛乳が合わないということと、日本食という文化を牛乳と混合することによって壊してしまうということ、そして飲み残しが多いということに尽きる。

これに対して中止に反対する根強い意見は、学校給食に牛乳を出さないと「子供たちはカルシウム不足になる」ということだった。だが一方、学校給食での牛乳だけでは一日に摂取すべきカルシウムの必要量には足りない、という意見もある。給食に牛乳を出すということが牛乳業界の圧力でないのなら、問題は給食でしか補充できないという事実だ。せめて、家でカルシウム錠剤を与えてやれない

ものだろうか。それとも、それもかなわないほど日本の家庭は貧しいのだろうか。

貧困ということから言えば、アメリカの貧困率は日本どころじゃない気がする。

二〇一一年、一二年のＯＥＣＤ（経済開発機構）の統計資料だが、世界の相対貧困率を比較すると、全人口における貧困線以下の割合は、

一、イスラエル　二〇・九％（二〇一一）
二、メキシコ　二一・四％（二〇一二）
三、トルコ　一九・二％（二〇一一）
四、チリ　一七・八％（二〇一一）
五、アメリカ　一七・四％（二〇一二）
六、日本　一六・三％（二〇一一）

これを見ても、アメリカの方が日本よりも貧困率が高いことがわかる。そのアメリカの州別の貧困率との比較は、'The Cheat Sheet' というサイトの二〇一三年の統計資料によると、一位がミシシピー州で二四％、二位がニューメキシコ州で二一・九％、以下ルイジアナ、アーカンソーと続いて、ウエストヴァージニア州は一一位で一八・五％となっている。全人口による貧困率だから単純に日本と比較はできないが、ウエストヴァージニアの人口は一八五万五四一三人（二〇一二年）だから率としては高いと言うべきだろう。

このウエストヴァージニアはアパラチア山脈の中に位置していて、この一帯は非常に貧しいことで知られ、一九六五年、ケネディの後を継いだジョンソン大統領の後押しでアメリカ合衆国議会は、「アパラチア地域開発法」を成立させた。これはアパラチア問題を改革するために、この地方で尾を引いている経済不況とそれが根っことなっての貧困の拡大を阻止するという目的で発布されたものだ

が、あまり効果がなかったことで知られる。

学校給食で不足栄養素を摂取するという問題は、一言で片づけられるものではない。だがしかし、アメリカを旅して絶望的に感じることの一つは、肥満の問題だ。そして、それを許している教育の問題である。朝食に甘味の強い清涼飲料水の一リットル瓶を抱えて、クリームデニッシュやブルーベリーマフィンを食べている人をレストランなどで見かけると、貧困が肥満を呼ぶ、という言葉が胸をうずかせるのだ。

しかし、ぼくにとって、給食に牛乳を出すこと、しかもたかが一八〇cc程度で家庭では補えない栄養素を充足させることが出来るのか出来ないのか、また、それが日本食の文化を壊してしまうことになるのか、実はそんなことはほとんどどうでもいいのである。食育とは、そういうこととはまた別のところにあるのではないかと、長いアメリカの旅で感得することが出来た気がする。そう、むしろアメリカの食が目指しているものは、日本で語られる「食育」とはまったく別のものだと気がついたからだ。

ii　ディマジオ・バーガーショップが教えてくれたこと

最初にそのことになんとなく気がついたのは、ミシシッピー川に寄り添って、トム・ソーヤーやハックルベリー・フィンの物語を紡ぎ出し「マーク・トウェイン」のペンネームで多くの名作を生み出したサミュエル・ラングホーン・クレメンスが住んだ町、ミズーリ州ハンニバルから河口のミシシッピーデルタまで流れに沿って下っていった時のことだった。ミズーリからアーカンソーに入り、テネシーのメンフィスを過ぎると、それまでミシシッピー川の左岸を走っていたUSハイウェイ61は、右岸に移る。このハイウェイは「グレートリヴァー・ロード」と呼ばれていて、南北のローカル幹線道路であると同時に観光道路でもある。けれど、川からはかなり離れていて、ミシシッピー川とともに走りたいという思いはあまり満足させられない。こういう時、大きなロードマップではなく地元のゼネラルストアのようなところで買った、ローカルエリア・マップがいい。川に沿った細い道で、これが「ブルースハイウェイ」かと思ったりしながら走ることが出来ることもある。

マップが手に入らなければ、61を離れて川に向かって行けるところまで行く。むろん、川まで行けずに袋小路に入ってしまうこともかなり多い。でも、何度か走っているうちに独特の勘が働いて、無事に川べりまでたどり着ける道を見つけることが出来るようになる。南下するに従って、ミシシッピーの表情が変わっていく。ここでの川は、どんな風景を見せてくれるのかと楽しみになる。その日も、そういう道を見つけて走って行った。間もなく雑草の茂った土手の向こうに、川の存在がはっきりとうかがえるようになった。その時、斜面《なぞえ》の向こうに人の気配を感じた。

ミシシッピーでは、今はほとんど釣りをする人はいない。航行する船の廃油や工場排水、生活排水、上流からの酸性雨などによる汚染で、ここの魚はとても食用にはならないからだ。それでも明らかに貧しいと思われる黒人の女性たちが日暮れ時に何人か連れ立って、夕食のお菜のキャットフィッシュを釣っているらしい場面には何度か出くわしたことがある。

だが、その時はまだ昼間。しかもはしゃぐ声も届いてくる。車を駐めて土手に上がると、小学生たちが一斉に川岸に座り込んで釣り糸を垂れていた。楽しそうに歓声を上げ、ふざけ合っている子供たちもいる。ちょっとの間見ていたが、あまり釣れている様子はない。やはり、魚の棲息には不適なのかもしれない。それでもしばらく立って見ていると、引率者らしい若い女性が近づいてきた。話を聞くと、これは恒例の「キャットフィッシュ・ロデオ」という催しだという。年に一回か二回、近くの学校の生徒たちを連れて、ここで釣り大会を開くのだそうだ。釣れるのですか、と訊くと、ほとんど、と首を振った。しかし、これは一種の勉強なのだ、と説明してくれた。ミシシッピーが今どういう状態にあるのか、かつては豊かだったナマズが、いまは絶滅に近い。なぜキャットフィッシュが棲めなくなったのか、それを子供たちに身をもって学んでもらおうとしているのだ。だがたまに釣れることがあり、実際にはそれは石油臭かったりしてとても食べられたものではないけれど、学校に持ち帰って皆で食べてみるのだと言った。

ここには、食を通して食の抱える環境の問題や、経済の繁栄の裏にある国土の荒廃といったものを、身をもって学ばせようという姿勢がある。これも食育と言えるだろう。これは何もミシシッピーだけのことではなく、テネシー州の中央を流れるカンバーランド川でもこの「キャットフィッシュ・ロデオ」が行われていることを、偶然買った『テネシアン』という新聞の二〇〇六年六月一一日付けの記事［図62］で知った。カンバーランド川で子供たちが釣るのは、ブルーギルやスモールマウスバス、それにキャットフィッシュなどだという。あまり釣れないと子供たちの興味が半減するので、テネシー州野生生物資源局（TWRA）では秘かに魚を放流しているのだそうだ。そこにあるのは、食べ物はスーパーやレストランで簡単に得るものではない。食べ物を得るには、それなりに苦労すること、人びとの様々な努力が必要だということを教えようとしている。日本でも、子供たちに田植えを経験させたり、大豆を育てさせたりする試みがある。それと同じだろうと思う。

もう一つ、オレゴン州ポートランドにいた時だった。二〇〇〇年九月のことだ。ポートランドから少し東に行ったところに大きなアウトレットがあって、ここにはいい革製品の店がある。黒革の財布や本革の表紙の三穴バインダーが好きで、近くに行くと必ずのように寄っては新しいのを買っていた。その手前、ポートランドから二〇マイル少々（三〇キロほど）ほどのところにトラウトデールという町がある。そこに入るハイウェイの出口付近にマクドナルドがあった。時分どきだったし、ちょっと急いでもいたので、昼はチーズバーガーですませるつもりで入った。店の印象は覚えていない。格別なところはどこにもなかったし、味だって変わるわけがない。しかし、その店が忘れられない存在になったのは、テーブルの上に立てられていた一枚の小さな紙のせいだ。名刺よりも少し大きい程度の紙に、文章が印刷してあった。

Do you know who put sugar on everyone's table?

どのテーブルにも砂糖が置かれているのは、誰のお陰か知っていますか？　とでも訳せば、主旨がわかってもらえるだろうか。そう、これは、小さな紙袋に入れられ、あるいはシュガーポットに入れられ、どのテーブルにも置かれている砂糖を、いったい誰が作ったのか、と問うているのである。紙の一番下に 'Little know black history facts' と書かれている。黒人たちの、この国での歴史を知るための手助けというか、一種の差別撤廃キャンペーンなのだろう。彼らの労苦の歴史、西インド諸島でのサトウキビ栽培と刈り取り、アメリカ南部の諸州での炎熱の日々の重労働。そういうものに、思いを馳せてはどうか、とその紙は語りかけている。

ぼくは、チーズバーガーを頬張りながら、その文章を懸命に手帳に写し取った。カメラやムーヴィー、スキャナーや録音機の付いたスマホがない時代だったからだ。書き取りながら、アメリカは食べることを通して、何か別のことを教えようとしているのだと、気づいたのだった。

また別の旅でのことだ。

ぼくにとって、スポーツの原点というのは、アメリカのスポーツになってしまう。それもある時期のものばかりで、その頃に比べれば最近のスポーツはほとんど興味がないに等しい。今思うと、その時代は天才や巨人、無敵のヒーローや伝説の中でしか登場しないような凄い人たちばかりがいたように思う。彼らが生きて動く姿を、ぼくははっきり思い出すことが出来る。そのすべてが映画館の暗がりの中での、外国ニュースのちらつく画面で見たものばかりだ。

アメリカ四大スポーツというのがあって、ベースボール、バスケットボール、フットボールにボクシングである。その頃、日本に馴染みのないスポーツであるバスケットボールやフットボールは、どんなに大きなイヴェントがあっても、ニュースリールの中にはなかなか入ってこない。ベースボールとボクシングは、たとえばムーヴィートーン・ニュースやRKOのニュース映画で見ることが出来た。竹脇昌作の平板で無機的な声が、これらのスポーツの熱狂ぶりをいっそう高めてくれた。その時代のボクシングのヒーローは動態視力を高めるために目の筋肉を鍛えるトレーニングをしたという無敗のヘヴィー級チャンプ、ロッキー・マルシアノや、「褐色の爆撃機」と呼ばれたジョー・ルイスであり、カシアス・クレイ以前の軽い足さばきの天才、シュガー・レイ・ロビンソンだった。マルシアノのずんぐりした身体を左右に揺さぶるようにして相手に肉薄していくクラウチング・スタイルは、その強さをいっそう引き立てたし、シュガー・レイのフットワークの見事さには目を見張ったが、凄かったのはジョー・ルイスの俊敏で優美、そして爆発的な強打だった。今も、あのスマートなボクシング・スタイルは目に焼き付いている。

ベースボールのヒーローは、メジャーリーグ初の黒人選手のジャッキー・ロビンソンであり、ジョー・ディマジオであり、遅れてドン・ラーセンやサンディ・コーファックス、そしてミッキー・マントルやロジャー・マリスだった。中でもジョー・ディマジオは走攻守三拍子揃った大スターだった。ホームランもよく打ったし、安打製造機としてもよく知られた。たとえば一九四一年に記録した五六試合連続安打は、今も破られていないメジャーリーグ記録である。打つこともすぐれていたし、走ることも速かったが、何よりも守備が図抜けていた。彼はニューヨーク・ヤンキースの中堅手だったが、その華麗な守備でも多くの人の記憶に残っている。

アメリカのベースボールに興味がない人でも、このニューヨーク・ヤンキースの名選手、アメリカン・ヒーローの一人はまた、アメリカ映画界の大スター、マリリン・モンローの亭主であったことで知っているだろう。朝鮮戦争の時、米軍兵士の慰問を兼ねての新婚旅行に、日本にも立ち寄った。その頃の日本の野球界は人気の絶頂にあった。川上や青田や千葉、別当や別所、大下や小鶴や南村……といった大選手たち相手に、アメリカからマイナーチーム、フランク・オドゥール監督率いるサンフランシスコ・シールズやってきたことは今も鮮明だ。ヤンキースに入る前のマイナー時代のディマジオもそこの一員だったことがある。戦前、日本球界の豪腕投手、沢村栄治とディマジオを対戦させたのはオドゥールだった。ディマジオから三振をとってみろ、と挑発された沢村だが、力投むなしくホームランを打たれたというエピソードが残っている。

ディマジオは日本にやってきた時、マリリンばかりに報道陣が集まって、当時少年たちのアイドルであり、アメリカン・ヒーローの代表のように扱われていた彼——彼は終世、レストランや飛行機、その他のあらゆるものに「予約」をしなくても通用した人間だった——が、自分よりも妻に注目が集まったことで内心傷ついたらしい。二人の結婚生活は、長続きしなかった。

ロサンゼルスに行くと、時間が許せば行くところがある。LAの西のはずれ、ウエストウッド・メモリアルパークだ。そこにマリリン・モンローの墓［図63］がある。コンクリート造りのアパート式の墓所だが、その正面左側の下から二番目が彼女の永眠の場だ。行くたびに、小さなブーケが飾られている。何度目かの時に、先客がいた。ぼくより一〇歳は上だろうと思われる、品のいい女性だった。ぼくが、花に鼻を近づけたのを見て、

「ジョセフよ」と小声で言った。「週に一度は花を捧げに来るのよ」と。ディマジオは、マリリンの死後、三〇年間、週三回、バラの花を贈り続けたという話も伝わっている。それが本当かどうかはともかく、マリリンに対する彼の愛慕は本物だ。

ディマジオの本名は、ジョセフ・ポール・ディマジオといった。

ジョー・ディマジオの名前も薄れかけていた頃、あれはイリノイだったかミズーリだったか、ともかくその時もハイウェイを外れて町の中にさまよい込み、ランチを何か、と見つけたのが「ディマジオ」という名前のハンバーガーショップだった。野球のヒーローと関係があるのかないのかわからないが、「あ、懐かしい!」と思わず入ってしまった。そして、まったく新しいことを教えられることになった。

客は四人ほどいた。オーダーカウンターのところで注文している人が、ひどくゆっくり、はっきりと話しかけていることに気がついた。正直、最初は驚いた。間違った店に入ったのかと思った。そこで働いているのはすべて、「知的障害」と言われる若者たちだった。落ちている紙くずを拾っている少年は、たった一つを塵取りにさらい込むのに時間がかかっていた。テーブルを拭いている少女も、ひどくのんびりと、しかも馬鹿丁寧に何度も拭き直している。オーダーを受けている青年は注文を一度では聞き取れず、幾度も聞き返してはレジスターを慎重に押して注文を確認し、背後の若者にそのレシートを渡し、その彼は伝票を見直し見直し厨房に伝え、その後じっと立ち尽くしている。注文した客も列を外れ、同じように立ち尽くして待っている。次の客も、ゆっくりのんびり、オーダーを繰り返す。

はっきり言えば、ぼくは固まっていた。どうしてこういう店があるのか、頭が混乱していた。そのうち、監督らしい中年の女性が一人カウンター奥の壁に腕組みしながら背を預け、オーダーカウンターや厨房や客席のあちこちに目をやっているのに気がついた。ようやくわかった。ここはそういう店なのだ。働く側にとってのトレーニングの場であると同時に、客にとってもトレーニングであるのだ。ハンディキャップを持った人たちへの理解、そして彼らの自立への努力を知り、学ぶ。そういう人たちを、ごく普通の生活の中に迎え入れようとする姿勢。励まし、力づけること、同時にこちら側の理解や忍耐、そういうものの訓練の場でもあるのだ。最初、焦れったいと感じた自分自身が恥ずかしかった。オーダーしたテリヤキバーガーと甘くないアンスウィーテンド・アイスティーをテーブルに運び、ナプキンで手を拭って一口かぶりついて目を上げたオーダーカウンターは、少し潤んでいるようだった。

ぼくの出合った「ディマジオ」という名前のハンバーガーショップがチェーン店として有名なのか、もしそうなら、他の店もそういうシステムをとっているのかどうかわからない。たまたま、入った店がそうであっただけのことかもしれない。わからないながらも、ただ、ぼくに希有な経験をさせてくれた店であることだけは、確かだった。

むろん、日本にもそういう店があるだろう。ぼくが手伝っている教会のバザーにも、ハンディキャップを持つ人たちが焼く菓子パンを売る店が出る。山梨でそういう人たちの自立を手伝おうとする製造業や販売店があるのは知っている。世界中にそういう志を持った人びとの店舗や工場や製造会社や工房、農園や牧場といったものがあるに違いない。残念ながら、ぼくはそういうものをつぶさに知っているわけではない。ただ、このぼくの入った「ディマジオ」は、働く者への訓練の場であるというだけでなく、その店を利用する人たちにとっても訓練の場であること、理解と認識を手伝う場であるところが、他の似たような施設とは異なっているように思われた。

アメリカ人は、いや、アメリカは、「食」を通して何ものかを伝え、教えようとしている。「食」は食べるだけでは完結しない。むしろ「食」には、人の生きることにとっての「始まり」なのだ、と考えているように思える。「食」は愉悦以上の何ものかがある。人間の本性たる欲望——性欲、睡眠欲、征服欲、教育欲、そして食欲、その本性を超えた先にもっと大切なことがある。人は、三度三度食べなくてはならない。そして、食べずにはいられないからこそ、「食」を通して伝えるものがあるのではないか。料理は、旨ければそれでいいのか。食べるという行為の向こうに拡がる社会生活がある。腹を満たし、味覚を充足させ、家庭の安定や愛情を確かめ、肉体を健康に維持していくことだけが「食べる」ことだろうか。それも重要なファクターだろうが、それを超えたところに、人が学ぶべき何かがある、という声が聞こえたような気がした。

「ディマジオ」を出て、ふたたびハイウェイに戻ったぼくの頭の中には、店に入る前とは違った何ものかがあった。美味しいものを食べる以上の何か、美味を追求するだけでない人生の何か、それに気がついた時、食べ物はそう美味しくなくともいい、と感じるのではないか。車で旅するアメリカは、そう、ぼくに教えてくれているような気がしてならなかった。

5　アメリカ人になるために食べる

i　いつ「アメリカ人」になるのか

これまで幾度か、アメリカ人とはいったい誰なのか、ということを考えてきた。ぼくたちが簡単に「アメリカ人とは」とか、「アメリカの連中ときたら」とか、「だからアメリカ人はね」といったことを言う時、どういうアメリカ人を考えているのだろうか、と思う。ともすれば、「ヤンキー」と呼ばれる東部エスタブリッシュメントを頂点とするWASPたちを、往々にして「アメリカ人」だと考えてしまうところが、ぼくらにはある。だが、けっして一つの国からの移民たちを、たとえ彼らがこの若い国の初期に入植してきた人間たちであったとしても、彼らはアメリカの代表ではない。「アメリカ人」を代表することもない。しかし、この国に暮らす誰もが皆「アメリカ人」なのだ、ということははっきりと言える。

なぜそうなのか。ジョン・スタインベックもまたこの疑問を抱いていた。『怒りの葡萄』でピューリッツァー賞を取り、ノーベル文学賞作家でもあるこのアイルランドとイングランド、そしてドイツ系の血を持つ人物は、なぜ、様々な国の人がアメリカにやってくると、自分たちの国の顔を捨てて皆一様に「アメリカ人」の顔になってしまうのか、といった意味の疑問を、『アメリカとアメリカ人』という本の中で書いている。このままの言葉ではないが、彼はいくつかの表現で「人はいつの間にかアメリカ人になる」のだ、と書いている。たとえば彼は『エデンの東』で描いたカリフォルニア州サリーナスに生まれ育ったが、そこで知り合った、おそらくは農業を営んでいたろう日系人を例に挙げている。

ぼくの両親は、彼の書く日系人の描写そのものではないが、いくつか思い当たるところがある。少し長いが、引用してみよう。

「私が大きくなった北カリフォルニアには日本人がたくさん住み、私もたくさんの日本人をよく知っていた。親たちは背が低く、ずんぐりし、腰幅が広く、ガニ股で、頭は円形、皮膚の色はひどく濃く、目はいわゆるオリエンタルで、上まぶたがふっくらしたアーモンド型。ところが、どうしたことか、子供や孫たちは親よりほぼ三十センチから五十センチも背が高く、ヒップはせまく、脚はすらりと長く、皮膚の色は薄く、目はまだオリエンタルとわかるものの、あまりアーモンド型ではなく、上まぶたはそれほどふっくらしていない。それに頭はたいてい丸くなくて長い。これは、他の人種との混血からきたものではない。食事がちがうから、といえばそれまでだが、それだけではあるまい。それに面白いことには、二世が日本へ行くと、すぐにアメリカ人とわかる。二世の男女とも、血統からいえば純粋に日本人である。しかも、純粋なアメリカ人なのだ」（大前正臣訳）

親父はカナダの西海岸の町で、貧しい日本人牧師の息子として育った。祖父は鹿児島から東京に出てきて、キリスト教に帰依してカナダの地に向かった。そこで聖公会の伝道師から牧師になった。彼の最初の赴任地は、アメリカのアラスカ州との国境の南端にほど近いブリティッシュ・コロンビア州のプリンス・ルパートだった。その町にサケの缶詰工場で働く日系移民たちのための伝道所を担当した。親父は三人兄弟の真ん中で、兄がいたのだが子供の頃に亡くなったと聞いた。死因が何かも、どういうふうに死んだのかも彼は語ろうとはしなかった。知らないのかもしれないし、父親や母親から何か聞かされていても胸にしまい込んでいたのかもしれない。

親父は晩年、もう一度プリンス・ルパートに行きたい、と何度か、思い出したように言ったことがある。ぼくは、その頃忙しがっていることがカッコいいと錯覚していて、とても一緒に行けないと知ると、ヴァンクーヴァーのナナイモの町の親戚がまだ健在だったので、その夫婦と自分の来し方の人生を総ざらいするかのように旅をし、プリンス・ルパートにも行ったようだった。最晩年、彼が胃がんで臥せっていた床でぼくは元気づけるためもあって、さあ、元気になったらプリンス・ルパートに一緒に行こうね、と誘った。彼は、弱々しく頭を振り、もういいよ、と聞こえるか聞こえないかの声で言った。

「もういいよ」の意味を、ずっとはかりかねていた。彼がみまかって何年か過ぎ、それまで何度か訪ねたヴァンクーヴァー・タウンの祖父の教会があったかつての日本人街や、おふくろの育ったキツラノ・ビーチ沿いの住宅地には幾度か足を運んだ。けれど親父が子供時代を過ごした町は、まったく知らないでいた。ある時、両親のことを書きたいと思ったことがあって、彼ら日系人が収容されたニューデンヴァーの日系人収容所跡に行ったついでに、プリンス・ルパートまで足を延ばしたことがあった。

プリンス・ルパートの飛行場は、町から少し離れた島の上にあった。上空を旋回しながら着陸態勢に入ろうとする機上から、まるで航空母艦のように一本だけ目立つ滑走路を見つけた。機を降りて、タグボートに似た小さな船で、本土の待合室で手荷物が届くのを待った。かなりの時間が経ってそれが到着して、二台しかないらしいレンタカー・オフィスでそのうちの一台を借りてダウンタウンを目ざし、ホテルにチェックインした。

荷物を置いて街に出た。小さな、寒々とした町だった。歩いてみて、親父の言った「もういいよ」の意味がわかるような気がした。当初、祖父が奉職した聖公会の伝道所は、その後ちゃんとした教会になったろうと想像して、それらしい建物を探したが、現在の地図を見ても、歩き回ってみても、古くから住んでいるらしい年配の人を見つけて尋ねてみても、そういうものがこの町にあったという手懸かりも、わずかな痕跡さえも見つけることはできなかった。

一九六八年、この町は大火にあって壊滅した。今ある町はその後に新しく建設されたものだ、と、ようやく見つけた公文書保管所のひどい狭さ、小ささ、そして保存文書、記録類のあまりのお粗末さに呆れているぼくに、受付台にいた眼鏡をかけた図書館の司書を思わせる若い女性がどこかすまなそうな目を向けて、そう教えてくれた。

「日本人の牧師の教会なんですが」

ぼくは、すがるような思いで訊いた。彼女は頷くと、背後の灰色に塗られた旧式のファイルキャビネットのあちこちの抽斗を開け、中のファイルフォルダーを抜き出しては中をあらため、また戻しては次のを抜き出すということを繰り返していた。少し経って探していたものが見つかったらしく、それを手にカウンターに戻って来た。「ほとんど何も残っていないのよ」と申し訳なさそうに言うと、フォルダーから数枚の紙とA4ほどの大きさのモノクロ写真〔図64〕を取り出した。それは一九〇〇年代初期の住民台帳の写しと電話番号簿、写真の方は木造平屋を前にした何人かの記念写真だった。建物の右側の壁に白地の看板があり、そこに黒い字で'Japanese Mission Seikokuwai'と書いてある。聖公会のoの字の上に短い横線が引かれていて、音引きをあらわしている。ヘボン式なのだ。会、の綴りも旧仮名になっている。建物を背にして大人が一三人ほど、その前に子供たちが一列に並んでいる。皆しかつめらしい顔をして、これが何かの晴れの記念式とは、とても思えないようなまじめな顔つきだ。

中央左寄りの黒い背広に白いカラーの目立つ謹厳実直そうな髭の男は、紛れもなく祖父だった。そのすぐ近くでやはり黒ずくめで、帽子をかぶり赤ん坊を抱いた硬い表情の女性は、忘れもしない祖母だった。この人は、ぼくの記憶の中でずっとこの顔をしていた。歳をとらない人の典型のようだった。若い頃から年配の顔をしていたんだと思うと、少し笑ってしまった。電話帳の方にはHの欄のところに、'Z. Higashi'(東善吾)の名前の横に五桁の番号があった。今すぐその番号に電話したくてたまらなかった。もしかしたら誰もいない玄関口の、あるいは壁に取り付けられたハンドル式の電話のベルが虚しく鳴っているかもしれない、と、目の前にその情景が浮かんだ。

写真と電話帳と住民台帳をコピーしてくれた係の女性は、もしかしたらその時代のことを少しは知っているかもしれない牧師のことを思い出してくれた。ダウンタウンから少し先のところにある住宅地の中の教会を教えてくれ、電話でアポイントを取ってくれた。「アングリカン・チャーチ・オブ・セイント・アンドルーズ」という教会で、クリス・アームストロング牧師は大歓迎だとのことだった。

初めての場所を車を運転しながら見つけ出すのは、案外に難しい。思っていたより五分ほど遅れて、教えられた教会を見つけた。その教会は、住宅地の中に埋没するようにあったのでいっそう探すのが難しかった。

礼拝堂は無人で、裏手の牧師館に回ると、銀髪でピンク色の肌をした人の良さそうな大男が笑顔で迎えてくれた。執務室に招き入れられ、ソファに向かい合わせに座ると、こちらの訪問の意図をすでに承知していたようですぐに核心に入ってくれた。

祖父たち一家は、一九一八年にプリンス・ルパートから少し離れた所にあるスキーナ川沿いの港町、ポート・エシントンに移り住み、そこのサケ缶工場で働く日系人の心の支えになっていたようだった。缶詰工場の労働者は、インディアンや北欧系、ロシア系の白人、それに中国人などだった。その中で日系人はサケの切り身を箸を使ってきれいに缶に詰め込むことが出来、しかも生来の器用さから効率よく詰めていくことで評判が良かった。真面目で寡黙、骨惜しみしない仕事ぶりは、雇い主たちからの信頼も厚かった。だが、そこが問題だった、とアームストロング師は言った。日系人のその真面目さゆえに、器用さゆえに、清潔好きと仕事に対する真摯な態度と熱意ゆえに、他の労働者から疎んじられる存在でもあったのだ。そして差別といじめが始まり、ついに日本人全体に対する激しい憎しみから迫害を経て、暴動に至った。一九一八年、ポート・エシントンの町は炎に包まれた。中国人労働者たちの阿片吸引中の失火だとも囁かれているが、今、アーカイヴなどにはその頃の記録がほとんどない。

もともと川べりの岩場の上に板を敷いたボードウォークを家の土台とした町で、サケ漁から戻った船から荷揚げし、そのまま缶詰工場に運んで、サケ缶を作るだけの町なのだ。火事が起こればひとたまりもなかった。親父の兄、まだ子供だった伯父は、そこで死んだのではないか、という思いが抜けきれない。彼の墓はどこにあるのか、親父はそのことについて一言も言わなかったし、どうやって死んだのかも口にすることはなかった。

「ポート・エシントンに墓地はありましたか」そういうぼくの質問に、アームストロング牧師は、手元にあった紙にスキーナ川の河口、砂洲が島になったと思われる丸を描き、その右手、右岸の中程に×印をつけた。

「だが、今はそこに行く方法がない」と彼は、ぼくの気持ちをなだめるような、穏やかな口調で言った。すでに燃え朽ち、廃墟となり、人びとから捨て去られた町だ。漁船か水上飛行機でも雇うしかない、と言う。

いつかは戻ってこよう。そして日本人たちの墓地の中で、伯父の名前を探してみよう。親父の言った「もういいよ」は、彼の子供時代の喜びや悲しみや苦しみのすべてが、消え失せてしまったからではなかったかと思えた。その町には、彼の思いの何ものも残っていなかった。彼にとってその町は、ないにも等しかった。心の中にしかない町に、今戻っても何の意味もない。戻る必要もない。いや、戻ることによって、彼の過去はむしろ歪められてしまう。「もういいよ」には、そういう思いが隠されていたのではないか、とプリンス・ルパートのダウンタウンに戻りながら考えていた。

祖国カナダを語る親父から、ある時期「ハイセキ」という言葉がよく出てきた。このプリンス・ルパートに行く前、戦争中日系人収容所のあったニューデンヴァーの町に住む、親父の若き日を知る日系の女性を訪ねた。「最初にお父さんを見た時、太鼓を叩いていたのよ」と彼女は言った。バンドでもやっていたのだろうか。太鼓の話は、これまで一度も聞いたことがなかったので、驚いた。だがその後に続く言葉にはもっと驚いた。

「お父さんは、リンゴ箱の上で説教しているお父上の横で太鼓を叩いていたの」

街角や道路脇で、キリスト教信仰を勧める、いわゆる路傍伝道での人寄せの太鼓を、親父は叩いていたのだ。彼の中に、キリスト教に対するある種の屈折した思いがあるのではないかということは、何度か一緒に行った教会でのごくごく微かな態度や、言動の端々にうかがわれなくもなかった。そういえば、という思いがぼくの中で目覚めた。日本人街の貧しい教会の息子。学費稼ぎのイチゴ摘みや材木伐採といった肉体労働の中で、彼は「ハイセキ」され、「ハイセキ」という言葉を覚えたに違いなかった。それは外国人からの「ハイセキ」だけではなく、貧しさゆえに同胞からの蔑みもあったろうと思われる。彼の心の中の「ハイセキ」は、ぼくが思っているよりもはるかに大きく重いようだった。

おふくろは、また別の人生を生きた。彼女はどちらかと言えばまあまあの、時には失敗もあったが、それでもどうにか成功した実業家の娘だった。実業家といっても、カナダでの日系人に出来ることは限られている。日本からの小規模の貿易というところだったのではないかと、彼女が話してくれた話の端々から想像する。彼女が生まれ住んだ町はカナダ人の町で、日系人は彼女たち一家だけだったと聞く。親父に比べれば、「いいところのお嬢さん」のようでもあったろうおふくろからは、一度も「ハイセキ」という言葉は聞いたことがない。親父の心のずっとずっと奥の方では、おふくろはいわゆる日本人とは別の世界の、日本人と同じ苦労をしない、言うところの「バナナ」のような存在だと思っていたのではなかろうか。表面は黄色いのに、中身は白い。二人の隠れた確執の破片に気づいたのは、実は二人が亡くなってからのことだ。しかし、とぼくは今両親のことを思い出しながら、書

PHOTOS BY

Clemons, 9, looks for fish Saturday in Lake Watauga near the end of the Cumberland River Compact Catfish Rodeo at Cent

"If we can expose kids to fishing here, they may want to get their parents to bring them back here or somewhere else to fish."

— Bobby Wilson, TWRA's assistant chief of fisheries

atfish: Rodeo eaches children to sh, keep water clean

M PAGE 1B

Ziegeweid, watershed pro- director with the Cumber- River Compact.

e compact, a nonprofit group works to keep pollution out of state's streams, rivers and s through cleanups and educa- efforts, sponsored the catfish o along with the Tennessee life Resources Agency. The t included educational activi- o teach children that if water clean, fish can't live in it.

f we can expose kids to fishing

Wilson said. The total weight of the stock was about 2,000 pounds. A majority of them were expected to make it through Saturday's rodeo undisturbed. The lake is full of catfish from previous rodeos, as well as smallmouth bass and bluegill, Wilson said.

Six-year-old Cassidy Moore reeled in four catfish in the morning session. Their total weight was 17.3 pounds, the heaviest catch in her age class. That distinction won the Nashville girl a new bicycle.

"I caught a big fat fish. It's still in

65

63

61

64

く。彼らは明らかに、日本人ではなかった。戦前、戦争にごく近い戦前、二人は初めて見る祖国にやってきた。それからは、旅行はしても、二度と、もう一つの「故国」に帰ることはなかった。

親父は晩年、自分の血の中の日本人を知りたがり、系図を書こうとしたりしていた。おふくろは、義母から教えられただけの日本食だったが、それを忘れず、たとえば正月のお節は、死ぬまで祖母のやり方を真似し続けていた。そういう点では、今の日本人よりもはるかに「日本人」だったろうと思うけれど、だが、日本人ではなかった。二人とも、顔つきも日本人とは違っていた。ことにおふくろは、「どこの方ですか」とよく訊かれていたようだ。明らかに日本人の顔つきでなく、しかしどこの国の人のようでもなかった。彼らはすなわち、カナダ人だった。スタインベックの書く、カリフォルニアの日系人の二世と同じだ。祖父祖母——おふくろの方の両親には一度も会わずじまいだったが、親父の方の両親は明らかに日本人だった。典型的な日本人の顔を持っていた。だがおふくろと親父は、まったく違う顔をしていた。彼らは、純粋な日本人の血を持ちながらも、日本人からは離れていた。彼らがいつカナダ人になったのか。そしてそれはどうしてなのか。どうやってなのか、なぜなのか。それが、ぼくをアメリカを旅させているもう一つの、そしておそらくはもっとも大きくて、奥深い疑問だろう。

なぜ、様々な国からやってきた移民たちは、祖国を捨ててアメリカ人になってしまうのだろうか。そしていつ、彼らは自らをアメリカ人だと認めてしまうのだろうか。なぜ、そしていつ、アメリカ人になるのか。それを知る一つのヒントが、親父が口にした「ハイセキ」にあるように思える。

おふくろはともかく、親父にとってカナダは「ハイセキ」の地であり、差別の国であったかもしれない。ひるがえって、アメリカもまた差別と排斥の歴史を持つ、「差別の大国」であった。

当初、ニューイングランド地方に入植したピルグリム・ファーザーと呼ばれる清教徒たちは、自分たちの自由になると思われた「新天地」に、すでに先住の人間がいることに驚いた。そして自分たちを守るために、彼らに攻撃をしかけていく。入植初期、理解と知性あるインディアンたちに救われて、生き延びることが出来た彼らの感じた「恩」もわずか一年で消えた。それからは、闘争の時代に入る。

ピューリタンたちが敵対したのは、インディアンばかりではなかった。一六二〇年の彼らの上陸から一〇年遅れて、マサチューセッツ湾に植民地を開いたプロテスタントたちをも、自分たちの領土を侵す相手として差別し、戦いを挑んだ。その後に、デラウェア渓谷やペンシルヴァニアの森に移住してきたクエーカー教徒たちをも、彼らは差別し迫害した。

ピルグリムたちは、この国を自分たちのものだと考え、自分たちこそがこの国の人間であると考えた。「アメリカ人」の出現である。彼らは植民者、入植者の地位から、新しい国、やがては自分たちの国になる土地に移住した「移住者」に昇格したのだ。だから、マサチューセッツ・ベイ・カンパニーを作って新しい植民地を開拓しようとする人びとを、かつての自分たちのような「入植者」、遅れてやってきた「植民者」として、今やこの新しい国に根を下ろし、「入植者」の立場からより安定した生活を営む「移住者」である「先輩」の自分たちよりも低く見たのだった。そのピューリタンとプロテスタントたちは、後続のカトリック教徒たちをいじめた。憎悪と嫌悪の中で、諍いは絶えることはなかった。両者はその後も争いを続けたのだが、その様相が変化したのは新しいいじめの相手、ユダヤ人が入ってきたからだった。

国が開け、「植民」する土地がなくなっていくに従って、様々な国からの「移民」が増えていった。イングランド人に続いて到着したドイツ人は、アイルランド人がやって来るまで最低の地位の人間として扱われ、差別と迫害の苦しい生活から逃れられなかった。逃れるための唯一の方法は、東海岸から離れ、内陸の人里離れた土地で自分たちだけで生活する他なかった。今、アメリカの内陸を旅していて、突然のようにドイツ系の人びとの住むコミュニティに出くわす時、いつもこのことを思わずにはいられない。次に先着のイングランド系、ドイツ系にいじめられ、低い地位に押し込められていたアイルランド人は、ポーランド人たちがやってきて、ようやくその地位が向上した。そのポーランド人はスロヴァキア系によって、スロヴァキア系やポーランド人たちはイタリア人によって、イタリア系はスラブ系の人びとによって、ようやく人間扱いされるようになっていく。

親父たち日系人は、先着の中国人に差別、排斥されていたが、後続のインド系、フィリピン系、メキシコ系、朝鮮系の人たちがやってきて、やっと人間並みに扱われるようになった。市民権を得たのである。ここに一つの推測が成り立つ。ようするに遅れてやってきた各国の移民たちは、自分たちに代わって差別、迫害の対象になってくれる。そういう人間がやってきてくれて、初めて彼らは「アメリカ人」になれるのではないかということだ。たとえば、日本人は中国人より下位にあった時代、単なる「移民」、「よそ者」、「新参者」に過ぎない。だが、新たに新参の者が登場した途端、自分たちは上の位置に上り、アメリカ在住の先輩として大きな顔をする。上の地位に上がるということは、すなわち、差別をする側に回れっきとした「アメリカ人」なのだ。彼らは新参の人間からしてみれば、るということだ。非差別者が差別する、という構図がここにある。

よそ者、新参者がやってきた瞬間、彼らは「アメリカ人」になる。そう考えると、アメリカ人は単一の「種」の人間の集団ではなく、「総体」がアメリカ人なのだということが納得がいく。「あれもアメリカ人、これもアメリカ人」であるゆえんだ。世界のあちこちからアメリカにやってきた移民たちに、言語や生活習慣や文化、あるいは宗教や思想に共通するものはほとんどなかった。唯一、すべての人に共通するものは、誰もが故国を捨ててやって来た人たちであるということだ。離郷者であり、窮民であり、ディアスポラであった。それらの人たちは、祖国を捨てたからこそ「アメリカ人」になり得たのである。

ここには、見逃すことのできない、また別の重要な要素がある。アメリカという新天地で他人から差別されないように、多くの者は自分の国籍や人種を隠したがった。そのことが「アメリカ人」への同化につながった、という事実だ。彼らは、自ら大急ぎで同化したがったのである。

ii　トウモロコシがアメリカを創った

もう一つ、アメリカ人になる「瞬間」があるように思う。多くの移民たちがそれぞれの文化や生活様式、言語などを持って、この新しい国にやってきた。当初それを拠り所として、彼らは寄り集まって生きていった。その頃はドイツからの移民であり、アイルランドからの移民であり、東ヨーロッパからのユダヤ系の移民にしか過ぎなかった。それがいつの間にか「アメリカ人」になった。この「いつの間にか」がはっきりと「いつ」であるかは、一つには自分たちより遅れてやってきたものたちが、自分たちの生活圏に出現した瞬間だろう、とぼくは考えた。だが、それだけではない。それ以外の何かがある。

そのもう一つの瞬間は何か。これまでの旅で、それとなく気づいたことはあった。その「瞬間」が、彼らをして「アメリカ人」にさせるのではないか。だが、もっとはっきりとした、そう、確証のようなものがあるのなら、それを探したい。こうしてぼくの旅に、その「瞬間」を求めるという要素が加わった。

一六二〇年一二月下旬、ニューイングランド地方のプリマスに到着した一〇二人のピルグリム・ファーザーズと後に呼ばれることになる集団は何もわからずに、イングランドや祖国での迫害から逃れて避難していたオランダのライデンでの生活と同じような道具類、衣類、食料だけを手にしてやってきた。そして艱難辛苦、死ぬ思いで、いや、実際に一〇二名の約半数が、到着後の半年ほどの間に死亡するという憂き目に遭う。そのことは前にも、そして幾度も書いた。今それを繰り返すつもりはない。その悲惨な状況を打開できたのは、ニューイングランド地方を本拠とするワンパノアグ族のチーフ、マサソイトやスクワントやサモセットたちのおかげであるということも書いた。その彼らからの支援の中でも、清教徒たちにとってもっとも大きな意味を持ち、そしてその後「アメリカ」と呼ばれることになる国が世界の他の国とは異なる環境と人心を作り出すことになる、一つの植物があった。それはトウモロコシである。

トウモロコシが、メイフラワー号でやってきたピルグリム・ファーザーたちにとって、どれほど重要な存在であったのかは北アメリカの植民史の最初期に書かれた本からも窺われる。

ピルグリムたちがアメリカに到着した時からの様子の一次資料は、先にも紹介した清教徒たちのリーダーの一人であるウィリアム・ブラッドフォードの『プリマス・プランテーションにて』である。そこにはかなり控えめな調子ではあるが、しかし深い感慨を持って書かれた、こんな一行がある。

「今やトウモロコシは銀よりも価値がある」と。

トウモロコシの価値は、その存在を知る以前と以後とでは大違いだ、と彼は暗に示唆する。それを口にした後は、口にしていなかった以前とはまったく別の世界が開ける。ブラッドフォードは、そのことを正しく伝えようとしているように思われた。これを読んだ時、それまでアメリカ中のあちこちで出会った、ごく平凡な日常を生きる人たちの口にした言葉のあれこれが思い出された。

「トウモロコシこそ、アメリカの食べ物」と言ったのは、ネブラスカ州のリンカーンの町の郊外、小さなコミュニティの中にあった「マミーズ・キッチン」と呼びたいような小さな食堂の女主人だった。テーブルクロスや皿の上に散らばった、ポロポロと脆いコーンブレッドの屑を、指先に押しつけて口に運んでいた時だった。注文したメインの「クリームチキン・アンド・エッグヌードル」を運んできた女主人は「コーンブレッドが好きみたいね」と言った後、「コーンブレッドを好きになったら、他のパンは食べられないわよ」と笑顔を見せた。そして、「コーンこそ、アメリカの食べ物」と続けたのだ。それを聞いた途端、これまで聞いたり、読んだり、見たり、考えたりしてきたトウモロコシにまつわることがどっと蘇ってきた。

「トウモロコシは神様が与えてくださった食べ物だよ」と言った人がいる。インディアンの中には、それぞれの神がこの植物をもたらしてくれたと伝える話を持つ部族がある。アリゾナ、ニューメキシコ周辺のナヴァホ・インディアンの神の一つは野生の七面鳥で、空を飛びながらその羽の下からブルーコーンをこの地に撒き散らしてくれたというし、ニューヨーク周辺のイロコイ・インデイアンは、彼らの女神が歩いていった後にトウモロコシとカボチャが芽生えたと伝えている。だが、ぼくにトウモロコシのことを神が与えてくれた食べ物だと教えてくれたのは、インディアンではなく老いたカトリックの神父だった。

ある年、おふくろは一人アメリカを旅して回ったことがあった。その後かなり経って、彼女の遺品の手紙類の中からその旅の様子の一部が想像がつき、彼女を追ってたどり着いたアリゾナ州の南端近く、一つ山を越せばメキシコだというツーソンの町でのことだった。神父の家を訪ねると、近所の人が持ってきてくれたという「ブリトー」のお裾分けにあずかり、ブリトーの材料のトウモロコシ粉、「ハリナ・デ・メイズ」の話から、トウモロコシという奇跡の植物の話をしてくれた。以前にも聞いたことのある魅力的な仮説だったが、あらためて歳月を目尻の皺に刻んだ神父の口から聞くと、ぼくはイチコロでその話を信じる気になった。

トウモロコシの茎が枯れて倒れたとしても、そしてたとえまだ実のついた穂軸が地面に転がったとしても、トウモロコシの外皮《ハスク》が付いたままでは、芽が出ない。ただ腐るだけだ。外皮をむいて実をとり、乾燥させてから一晩水に浸け、それから蒔く。かつてトウモロコシを大切に発芽させ育てようとしたアメリカの人びとは、まずトレイに水を含ませた布を敷いて、その上に種子を並べ、慎重に発芽させたものを畑に蒔いたと聞いたことがある。だから、生のトウモロコシの実をそのまま土に埋めても、決して芽吹かない。誰かが、あるいは何ものかがトウモロコシの表皮をはぎ、実を穂軸からはずして乾燥させてから水分を与えて芽を出させる。人の手でなければ小動物や鳥の手を借りてもいい。トウモロコシはそのままでは次の世代を産むことはないのだ。

「神は人間にトウモロコシを与えた。だが、それを食べるにしてもある障害を越えなければならなかった」神父は、ブリトーの最後の端切れを口に運びながら言ったものだ。「トウモロコシばかりを食べると中毒する」それは聞いたことがあった。ペラグラと呼ばれる病で、ニコチン酸欠乏症だという。それを防ぐためにインディアンたちは、木や草を燃やした灰を茹でる時に一緒に入れた。アルカリ性の水なら中和できたからだ。その知恵はどこからきたのだろうか。トウモロコシは神が与えた知の試験紙だったのだろうか。トウモロコシを食べなければ生きていけない人間たちへの、試練の植物なのだろうか。

「トウモロコシを食料として生きていくためには、無数の犠牲を強いられ、人間はそれを克服して生き延びてきた。このアメリカという大陸は、そうやって今ある」神父は、指先についたソースを舐めながらそう締めくくった。

ピルグリム・ファーザーたちは、その知恵をワンパノアグ族から教えられた。そして生き延びることが出来た。トウモロコシを食べる以前と、それを知った後とはまったく違う世界だという意味はそこにある。コーンは銀よりも価値があるという意味はそこにある。新大陸での最初期、銀などは何の役にも立たなかった。この人間の知恵を測るかのような植物を先住のインディアンたちから学び、我が物としていった入植者たち、彼らにとってこのトウモロコシを御すること、味方にすることによってこのアメリカという土地に住むことを許されたように思われたことだろう。

ロードアイランド州の州都プロヴィデンスの町の東北にあるポウタケットの町のダウンタウンにあった本屋で言われた言葉が、忘れられない。小さいけれど、棚に挿されたり、平積みされた本の品揃えを見て、とてもいい感覚を持っている本屋だと思った。そこで『ザ・ストーリー・オブ・コーン（*The Story of Corn*, 1922）』という本をパラパラやっている時、「ヘッロー！」と明るい声をかけてきた店の主人らしい、綺麗な髪を薄紫に染め、それに似合った淡い色のカーディガンを羽織った六〇代だと思われる女性は、ぼくが手にしている本を見て「それ、いい本よ」と言い、そして「トウモロコシは大切、この国を創ってくれたんだから」と続けたのだ。

'Corn made America' という言い方が不思議で、ちょっとの間彼女を見つめたことを覚えている。彼女は請け合うかのように大きくうなずき、たたみ込むように、「一度でもトウモロコシを口にした人はアメリカ人なのね。もう二度とイギリス人には戻れない」と言った。それで彼女がイギリス人であることがわかった。このロードアイランド州は、ニューイングランド地方に入る。そしてワンパノアグたちのテリトリーでもあった。ここでは、トウモロコシは特別の意味を持っているのかもしれない。

ロードアイランド州には、二つの特徴があり、それがぼくには面白い。一つは、マサチューセッツ州と並んで、アメリカでただ二つ「信教の自由」を謳っており、厳格な「政教分離」を守る州でもあること。もう一つは、他の州と比べて珍しくドイツ系を祖先に持つ人々、すなわち祖先別人口構成比で、ドイツ系の人が上位一〇位に入っていないことだ。一位はイタリア系で二位がアイルランド系、三位がイギリス系で以下ポルトガル、フランスと続く。イタリアにはコーンミールを粥状に煮た「ポレンタ」という料理があり、ポレンタ祭り、というのもあると聞く。第一トウモロコシ由来のニコチン酸欠乏症である「ペラグラ」という病気の語源は、イタリア語の「痛い皮膚」からきている。だからトウモロコシには親しんでいることだろう。だが、アメリカでのトウモロコシの存在は、また格別のものがあるに違いない。それが、端的に本屋の女主人の言う「一度でもトウモロコシを食べたら、もうアメリカ人」という感覚であり、「トウモロコシがアメリカを作った」という感情なのだろうと思う。

彼女はこう言った。「トウモロコシを口にしたら、もうイギリス人には戻れない」と。この言葉を、どこかで聞くか読むかしたことを思い出した。聞いたのならもっとよく覚えているはずだから、きっと何かで、それもさらりとあまり気にせずに読んだものに違いない。それがなんだったのか、どうしても思い出せない。もしかしたら、このアメリカという新大陸に初期に入植したブラッドフォードやウィンズロウたちの中の誰かの日記か手記か書簡の中の一行だったかもしれない。

「一度でもトウモロコシを口にしたら、もう二度とイギリス人には戻れない」

その一行を探して、それこそ部屋に山積みされた資料類や本棚に押し込められたそれらしい一冊を探して、あれこれひっくり返したけれど、これを書いている今も、その一節を書いたものは見つからない。

最初にアメリカに入植したピルグリム・ファーザーたちは、自分たちの持ってきた小麦粉をはじめとする食料品が底をつき、翌年に蒔いた種子も育つことなく、飢饉により全滅する恐怖に襲われるが、突然のように彼らの集落にやってきたワンパノアグ・インディアンたちに快く迎え入れられ、彼らが教えてくれたトウモロコシの育て方とそのすぐれた食料としての有用性によって命拾いし、彼らは救われ、入植を成功させた。それはアメリカで生きていけることを認識させてくれた瞬間だったろう。

だからこの「トウモロコシを一度でも口にしたら、もう二度とイギリス人には戻れない」という言葉は、それこそ最初の入植者たちの「神に助けられた」という意味も含めて、彼らの心底からの感慨ではなかったろうか。彼らはこの人生の大転換を経験し、自分たちはアメリカ人になったのだ、という思いを抱いたに違いない。

そしてその確信は、もうイギリス人ではない、すなわちこのアメリカに住むインディアンと同じように、アメリカの人間になったのだ、と強く認識したことだろう。トウモロコシを口にした瞬間、その人はアメリカ人になる。これは食の面から見た「アメリカ人になる」という感覚を、的確に表現しているようだ。もっと言えば、「イギリス人であることを捨てた」と言えるかもしれない。

他の国のことを詳しく知っているわけではないが、アメリカ人ほどトウモロコシを利用している人たちは知らない。依存していると言っても、けっして言い過ぎではないだろう。アイルランド人は、かつてジャガイモに食の大きな部分を依存していた。そのために、いったんジャガイモの不作が起こるとそのまま飢饉に直結して、多くの人が死に、それ以上の数の人たちが国を捨て、国外に逃げ出した。現在、アメリカ人がトウモロコシに多くの部分を頼っているとしても、飢饉が起こることはないだろうが、それにしてもアメリカのトウモロコシの利用度の高さは驚きに値する。

植物学者で詩人でアーティスト、教師でもあり作家でもあるウォルトン・C・ガリナット博士は、トウモロコシの研究者としてもよく知られている。彼は「アメリカ・インディアンは単に優れたトウモロコシの繁殖家《ブリーダー》ではない。彼らはトウモロコシをアメリカの第一等の食に仕立て上げたのだ」と書いている。彼はまた「トウモロコシは私の宗教、研究室は我が教会」とも言っている。このガリナット博士のこの言葉を、ぼくはロードアイランド州の州都プロヴィデンスの本屋で買った『ケイプコッド・ワンバノアグ・クックブック（*Cape Cod Wampanoag Cookbook*, 2001）』で知った。

このインディアンたちのトウモロコシ調理の実際を、インディアンから手ずから学んだ初期のヴァージニア入植者の女性たちの名前も残っている。ジョアン・ピアーズ、エリザベス・ジョーンズ、そしてテンペランス・フラワーデュウ。彼女たちから、やがて後続のヨーロッパ系移住者たちへ、そして新しく生まれた「アメリカ人社会」にトウモロコシという新大陸固有の産物を広く伝えることになったのだった。この三人の名前を、前掲のエヴァン・ジョーンズの『アメリカン・フード、ガストロノミック・ストーリー』で知った。この三人のイングランドからの女性たちは、インディアンたちの知恵の食材をイングランドの調理法によって、新しいアメリカ料理——たとえばヨークシャー・プディングの変形である「コーンプディング」や牡蠣フライに似た「コーンオイスター」（生のトウモロコシの粒をすり潰して三時間ほど置くとカスタードのように固まったものを卵を入れて混ぜ、スプーンですくって油で揚げる）といったハイブリッド料理を生み出していくことになるのだ。

それまでまったく知ることのなかった「トウモロコシ」という存在、それを知り、その味わいを知り、その有用性を知ったものは、もう「イギリス人には戻れない」。

彼らは心からそう思ったことだろう。彼らはその瞬間、アメリカ人になったのである。『ザ・ストーリー・オブ・コーン』を書いたのは、『アイ・ヒア・アメリカン・クッキング』の著者のベティ・フッセルである。その中で彼女は一九八〇年代、アメリカ食の本質を見極めようとアメリカ中を旅して回り、その結果ついにアメリカ料理の根源にあるのはトウモロコシなのだ、ということに思い至る。「私は、アメリカの食はトウモロコシに根ざしていることを発見した」そう彼女は、誇らしげに書いている。

アメリカには'Corn fed child'（トウモロコシに育てられた子供）という言い方があって、多分に愛国的なニュアンスは否めないのだが、パトリオティックな意味での国に対する「忠誠」ではなく、むしろ「愛郷的」と言った方がいいようだ。郷土の食べ物、その植物を産する我が土地、世界にはなかったこの土地固有の作物に対するある種の愛着と誇りが、この言葉からうかがえる。フッセルはそのかけがえのない、アメリカ人としての喜びを、愛情を持って書いていて、彼女自身、自分を「コーンフェッド・チャイルド」だと表現している。「トウモロコシは、私をアメリカの子にした」と。

その言葉は、とても美しい。そこには感謝があり、そういう国で生まれ育ち、トウモロコシとともにある生活の喜びに溢れている。アメリカ人にとってトウモロコシは、たとえば朝食にはコーンフレークスを食べ、ランチにはコーンオイルで揚げられたポテトチップスをつまみ、ランチボックスのツナサラダサンドウィッチはコーンオイルで作ったマヨネーズで和えてあり、パンに塗られるマーガリンもまたコーンから作られている。おやつに食べるジェリービーンズやガムドロップに使われる着色料も、甘味もまたコーンが原料だ。コーンスターチはチョコレートプディングやレモンメレンゲパイに使われているし、アメリカン・チャイニーズ料理のチャプスイや固焼きそばのあんかけもまたコーンスターチのおかげだ。

コーンから作ったコーンシロップは、バターと砂糖などで作るキャラメルに似たトフィー（toffee）や、それに似ていて、バター、水飴、蜂蜜などを煮詰めてナッツを入れたタフィー（taffy）、バターと赤砂糖を材料としたバタースコッチ、キャラメル、マシュマロなどを溶かして作るフォンダントにも使われる。トウモロコシはそのまま茹でてバターを塗って食べるし、粒はライマビーンズとともにサコタッシュにする。粒のまま酢漬けにしてピクルスやレリッシュにし、すり潰してクリームコーンにしてコーンスープやコーンプディングを作る。このすり潰したものに卵やベイキングパウダーを加えてパンケーキやマフィンにしたり、乾燥させたものを粉にしてコーンブレッドを作ったり、このコーンミールに小さく切ったソーセージなどを合わせて水、クリームなどを加えて練って長方形に整形して茹でる。これをスライスしてコーンオイルで炒めてスクラップルにしたりする。トウモロコシの粒をチキンスープに入れてチキン・コーンスープにしたり、卵で固めてコーンダンプリングにしてスープに入れたりもする。

乾燥させたトウモロコシの粒は鳥の餌になり、牛や豚の飼料になる。アメリカでの数字だが、年間約二億立方トン算出するトウモロコシのアメリカ国内での消費の八五%が家畜、家禽、六〇〇〇万頭の牛、一億頭の豚、一〇億羽の鶏の餌として消費される。だから、ことアメリカにおいては、チキンやビーフやポークの料理を食べるということは、実はトウモロコシを食べることであり、トウモロコシがなければ現在のように豊富な動物性蛋白にありつけるかどうかわからない。何気なく食べ飲んでいるミルクやベーコンやフライドチキン——それはトウモロコシを餌にした鶏の肉に、コーンミールをまぶし、コーンオイルでフライにしている典型的なトウモロコシ料理なのである——やポークチョップやビーフステーキなど、どれもトウモロコシに多くを負っているのである。

映画館やベースボール・パークでの友としてのポップコーンを楽しむばかりでなく、スコットランドやアイルランドでは主として大麦を原料としていたウィスキーは、その蒸留技術がアメリカに渡ってトウモロコシを主原料とするコーンウィスキーやケンタッキー州のバーボンウィスキーやテネシー州のテネシーウィスキーを生んだ。

食料、飲料だけではない。日々の生活の中でトウモロコシ由来のものは、たとえば石鹼がある。靴磨きのクリームがあり、文房具の糊がある。このデキストリン、糊精としての有用性は、脱水性としての粉類や顆粒食品、アスピリンの錠剤から殺菌用品の手術用のゴム手袋やスポンジ類、また火薬に関係する散弾銃の薬莢、ダイナマイトなど、またタバコの巻き紙、書類や雑誌類などの紙製品などに発揮されている。

そしてまた、トウモロコシのセルロースが環境にやさしい布地、レーヨンを生み出し、この人工繊維によって新しい洋服が作られている。そして紫色のトウモロコシの色素であるアントシアニンは、糖尿病の予防と抑制に効果があり、また肥満や大腸がんの抑制にも効くと言われている。

アメリカ以外にも、トウモロコシを有用に使っている国はあると思う。日本でも、ほぼ似たようなことに使われている。けれど、ぼくらはこのトウモロコシの恩恵に気がつかない。アメリカがこの「神の贈り物」と呼ばれる穀類にどれほどの愛着と感謝を覚えているかに、ぼくは少し肩入れし過ぎているのかもしれない。だが、これほどトウモロコシを愛している国を、他に知らない。おそらく他の国の人も、同じようにトウモロコシを食べ、利用していることだろう。だが、彼らの口から、アメリカ人ほどの「トウモロコシ讃歌」を聞いたことはない。トウモロコシがあったからこそのアメリカなのだ、と、そこにはこの作物に対する尊敬と愛情がある。

トウモロコシを我が物とするかどうか。トウモロコシの中で生きることを潔しとするかどうか。トウモロコシの恩恵を心の深いところで受け止められるかどうか。その一線が、アメリカ人になるかならないかの差ではないかと思うのだ。「もうイギリス人には戻れない」と考えたろうイングランドからの入植者たちは、このトウモロコシの持つ奥の深い有用性と、その有用性はそのままこのアメリカという土地の可能性、多様性、将来性であることに気がついたのではないだろうか。

トウモロコシが自分たちの大切な食料であることを納得した瞬間、トウモロコシがアメリカ人の生活の大きな部分を支えているのだと理解した瞬間、彼らは自分が「アメリカ人」なのだと認識したのだ。だから、トウモロコシを食べることは、アメリカ人になること、いや、そうではない。アメリカ人になるためにトウモロコシを食べるのだ。

アメリカという新しい器、そして可能性という空気を胸一杯に吸えるのではないかと思われるこの広大な土地に、世界中から多くの人びとが集まり、民族的なトラブルや宗教的差別、語学的マイノリティに対する格差、貧富の差による医療や教育などの享受の落差の中にあって、まがりなりにも、今日まで人種的・階級的な対立の憤懣が決定的なまでには爆発せずに済んできたのは、何かしらの仕組みがあるように思える。それは、ただ一つ、これまでの世界中の連邦や共和国や連合王国が成し得なかったこと、すなわち、この国に住む人びとが皆、自分たちがこのアメリカという国の一員であると思い、感じ、信じているからだ。そこにはアメリカに対する帰属感がある。そのキーワードは「アメリカ人になる」ということだ。自分たちはドイツ人でもなければ、イタリア人でもなく、中国人でもない、と感じているからだ。この「感じている」ことが大切で、それは空気や肌触りや、朝の目覚めの瞬間や、バスを待っている瞬間、ファストフードのフォーマイカの椅子に座って潤沢なナプキンで口を拭う瞬間のことだ。

では、彼らが「アメリカ」という国、あるいは共同体、集合体、寄せ集めの大集団、他のどこでもない、一見自由であるように思える天地の一員であると信じられる時。それはいつだろうか。そしてそう感じるのはどうしてだろうか。

＊　＊　＊

ここにアメリカの国是とも言える理念がある。機会均等と公平と公正。ところが、この建前が、実生活、実際の社会ではほとんど機能していないのではないかとぼくには思える。でなければあれだけの人種的軋轢、貧富の極端な差、医療における不平等、教育の落差といったものがあるわけがないのではないか、と、何度も何度も演説され、文章にされ、映画や学校で教育され、法を整備もし、歌で告発されてきながらも、少しも変わらないように見えるのはなぜなのだろうか。そして実際に、アメリカの建前――公正、公平、機会の均等と実社会での実態のずれは少しも解消される気配がない。そのことは、多くの貧しい人々に欲求不満を起こさせる。そういう不満の一つの解決法が、「食」の平等化ではないのかと、ぼくには思えてならない。どんな金持ちも、自分と同じものを食べている。そのことを知り、考える快感。それをカルフォルニア州サンシメオンの海を見下ろす丘の上にそびえるハースト・キャッスル［図65］で教えられた。

新聞王ウィリアム・ランドル・ハーストは、オーソン・ウエルズの『市民ケーン』のモデルとも言われるニュースシンジケートの親玉で、ジョーゼフ・ピューリッツァーとともにキューバをめぐる米西戦争でのメイン号沈没からのアメリカ宣戦布告を引き出した大衆煽動家で、ゴシップねた満載の前近代的なイエロージャーナリズムの雄でもあった。ピューリッツァーは後に、ピューリッツァー賞の名があるように、まともなジャーナリズムの道を歩むが、ハーストはその後も権力に胡座をかくメディア界の大立者だった。

主なきハースト・キャッスルは、名前の通り壮大な城である。広大な屋内プール、いくつもある寝室、豪壮な客間、そして絢爛たる客用食堂。だが、維持管理をしている森林警備隊の係の女性の目を盗んで、きれいに揃えられたカトラリーに触れてみると、ペナペナの安物だった。ステンレスのナプキン立ては、五〇年代どこにもあったダイナーのテーブルの上のそれと同じだった。少し離れたところに、おかしなものを見つけた。ケチャップの瓶だった。彼の生前の様子を忠実に再現したのだろうが、それに気づいた見学者の何人かから失笑が洩れた。あからさまに馬鹿にしたように、鼻を鳴らす者もいた。どんなに金持ちでも、どんなに名声を得ようとも、そしてアメリカのマスメディア史に大きな名を残そうとも、彼の舌はどんな料理にもケチャップをかけてしまうような程度ものだった。どれほど高価なステーキでも、優雅な舌平目のムニエルでも、ラムのクラウンローストでも、どこから引き抜いてきたに違いない一流のコックが腕によりをかけて作ったろう最高の晩餐でも、ケチャップをかけてしまう。彼の舌の程度がうかがい知れる。あるいはケチャップ中毒でもあったのだろうか。それとも、森林警備隊はこのケチャップの瓶を置くことによって、彼もまたごく平凡なアメリカ人の一人だったのだ、と見学者に教えようとしたのだろうか。

ケチャップの瓶を見て、失笑し、鼻を鳴らした見学グループの中にいて、これこそがアメリカ人の食による欲求不満解消の一つなのだと知った。アメリカの食が目指しているものは、普遍性である。いつでも、どこでも、同じものを同じ程度の値段で食べられること。それがアメリカの食に求められていることだった。そして、アメリカ中の誰でもが食べているだろうそれを、自分もまた食べているという安心感、安堵感。それが痛いほどわかる。食だけは公平で公正で平等で、誰にとっても機会は均等にある。どんな金持ちでも、結局は自分たちと同じものを食べている。そうやって、貧富の差に対する憤懣を解消する。それが、アメリカ人にとって一種の救いなのだろうと思えてならない。

貧富や教養、人種や祖国の文化の差を超えた「食」、すなわち「食の普遍化」だ。そのことを確実に教えてくれるのは、食のフランチャイズ化だ。それは正しく「いつでも、どこでも、誰にでも」という概念で、それこそが彼らの「食の普遍化」への努力そのものだった。

こう書きながら、ぼくはある曲を思い出している。それは「マクドナルド」のＣＭソングだ。日本最初のマクドナルド店は、一九七一（昭和四六）年七月に銀座の「三越」の銀座通りに面した場所で開店したが、二号店は京都の「藤井大丸」店で一九七三年のことだった。これを機に、はじめてコマーシャルを放映した。一度聴けば覚える方なのだが、この曲だけはほとんど覚えていない。だが歌われた内容はうろ覚えだが残っており、あらためて調べてみるとこんな歌詞だった。

世界の言葉　マクドナルド
世界中おいしい笑顔
世界中うれしい願い
いつだって　どこだって　誰だって
おいしい言葉は　一つだけ
世界の言葉　マクドナルド

この詩が、英語の、すなわちアメリカで流されたコマーシャルソングの翻訳かどうかはわからない。いくら探しても、作詞者も作曲者も見つけられない。当時「コマソン」の作り手も歌い手も、無名であるのが普通のことのようだった。ご存じの方がいたら、お教え願いたい。

しかし、ここにはアメリカ食の特徴、「普遍」ということが大きく謳われている。ハンバーガーというもっともアメリカらしい食べ物、そしてアメリカの食味を世界に広めていく先兵ともなったマクドナルドのCMソングは、実にアメリカ食そのものの特色を前面に打ち出していたのだ。マクドナルドのハンバーガーを食べること、あるいはあらゆるフランチャイズ化された食を食べることは、すなわち他人と同じ「公平」な食を食べるということだ。

移民たちは、アメリカ人になろうと公平な食を食べる。アメリカの食は、そういう人びとの夢の具現であり、そういう人びとの夢を内包した食べ物なのだ。それがどういう材料で、どうやって出来たか、そして食べてからの結果はほとんどどうでもいいのではないか。今ある食、今しかない食なのではないのか。だから、そこには肥満の問題があり、栄養の偏りがあり、遺伝子の組み換えや狂牛病(牛海綿状脳症)の問題がいつまでも残る。何度も書いたが、「食」は、彼らにとって美味や栄養や健康や団欒やといったことだけではなく、また別の意味を持っていることは確かだ。アメリカの食べ物を食べることで、彼らは自分たちがアメリカ人なのだと確認しようとしているのではないか。アメリカ人の一員であるという安心感を求めているのではないか。

だからして、アメリカの食べ物は悲しい。アメリカ人になろうとすることは悲しい。普遍性を目ざす食は、個を失う。どれを食べても同じであるということは、一方では安心出来る代わり、食べても食べても何ものでもないのではないのか、という不安をかき立てられる。食べることは、孤独感をいっそう深めるのではないか。

ではなぜ、そうまでしてアメリカ人になろうとするのか。それはこの公正で公平、機会均等を旨とするこの国で、夢見ることに意味があると思いたいからではないか。

アメリカは、どこかに行こうとしている。どこへ行こうか探っている実験国家なのではないか。まだ変化し続けている国、そう、未だ発展途上にある国と言えるのではないか、と、ぼくはハンドルを握り、摩天楼の間に沈む夕陽を眺めながら、道のずうっと先が逃げ水で靄っている砂漠の一本道を走りながら、緑豊かな緩やかな起伏を見せる草原や万年雪をいただく峻険な山々、そして夕刻の灯の入り始めた小さな町の温かな家庭の窓を横目に、また金持ちたちの瀟洒な住宅街や、今にも朽ち果てそうな荒廃した家並を抜けながら、そう思うのだ。

あとがきにかえて——ホームシック・ブルース

夜中、ふと目覚めて、今自分はどこにいるのだろうか、と考えることがある。暗闇の中ポカリと目を開け、ちょっとの間ここはどこだろう、トイレはどっちの方向だったろうか、ドアはどちらにあったっけ、と頭の中であたりの空間をまさぐる。そして、ああ、自分の家だったんだということがわかって、少し安堵する。

これまでの人生の幾夜、同じ思いで夜半に目覚めたろうか。アメリカの内陸を車を転がしながら旅した人なら、そしてその日の夜の泊まりを予約せず、あてがないままその時に見つけたモテルのカウンターで宿を確保したことがある人なら、この夜中の目覚めの戸惑いはお馴染だろう。なぜなら、アメリカ中のモテル、そう、ロードサイドにあるチェーンのモテルはどこも、部屋の佇まいはほぼ同じだからだ。

そんなモテルで一人夜の底で目覚めて、時々ふと考える。こういう旅が、ぼくにとってどういう意味があるのだろうか、と。

ぼくのアメリカの旅は、ひたすら車を走らせる旅だ。アメリカという国を知りたいと思い立った瞬間、そのアプローチの方法にいくつかの選択肢があることが頭をよぎった。仕事の関係で、またはその仕事をする人と一緒に長期間一カ所で生活したり、またはどこかの町できちんとした学校に入学して、アメリカを知るというやり方がある。友人や知人たちの中にも、転勤や出向で、一つの町に数年、時には一〇年以上も住んだことのある人がいるし、結婚して住みついている、という女性も知っている。勉強のために留学しているという若い連中もいた。そしてそういう人たちの経験談を読んだり聞いたりしたこともある。

また長期間滞在することなく、本や映画や音楽や服飾やスポーツや自然問題やエネルギー問題、経済問題、軍事、政治、法律、そして何よりも商売や仕事を通してアメリカを語る人も大勢いた。ぼくはそれら先人のやり方を横目に、別の方法はないものかと手探りしていた。そして思いついたのが、旅をすることだった。

ひとところに腰を落ち着けることなく、次の町へ、また次の町へと風のように移動して行こうと決めた。そんなことでアメリカの何がわかるか、表層をなぞるだけではないのか、と言う人もいた。だがアメリカの総体を知りたい、そこに住む人たち、アメリカ大陸という地形的にも、地勢的にも、気候や風土や人情の異なる広大な地に住む人たちに近づいていきたいというのが夢だった。一つの土地に、たとえ何十年いても、そこ以外の土地については結局旅する以外に知ることはできないのではないか。ほかの土地のことは遠くからではなかなかわからない。たとえ長く過ごして一つの町を我が物としても、アメリカ全体を知ることにはならないのではないか、そういう思いが抜け切れなかった。そして、旅を続けることに決めた。

太平洋沿岸のどこかの町の空港に着いて車を借り、おもむろに内陸に向けて走り出す。行く先はその時々に違う。その時に一番知りたいことを満たしてくれる場所がとりあえずの目的地で、ひとまずそこを目指してあてのない旅を始める。明日はどこに向かっているかわからないし、今夜どこに泊まるのかもわからないのがいつものことだった。そしてそういう車での旅は、ぼくにいろいろなことを教えてくれた。

旅は人の思いを深くする、という。少なくとも一人旅は、話す相手が自分だけということが多く、そういう状況は何事かを深く考えさせてくれる。ぼくの場合、たいがいは日に三度否応なく付き合うことになる食べ物のことが多かった。アメリカの「食」を考えていくと、この国の成り立ちや文化、他国との関係や文明の進歩といった、食以外の問題が芋づる式に表出してくるのはなぜなのだろうか。この国では、「食」は独立しては存在できないのだ、ということがわかってくる。食べ物は「美味しい」だけに存在価値があるのではないのだ、と。

もう一つ、アメリカを旅することは自分の内を旅することなのだ、ということにも気がついた。アメリカを知ろうとすることは、実は自分を知ることと同じだ。もしかしたら、自分にしかわからないアメリカがあるのではないか。アメリカを理解するには、一人一人のやり方がある。ということは千人いれば、千のアメリカがあるということになる。だからこの国をどう見つめ、どう理解するかは、自分の能力にかかっている。勉強しないと、アメリカの奥深くには入っていけない。

ぼくには長い間、心の底にわだかまる疑問があった。司馬遼太郎の『アメリカ素描』の第二部第一章「人間関係を求めて」の中の一節だ。最初に読んだのは読売新聞の連載で、この第二部は一九八五年九月から一二月までのものだから三〇年前だ。すでに黄色くもろくなった切り抜きは、今でもとってある。場所はボストン。案内のジェイクが「アメリカ生活には孤独がつきものです」という。それに対して、こう書く。

「この普遍性を信じる社会にとって孤独は副産物のようなものである。そのもとを否定すれば、アメリカ文明が消滅してしまう」

「この」、は「アメリカ」を指す。アメリカという普遍性を信じる国にとって、「孤独」は副産物である、と彼は言う。つづく「そのもと」というのは「普遍性」のことだろう。それを否定すれば「アメリカ文明」は消滅する。文化でなく、文明である。「文化」と「文明」の違いを、司馬遼太郎は同書の第一部の冒頭「私にとっての〝白地図〟」の中で、アメリカは「文明という人工でできあがった国」だと、書いている。一方の日本や韓国やアイルランドなどは「文化の累積」でできあがっている国だと言う。そして、その文化と文明との違いを、こう定義する。

「文明は『たれもが参加できる普遍的なもの・合理的なもの・機能的なもの』をさすのに対し、文化はむしろ不合理なものであり、特定の集団（たとえば民族）においてのみ通用する特殊なもので、他に及ぼし難い。つまり普遍的でない」。その例として、青信号の取り決めは世界に及び、したがって交通信号は普遍的であり、反対に日本での膝をついての襖の開けたては、日本独自の美的行為であるから他の国には及ぼし難い不合理な行動で、ゆえに文化的であるとする。

　様々な国からの移民たちがもたらした多彩な食、それはそれぞれの国独特の食であるがゆえに「文化」だろう。ある国の食の嗜好が他の国に通用するとは限らない。その国ぐに独特のものだ。しかし、アメリカでは、そういった移民たちの個々の食を、アメリカ中に通用する「食」として文明化する必要があった。いや、自然に文明化していった。生き残っていくために、そしてより多くの人に通用する食になるために、自ら変化していかざるを得なかった。アメリカは、移民たちの各自の食の文化を、アメリカの「食文明」に仕立て上げるしかなかった。それが「アメリカ食」の宿命であった。「普遍」を選んだものは、各自の文化を捨てざるを得ない。自分のアイデンティティのある世界を捨てるしかない。それは孤独になるということだろうと思う。司馬遼太郎が言っていることはこういうことなのか、こんな風に解釈していいのかわからない。でも、一人で長い旅を続け、考え続けたアメリカは、まさに孤独の大陸だった。誰もが孤独で、人懐こく、何ものかに帰属したがっているように思われた。そういう人たちに遭いながら、ぼくは彼らが愛おしくてたまらなかった。

なべて彼らは、どこかに戻りたがっていた。どこかが恋しくてならないようだった。それが何かわかった瞬間があった。海からも遠く、川も近くにないような中西部の内陸の小さな町のアジアンフードの店で、アメリカらしいスシを食べていた時だ。酢飯の塊にトビ子とスモークサーモンの切り身がのっていて、その上にダイコンをスライサーでごく薄く削いだものがかぶせてあった。半透明のダイコンの下にピンク色が妖しく透けて見えた。スシの名前は「マリリン・モンロー」だった。食べながら、おふくろが見よう見まねで作った太巻き寿司やかんぴょう巻き、酢飯だけの俵型の稲荷ずし、様々な具を馬鹿正直に一つ一つ丁寧に仕立て上げていたチラシ寿司などを思い出していた。その瞬間、「マリリン・モンロー」の向こうにぼくは確かにホームシックを感じていた。

アメリカの食を理解するのは、もしかしたら自分の中の食のあり方を理解することなのかもしれない、とその時に気づいた。食べ物は、旨いだけを目指したのでは、何もわからないのだ、ということにも気づいた。

ミシシッピー州イースト・テュペロはエルヴィスの生まれた町だ。その町の片隅にあった店で、鉄灰色の髪を使い古した花柄のスカーフで包んだ七〇年配の店主で料理人の黒人女性の言った言葉が忘れられない。トライプ(牛の胃)とガルバンソ豆(ひよこ豆)の煮物を食べて、「美味しいです。本物のソウルフードですね」と言ったその返事だ。

「ソウルフードは、美味しいのが目的じゃないのよ。舌を満足させるのではなく心を満足させる食べ物なの」。そして、心に残る言葉が続いた。「美味しいだけを追いかけていると、もっと美味しいものが出てきたら見向きもされないかもしれない。ソウルフードは売り物じゃないことだけは確か」と。

今のぼくには、彼女の言うことがよくわかる。

マーク・トウェインが一八七〇年代後半にヨーロッパ旅行をした時の様子は、一八八〇年に出版された『ヨーロッパ放浪記（*A Tramp Abroad*）』に詳しい。その中で、ヨーロッパの様々な美食をよそに、アメリカに戻ったら本当に食べたいもの、をリストアップしている。

最初は「二十日大根」「アップルパイ、クリームを添えて」で、次いで「フライド・オイスター、オイスター・シチュー、カエル」と続く。カエルの部位、調理法は書いていない。その他いくつか書き出してみよう。

新ジャガ、皮付きのまま、
若いトウモロコシ、穂軸のまま
アップル・ダンプリング、本物のクリームを添えて
パンプキン・パイ、スクワッシュ・パイ
ホットビスケット、南部スタイル
ブルック・トラウト（カワマス）、シェラ・ネヴァダからのもの
ロースト・ターキー、感謝祭スタイル
ボストン・ベイクド・ビーンズ

そして、T型の背骨の骨を中心にサーロインとフィレとの両方の種類の肉が楽しめるTボーンステーキの中で、フィレの部位が多い「ポーターハウスステーキ」も忘れていない。しかし彼の面目躍如たるのは「アイス・ウォーター」だ。くだらないゴブレットに注いであるものではなく、「きちんとした冷蔵庫で冷やしたもの」と注釈を付けている。まだまだ続くが、ここらでやめる。

このリストを読みながら、一つ一つの味を思い浮かべニヤリとしたり、フフン、と鼻を鳴らしたりするうち、これらの食べ物の背後に厳然と居座っているのが、ホームシックという感情だと気づいた。マーク・トウェインは、アメリカのごく平凡な、誰もが好きな「アメリカ料理」を恋しがってい

るのだ。そのアメリカ料理は紛れもなく、アメリカという国ができてから生まれてきたものだ。どこの国のものでもなく、どの国の料理の特徴をもひき継いでいない。アメリカにしかない食だ。しかし、アメリカ人の多くは、このアメリカの料理を食べながら、ぼくがマリリン・モンロースシを食べながらその向こうに感じたホームシックを、恐らくは感じているのではないだろうか、と思われてならなかった。失われてしまった、あるいは失ってしまった自分の国の料理の何かをアメリカ料理の中に探しながら、彼らの心は、自分はもうアメリカ人なのだという寂しさを感じているのではなかろうか。

この本を書きながら、ぼくはおふくろの作った奇妙な料理を思い出し思い出し、そしてある詩の一節が耳から離れることがなかった。黒人詩人のラングストン・ヒューズの「ホームシック・ブルース」だ。その三聯目の最初の二行。原詩では 'Homesick blues, Lawd, /'S a terrible thing to have Homesick blues is / A Terrible thing to have' で、「ホームシック・ブルースはつらすぎる荷物」とでも訳そうか。彼は旅をしながら、いつも心が奏でるホームシック・ブルースに手を焼いていた。ぼくが最初に買ったヒューズの詩集では、こんな風に意訳されている。

「節を知っててつらいのはホームシックのブルースだ」（木島始訳）

誰もが、自分の国を捨てて作り上げたアメリカ料理だからこそ、そこに望郷の思いが隠されている。そうなのだな、アメリカの食をコーティングしているのは、あるいは隠し調味料はホームシックという気分だ、アメリカ料理にノスタルジーを感じてしまうぼくには、そう思えて仕方がない。

お断りがある。この本では「アメリカ・インディアン」や「インディアン」が多出する。最近では「ネイティヴ・アメリカン」と書くべきだと言われる言葉だ。ぼくも長い間、人種の呼称には気を遣ってきた。「インディアン」はもともとコロンブスが西インド諸島バハマのサン・サルバドル島に着き、そこがインドの一部だと妄信した結果、現地の人びとを「インド人」と呼んだことから始まる。元から、誤解と差別がある。だから、「ネイティヴ・アメリカン」の呼称は、大いなる救いだった。

五年前、これを書き始めた時からずうっと、そう書き、そう呼び続けてきて恥ずるところがなかった。だが最近、「インディアン」の側から「ネイティヴ・アメリカン」とは呼ばれたくないという主張が目立つようになった。「インディアン」もしくは「レッドマン」と呼んでほしいという意志が表明されたと言っていい。

「ネイティヴ・アメリカン」と呼ぶべきだという時流の中で、いつも不思議に思っていたのは、メジャーリーグ・ベースボールの「クリーヴランド・インディアンズ」や、フットボールの「ワシントン・レッドスキンズ」そしてハーレー・ダビッドソンよりも古いアメリカのオートバイの名車「インディアン」などの名称には、異議が唱えられていなかったことだ。

「ネイティヴ・アメリカン」の呼び方は、アメリカのインディアン管理局（BMI）が公認した部族のみにリザヴェーション（保留地）を自治国家として与え、「インディアン」と認めることにした。公認されなかった部族は絶滅したとされ、インディアンの血を引く「ネイティヴ・アメリカン」とされた。日本をはじめ、世界のジャーナリズムはそれに追随した。

この本ではまた、「アフロ・アメリカン」を「黒人」と書いている。アメリカにいる肌の黒い人たちが、すべてアフリカ大陸出身のネグロイドであるとは限らない。アフリカ系ネグロイドと同じように肌は黒くとも、白人種であるエチオピアをはじめとする北アフリカ系コーカソイドもいる。そういう人種的なことばかりでなく、公民権運動指導者だったマーティン・ルーサー・キングJr.の、一八六二年の「奴隷解放宣言」以前にアフリカ大陸からアメリカにやってきた人とその子孫だけを「アフロ・アメリカン」と呼ぶべきだという主張もあれば、その他のカリブ海諸国などからの人々は単に「黒人」と呼ぼうという主張もある。ようするに肌の黒い人びとを一括して、アフリカ出身者だと決めつけないということなのだ。

ぼくたちは平気で「白人」という言葉を使うのに、「黒人」にはどこか遠慮する気味合いがある。史実と事実を知り、「黒人」や「インディアン」が差別語でないということを知り、ごく自然体でいたいものだと、それらの言葉に書き改めながら思っていたことを書いておきたい。

この本を書くにあたって、作品社の増子信一さんにどれほど助けられたかしれない。「神のために食べる」にも書いたが、イスラエルに行く気になったのは、彼の誘いがあったからだし、その旅はぼくにまったく新しい視点を与えてくれた。この五年、彼は時にやさしく、時に脅しをもってぼくを励まし続けてくれた。もし、ぼくが鉛筆だったなら、芯が折れないようにいつも削ってくれて使い物になるようにしてくれたのは、増子さんである。まったく彼がいなかったら、ぼくはとっくに挫折していたろうと、確信を持って言える。そういう意味では、彼は稀有な鉛筆削りであり、折れようとする芯の副え木であり。優秀なギブスであったと思う。増子さん、本当にありがとう。

二〇一五年六月二四日

東　理夫

参考文献

・ Allred,Wayne:*The All American Cookbook*,Willow Tree Book,2002.
・ Austin,Jane G.：*Standish of Standish :a story of the Pilgrims,*Boston,1892.
・ Bacon,Karen:*Tasting Paradise*,Coastal Image,1995.
・ Baker,J.W.:*Plimouth Plantation(A Pictorival Guide),*Plimouth Pplantation,1997
・ Bellman,Sheryll:*America's Great Dellis, :Recipes and Tradi tiond from Cost,to Cost,* Sellers Publishing,2010.
・ Bernardin,Tom:*The Ellis Island Immigrant Cookbook,* Tom Bernardin Inc(New York),1991.
・ Binney,Ruth:*Wise Words & Country Ways for Cooks*,David and Charles Book,2008.
・ Bladholm,Linda:*The Asian Grocery Store Demystigied*,Renaissance books,1999.
・ Bradford,William:*Of Plymouth Plantation 1620-1647*,Modern Library,1981.
・ Bryson,Bill:*Made in America*,Black Swan,1994.
・ Carney,Ellen:*Oregon Trail-Ruts,Rogues&Reminiscences*,Traildust Publishing Co.,1993.
・ Corum,Ann Kondo:*Ethnic Foods of Hawai'i*,The Bess Press,Inc.,1983.
・ ――:*Hawaii's Spam Cookbook*,The Bess Press,Inc.,1987.
・ Davis,William C.:*Rebels & Yankees-Fighting Men of the Civil War*,Gallery Books,1989.
・ Dawidoff,Nicholas:*In the Country of Country-A Journey to the Roots of American Music*,Vintage Books,1997.
・ Dollar,Kelsey:*Country Breakfasts-Start Your Day the Old Fashioned Way*,The American Pantry Collection,2004.
・ Eberbaugh,Jeff:*Gourmet Style Road Kill Cooking*,Unique Publications,1991.
・ Evans,Harold:*The American Century*,Alfred A.Knopf,1998.
・ Fischer,Al&Mildred:*Arizona Cook Book-Indian Mexican Western*,Golde West Publishders,1983.
・ Fischer,David Hackett:*Albion's Seed: Four British Folkways in America*,Oxford University Press,1989.
・ Fussell,Betty:*I Hear America Cooking,:The Cooks,Regions and Recipes of American Regional Cuisine,*Penguin Books,1997
・ ――:*The Story of Corn*,University New Mexico Press,1992.
・ Getz,Oscar:*Whiskey-An American Pictorial History*,David McKay Company,1978.
・ Grollenberg,Luc.H.:*The Penguin Shorter Atlas ov the Bible*,Penguin Books,1959.
・ Hansen,Howard:*Hawaii Seafood Cookbook*,Island Heritage Limited,1982.
・ Hariot,Thomas:*A Briefe and True Report of the New Foundland of Virginia,*1590
・ Hawke,Elizabeth Grace:*Traditional Shaker Recipes-with Historical Notes*,Remember When Book,2004.
・ ――:*Traditional Tavern Recipes-Bul's Head Tavern*,Remember When Books,2004.
・ Jefferson,Thomas:*Notes on the State of Virginia,*1785.
・ Jennings,Peter/Brewster,Todd:*The Century*,Doubleday,1998.
・ Jones,Evan:*American Food-The Gastronomic Story*,E.P.Dutton&Co.,Inc.,1975.
・ Jones,Robert:*The Presidents' Own White House Cook Book*,1968.
・ Kerr,Mary Brandt:*America-Regional Recipes from The Land of Plenty,* Quantum Book,1996.
・ Klapthor,Margaret Brown:*First Ladies Cook Book:Favorite Recipes of All the Presidents of United States,*Parents' Magazine Press,1969.
・ Kolkmeyer,Don:*Mexican Food from the Southwest*,Saga Inc.,1971.
・ Landry,Don:*Don's Secrets-Cooking Magic for our Restaurants*,Don's Seafood&Steak House,1958.
・ Laudan,Rachel:*The Food of Paradise-Exploring Hawaii's Culinary Heritage*,A Kolowalu Book University of Hawai'i Press,1996.
・ Levenstein,Harvey:*Revolution at the Table-Transformation of the American Diet*,University of California

Pree,2003.
- Marcy,Randolph B.:*The Prairie Traveler*,Applewood Books,1993.
- Mariani,John F.:*America Eats Out*,William Morrow and Company,Inc.
- ——:*The Encyclopedia of American Food & Drink*,Lebhar-Friedman Books,1999.
- McCully,Helen:*The American Heritage Cookbook*,Americn Heritage Press,1969.
- Milanich,Jerald T./Milbrath,Susan:*First Encounters-Spanish Explorations in the Caribbean and the United States,1492-1570*,University Florida Press,1989.
- Miller,Kerby A.:*Ireland and Irish America-Culture,Clas,andTransatlantic Migration*,Field Day Newman House,2008.
- Mills,Earl/Breen,Betty:*Cape Cod Wampanoag Cookbook-Wampanoag Indian Recipes*,Clear Light Publishers,2001.
- Mitchell,Patricia B.:*Colonial Christmas Cooking*,Sims-Mitchell House Bed& Breakfast,1991.
- ——:*Cooking in the Young Republic 1780-1850*,Sims-Mitchell House Bed& Breakfast,1992.
- Nies,Judith:*Native American History*,Ballantine Books,1996.
- Orcutt,George/Margolies,John:*Cooking USA-50 Favorite Recipes from Across America*,Chronicle books,2004.
- Peachey,Stuart:*Cooking Techniques and Equipment 1580-1660*,Stuart Press,1995.
- ——:*The Good Huswifes Handmaide for the Kitcen-A Period Recipe Book*,Stuart Press,1992.
- ——:*The Gourmet's Guide 1580-1660*,Stuart Press,1995.
- Peterson,B.R."Buck":*The Original Road Kill Cookbook,-Featuring:Yellow Line Yummies*.Ten Speed Press,1987.
- Raph,Theodore:*The American Song Treasury-100 Favorites*,Dover Publications,Inc.,1964.
- Reed,John Shelton&Dale Volberg:*1001 Things Everyone Should Know About The South*,Doubleday,1996.
- Rombauer,Irma S./Becker, Marion Rombauer:*JOy of Cooking,* 1980.
- Schmidt,Gary D.:*William Bradford-Plymouth's Faithful Pilgrim*,Eerdmans Books,1999.
- Scott,Sir Walter:*Ivanhoe*,Wordworth Classics,1995.
- Smith,Elsdon C.:*New Dictionary Of American Family Names,*Random House Value Publishing,1988.
- Stern,Jane&Michael:*Roadfood*,Harper Perennial,1992.
- ——:*Eat Your way Across the USA*,Broadway Books,1997.
- Tates,Ferrell:*Hillbilly Cookin' -Mountaineer Style*,Clinch Mountain Lookout,1968.
- Taylor,Colin F./Sturtevant,William C.:*The Native Americans-The Indigenous People of North America*,Advanced Marketing Services,1991.
- Tennyson,Jeffery:*Hamburger Heaven*,Hyperion,1993.
- Wexler,Alan:Atras of Westward Expansion,Facts on file,1995
- Williamson,J・W:*Hillbillyland,*The University North Carolina,1995.
- Winslow,Edward:*Good Newes from New England, or a True Relation of Things very Remarkable at the Plantation of Plimouth in New England,*1624.
- Woodson,Jr.,LeRoy:*Roadside Food-Good Home-style Cooking Across America*, Stewart,Tabori and Chang,1986.
- *The Civil War Book of Lists*,Combined Books,1994.
- *The Fannie Famer Cook Book:The Great All-American Cook Book,*1979
- *The Timechart-History of the World,*Third Millenium Press Limited,1997.

参考文献

・浅井信雄『アメリカ50州を読む地図』(新潮社,1994)
・アメリカ学会訳編『原典アメリカ史第一巻　植民地時代』(岩波書店,1950)
・アルメスト,フェリペ・フェルナンデス『食べる人類誌――火の発見からファーストフードの蔓延まで』(小田切勝子訳,早川書房,2003)
・石黒幸雄『トマト革命――トマトはなぜカラダにいいのか』(草思社,2001)
・石毛直道、小松左京、荻真弘他『人間・たべもの・文化――食の文化シンポジウム'80』(平凡社,1980)
・伊丹十三『女たちよ！』(文藝春秋,1972)
・――『ヨーロッパ退屈日記』(文藝春秋,1974)
・今川加代子『ロマンティック　アメリカ食物誌』(亜紀書房,1985)
・ウィット,デイヴ・デ『ルネッサンス　料理の饗宴――ダ・ヴィンチの厨房から』(須川綾子／富岡由美訳,原書房,2009)
・ウィーラー,ケイス／直井進編『レールローダー』(タイム ライフ ブックス,1976)
・宇土巻子『カントリー・キッチン――自然の味・香りを生かした料理』(山と渓谷社,2013)
・梅田修『世界人名物語――名前できるヨーロッパ文化』(講談社現代新書,1999)
・海野宏『ダイエットの歴史――みえないコルセット』(新書館,1998)
・大西直樹『ピルグリム・ファーザーズという神話――作られた「アメリカ建国」』(講談社選書メチエ,1998)
・岡部史『古きよきアメリカン・スイーツ』(平凡社新書,2004)
・奥田和子『なぜ食べるのか――聖書と食』(日本キリスト教团,2002)
・オコーナー,ジョセフ『ダブリンＵＳＡ――アイリッシュ・アメリカの旅』(茂木健訳,東京創元社,1999)
・加藤恭子『最初のアメリカ人――メイフラワー号と新世界』(福武書店,1983)
・ガバッチア,ダナ・R『アメリカ食文化――味覚の境界線を越えて』(伊藤茂訳,青土社,2003)
・亀井俊介『アメリカのイヴたち』(文藝春秋,1983)
・カランスキー,マーク『牡蠣と紐育』(山本光伸訳,扶桑社,2011)
・河合利光編著『食からの異文化理解』(時流社,2006)
・川島浩平他編『地図で読むアメリカ――歴史と現在』(雄山閣出版,1999)
・邱永漢『食は広州に在り』(中公文庫,1996)
・久保有政『日本とユダヤ――聖徳太子の謎』(学研パブリッシング,2014
・グリーン,ナンシー『多民族の国アメリカ――移民たちの歴史』(明石紀雄訳,創元社,1997)
・上坂昇『神の国アメリカの論理――宗教右派によるイスラエル支援、中絶・同性結婚の否認』(明石書店,2008)
・コルバート,ドン『キリストは何を食べていたのか？――聖書から読む「神に近づく食生活」』(越智道夫訳,ビジネス社,2007)
・サヴァラン,ブリア『美味礼讃』(関根秀雄訳,白水社,1977)
・坂下昇『アメリカニズム――言葉と気質』(岩波新書,1979)
・島村菜津『スローフードな人生！』(新潮社,2000)
・志茂望信『メイフラワー号プリマス開拓村』(燦葉出版社,2000)
・ジョンソン,シルヴィア『世界を変えた野菜読本――トマト　ジャガイモ　トウモロコシ　トウガラシ』(金原瑞人訳,晶文社,1999)
・スコット,ウォルター『アイヴァンホー』(菊地武一訳,岩波文庫,1964)
・鈴木裕明『日本人の「食欲」は世界をどう変えた？――食糧輸入を軸に、地球規模でグローバリズムを理解しよう』(メディアファクトリー新書,2011)

・スタインベック,ジョン『アメリカとアメリカ人』(大前正臣訳,サイマル出版会,1969)
・スタンテージ,トム『世界を変えた6つの飲み物』(新井崇嗣訳,インターシフト,2007)
・橘みのり『トマトが野菜になった日——毒草から世界一の野菜へ』(草思社,1999)
・チェイス＝リボウ, バーバラ『大統領の秘密の娘』(下河辺美知子訳,作品社,2003)
・常木晃編『食文化～歴史と民族の饗宴《シュンポシオン》』(悠書館,2010)
・徳井いつ子『アメリカのおいしい食卓』(平凡社,2001)
・パテル,ラジ『肥満と飢餓～世界フード・ビジネスの不幸のシステム』(佐久間智子訳,作品社,2010)
・ドレルム,フィリップ『ビールの最初の一口とその他のささやかな楽しみ』(高橋啓訳,早川書房,1998)
・21世紀研究会編『食の世界地図』(文春新書,2014)
・ハーン,エミリー『中国料理』(タイム ライフ ブックス編集,1972)
・ハーン,ラフカディオ『ラフカディオ・ハーンのクレオール料理読本』(河島弘美監修,鈴木あかね訳,阪急コミュニケーションズ,1998)
・ハンフリース,ジョン『狂食の時代』(永井喜久子／西尾ゆう子訳,講談社,2002)
・ヒューズ,ラングストン『ラングストン・ヒューズ詩集』(木島始訳,思潮社,1969)
・平松由美『食べるアメリカ』(駸々堂,1985)
・フェイエッド,フレデリック『ホーボー　アメリカの放浪者たち』(中山容訳,晶文社,1988)
・藤永茂『アメリカ・インディアン悲史』(朝日選書,1974)
・古川緑波『古川ロッパ昭和日記　戦前篇』(晶文社,1987)
・——『ロッパ食談』(東京創元社,1955)
・ベイカー,ラッセル／レナード,ジョン他／『ママと星条旗とアップルパイ——この素晴らしい小さなアメリカ』(常盤新平訳,集英社,1979)
・ペッレクリーニ,アンジェロ『イタリア式料理の知恵』(北代美和子訳,晶文社,1996)
・本間千恵子／有賀夏紀『アメリカ——世界の食文化　12』(農文協,2004)
・マクラム,ロバート／クラン,ウィリアム／マクニール,ロバート『英語物語』(岩崎春雄他訳,文藝春秋,1989)
・マコート,フランク『アンジェラの灰』(土屋政雄訳,新潮社,1998)
・——『アンジェラの祈り』(土屋政雄訳,新潮社,2003)
・マッケイグ,ドナルド『レット・バトラー　新編風と共に去りぬ』全6巻(池田真紀子監訳、ゴマ文庫,2008)
・松本紘宇『ニューヨーク——変わりゆく街の食文化　食文化年代記2001～2010』(明石書店, 2011)
・ミッチェル,マーガレット『風と共に去りぬ』全5巻(大久保康雄／竹内道之助訳、新潮文庫, 1977)
・村岡實『日本人と西洋食』(春秋社,1975)
・モース,エドワード・シルヴェスター『日本その日その日』(石川欣一訳,講談社学術文庫,2013)
・モルデンケ,H＆A『聖書の植物』(奥村裕昭編訳,八坂書房,1991)
・横田啓子『アメリカの多文化教育——共生を育む学校と地域』(明石書店,1995)
・読売新聞生活部『読売新聞家庭面の100年レシピ』(文藝春秋,2015)
・リッツァ,ジョージ『マクドナルド化する社会』(正岡寛司監訳,早稲田大学出版部,2000)
・ローレン,ソフィア『ソフィア・ローレンのキッチンより愛をこめて』(山崎明美訳,サンケイ新聞社出版局,1977)
・『聖書』(新共同訳,日本聖書協会,2008)
・『世界の食べ物——Asahi Enciclopedia　第六巻　アメリカ、オセアニア、北極編』(朝日新聞社,1984)

東 理夫（ひがし・みちお）

1941年生まれ。作家・ブルーグラス奏者。学生時代からカントリー音楽のファンで、テネシー州名誉市民の称号を持つ。アメリカ文化への造詣が深く、ミステリーから音楽・料理まで幅広い知識を生かして様々な分野で執筆を続けている。著書に、『スペンサーの料理』『湘南』（早川書房）、『ケンタッキー・バーボン紀行』（東京書籍）、『マティーニからはじまる夜』（実業之日本社）、『エルヴィス・プレスリー』（文春新書）、『アメリカは歌う。コンプリート版』（作品社）など。訳書に、F・X・トゥール『ミリオンダラー・ベイビー』、スティーヴ・ホデル『ブラック・ダリアの真実』、ジョージ・クルーニー&グラント・ヘスロヴ『グッドナイト&グッドラック』（いずれもハヤカワ文庫）など。

アメリカは食べる。

アメリカ食文化の謎をめぐる旅

2015年 8 月30日　初版第1刷発行
2021年11月20日　初版第6刷発行

著者　東 理夫

発行者　和田 肇
発行所　株式会社作品社
〒102-0072　東京都千代田区飯田橋2-7-4
Tel:03-3262-9753　Fax:03-3262-9757
https://www.sakuhinsha.com
振替口座　00160-3-27183

印刷・製本　中央精版印刷株式会社

ブックデザイン　松田行正+杉本聖士（マツダオフィス）

ISBN978-4-86182-543-9　C0022

落丁・乱丁本はお取り替えいたします
定価はカバーに表示してあります